Arnold Picot/Ralf Reichwald/Rolf T. Wigand

Die grenzenlose Unternehmung

Arnold Picot/Ralf Reichwald/Rolf T. Wigand

Die grenzenlose Unternehmung

Information, Organisation und Management

Lehrbuch zur Unternehmensführung
im Informationszeitalter

5., aktualisierte Auflage

GABLER

Bibliografische Information der Deutschen Nationalbibliothek
Die Deutsche Nationalbibliothek verzeichnet diese Publikation in der
Deutschen Nationalbibliografie; detaillierte bibliografische Daten sind im Internet über
<http://dnb.d-nb.de> abrufbar.

Prof. Dr. Dres. h.c. Arnold Picot ist Vorstand des Instituts für Organisation und des Seminars für Betriebswirtschaftliche Informations- und Kommunikationsforschung der Ludwig-Maximilan-Universität München.
picot@grenzenlose-unternehmung.de

Prof. Dr. Dr. h.c. Ralf Reichwald ist Inhaber des Lehrstuhls für Allgemeine und Industrielle Betriebswirtschaftslehre und Dekan der neugegründeten Fakultät für Wirtschaftswissenschaften der Technischen Universität München.
reichwald@grenzenlose-unternehmung.de

Prof. Dr. Rolf T. Wigand ist Inhaber des Maulden-Entergy Chair und Distinguished Professor of Information Science and Management am Department of Information Science der University of Arkansas at Little Rock, AR, USA.
wigand@grenzenlose-unternehmung.de

Über jede Art der Rückmeldung freuen wir uns. Dazu steht jetzt auch ein eigener Internet-Auftritt unter www.grenzenlose-unternehmung.de zur Verfügung.

1. Auflage April 1996
.
.
5. Auflage Februar 2003

Alle Rechte vorbehalten
© Betriebswirtschaftlicher Verlag Dr. Th. Gabler GmbH, Wiesbaden 2003

Lektorat: Barbara Roscher / Jutta Hinrichsen

Gabler ist Teil der Fachverlagsgruppe Springer Science+Business Media.
www.gabler.de

Umschlaggestaltung: Ulrike Weigel, www.CorporateDesignGroup.de
Gedruckt auf säurefreiem und chlorfrei gebleichtem Papier
Printed in the Netherlands

ISBN 978-3-8349-2162-8

Vorwort zur 5. Auflage

Die vertiefte Auseinandersetzung mit Informations- und Kommunikationstechniken und ihren Konsequenzen für Unternehmens- und Marktstrukturen, die gegenwärtig in Wissenschaft und Praxis zu beobachten ist, hat das Interesse an unserem Buch weiter intensiviert. Dies zeigt, wie aktuell und wichtig die behandelten Themen sind und dass viele in Lehre und Praxis gegenwärtig erörterte Entwicklungen im Rahmen dieses Buches behandelt und vertieft werden können.

Aus diesem Grunde und wegen der recht kurzen Frist seit Erscheinen der 4. Auflage wurden für die vorliegende 5. Auflage keine strukturellen und inhaltlichen Änderungen vorgenommen. Die Schwerpunkte der Überarbeitung liegen in der Aktualisierung und Verbesserung der Fallstudien und Literaturquellen sowie in der Korrektur leider nie vermeidbarer Fehler.

Für ihre Mitarbeit und ihr Engagement bei der Überarbeitung danken wir Herrn Dr. Frank Piller und Herrn Dipl.-Kfm. Stefan Riedel für die Gesamtkoordination sowie Herrn Dipl.-Ing. Dipl.-Wirtsch.-Ing. Nizar Abdelkafi, Herrn Dr. Florian Bieberbach, Herrn Dr. Berthold Hass, Herrn Dr. Michael Hermann, Herrn Dipl.-Wirtsch.-Ing. Christoph Ihl, Herrn Dipl.-Wirtsch.-Ing. Ulrich Löwer, Frau Dipl.-Ing. Silvia Meyer, Frau Dr. Kathrin Möslein, Frau Dr. Rahild Neuburger, Herrn Dipl.-Wirtsch.-Ing. Markus Pancow, Frau Nina Negele, Herrn Dipl.-Ing. Dipl.-Wirtsch.-Ing. Jörg Siebert, Herrn Dipl.-Wirtsch.-Ing. Christof Stotko, Herrn Dipl.-Kfm. Michael Wagner, Herrn Dipl.-Kfm. Steffen Wiedemann und Herrn Dipl.-Kfm. Stefan Wittenberg. Ebenso danken wir nicht zuletzt auch unseren Lesern, die uns viele hilfreiche Anregungen und Verbesserungsvorschläge übermittelt haben. Auch zukünftig freuen wir uns über jede Art der Rückmeldung. Am besten erreichen Sie uns über die Homepage der „Grenzenlosen Unternehmung": www.grenzenlose-unternehmung.de!

München und Little Rock im November 2002

Arnold Picot (picot@grenzenlose-unternehmung.de)

Ralf Reichwald (reichwald@grenzenlose-unternehmung.de)

Rolf T. Wigand (wigand@grenzenlose-unternehmung.de)

Aus dem Vorwort zur 4. Auflage

Kaum ein Gebiet entwickelt sich so stürmisch wie die Informations- und Kommunikationstechnik, vor allem das Internet, mit den vielfältigen Konsequenzen für Unternehmens- und Marktstrukturen. Dies hat das Interesse an unserem Buch intensiviert. Erfreulicherweise hat sich die Grundkonzeption des Buches weiterhin als sehr tragfähig erwiesen. Auch die meisten Entwicklungen, die wir in der Praxis beobachten (E-Business, Internetunternehmen, neue Formen der Zusammenarbeit) finden im Ductus des Buches einen Erklärungsrahmen.

Daher haben wir die Grundstruktur des Buches für die neue Auflage nicht verändert, wohl aber die Inhalte überarbeitet und z.T. wesentlich ergänzt. Die wichtigsten fachlichen Ergänzungen betreffen die Informations- und Netzökonomie, das Wissensmanagement sowie das Kommunikationsverhalten und Vertrauen (Teile 2 und 3). Dem Controlling haben wir einen zusätzlichen Teil 10 gewidmet. Die Teile 4 bis 9 wurden intensiv überarbeitet und aktualisiert, gestrafft und in weiten Strecken neu konzipiert. Wir sind zuversichtlich, daß wir damit das Grundkonzept des Buches erhalten und stärken konnten, so daß es – so hoffen wir – weiterhin als Lehr-, Lern- und Orientierungshilfe in der sich rasch wandelnden Welt der Informationsgesellschaft dienen kann.

München und Syracuse im August 2000

Arnold Picot, Ralf Reichwald, Rolf T. Wigand

Aus dem Vorwort zur 1. Auflage

Dieses Buch hat eine lange Geschichte. Die drei Autoren arbeiten auf verwandten Fachgebieten und haben in zahlreichen Projekten der Organisationsforschung, der Organisationsgestaltung und der Anwendung neuer Technologien zusammengearbeitet und einen langjährigen Gedankenaustausch gepflegt. Dies erfolgte in Form von Publikationen, auf Konferenzen in Europa und Nordamerika, bei gegenseitigen Vortragsbesuchen und Gastprofessuren. Ende der 80er Jahre entstand aus dieser Kooperation die Idee, die gewonnenen Einsichten in einem gemeinsamen Lehrbuch zusammenzufassen, das parallel in deutscher und englischer Sprache erscheinen sollte. Bei verschiedenen Begegnungen wurden Konzepte und Arbeitspläne entwickelt, und es faszinierte die Idee, unter

Nutzung der neuen Kommunikationsmedien in diesem Projekt virtuelle Teamarbeit auszuprobieren. Die Praxis der (transatlantischen) Telekooperation erwies sich jedoch schwieriger als angenommen: Die Komplexität eines Lehrbuchprojektes, die rasche Entwicklung im Bereich der neuen Technologien und deren Anwendungen und die damit einhergehenden Veränderungen der Fachinhalte für unser Buchprojekt verlangten den intensiven Dialog zwischen den Autoren: Die inhaltliche Abklärung und Auseinandersetzung über die Weiterentwicklung von Konzept und Inhalt des Lehrbuches. Wir erlebten die Grenzen der Telekommunikation und Telekooperation, und das Projekt geriet in die Krise.

Auf einer mehrtägigen „Krisenklausur" in einem Hotel am Ufer des Casenovia Lake im Staate New York haben wir dann im April 1994 die Gretchenfrage gestellt: Sollten wir das ambitionierte Projekt beerdigen oder aber mit neuem Anlauf, neuem Konzept und mit klaren Meilensteinen in überschaubarer Zeit zum Abschluß führen? In dieser produktiven Zusammenkunft wurde das Projekt revitalisiert, es entstand die vorliegende Neukonzeption und ein Arbeitsplan, der dann „cum grano salis" strikt eingehalten wurde.

So konnten wir in diesem Vorhaben eine Erfahrung machen, die u.a. auch Gegenstand des Lehrbuches ist: Die Autoren erlebten die Grenzen, aber auch die Unterstützungspotentiale der IuK-Technik, vor allem des Internets und seiner Dienste E-Mail und Filetransfer. Sie realisierten als *virtuelles Team* – auf der Grundlage einer gemeinsamen Werte- und Vertrauensbasis, die natürlich nur face-to-face entwickelt werden konnte – ein insgesamt doch recht komplexes Projekt. Auch die allgemeine Erfahrung, daß komplexe Projekte häufig durch eine ernste Krise gehen müssen, ehe sie einen zielgerechten Abschluß finden können, bestätigte sich in unserem Falle.

Die Verwirklichung unseres Projektes verdanken wir auch der engagierten Mitwirkung unserer Lehrstuhlteams. Der Innovationsfunke der „grenzenlosen Unternehmung", die Möglichkeit, die neue „Unternehmensführung im Informationszeitalter" mitzugestalten, hat sie begeistert und jeden motiviert, in irgendeiner Form an diesem Buch mitzuwirken. Auch diese Teams vernetzten sich virtuell und trugen so wesentlich zur effizienten raum- und zeitübergreifenden Koordination der Enderstellung bei. So konnten wir Wissen bündeln, und die Mitwirkung ging bis an die Grenze der Koautorenschaft. Allen Mitarbeiterinnen und Mitarbeitern allen gilt unser aufrichtiger Dank für die stets ebenso qualitätsvolle wie engagierte Arbeit und Kooperation mit den Autoren. Selbstverständlich liegt die Verantwortung für den Inhalt und eventuell verbleibende Fehler allein bei uns.

Als überraschend mühsam erwies sich die Verwirklichung unseres Wunsches, das Buch *parallel* dem deutschsprachigen und englischsprachigen Raum etwa zeitgleich zugänglich zu machen. Die Erstellung der beiden Sprachfassungen war dabei noch nicht einmal die dominierende Schwierigkeit. Da einige Teile des Buches von Anfang an in Deutsch, andere in Englisch verfaßt wurden, stand ein „zweisprachiges" Manuskript zur Verfügung, das jeweils von den anderen Autoren und ihren Helfern weiterbearbeitet und übersetzt wurde. Die englische und deutsche Fassung sind daher nicht 1:1-Versionen in unterschiedlicher Sprache. Sie unterscheiden sich in Nuancen auch inhaltlich, was dem jeweiligen landesspezifischen Adressatenkreis und den jeweiligen „Lehrbuchkulturen" entspricht. Beide Versionen werden nicht gleichzeitig, sondern im Abstand von wenigen Monaten erscheinen.

Überraschend für uns war, daß trotz aller Globalisierung im Verlags- und Medienbereich offensichtlich keine Muster von Tandemlösungen in der Managementliteratur für den deutschsprachigen und den englischsprachigen Raum bestehen. Es bedurfte daher zahlreicher Gespräche und Verhandlungen, ehe mit dem Gabler-Verlag für den deutschsprachigen Raum und dem Verlag Wiley für die englischsprachige Ausgabe zwei ebenso renommierte wie sachkundige Fachverlage als Kooperationspartner für dieses Projekt gewonnen und alle erforderlichen Vereinbarungen abgestimmt waren. Wir sind über diese Lösung sehr froh und danken insbesondere Frau Dianne Taylor (Wiley) und Herrn Dr. Reinhold Roski (Gabler) für die stets konstruktive Zusammenarbeit.

Über jede Art von Resonanz zu diesem Lehrbuch sind wir unseren Leserinnen und Lesern im voraus sehr dankbar. Sie erreichen uns über die in der Titelei angegebenen Anschriften und natürlich über E-Mail!

München und Syracuse im Januar 1996

Arnold Picot, Ralf Reichwald, Rolf T. Wigand

Inhaltsverzeichnis

Abbildungsverzeichnis

Teil 1

Teil 2

Teil 3

Teil 4

Teil 5

Teil 6

Teil 9

Teil 10

Abkürzungsverzeichnis

ACD	Automatic Call Distributor
ACS	Automatic Call Sequencer
ANSI / SPARC	American National Standards Institute / Systems Planning and Requirements Committee
API	Application Programming Interface
ARIS	Architektur integrierter Informationssysteme
ATM	Asynchronous Transfer Mode
CATeam	Computer Aided Team
CBT	Computer-based Telelearning
CD-ROM	Compact Disc - Read Only Memory
CIM	Computer Integrated Manufacturing
CORBA	Common Object Request Broker Architecture
CPU	Central Processing Unit
CRS	Computer Reservation System
CSCW	Computer Supported Cooperative Work
CTI	Computer Telephone Integration
DCF	Discounted Cash Flow
DGB	Deutscher Gewerkschaftsbund
DIN	Deutsche Industrienorm
DQDB	Distributed Queue Dual Bus
DSS	Decision Support System
DTB	Deutsche Terminbörse
E-Mail	Electronic Mail
ECR	Efficient Consumer Response
EDI	Electronic Data Interchange
EDIFACT	Electronic Data Interchange for Administration, Commerce and Transport
EDV	Elektronische Datenverarbeitung
EPK	Ereignisgesteuerte Prozeßkette
EVA	Economic Value Added
F&E	Forschung und Entwicklung
FDDI	Fibre Distributed Data Interface
FTP	File Transfer Protocol

GDSS   Group Decision Support System
GII   Global Information Infrastructure
GPRS   General Packet Radio Service
GSM   Global System for Mobile Communication

HSCSD   High Speed Circuit Switched Data
HTTP   Hyper Text Transfer Protocol

IDN   Integriertes Datennetz
IEEE   Institute of Electrical and Electronic Engineers
INMARSAT   International Maritime Satellite Organisation
IOS   Interorganisationssysteme
IPX / SPX   Internetwork Packet Exchange / Sequenced Packet Exchange
ISDN   Integrated Services Digital Network
ISO / OSI   International Standard Organisation / Open Systems Interconnection
IuK   Information und Kommunikation
IWF   Impulswahlverfahren

JIT   Just in Time

KEF   Kritische Erfolgsfaktoren

LAN   Local Area Network

MFV   Mehrfrequenzverfahren
MVA   Market Value Added

NC   Numerically Controlled
NII   National Information Infrastructure

ODA / ODIF   Office Document Architecture / Office Document Interchange Format
OMG   Object Management Group
OMT   Object Modeling Technique
OOA   Object Oriented Analysis

PaCT   PBX and Computer Teaming
PBX   Private Branch Exchange
PC   Personal Computer
PCMCIA   Personal Computer Memory Card International Association
PCN   Personal Communication Network

POSDCORB	Planning, Organizing, Staffing, Directing, Coordinating, Reporting, Budgeting
PPS	Produktionsplanung- und -steuerungssysteme
RDA	Remote Database Access
RISC	Reduced Instruction Set Computer
ROE	Return on Equity
ROI	Return on Investment
RONA	Return on Net Asstes
SA	Strukturierte Analyse
SDW	Simultaneous Distributed Work
SOM	Semantisches Objektmodell
SONET	Synchronous Optical Network
SQL	Structured Query Language
STEP	Standard for the Exchange of Product Definition Data
T / TTS	Task / Team Support System
TCP / IP	Transport Control Protocol / Internet Protocol
TQM	Total Quality Management
UCD	Uniform Call Distributor
US-GAAP	Generally Accepted Accounting Principles
VRU	Voice Response Unit
W-LAN	Wireless Local Area Network
WAN	Wide Area Network
WWW	World Wide Web
XML	Extensible Markup Language

Teil 1

Information, Organisation und Management – Auf dem Weg zur grenzenlosen Unternehmung

1.1   Wandel von Wettbewerbsbedingungen und Unternehmensstrukturen

Wir sind gewohnt, uns Unternehmen als abgeschlossene, integrierte Gebilde vorzustellen. Sie sind physisch in Bürogebäuden und Fabrikanlagen untergebracht, in denen sich ihre Mitglieder aufhalten und in denen sich die erforderlichen Materialien, Betriebsmittel und Informationen befinden. Die physischen Standortstrukturen und die arbeits- bzw. gesellschaftsrechtlichen Vertragsbeziehungen zwischen den Unternehmensmitgliedern definieren im allgemeinen die Grenzen einer Unternehmung. Natürlich überschreitet eine Unternehmung diese Grenzen ständig, indem sie auf Märkten agiert, also z.B. Inputgüter beschafft, Fertigprodukte verkauft, Kapital aufnimmt oder anlegt. Aber diese Grenzüberschreitungen korrespondieren mit einer klaren Vorstellung von innen und außen, von zugehörig und nicht zugehörig, von Schnittstellen zwischen Unternehmung und Märkten. Weite Teile der Wirtschaft entsprechen diesem Unternehmensmodell, welches auch vielen Lehrbüchern zugrunde liegt, nicht mehr. Modulare Organisationen, Netzwerke und Kooperationsgeflechte, elektronische Märkte, Telekooperationen und virtuelle Organisationsstrukturen sind nicht mehr nur Schlagworte, sondern schon heute Realität. *Die klassischen Grenzen der Unternehmung beginnen zu verschwimmen, sich nach innen wie nach außen zu verändern, teilweise auch aufzulösen.* An die Stelle von tief gestaffelten Unternehmenshierarchien, die primär nach Befehl und Gehorsam funktionieren, treten zunehmend dezentrale, modular zerlegte Gebilde, die von Autonomie, Kooperation und indirekter Führung geprägt sind. Offensichtlich steht diese Entwicklung in Zusammenhang mit Veränderungen in Wettbewerb, Technologie und Wertvorstellungen. Abbildung 1-1 verdeutlicht die neue Situation für Unternehmen und Märkte.

1.1.1 Veränderung der Wettbewerbssituation

Für eine Vielzahl von Unternehmen läßt sich eine *tiefgreifende Veränderung der Wettbewerbsbedingungen* feststellen. Güter-, Arbeits- und Informationsmärkte globalisieren sich zunehmend. Die Nutzung der neuen Kommunikationsnetze verschafft weltweiten Zugang zu Märkten, die vormals schwer erreichbar waren. Die Intensivierung des Wettbewerbs vollzieht sich durch den Eintritt neuer Wettbewerber in ehemals angestammte oder auch verschlossene Märkte. Beeindruckend ist nach wie vor das erfolgreiche Agieren ostasiatischer Anbieter, besonders im Bereich industrieller Massengüter. Seit der Öffnung der Märkte Osteuropas kommen Anbieter hinzu, in deren nationalen Volkswirtschaften Industriegüter zu erheblich geringeren Produktionskosten hergestellt werden und die mit ihren qualitativ immer besser werdenden Gütern und Dienstleistungen

zunehmend Anschluß an den Weltmarkt finden. Qualifizierte Dienstleister bieten ihre
Leistungen weltweit über Datennetze an.

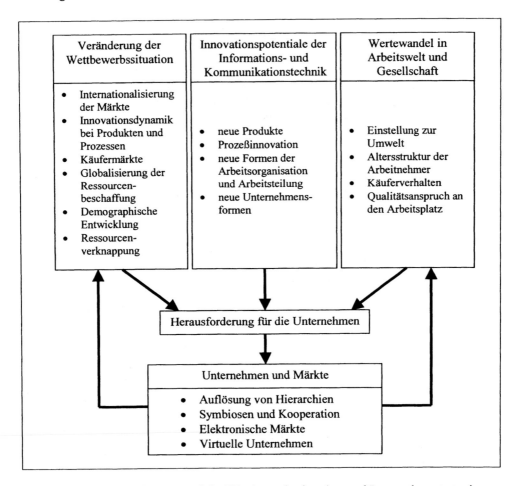

Abb. 1-1:   Innovationspotentiale, Wettbewerbssituation und Innovationsstrategien

Immer häufiger ist der Wandel von Verkäufer- zu Käufermärkten zu beobachten. Die
Käufer sind anspruchsvoller geworden und zudem nicht mehr bereit, organisatorisch
bedingte Koordinationsprobleme, wie z.B. lange Lieferzeiten oder Schnittstellenprob-
leme bei Prozessen, zu akzeptieren. Das neue Käuferverhalten ist ein wesentlicher
Einflußfaktor für die Entwicklung neuer Güter und Dienstleistungen bei wachsenden
Qualitätsansprüchen. Dies gilt für Konsumgüter, Investitionsgüter und für Dienstleis-
tungen aller Art. Käufermärkte verlangen von den Unternehmen in erster Linie stärkere
Kundenorientierung. Die betriebswirtschaftlichen Ziele „Kosten", „Qualität", „Zeit"

(Entwicklungs- und Lieferzeit) und „Flexibilität" erhalten aus wettbewerbsstrategischer Sicht eine grundsätzliche Neubewertung. Vielfach ist es so, daß auf besonders turbulenten Märkten *Zeit und Flexibilität die entscheidenden Kriterien im Wettbewerb* sind, wenn es darum geht, rasch und kostengünstig auf die sich ändernde Nachfrage eingehen zu müssen.

1.1.2 Wertewandel in Arbeitswelt und Gesellschaft

Überlagert wird die oben dargestellte Entwicklung von einem *tiefgreifenden Wandel in der Gesellschaft und in der Arbeitswelt.* Er vollzieht sich in Deutschland seit den 1960er Jahren und findet zumindest in den hochentwickelten Industriegesellschaften weltweite Parallelen. Konkret drückt sich dieser Wandel in der Arbeitswelt durch eine zunehmende Ablehnung von Unterordnung, Verpflichtung und reiner Arbeitsausführung ohne eigenen Handlungsspielraum aus. Dies hat bereits in den 1970er Jahren dazu geführt, daß neue Formen der Arbeitsorganisation in den Industriebetrieben etabliert wurden, die eine Verbesserung der Arbeitsbedingungen im Sinne erweiterter Handlungsspielräume zum Ziel hatten. Diese Aktivitäten zeigten allerdings keine nachhaltige Wirkung: Zahlreiche Modelle für eine Humanisierung des Arbeitslebens in der Industrie scheiterten an einem verkürzt verstandenen Wirtschaftlichkeitsdenken. Heute gewinnen jedoch Werte wie Eigenverantwortung, Selbständigkeit, Selbstverwirklichung und Individualität in der Arbeitswelt immer mehr Bedeutung; zugleich wird ihr Potential für Qualität, Flexibilität und Rationalisierung des Arbeitshandelns (wieder-)entdeckt.

In der Gesellschaft drückt sich der Wertewandel zunehmend in einer veränderten Haltung gegenüber Ressourcen und Umwelt sowie in einer differenzierten Nutzung der Technikpotentiale aus. Ein wesentlicher Faktor für diesen Wandel ist die zunehmende Verschärfung der Verkehrs- und Raumsituation in den Ballungszentren. Täglich erleben Millionen von Menschen auf dem Weg zwischen Heim und Arbeitsplatz, vor und nach dem eigentlichen Arbeitstag, das Massenverkehrsaufkommen mit entsprechendem Zeitverlust, Risiko und Streß. Die Raumkosten in den Ballungszentren nehmen dramatisch zu und verknappen das verfügbare Einkommen. Umweltbelastung, Streßerlebnis und Zeitverlust sind gesellschaftliche Negativeffekte, denen kein erkennbarer Nutzen gegenübersteht. Diese Faktoren und der Wertewandel in Arbeitswelt und Gesellschaft führen zu Überlegungen hinsichtlich des optimalen Standortes von industrieller Produktion sowie der zugehörigen Arbeitsplätze (vgl. Abb. 1-1).

1.1.3 Innovationspotentiale der Informations- und Kommunikationstechnik

Innerhalb der Wandlungs- und Umstrukturierungsprozesse nehmen die *Techniken der Information und Kommunikation (IuK)* einen besonderen Stellenwert ein. Die dramatische Leistungssteigerung, Miniaturisierung und Integration dieser Technologien führen zum Teil zu völlig neuen Anwendungspotentialen auf der Produkt- und Prozeßebene in Wirtschaft und Gesellschaft. Im Verbund mit der Produktions-, Transport-, Werkstoff- und Energietechnik vollziehen sich tiefgreifende Wandlungen, zu denen u.a. *Kapazitäts- und Leistungssteigerung, Objektorientierung, Globalisierung, Konvergenz, Virtualisierung, Mobilität, Offenheit, Verteilung und Dematerialisierung* gehören. Im Umfeld der neuen Technologien entwickeln sich schließlich zahlreiche neue Dienstleistungsmärkte.

Die eigentlich altbekannte, aber sehr wichtige Tatsache, daß Unternehmen, Märkte, Branchen, Politik und Gesellschaft sich wesentlich durch Information und Kommunikation konstituieren, wird durch das rasant steigende Leistungsangebot entsprechender Techniken und die damit verbundenen strukturellen Wandlungspotentiale wieder ins Bewußtsein gerückt. Es zeichnen sich neuartige Leistungsqualitäten und neue Formen der Gestaltung von wirtschaftlichen Prozeßen ab, die die Funktionsweise von Wirtschaft, Wissenschaft und Verwaltung nachhaltig verändern. Die neuen Technologien tragen auch wesentlich zur Innovationsdynamik im Bereich der Produkt- und Prozeßinnovationen bei. Die Mikroelektronik verändert jedoch nicht nur Produkte und Produktionsprozesse. Sie läßt auch viele Maschinen wirtschaftlich rasch altern, weil neue Technologien mit höherer Leistungsfähigkeit schneller auf den Markt kommen. Auch für die Einlösung der neuen Bedürfnisse aus verändertem Verbraucherverhalten und verändertem Wertesystem und den sich daraus ergebenden Herausforderungen an die Arbeitswelt bieten die neuen Technologien ein Gestaltungsfeld für neue Formen der arbeitsteiligen Leistungserstellung. Neue Kooperationsformen in und zwischen Unternehmen wie Teamkonzepte, Gruppenarbeit, modulare Organisationen, Arbeit in mobilen Büros oder in dezentralen Arbeitsstätten, Telekooperation und virtuelle Unternehmen stehen für diese Entwicklung. Der Wandel zur Informationsgesellschaft, der sich vor allem auch in der Verbreitung und Verknüpfung der Individual- und Massenkommunikationsmedien darstellt, und die Verschärfung des Wettbewerbs durch zahlreiche Anbieter stärken die Position des Käufers und machen den Kundennutzen zum bestimmenden Faktor für den Markterfolg eines Unternehmens. Viele Arbeitsleistungen können heute global beschafft werden; Beschaffungsmärkte für viele materielle und zunehmend auch immaterielle Güter sind weltweit verteilt, wie es z.B. die Produktion von Software zeigt. Insgesamt läßt sich damit festhalten, daß die neuen Möglichkeiten moderner Informations- und Kommunikationssysteme Potentiale eröffnen und gleichzeitig zu neuen Herausforderungen führen, denen sich die Unternehmen stellen müssen.

1.1.4 Neue Organisationskonzepte: Die Überwindung von Grenzen

Unternehmen werden in ihren Handlungsmöglichkeiten durch verschiedene Faktoren wie z.B. räumliche Entfernungen, Raum- und Zeitknappheit, Wissensmängel, Kapazitätsengpässe und mangelnde Flexibilität begrenzt. Die Anwendungspotentiale von IuK-Techniken im Wettbewerbsprozeß stellen die Überwindung solcher Grenzen in das Zentrum neuer Lösungsansätze für betriebswirtschaftliche Innovationen.

- Aufgrund von *Kommunikations- und Transporterleichterungen* spielen regionale oder nationale Grenzen bei der Definition und Koordination wirtschaftlicher Aktivitäten eine immer geringere Rolle.

- Die *erleichterte kommunikative Einbindung dritter Partner* bei der Verwirklichung unternehmerischer Konzepte läßt Unternehmensgrenzen im Sinne einer Differenzierung zwischen innen und außen zusehends verschwinden.

- Kapazitätsgrenzen werden dank der *flexiblen Einbeziehung der jeweils erforderlichen Ressourcen* problembezogen erweitert.

- Wissensgrenzen lassen sich durch den erheblich vereinfachten, *weltweiten Zugriff auf Wissensträger und Wissensbestände* hinausschieben und rascher überwinden.

- Grenzen von Spezialisierung und Qualifizierung von Menschen in Organisationen verflüchtigen sich aufgrund neuartiger – nicht zuletzt auch durch IuK-Technik ermöglichter – *Bündelungs- und Vernetzungsmöglichkeiten von Prozessen und Personen*.

Diese beispielhaften Tendenzen, die im weiteren Verlauf dieses Buches eingehend analysiert werden, zeigen: Tradierte Vorstellungen über die Konstruktion und das Funktionieren von Unternehmen sind zu revidieren. Unternehmen werden immer seltener als gegenüber der Umwelt relativ gut abgrenzbare, dauerhafte, integrierte und raum-zeitlich klar definierte Gebilde aufzufassen sein. Vielmehr stehen fundamentale organisatorische Innovationen an, nämlich der Übergang zu zum Teil völlig neuen unternehmerischen Konzeptionen und Formen wirtschaftlicher Arbeitsteilung innerhalb und zwischen Unternehmen. Sie drücken sich in neuen Formen modularisierter, teilweise virtualisierter Unternehmungen aus, die problemabhängig und flexibel in einem zum Teil symbiotischen Netzwerk mit vor- und nachgelagerten Partnern Wertschöpfungsprozesse gestalten. Sie bedienen sich dabei innovativer technisch-organisatorischer Potentiale wie z.B. Telekooperation, elektronischer Märkte oder zwischenbetrieblicher Systemintegration.

1.1.5 Barrieren für organisatorische Innovationen

Es ist bekannt, daß sich gerade organisatorische Innovationen aufgrund verschiedener *Beharrungstendenzen* nur zögernd ausbreiten. Von erheblicher Bedeutung für die Innovationsfähigkeit ist es, permanent neues Wissen und Können zu erschließen. Dies ist oft nur mit erheblichem Kosten- und Zeitaufwand zu erreichen. Gerade spezifisches, langfristig im Unternehmen aufgebautes Erfahrungswissen ist aufgrund seines oft impliziten, schwer faßbaren Charakters kaum durch herkömmliche Methoden (wie z.B. Fortbildungsseminare) transferierbar. Mangelndes Verständnis für die neuen Herausforderungen und für die Kräfte, die diesen Wandel treiben, mangelnde Anpassungsfähigkeit und Wandlungsbereitschaft sowie nicht zuletzt auch Ängste vor den Folgen der neuen Strukturen gehören ebenfalls zu den Hürden, die der zügigen Weiterentwicklung der Unternehmen entgegenstehen und möglicherweise zu einem verspäteten Wandel führen. Die fundierte Auseinandersetzung mit den Veränderungspotentialen und ihren Triebkräften kann dazu beitragen, derartige Barrieren abzubauen.

1.2 Übergang zu neuen Leitbildern für Organisation und Führung von Unternehmen

1.2.1 Die tayloristische Industrieorganisation: Produktivität unter stabilen Bedingungen

Die Erkenntnisse über die neuen Rahmenbedingungen des Wettbewerbs sind bereits weit verbreitet. In zahlreichen Veröffentlichungen über neue Wettbewerbsstrategien werden Zukunftswege aufgezeigt. Aber diese Ideen sind keineswegs leicht umzusetzen. Nach wie vor beherrscht das Erfahrungswissen der traditionellen Industrieorganisation das Handeln im Unternehmensalltag, denn die tradierten „Leitsätze erfolgreicher Unternehmensführung" sind von der Erfolgsgeschichte der industriellen Arbeitsorganisation geprägt. Diese basiert primär auf den Gedanken des Scientific Management, insbesondere des Werkes von F.W. Taylor und beeinflußt Struktur und Prozeß von Unternehmen, Produktivität und Wertschöpfung der Leistungserstellung, aber auch die Entwicklung des klassischen betriebswirtschaftlichen Instrumentariums der Führungs-, Anreiz- und Kontrollsysteme. Wesentliche Merkmale dieser klassischen Industrieorganisation waren die Hierarchie, die funktionale Arbeitsteilung in der Aufbauorganisation und der mit den Methoden der Arbeitsanalyse systematisch entwickelte *„one best way"* der Ablauforganisation. Die dominierenden Gestaltungsprinzipien des tayloristischen Ansatzes waren:

- Konzentration der Arbeitsmethodik auf eine weitestgehende Arbeitszerlegung;
- personelle Trennung von dispositiver und ausführender Arbeit;

- räumliche Ausgliederung aller planenden, steuernden und kontrollierenden Aufgaben aus dem Bereich der Fertigung.

Auf diese Weise konnte das komplexe Koordinationsproblem zwar „optimal" über die Ausstattung und Anordnung der Produktionsfaktoren gelöst werden, jedoch wurde auch der Mensch lediglich als ein funktionsfähiger Produktionsfaktor betrachtet, der als Befehlsempfänger und -umsetzer in den Fertigungsprozeß integriert wurde. Die Kommunikationsbeziehungen folgten den hierarchischen Strukturen. Es entstand eine streng formalisierte, durch feste Regeln vorgeschriebene Kommunikation über die Hierarchiestufen, der sogenannte Dienstweg. Das Kommunikationsverhalten zwischen Vorgesetzten und Untergebenen war vom Rollenverständnis des Vorgesetzten als Befehlsgeber und des Untergebenen als Befehlsempfänger geprägt.

Die Strategien zur Rationalisierung der Güterproduktion sind im wesentlichen das Ergebnis klassischer Konzepte der Unternehmensführung und -organisation, die zu Beginn dieses Jahrhunderts mit den Managementprinzipien der wissenschaftlichen Betriebsführung festgelegt worden sind. Industrielle Rationalisierungsstrategien konzentrierten sich vor allem auf die Produktion von Massengütern in Großunternehmen. Sie führten zu beachtlichen Erfolgen durch die systematische Gewinnung, Perfektionierung und Anwendung von Methoden zur Optimierung von Fertigungsprozessen. Diese Erfolge wurden in der Vergangenheit aber nur dadurch erzielt, daß sie die langfristig stabilen Rahmenbedingungen des Wirtschaftens adäquat abbildeten und in klare Leitlinien unternehmerischen Handelns übersetzten. Zu diesen *Prämissen für den Erfolg klassischer Rationalisierungsstrategien* gehören:

- relativ lange Lebenszyklen der Produkte;
- stabile Absatzmärkte;
- begrenzte Zahl von Wettbewerbern mit bekannten Stärken und Schwächen;
- niedrige Kosten natürlicher Ressourcen und geringe Umweltlasten für die Unternehmen;
- reichliche Verfügbarkeit von hoch motivierten, gut qualifizierten oder problemlos qualifizierbaren Arbeitskräften.

Solange diese Prämissen den tatsächlichen wirtschaftlichen und gesellschaftlichen Rahmenbedingungen entsprachen, sicherten die klassischen Prinzipien – Burkart Lutz nennt sie die „principles of common wisdom" der industriellen Innovationsstrategie – Unternehmen zuverlässig auf ihrem Erfolgspfad ab. Heute haben sich die Rahmenbedingungen gewandelt; neue Prinzipien sind erforderlich. Die Loslösung von den klassischen Prinzipien fällt jedoch schwer, denn diese Grundsätze sind über Jahrzehnte gefestigt und liegen heute gewissermaßen „fest verdrahtet" vor, z.B. in der Aufgabendefinition und Zuständigkeitsabgrenzung von Managementressorts, in der Definition von Ausbildungsinhalten, Qualifikationen und Mitarbeiterkompetenzen, in Auswahl und Aufbau betrieblicher Informationssysteme sowie im Zuschnitt der Außenbeziehungen eines Unternehmens.

Die stabilen Verhältnisse auf den Märkten, die Langlebigkeit der Produkte und die hohe Produktivität gaben diesem Typ von Industrieorganisation bis in die späten siebziger Jahre seine Rechtfertigung. Trefflich führt der Industriesoziologe Konrad Thomas zu dieser Entwicklung aus: „Arbeitsteilung, Fließband, Taktstraßen plus Leistungsanreiz haben der Industrie einen Produktivitätsaufschwung gegeben, der zusammen mit den Methoden rationaler Betriebsgestaltung mit Recht von G. Friedmann als zweite industrielle Revolution bezeichnet wird. Was läge näher, als die Berechtigung der angewandten Methoden von ihrer Effizienz her zu beurteilen".

1.2.2 Neue Leitbilder: Flexibilität und Innovationsfähigkeit

Die veränderten Wettbewerbsbedingungen verlangen von den Unternehmen *Flexibilität und Innovationsfähigkeit* statt Produktivitätssteigerung durch starre Arbeitsteilung. Notwendig ist eine Abflachung oder sogar Auflösung hierarchischer Strukturen. Klassische Abteilungen und Hierarchieebenen verlieren ihre Bedeutung, streng festgelegte Kommunikationsstrukturen werden durch den direkten Weg einer nicht im einzelnen kanalisierten Gruppenkommunikation ersetzt. Die Zusammenführung von dispositiver und objektbezogener Arbeit sowie die Zusammenführung von Dienstleistung und Sachleistung zu geschlossenen Wertschöpfungsketten hat aber noch eine weitere Konsequenz, welche die Grenzen der Unternehmung auch in räumlicher Hinsicht in Frage stellt: Je stärker das Prinzip der autonomen Organisationseinheiten die Wertschöpfungskette durchdringt und je besser die autonomen Unternehmenseinheiten durch Informations- und Kommunikationstechniken koordiniert werden können, desto stärker tritt auch die Standortfrage in den Vordergrund. Können mit einer Standortverlagerung ökonomische Vorteile erzielt werden, z.B. durch größere Marktnähe, durch die Nutzung von Kostenvorteilen, durch Erhöhung der Lebensqualität für die Mitarbeiter oder durch Versorgungsvorteile, dann folgt der organisatorischen Dezentralisierung auch die räumliche Dezentralisierung, d.h. die Standortverlagerung von Organisationseinheiten. Diese erstreckt sich auf die Standorte von ganzen Unternehmen, von modularen Organisationseinheiten, Gruppen oder einzelnen Arbeitsplätzen. Es ist daher nicht verwunderlich, daß im Zuge der Modularisierung und der Neustrukturierung der Unternehmensorganisationen neue Formen der Arbeit und der Arbeitsteilung intensiv diskutiert werden. Darüber hinaus eröffnet dies die Möglichkeit zur Verfolgung neuer Wettbewerbsstrategien. Lange Zeit beherrschte die von Porter formulierte These, man könne nur entweder

Kostenführerschaft oder Differenzierung als Strategie verfolgen, die Strategiediskussion. An dieser populären Sicht ist vielfach Kritik geübt worden. So belegen zahlreiche empirische Beispiele, daß viele Unternehmen mit hybriden Wettbewerbsstrategien – verstanden als Synthese aus Kosten- und Differenzierungsstrategien – beachtliche Erfolge zu erzielen vermögen. Beispiel ist die individuell konfigurierte PC-Herstellung bei Dell oder die Maßanfertigung von Kleidung, die immer mehr Unternehmen anbieten. Den Trend zu hybriden Strategien fördert nicht zuletzt die sog. Mass Customization, da mit ihrer Hilfe der alte Gegensatz zwischen Flexibilität und Produktivität zugunsten einer ebenso flexiblen wie hoch produktiven Marktversorgung in manchen Branchen überwunden werden kann.

Abbildung 1-2 zeigt im Überblick, in welcher Weise neue Leitbilder die Bemühungen um die Anpassung der Unternehmensstrukturen prägen. Die neuen Leitbilder betonen die Notwendigkeit einer Neugestaltung von Unternehmensorganisation und Unternehmensführung. Leitgedanke ist die Stärkung der Innovationsfähigkeit durch die Entwicklung neuer Organisationsstrategien, die an die Stelle der klassischen produktivitätsorientierten Modelle treten.

Dezentralisierung und Modularisierung (Teile 5 und 8)

Die Veränderung der Rahmenbedingungen und die hohe Bedeutung eines Strukturwandels für die Erhaltung und Sicherung der Wettbewerbsfähigkeit verlangen in erster Linie ausgeprägte *Fähigkeiten zur Marktorientierung* durch:

- die Reintegration von Fertigungs- und Dienstleistungsfunktionen in der betrieblichen Wertschöpfung zu ganzheitlichen Prozessen ausgehend vom Kundennutzen;
- ein direktes, unmittelbares Kommunizieren in neuen Formen der Arbeitsorganisation zwischen allen Beteiligten des Wertschöpfungsprozesses;
- die Fähigkeit der Mitarbeiter, Marktinformationen aufzunehmen, richtig zu interpretieren und kundenorientiert zu handeln;
- die Fähigkeit der Mitarbeiter, den Leistungsbeitrag der Organisationseinheit zur betrieblichen Wertschöpfung und zum Markterfolg zu erkennen und Tagesentscheidungen daran zu orientieren;
- ein neues Rollenverständnis von Führungskräften und Mitarbeitern in hierarchiearmen Organisationen.

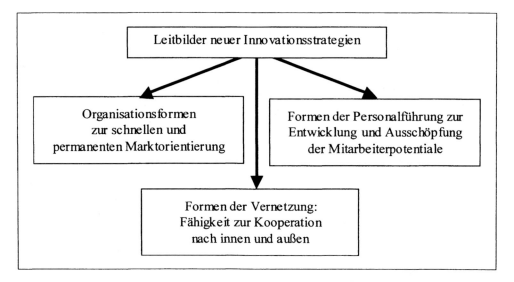

Abb. 1-2:   Neue Leitbilder für Innovationsstrategien

Durch die weitgehende Reintegration von dispositiven Aufgaben in den Produktionspro-zeß wird die Arbeit der Zukunft vor allem in autonomen Gruppen erfolgen. Diese wurden bereits in den siebziger Jahren als ein den menschlichen Bedürfnissen weit entsprechendes Arbeitsmodell erkannt. Auch die neuen Konzepte des Reengineering propagieren eine vom Markt ausgehende Integration des Leistungsprozesses in Gruppenarbeit, im Idealfall von der Materialbeschaffung bis zur Auslieferung an den Kunden.

Technische und nicht-technische Formen der Vernetzung (Teile 4, 6, 7 und 8)

Die künftigen Formen einer globalen Zusammenarbeit im Unternehmen mit dezentralen und auch standortverteilten Gruppenorganisationen in einer immer mehr auf internatio-nale Arbeitsteilung ausgerichteten Arbeitswelt verlangen vom Mitarbeiter der Zukunft das *Agieren in Netzwerken* – und zwar sowohl in technischen als auch in nicht-technischen Netzwerken.

Während ersteres vor allem in verschiedenen Formen der IuK-technisch gestützten Telekooperation zum Ausdruck kommt, konkretisiert sich letzteres in einer Vielzahl von sozialen Verbindungen innerhalb und außerhalb der Organisation, deren Erfolg und Beständigkeit von der Einhaltung bestimmter Regeln abhängt. Diese Regeln beziehen sich beispielsweise auf den Umgang mit Teampartnern aus anderen Gesellschaften und Kulturen, auf die Verständigung mit Kunden und Marktpartnern, für die andere Normen

und Regeln gelten, auf den Umgang mit unterschiedlichen Erwartungen an Führungskräfte in globalen Teams, aber auch auf die Bewertung von Handlungsalternativen,
deren Nutzen und Kosten unter Umständen erst im Verbund entstehen. Dies ist der Fall
bei Kooperationen in der Entwicklung, im Vertrieb, im Marketing, in der Logistik, in
der Montage etc., wenn Dienstleistungsketten, Allianzen mit Wettbewerbern oder andere Formen der vertikalen oder horizontalen Kooperation geschlossen werden. Hierfür
sind vor allem Qualifikationen im schwierigen Feld der Kommunikation zu entwickeln.
Wichtige Fragen betreffen dabei den Aufbau von Vertrauen und die Pflege zwischenmenschlicher Beziehungen. Durch die zunehmende Vernetzung entstehen auch neue
Fragestellungen bei der Bewertung unternehmerischer Handlungsalternativen. Hier sind
unter anderem die Fragen des Nutzens und der Kosten von Kooperationen, der Messung
und Zurechnung von Kooperationsverbundeffekten oder auch der Konsensfindung
bezüglich der Budgetfestlegung und Gewinnverwendung zu berücksichtigen.

Neue Formen der Personalführung zur Entwicklung und Ausschöpfung der Mitarbeiterpotentiale (Teile 9 und 10)

Letztlich handelt es sich bei ganzheitlichen Organisationsstrukturen um innovative
Unternehmenskonzepte, die den Zusammenhang von Arbeitsteilung, Koordinationsformen und Effektivität neu definieren. Entscheidend für die Realisierbarkeit dieser Konzepte ist die *Entwicklung und Ausschöpfung der Fähigkeiten und Potentiale der Mitarbeiter*. Hierzu bieten die neuen Arbeitsformen Ansatzpunkte. Besonders das Organisationsmodell der *autonomen Gruppe mit flexibler, problemabhängiger Vernetzung* besitzt
alle guten Voraussetzungen, die Kreativitäts- und Leistungspotentiale der Menschen in
hohem Maße zur Entfaltung zu bringen, die Motivation zu fördern und wirtschaftlichen
Nutzen zu stiften, sofern es sinnvoll in den Wertschöpfungsprozeß eingefügt wird. Die
Erkenntnisse der Arbeitsstrukturierungsdebatte belegen, daß den Menschen durch einen
sinnvollen Arbeitsinhalt, ein überschaubares Arbeitsumfeld, eine rasche Rückkopplung
der Arbeitsergebnisse und die Wertschätzung durch andere sowie durch ausreichende
Qualifikation, Handlungsautonomie und Verantwortung vermehrt Möglichkeiten zur
Selbstentfaltung sowie erhöhte Leistungsmotivation gegeben werden können. Dadurch
können die Ziele der Menschen mit den Zielen der Unternehmung weitgehend in Einklang gebracht werden. Den Rahmen für diese Prozesse bilden neue Konzepte der Strategieentwicklung und des Controlling.

1.3 Aufbau und Charakteristika dieses Buches

1.3.1 Eine neue „Unternehmensführungslehre"

Das vorliegende Buch handelt von den Ursachen, Tendenzen und Formen des skizzierten Wandels in einer Organisation und zwischen Unternehmen im Wettbewerb, von den Chancen und Perspektiven, die dieser Wandel bietet, von den Schwierigkeiten, mit ihm umzugehen und von den Herausforderungen, die er an das Management stellt. Es zeigt, welche fundamentale Bedeutung Änderungen im Preis-Leistungs-Verhältnis von IuK-Technik für die Organisationsformen der Wirtschaft haben, d.h. wie sich die jüngst zu beobachtenden und in Zukunft weiter zu erwartenden Senkungen der Informations- und Kommunikationskosten bei gleichzeitiger Steigerung der Informations- und Kommunikationsleistungen auf die Strukturen der Arbeitsteilung innerhalb und zwischen Unternehmen und Märkten auswirken. Diese Entwicklungen eröffnen neue Gestaltungsspielräume und erfordern, daß für jede abzuwickelnde Aufgabe die geeignete Koordinationsform neu zu bestimmen ist. Ausgehend von der ganzheitlichen, auf die marktorientierte Leistungserstellung ausgerichteten Wertschöpfungskette ist für jeden Teilprozeß zu klären, *ob er intern oder extern* abzuwickeln ist (hier geht es um die klassische make-or-buy-Problematik), *wie* die Koordination jeweils zu gestalten ist (intern geht es etwa um die Frage Hierachie / Modularisierung, extern um die Auswahl einer symbiotischen Koordinationsform oder die Nutzung elektronischer Märkte) und *wo* er abzuwickeln ist (Möglichkeiten der Standortverteilung und Standortunabhängigkeit). Die effiziente Ausschöpfung der neuen Gestaltungspotentiale führt zu einer zunehmenden Auflösung von Grenzen und zur Virtualisierung von Markt- und Unternehmensstrukturen (vgl. im Überblick auch Abb. 1-3). Die einzelnen Koordinationsmodelle sind Gegenstand eingehender Analyse in den folgenden Teilen.

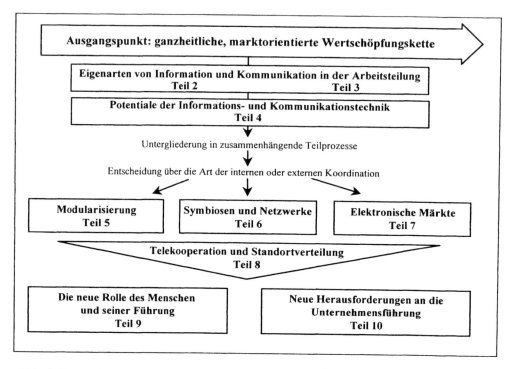

Abb. 1-3:   Entstehung von Koordinationsformen im Überblick

Während in der Vergangenheit der Schwerpunkt der betriebswirtschaftlichen Führungs-
und Gestaltungsdiskussion vorwiegend im Bereich hoch spezifischer und wenig veränderlicher Aufgaben lag, wie sie in klassischen Hierarchien abgewickelt wurden, weitet
sich die Diskussion zunehmend aus: Im Mittelpunkt steht die gesamte Marktaufgabe, für
die vor dem Hintergrund der jeweiligen wettbewerblichen, technologischen und institutionellen Rahmenbedingungen geeignete Koordinationsstrukturen unter Einbeziehung
vor- und nachgelagerter Wertschöpfungsstufen zu bestimmen sind. Die Leistungspotentiale der IuK-Technik rücken dabei die Informationsdimension von Produkten, Prozessen, Strukturen sowie ganzer Wertschöpfungsketten ins Blickfeld. Das Bewußtsein
schärft sich dafür, daß der überwiegende Teil aller Wertschöpfungsaktivitäten informa-
tions- und kommunikationsgeprägt ist. Die unternehmerische Wertschöpfung verlagert
sich zunehmend in die Informationssphäre. Organisations- und Führungsstrukturen
müssen sich diesem Wandel anpassen. Für die Unternehmensführung entstehen dadurch
in vielen Bereichen völlig neuartige Anforderungen, Gestaltungsoptionen und auch
Chancen. Vor diesem Hintergrund läßt sich dieses Buch als eine *„neue Unternehmens-
führungslehre im Zeitalter der Informationsgesellschaft"* bezeichnen.

1.3.2 Grenzen der „Grenzenlosigkeit"

Die in diesem Buch vorgestellten Ideen und Konzepte können für eine Vielzahl von Herausforderungen Empfehlungen anbieten. Dennoch wäre es fatal, ihnen den Charakter eines Allheilmittels zuzuschreiben. Denn gemäß dem situativen Ansatz der Organisation, der diesem Buch zugrunde liegt, sind organisatorische Lösungen immer nur für bestimmte Rahmenbedingungen effizient. Verändern sich diese Rahmenbedingungen, so sind neue organisatorische Empfehlungen notwendig.

Im Sinne des Ausgleichsgesetzes der Planung nach Gutenberg könnte man auch sagen, daß sich das vorliegende Buch auf den gegenwärtigen Engpaß fokussiert. Ist dieser Engpaß mit Hilfe der hier vorgetragenen Lösungsansätze überwunden, werden neue Engpässe entstehen, die neue Wege zu ihrer Überwindung verlangen. So beherrschen gegenwärtig Fragen der Neugestaltung von Wertschöpfungsketten die Diskussion, wozu die Grenzenlose Unternehmung ihren Beitrag leistet. Sobald aber die Restrukuturierungsvorhaben weit fortgeschritten sind, werden andere Themenkomplexe in den Mittelpunkt des Interesses rücken, die neue Lösungsansätze erfordern. An welche Grenzen die vorgestellten Ideen und Konzepte im Detail stoßen, wird am Ende des jeweiligen Teils aufgezeigt.

1.3.3 Aufbau des Buches im Überblick

Im folgenden werden die einzelnen Teile des Buches überblicksartig dargestellt. Die Teile 2 und 3 legen das theoretische Fundament. In Teil 4 werden die IuK-technischen Grundlagen erläutert. Die Teile 5 bis 8 untersuchen typische Strukturen der sich neu entwickelnden Unternehmensformen. Teil 9 akzentuiert die besondere Rolle des Menschen in der grenzenlosen Unternehmung, während sich Teil 10 den veränderten Anforderungen an Unternehmensführung und Controlling widmet.

Teil 2: Hier werden die theoretischen Grundlagen des Leistungsaustausches auf Märkten und in Unternehmungen und insbesondere *die entscheidende Rolle der Information in Marktdynamik und Wettbewerb* dargestellt. Es wird gezeigt, auf welche Weise Information und Kommunikation den dynamischen unternehmerischen Wettbewerb und die Entwicklung von Arbeitsteilung und Organisation beeinflussen. Organisationsformen, verstanden als institutionelle Ordnungsmuster arbeitsteiligen Geschehens, dienen der möglichst reibungslosen und motivierten Aufgabenerfüllung und damit der Rationalisierung der Arbeitsteilung. Marktprozeßtheorie und neue Institutionenökonomie sind hier wichtige Referenztheorien.

Teil 3: Eine vertiefte Auseinandersetzung mit arbeitsteiligen Prozessen innerhalb und zwischen Unternehmen erfordert eine detailliertere Behandlung der damit verbundenen Prozesse der Information und Kommunikation. Teil 3 stellt dafür die Grundlage her, indem *Grundmodelle der Information und Kommunikation* erörtert werden, welche *Einsichten in Verständigung und Informationsverhalten* ermöglichen. Mit Hilfe derartiger Basistheorien lassen sich im Verbund mit der wirtschaftstheoretischen Grundlegung des Teils 2 die Möglichkeiten und Grenzen neuer Informations- und Kommunikationsformen sowie der neuen Organisationslösungen besser erfassen. Dargestellt werden grundlegende sozialwissenschaftliche Konzepte der zwischenmenschlichen Verständigung wie auch empirische Erkenntnisse zum menschlichen Informations- und Kommunikationsverhalten in Organisationen.

Teil 4: Gegenstand dieses Teils sind die *Potentiale der Informations- und Kommunikationstechnik für die Unternehmensentwicklung im Markt*. Den Kern bildet dabei die Darstellung von Entwicklungstrends auf den Ebenen der technischen Infrastrukturen der Information (Hardware, Software) und Kommunikation (Netze, Dienste). Beide Bereiche integrieren sich zusehends, weisen neuartige Leistungspotentiale auf und bieten Unterstützung für unterschiedliche Unternehmensstrukturen und -prozesse. Darüber hinaus werden die Ebenen der Informations- und Kommunikationssysteme und des Informationseinsatzes beleuchtet.

Teil 5: Unter dem Einfluß von Wettbewerb und Technologie kommt es zu einer *Auflösung von internen Hierarchien*. Im Wege der *Modularisierung der Unternehmung* werden traditionelle, tief gestaffelte hierarchische Strukturen zugunsten von relativ selbständigen und unverbundenen prozeßorientierten Einheiten überwunden, die untereinander nur lose koordiniert werden. Voraussetzung ist u.a. eine angemessene Anpassung der Leistungstiefe und eine zweckentsprechende Gestaltung von IuK-Systemen. Dieser Trend zur Modularisierung zeigt sich auf verschiedenen Aggregationsebenen der Organisation, auf der Makroebene (z.B. Holding), auf der Mesoebene (z.B. Geschäftssegmente) und auf der Mikroebene (z.B. Inselprinzip, Gruppenarbeit). In allen Fällen werden Selbststeuerungskräfte gestärkt, Hierarchien abgebaut und IuK-technisch unterstützte, ganzheitliche Prozesse unter einheitliche Verantwortung gestellt.

Teil 6: Die *Auflösung von Unternehmensgrenzen* in den Außenbeziehungen, die zu Formen der *Symbiosen und Netzwerken* führt, steht im Zentrum von Teil 6. Gestiegene Wettbewerbsdynamik und neue Informations- und Kommunikationstechnologien ermöglichen eine intensivierte, problemabhängige Zusammenarbeit mit Dritten, zum Teil auch auf Feldern der eigenen Kernkompetenzen. Dadurch verschwimmen klassische unternehmerische Organisationsgrenzen zugunsten von strategischen Vernetzungen und Kooperationen in horizontaler wie auch in vertikaler Richtung.

Teil 7: Nicht nur die Koordinationsform Unternehmung bzw. Hierarchie, sondern auch der Markt ist von den neuen IuK-Möglichkeiten betroffen. *Elektronische Märkte* ermöglichen *neue Formen der Marktkoordination* und eröffnen so den Unternehmen neue Optionen für den Austausch von Sach- und Dienstleistungen. Teil 7 befaßt sich mit Formen und Ausprägungen elektronischer Märkte und zeigt Möglichkeiten ihrer Charakterisierung. Dargestellt werden ferner die Triebkräfte, die zur Herausbildung elektronischer Märkte führen, ebenso wie die Muster, denen dieser Entstehungsprozeß folgt.

Teil 8: Die Freiheitsgrade der neuen IuK-technischen Gestaltungs- und Einsatzpotentiale beziehen sich nicht allein auf die organisatorische Seite, also auf die Wahl neuartiger, dezentraler Koordinationsformen, sondern in aller Regel zugleich auch auf die räumliche Dimension der Abwicklung arbeitsteiliger Prozesse, d.h. auf Formen der räumlichen Dezentralisierung. Die neuen Techniken eröffnen damit in vielfältiger Weise Möglichkeiten zur *Überwindung von Standortgrenzen* auf Arbeitsplatz-, Geschäftseinheits- und Unternehmensebene. Dies ermöglicht die Herausbildung von Arbeitsformen der *Telekooperation* und schafft so letztlich die Voraussetzungen für das Konzept der *virtuellen Unternehmung*.

Teil 9: In der grenzenlosen Unternehmung ist eine *Erweiterung der menschlichen Leistungsgrenzen* von großer Bedeutung. Alle zuvor angesprochenen Wandlungsprozesse, die im intensivierten Wettbewerb durch leistungsfähigere IuK-Technik ermöglicht werden, stellen an die beteiligten Menschen zum Teil völlig neue Anforderungen. Sie beruhen auf der Prämisse, daß die handelnden Menschen diese neuen Anforderungen erkennen und diesen gerecht werden können. Insofern geht mit den organisatorischen Wandlungen auch die Entwicklung einer *neuen Rolle des Faktors Mensch* einher. Diese Neuzentrierung der Organisations- und Managementgestaltung auf die Rolle des arbeitenden Menschen resultiert nicht zuletzt aus dem Wertewandel in Arbeitswelt und Gesellschaft sowie aus der neuen, ganzheitlichen Sichtweise von Wertschöpfungsprozessen.

Teil 10: In einer ökonomischen Welt, die durch die Auflösung von rechtlichen, organisatorischen, räumlichen und zeitlichen Grenzen charakterisiert ist, stellt sich zwangsläufig die Frage, wodurch Unternehmungen überhaupt noch zusammengehalten werden. Eine zentrale Rolle spielen in diesem Kontext gemeinsame *Strategien und Steuerungssysteme,* durch die die Leistungsprozesse auf ein übergeordnetes Ziel ausgerichtet werden können. Es zeigt sich, daß ein *Controlling in der grenzenlosen Unternehmung* nicht überflüssig wird. Im Gegenteil: Das Controlling wird zur zentralen Integrationsfunktion, deren Aufgabenfelder von der Unterstützung indirekter Führungskonzepte über die Schnittstellenkoordination, die Gestaltung von Anreizsystemen und den Aufbau von Vertrauensbeziehungen bis hin zum Informations- und Wissensmanagement reichen.

1.3.4 Charakteristika des Buches

Im Hinblick auf den Aufbau dieses Buches sind einige besondere Konstruktionsmerkmale hervorzuheben.

Theoretische Fundierung:
Das Buch beschränkt sich nicht auf eine beschreibende Bestandsaufnahme bestimmter Phänomene. Ohne eine solide theoretische Grundlage besitzen viele Aussagen zu den hier diskutierten Entwicklungen allenfalls einen plausiblen Ad-hoc-Charakter bzw. bleiben plakativ oder modisch. Deshalb geht das Buch ganz bewußt und relativ ausführlich auf eine Reihe von relevanten Grundlagentheorien ein. Sie erhellen die Rolle von Information und Kommunikation im Wettbewerbsprozeß und in der Bewältigung der Arbeitsteilung und bieten damit eine Erklärungs- und Gestaltungsgrundlage für Management und Organisation unter dem Einfluß neuer informationstechnischer Entwicklungen. Diese Grundlagen werden ergänzt durch Theorien über den Zusammenhang zwischen Technologie- und Organisationsentwicklung, Theorien der Organisation und Motivation sowie des organisatorischen Wandels.

Verknüpfung von Organisation, IuK-Technik und Management:
Das Buch bietet einen angemessenen Einblick in wichtige IuK-technische Entwicklungslinien, deren Anwendungspotential die Realisierung neuer Organisations- und Managementformen ermöglicht. Es verbindet die sonst meist ohne Technikbezug analysierte Welt von Organisation, Information und Management mit den relevanten Technikentwicklungen und zeigt Wechselwirkungen auf. Viele technikzentrierte Darstellungen weisen eine zu geringe Auseinandersetzung mit organisatorischen und personellen Fragen auf, ohne die eine angewandte Technikanalyse zu kurz greifen muß. In diesem Buch wird deshalb der schwierige Versuch unternommen, technische und nicht-technische Aspekte von Information und Kommunikation gemeinsam zu betrachten und zu verbinden.

Modulare Systematik:
Die Spannweite der von diesem Buch behandelten Sachgebiete ist beträchtlich; sie reicht von allgemeinen Grundlagentheorien der Organisation, Information und Kommunikation über Entwicklungstrends der IuK-Technik bis hin zu verschiedenen Formen der Restrukturierung und des Managements von Unternehmen sowie der Personalentwicklung. Es ist davon auszugehen, daß die Leserin oder der Leser dieses Buches einige der erörterten Problemkreise bereits kennt, andere dagegen vertieft studieren möchte. Deshalb ist der Text in zehn relativ unabhängige, durch ein System von Querverweisen aufeinander bezogene Teile gegliedert, die je nach Kenntnisstand und Interes-

senlage auch einzeln gelesen werden können. Natürlich ist bei einer geringeren Vertrautheit mit den zugrundegelegten Theorien vorab eine Lektüre der Grundlagenkapitel (Teile 2, 3, 4) zu empfehlen.

Anwendungsorientierung:
Bei aller Bedeutung einer theoretischen Fundierung geht es im vorliegenden Buch darum, praxisbezogene Perspektiven zu entwickeln und den Verantwortungsträgern Orientierungshilfen zu geben. Zu den besonderen Herausforderungen des Managements gehört, Handlungsoptionen zu identifizieren und zu bewerten, um auf den sich vollziehenden Wandel zu reagieren. Deswegen enden alle Kapitel mit zusammenfassenden Aussagen und Handlungsempfehlungen für das Management.

Neue Leitbilder für Organisations- und Führungsstrategien im Wettbewerb:
Die Unternehmensführung befindet sich in einem Prozeß der Neuorientierung und des Umdenkens. Die klassischen Muster erfolgreichen Unternehmertums gelten nicht mehr unbedingt. Deshalb werden neue Leitbilder gesucht. Dieser Aufgabe widmen sich vor allem die Teile 5 bis 10. In jedem dieser Teile werden Schlußfolgerungen für das Management abgeleitet. Dadurch wird versucht, auch Leitsätze für Innovationsstrategien zu entwickeln, die den veränderten Rahmenbedingungen auf den Märkten, in der Arbeitswelt und in der Gesellschaft Rechnung tragen.

Teil 2

Marktdynamik und Wettbewerb –
Die entscheidende Rolle der Information

Fallbeispiel Teil 2: Entstehung und Fall von Netscape

Die erstaunliche Geschichte des Internets ist eng verknüpft mit der nicht minder erstaunlichen Geschichte von *Netscape Communications*. In der Entwicklung dieser Unternehmung spiegeln sich exemplarisch Elemente der Internet-Ökonomie wider – wie z.B. die besondere unternehmerische Dynamik oder die z.T. veränderten ökonomischen Spielregeln, auf die im Laufe dieses Kapitels einzugehen sein wird.

Obwohl bereits Ende der 1960er Jahre im Rahmen des ARPANets Computer dezentral vernetzt wurden und Anfang der 1980er mit dem TCP/IP-Protokoll (vgl. Teil 4) der plattformunabhängige Kommunikationsstandard eingeführt wurde, der noch heute Verwendung findet, dauerte es doch bis in die Mitte der 1990er Jahre, bis das Internet zu einem Massenmedium wurde (vgl. Sennewald 1998). Einer der Gründe für diese zu Beginn schleppende Diffusion lag darin, daß es lange Zeit keine Software gab, die einen optisch ansprechenden Zugang zu den Daten des Internet ermöglichte und einfach zu handhaben war (vgl. Quittner / Slatalla 1998).

Eine solche innovative Software wurde 1993 mit dem Browser „Mosaic" vom *National Center for Supercomputing Applications* vorgestellt. Einer der maßgeblichen Programmierer war der damals gerade 20jährige Marc Andreessen, Informatik-Student an der *University of Illinois* (vgl. Hamm 1998b).

Der Mosaic-Browser war kostenlos verfügbar und verbreitete sich schnell über das Internet. 1994 wurde schließlich Jim Clark, ehemals Professor an der *Stanford University* und mit *Silicon Graphics Inc.* bereits ein erfolgreicher Unternehmer, auf den Browser und Marc Andreessen aufmerksam. Er erkannte das Potential des Internet und gründete schließlich gemeinsam mit Andreessen in Mountain View (Kalifornien) *Mosaic Communications*, die bald darauf als *Netscape Communications* firmierte. Clark und Andreessen vermuteten, daß der Verkauf von Browsersoftware allein keine langfristigen Erlöse generieren würde (vgl. Quittner / Slatalla 1998). Es war daher von Anfang an die Strategie der Firma, über die kostenlose Weitergabe des Browser an Privatleute Nachfrage von Unternehmen nach Internet-Software zum Betrieb von Web-Servern zu generieren (vgl. Bamford / Burgelman 1997). Die Attraktivität für Geschäftskunden sollte zusätzlich durch die Integration eines Verschlüsselungssystems zur sicheren Abwicklung von Transaktionen erhöht werden (vgl. Quittner / Slatalla 1998). Die zumeist aus dem ehemaligen Mosaic-Team rekrutierten Programmierer entwickelten den neuen Browser namens „Netscape Navigator" ungewöhnlich schnell, indem sie die Arbeit sehr stark aufteilten und parallel ausführten. Die Abstimmung erfolgte permanent innerhalb einer flachen Organisation (vgl. Quittner / Slatalla 1998). Die Mitarbeiter waren überdies hoch motiviert, da sie durch Aktieoptionen bei einem möglichen Börsengang am Erfolg der Unternehmung partizipieren könnten. Der Netscape Navigator wurde Ende 1994 via Internet veröffentlicht, gewann binnen vier Monaten über 75 % des Browsermarktes (vgl. Quittner / Slatalla 1998) und wurde zu einem Industriestandard. Am 9. August 1995 ging Netscape an die Börse. Am Ende des ersten Börsentages hatte sich der Ausgabekurs von $ 28 auf $ 58 mehr als verdoppelt (vgl. Bamford / Burgelman 1997). Der Erfolg von *Netscape* offenbarte auch konkurrierenden Softwarefirmen, daß Clarks Vision vom Internet als Massenmedium langsam Realität wurde. *Microsoft* hatte bereits im August 1995 die erste Version des „Internet Explorer" auf den Markt gebracht und erklärte im Dezember 1995 das Internet zu einem zentralen Geschäftsfeld. Um den Rückstand gegenüber *Netscape* aufzuholen, wurde der Internet Explorer schließlich an Privat- wie an Firmenkunden kostenlos abgegeben (vgl. Quittner / Slatalla 1998). Zusätzlich nutzte *Microsoft* die Beziehungen zu Hardwareproduzenten, um den Internet Explorer gemeinsam mit dem Betriebssystem Windows auf neuen Rechnern vorinstallieren zu lassen (vgl. Quittner / Slatalla 1998). In der Folge verlor Netscape im Browsermarkt kontinuierlich Anteile an den Internet Explorer (vgl. Cusumano / Yoffie 1998). Trotz mehrfacher Reformulierung der Strategie konnte *Netscape Communications* an die frühen Erfolge nicht anknüpfen. Schließlich wurde *Netscape Communications* Ende 1998 vom Online-Dienstanbieter *America Online* aufgekauft und in eine enge Kooperation mit dem Hardwarehersteller *Sun Microsystems* eingebracht (vgl. Sager et al. 1998). Jim Clark hatte sich schon vorher aus dem Management von *Netscape Communications* zurückgezogen und mit *Healtheon* eine neue Unternehmung gegründet (vgl. Hamm 1998a).

2.1 Warum Unternehmen und Märkte?

Die Befriedigung menschlicher Bedürfnisse ist die grundlegende Intention wirtschaftlichen Handelns. In aller Regel übersteigen die subjektiven Bedürfnisse die begrenzten Güter, die zur Befriedigung dieser Bedürfnisse vorhanden und geeignet sind. Infolge dieser *Knappheit* haben sich Mechanismen herausgebildet, die diese Knappheit zwar nicht beseitigen, aber doch mildern. Knappheit ist somit eine grundlegende Ursache für verschiedene, zumeist als selbstverständlich hingenommene Erscheinungen wirtschaftlichen Lebens wie etwa die Phänomene Tausch, Arbeitsteilung, Märkte, Unternehmen oder Wettbewerb. Die Suche nach wirksamer Knappheitsminderung bedeutet nichts anderes, als Produktionsfaktoren und Konsumgüter den einzelnen Wirtschaftssubjekten so zuzuordnen, daß möglichst viele Bedürfnisse befriedigt werden können. Wirtschaften heißt somit, rationale Entscheidungen über die Verwendung knapper Ressourcen zur Erfüllung gegebener Zwecke zu treffen.

Prinzipielle Ansatzpunkte zur Minderung des Knappheitsproblems sind (vgl. z.B. Picot 1998c):

- Produktionsumwege;
- Innovation;
- Arbeitsteilung und Spezialisierung.

Der Begriff der Produktionsumwege geht auf den österreichischen Nationalökonomen Böhm-Bawerk (vgl. Böhm-Bawerk 1909) zurück. Aufbauend auf Menger (vgl. Menger 1923 [1871]) klassifiziert er zunächst wirtschaftliche Güter nach der Maßgabe ihrer Konsumnähe: Konsumgüter sind Güter erster Ordnung. Sie werden aus Vorprodukten unter Einsatz bestimmter Produktionsmittel erstellt; Produktionsmittel sind Güter zweiter Ordnung. Diese werden wiederum aus Vorprodukten und Produktionsmitteln höherer Ordnung erstellt.

Als *Produktionsumweg* wird die Rückversetzung eines Gutes in dieser Güterordnung verstanden, also dessen produktiver Einsatz in einer höheren, d.h. konsumferneren Ordnung (z.B. Einsatz von Getreide als Saatgut statt als Nahrungsmittel). Ein Produktionsumweg entspricht somit einer *Investition*: Er erfordert zunächst einen Konsumverzicht in der Gegenwart, ermöglicht aber durch die entstehenden Erträge erhöhten Konsum in der Zukunft. Produktionsumwege führen damit zu einer Steigerung des Bedürfnisbefriedigungspotentials auf der Basis gegebener Ressourcen. Eine weitere Reduzierung der Knappheit ist möglich, wenn Konsum oder Produktion durch *Innovationen* effizienter oder effektiver gestaltet werden: Die vorhandenen Ressourcen werden dann sparsamer bzw. ertragbringender eingesetzt, so daß z.B. mit der gleichen Menge Saatgut zukünftig eine größere Ernte erzielt werden kann. Innovationen lassen sich auch als eine spezielle Form eines Produktionsumweges interpretieren: Arbeitskraft wird dabei nicht direkt zur Erzeugung von Produkten verwandt, sondern zur Schaffung neuer Ideen, die Produkte und Produktionsprozesse verbessern.

Den größten Beitrag zur Minderung der Knappheit leisten *Arbeitsteilung* und *Spezialisierung*. Ausgangspunkt sind die begrenzten zeitlichen und kognitiven Fähigkeiten von Menschen, umfangreiche Aufgaben alleine zu bewältigen. Es ist deshalb notwendig, Aufgaben in immer kleinere Teilaufgaben zu zerlegen, bis letztlich einzelne Menschen in der Lage sind, im Rahmen ihrer Kapazitäten Aufgabenbestandteile erfolgreich zu bearbeiten. Die Konzentration auf bestimmte Aufgabenbereiche ermöglicht es darüber hinaus, besondere Kenntnisse, Fähigkeiten und Verfahren zu entwickeln, mit denen diese Aufgaben in effizienterer Weise gelöst werden können. Dieses schon von Aristoteles sowie in der Neuzeit von Adam Smith (vgl. Smith 1999 [1776]) erkannte Prinzip der Bildung und Nutzung besonderer Fähigkeiten durch Spezialisierung bewirkt erhebliche

Produktivitätssteigerungen bei der Bewältigung von Teilaufgaben. Weitere Vorteile der Arbeitsteilung ergeben sich in Kombination mit den o.g. Konzepten der Produktionsumwege bzw. der Innovation: So verlangen Produktionsumwege oftmals erheblichen Kapitalaufwand (z.B. in Form von Spezialmaschinen), der erst bei einer großen Zahl von gleichartigen Aufträgen rentabel ausgelastet wird. Folglich hängt das Ausmaß der Arbeitsteilung und Spezialisierung nicht zuletzt von der Größe des Marktes ab: Je größer die Zahl der erreichbaren Kunden ist, desto spezialisierter kann das unternehmerische Leistungsangebot sein. Auch bei der Entstehung von Innovationen ist Arbeitsteilung von großer Bedeutung, da für Entdeckung und Ausschöpfung von Innovationspotentialen ein hohes Maß an Fachwissen notwendig ist. Aus diesem Grund ist gerade in Forschung, Entwicklung und Wissenschaft eine z.T. extreme Spezialisierung zu beobachten. Der Mechanismus der Arbeitsteilung zeigt sich aber letztlich auf allen Ebenen wirtschaftlichen Handelns, angefangen bei persönlicher, innerbetrieblicher oder zwischenbetrieblicher bis hin zu sektoraler, regionaler, nationaler oder internationaler Spezialisierung, wie sie in einer zunehmend globalisierten Wirtschaft zu beobachten ist.In einer solchen arbeitsteiligen Ökonomie konzentriert sich jedes Wirtschaftssubjekt bei der Erzeugung von Produkten und Dienstleistungen auf wenige Teilaufgaben. Da jedoch zur Bedürfnisbefriedigung auch andere, nicht selbst erstellte Güter benötigt werden, sind Tauschhandlungen eine logische Konsequenz der Arbeitsteilung. Der *Tausch* ist damit eine weitere fundamentale Erscheinung wirtschaftlichen Handelns. Das Pendant zum Tausch auf Märkten ist im Binnenbereich der Unternehmung die *Abstimmung* zwischen Teilaufgaben. So wie Arbeitsteilung zwischen Wirtschaftssubjekten den Tausch notwendig macht, so bedarf die Arbeitsteilung innerhalb einer Unternehmung der Abstimmung, damit die erstellten Teilaufgaben in koordinierter Weise zur Lösung einer Gesamtaufgabe, etwa zur Herstellung eines Automobils, zusammengefaßt werden können. In beiden Fällen – im Binnenbereich der Unternehmung wie auf Märkten – entsteht daraus ein Geflecht vielfältiger Leistungsbeziehungen.

Für alle genannten Formen der Reduzierung von Knappheit – Produktionsumwege, Innovation, Arbeitsteilung / Spezialisierung sowie die daraus resultierenden Tausch- und Abstimmungshandlungen – ist *Information* als zweckorientiertes Wissen (vgl. Wittmann 1959) von essentieller Bedeutung (vgl. Picot 1998c):

- Produktionsumwege sind häufig komplex und verbrauchen Zeit, so daß einerseits Fachkompetenz zu ihrer Nutzung und andererseits Prognoseinformation über den zukünftigen Bedarf notwendig sind.

- Innovationen basieren auf Vorwissen und bestehen auch zunächst aus nichts anderem als einer Idee, also Information, die dann verwirklicht wird.

- Arbeitsteilung / Spezialisierung sowie Tausch und Abstimmung schließlich erfordern Information bei der Zerlegung der Gesamtaufgabe, bei der Zuordnung der Teilaufgaben zu einzelnen Aufgabenträgern, bei der Kontrolle der Aufgabenerfüllung sowie bei der Zusammenführung der einzelnen Aufgabenteile bzw. beim Tausch von Leistungen.

Der letztgenannte Punkt verdient wegen der Bedeutung der Arbeitsteilung und Spezialisierung besondere Beachtung und wird als *Organisationsproblem* bezeichnet (vgl. u.a. Picot 1982; Milgrom / Roberts 1992). Das Organisationsproblem entsteht, weil Information selbst ein knappes Gut ist. Fehlt nun die erforderliche Information, so können im Prozeß des Wirtschaftens aufgrund falscher Organisation Mängel entstehen (vgl. Picot / Dietl / Franck 2002): Unzureichende Arbeitsteilung führt zu ständig wechselnden Arbeitsschritten, so daß die Ausbildung von Spezialkenntnissen und -fertigkeiten kaum möglich ist. Andererseits resultiert eine übertriebene Spezialisierung in Monotonie und ist somit ebenfalls unproduktiv. Mängel im Bereich des Tausches und der Abstimmung können entstehen, wenn Menschen die ihnen übertragenen Aufgaben nicht erledigen oder wenn die erstellten Komponenten nicht zusammenpassen. Diese Mängel – und somit die Probleme der Organisation – lassen sich in zwei Teilaspekte aufteilen (vgl. Milgrom / Roberts 1992 und Wolff 1995):

- *Koordinationsprobleme* entstehen, wenn Akteuren Information über ihre Aufgabe im Wirtschaftsprozeß fehlt, z.B. darüber, welche Arbeitsschritte sie zu bewerkstelligen haben. Koordinationsprobleme sind also Probleme des *Nichtwissens*.

- *Motivationsprobleme* resultieren aus Interessenkonflikten zwischen Akteuren: So weiß möglicherweise ein Auftragnehmer, welche Aufgaben er erledigen soll, führt sie aber nicht aus, weil er andere Ziele verfolgt als der Auftraggeber. Motivationsprobleme sind somit Probleme des *Nichtwollens*.

Durch Koordinations- und Motivationsprobleme bei Arbeitsteilung / Spezialisierung wie auch bei Tausch und Abstimmung gehen mögliche Produktivitätsgewinne verloren. Die Beseitung dieser Mängel im Prozeß des Wirtschaftens durch Koordination und Motivation ist Gegenstand des *Organisationsproblems*. Allerdings werden dabei selbst Ressourcen verbraucht. Folglich stellt das *Organisationsproblem* eine Optimierungsaufgabe dar, bei der diejenige Organisationsform gesucht wird, die den Produktivitätsanstieg durch Arbeitsteilung und Spezialisierung so auszunutzen vermag, daß unter Berücksichtigung des Ressourcenverbrauchs bei Tausch und Abstimmung möglichst viele Bedürfnisse befriedigt werden können (vgl. Abb. 2-1). Die entscheidende Frage ist dabei, durch welche Instrumente Koordination und Motivation möglichst gut gelingen.

Die Kosten, die durch Ressourcenverbrauch für Koordination und Motivation entstehen, werden als *Transaktionskosten* bezeichnet (vgl. z.B. Picot 1982). Transaktionskosten sind die Kosten der „Produktion" einer Organisationsleistung. Es handelt sich um Kosten der Information und Kommunikation, die zur Vorbereitung, Durchführung und Überwachung von Arbeitsteilung und Spezialisierung auf der einen sowie Tausch und Abstimmung auf der anderen Seite erforderlich sind. Die Höhe der Transaktionskosten wird vor allem von den Eigenschaften der jeweiligen Transaktion beeinflußt (vgl. Kap. 2.3.3).

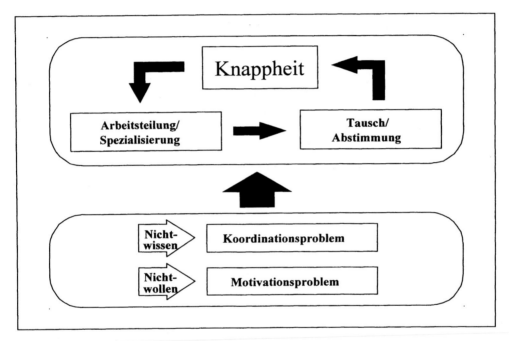

Abb. 2-1:   Das Organisationsproblem (in Anlehnung an Picot / Dietl / Franck 2002, S. 10)

Welche erhebliche Bedeutung Informationen bei der Organisation wirtschaftlicher Aktivitäten besitzen, zeigt eine empirische Untersuchung von Wallis / North (1986), die die Höhe der Transaktionskosten in der amerikanischen Wirtschaft von 1870 bis 1970 schätzten. Dazu unterschieden sie zunächst zwischen Transformationsleistungen („transformation services"), die in der Umwandlung von Inputs in Outputs bestehen, und Transaktionsleistungen („transaction services"), die zur Durchführung von Austauschvorgängen notwendig sind (vgl. Wallis / North 1986). Um die Transaktionsleistungen zu identifizieren, betrachteten sie zum einen diejenigen wirtschaftlichen Aktivitäten, die im Zuge marktlicher Transaktionen auftreten. Hierzu faßten sie verschiedene ökonomische Handlungen wie Finanzierungs-, Versicherungs- sowie Handelsaktivitäten zu Transaktionsindustrien („Transaction industries") zusammen.

Zum anderen beurteilten sie die Transaktionsleistungen innerhalb von Unternehmen aus Nicht-Transaktionsindustrien (verarbeitende Industrie, Grundstoffindustrie, Landwirtschaft etc.). Zusätzlich berücksichtigten Wallis / North die Ausgaben der öffentlichen Hand für Transaktionsleistungen. Sie kamen insgesamt zu einem sehr beeindruckenden Ergebnis, das in Abbildung 2-2 dargestellt ist:

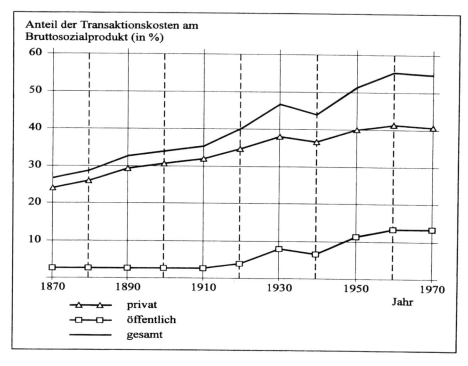

Abb. 2-2:   Anteil von Transaktionskosten am Bruttosozialprodukt der USA (in Anlehnung an Wallis / North 1986, S. 121)

Während sich im Jahre 1870 lediglich ein Viertel aller ökonomischen Aktivitäten auf die Bereitstellung von Transaktionsleistungen bezog, betrug dieser Anteil im Jahre 1970 über die Hälfte (55%) des gesamten erwirtschafteten Einkommens. Es ist zu vermuten, daß dieser Anteil seither weiter gestiegen ist. Dies bedeutet, daß der größte Teil des Volkseinkommens für Information und Kommunikation, also zur Organisation eingesetzt wird. Die Studie von Wallis / North ist nicht zuletzt deshalb interessant, weil vor ihrem Hintergrund die steigende strategische Bedeutung der aufkommenden Informations- und Kommunikationstechnologien erkennbar wird. Bemerkenswert ist, daß sich im selben Zeitraum von 1870 bis 1970 das amerikanische Bruttosozialprodukt vervielfacht hat. Daher ist die Hypothese plausibel, daß die gestiegenen Aufwendungen für die Organisation ökonomischer Aktivität zu einer noch höheren Zunahme der gesamtwirtschaftlichen Wertschöpfung beigetragen haben, da eine intensivere und produktivere Arbeitsteilung sowie Spezialisierung möglich wurde. Daraus wird deutlich, daß Transaktionskosten einen ähnlich limitierenden Faktor für das wirtschaftliche Wachstum darstellen wie die Kosten für Transformationsprozesse. „Until economic organizations developed to lower the costs of exchange we could not reap the advantage of ever greater specialization" (Wallis / North 1986, S. 121).

Organisatorische oder technologische Innovationen, die zu einer Verringerung der Kosten für Koordination und Motivation beitragen, sind deshalb auch für die gesamtwirtschaftliche Entwicklung von großer Wichtigkeit (vgl. Picot 1998c). Dieser Sachverhalt lenkt den Blick zwangsläufig auf die zentrale Bedeutung verschiedener Mechanismen der Organisation wirtschaftlicher Handlungen. Organisationsformen sind dahingehend zu beurteilen, inwieweit sie eine möglichst friktionslose Abstimmung wirtschaftlicher Aktivität erlauben. Als die beiden Endpunkte eines Kontinuums möglicher Organisationsmechanismen können Unternehmungen und Märkte identifiziert werden. *Unternehmungen* sind dabei v.a. durch langfristige und asymmetrische Beziehungen zwischen Unternehmer und Angestellten gekennzeichnet, wobei die durch den Angestellten zu erbringende Leistung nur grob spezifiziert ist. *Marktbeziehungen* sind hingegen eher kurzfristig (im Extremfall einmalig) und symmetrisch angelegt; die Leistungen der Akteure sind ex ante vertraglich zumeist präzise festgelegt. Zwischen diesen beiden Formen ergeben sich vielfältige Optionen für eine Gestaltung transaktionskostenminimaler Organisationsformen. Unternehmen und Markt sind also Organisationsmechanismen, die die in Folge von Arbeitsteilung auftretenden Koordinations- und Motivationsprobleme möglichst effizient lösen sollen.

Da aber die zur Lösung dieser Probleme benötigte Information auch mittels Informations- und Kommunikationstechnik bereitgestellt wird, hat die technologische Entwicklung auf diesem Gebiet Auswirkungen auf die Organisation von Unternehmen und Märkten. Zur Analyse dieses Wandels wird zunächst in den Kapiteln 2.2 und 2.3 die grundsätzliche Bedeutung von Information in Märkten bzw. Unternehmen betrachtet. Im Zentrum vom Kapitel 2.4 steht dann die Ökonomie der Informationsproduktion, -distribution und -nutzung. Darauf aufbauend folgt in Kapitel 2.5 die Diskussion der Veränderungen von Märkten und Unternehmen infolge verbesserter Informations- und Kommunikationstechnik.

2.2   Markt und Unternehmertum

Ein *Markt* ist ein ökonomischer Ort, auf dem Güterangebot und -nachfrage zusammen-
treffen. Er ermöglicht damit Tauschvorgänge zwischen Anbietern und Nachfragern, die
aufgrund von Arbeitsteilung und Spezialisierung erforderlich werden (vgl. Kap. 2.1).
Zur Analyse realen Marktgeschehens liegen zwei sehr unterschiedliche Theorieansätze
vor: die neoklassische Marktgleichgewichtstheorie auf der einen und die österreichische
Marktprozeßtheorie auf der anderen Seite. Während die Marktgleichgewichtstheorie
durch *fundamentale Marktdaten* wie Technologien und Präferenzen determinierte *Zustände* betrachtet, stehen im Mittelpunkt der Marktprozeßtheorie die *Veränderungen* im
Marktablauf, die durch ungleiche *Informationsverteilung* entstehen. Zum besseren
Verständnis der Funktionsweise von Märkten wird im folgenden zunächst die Markt-
gleichgewichtstheorie (Kap. 2.2.1) und dann die Marktprozeßtheorie (Kap. 2.2.2) in
Grundzügen dargestellt (vgl. für einen ausführlichen Vergleich z.B. von Lingen (1993).

2.2.1 Marktverhalten und Marktgleichgewicht

Im Mittelpunkt der vorherrschenden *Marktgleichgewichtstheorie* (vgl. z.B. Kreps 1990)
steht die Interaktion von Akteuren auf Märkten. Die Koordination erfolgt dabei über den
Preismechanismus: Je nach relativen Preisen wählen die Akteure – Haushalte und Unternehmungen – individuell nutzen- bzw. gewinnmaximierend ihre jeweiligen Ange-
bots- und Nachfragemengen für alle verfügbaren Güter. Der Markt befindet sich im
Gleichgewicht, wenn alle freiwilligen Tauschvorgänge abgeschlossen sind, also die
Angebotsmenge der Nachfragemenge entspricht. Das Hauptinteresse der *neoklassischen
Marktgleichgewichtstheorie* gilt solchen Gleichgewichtszuständen: ob sie existieren,
durch welche Preis-Mengen-Kombination sie charakterisiert sind und welche Beschaffenheit sie bezüglich Effizienz, Eindeutigkeit, Stabilität etc. aufweisen. Die Eigenschaften von Gleichgewichten sind dabei einerseits von fundamentalen Marktdaten (verfügbare Technologien, gegebene Präferenzen der Individuen, Menge und Art der anfänglich
verfügbaren Ressourcen), andererseits von der Marktform (Monopol, Mengen-Oligopol,
Preis-Oligopol, vollkommene Konkurrenz etc.) abhängig. Hingegen abstrahiert die
Marktgleichgewichtstheorie weitestgehend von institutionellen Rahmenbedingungen. In
diesem Sinne ist beispielsweise eine neoklassische Unternehmung vollständig durch
eine Produktionsfunktion beschreibbar, die ein systemindifferenter Tatbestand ist (vgl.
Gutenberg 1965). Die Vertragsbeziehungen zwischen den Akteuren innerhalb der Unternehmung bleiben somit unberücksichtigt (vgl. Kap. 2.3). Die Marktgleichgewichtstheorie ist primär geeignet, um die Wirkung unterschiedlicher fundamentaler Marktdaten auf das Preissystem im Zustand des Gleichgewichts zu analysieren. Allerdings sind
diese Aussagen vorwiegend für reife und transparente Märkte gültig. Der Grund hierfür

liegt in den strengen Annahmen, die die neoklassische Theorie bezüglich der Verteilung und Verarbeitung von Information in Märkten macht:

- Konsumenten besitzen vollkommene Information über die Beschaffenheit und Nutzenstiftung jedes Gutes.
- Produzenten haben Zugang zu allen Produktionstechnologien.
- Alle Akteure kennen die Preise für alle Güter und haben unbeschränkte Fähigkeiten zur Informationsverarbeitung.

Durch diese Modellannahmen werden Probleme als Folge ungleiche Verteilung von marktlich relevanten Informationen zwischen den Wirtschaftssubjekten von vornherein ausgeschlossen. Da Käufer vollkommen informiert sind, ist es nicht notwendig, nach Produkten zu suchen oder die Qualität zu kontrollieren. Durch die Kenntnis aller Preise werden gleichartige Güter immer zu einheitlichen Preisen getauscht. Im Modell des allgemeinen Gleichgewichts sowie bei Mengenwettbewerb wird darüber hinaus angenommen, daß die Preisermittlung durch einen hypothetischen Auktionator erfolgt, der solange immer neue Preise ausruft, bis sich der Markt im Gleichgewicht befindet. Erst dann finden tatsächlich Transaktionen statt. Folglich sind Transaktionen zu Ungleichgewichtspreisen ausgeschlossen (vgl. Kreps 1990) Bei gegebenen Gleichgewichtspreisen werden alle individuellen Entscheidungen aufgrund ihrer erwünschten und ex ante bereits bekannten Ergebnisse gefällt. Das marktliche Geschehen ist zu jedem Zeitpunkt aufgrund vollkommener Information vollständig geordnet. „'Vollkommene Information' und 'Gleichgewichtszustand' (allgemeines Allokationsgleichgewicht) [sind somit] Kennzeichnungen des *'Informationstodes einer Wirtschaftsgesellschaft'*, einer Situation also, in der alle ökonomischen Aktivitäten zu ihrem Ende gekommen sind" (Kunz 1985, S. 32 f., Hervorhebung im Original). Aufgrund ihrer Grundannahmen hat die neoklassische Marktgleichgewichtstheorie folglich vor allem normativen Charakter (vgl. Güth 1996). Sie ist darüber hinaus hilfreich beim Verständnis der das Gleichgewicht determinierenden Faktoren. Allerdings abstrahiert die Marktgleichgewichtstheorie dabei von den Problemen unvollkommener und ungleich verteilter Information und vernachlässigt somit die Bedeutung von Markt und Wettbewerb als Institutionen zur Verbreitung von Information und Wissen (vgl. von Hayek 1945). In Kapitel 2.1 wurde darauf hingewiesen, daß in der Realität mehr als die Hälfte aller wirtschaftlichen Aktivitäten auf Transaktionsleistungen, d.h. auf Informations- und Kommunikationsvorgänge, entfallen. Informationsaktivitäten können also bei wirklichkeitsnaher Betrachtung arbeitsteiliger Systeme nicht vernachlässigt werden. Sie spielen für das Verständnis jeder Ökonomie eine zentrale Rolle.

2.2.2 Marktprozeß und Unternehmertum

Die *Marktprozeßtheorie* unterscheidet sich von der neoklassischen Gleichgewichtstheorie dadurch, daß das Erkennen, die Ausnutzung und die Bedeutung von Informationslücken und unvollkommener Information Ausgangspunkte der Analyse von Markt-
prozessen darstellen. Somit sind Information und Zeit zentrale Bausteine dieser Theorie.
Die Marktprozeßtheorie haben insbesondere die aus Österreich stammenden Ökonomen
Carl Menger (1923 [1871]), Ludwig von Mises (1949), Friedrich A. von Hayek (1945,
1994) sowie Joseph A. Schumpeter (1993 [1934]) geprägt. Man spricht deshalb auch
von der „österreichischen Schule" bzw. dem „Austrianismus". Der Austrianismus ist
allerdings keine einheitliche Theorie; er ist vielmehr ein Gebäude verschiedener Ansätze, deren Gemeinsamkeit im Verständnis des Marktes als prozeßhaftem Geschehen
liegt. Im weiteren wird dabei insbesondere der Darstellung von Kirzner (1978) gefolgt,
die später durch den evolutorischen Ansatz Schumpeters (1993 [1934]) ergänzt wird.

Kirzners Theorie des Marktprozesses

Ausgangspunkt der Marktprozeßtheorie ist die (ungleiche) Verteilung von Wissen in der
Gesellschaft. Wirtschaftlich relevant sind dabei nicht nur technisches Fachwissen, sondern gerade auch Kenntnisse der besonderen Umstände von Ort und Zeit, in denen
unterschiedliche Informationsstände über Märkte oder Technikanwendungen zum Ausdruck kommen (vgl. von Hayek 1945). Anders als die Vertreter der neoklassischen
Marktgleichgewichtstheorie sieht von Hayek (1945) das ökonomische Problem nicht
darin, auf Basis von gegebenen Präferenzen und Technologien Existenz und Eigenschaften eines Gleichgewichtes zu berechnen, da in der Realität niemand allein je das Wissen
besitzen kann, das dafür notwendig wäre. Die eigentliche Frage ist vielmehr, auf welche
Weise die Informationen über Präferenzen und Technologien ermittelt und unter den
Marktteilnehmern verbreitet werden können. Genau diesen Zweck erfüllt das Preissystem. Die Marktprozeßtheorie geht dabei – wie in der neoklassischen Gleichgewichtstheorie – von Produzenten und Konsumenten aus, die auf Basis von Technologien und
Präferenzen auf einem Markt interagieren (vgl. Kirzner 1978). Zur Verbesserung ihrer
ursprünglichen Lage treten diese Akteure auf einen Markt, um Güter und Dienstleistungen zu kaufen oder zu verkaufen. Sie haben dabei jeweils ex ante bestimmte Erwartungen über Leistungen, die sie glauben, erbringen zu müssen, und Gegenleistungen, die sie
von ihren Tauschpartnern zu erhalten hoffen. Darauf aufbauend formulieren sie ex ante
Pläne, d.h. Kauf- oder Verkaufsabsichten. Diese Pläne können im Laufe einer Marktperiode mehr oder weniger gut verwirklicht werden. Dementsprechend werden die
zugrundeliegenden Erwartungen über die Pläne der Marktpartner ex post erfüllt oder
aber enttäuscht. Nimmt man zur Veranschaulichung vereinfachend an, daß jeder Akteur

jeweils nur ein Stück des betreffenden Gutes kaufen oder verkaufen möchte, so kann zwischen folgenden typischen Fällen unterschieden werden (vgl. Abb. 2.3):

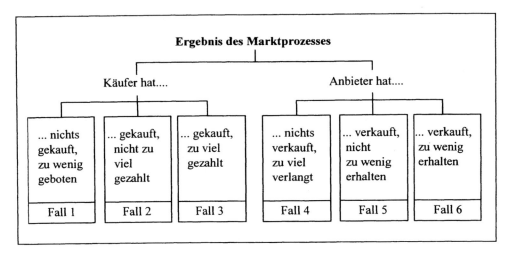

Abb. 2-3:   Mögliche Ergebnisse einer Marktperiode (in Anlehnung an Plinke 1999, S. 60 auf Basis von Kirzner 1978, S. 11)

Die Fälle 2 und 5 entsprechen offenbar einem Zustand erfüllter Erwartungen, wie er bei einem Marktgleichgewicht vorliegt: Die Käufe bzw. Verkäufe der betreffenden Akteure waren ex post optimal, da die Ex-ante-Erwartungen zutrafen. Die übrigen vier Fälle berücksichtigen jedoch zudem explizit die Möglichkeit enttäuschter Erwartungen bzw. unerfüllter Pläne, die von der Marktgleichgewichtstheorie vernachlässigt bzw. durch das Konstrukt des Auktionators von vornherein ausgeschlossen werden.

Wären Menschen nicht lernfähig, so würden sie in der nächsten Periode wiederum mit denselben Erwartungen und Plänen auf den Markt treten. Wenn sie jedoch bemerken, daß sie in der vergangenen Periode aufgrund falscher Informationen Entscheidungen trafen, die sich im nachhinein als unbefriedigend erwiesen haben, werden sie ihre Erwartungen und Pläne revidieren. Diese Änderungen erfolgen bei rationalen Akteuren *systematisch* den Gesetzen von Angebot und Nachfrage entsprechend: War z.B. das Kaufangebot zu niedrig (Fall 1), wird der nächste Angebotspreis höher ausfallen; war das Verkaufsangebot zu hoch (Fall 4), wird die Offerte in der nächsten Periode niedriger sein etc. „This series of systematic changes in the interconnected network of market decisions constitutes the market process" (Kirzner 1973, S. 10). Das zugrundeliegende Marktverständnis ist dementsprechend a priori dynamisch.

Die Schließung von Informationslücken und das Ausnutzen von Ungleichgewichtslagen innerhalb dieses Marktprozesses erfolgt spontan, d.h. ohne Eingriff einer zentralen Planungsstelle. Die Kunstfigur des Auktionators im neoklassischen Gleichgewichtsmodell (vgl. Kap. 2.2.1) wird somit ersetzt durch dezentrale Transaktionen zwischen den einzelnen Akteuren. Die Triebfeder des Marktprozesses ist dabei zum einen die Lernfähigkeit der Marktteilnehmer, verbunden mit dem Gestaltungswillen, die eigene Lage zu verbessern, wie sie im Menschenbild des „Homo agens" der Marktprozeßtheorie zum Ausdruck kommt (vgl. von Mises 1949).

Zum anderen wird der Marktprozeß durch Unternehmer voran getrieben. Kirzner (1978) illustriert dies durch ein Gedankenexperiment, in dem er vom Extremfall vollkommen lernunfähiger Käufer bzw. Verkäufer ausgeht. In diesen gedachten Markt führt er neue, findige Akteure ein, die er *Unternehmer* nennt. Diese Unternehmer sind selbst weder daran interessiert zu kaufen noch zu verkaufen. Sie *entdecken* jedoch, daß sich die Preisdifferenzen in einem Marktungleichgewicht zur *Arbitrage* – also zur Erzielung risikoloser Gewinne – nutzen lassen. Dazu kauft ein Unternehmer beispielsweise bei einem Anbieter, der einen zu niedrigen Preis verlangt (Fall 6) und verkauft diese Güter zu einem höheren Preis weiter. Allerdings sind derartige Gewinngelegenheiten stets temporärer Natur, denn die Ausnutzung des Wissensvorsprungs durch Arbitrage ist gleichsam ein Signal an andere Unternehmer, dieses Ungleichgewicht ebenfalls auszubeuten, indem sie dem lernunfähigen Anbieter ein etwas besseres Angebot unterbreiten. Im Marktprozeß findet somit zwangsläufig *Wettbewerb* statt: Unternehmer müssen stets darauf bedacht sein, ihren Marktpartnern attraktivere Konditionen zu bieten als ihre Konkurrenten. Dieser Prozeß des Wettbewerbs setzt sich fort, bis die Gewinngelegenheit vollständig erodiert ist – und gleichzeitig Angebot und Nachfrage in Übereinstimmung gebracht worden sind. Dadurch übermitteln Unternehmer den passiven Marktteilnehmern das Marktwissen über den Wert und die relative Knappheit von Gütern, das jene (in diesem Gedankenexperiment) von sich aus nicht erwerben konnten (vgl. Kirzner 1978). Unternehmer übernehmen damit aufgrund ihrer überlegenen Information eine *Koordinationsfunktion* (vgl. Casson 1982), die das Preissystem im Zustand des Ungleichgewichts nur unzureichend zu erfüllen vermochte. Dieses spezifische Marktwissen über Ort und Zeit von Gewinngelegenheiten wurde von den Unternehmern allerdings nicht gesucht. Vielmehr ist es die Findigkeit („alertness"), vorhandene, aber bislang unentdeckte Gewinngelegenheiten wahrzunehmen, die für Kirzner (1979) Unternehmer kennzeichnet.

In Wirklichkeit sind Marktteilnehmer natürlich nicht per se unfähig zu lernen. Vielmehr steckt (i.S.d. österreichischen Marktprozeßtheorie) in jedem Akteur ein unternehmerisches Element, wenn er risikolose Gewinngelegenheiten wahrnimmt und ausnutzt oder sich mit immer besseren Angeboten um die Gunst potentieller Tauschpartner bemüht. In beiden Fällen wird der Marktprozeß vorangetrieben, da sich die Akteure sukzessive der Grenze ihrer Möglichkeiten nähern, erfolgreich am Marktgeschehen teilzunehmen (vgl. Kirzner 1978). Geschwindigkeit und Verlauf des Marktprozesses hängen dabei einerseits von der Findigkeit der Marktteilnehmer ab. Auf der anderen Seite ist die Diffusion von Information von technischen Möglichkeiten abhängig, da Akteure nur in bezug auf potentiell verfügbare Information findig sein können. Aus diesem Grunde entstehen eigene Märkte für Information, in denen marktrelevantes Wissen selbst zum gehandelten Gut wird. In der Folge treten dabei Wechselwirkungen zwischen Informations- und Gütermärkten auf. Beispielsweise führt eine billigere Verfügbarkeit von Informationen auf Informationsmärkten zu einer Einebnung informationeller Unterschiede auf Gütermärkten, da die Arbitrage erleichtert wird. Informationsmärkte besitzen damit erheblichen Einfluß auf die Wettbewerbssituation auf Gütermärkten (vgl. Kap. 2.5.2).

Im Verlauf dieses beschriebenen Marktprozesses findet Koordination in zweierlei Hinsicht statt (vgl. von Hayek 1994):

- Die individuellen Pläne der einzelnen Akteure werden wechselseitig so angepaßt, bis sie kompatibel – also gleichzeitig realisierbar – sind.
- Die Bereitstellung von Gütern und Dienstleistungen wird hin zu den Akteuren verlagert, denen dafür die geringsten Kosten entstehen.

Im Laufe des Marktprozesses werden somit sukzessive Situationen des Ungleichgewichts und der Ineffizienz abgebaut. In beiden Fällen wird dabei Wissen erworben und verbreitet, das vorher nicht in konzentrierter Form vorlag. Von Hayek (1994) spricht deshalb auch vom „Wettbewerb als Entdeckungsverfahren." Indes ist nicht davon auszugehen, daß dieser Prozeß je zu einem Ende kommt. Denn einerseits ändern sich Marktdaten, wie z.B. die vorhandenen Ressourcen. Auf der anderen Seite können die Akteure selbst ein Interesse haben, bestehende Marktdaten zu verändern, indem sie Innovationen in den Markt einführen, was insbesondere Schumpeter (1993 [1934]) betont.

Schumpeters Theorie der wirtschaftlichen Entwicklung

Nach Schumpeter besteht die *Innovationsfunktion* des *Unternehmers* in der „Durchsetzung neuer Kombinationen" (Schumpeter 1993 [1934]), S. 111). Diese Innovationen können sich auf folgende Aspekte beziehen (vgl. Schumpeter 1993 [1934]):

- Einführung eines neuen Produktes;
- Einführung eines neuen Produktionsverfahrens;

- Erschließung eines neuen Absatzmarktes;
- Erschließung eines neuen Beschaffungsmarktes sowie
- Implementierung einer neuen Organisationsstruktur.

Mit der Einführung einer Innovation greift ein Unternehmer in den gleichmäßigen Ablauf von Produktion und marktlichem Tausch ein. Sein Ziel ist dabei, durch seinen Wissensvorsprung, der in diesen neuartigen Kombinationen zum Ausdruck kommt, Gewinn zu realisieren. Dieser Gewinn entsteht dadurch, daß der Schumpetersche Unternehmer eine Lücke zwischen dem Preis für Ressourceneinsätze und dem für die von ihm erzeugten Produkte erkennt und diese Preisdifferenz nutzt (vgl. Schumpeter 1993 [1934]). Dadurch kann er sich zumindest für eine bestimmte Zeit erfolgreich gegenüber Konkurrenten durchsetzen. Allerdings rufen diese Gewinne andere findige Akteure auf den Plan – Schumpeter (1993 [1934]) nennt sie „Wirte", in Kirzners Terminologie sind es ebenfalls Unternehmer. Diese Wirte versuchen, durch Imitation an der Gewinngelegenheit zu partizipieren. Eine Gewinnrealisierung ist deshalb nur solange möglich, wie die Konkurrenz durch Imitatoren noch nicht zur Erosion der Gewinnspanne geführt hat. Das charakteristische Merkmal von Schumpeters *Unternehmer* besteht darin, daß er als „*schöpferischer Zerstörer"* vorhandene Strukturen aufbricht. Die Einführung neuer Produkte oder Verfahren wirkt gleichgewichtsverändernd (vgl. Schumpeter 1993 [1934]): Eine Innovation kann einerseits vorhandene Güter ersetzen (z.B. die Substitution von Schreibmaschinen durch Computer); sie kann andererseits aber auch neue Produkte und Dienstleistungen überhaupt erst ermöglichen (z.B. Computersoftware). Innovationen verändern somit die fundamentalen Knappheiten von Gütern innerhalb der Wirtschaft: Manche Ressourcen werden wertvoller, andere verlieren an Bedeutung.

Damit wird deutlich, daß sich die Sichtweisen des Unternehmertums von Kirzner und Schumpeter in gewisser Weise ergänzen: Während Schumpeter den Unternehmer als Ursache von Veränderungen weg vom alten Gleichgewicht sieht („schöpferische Zerstörung"), betont Kirzner die Rolle des Unternehmers bei der Konvergenz hin zum (neuen) Gleichgewicht („arbitrage") (vgl. Casson 1987). Dadurch ergibt sich ein unaufhörlicher marktlicher Prozeß in Form einer Annäherung an einen Gleichgewichtszustand und einer Abkehr davon durch dessen schöpferische Zerstörung. Gemeinsam ist beiden Vorstellungen des Unternehmertums die besondere Bedeutung der Information: Chancen ergeben sich für Unternehmer letztlich deshalb, weil Können und Wissen in der Wirtschaft ungleich verteilt sind. Diese Ungleichverteilung ermöglicht Informationsvorsprünge und erlaubt eine unternehmerische Ausnutzung von Informationsdivergenzen – sei es durch Arbitrage (Kirznerscher Unternehmer) oder durch Innovation (Schumpeterscher Unternehmer). *Unternehmertum* besteht daher im Erkennen von wirtschaftlich relevanten Informations- bzw. Wissensvorsprüngen und im praktischen Ausnutzen solcher Divergenzen. Die unternehmerische Leistung besteht in einem kreativen Brückenschlag zwischen bislang völlig unverbundenen bzw. unvollkommen verbundenen Informationssphären mit Hilfe unternehmerischer Ideen. Für den Handel mag diese unternehmerische Tätigkeit selbstverständlich sein. Es werden Waren von Anbietern eingekauft und schließlich in zeitlicher, räumlicher sowie mengenmäßiger Hinsicht bedarfsgerecht angeboten. Dieser prinzipielle Zusammenhang gilt aber komplexer auch für Unternehmungen außerhalb des Handels. Zwischen Beschaffung und Verkauf schiebt sich die Erstellung von Gütern und Dienstleistungen als ein besonders intensiver Transformationsschritt. In beiden Fällen werden Informationsvorsprünge und Wissensunterschiede zwischen zwei Informationssphären erkannt und wirtschaftlich genutzt (vgl. Abb. 2-4).

Die genannten Beispiele machen allerdings auch deutlich, daß die Verwirklichung einer unternehmerischen Idee in der Regel komplexer ist als in Kirzners Arbitragemodell. Die Leistungstiefe des Transformationsprozesses, die Organisation der Lieferbeziehungen, das Design und die Durchsetzung von Verträgen: Von all diesen Fragen abstrahiert die Marktprozeßtheorie (wie auch die neoklassische Preistheorie). Zu einer vollständigeren Analyse des ökonomischen Geschehens sind deshalb weitere Theorieansätze notwendig, die die o.g. Organisationsprobleme explizit betrachten.

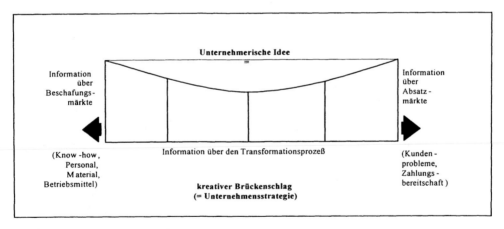

Abb. 2-4:   Unternehmerische Idee als kreativer Brückenschlag zwischen Informationssphären (in Anlehnung an Picot 1989a, S. 4)

2.3   Theorien der Organisation

Die Knappheit wirtschaftlicher Güter und die daraus resultierenden ökonomischen Probleme sowie die Möglichkeiten ihrer Verminderung durch arbeitsteilige Aufgabenerfüllung bilden den Kern des Organisationsproblems (vgl. Kap. 2.1). Damit sind die Bestimmung arbeitsteilig zu bewältigender Aufgaben und die Auswahl geeigneter Organisationsformen zur Koordination und Motivation zentrale Fragestellungen der Organisation in und zwischen Unternehmen ebenso wie in der Volkswirtschaft als Ganzes. Zur Lösung dieses Organisationsproblems bieten die Wirtschaftswissenschaften zahlreiche theoretische Instrumente und Modelle an. Kapitel 2.2 hat die Lösungsbeiträge von Theorien des Marktes behandelt, die sich insbesondere mit der Frage befassen, wie Handlungen dezentral koordiniert werden können. Besondere Beachtung hat in der wissenschaftlichen Literatur und in der Praxis in den letzten Jahren das Forschungs- und Lehrgebäude der Neuen Institutionenökonomik gewonnen. Die Neue Institutionenökonomik betont wie die österreichische Marktprozeßtheorie die Bedeutung der Information und Kommunikation für die Organisation wirtschaftlicher Tätigkeit. Im Mittelpunkt ihres Untersuchungsfeldes stehen dabei allerdings Institutionen, die der Rationalisierung von Informations- und Kommunikationsprozessen dienen. Im folgenden werden die für die Theorie der Organisation besonders relevanten Teile der Institutionenökonomik – die Property-Rights-Theorie (Kap. 2.3.2), die Transaktionskostentheorie (Kap. 2.3.3) und die Principal-Agent-Theorie (Kap. 2.3.4) – im Überblick dargestellt. Zur Einführung folgt in Kap. 2.3.1 zunächst ein kurzer Abriß über die allen institutionenökonomischen Teiltheorien gemeinsamen Elemente und Annahmen.

2.3.1 Institutionen und Verträge

Als *Institutionen* bezeichnet man „[...] sozial sanktionierbare Erwartungen, die sich auf die Handlungs- und Verhaltensweisen eines oder mehrerer Individuen beziehen" (Dietl 1993, S. 37). Sie informieren jedes Individuum sowohl über seinen eigenen Handlungsspielraum als auch über das wahrscheinliche Verhalten anderer Menschen. Institutionen fungieren somit als verhaltensstabilisierende Mechanismen. Sie erleichtern das menschliche Zusammenleben im allgemeinen wie auch die arbeitsteilige Leistungserstellung im besonderen. Solche Institutionen sind z.B. Gesetze, Normen und Verträge, aber auch Geld oder Sprache etc.

Die *Neue Institutionenökonomik* versucht einerseits, die Entwicklung von Institutionen und deren Auswirkung auf menschliches Verhalten ökonomisch zu erklären (*positive Analyse*) sowie andererseits Handlungsempfehlungen zur effizienten Gestaltung von Institutionen zu geben (*normative Analyse*). Damit geht die Neue Institutionenökonomik von zwei Grundannahmen aus: „(i) [I]nstitutions do matter, (ii) the determinants of institutions are susceptible to analysis by the tools of economic theory" (Matthews 1986, S. 903). Die Entstehung von Institutionen steht in einem engen Zusammenhang mit der Koordinations- und Motivationsaufgabe. Institutionen entstehen überall dort, wo die Beteiligten durch die Schaffung von Institutionen und ihrer Beachtung zu einem für alle höheren Nutzenniveau gelangen als bei nicht durch Institutionen organisiertem Verhalten. In Anlehnung an Ullmann-Margalit (1977) und Kunz (1985) kann zwischen sich selbst erhaltenden und überwachungsbedürftigen Normen unterschieden werden. Die Einhaltung *sich selbst erhaltender Normen* muß nicht überwacht werden, da ein Abweichen von ihnen den Akteuren selbst Nachteile zufügt (vgl. Ullmann-Margalit 1977). Beispiele für solche sich selbst erhaltende Normen sind die Sprachregeln der zwischenmenschlichen Kommunikation (Satzbau, Grammatik), das Geld oder die essentiellen Regeln des Straßenverkehrs, wie z.B. das Rechtsfahrgebot auf Straßen in kontinentaleuropäischen Ländern. Dieses letzte Beispiel zeigt die Bedeutung von Institutionen als Mechanismus zur Stabilisierung von Erwartungen: Der Straßenverkehr wird effizienter und sicherer, weil jeder Akteur *weiß*, auf welcher Straßenseite die übrigen Verkehrsteilnehmer fahren werden, auch wenn er sie vorher nicht gefragt hat (vgl. Kunz 1985, S. 18). Derartige Institutionen vermögen somit das *Koordinationsproblem* des Nicht-Wissens zu überwinden. Das Charakteristische eines solchen reinen Koordinationsproblems ist in Abbildung 2-5 dargestellt.

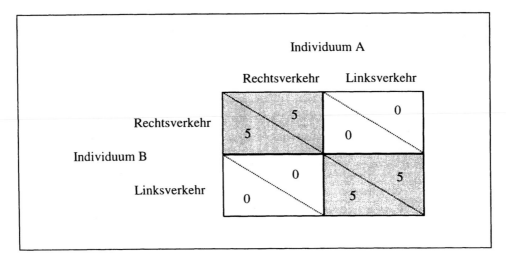

Abb. 2-5:   (Reines) Koordinationsproblem: Wahl zwischen zwei Normen (in Anlehnung an Picot / Dietl / Franck 2002, S. 16)

In diesem Beispiel haben die Akteure jeweils die Wahl zwischen zwei Verhaltensweisen: Sie können entweder auf der rechten oder auf der linken Straßenseite fahren. Wenn die Akteure unterschiedliche Fahrbahnseiten als Norm wählen, riskieren sie einen Zusammenstoß und müssen dementsprechend vorsichtig fahren (Nutzenwert jeweils 0). Einigen sich jedoch beide Fahrer auf eine Fahrtrichtung als Norm, wird der Verkehr effizienter und sicherer (Nutzenwert jeweils 5). Offenkundig gibt es zwischen den Akteuren keinen Interessenkonflikt. Um jedoch die Vorteile einer gemeinsamen Norm zu erhalten, müssen sich die Akteure darüber einigen, welche der beiden möglichen Normen sie wählen, z.B. durch eine entsprechende Absprache.

Zur Lösung des Koordinationsproblems ist somit Information und Kommunikation erforderlich. Existiert jedoch erst einmal eine Norm, erhält sie sich selbst, da die Akteure kein Interesse haben, von ihr abzuweichen. Demgegenüber können bei überwachungsbedürftigen Normen zumindest teilweise konfligierende Interessen der Beteiligten auftreten. *Überwachungsbedürftige Normen* sind dadurch gekennzeichnet, daß es für einzelne Akteure individuell rational ist, die entstandene Norm zu brechen.

Als Beispiele für überwachungsbedürftige Institutionen lassen sich z.B. die Zahlung von Steuern für die Bereitstellung von öffentlichen Gütern oder Investitionen in den Umweltschutz anführen. Überwachungsbedürftige Normen können mit Hilfe des Gefangenendilemmas modelliert werden (vgl. Ullmann-Margalit 1977). *Gefangenendilemma-Situationen* sind dadurch charakterisiert, daß die für alle Beteiligten beste Lösung systematisch verfehlt wird, weil jeder der Akteure versucht, das für ihn individuell beste Ergebnis zu erzielen. Damit wird letztlich ein Zustand erreicht, der für alle Beteiligten schlechtere Ergebnisse hervorbringt, als sie bei kooperativem Verhalten hätten erzielt werden können.

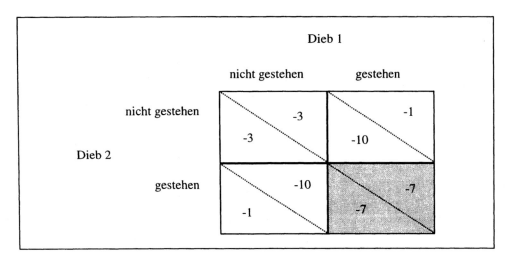

Abb. 2-6: Motivationsproblem: Gefangenendilemma-Situation (in Anlehnung an Picot / Dietl / Franck 2002, S. 17)

Das klassische Beispiel für ein Gefangenendilemma zeigt folgende Anekdote (vgl. Luce / Raiffa 1957): Zwei Diebe werden von der Polizei verhaftet und anschließend getrennt verhört. Für jeden Dieb besteht dabei die Möglichkeit, die Aussage zu verweigern oder zu gestehen, d.h. seinen Mittäter zu verraten. Verweigern beide die Aussage, so droht ihnen maximal eine Strafe von 3 Jahren. Wenn beide gestehen, werde beide mit je 7 Jahren bestraft. Gesteht einer der Diebe, so hat er aufgrund einer Kronzeugenregelung lediglich eine Strafe von 1 Jahr zu erwarten, während sein nicht geständiger Kollege mit 10 Jahren bestraft wird (vgl. Abb. 2-6). Bei dieser Konstellation ist es *unabhängig* vom Verhalten des anderen Diebes immer besser zu gestehen: Wenn der andere beispielsweise nicht gesteht, dann drohen bei Schweigen 3 Jahre Strafe, bei einem Geständnis jedoch nur 1 Jahr. Wenn nun beide gestehen, erhält jeder eine Strafe von 7 Jahren, was für jeden schlechter ist, als wenn beide schwiegen und lediglich für 3 Jahre ins Gefängnis gehen müßten.

Offenkundig handelt es sich beim Gefangenendilemma um ein *Motivationsproblem*: Selbst wenn die Akteure wissen, daß Schweigen die für beide zusammen bessere Lösung darstellt und sich dementsprechend abgesprochen haben, haben sie aufgrund der Konstellation der Nutzenwerte immer einen Anreiz, von diesem kollektiven Optimum abzuweichen und evtl. Abmachungen zu brechen, falls diese nicht erzwingbar sind. Eine Institution muß deshalb in diesem Falle das Nicht-Wollen der Akteure überwinden. Dazu ist zum einen das Verhalten der Akteure zu kontrollieren und zum anderen ein

Normverstoß so zu bestrafen, daß er nach Strafe einen geringeren Nutzen stiftet als normkonformes Verhalten. Folglich ist bei Motivationsproblemen vor allem der Aspekt der Sanktionierbarkeit von Erwartungen von Bedeutung. Im Rahmen des Beispiels kann dies z.B. durch eine „Mafia-Organisation" erfolgen, die Geständnisse entsprechend bestraft (vgl. Holler 1983). Durch diese Drohung wird das Spielergebnis so transformiert, daß Nicht-Gestehen für jeden Gefangenen die optimale Strategie darstellt (vgl. Abb. 2-7): Kooperatives Verhalten wird dadurch *anreizkompatibel*. Eine analoge Funktion übernimmt ökonomisch gesehen die rechtsstaatliche Gerichtsbarkeit, die die Einhaltung von Gesetzes überwacht und Gesetzesübertretungen ahndet.

Eine wichtige Institution zur Lösung von Koordinations- und Motivationsproblemen sind Verträge, in denen einerseits festgelegt werden kann, wie sich die Vertragspartner zu verhalten haben (Koordinationsaspekt), und andererseits, welche Sanktionen zu erwarten sind, wenn sie nicht vertragskonform handeln (Motivationsaspekt). Unter einem *Vertrag* im ökonomischen Sinne versteht man dabei „jede bindende explizite oder implizite Vereinbarung über den Austausch von Gütern oder Leistungen zwischen Menschen, die dieser Vereinbarung zustimmen, weil sie sich davon eine Besserstellung versprechen" (Wolff 1995, S. 38). Auf MacNeil (1978) aufbauend wird häufig zwischen klassischen, neoklassischen und relationalen Vertragstypen unterschieden (vgl. auch Williamson 1990).

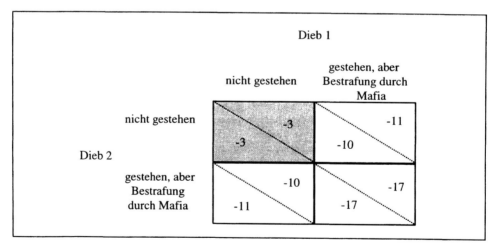

Abb. 2-7:   Lösung des Motivationsproblems durch überwachte Norm (in Anlehnung an Picot / Dietl / Franck 2002, S. 18)

Klassische Verträge zeichnen sich durch ihre Zeitpunktorientierung aus. Leistung und Gegenleistung fallen zeitlich zusammen oder werden vergegenwärtigt, indem für alle möglichen zukünftigen Umweltzustände ex ante vertragliche Bestimmungen formuliert werden. Je nach objektiv feststellbarem Umweltzustand treten dann die entsprechenden Vertragsteile in Kraft. Klassische Verträge sind somit *vollständig*. Die Vertragserfüllung ist objektiv feststellbar und ggf. durch Gerichte erzwingbar. Die Identität der Vertragspartner spielt keine Rolle, zwischen ihnen werden weder vorausgegangene noch nachfolgende Beziehungen angenommen. Klassische Verträge beziehen sich in der Regel auf Standardgüter und werden für den kurzfristigen Leistungsaustausch zwischen anonymen Vertragspartnern abgeschlossen, wie dies z.B. beim Kauf von Benzin an einer Autobahntankstelle der Fall ist. Demgegenüber sind *neoklassische Verträge* zeitraumbezogen. Die Vertragsbeziehung ist zwar zeitlich begrenzt, erstreckt sich aber über einen längeren Zeitabschnitt. Dabei ist es oftmals nicht mehr möglich, alle Eventualitäten zum Zeitpunkt des Vertragsabschlusses vorherzusehen. Alle Umweltzustände eindeutig zu regeln, kann zudem sehr teuer oder ineffektiv sein. Neoklassische Verträge bleiben deshalb teilweise *unvollständig*. An die Stelle konkreter Bestimmungen treten Regeln, die dem Vertrag mehr Flexibilität verleihen. Treten bei ihrer Ausführung Unstimmigkeiten zwischen den Vertragspartnern auf, so kann in diese bilaterale Leistungsbeziehung eine dritte Partei als Schlichter (Sachverständiger, Schiedsgericht) einbezogen werden. Beispiele für neoklassische Verträge sind ein mehrjähriger Beschaffungsvertrag oder ein Mietverhältnis. Auch langfristig angelegte Kooperationen zwischen Unternehmen können auf der Basis neoklassischer Verträge begründet werden (vgl. Teil 6).

Relationale Verträge unterscheiden sich von klassischen und neoklassischen Verträgen fundamental: Während klassische und neoklassische Verträge auf *expliziten*, zumeist fixierten Vereinbarungen beruhen, treten im relationalen Vertragsrecht *implizite*, auf gemeinsamen Werten basierende Vereinbarungen weitgehend (wenn auch nicht vollständig) an ihre Stelle. Die Identität der Vertragspartner sowie die gewachsene Qualität ihrer gegenseitigen Beziehungen spielen eine dominierende Rolle. Die sich im Zeitablauf entwickelnde Leistungsbeziehung, die gemeinsamen Werthaltungen, das gegenseitige Vertrauen und die Solidarität zwischen den Vertragspartnern gewinnen damit überragende Bedeutung für das Zustandekommen und die vereinbarungsgemäße Durchführung des relationalen Vertrags. Relationale Verträge liegen den meisten Arbeitsverhältnissen oder auch besonders intensiven zwischenbetrieblichen Kooperationsvereinbarungen zugrunde. Eine effiziente, die zukünftigen Beziehungen nicht belastende Beilegung von Unstimmigkeiten kann nur durch die Beteiligten selbst erfolgen. Die Einmischung Dritter, seien es Richter oder Schlichter, ist selten hilfreich und in der Regel auch schon deshalb unmöglich, weil der Gegenstand relationaler Verträge meist so spezifisch ist, daß er gegenüber Dritten kaum beschreibbar, geschweige denn durch diese verifizierbar ist. Schanze (1991) entwickelt mit seinem Konzept der *symbiotischen*

Verträge eine Vertiefung der Idee relationaler Verträge. Darunter versteht er langfristige Verträge mit spezifischer Bindung, die sich in kritischen Abhängigkeiten und asymmetrischen Beziehungen zwischen den Partnern ausdrückt. Erfolgreiche symbiotische Verträge zeichnen sich durch ausgeklügelte Anreizschemata aus, die insbesondere bei der Auswahl und der Überwachung des Vertragspartners wirksam sind (vgl. Schanze 1991). Beispiele für Symbiosen sind Franchising-Abkommen oder speziell ausgestaltete Joint Ventures (vgl. Teil 6). Unterschiedliche Vertragstypen bilden letztlich die Grundlage aller Organisationsformen. Alle wirtschaftlichen Produktions- und Tauschprozesse werden durch Verträge organisiert, sie sind die Instrumente und Mittel zur Organisation arbeitsteiliger Leistungsbeziehungen. In diesem Sinne läßt sich die *Unternehmung* als Netz auf Dauer angelegter Verträge (vgl. u.a. Alchian / Demsetz 1972; Fama 1980; Cheung 1983) zwischen wirtschaftlich abhängigen Individuen interpretieren. *Märkte* können analog als Netze kurzfristiger Verträge zwischen wirtschaftlich und rechtlich selbständigen Wirtschaftseinheiten angesehen werden, während *Kooperationen* und *strategische Allianzen* Netze mittel- bis langfristiger Verträge zwischen rechtlich selbständigen, aber wirtschaftlich partiell abhängigen Partnern darstellen.

Die Ausgestaltung von Organisationsstrukturen mittels Verträgen wird im Rahmen der Neuen Institutionenökonomik analysiert. Die Neue Institutionenökonomik stellt heute kein einheitliches Theoriegebäude dar. Vielmehr besteht sie aus mehreren, methodologisch weitgehend verwandten Ansätzen, die sich gegenseitig überlappen, ergänzen und teilweise aufeinander beziehen. Gemeinsam sind allen institutionenökonomischen Ansätzen die drei folgenden Ausgangspunkte (vgl. Picot / Dietl / Franck 2002):

- methodologischer Individualismus;
- individuelle Nutzenmaximierung;
- begrenzte Rationalität.

Der *methodologische Individualismus* ist ein verbindendes Element nahezu aller ökonomischen Theorien. Im Rahmen dieses Forschungskonzepts werden soziale Gebilde wie Unternehmungen oder auch der Staat analysiert, indem man die Ziele und Entscheidungen der einzelnen Individuen betrachtet, die innerhalb dieser Gebilde agieren (vgl. Schumpeter 1908).

Die Annahme der *individuellen Nutzenmaximierung* ist ebenfalls eine Gemeinsamkeit ökonomischer Ansätze. Dieses Axiom besagt, daß jeder Akteur sein Eigeninteresse verfolgt: Entsprechend seiner von ihm wahrgenommenen Handlungsrestriktionen und Präferenzen wird er diejenige Alternative wählen, von der er sich den höchsten Nutzen verspricht. Verwandt mit der Annahme individueller Nutzenmaximierung ist das Konzept des *Opportunismus*, verstanden als „self-interest seeking with guile" (Williamson

1975, S. 26). Die Annahme des opportunistischen Verhaltens hebt hervor, daß Akteure zum Zwecke individueller Nutzenmaximierung gegebenenfalls auch negative Konsequenzen für andere Menschen billigend in Kauf nehmen, wie das z.B. im Gefangenendilemma der Fall ist.

In Abgrenzung zur Neoklassik betont die Neue Institutionenökonomik die *begrenzte Rationalität* von Akteuren. Nach Simon (1959, S. xxiv) ist menschliches Verhalten „*intendedly* rational, but only *limitedly* so" (Hervorhebung im Original). Die Grenzen der Rationalität sind eine Folge des unvollständigen Wissens und der begrenzten Informationsverarbeitungskapazität. In diesem Sinne können Menschen immer nur in bezug auf ihren subjektiv unvollständigen Informationsstand rational sein, weswegen Simon (1959) auch von subjektiver Rationalität spricht. Wie in Kapitel 2.1 ausgeführt, ist es diese unvollständige Information, die das Organisationsproblem mit seinen Teilaspekten Koordination und Motivation überhaupt erst entstehen läßt. Zu den theoretischen Ansätzen der Neuen Institutionenökonomik zählen wie bereits erwähnt die Property-Rights-Theorie (vgl. Kap. 2.3.2), die Transaktionskostentheorie (vgl. Kap. 2.3.3) und die Principal-Agent-Theorie (vgl. Kap. 2.3.4). Diese Theorien werden im folgenden überblicksartig dargestellt. Es wird ihre Relevanz für die Bestimmung der Unternehmensgrenzen, die Erklärung der Auflösung von Unternehmensgrenzen und die Herausbildung neuer Organisationsformen für die interne Aufgabenerfüllung gezeigt.

2.3.2 Property-Rights-Theorie

Im Zentrum der *Property-Rights-Theorie* (vgl. u.a. Coase 1960; Alchian / Demsetz 1972; Picot / Dietl / Franck 2002) stehen Handlungs- und Verfügungsrechte (*Property Rights*) und deren Wirkung auf das Verhalten von ökonomischen Akteuren. Ausgangspunkt ist dabei die Beobachtung, daß der Wert von Gütern einerseits und die Handlungen von Menschen andererseits von den Rechten abhängen, die ihnen zugeordnet sind. So resultiert beispielsweise ein Großteil der Motivation eines Unternehmers aus dem Recht, sich den Gewinn seiner Unternehmung anzueignen. Seine Motivation und der Wert der Unternehmung werden ceteris paribus sinken, wenn dieses Gewinnaneignungsrecht z.B. durch Steuern und Abgaben eingeschränkt wird. Die Property-Rights-Theorie basiert neben den allgemeinen Annahmen der neuen Institutionenökonomik – methodologischer Individualismus, individuelle Nutzenmaximierung, begrenzte Rationalität (vgl. Kap. 2.3.1) – im wesentlichen auf den Elementen Property Rights, externe Effekte und Transaktionskosten.

Im Mittelpunkt der property-rights-theoretischen Analyse stehen die sogenannten Property Rights an Gütern. *Property Rights* sind die mit einem Gut verbundenen und Wirtschaftssubjekten aufgrund von Rechtsordnungen und Verträgen zustehenden Handlungs- und Verfügungsrechte. Diese Handlungs- und Verfügungsrechte haben sowohl einen gegenstands- als auch einen personenbezogenen Aspekt. Sie legen die Rechte von Individuen im Umgang mit einem Gut fest und grenzen damit die Rechte der Individuen untereinander an einem Gut ab. Die Zuordnung von Property Rights schafft Handlungsrechte und -pflichten für die begünstigten Individuen und Handlungsrestriktionen für diejenigen Individuen, die über keine Property Rights an dem betreffenden Gut verfügen. Damit gehen von der Verteilung der Property Rights bestimmte Anreizwirkungen auf das Verhalten von Individuen aus.

Die an einem Gut bestehenden Property Rights können in vier Einzelrechte aufgespalten werden (vgl. Furubotn / Pejovich 1974; Alchian / Demsetz 1972):

- das Recht, ein Gut zu nutzen (usus);
- das Recht, Form und Substanz des Gutes zu verändern (abusus);
- das Recht, sich entstehende Gewinne anzueignen und die Pflicht, resultierende Verluste zu tragen (usus fructus);
- das Recht, das Gut an Dritte zu veräußern (Kapitalisierungs- bzw. Liquidationsrecht).

Im Hinblick auf einen Akteur ist zu unterscheiden, ob er alle diese Teilrechte gemeinsam besitzt (vollständige Zuordnung) oder ob ihm diese Rechte nur teilweise zugeordnet sind (unvollständige Zuordnung). Andererseits kann ein und dasselbe Teilrecht einem einzigen Individuum zugeordnet oder aber auf mehrere Individuen verteilt sein. Von *verdünnten Property Rights* spricht man, wenn Handlungs- und Verfügungsrechte unvollständig zugeordnet und / oder auf mehrere Individuen verteilt sind.

Bei verdünnten Property Rights besteht die Gefahr externer Effekte. Unter *externen Effekten* werden all diejenigen (positiven oder negativen) Nebenwirkungen der Handlungen eines Individuums verstanden, die nicht über den Markt entgolten oder dem Individuum auf andere Weise als einzelwirtschaftliche Kosten angelastet werden. Da bei verdünnten Property Rights die Handlungs- und Verfügungsrechte nicht vollständig spezifiziert oder auf mehrere Akteure verteilt sind, haben die Handlungen eines Individuums Auswirkungen auf den Nutzen der übrigen Akteure. Bei geringer Verdünnung kann möglicherweise ein Ausgleich zwischen den beteiligten Parteien erfolgen. Sind die Property Rights jedoch stark verdünnt, so verhindern prohibitive Verhandlungskosten eine vertragliche Einigung. In diesem Falle verbleiben externe Effekte, die zu einem Wohlfahrtsverlust führen.

Ein typisches Beispiel hierfür sind *Kommunikationsgüter* wie Telefone, vernetzte Computersysteme etc. Kommunikationsgüter zeichnen sich dadurch aus, daß der Nutzen eines einzelnen Teilnehmers insbesondere von der Zahl der Individuen abhängt, die mittels dieser Güter über ein gemeinsames Netz erreichbar sind (vgl. Blankart / Kneips 1995). Damit verursacht jeder neue Teilnehmer positive externe Effekte für die vorhandenen Akteure eines Netzes, da deren Kommunikationsmöglichkeiten steigen. Offensichtlich ist in diesem Falle das Recht zur Nutzung (usus) verdünnt, da Kommunikationsgüter definitionsgemäß immer von mindestens zwei Personen genutzt werden: einem Sender und einem Empfänger (vgl. Teil 3). Das gleiche gilt in der Folge für den aus der Nutzung entstehenden Gewinn (usus fructus).

Wenn ein Abnehmer von Bauteilen in EDV-Infrastruktur investiert und sich an das elektronische Lagerhaltungssystem seines Zulieferers anschließt, so können nicht nur auf der Seite des Abnehmers, sondern auch beim Zulieferer Kosten eingespart werden. Der Abnehmer hat damit nicht das volle Recht zur Aneignung des Gewinns (usus fructus), der aus der EDV-Investition resultiert. Allerdings wird der Zulieferer deshalb bereit sein, sich an den Aufwendungen für die Implementierung des Systems zu beteiligen. Dadurch wird der positive externe Effekt der Entscheidung des Abnehmers auf den Gewinn des Zulieferers *internalisiert*.

Netzeffekte entstehen auch bei Telekommunikationsnetzen. So wird beispielsweise mit jedem neuen Internet-Nutzer ein E-Mail-Account wertvoller, da die Zahl der theoretisch möglichen Kommunikationsbeziehungen steigt (vgl. Kap. 2.4.2). Anders als im obigen Beispiel ist jedoch eine Internalisierung der externen Effekte durch Zahlungen zum Nutzenausgleich de facto nicht möglich, da die erforderlichen Verhandlungen durch die Vielzahl der betroffenen Teilnehmer immense Kosten verschlingen würden.

Aus diesem Beispiel wird die Bedeutung des dritten zentralen Elements der Property-Rights-Theorie deutlich: den Transaktionskosten. In einer Welt ohne Transaktionskosten wäre jede Verteilung der Property Rights gleichermaßen effizient: Wenn Information und Kommunikation kostenlos wären und beliebig viel Zeit für Verhandlungen zur Verfügung stünde, dann würden nämlich auch bei verdünnten Property Rights die betroffenen Individuen solange miteinander verhandeln, bis alle externen Effekte internalisiert wären. Dies ist die Aussage des *Coase-Theorems* (vgl. Coase 1960). In der realen Welt entstehen jedoch ganz erhebliche *Transaktionskosten* (vgl. Kap. 2.1), und zwar nicht nur bei Verhandlungen, sondern ganz allgemein bei der Herausbildung, Zuordnung, Übertragung und Durchsetzung von Property Rights (vgl. Tietzel 1981). Es handelt sich um Kosten der Information und Kommunikation einschließlich der Opportunitätskosten der Zeit, die für die Anbahnung und Abwicklung eines Leistungsaustausches aufgewandt werden müssen.

Aus property-rights-theoretischer Sicht ist daher nun jeweils diejenige Property-Rights-Verteilung effizient, die die Summe aus Transaktionskosten und den durch (positive wie negative) externe Effekte hervorgerufenen Wohlfahrtsverlusten minimiert. Tendenziell sollten Property Rights so verteilt werden, daß möglichst vollständige Rechtebündel mit der Nutzung ökonomischer Ressourcen verbunden und dem Handelnden zugeordnet sind, so daß er Anreize für selbstverantwortlichen und effizienten Ressourcenumgang erhält. Diese zunehmende Vollständigkeit der Zuordnung ist jedoch nur solange ökonomisch sinnvoll, wie die Reduzierung der Wohlfahrtsverluste aufgrund externer Effekte größer ist als die Transaktionskosten, die bei der Zuordnung, Durchsetzung etc. der Property Rights entstehen. Abbildung 2-8 illustriert diesen Trade-off.

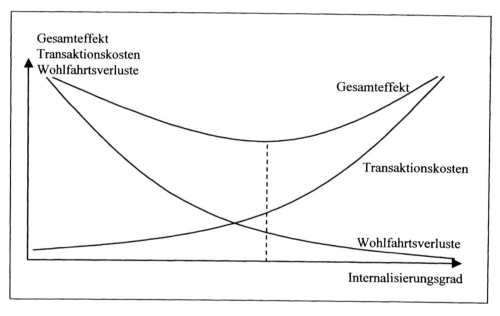

Abb. 2-8:   Trade-off zwischen Wohlfahrtsverlusten durch externe Effekte und Transaktionskosten (in Anlehnung an Picot / Dietl / Franck 2002)

Die Property-Rights-Theorie trägt zu einem differenzierten Bild der Unternehmung bei. Sie wird, entsprechend der Sichtweise des methodologischen Individualismus, als Mehr-personen-Gebilde und dynamisches Geflecht von Vertragsbeziehungen aufgefaßt (vgl. Kaulmann 1987). Die Property-Rights-Theorie ist damit zur Analyse aller Entscheidungen geeignet, die zu einer Veränderung der Handlungs- und Verfügungsrechte innerhalb der Unternehmung führen. Damit kann die Property-Rights-Theorie auch für weitergehende Fragen der internen Organisationsgestaltung wertvolle Gestaltungsempfehlungen geben (vgl. Picot 1981).

Dazu müssen Property Rights möglicherweise detaillierter aufgeschlüsselt werden. So können z.B. die Bemühungen von Unternehmen, ihre internen Organisationsstrukturen zu dezentralisieren und zu modularisieren, indem sie unternehmensintern Aufgabenbereiche durch Kompetenz- und Funktionsbündelung sowie Verantwortungsdelegation verselbständigen, als Neuverteilung von Property Rights in Form von geänderten Kompetenzen- und Ressourcenzuordnungen interpretiert werden (vgl. Teil 5). Ziel der organisatorischen Gestaltung muß es dabei sein, innerhalb des Unternehmens Property Rights durch organisatorische Regelungen im Sinne des o.g. Kriteriums möglichst effizient zuzuordnen. Die Sicherung und Durchsetzung von Property Rights spielt für ökonomische Handlungen eine wichtige Rolle.

In dem Maße wie sich ein Akteur den Nutzen seiner Handlungsfolgen privat aneignen kann, steigt die Bereitschaft zu handeln. Dieses Phänomen ist besonders für Forschungs- und Entwicklungsaktivitäten von Bedeutung. Es gibt dazu verschiedene institutionelle Regelungen, die den Schutz von Wissen zusichern sollen, wie z.B. Urheberrechte, Geschmacksmuster oder Patente. Ohne solche Institutionen, die Verfügungsrechte an Informationen beschreiben und deren Durchsetzung erleichtern sollen, würde eine innovative Wissensproduktion stark gehemmt.

2.3.3 Transaktionskostentheorie

Grundlegende Untersuchungseinheit der *Transaktionskostentheorie* (vgl. u.a. Coase 1937; Williamson 1990; Picot / Dietl / Franck 2002) ist die einzelne *Transaktion*, die als Übertragung von Property Rights definiert wird. Die dabei anfallenden Kosten werden als *Transaktionskosten* bezeichnet (Picot 1991b) und umfassen Kosten der

- Anbahnung (z.B. Recherche, Reisen, Beratung);
- Vereinbarung, (z.B. Verhandlungen, Rechtsabteilung);
- Abwicklung, (z.B. Prozeßsteuerung);
- Kontrolle (z.B. Qualitäts- und Terminüberwachung) und
- Anpassung (z.B. Zusatzkosten aufgrund nachträglicher qualitativer, preislicher oder terminlicher Änderungen).

Die Höhe dieser Transaktionskosten hängt einerseits von den Eigenschaften der zu erbringenden Leistungen und andererseits von der gewählten Einbindungs- bzw. Organisationsform ab. Ziel der Transaktionskostenanalyse ist es, bei gegebenen Eigenschaften der Transaktion diejenige Organisationsform zu finden, die bei gegebenen Produktionskosten und -leistungen die Transaktionskosten minimiert. Transaktionskosten sind damit der Effizienzmaßstab zur Beurteilung und Auswahl unterschiedlicher institutioneller Arrangements. Als Organisationsformen kommen Markt, Unternehmung (Hierarchie), aber auch Zwischenformen, wie z.B. längerfristige Kooperationen, in Frage. Unternehmungen als integrierte, in sich arbeitsteilige Gebilde haben nur dann eine Existenzberechtigung, wenn sie in ihrem Binnenbereich die mit jeder arbeitsteiligen Leistungserstellung verbundenen Koordinations- und Motivationsprobleme besser – d.h. mit geringeren Transaktionskosten – lösen können, als dies bei einer Abwicklung mit externen Partnern über den Markt der Fall wäre.   ·

Die Einflußgrößen der Transaktionskosten können mit Hilfe des *organizational failure frameworks* von Williamson (1975) systematisiert werden (vgl. Abb. 2-9).

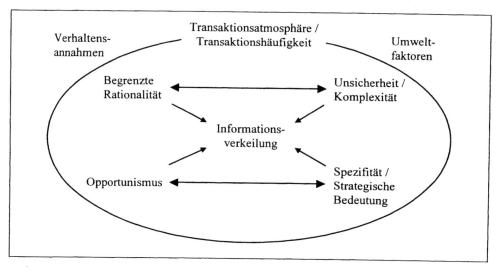

Abb. 2-9:   Einflußgrößen auf die Transaktionskosten (Picot / Dietl / Franck 2002 in Anlehnung an Williamson, 1975, S. 40)

Im Rahmen des organizational failure frameworks sind die Umweltmerkmale Spezifität, strategische Bedeutung und Unsicherheit einerseits und die Verhaltensannahmen Opportunismus und begrenzte Rationalität andererseits die zentralen Einflußgrößen. Der *Spezifitätsgrad* einer Transaktion ist um so höher, je größer der Wertverlust ist, der entsteht, wenn die zur Aufgabenerfüllung erforderlichen Ressourcen nicht in der angestrebten Verwendung eingesetzt, sondern ihrer nächstbesten Verwendung zugeführt werden (vgl. Klein / Crawford / Alchian 1978). So sind z.B. bei Beendigung einer Geschäftsbeziehung unspezifische Ressourcen wie Standardsoftware etc. weiterhin ohne Einschränkung verwendbar. Spezifische Investitionen wie z.B. Spezialmaschinen verlangen hingegen eine Umrüstung oder werden vollkommen wertlos (z.B. Kundendaten).

Allgemein lassen sich folgende Arten von *Spezifität* unterscheiden (vgl. Williamson 1990):

- Standortspezifität („site specifity"): Investitionen in ortsgebundene Anlagen;
- Spezifität des Sachkapitals („physical asset specifity"): Investitionen in spezifische Maschinen und Technologien;
- Spezifität des Humankapitals („human asset specifity"): Investitionen in spezifische Mitarbeiterqualifikationen;
- zweckgebundene Sachwerte („dedicated assets"): Investitionen in an sich unspezifische Anlagen, die jedoch bei Wegfall der Transaktion Überkapazitäten darstellen würden.

Häufig ändert sich die Spezifität einer Leistungsbeziehung im Laufe einer Vertragsbeziehung. So hat z.B. ein Abnehmer ex ante die Wahl zwischen verschiedenen Lieferanten, die alle eine Just-in-Time-Abwicklung anbieten. Hat er sich jedoch erst einmal für einen bestimmten Zulieferer entschieden, so entstehen Wechselbarrieren, da die Anbindung an das Logistikkonzept spezifische Investitionen in Informationstechnologie etc. erfordert: Die Leistungsbeziehung ist ex post spezifisch geworden. Eine solche Umwandlung wird als *fundamentale Transformation* bezeichnet (vgl. Williamson 1990).

Diese Abhängigkeit durch Spezifität kann opportunistisch ausgenutzt werden, z.B. durch Erhöhung der Lieferpreise. Spezifität wird also dann problematisch, wenn die Verhaltensannahme des *Opportunismus* erfüllt ist, die Akteure also ihren eigenen Nutzen ggf. auch auf Kosten des Vertragspartners maximieren (vgl. Kap. 2.3.1). Die Transaktionskostentheorie empfiehlt deshalb generell, spezifische Transaktionen nicht über kurzfristige Marktbeziehungen abzuwickeln, sondern stärker hierarchisch einzubinden, z.B. im Rahmen eines langfristigen Vertrags.

Allerdings ist für eine solche Entscheidung auch die *strategische Bedeutung* der erstellten Leistung zu berücksichtigen, d.h. ihr Beitrag zur Wettbewerbsposition des Endproduktes. Sind Leistungserstellungen spezifisch *und* strategisch bedeutsam, dann lassen sich die zugrundeliegenden Fähigkeiten als Kernkompetenzen im Sinne von Prahalad / Hamel (1990) interpretieren, die in jedem Falle unternehmensintern organisiert werden sollten. Handlungsbedarf liegt bei Leistungen vor, die zwar spezifisch, aber nur von geringer strategischer Bedeutung sind. Die Spezifität derartiger Transaktionen sollte reduziert werden, um langfristig eine Ausgliederung zu ermöglichen. Ein Beispiel für eine solche Entwicklung ist der generelle Trend zu betriebswirtschaftlicher Standardsoftware (vgl. Teil 4). Andererseits sind jedoch weiterhin proprietäre Software-Lösungen zu bevorzugen, wenn spezifische, standardmäßig schwer abzubildende Prozesse strategisch wichtig sind, wie dies z.B. häufig im Produktionsbereich der Fall ist (vgl. Teil 5). *Unsicherheit* als Umweltfaktor drückt sich in Anzahl und Ausmaß nicht vorhersehbarer Aufgabenänderungen aus. In einer unsicheren Umwelt wird die Vertragserfüllung durch häufige Änderungen von Terminen, Preisen, Konditionen und Mengen erschwert, was Vertragsmodifikationen und damit die Inkaufnahme erhöhter Transaktionskosten erfordert. Die Unsicherheit der Umweltbedingungen wird allerdings erst in Verbindung mit der Verhaltensannahme der *begrenzten Rationalität* zum Problem, da in diesem Falle die kognitiven Fähigkeiten überfordert werden können. Als *Informationsverkeilung* bezeichnet Williamson Situationen asymmetrisch verteilter Information, bei denen die Gefahr besteht, daß ein Transaktionspartner seinen Informationsvorsprung opportunistisch ausnützt (vgl. Williamson 1975). Diese Konstellationen asymmetrischer Information stehen auch im Mittelpunkt des Principal-Agent-Ansatzes (vgl. Kap. 2.3.4).

Neben diesen vier Einflußgrößen und der Möglichkeit der Informationsverkeilung sind zwei weitere Faktoren zu berücksichtigen: Transaktionshäufigkeit und Transaktionsatmosphäre. Diese beiden Elemente des *organizational failure framework* haben zwar eine nachrangige, aber dennoch nicht unwesentliche Bedeutung bei der Wahl effizienter Einbindungsformen. Die *Transaktionshäufigkeit* bestimmt die Amortisationszeit und damit die ökonomische Vorteilhaftigkeit hierarchischer Unternehmensstrukturen oder langfristiger Kooperationsbeziehungen. Häufig wiederkehrende Transaktionen lassen die Schaffung von Eigenerstellungskapazitäten oder das Abschließen langfristiger Kooperationsverträge eher rentabel erscheinen als nur sporadisch auftretende Austauschbeziehungen, die nach Möglichkeit marktlich abgewickelt werden sollten.

Die *Transaktionsatmosphäre* schließlich beeinflußt ebenfalls in erheblichem Maße die Transaktionskosten unterschiedlicher Einbindungsformen. Sie umfaßt alle für die Organisation einer Leistungsbeziehung relevanten sozialen, rechtlichen und technologischen Rahmenbedingungen. Hierzu zählen Werthaltungen der Transaktionspartner ebenso wie die der Transaktion zugrundeliegenden technischen Infrastrukturen, die die Interaktion der Transaktionspartner erleichtern und damit Transaktionskosten senken können. Informations- und Kommunikationssysteme können die Möglichkeiten rationalen Verhaltens erweitern, den Spezifitätsgrad einer Transaktion verändern und die Transaktionskosten reduzieren. Sie haben damit Einfluß auf die Gestalt der optimalen Organisationsform (vgl. Kap. 2.5.1).

Die obigen Ausführungen lassen bereits erkennen, daß es zwischen den beiden Extremformen Markt und Hierarchie ein vielfältiges Spektrum an Zwischenformen gibt. Sie vereinigen sowohl Elemente marktlicher als auch hierarchischer Organisation. Dazu zählen beispielsweise langfristig angelegte Unternehmenskooperationen, strategische Allianzen, Joint Ventures, Franchisingsysteme, Lizenzvergabe an Dritte, dynamische Netzwerke sowie langfristige Abnahme- und Belieferungsverträge. In der Transaktionskostentheorie werden diese hybriden Organisationsformen seit einigen Jahren intensiver erforscht. Durch ihre Berücksichtigung wird es möglich, ein Kontinuum von Organisationsformen zwischen den Extremformen der rein marktlichen Organisation mit kurzfristigen Spotmarkt-Kontrakten und der rein hierarchischen Organisation auf Basis zeitlich unbegrenzter Arbeitsverträge aufzuspannen. Die scheinbar einfache Wahl zwischen unternehmensinterner und unternehmensexterner Erstellung entpuppt sich damit als komplexe Optimierungsaufgabe innerhalb eines breiten Kontinuums von Möglichkeiten (vgl. Abb. 2-10).

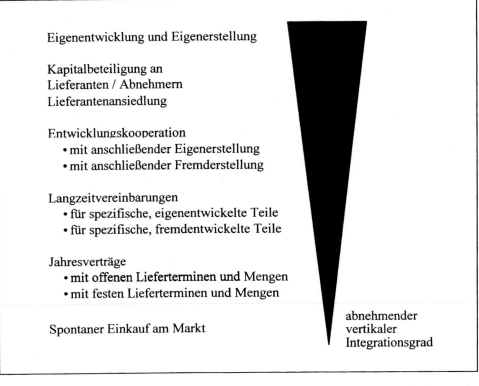

Abb. 2-10: Beispiele für Entscheidungsalternativen der Leistungstiefenoptimierung (in Anlehnung an Picot 1991, S. 340)

Die Vorteilhaftigkeit jeder dieser Organisationsformen hängt jeweils vom Zusammenspiel der o.g. Einflußgrößen auf die Transaktionskosten ab. Exemplarisch ist in Abbildung 2-11 illustriert, wie die Transaktionskosten dreier Organisationsformen in Abhängigkeit von der Spezifität der jeweils zu erstellenden Leistung variieren (wobei alle anderen Faktoren des Organizational failure frameworks sowie Produktionskosten und -leistungen als fix angenommen werden).

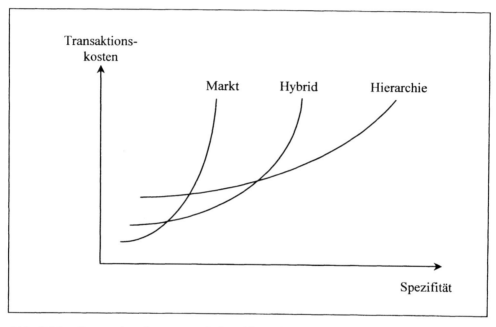

Abb. 2-11:   Integrationsformen und Spezifität (in Anlehnung an Williamson 1991, S. 284)

Hierarchien (Unternehmen) haben unabhängig vom Spezifitätsgrad die höchsten fixen Transaktionskosten. Darunter fallen v.a. die Kosten des bürokratischen Apparates (vgl. Williamson 1990). Die hierarchische Organisationform stellt jedoch eine Vielzahl von Anreiz- und Kontrollmechanismen bereit, die besonders die Durchführung spezifischer Transaktionen erleichtern. Dadurch steigen die Transaktionskosten mit zunehmendem Spezifitätsgrad relativ flach an. Umgekehrt fallen für Markttransaktionen die geringsten Fixkosten an, da jegliche längerfristigen vertragliche Bindungen fehlen. In der Folge sind aber die variablen Transaktionskosten zusätzlicher Spezifität sehr hoch, da die Gefahr einer opportunistischen Ausnutzung Vorsichtsmaßnahmen hinsichtlich Auswahl der Vertragspartner, Vereinbarung der Vertragsinhalte, Kontrolle der Leistungen etc. erforderlich machen. Diese Bedrohung ist tendenziell für hybride Organisationsformen geringer (aber größer als innerhalb von Hierarchien), da aufgrund längerfristiger Beziehungen die Interessen der Vertragspartner zumindest teilweise angeglichen sind und das Potential zur Sanktionierung opportunistischen Verhaltens zunimmt. Dafür verursachen Hybride allerdings auch höhere fixe Transaktionskosten, die jedoch bei zunehmender Spezifität schwächer steigen als im Falle einer Abwicklung über den Markt (aber stärker als bei Hierarchien). st die Spezifität von Leistungen gering, so sind die teuren Anreiz- und Kontrollmechanismen hierarchischer Einbindungsformen nicht effizient. Folglich sollten solche Transaktionen über den Markt abgewickelt werden.

Bei hohem Spezifitätsgrad ist hingegen eine *vertikale Integration* sinnvoll, da Hierarchien besser zur Bewältigung der resultierenden Informationsverkeilung geeignet sind. Für die breite Klasse von Aufgaben mittlerer Spezifität sind schließlich hybride Organisationsformen vorteilhaft. Mit Hilfe des transaktionskostentheoretischen Bezugsrahmens lassen sich die Entstehung von Unternehmen (vgl. Coase 1937)) ebenso begründen wie die zu beobachtende Erscheinung, daß Unternehmensgrenzen zunehmend verwischen und Unternehmen sich gleichsam aufzulösen beginnen (vgl. Kap. 2.5.1 sowie Teil 6). Aber auch für Fragen der internen Organisationsgestaltung (vgl. Teil 5) oder der räumlich dezentralen, betriebsübergreifenden Aufgabenabwicklung, die ohne transaktionskostensenkende Informations- und Kommunikationssysteme überhaupt nicht verwirklichbar ist (vgl. Teil 8), lassen sich aus der Transaktionskostentheorie wertvolle Gestaltungsempfehlungen ableiten.

2.3.4 Principal-Agent-Theorie

Die *Principal-Agent-Theorie* (vgl. u.a. Ross 1973; Jensen / Meckling 1976 sowie Picot / Dietl / Franck 2002) behandelt arbeitsteilige Auftraggeber-Auftragnehmer-Beziehungen, die durch asymmetrisch verteilte Informationen gekennzeichnet sind. In einem Principal-Agent-Verhältnis trifft der Agent (Auftragnehmer) Entscheidungen, die nicht nur sein eigenes Wohlergehen, sondern auch das Nutzenniveau des Principals (Auftraggeber) beeinflussen. Der Principal ist dabei jedoch sowohl über das Eintreten bestimmter Umweltzustände als auch über das Verhalten des Agenten nur unvollkommen informiert. Dadurch entsteht ein diskretionärer Spielraum für opportunistisches Verhalten seitens des Agenten. Zentrale Untersuchungseinheit der Principal-Agent-Theorie ist der dieser Beziehung zugrundeliegende Vertrag. Principal-Agent-Beziehungen bestehen beispielsweise zwischen Kunde und Lieferant, Eigentümer und Manager, Aufsichtsrat und Vorstand, aber auch zwischen Arzt und Patient, Student und Universitätsdozent. Wer jeweils Principal und wer Agent, d.h. wer der „schlecht" und wer der „gut" informierte Transaktionspartner ist, kann nur situationsabhängig beurteilt werden: Beispielsweise steht ein Krankenhausarzt gegenüber mehreren Personen und Institutionen in einem Agentenverhältnis (z.B. Patienten, Krankenhausleitung, Krankenkasse).

Daneben kann er jedoch auch die Stellung eines Principals einnehmen, z.B. gegenüber ihm unterstellten Assistenzärzten, seinem Steuerberater oder seinem Vermögensverwalter. Organisationen wie Unternehmen können als Geflecht von Principal-Agent-Beziehungen interpretiert werden. Die Principal-Agent-Theorie kann folglich als eine Lehre von den Innenbeziehungen einer Institution betrachtet werden. Die Principal-Agent-Theorie dient sowohl der Erklärung (positive Analyse) als auch der Gestaltung (normative Analyse) von Principal-Agent-Beziehungen aus Sicht des Principals.

Das Effizienzkriterium sind dabei die *Agency-Kosten*. Sie setzen sich nach Jensen / Meckling (1976) aus drei Komponenten zusammen:

- Überwachungs- und Kontrollkosten des Principals;
- Signalisierungs- und Garantiekosten des Agenten;
- verbleibender Wohlfahrtsverlust (Residualverlust).

Die ersten beiden Kostenarten entstehen aufgrund von Maßnahmen zur Reduktion der Unsicherheit. Der Residualverlust ist ein Zeichen dafür, daß aufgrund der Unvollkommenheit des Informationsstandes Transaktionen nicht oder nur teilweise durchgeführt werden, die an sich wohlfahrtssteigernd wären. So verzichten z.B. Eltern möglicherweise aus Unsicherheit auf die Dienste eines Babysitters, den sie jedoch in Anspruch nähmen, wenn sie ihn kennen würden. Zwischen den genannten Kostenarten bestehen z.T. Trade-off-Beziehungen: Der in Kauf zu nehmende Residualverlust läßt sich z.B. durch verstärkte Überwachungs- und Kontrollaufwendungen einschränken, während diese wiederum durch glaubwürdige Signalisierungs- und Garantieleistungen des Agenten reduziert werden können. Für die Abwicklung einer Leistungsbeziehung ist nun dasjenige institutionelle Arrangement vorzuziehen, das die Agency-Kosten minimiert.

Eine wichtige Rolle spielt die Klassifizierung der zu untersuchenden Principal-Agent-Beziehung nach der zugrundeliegenden *Informationsasymmetrie* zwischen Principal und Agenten. Hinsichtlich ihrer Ursachen lassen sich drei Problemtypen unterscheiden (vgl. Spremann 1990 sowie Picot / Dietl / Franck 2002):

- „Hidden characteristics";
- „Hidden action";
- „Hidden intention".

Hidden characteristics

Das Problem der *hidden characteristics* tritt vor Vertragsabschluß auf, wenn der Principal Eigenschaften des Agenten oder der von diesem angebotenen Leistungen nicht kennt. Die aus hidden characteristics resultierende Gefahr besteht in der möglichen Auswahl schlechter Vertragspartner aufgrund eines kontraproduktiven Anreizschemas (*Adverse selection*). Das klassische Beispiel für dieses Phänomen ist ein Gebrauchtwagenmarkt (vgl. Akerlof 1970). Da der potentielle Käufer (Principal) eines Gebrauchtwagens, dessen Wert ex ante nicht kennt, wird er von einer marktdurchschnittlichen Qualität ausgehen. Angenommen, die Qualität der Wagen sei im Gesamtmarkt zwischen €10.000,- und €30.000,- gleichverteilt, dann liegt die marktdurchschnittliche Qualität bei €20.000,-. Dies wäre folglich der maximale Preis, den der Interessent zu zahlen bereit ist. Kennt der Verkäufer (Agent) jedoch annahmegemäß die wahre Qualität seines Wagens, wird er folglich bei einem Angebot von €20.000,- nur zum Verkauf bereit sein, wenn der wahre Wert seines Wagens *darunter* liegt (bei einem Wert von genau €20.000,- ist er zwischen Verkaufen und Nicht-Verkaufen indifferent). Dies führt in der Folge zu einer systematischen Negativauslese von Vertragspartnern: Bei jedem beliebigen Preis werden stets nur diejenigen Agenten zur Transaktion bereit sein, deren Leistung genauso gut oder schlechter ist als das (mangels genauer Information auf den Durchschnitt bezogene) Angebot des Principals. Da der Interessent seinerseits keiner für ihn unvorteilhaften Transaktion zustimmen wird, bricht der Markt in der Folge zusammen. Derartige Probleme können sich z.B. auch bei der Einstellung neuer Mitarbeiter oder im Verhältnis von Kreditgeber zu Kreditnehmer ergeben. Zur Lösung empfiehlt die Principal-Agent-Theorie zwei Wege: Einerseits Signalling und Screening sowie Self-selection-Verträge sind Mechanismen zur Reduzierung der Informationsasymmetrie zwischen Principal und Agent. Instrumente zur Interessenangleichung verhindern andererseits die Ausnutzung einer vorhandenen Informationsasymmetrie.

Signalling bedeutet, daß der Agent dem Principal seine Charaktereigenschaften bzw. die Eigenschaften seiner Leistung signalisiert, um die Vereinbarung einer Principal-Agent-Beziehung zu erreichen. Eine solche Signalfunktion können beispielsweise Arbeits- und Ausbildungszeugnisse oder Gütesiegel des potentiellen Agenten übernehmen. Demgegenüber geht beim *Screening* die Initiative vom Principal aus, der sich zusätzliche Informationen über die Eigenschaften des Agenten bzw. seiner Leistung verschaffen möchte. Beispiele für solche Screening-Aktivitäten sind die Veranstaltung von Einstellungstests oder Anfragen eines Kreditgebers bei Kreditauskunfteien. Bei *Self-selection*-Situationen offeriert der Principal dem Agenten ein Menü von Verträgen, die so gestaltet sind, daß der Agent durch die Wahl des Vertrages seine verborgenen Eigenschaften offenbart. So sind bei Versicherungsverträgen Selbstbeteiligungen in unterschiedlicher Höhe üblich. Ein hoher Selbstbehalt ist für den Agenten nur dann sinnvoll, wenn der

Versicherungsfall unwahrscheinlich ist. Mit der Wahl einer hohen Selbstbeteiligung offenbart der Agent somit sein geringes Schadensrisiko. Ein hoher Selbstbehalt läßt sich auch als Instrument zur *Interessenangleichung* interpretieren, wenn der Agent sein Schadensrisiko beeinflussen kann: Da der Agent sich am Schaden beteiligen muß, ist es in seinem wie im Sinne der Versicherung, daß keine Schäden eintreten.

Hidden action

Im Gegensatz zum Problem der hidden characteristics wird hidden action erst nach Abschluß des Vertrages, d.h. nach erfolgter Auswahl eines Vertragspartners relevant. *Hidden action* bedeutet, daß dem Principal nur die Ergebnisse der Handlungen des Agenten bekannt sind, während ihm die Handlungen selber verborgen bleiben. Dies kann der Fall sein, wenn er das Verhalten des Agenten nicht beobachten kann oder wenn ihm das Wissen fehlt, um das Verhalten zu beurteilen. So kann z.B. ein Aufsichtsrat (Principal) nicht beurteilen, ob die gewählte Strategie des Vorstandes (Agent) im Interesse der Eigentümer war, wenn er die Alternativen nicht kennt, die dem Vorstand zur Verfügung gestanden haben. In der Folge kann der Principal nicht unterscheiden, ob für ein schlechtes Ergebnis der Agent oder ein ungünstiger Umwelteinfluß verantwortlich ist. Die aus Hidden action resultierende Gefahr des *moral hazard* besteht darin, daß der Agent seine Handlungsspielräume opportunistisch ausnutzt und den Interessen des Principal zuwider handelt, indem er z.B. seine Aufgaben mit wenig Sorgfalt erfüllt oder in seinen Arbeitsanstrengungen nachläßt.

Zur Eingrenzung von Moral hazard empfiehlt die Principal-Agent-Theorie einerseits *Monitoring* zur Reduzierung der Informationsasymmetrie (z.B. Berichtssysteme und Kontrollinstanzen). Dadurch kann der Principal das Verhalten des Agenten genauer einschätzen und unmittelbar sanktionieren. Eine andere Alternative ist die Implementierung von Anreizsystemen, insbesondere durch *Erfolgsbeteiligung*, um eine Interessenangleichung von Principal und Agent zu erzielen. Dabei erhält der Agent z.B. einen Vertrag, bei dem sein Gehalt z.T. mit dem Handlungsergebnis variiert. Eine ergebnisabhängige Entlohnung kann jedoch unter dem Gesichtspunkt der Risikoteilung problematisch sein. Wenn der Principal risikoneutral, der Agent aber risikoavers ist, dann ist es unter Wohlfahrtsaspekten effizient, wenn der Principal das gesamte durch Umwelteinflüsse entstehende Risiko übernimmt und dem Agenten einen Fixlohnvertrag anbietet. Allerdings hat der Agent in diesem Falle, wie oben erläutert, kein Interesse, sich in seinen Handlungen besonders anzustrengen, da sein Lohn in jedem Falle derselbe ist. Ein Fixlohnvertrag ist somit zwar *effizient*, aber nicht *anreizkompatibel*. Folglich wird der Principal zu Motivationszwecken einen Teil des Risikos beim Agenten belassen müssen. Allerdings entsteht aufgrund der ineffizienten Risikoteilung ein Residualverlust.

Hidden intention

Bei *hidden intention*, hat der Principal irreversible Vorleistungen erbracht (sog. *„sunk costs"*). Durch diese spezifischen Investitionen in die Transaktionsbeziehung gerät er nach Vertragsabschluß in eine Abhängigkeit vom Agenten, weil er nun auf dessen Leistungen angewiesen ist. Diese Gefahr der opportunistischen Ausnutzung bestehender Abhängigkeiten wird als *hold up* bezeichnet. Hier zeigt sich der logische Zusammenhang der Principal-Agent-Theorie zum Transaktionskostenansatz: In beiden Fällen ist die Spezifität von Investitionen das risikoauslösende Moment.

Zur Beherrschung der Hold-up-Problematik wird die Interessenangleichung durch Begründung von Eigentum an einmaligen und entziehbaren Ressourcen empfohlen. Dies kann z.B. durch vertikale Integration, den Abschluß langfristiger Liefer- und Leistungsverträge oder die Schaffung gegenseitiger Abhängigkeiten, etwa durch Stellung von Sicherheiten (Pfand oder „Geisel"), erfolgen (vgl. z.B. Spremann 1990).

Unterscheidungs-kriterien \ Informations-asymmetrie	Hidden characteristics		Hidden action		Hidden intention
Informationsproblem des Principal	Qualitätseigenschaften der Leistung des Vertragspartners unbekannt		Anstrengung des Vertragspartners nicht beobachtbar bzw. nicht beurteilbar		Absichten des Vertragspartners unbekannt
Problemursache oder wesentliche Einflußgröße	Verbergbarkeit von Eigenschaften		Überwachungsmöglichkeiten und -kosten		Ressourcenabhängigkeit
Verhaltensspielraum des Agenten	Vor Vertragsabschluß		Nach Vertragsabschluß		Nach Vertragsabschluß
Problem	Adverse selection		Moral hazard		Hold up
Art der Problembewältigung	Beseitigung der Informationsasymmetrie durch	Interessenangleichung	Interessenangleichung	Reduzierung der Informationsasymmetrie (Monitoring)	Interessenangleichung
	Signalling/ Screening	Self-Selection			

Abb. 2-12: Principal-Agent-Theorie im Überblick (in Anlehnung an Picot / Dietl / Franck 2002)

Die drei Fälle von Informationsasymmetrie sind in Abbildung 2-12 noch einmal im Überblick dargestellt. Eine eindeutige, feste Zuordnung von institutionellen Einbindungsformen zu bestimmten Informationsasymmetrien ist allerdings kaum möglich (vgl. Spremann 1990). Da zudem in der Wirtschaftspraxis die oben genannten Informationsasymmetrien oftmals gemeinsam auftreten, wird in vielen Fällen nur eine Kombination der verschiedenen institutionellen Organisationsformen eine effiziente Lösung der aus asymmetrischer Information resultierenden Probleme ermöglichen. Wichtige betriebswirtschaftliche Anwendungsgebiete der Principal-Agent-Theorie liegen im Bereich der Gestaltung von Anreiz- und Informationssystemen. Insbesondere durch räumlich dezentralisierte Aufgabenerfüllung (Telecooperation) nehmen Informationsasymmetrien, vor allem das Hidden-action-Problem, zwischen Principal und Agent drastisch zu (vgl. Teil 8). Ähnliches gilt in bezug auf die Hidden-characteristics-Problematik auf elektronischen Märkten (vgl. Teil 7). Die Principal-Agent-Theorie kann dazu beitragen, diese neuen Organisationsformen effizienter zu gestalten.

2.4 Informations- und Netzökonomie

Die vorangegangenen Kapitel haben ausgehend vom Organisationsproblem gezeigt, welche enorme Bedeutung Information innerhalb des wirtschaftlichen Geschehens hat. Es wurde deutlich, daß viele Aspekte der beobachtbaren Realität von Märkten und Unternehmungen unmittelbar auf die Knappheit der Ressource Information zurückzuführen sind. So hat Kapitel 2.2 gezeigt, daß erfolgreiches Unternehmertum letztlich auf Informationsvorsprüngen beruht. Diese Information wird durch Wettbewerb im Laufe der Zeit im Markt verbreitet, wodurch bestehende Informationslücken abgebaut werden. Im Mittelpunkt von Kapitel 2.3 stand die Wahl der Organisationsform. Es zeigte sich, daß deren optimale Struktur maßgeblich von den Kosten für Information und Kommunikation abhängt.

Eine systematische Planung der Unternehmensressource Information ist damit mindestens ebenso bedeutsam wie die Planung der menschlichen, finanziellen oder materiellen Ressourcen. Indes zeigt sich bei näherer Betrachtung, daß *Information* verschiedene charakteristische Eigenschaften besitzt, die sie von anderen Gütern unterscheidet (vgl. u.a. Picot / Franck 1988; Bode 1993; Pethig 1997; Shapiro / Varian 1998; Reichwald 1999):

- Information ist ein immaterielles Gut, das auch bei mehrfacher Nutzung nicht verbraucht wird.

- Information wird mittels Medien konsumiert und transportiert – im Extremfall mit Lichtgeschwindigkeit.

- Information wird kodiert übertragen und bedarf gemeinsamer Standards, um verstanden werden zu können.

- Information reduziert Unsicherheit, ist in ihrer Produktion und Nutzung jedoch selbst mit Unsicherheit behaftet.

- Information ist verdichtbar und erweitert sich gleichzeitig während der Nutzung.

Im folgenden sollen die Auswirkungen dieser Besonderheiten im Wertschöpfungsprozeß von Informationsprodukten genauer betrachtet werden. Analysiert werden dabei die Wertschöpfungsstufen Produktion (Kap. 2.4.1), Distribution (Kap. 2.4.2) und Nutzung (Kap. 2.4.3) von Information.

2.4.1 Produktion von Information

Die Produktion von Information läßt sich in zwei Prozesse unterteilen: in die Neu-Produktion von Information und in die Re-Produktion bereits vorhandener Information (vgl. Hass 2002). Um *Neu-Produktion* handelt es sich z.B. bei der Erstellung eines Buchmanuskriptes oder eines Programmcodes. Von *Re-Produktion* ist hingegen zu sprechen, wenn das Manuskript oder der Programmcode („Master") vervielfältigt werden, um dann als „Copy" weiterverbreitet zu werden. Der Konsument von Information erhält somit kein Original, sondern immer nur eine (inhaltlich identische) Kopie. Anders ausgedrückt: Man kann Information – anders als materielle Güter – gleichzeitig als Kopie weitergeben und das Original behalten.

Grundlage für die Neu-Produktion von Information bilden originäre Informationen. *Originäre Informationen* sind Rohdaten wie z.B. zweckbezogene Nachrichten über Absatzmärkte oder bereits vorhandene Softwareobjekte etc. Aus diesen originären Informationen werden durch Verarbeitungsprozesse *derivative Informationen* gewonnen. Informationsverarbeitungsprozesse lassen sich danach unterscheiden, inwieweit dabei *Zeicheninhalt* (z.B. Marktvolumen in Euro), *Zeichensystem* (Zahl oder Grafik) oder *Zeichenträgermedium* (Bildschirm oder Papier) verändert werden (vgl. z.B. Kosiol 1968 und Bode 1993).

Bei einer *Translation* ist dabei allein die Form, nicht jedoch der Inhalt einer Information betroffen. Vorhandene Informationen werden lediglich in ein anderes Zeichensystem umkodiert, wie etwa bei der Visualisierung von Zahlenmaterial in Form von Grafiken oder der Eingabe geschriebener Informationen in ein elektronisches Anwendungssystem. Die eigentliche Produktion neuer Information erfolgt durch eine *Transformation* von originärer Information. Dabei werden aus Input-Informationen neue Zeicheninhalte gewonnen. Diese Informationsproduktion kann analytisch oder synthetisch erfolgen. Bei einer *analytischen Informationsgewinnung* werden aus einer originären Information mehrere derivative Informationen erzeugt (z.B. bei der Aufspaltung einer Bestellung in Informationen über Preis, Menge, Qualität etc.). Bei der *synthetischen Informations-gewinnung* entsteht dagegen aus mehreren originären Informationen eine neue, derivative Information (z.B. bei der Ermittlung von Mittelwert und Varianz aus einer Datenreihe). Die Information wird also gleichsam verdichtet.

Wird originäre oder neugewonnene derivative Information unverändert auf ein anderes Zeichenträgermedium übernommen, so spricht man von *Transmission*. Bei dieser Re-Produktion bleiben Zeicheninhalt und Zeichensystem unverändert, jedoch wird der Zeichenträger gewechselt, wenn z.B. ein Softwareprogramm auf eine CD-ROM gepreßt wird. In Abgrenzung dazu ist von *Transport* die Rede, wenn neben Zeicheninhalt und -system auch der Zeichenträger (Medium) unverändert bleibt und nur an einen anderen Ort versandt wird (vgl. Bode 1993).

Die beiden Phasen der Informationsproduktion – Neu-Produktion durch Translation und Transformation, Re-Produktion durch Transmission und Transport – sind durch höchst unterschiedliche Eigenschaften gekennzeichnet. Die erstmalige Erstellung von Informa-tion ist in der Regel ein sehr aufwendiger und kostenintensiver Prozeß. Dies ist nicht zuletzt eine Folge der Unsicherheit der Informationsproduktion. Wenn z.B. ein neues Computer-Betriebssystem entwickelt wird, so ist ex ante nur ungenau bekannt, wieviel Forschungsaufwand dafür nötig sein wird, da während der Entwicklung möglicherweise Probleme auftreten oder aber auch weitere Verbesserungsmöglichkeiten gefunden wer-den. Die Entwicklung gestaltet sich in der Folge als iterativer Prozeß, bei dem das In-formationsprodukt Software solange verbessert wird, bis es schließlich als marktreif angesehen wird. Vergleichbares gilt für die Erstellung eines Buchmanuskriptes, Musik-stücks, Films etc.

Die Re-Produktion von Information ist andererseits durch Herstellung von CD-ROMs, Buchdruck etc. sehr preiswert möglich. Bei Nutzung des Internets als Medium konver-gieren die Grenzkosten der Informationsverbreitung gegen null. Entscheidend ist dabei, daß es sich bei den vervielfältigten Exemplaren des Informationsprodukts immer um Kopien des Originals handelt: Information muß somit nur ein einziges Mal produziert werden und kann dann vervielfältigt von beliebig vielen Leuten genutzt werden. In der Folge ergeben sich bei der Informationsproduktion erhebliche Skalenerträge (*economies of scale*): Die Transformation von originärer Information in derivative Information verursacht den Großteil der Kosten.

Demgegenüber sind die Kosten für die Vervielfältigung und Distribution der Information gering. Mit zunehmender Verbreitung der Information werden die einmalig anfallenden Kosten der Neuproduktion auf immer mehr Kopien verteilt, so daß die Durchschnittskosten pro Stück abnehmen. Diese Fixkostendegression ist eine Ursache von Konzentrationstendenzen in informationsintensiven Branchen, wie z.B. der Medien- und Softwareindustrie, da es stets effizienter ist, wenn eine Information nur einmal produziert und dann vervielfältigt wird.

Diese Konzentration wird zusätzlich verstärkt durch den starken Preiswettbewerb, der durch die geringen Grenzkosten getrieben wird (vgl. Shapiro / Varian 1999; Hass 2002). Innerbetrieblich ermöglicht diese Kostencharakteristik enorme Einsparungen, wenn bereits vorhandene Information mittels eines effektiven Wissenstransfers innerhalb einer Unternehmung vielen Mitarbeitern zugänglich gemacht wird (vgl. Teil 3).

2.4.2 Distribution von Information

Die Übertragung von Informationsinhalten (Kommunikation) erfolgt stets in kodierter Form: Der Inhalt wird durch Zeichen aus einem Zeichensystem kodiert und mittels eines Zeichenträgers (Medium) gespeichert bzw. übermittelt. Damit Kommunikation stattfinden kann, muß der Empfänger die gesendete Botschaft wieder dekodieren können. Notwendig ist dazu ein gemeinsames Verständnis des Zeichensystems auf syntaktischer, semantischer und pragmatischer Ebene, um aus den gelesenen Zeichen die intendierten Inhalte zu entnehmen (vgl. Teil 3). Je nach verwendetem Medium kann zusätzlich eine kompatible Technologie zur Mediennutzung erforderlich sein. In der Medientheorie wird dazu zwischen Primär-, Sekundär- und Tertiärmedien unterschieden (vgl. Faulstich 1998, S. 21 sowie S. 31 ff.).

Primärmedien (Mensch-Medien) heißen solche Medien, bei denen zur Kommunikation kein weiterer Technikeinsatz erforderlich ist (z.B. Vorlesung). *Sekundärmedien* (Druckmedien) zeichnen sich durch die Verwendung von Technik auf der Senderseite aus (z.B. Druck eines Lehrbuchs). Bei *Tertiärmedien* (elektronischen Medien) ist zusätzlich auch auf Empfängerseite Technikeinsatz erforderlich, wobei sich zwischen Dekodierung auf der Hardwareebene (z.B. Einlesen einer CD-ROM) und Dekodierung auf der Softwareebene (z.B. Darstellung von Hypertext Markup Language mittels Web-Browser) unterscheiden läßt. Diese Verwendung von Technologie macht bei Tertiärmedien zusätzlich Standards zur Dekodierung der Information erforderlich. Die Gesamtheit der Regeln, die die Grundlage für die Interaktion zwischen Akteuren bilden, bezeichnet man als *Kommunikationsstandard* (vgl. Buxmann / Weitzel / König 1999). Derartige Standards – z.B. die Grammatik der deutschen Sprache oder die Regeln der

Hypertext Markup Language (HTML) – sind die Basis jeglicher Kommunikation zwischen Menschen wie Maschinen.

Alle Akteure, die denselben Standard verwenden, bilden gemeinsam ein *Netz*. Es ist die Eigenart solcher Netze, daß ihr Wert – abgesehen von möglichen Kapazitätsengpässen – mit der Zahl der angeschlossenen Nutzer zunimmt. Die Ursache hierfür sind positive externe Effekte, sogenannte *Netzeffekte* zwischen den Akteuren: Jeder neue Teilnehmer erhöht den Nutzen der übrigen Akteure im Netz. Netzeffekte lassen sich in direkte und indirekte Netzeffekte unterteilen (vgl. Katz / Shapiro 1985). Bei *direkten Netzeffekten* entsteht die Nutzensteigerung unmittelbar durch physische Netzverbindungen zwischen den Netzteilnehmern (Bsp. Datenaustausch via Internet).

Ein neuer Teilnehmer verschafft allen bisherigen Nutzern eine weitere Kommunikationsmöglichkeit und erhöht dadurch den Wert des Netzes. *Indirekte Netzeffekte* liegen dann vor, wenn der Nutzen der Teilnehmer mit der Netzgröße steigt, diese Nutzensteigerung jedoch nicht durch unmittelbare Kommunikationsbeziehungen zwischen den Akteuren entsteht. Die Akteure sind in diesem Falle in einem *virtuellen Netz* miteinander verbunden (vgl. Shapiro / Varian 1998). Indirekte Netzeffekte sind beispielsweise charakteristisch für Betriebssysteme: Eine hohe Verbreitung eines Betriebssystems erhöht das Angebot komplementärer Anwendungssoftware und macht es somit attraktiver. Neben der Verfügbarkeit *komplementärer Produkte* können auch *Lerneffekte* Ursache für indirekte Netzeffekte sein (vgl. Thum 1999). So sind viele Produkte komplex und verlangen ein gewisses Know-how.

Diese Schwierigkeiten werden reduziert, wenn die Bedienung sich an bereits bekannten Standards orientiert, z.B. in Form einer einheitlichen Benutzeroberfläche. Außerdem finden sich – je weiter diese Produkte verbreitet sind – leichter Serviceanbieter und andere Anwender, die bei Beseitigung von Problemen helfen können. Während indirekte Netzeffekte bei sehr vielen Produkten auftreten, sind direkte Netzeffekte eine Eigenart von Kommunikationsgütern, weswegen Standards in diesem Bereich eine besondere Rolle spielen. Standards senken Informations- und Kommunikationskosten (Transaktionskosten) und erhöhen die Verfügbarkeit von Information. Damit verbessern sie die Qualität von Entscheidungen (vgl. Buxmann 1996). Standardisierung verursacht jedoch auch Kosten in Form von Umrüstkosten, Lernaufwand etc. Die Einführung von Standards bedeutet zudem immer einen Nutzenverlust durch eine Reduzierung der Produktdifferenzierung (vgl. Farrell / Saloner 1986). Standards sind deshalb besonders bei Produktmerkmalen problematisch, über die bei den Nutzern sehr unterschiedliche Präferenzen bestehen. Darüber hinaus entstehen durch Verhandlungs- und Abstimmungsprozesse bei der Auswahl eines Standards Transaktionskosten.

Insgesamt ergibt sich somit ein Trade-off zwischen Informationskosten einerseits und Standardisierungskosten andererseits (vgl. Buxmann / Weitzel / König 1999). Wenn beispielsweise die Mitarbeiter einer virtuellen Unternehmung in einem Projekt zusammenarbeiten, dann ergibt sich dabei Kommunikationsbedarf. Dieser Informationsaustausch gestaltet sich informationstechnisch am einfachsten, wenn alle Beteiligten für ihre Dokumente dasselbe Datenformat verwenden. Dazu müssen jedoch möglicherweise einige Mitarbeiter eine neue Software installieren und erlernen. Außerdem ist zuvor eine Abstimmung darüber notwendig, welcher Kommunikationsstandard gewählt werden soll, wobei vermutlich jeder Akteur eine Präferenz für seine eigene Software hat. Wenn keine Einigung zustande kommt, müssen die Mitarbeiter auf elektronischen Datenaustausch verzichten, worunter das Arbeitsergebnis leidet. Eine Kompromißlösung stellt möglicherweise die Verwendung von Konvertierungsprogrammen als eine Art *Adapter* dar. Allerdings ist eine solche Konvertierung bei jedem einzelnen Informationsaustausch erforderlich, häufig nur unvollkommen möglich und auch kostspielig.

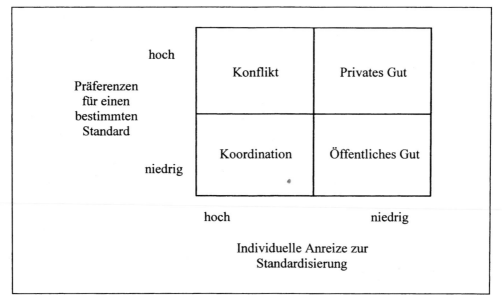

Abb. 2-13: Typologie von Standardisierungsprozessen (in Anlehnung an Besen / Saloner 1989, S. 184)

Die unterschiedlichen Fälle eines solchen *Standardisierungsprozesses* lassen sich mit dem Schema von Besen / Saloner (1989) verallgemeinern (vgl. Abb. 2-13). Die wesentlichen Einflußfaktoren sind dabei zum einen das Interesse der Akteure, daß überhaupt ein Standard verbindlich wird und zum anderen die Präferenz der Akteure für einen bestimmten Standard. Der Anreiz zur Teilnahme am Standardisierungsprozeß steigt mit dem Potential zur Einsparung von Informationskosten durch Netzeffekte und sinkt mit den Standardisierungskosten, worunter auch die Transaktionskosten fallen, die durch den Standardisierungsprozeß entstehen. Präferenzen für einen bestimmten Standard werden dann besonders ausgeprägt sein, wenn dessen Spezifikation Auswirkungen auf die Verwendung des zu standardisierenden Gutes hat oder wenn nicht alle zur Wahl stehenden Standards gleichermaßen eine Weiterverwendung bereits vorhandener Komplementärprodukte oder akkumulierten Know-hows erlauben. Damit lassen sich vier verschiedene Arten von Standardisierungsprozessen unterscheiden.

Koordination

Wenn das Interesse an einem allgemein gültigen Standard groß ist, ohne daß dabei jedoch besondere Präferenzen bezüglich eines bestimmten Standards vorhanden sind, handelt es sich um ein reines *Koordinationsproblem*. Ein Beispiel hierfür ist das in Kapitel 2.3.1 bereits genannte Rechts- bzw. Linksfahrgebot im Straßenverkehr.

Konflikt

Allerdings trifft dieses Beispiel nur für die Frühzeit des Straßenverkehrs zu, als dieser Standard erstmalig eingeführt wurde. Wenn es hingegen um einen gemeinsamen Standard für bislang unterschiedliche Netze geht, ist mit einem *Konflikt* zu rechnen. Es besteht zwar ein großer Anreiz zur Standardisierung, doch existieren gleichzeitig starke Präferenzen für (unterschiedliche) Standards: Jeder Akteur möchte seinen eigenen Standard durchsetzen, um Standardisierungskosten infolge notwendiger Umrüstungen zu vermeiden. Diese Bindung der Nutzer an einen einmal gewählten Standard wird auch als *Lock-in* bezeichnet (vgl. z.B. Shapiro / Varian 1998). Dieser Effekt ist mit der fundamentalen Transformation in der Transaktionskostentheorie vergleichbar (vgl. Kap. 2.3.3).

Lock-in-Effekte sind für die Anbieter von Standards von strategischem Interesse, da sie Kunden binden und dadurch Preiswettbewerb reduzieren. Diese Marktmacht läßt sich durch höhere Preise für Nachfolge- oder Komplementärprodukte ausbeuten. Aus diesem Grund kommt es in solchen Konfliktsituationen nicht selten zu einem harten Wettbewerb zwischen den Anbietern unterschiedlicher Standards. Dabei gilt es, eine möglichst schnelle Ausbreitung des eigenen Standards zu erreichen, da durch die beschriebenen Netzeffekte im Zeitablauf positive Rückkopplungen auftreten: Je mehr Akteure bereits einen Standard nutzen, desto attraktiver wird dieses Netz und desto mehr neue Teilnehmer werden diesen Standard wählen.

Ein Mittel zur schnellen Marktdurchdringung ist das Verschenken von Produkten. Diese Strategie ist gerade bei Informationsgütern vielversprechend, da zum einen die Kosten der nicht-physischen Re-Produktion und Verbreitung zu vernachlässigen sind, sich andererseits aber durch den Lock-in-Effekt die Möglichkeit bietet, nach Etablierung des eigenen Standards Gewinne abzuschöpfen (vgl. Zerdick / Picot / Schrape et al. 2001). Für eine solche Abschöpfung ist es vorteilhaft, wenn der Anbieter die Property Rights an seinem Standard besitzt und die Verwendung dieses Standards kontrollieren kann. Man spricht in diesem Falle von einem *geschlossenen* oder *proprietären Standard* (vgl. Grindley 1995). Da niemand ohne Erlaubnis Güter eines solchen Standards anbieten darf, lassen sich über exklusive eigene Produkte oder mittels Lizenzen hohe Gewinne erzielen. Bei *offenen Standards* sind die Spezifikationen allgemein zugänglich und von jedermann verwendbar (Bsp. HTML).

Dementsprechend ist es wahrscheinlich, daß sich nach der erfolgreichen Etablierung eines offenen Standards viele Anbieter finden, wodurch der Lock-in der Nutzer herstellerunabhängig wird und der Wettbewerbsdruck für die Produzenten steigt. Offene Standards sind somit schwerer auszubeuten. Dafür ist es allerdings in der Regel leichter, offene, als geschlossene Standards zu etablieren: Zum einen steigt durch die größere Zahl der Anbieter die Verbreitung im Markt und erhöht die Verfügbarkeit von Komplementärprodukten, wodurch der Wert des Netzes steigt; zum anderen sinken für die Anwender die Kosten des Systems im Lebenszyklus, weil der Wettbewerb innerhalb des Standards zunimmt. Somit besteht für die Parteien eines solchen Konfliktes ein Trade-off zwischen absoluter Marktdurchdringung und relativer Marktmacht: Offene Standards erlauben eine schnelle und umfassende Durchsetzung des Standards, sind aber mit Kontrollverlusten verbunden. Geschlossene Standards sind andererseits schwerer zu etablieren, erlauben aber eine genauere Steuerung der weiteren Entwicklung sowie eine bessere Abschöpfung von Gewinnen (vgl. Grindley 1995 und Shapiro / Varian 1998).

Privates Gut

Ein solcher Konflikt zwischen verschiedenen Anbietern ist indes unwahrscheinlich, wenn die Anreize zur Etablierung eines gemeinsamen Standards gering sind. Bestehen in diesem Falle starke Präferenzen für bestimmte Spezifikationen, so ist ein marktweiter Standard unwahrscheinlich. Möglich ist allerdings, daß es innerhalb einer geschlossenen Anwendergruppe (Unternehmung, Netzwerk etc.) gleichwohl zu einer Vereinheitlichung kommt (*privates Gut*). Da eine solche Spezifikation anwenderspezifisch ist, spricht man in diesem Falle von einem *Typ* (vgl. Kleinaltenkamp 1993). Ein solcher Typ kann jedoch auch im Zeitablauf zum Standard werden, wie dies beim Personal Computer von IBM der Fall war.

Öffentliches Gut

Sind sowohl die Anreize für eine universelle Ausbreitung als auch die Interessen für einen bestimmten Standard gering, handelt es sich um den Fall eines *öffentlichen Gutes* (Bsp. Sommerzeit). Das bedeutet allerdings nicht, daß eine Standardisierung nicht vorteilhaft wäre. Allerdings verhindern in einer solchen Konstellation oftmals prohibitive Transaktionskosten eine dezentrale Verhandlungslösung (vgl. Kap. 2.3.2.). Abhilfe können hierbei möglicherweise öffentliche Instanzen schaffen, die in Absprache mit Herstellern und Anwendern eine Spezifikation festlegen (vgl. Thum 1995). Ein solches Regelwerk ist zunächst nur eine (De-jure-)*Norm* (vgl. Kleinaltenkamp 1993), kann jedoch durch eine entsprechende Übernahme durch die Marktteilnehmer zu einem (De-facto-) Standard werden.

2.4.3 Nutzung von Information

Die mittels Kommunikation ausgetauschte *Information* dient in ökonomischen Zusammenhängen letztlich der Vorbereitung von Handlungen; sie ist in den Worten von Martin J. Beckmann das „Rohmaterial [...], aus dem Entscheidungen hergestellt werden" (Albach 1969, Sp. 720). Da Information ein knappes Gut ist, sollte ihre Verwendung ökonomisch rational erfolgen.

Der wirtschaftliche Wert von Information bestimmt sich aus der Gegenüberstellung des Nutzens der Information für Problemlösungs- und Entscheidungsprozesse und den Kosten für die erforderlichen Informationsbeschaffungs- und -produktionsaktivitäten. Der *optimale Informationsgrad* ist erreicht, wenn die zusätzlichen Kosten der Informationsaktivitäten dem Nutzenzuwachs aus der damit gewonnenen Information entsprechen. Allerdings ist der Nutzen von Information vorab nicht bekannt, sondern offenbart sich erst mit der Nutzung. Information ist somit ein *Erfahrungsgut* (vgl. Teil 7). Da Information aber ein immaterielles Gut ist, ergibt sich in der Folge das *Arrowsche Informationsparadoxon* (vgl. Arrow 1962): Der Wert einer Information ist einem Käufer mit Sicherheit erst dann bekannt, wenn er die Information kennt. Dann hat er sie jedoch bereits aufgenommen und muß sie nicht mehr erwerben.

Das bedeutet nun allerdings nicht, daß eine Bewertung von Information – und damit eine rationale Informationsbeschaffung – unmöglich wäre. Sie ist jedoch mit Unsicherheit behaftet, weshalb der *Informationswert* eine stochastische Größe ist. Der Erlöswert einer bestimmten Information wird in der Entscheidungstheorie definiert als Differenz zwischen dem Gewinnerwartungswert bei Entscheidung mit dieser Information und dem Gewinnerwartungswert bei Entscheidung ohne diese Information (vgl. Marschak 1954 sowie Laux 1998). Er entspricht somit der erwarteten Verbesserung der Entscheidung durch die Information. Ein Beispiel dafür ist der Wert von Screening-Maßnahmen des Principals bei der Auswahl geeigneter Vertragspartner (vgl. Kap. 2.3.4). Annahmegemäß ist dem Principal (z.B. Unternehmer) zunächst keine Information über den Agenten (Bewerbungskandidat) bekannt. Er hat jedoch die Möglichkeit, Screening-Maßnahmen durchzuführen, z.B. durch Analyse von Zeugnissen.

Dieses Screening ist um so lohnender, je genauer dadurch eine Unterscheidung zwischen guten und schlechten Kandidaten möglich ist, und je größer der Nutzen einer korrekten Entscheidung ist (bzw. je höher die Kosten einer Fehlentscheidung sind). Selbst wenn eine exakte Bestimmung des Informationswertes in der Praxis kaum möglich scheint, so ist doch häufig aufgrund von Erfahrungswerten zumindest ein Vergleich der Effektivität unterschiedlicher Screening-Instrumente möglich. Dabei dient häufig die Informationsquelle als *Bewertungssurrogat*. Aus diesem Grund spielen bei Informationsgütern Marken eine besondere Rolle, da sie mit ihrer Reputation für die Qualität der Information bürgen.

Gleichwohl findet die rationale Informationsbeschaffung ihre Grenzen in der beschränkten Rationalität von Menschen (vgl. Kap. 2.3.1). Diese normative Betrachtungsweise des menschlichen Informationsverhaltens ist deshalb durch eine positive Analyse zu ergänzen (vgl. Teil 3).

2.5 Veränderungen von Unternehmen und Märkten durch Verbesserung der Informations- und Kommunikationstechnik

Die vorangegangenen Überlegungen beinhalten mehrere wichtige Konsequenzen für die weitere Betrachtung von Organisationsformen wirtschaftlicher Tätigkeiten. Aus theoretischer Sicht wurde die fundamentale Bedeutung von Information und Kommunikation für wirtschaftliches Handeln deutlich (vgl. Kap. 2.1-2.3). Diese Perspektive wurde durch eine ökonomische Analyse der Information ergänzt (vgl. Kap. 2.4). Obwohl sich die dort genannten grundsätzlichen Besonderheiten der Information in Produktion, Distribution und Nutzung nicht prinzipiell geändert haben, so wurde doch die Technik der Produktion, Distribution und Nutzung von Information in der Vergangenheit geradezu revolutioniert (vgl. Teil 4). Die ökonomische Bedeutung der Verbesserung der Informations- und Kommunikationstechnik liegt dabei weniger in der absoluten Zunahme der vorhandenen Information; entscheidend ist vielmehr, daß die vorhandene Information zu geringen Kosten nahezu überall gleichzeitig zugänglich ist und elektronisch verarbeitet werden kann (vgl. Shapiro / Varian 1998). Die Integration von Datenströmen und Datenbeständen beschränkt sich dabei nicht mehr nur auf den unternehmensinternen Bereich, sondern umfaßt zunehmend auch Zulieferer und Kunden. Da Organisationsformen nicht zuletzt aufgrund der Knappheit der Ressource Information und den daraus resultierenden Transaktionskosten entstehen, wirken sich durch Informations- und Kommunikationstechnik veränderte Knappheiten auf Unternehmen wie auf Märkte aus (vgl. Picot / Hass 2002; Bieberbach 2001).

Grundsätzlich lassen sich dabei folgende Veränderungen unterscheiden:

- Für verschiedene Organisationsformen sinken die Transaktionskosten unterschiedlich stark. Dadurch verändern sich die Grenzen bestehender Organisationsformen.
- Die Transaktionskosten sinken absolut, wodurch zusätzliche wohlfahrtsstiftende Transaktionen realisiert werden können.

Diese beiden Aspekte werden in Kapitel 2.5.1 bzw. Kapitel 2.5.2 ausführlicher diskutiert. Weitere Folgen für die Strategie und Führung von Unternehmen werden in Teil 10 diskutiert.

2.5.1 Veränderung der Grenzen zwischen Organisationsformen

Aus Sicht der Transaktionskostentheorie ergibt sich die Vorteilhaftigkeit unterschiedlicher Organisationsformen (Markt, Unternehmung, Hybrid) aus dem Vergleich der jeweiligen Transaktionskosten bei gegebenen Eigenschaften der Transaktion (insb. Spezifität, strategische Bedeutung und Produktionskosten; vgl. Kap. 2.3.3). Eine Verbesserung der Informations- und Kommunikationstechnik reduziert Transaktionskosten. Die Vermutung, daß sinkende Transaktionskosten zu einer zunehmenden Vermarktlichung wirtschaftlicher Leistungserstellung führen, wird seit den 1980er Jahren als *Move-to-the-Market-Hypothese* diskutiert (vgl. Malone / Yates / Benjamin 1987).

Für eine solche Entwicklung sprechen u.a. folgende Argumente (vgl. Picot 1998c):

- Durch Informations- und Kommunikationstechnik nimmt die Markttransparenz zu. Information über Angebote kann elektronisch verarbeitet werden und ist weltweit gleichzeitig verfügbar, was zugleich den regionalen Wettbewerb beflügelt und zu einer effizienteren internationalen Arbeitsteilung führt. Zudem können einzelne Aufgaben des Transaktionsprozesses automatisiert werden (z.B. Preisvergleiche). Solche elektronischen Märkte (vgl. Teil 7) sorgen zugleich für eine beschleunigte Diffusion von Information, wodurch der unternehmerische Wettbewerb insgesamt zunimmt (vgl. Kap. 2.2.2). Insgesamt relativieren sich die Vorteile vertikal integrierter Organisationsformen beim Austausch von Information.

- Gleichzeitig sinken Marktzutrittsbarrieren, weil die Informations- und Kommunikationstechnik einen weltweiten direkten Zugang zum Kunden ermöglicht (*Disintermediation*). In der Folge wird es gerade für spezialisierte Anbieter leichter, eine mindestoptimale Betriebsgröße zu erreichen, wodurch die Markteffizienz ebenfalls steigt.

- Viele Prozeßschritte lassen sich durch den Einsatz von Informations- und Kommunikationstechnik standardisieren und automatisieren. Damit werden diese Arbeitsabläufe unspezifischer und lassen sich an externe Anbieter auslagern, die sich auf diese Prozesse spezialisieren und (oftmals weltweite) Größenvorteile realisieren können (*Outsourcing*). Gleichzeitig entstehen dadurch neue Märkte für Dienstleistungen, die bislang ausschließlich unternehmensintern erstellt wurden.

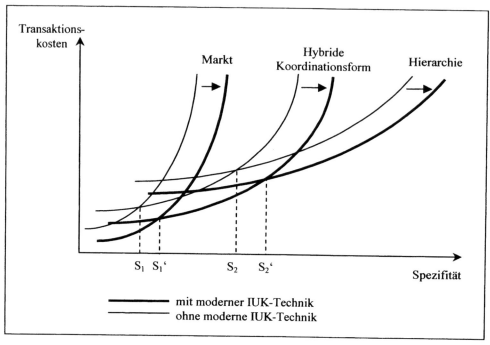

Abb. 2-14:   Move-to-the-Market durch sinkende Transaktionskosten (in Anlehnung
              an Picot / Ripperger / Wolff 1996, S. 71)

Abbildung 2-14 zeigt erneut, daß für Leistungen hohen Spezifitätsgrades (ab S_2) grund-sätzlich eher eine Organisation innerhalb von Unternehmen (Hierarchie) effizient ist, für gering spezifische Leistungen (0 bis S_1) marktliche Organisationsformen und für mittel-spezifische Leistungen (S_1 bis S_2) hybride Formen (vgl. Kap. 2.3.3). Die Einführung neuer Informations- und Kommunikationstechniken läßt sich als Senkung der fixen und variablen, d.h. der mit der Spezifität zunehmenden Transaktionskosten interpretieren. Durch die entsprechende Verschiebung der Kurven wandern die Übergänge zur jeweils hierarchischeren Organisationsform nach rechts (S_1 nach S_1', S_2 nach S_2'). Mit anderen Worten: Erst bei einem höheren Spezifitätsgrad lohnt sich der Wechsel vom Markt zu hybriden Organisationsformen und zu hierarchischen Unternehmungen. Allerdings gibt es auch Gegenkräfte, die die Move-to-the-Market-Hypothese z.T. relativieren (vgl. Picot 1998c):

• Mit der Verbesserung der Informations- und Kommunikationstechnik nimmt tenden-ziell auch der Informationsanteil vieler Produkte zu, z.B. in Form eines erhöhten For-schungs- und Entwicklungsaufwands oder durch Anschluß an Netze mit gemeinsa-men Standards. Damit gewinnen die economies of scale der Informationsproduktion und -distribution für diese Güter verstärkte Bedeutung und begünstigen eine Konzentration (vgl. Teil 7).

- Die Vorteile verbesserter Informations- und Kommunikationstechnik begünstigen letztlich nur die Verbreitung des durch Zeichen repräsentierbaren Wissens. Bei *implizitem Wissen* (Teil 3), das nur schwer artikulierbar ist und sich somit einer elektronischen Verarbeitung entzieht, bleibt hingegen eine hierarchische Organisation dominierend, da eine vertikale Integration in diesem Falle Informationskosten spart (vgl. Demsetz 1988).

- Durch Vernetzung entstehen unternehmensübergreifende Informations- und Kommunikationssysteme, die eine bessere Steuerung der gesamten Wertschöpfungskette ermöglichen (z.B. im Rahmen von *Efficient Consumer Response*). Die Folge ist eine Ausweitung hierarchischer Mechanismen auf ehemals marktlich organisierte zwischenbetriebliche Bereiche.

Welcher der genannten Trends – Vermarktlichung oder Hierarchisierung – dominiert, hängt letztlich von den Eigenarten der betrachteten Transaktion ab. Gerade das Beispiel unternehmensübergreifender informationstechnischer Integration zeigt aber auch, daß die klassische Zuordnung hierarchischer Mechanismen zu Unternehmen und marktlicher Mechanismen zu Märkten in ihrer ursprünglichen Trennschärfe oftmals nicht länger aufrechterhalten werden können, da neue Informations- und Kommunikationstechnologien die ehemals klaren Grenzen zwischen Markt und Unternehmung verwischen. Dies gilt insbesondere für eine Reihe neuer Organisationsformen, die durch die Verbesserung der Informations- und Kommunikationstechnik überhaupt erst realisierbar wurden, wie z.B. Telekooperation und virtuelle Unternehmen (vgl. Teil 8).

2.5.2 Ausweitung von Organisationsformen

Das vorangegangene Kapitel analysierte, inwiefern sich die effiziente Organisationsform einer gegebenen Transaktion durch eine Verbesserung der Informations- und Kommunikationstechnik ändert. Eine solche Betrachtung leistet einen Beitrag zum Verständnis der in der Realität beobachtbaren Veränderungen von Organisationsstrukturen.

Eine weitere, mindestens ebenso wichtige Folge absolut sinkender Transaktionskosten sind jedoch neue Transaktionen und damit die Zunahme wirtschaftlicher Aktivität. Wie in Kapitel 2.1 ausgeführt wurde, setzen Transaktionskosten der Reduzierung von Knappheit durch Arbeitsteilung / Spezialisierung Grenzen, da durch die notwendig werdenden Tausch- und Abstimmungsvorgänge erzielte Produktivitätsgewinne teilweise wieder verspielt werden. Neue Informations- und Kommunikationstechnik führt zu einer

absoluten Senkung der Kosten pro Transaktion und macht dadurch Transaktionen möglich, die zuvor nicht wirtschaftlich sinnvoll waren, weil die Transaktionskosten über
dem möglichen Tauschgewinn lagen. Die Ausweitung des Marktes zeigt sich insbesondere im elektronischen Handel (Electronic Commerce, vgl. Teil 7), der mittlerweile
sogar Privatleuten ermöglicht, nahezu jedes Gut über neue Plattformen wie z.B. Auktionshäuser weltweit zu handeln. Ein ähnlicher Trend ist auf Finanzmärkten zu beobachten: Sinkende Transaktionskosten, kleinere Mindestordergrößen und eine Ausweitung
der Handelszeiten erlauben neue Transaktionen, die zuvor nicht realisierbar waren (z.B.
Intraday-Trading). Weitere Tauschgewinne lassen sich durch eine Erhöhung der Wertschöpfung von Transaktionen erzielen. Dies betrifft v.a. den vielfach zu beobachtenden
Übergang von Massenfertigung zu kundenindividueller Produktion. Jede Transaktion
wird in diesem Fall wertvoller, weil Produkte den spezifischen Bedürfnissen von Kunden angepaßt werden können, wodurch deren Zahlungsbereitschaft steigt.

Diese Individualisierung der Massenmärkte ist besonders leicht bei Informationsprodukten möglich, da der Zugang zu bereits produzierter Information nahezu ohne
Mehrkosten kundenspezifisch gestaltet werden kann: Eine nach Kundenwünschen speziell zusammengestellte Internetzeitung kostet tendenziell nicht mehr als die Bereitstellung ein und derselben Internetzeitung für alle Nutzer. Bei Industrieprodukten ist
eine Individualisierung tendenziell aufwendiger, aber oftmals gleichwohl durch modulare Produktgestaltung und weltweite Zusammenfassung ähnlicher Kundenaufträge zu
verwirklichen (vgl. Piller 2001).

Sinkende Transaktionskosten ermöglichen jedoch nicht nur neue marktliche, sondern
auch vermehrt hierarchische Transaktionen, da eine verbesserte Informations- und
Kommunikationstechnik höhere Spezifität und größere Unternehmungen handhabbar
macht. Bereits Coase (1937) äußerte die Vermutung, daß technische Innovationen, die
die Kosten der Organisation räumlicher Verteilung reduzieren bzw. die Kapazität des
Managements zur Informationsverarbeitung erhöhen, die Entstehung größerer Unternehmen erlauben. Somit wird insbesondere dort ein weiteres Unternehmenswachstum
möglich, wo bislang Transaktionskosten der innerbetrieblichen Organisation die Nutzung von economies of scale auf der Produktions- und Beschaffungsseite begrenzten.
Dabei ist häufig gleichzeitig eine partielle Einführung marktlicher Organisationsmechanismen innerhalb der Unternehmung zu beobachten, z.B. in Form von Cost- und
Profit-Centern, die untereinander Leistungen zu marktorientierten Verrechnungspreisen
tauschen. In diesem Kontext ist auch der Trend zur Modularisierung einzuordnen (vgl.
Teil 5): Sinkende Transaktionskosten gestatten eine genauere Zuordnung der Property
Rights (vgl. Kap. 2.3.2); gleichzeitig erlaubt die Einbindung der einzelnen Module in
eine Unternehmung durch Skalenvorteile einen günstigeren Zugang zu Absatz- und

Beschaffungsmärkten. Auch in diesem Falle vermischen sich letztlich marktliche mit hierarchischen Organisationsmechanismen.

2.6 Schlußfolgerungen für das Management

Dieses Kapitel hat gezeigt, welch große Bedeutung Information und Kommunikation im Prozeß des Wirtschaftens haben und welche Auswirkungen sich infolge verbesserter Informations- und Kommunikationstechnik ergeben.

Ausgangspunkt war das Problem der Knappheit. Knappheit wird vor allem durch Arbeitsteilung und Spezialisierung bewältigt. Allerdings wird dadurch Koordination und Motivation notwendig, um die resultierenden Tausch- und Abstimmungsvorgänge möglichst effizient zu gestalten. Koordinations- und Motivationsprobleme entstehen dabei nur, weil Information selbst ein knappes Gut ist. Die Unvollkommenheit und Ungleichverteilung von Information prägt auch die Dynamik auf Märkten. Unternehmertum basiert letztlich auf Informationsvorsprüngen, die jedoch im Laufe des Wettbewerbs erodieren.

Die Ausnutzung von Informationsvorsprüngen verlangt immer eine Form von Organisation. Die Wahl einer Organisationsform läßt sich als Versuch interpretieren, mit der knappen Ressource Information möglichst effizient umzugehen. Das Management von Information muß sich dabei mit den besonderen Eigenschaften des Gutes Information auseinandersetzen. Diese Charakteristika gewinnen mit der zunehmenden Vernetzung der Ökonomie weiter an Bedeutung.

Märkte und Unternehmen wandeln sich vor dem Hintergrund einer vernetzten Ökonomie mit verbesserter Informations- und Kommunikationstechnik. Dabei wird es zunehmend schwieriger, Unternehmen als in sich relativ geschlossene, integrierte Gebilde zu identifizieren (vgl. Picot / Reichwald 1994). Die Schnittstelle zwischen Unternehmen und Märkten, die klare Unterscheidung zwischen innen und außen schwindet. Statt dessen ergeben sich immer häufiger Organisationsformen zwischen Unternehmen und Märkten, wie z.B. Netzwerkorganisationen, Kooperationsgeflechte, virtuelle Organisationsstrukturen oder Telekooperationen. Sie sind Resultate von Reaktionen auf neue Markt- und Wettbewerbsbedingungen und der Möglichkeiten neuer Informations- und Kommunikationstechnologien.

Diese Faktoren führen vielfach zum Wegfall bisheriger typischer Grundlagen unternehmerischer Tätigkeit. Eher stabile Technologien der Fertigung, eher dauerhafte Organisationsformen und Führungsstrukturen verändern sich zugunsten flexiblerer Formen, die sich rasch an neue Gegebenheiten anpassen lassen. An die Stelle überschaubarer, regionaler Geschäftstätigkeiten tritt eine globale Orientierung. Damit verändern sich auch die institutionellen Rahmenbedingungen, mit denen Unternehmen konfrontiert werden und die bisher in der Regel stabile und überschaubare Grundlagen unternehmerischer Tätigkeiten lieferten.

Durch enge kommunikative Vernetzungen sowie durch die Internationalisierung der Geschäftstätigkeiten entsteht eine Vielfalt neuer institutioneller Gegebenheiten, mit denen sich Unternehmen vermehrt auseinanderzusetzen haben. Die veränderten Markt- und Wettbewerbsbedingungen und die Innovationspotentiale der neuen Informations- und Kommunikationstechnik führen somit insgesamt zu grundlegenden Neuformulierungen der Unternehmensgrenzen.

Teil 3

Grundmodelle menschlichen Informations- und Kommunikationsverhaltens

3.1 Die Bedeutung von Information und Kommunikation in Organisationen

Information und Kommunikation sind essentielle Bestandteile des menschlichen Daseins. Sowohl in der Unternehmenswelt als auch im Privatleben zeigt eine rapide wachsende Vielfalt an Formen und Medien der Information und Kommunikation deren ständig steigende Bedeutung. Zum Verständnis dieser neuen Entwicklungen ist es sinnvoll, sich anhand von theoretischen Modellen die zahlreichen verschiedenen Aspekte von Information und Kommunikation vor Augen zu führen. Die Untersuchung der konstitutiven Rolle von Information und Kommunikation für die Struktur der Märkte und die Organisation der Arbeitsteilung im vorangegangenen Kapitel hat dafür bereits einen Beitrag geleistet.

Modelle der Information und Kommunikation besitzen einen erheblichen Stellenwert für die Erklärung und die Gestaltung unternehmerischer Strukturen und Verhaltensweisen (vgl. z.B. Wahren 1987; Picot / Wolff 1997; Kieser / Hegele / Klimmer 1998; Reichwald 1999). Es ist bemerkenswert, daß die Modellierung des Informations- und Kommunikationsverhaltens erst lange nach der Modellierung anderer ökonomischer Phänomene einsetzte. Ein Grund ist, daß die Bedeutung von Information als Produktionsfaktor erst relativ spät erkannt wurde. Während Produktionsfaktoren wie Boden, Arbeit oder Kapital schon sehr früh beschrieben und deren Bedeutung für ökonomische Handlungen herausgearbeitet worden sind, ist die Auseinandersetzung mit Informations- und Kommunikationsphänomenen vergleichsweise neu.

Information und Kommunikation lassen sich in unterschiedlichen Zusammenhängen betrachten: Mit dem menschlichen Informationsverhalten (vgl. Kap. 3.2) und Kommunikationsverhalten (vgl. Kap. 3.3) verbinden sich vielfältige Verhaltensoptionen, -restriktionen und -probleme. Auch wirkt sich die Art der zu erfüllenden Aufgabe auf die Wahl des Kommunikationsmediums und damit auch auf die Form der Kommunikation aus (vgl. Kap. 3.4). Aufbau und Transfer von Wissen können nur durch geeignete Informations- und Kommunikationsprozesse und -systeme gewährleistet werden. Zudem sind Information und Kommunikation maßgeblich für den Aufbau von Vertrauen zwischen Akteuren; auch hier bestehen enge Wechselwirkungen.

Für diese vielfältigen Aspekte existieren unterschiedliche Theorien und Modelle. Sie zeigen diverse Schlüsselgrößen auf, die die Qualität der informations- und kommunikationsorientierten Handlungen und Institutionen in der Praxis beeinflussen und für die Überwindung von Informations- und Kommunikationsgrenzen entscheidend sind. Wie vielschichtig diese Problematik ist und wie notwendig es ist, nicht nur eine, sondern mehrere Perspektiven zu berücksichtigen, um einem praktischen Informations- und

Kommunikationsproblem gerecht zu werden, wird in den folgenden Ausführungen durchleuchtet. Dabei wird ersichtlich, daß die verschiedenen Ansätze zur Modellierung von Verständigungsprozessen aus recht unterschiedlichen Traditionen stammen und somit unterschiedliche Betrachtungsstandpunkte aufweisen. Dadurch wird auch deutlich, daß sowohl in der Theorie als auch in der Praxis erhebliche Unterschiede zwischen den Sichtweisen von Informations- und Kommunikationsprozessen bestehen. Von einem einheitlichen Verständigungsmodell kann keine Rede sein. Die Vielfalt an Perspektiven beinhaltet aber die Möglichkeit, je nach Erklärungs- und Gestaltungsproblem eine geeignete Kombination von Modellaspekten herauszufiltern. Auf diese Weise lassen sich Verständigungsbarrieren beschreiben und unter Umständen auch abbauen. Durch neue Informations- und Kommunikationstechnologien erweitern sich die Freiheitsgrade in der Gestaltung von Informations- und Kommunikationsbeziehungen erheblich. Es ergeben sich vielfältige neue Optionen auch und gerade für die Gestaltung der Informations- und Kommunikationsbeziehungen in und zwischen Unternehmen. Gleichzeitig können sich aber auch verschiedene typische Verständigungsprobleme verschärfen oder neue entstehen. Modelle zur Erklärung des Informations- und Kommunikationsverhaltens bzw. von Verständigungsprozessen können dazu beitragen, informationelle und kommunikative Barrieren bei der Überwindung von Verständigungs- und Unternehmensgrenzen zu erkennen und abzubauen.

3.2 Ausgewählte Modelle des Informationsverhaltens

Für jede Art der Aufgabenerfüllung innerhalb eines Unternehmens sind Informationen unentbehrlich. Damit diese Informationen zu den Aufgabenträgern gelangen, ist gegenseitige Verständigung bzw. Kommunikation erforderlich. Dies gilt in besonderem Maße für stark arbeitsteilige Organisationen. Die verschiedenen Aspekte der Verständigung werden im folgenden Kapitel 3.3 anhand einiger ausgewählter Modelle dargestellt. Hier soll jedoch zunächst das eigentliche *Informationsverhalten* der Akteure bzw. der Aufgabenträger im Mittelpunkt der Betrachtung stehen. Rational würde es für einen Aufgabenträger erscheinen, die Informationsnachfrage am Informationsbedarf auszurichten. Er müßte alle relevanten Informationen vor der eigentlichen Entscheidung auswerten und diese auch tatsächlich bei der Entscheidungsfindung berücksichtigen. Verschiedene empirische Untersuchungen zeigen jedoch, daß das tatsächliche Informationsverhalten von Entscheidungsträgern diesem idealtypischen Vorgehen i.d.R. nicht entspricht. Nicht selten werden relevante Informationen nicht genutzt, obwohl sie verfügbar sind. Manchmal beginnt die Suche nach relevanten Informationen erst nach einer Entscheidung. Sie dient dann nicht mehr der Entscheidungsfindung, sondern vielmehr der nachträglichen Rechtfertigung bereits getroffener Entscheidungen. Oftmals werden auch zu viele bzw. unbedeutende Informationen nachgefragt. Dem Informationsmanagement kommt deshalb eine wichtige Bedeutung in Unternehmen zu (vgl. Reichwald 1999).

3.2.1 Informationsbedarf und Informationsversorgung

Der *Informationsbedarf* wird definiert als die Art, Menge und Qualität der Informationen, die eine Person zur Erfüllung ihrer Aufgaben in einer bestimmten Zeit benötigt. Eine informationsorientierte Analyse der zu erfüllenden Aufgabe bestimmt den sogenannten *objektiven Informationsbedarf.* Er gibt an, welche Art und Menge an Informationen ein Entscheidungsträger zur Erfüllung einer Aufgabe verwenden sollte. Der *subjektive Informationsbedarf* hingegen geht von der persönlichen Sichtweise des Entscheidungsträgers aus und gibt an, welche Informationen diesem zur Bewältigung einer Aufgabe als relevant erscheinen. In der Regel weicht der subjektiv geäußerte Informationsbedarf vom objektiven ab. Ziel eines Informationsmanagements muß es sein, den subjektiven Informationsbedarf an den objektiven anzunähern. Dies wird jedoch um so schwieriger sein, je unstrukturierter, komplexer und veränderlicher die zugrundeliegende Aufgabe ist. Die Menge an Informationen, die letztlich tatsächlich nachgefragt wird, ist wiederum lediglich eine Teilmenge des ursprünglich geäußerten Informationsbedarfs. Nur der Bereich, in dem Informationsnachfrage und Informationsangebot zusammenfallen, führt schließlich zu einer tatsächlichen Informationsversorgung (vgl. Picot / Reichwald 1991; Picot / Wolff 1995; Reichwald 1999). Der Teil der Informationsversorgung, der objektiv zur Aufgabenerfüllung notwendig ist, stellt den *Informationsstand* dar. Abbildung 3-1 illustriert diesen Sachverhalt.

Um objektiven und subjektiven Informationsbedarf einander anzunähern, ist der Einsatz von Methoden sinnvoll, bei denen einerseits der Aufgabenträger die Möglichkeit hat, seine Informationsbedürfnisse zu äußern und andererseits auch inhaltliche Aspekte der Aufgabenstellung berücksichtigt werden. Hierfür eignet sich insbesondere die *Methode der Kritischen Erfolgsfaktoren (KEF)* (vgl. Rockart 1986). Bei dieser Methode werden in einem Sitzungsverfahren, an dem die Aufgabenträger sowie Methodenspezialisten teilnehmen, jene Faktoren und Parameter identifiziert und geprüft, die für die Aufgabenerfüllung von entscheidender Bedeutung sind, sowie die Informationen, die zu ihrer Verfolgung erforderlich sind. Zugleich werden die Aufgaben, für die der Informationsbedarf zu ermitteln ist, selbst einer Analyse unterzogen. Die Vorteile der KEF-Methode bestehen unter anderem darin, daß einem Aufgabenträger diejenigen Faktoren bewußt werden, denen die größte Aufmerksamkeit zu widmen ist. Dabei ist zu berücksichtigen, daß Definition und Abgrenzung der Aufgabe selbst wiederum vom jeweils gegebenen Informationsstand abhängen. Informationsbedarfsermittlung und Aufgabenanalyse ergänzen sich somit gegenseitig.

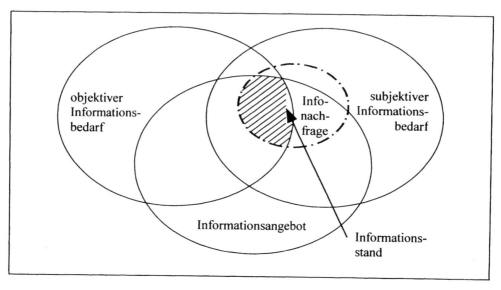

Abb. 3-1:   Informationsbedarf und Informationsversorgung

3.2.2 Erstmaligkeits-Bestätigungs-Modell

Einen einfachen, aber wichtigen Ansatzpunkt zur Beschreibung der handlungsstiftenden Wirkung von Informationen analysierten Ernst und Christine von Weizsäcker anhand ihres *Erstmaligkeits-Bestätigungs-Modells* (vgl. v. Weizsäcker 1974). Für sie ist die pragmatische Wirkungsweise von Informationen eng mit der Anknüpfung an vorangegangene Erfahrungen verbunden. Voraussetzung für eine handlungsstiftende Wirkung einer Information ist, daß sie weder zuviel an Erstmaligkeit von Erfahrungstatbeständen noch ein zu hohes Maß an Bestätigung bereits gemachter Erfahrungen vermittelt. Reine Erstmaligkeit und reine Bestätigung bilden die Endpunkte auf einem Kontinuum, innerhalb dessen sich die pragmatische Wirkung von Informationen äußert. In Abbildung 3-2 wird das Kontinuum zusammen mit dem pragmatischen Informationsgehalt dargestellt.

Eine vollständige Erstmaligkeit einer Information besitzt keine pragmatische Handlungswirkung: Dem Empfänger gelingt es nicht, eine solche Information aufgrund eigener Erfahrungen in einen kontextuellen Bezugsrahmen einzufügen. Die Information kann damit nicht zweckorientiert verwendet werden und bleibt eine wirkungslose Nachricht. Während beispielsweise die Information „der Yen fällt" einen erfahrenen Investmentfondsmanager durchaus zu entsprechenden Käufen und Verkäufen von Aktien bewegen könnte, würde diese Information für einen absoluten Börsenlaien kaum gleichermaßen handlungsstiftend wirken. Eine Information kann ihre pragmatische Wirkungsweise also nur dann entfalten, wenn sie auch bestätigende und damit an bereits gemachte Erfahrungen anknüpfbare Elemente enthält. Je mehr bestätigende Elemente eine Information allerdings enthält, desto weniger Neues kann sie enthalten, so daß sich der pragmatische Informationsgehalt entsprechend verringert. Der handlungswirksame Anteil einer Information, die nur Bestätigung enthält, geht gegen Null. Auch an diesem Ende des Kontinuums kann im Grunde nicht mehr von einer Information, sondern nur noch von einer Nachricht gesprochen werden. Beispielsweise würde ein Akademiker, der eine Unterrichtsstunde in der Grundschule besucht, (hoffentlich) kaum relevante Wissenszuwächse erfahren.

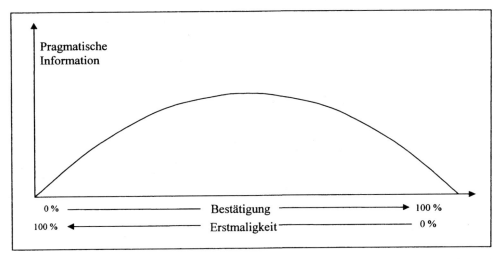

Abb. 3-2:   Bestätigung, Erstmaligkeit und pragmatische Information (in Anlehnung an Schneider 1988, S. 220, dort in Anlehnung an Weizsäcker 1974, S. 99)

Diese Überlegungen zeigen auch, daß eine Verständigung zwischen zwei Kommunikationspartnern nur dann fruchtbar ist, wenn Informationen mit einer günstigen Mischung aus Neuem und Bekanntem ausgetauscht werden. Das bedeutet, daß bei sehr unterschiedlichen Kontexten der beteiligten Kommunikationspartner aufgrund hoher Erstmaligkeit von Informationen Verständigungsprobleme auftreten können. Dies kann man beispielsweise in internationalen Kooperationsbeziehungen von Unternehmen oder auch in Kommunikationsprozessen zwischen Berufsgruppen unterschiedlicher Disziplinen beobachten.

3.2.3 Informationsverhalten nach O'Reilly

O'Reilly betrachtet die *institutionellen Bedingungen menschlicher Informationsverarbeitung*, indem er Informations- und Kommunikationsverhalten in Beziehung zu organisatorischen Kontextvariablen setzt (vgl. O'Reilly 1983). In einer integrierten Betrachtungsweise stellt O'Reilly einen Zusammenhang zwischen organisatorischen Kontextvariablen, dem Informations- und Kommunikationsverhalten, dem Informationsstand und dem daraus resultierenden Entscheidungsverhalten von Akteuren her. Entscheidungen sind hier letztlich eine Funktion der Art der Nutzung von Informationen. Die hierfür relevanten Kontextvariablen sind die Organisationsstruktur, die vorhandenen Anreiz- und Kontrollsysteme, das Normen- und Wertegefüge sowie die Eigenschaften der zu erfüllenden Aufgaben. Darüber hinaus wird das Informations- und Kommunikationsverhalten durch die sich aus dem herrschenden Kontext ergebenden formalen und informalen Machtbeziehungen beeinflußt. O'Reilly formuliert verschiedene Aussagen, die sich auf den Zusammenhang zwischen Kontextvariablen und Informationsverhalten beziehen. Informationen werden danach um so eher berücksichtigt,

- je zentraler ihre Bedeutung für die Aufgabenerfüllung des Entscheidungsträgers ist (wobei ein Unterschied zwischen subjektiver und objektiver Aufgabendefinition bestehen kann);
- je deutlicher sie mit dem für den Entscheidungsträger relevanten Planungs-, Kontroll- und Bewertungssystem verknüpft sind, weil sich daraus für ihn die Belohnungs- und Bestrafungsmöglichkeiten ableiten;
- je stärker ihr Beitrag zu Aktionen ist, die durch das Kontrollsystem positiv sanktioniert werden (Konformität);
- je stärker sie die jeweiligen persönlichen Ziele des Entscheidungsträgers begünstigen;
- je weniger sie Konflikte mit arbeitsteilig erforderlichen Kooperationspartnern erzeugen;
- je leichter sie zugänglich sind (organisatorisch, räumlich, intellektuell);
- je kompakter und leichter verständlich sie dargestellt sind (z.B. Grafik mit knapper verbaler Zusammenfassung);
- je persönlicher der Kontakt zum Informanten ist (Vorteil mündlicher Kommunikation);
- je größer das Vertrauen in die Informationsquelle ist;
- je größer die Macht des Informanten im Vergleich zur Macht des Entscheidungsträgers ist.

All diese Einflußfaktoren lassen sich letztlich auf ein Kosten-Nutzen-Kalkül des Entscheidungsträgers zurückführen: Informationen werden umso eher genutzt, je geringer die – im weitesten Sinne – Kosten ihrer Beschaffung sind und je höher der erwartete Nutzen aus ihrer Beachtung bzw. je höher eine eventuelle Sanktion für ihre Nicht-Beachtung ist.

3.2.4 Sichtbares Informationsverhalten als Signal

O'Reilly unterstellt implizit, daß die Qualität von Entscheidungen mit zunehmendem Informationsgrad des Entscheidungsträgers steigt. Sofern jedoch die Qualität von Informationen selbst oder die daraus resultierenden Entscheidungen schlecht oder gar nicht beurteilbar sind, ergeben sich erhebliche Bewertungsprobleme. Nach Feldman / March wird in solchen Situationen nicht selten das *sichtbare Informationsverhalten von Entscheidungsträgern als Bewertungssubstitut* für die Güte von Informationen bzw. von Entscheidungen herangezogen (vgl. Feldman / March 1981). Sie betonen damit, daß Informationsverhalten wichtige Signalwirkungen auf Beobachter haben kann: Ein Entscheidungsträger kann durch die Signalisierung seiner Informationsbeschaffungstätigkeiten nach außen den Glauben an die Qualität seiner Entscheidungen beeinflussen. Informationssubstanz wird damit durch sichtbare Signale über informationelles Verhalten substituiert. In einem solchen Falle wird die Entscheidungsbeurteilung durch die Übermittlung von Metainformationen beeinflußt. Das bedeutet jedoch eine Veränderung der Beurteilungs- und somit Anreizkriterien mit einer damit verbundenen Änderung der individuellen Steuerungsmöglichkeiten.

Entscheidungsbezogenes Informationsverhalten kann dadurch unter Umständen durch signalisierende Informationsaktivitäten ersetzt werden. Auch wenn darunter die tatsächliche Qualität einer Entscheidung leiden mag, kann durch die Signalisierung eines entsprechenden Informationsverhaltens die Durchsetzung einer Entscheidung positiv beeinflußt werden, indem deren Glaubwürdigkeit erhöht wird, ohne daß sie selbst beurteilbar wäre. Informationen dienen hier nicht einer objektiven Absicherung von Entscheidungen, sondern der Entkräftung vorhandener oder erwarteter Kritik. Einem Entscheidungsträger wird eher vorgeworfen, Fehlentscheidungen aufgrund mangelnder Informiertheit getroffen zu haben als für richtige Entscheidungen zu viele Informationen eingeholt zu haben. Daraus kann sich jedoch die Tendenz ergeben, daß bewußt zu viele Informationen nachgefragt werden und damit die Kosten der Informationsbeschaffung unnötig erhöht werden. Dies ist insbesondere dann möglich, wenn ein Entscheidungsträger zwar die Konsequenzen einer Entscheidung zu tragen hat, ihm aber nicht die Kosten der Informationsbeschaffung zugerechnet werden.

Subjektiv präferierte Entscheidungsergebnisse sowie die Signalwirkungen von Informationsverhalten spielen damit – im Vergleich zu tatsächlichen Fachinformationen – zur Lösung objektiver Problemstellungen eine beachtliche Rolle. Diese Art der Wirkung von Informationen beeinflußt unter anderem auch die Art der Informationsübertragung und damit die Wahl von Kommunikationsmedien sowie das Kommunikationsverhalten von Entscheidungsträgern.

3.2.5 Informationspathologien

Für eine funktionierende Informationsversorgung und für erfolgreiche Kommunikationsprozesse sind neben der geeigneten Wahl von Kommunikationsmedien für bestimmte Aufgabenstellungen auch mögliche *Fehlfunktionen in der organisatorischen Wissensverarbeitung* zu berücksichtigen. Sie beeinflussen ebenfalls den Erfolg der Gewinnung, Weitergabe und Anwendung von Informationen. Solche Fehlfunktionen können als Informationspathologien bezeichnet werden (vgl. Wilensky 1967; Scholl 1992). Sie beinhalten „vermeidbare Fehler, d. h. ... produzierbare Informationen, die nicht produziert werden, beschaffbare Informationen, die nicht beschafft, vorhandene Informationen, die nicht oder verzerrt übermittelt und ... übermittelte Informationen, die falsch verstanden oder nicht verwendet werden" (Scholl 1992, Sp. 901). Scholl beschreibt in Anlehnung an Wilensky drei Dimensionen, in denen Informationspathologien auftreten können: aktorbezogene, interaktionsbezogene sowie wissensbezogene Informationspathologien. Zunächst wird dabei unterstellt, daß die Akteure nicht bewußt Informationen mißbrauchen oder verzerren.

Aktorbezogene Informationspathologien sind das Ergebnis bestimmter, auf individuelle menschliche Eigenschaften zurückgehender Unzulänglichkeiten. Der Aufbau von Wissen geschieht schrittweise durch die Assimilation neuer Informationen und Erfahrungen an vorhandenes Wissen sowie durch die Akkomodation des vorhandenen Wissens an neue und aufgrund mangelnder Fassung nicht assimilierbare Sachverhalte. Daher kann neue Information nur assimiliert werden, wenn Anknüpfungspunkte an das vorhandene Wissen bestehen. Fehlen solche Anknüpfungspunkte, wird eine neue potentielle Information nicht verstanden. Die Erhöhung des Bestätigungsanteils von neuen Informationen, etwa durch systematische Fortbildung, ist deshalb eine wichtige Aufgabe zum Abbau einer solchen Informationspathologie. Diese Überlegungen decken sich weitgehend mit denen des Erstmaligkeits-Bestätigungs-Modells von v. Weizsäcker (vgl. Kap. 3.2.2). Ähnliche Ursachen hat eine unzureichende Informationsnachfrage. Sie ist nicht selten die Folge von mangelndem Gesamtwissen bzw. dem Fehlen einer ganzheitlichen Denkweise. Dies ist meist umso stärker der Fall, je länger Personen mit gleichen Aufgaben beschäftigt sind, die kaum neue Informationen erfordernden. Die Aufnahme neuer Erkenntnisse wird dadurch gehemmt.

Bei Personen mit einseitigen Kenntnissen und geringem Gesamtwissen besteht zusätzlich die Gefahr einer Informationsüberlastung. Demgegenüber besitzen Personen mit umfassenderen Kenntnissen eher die Fähigkeit, in einer großen Menge von Informationen Muster wahrzunehmen und damit die Informationen zu strukturieren, um sie so besser in ihren bestehenden Erfahrungsbestand einordnen zu können.

Eine weitere Quelle für aktorbezogene Informationspathologien besteht in der Neigung von Menschen, nur das wahrzunehmen, was sie wahrzunehmen gedenken und was in ihre eigene Persönlichkeitsstruktur paßt. Diese durch die konstruktivistische Sicht von Wahrnehmungsprozessen (vgl. Kap. 3.3.6) beschreibbare Einstellung kann zu Wahrnehmungsverzerrungen führen. Beispiele hierfür bieten das sogenannte „not-invented-here-Syndrom", also die grundsätzliche Ablehnung unternehmensfremder Ideen, oder das nicht selten anzutreffende Beharren auf offensichtlich fehlerhaften Standpunkten zum Schutz des eigenen Selbstwertgefühls.

Interaktionsbezogene Informationspathologien entstehen aus fehlerhaften Kommunikationsprozessen. Ein Austausch von Meinungen und Informationen führt zwar zu einem potentiellen Wissenszuwachs, Meinungsaustausch findet aufgrund eines hohen Bestätigungsgrades jedoch bevorzugt zwischen gleichgesinnten Personen statt. Der dabei relativ geringe Neuigkeitsgrad hat jedoch einen eingeschränkten Informationsaustausch zur Folge. Häufig ist aber ein Informationsaustausch oder eine kontroverse Diskussion mit Personen, die andere Kenntnisse besitzen, fruchtbarer. Aufgrund eines menschlichen Strebens nach Konsistenz wird jedoch eine Bestätigung der eigenen Meinung höher gewertet als ein Widerspruch. Bei der Kommunikation zwischen Vertretern verschiedener Spezialbereiche bestehen zusätzlich häufig Verständigungsbarrieren aufgrund unterschiedlicher Grundkenntnisse und vor allem unterschiedlicher Fachsprachen.

Ungeachtet semantischer „Fallen" innerhalb von Kommunikationsprozessen, die zu den klassischen Mißverständnissen führen, gibt es auch bewußte und strukturbedingte Verzerrungen von Kommunikationsinhalten. Bei hierarchiebedingten Verzerrungen werden negative Informationen von unteren zu höheren Hierarchieebenen beschönigt oder ganz verschwiegen, um erwartete Sanktionen zu vermeiden oder um Machtvorsprünge zu erhalten. Interessenbedingte Verzerrungen von Kommunikationsinhalten oder die völlige Informationszurückhaltung basieren in analoger Weise auf Bereichs- und Konkurrenzdenken zwischen Personen gleicher Hierarchieebene. Vor allem in bürokratischen Organisationsformen können intransparente Strukturen existieren, durch die Informationen auf langen Wegen verzerrt werden. Dadurch werden Anpassungen und Innovationen erschwert. Die bewußte Verzerrung von Informationen wird in der ökonomischen Theorie unter der Bezeichnung *Influence Activities* behandelt (vgl. Milgrom / Roberts 1992).

Wissensbasierte Informationspathologien beruhen schließlich auf bestimmten Annahmen von Menschen darüber, wie sich allgemeingültiges Wissen auszuzeichnen hat. Viele Menschen besitzen beispielsweise eine eher einfache Vorstellung von Wissen, derzufolge es eindeutig und anhand der Realität beweisbar sein müsse. Eine solche Realitätsorientierung führt zu „Schwarz-Weiß-Denken", bei dem andere Meinungen nicht akzeptiert werden. Zu diesem naiven Realismus gehört auch die Überbetonung von Fakten oder auch die häufige Bevorzugung von quantitativen „hard facts" gegenüber qualitativen Informationen („soft facts"). Darüber hinaus gibt es häufig Organisationen, in denen Erkenntnisse (deklaratives Wissen) gegenüber Erfahrungswissen überbetont werden und umgekehrt. Wissensbasierte Informationspathologien hängen zwar von der Einstellung jedes einzelnen Menschen ab, sie können aber durch eine Prägung der organisatorischen Lebenswelt zu einem wesentlichen und stabilen Bestandteil der Kultur einer Unternehmung werden (vgl. hierzu auch das Lebensweltkonzept von   Habermas und das Konzept der autopoietischen sozialen Systeme von Luhmann in Kap. 3.3). Der Abbau solcher kulturell begründeter Informationspathologien ist schwierig und benötigt in der Regel viel Zeit.

3.3 Ausgewählte Modelle des Kommunikationsverhaltens

Es ist erklärungsbedürftig, was eigentlich der *Gegenstand von Kommunikationsvorgängen* ist und wie Kommunikation allgemein beschrieben werden kann. Ein Beispiel soll das Abgrenzungsproblem verdeutlichen: Wird eine Person von einer anderen überredet, ins Wasser zu springen und die betreffende Person tut dies auch tatsächlich, so hat zwischen den beiden Akteuren offensichtlich ein Kommunikationsvorgang stattgefunden. Wird jedoch diese Person von der anderen ins Wasser gestoßen, dann mag das Endergebnis zwar ein ähnliches sein, aber es läßt sich in diesem Fall kaum behaupten, es hätte eine Verständigung zwischen den beiden Beteiligten stattgefunden. Was ist jedoch der Unterschied zwischen der sprachlich formulierten Nachricht und dem Stoß?

Der Unterschied zwischen direkter Verursachung (z.B. dem Stoß) und Kommunikation besteht darin, daß die direkte Verursachung eine einfache, unvermeidliche Beziehung zwischen Ursache und Wirkung bedingt, während sich diese Relation im Falle der Kommunikation darauf bezieht, daß der Nachrichtenempfänger die Wahrscheinlichkeiten verschiedener Reaktionen auf eine mögliche Weigerung abschätzen kann. In diesem Fall hat der Nachrichtenempfänger prinzipiell die Freiheit, zwischen verschiedenen Handlungs- bzw. Reaktionsalternativen zu entscheiden. Pierce fordert daher für die Unterscheidung zwischen sogenannten Zeichen und anderen Verursachungsformen von Handlungen, daß ein Zeichen imstande sein muß, Reaktionen hervorzurufen. Diese Reaktionen können ihrerseits wiederum selbst als Zeichen dienen. Damit rufen Zeichen in einer im Prinzip endlosen Folge von Rückkopplungen andere Zeichen hervor. Ein Zeichen verursacht also nicht nur ein einziges Reaktionszeichen, sondern eine unbegrenzte Vielfalt an möglichen Reaktionszeichen (vgl. Gallie 1952). Der bloße Stoß ist somit kein Kommunikationsvorgang, da der Sturz ins Wasser kein Reaktionszeichen, sondern nur die physikalische Folge des Stoßes darstellt.

3.3.1 Drei-Ebenen-Modell der Semiotik

Man bezeichnet die wissenschaftliche Erforschung der Gegenstände und der Funktionsweisen von Kommunikationsvorgängen als *Semiotik* (vgl. z.B. Eco 1977). Die Semiotik unterscheidet drei verschiedene Ebenen einer Kommunikation: die Syntaktik als die Analyse von Zeichen und der Beziehungen zwischen Zeichen, die Semantik als die Analyse der Beziehungen zwischen Zeichen und ihrer Bedeutung sowie die Pragmatik als die Analyse der Wirkungen von Zeichen auf ihre Benutzer bzw. Empfänger.

Als verdeutlichendes Beispiel soll hier ein einfacher Kommunikationsvorgang dienen. Eine Professorin sagt zu einem ihrer Studenten: „Wenn Ihr Referat im Seminar nicht deutlich besser ausfällt als Ihre Seminararbeit, sehe ich schwarz für Ihren Schein". Auf der syntaktischen Ebene geht es lediglich um die Frage einer korrekten Übertragung der Wörter, d.h. ist der Student in der Lage, den Satz rein akustisch aufzunehmen, oder wird dies z.B. durch undeutliche Aussprache der Professorin, schlechtes Gehör des Studenten oder Störgeräusche beeinträchtigt. Die Frage auf der semantischen Ebene ist, ob der Student den Worten seiner Professorin die richtige Bedeutung beimißt, z.B. ob er den Begriff „Schein" mit einem wichtigen Zertifikat seines Studienfortschritts verbindet oder durch die Worte „sehe ich schwarz" dessen Gefährdung erkennt. Auf der pragmatischen Ebene geht es schließlich um die Absicht, die die Professorin mit ihrer Äußerung verfolgt, sowie um die Reaktion, die sie beim Studenten auslöst, also z.B. ob dieser, wie beabsichtigt, zu höherer Leistung angespornt wird oder resigniert aufgibt.

Die drei Untersuchungsebenen sind nicht völlig getrennt voneinander zu betrachten. Sie überschneiden sich bzw. bauen aufeinander auf. Alle drei Ebenen befassen sich mit Zeichen, deren Beziehungen und Regeln. Die pragmatische Ebene stellt die umfassendste Stufe der Analyse dar. Sie berücksichtigt sämtliche persönlich-psychologischen und konstituellen Faktoren, die ein Kommunikationsereignis von anderen unterscheidet, und analysiert Absichten und praktische Handlungsfolgen, die mit Kommunikationsvorgängen verbunden sind. Diese Stufe bildet daher den wesentlichen Ankerpunkt zur Beschreibung unterschiedlicher Modelle der Verständigung. Abbildung 3-3 zeigt die verschiedenen Analyseebenen eines Kommunikationsvorgangs.

Kommunikationsvorgänge werden häufig mit unterschiedlichen Begrifflichkeiten wie *Signal, Zeichen, Nachricht oder Information* in Verbindung gebracht. Anhand der skizzierten semiotischen Ebenen lassen sich diese Begriffe voneinander abgrenzen und ihr Stellenwert in Kommunikationsvorgängen verdeutlichen. Signale oder Zeichen sind das Betrachtungsobjekt der *syntaktischen Ebene*. Diese beleuchtet das Verhältnis von Zeichen bzw. Signalen zueinander sowie die formalen Regeln, nach denen diese zusammengesetzt sind. Mit diesen Begriffen wird jedoch noch keine Aussage über Bedeutungen verknüpft. Sie werden vielmehr verwendet, um Probleme der richtigen und vollständigen Übertragung zu beschreiben oder die Zusammensetzung von Zeichenkombinationen (Grammatik) zu analysieren.

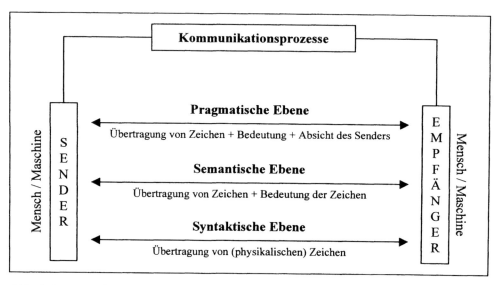

Abb. 3-3:   Analyseebenen der Informationsübertragung (in Anlehnung an Reichwald 1999, S. 231)

Auf der *semantischen Ebene* wird die Beziehung zwischen Zeichen und dem von ihnen Bezeichneten (Designata) beschrieben. Zeichen verweisen stets auf irgendwelche Gegenstände, Ereignisse oder Zustände. Damit wird den Zeichen durch ihre Verwender eine Bedeutung zugeschrieben. Sofern Sender und Empfänger den übertragenen Zeichen eine identische Bedeutung zuordnen, also ein semantisches Übereinkommen besteht, kann man von einer Nachricht sprechen. Auf die Wirkungsweisen von Nachrichten wird jedoch auf dieser Ebene nicht Bezug genommen.

Dies geschieht erst bei Betrachtung der *pragmatischen Ebene*. Diese beleuchtet die Handlungsfolgen und Wirkungen, die eine übertragene Nachricht beim Empfänger auslösen soll bzw. auslöst. Durch die Verknüpfung der Bedeutung der Zeichen und den Handlungskonsequenzen entsteht aus einer Nachricht eine Information. Vor diesem Hintergrund ist *Information als zweckorientiertes Wissen* zu interpretieren. Bei diesem Sprachgebrauch wird deutlich, daß Informationen als handlungsstiftend anzusehen sind.

Mit Hilfe dieser Ebenenbetrachtung lassen sich auch Informationen von Daten unterscheiden. Ein wesentliches Kriterium für diese Unterscheidung zeigt sich in ihrem unterschiedlichen Kontext- und Zweckbezug. *Daten* repräsentieren Bedeutungen, die nicht unmittelbar zweckorientiert sind. *Informationen* dagegen können in bestimmten Handlungskontexten zweckorientiert verwendet werden. Daten haben somit einen engen Bezug zum Begriff der *Nachricht*. Im Vergleich dazu wird jedoch der Begriff der Daten enger gefaßt. Diesen Begriff verwendet man typischerweise dann, wenn Nachrichten mit elektronischen Hilfsmitteln generiert, verarbeitet und übertragen werden. Bei verbaler oder geschriebener Kommunikation findet dagegen nur der Nachrichtenbegriff Verwendung.

Verständigungsmodelle betreffen die Handlungsebenen. In ihrem Mittelpunkt stehen Informationen und ihre Wirkungsweise. Das bedeutet nicht, daß die Nachrichten- oder Zeichenebene aus der Betrachtung ausgeblendet werden kann. Nachrichten und Zeichen verbergen sich ja gleichsam im Schatten von Informationen. Ihre Thematisierung liefert jedoch andere Problemsichten. Dies wird am Beispiel des nachrichtentechnischen Kommunikationsmodells ersichtlich.

3.3.2 Nachrichtentechnisches Kommunikationsmodell

Das *nachrichtentechnische Kommunikationsmodell* von Shannon / Weaver bildet die Grundlage für die Behandlung einer Vielzahl von informations- und kommunikationstheoretischen Fragestellungen (vgl. Shannon / Weaver 1949). Betrachtungsobjekt des Modells ist die syntaktische Ebene eines Kommunikationsvorgangs. Es beleuchtet vor allem die vergleichsweise eindeutig beschreibbaren und großteils mathematisch-statistisch erfaßbaren Kategorien wie Zeichen, Sender, Empfänger, Kapazitäten, Redundanzen oder Kodierungen bzw. Dekodierungen. In diesem Modell wird der Weg einer Nachricht von einem Sender über einen Übertragungskanal hin zu einem Empfänger nachgezeichnet. Abbildung 3-4 zeigt diesen Zusammenhang.

Aus einer *Quelle* (Information Source) werden bestimmte Zeichenkombinationen (Message) ausgewählt bzw. nach bestimmten Regeln erzeugt. Im *Sender* (Transmitter) werden diese in Übertragungssignale umgewandelt (kodiert) und über einen *Übertragungskanal* an einen *Empfänger* (Receiver) weitergeleitet. Dort geschieht in umgekehrter Weise eine Dekodierung der Signale und eine Zuführung an ihren *Bestimmungsort* (Destination). Dieses nachrichtentechnische Kommunikationsmodell ist besonders dafür geeignet, *Störungen* (Noise) zu analysieren, die im Wege der Übertragung auftreten können. Störungen bedeuten, daß gesendete Signale nicht mehr mit den empfangenen identisch sind. Die syntaktische Richtigkeit einer Nachrichtenübertragung ist jedoch notwendige Voraussetzung für einen erfolgreichen Kommunikationsvorgang, durch den letztlich bestimmte Handlungsfolgen beabsichtigt sind. Die nachrichtentechnische Modellierung eines Kommunikationsvorgangs ist daher für das erfolgreiche Gelingen von Nachrichtenübertragungen, insbesondere in der Telekommunikation, eine wichtige Voraussetzung. So kann man beispielsweise versuchen, durch die Übertragung redundanter Signale Störungen zu kompensieren bzw. aufgrund von Unstimmigkeiten redundanter Signale (wie z.B. Prüfziffern bei elektronischer Datenübertragung) Störungen zu erkennen. Wenngleich dieses Modell wichtige Problemstellungen thematisiert, kann es für die Analyse von Verständigungszusammenhängen lediglich als Ausgangspunkt dienen. Denn Sender und Empfänger werden im Kommunikationsvorgang nur formal und als statische Objekte betrachtet. Um das Phänomen der Verständigung umfassend beschreiben zu können, müssen Kommunikationsmodelle der semantischen und pragmatischen Ebene herangezogen werden.

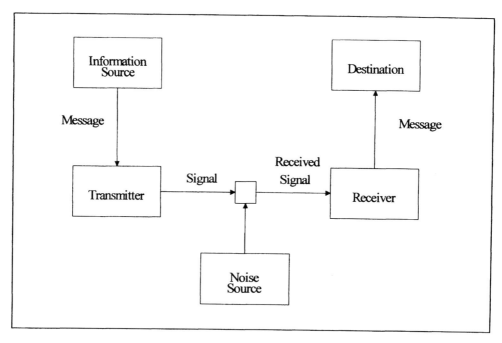

Abb. 3-4: Nachrichtentechnisches Kommunikationsmodell von Shannon/Weaver (1949)

3.3.3 Axiome der Kommunikation, Kommunikationsstörungen und das TALK-Modell

3.3.3.1 Axiome der Kommunikation nach Watzlawick / Beavin / Jackson

Im Gegensatz zu dem auf den Neuigkeitsgrad bezogenen Erstmaligkeits-Bestätigungs-Modell wählen Watzlawick / Beavin / Jackson einen anderen Zugang zur Beschreibung pragmatischer Wirkungsweisen von Kommunikation. Sie entwickeln eine umfassende, sozialpsychologisch orientierte Modellierung menschlicher Verständigung und sind dabei vor allem an deren verhaltensbezogenen Wirkungen interessiert. Die Autoren beschreiben verschiedene allgemeine Grundeigenschaften menschlicher Kommunikationsweisen und leiten daraus folgende fünf Axiome ab, die in Abbildung 3-5 überblicksartig dargestellt sind (vgl. Watzlawick / Beavin / Jackson 1990). Auf der Basis dieser Axiome erkennen sie Störungen in menschlichen Kommunikationsvorgängen und Möglichkeiten ihrer Behebung. Eine der wesentlichen Erkenntnisse besteht darin, daß manche Kommunikationsstörungen durch pragmatische Kommunikationsbedingungen selbst verursacht werden und damit paradoxe Kommunikationssituationen entstehen können. Ein Beispiel dafür ist die kontradiktorische Aufforderung an eine Person „Sei spontan!". Die Autoren betonen im Gegensatz zu den eher technischen Sender-Empfänger-Modellen, die in der Regel linearen Charakter besitzen, die Kreisförmigkeit von Kommunikationsprozessen. Zwischen zwei Kommunikationspartnern bestehen also Wechselwirkungen, indem der eine Partner durch Kommunikation den anderen Partner beeinflußt und umgekehrt.

---

1. Axiom: Man kann nicht nicht kommunizieren.

2. Axiom: Jede Kommunikation besitzt einen Inhalts- und einen Beziehungsaspekt.

3. Axiom: Die Beziehung zwischen Kommunikationspartnern ist durch die Interpunktion von Kommunikationsabläufen geprägt.

4. Axiom: Menschliche Kommunikation bedient sich digitaler und analoger Modalitäten.

5. Axiom: Kommunikation kann auf symmetrischen und komplementären Beziehungen beruhen.

Abb. 3-5: Axiome der Kommunikation (in Anlehnung an Watzlawick / Beavin / Jackson 1990)

Im ersten Axiom wird jede Form von Verhalten als Kommunikation bezeichnet und besitzt demnach auch einen Mitteilungscharakter. Somit besteht für einen Menschen *keine Möglichkeit, nicht zu kommunizieren.* Beispielsweise hat auch das wortlose Vorbeilaufen eines Mitarbeiters an seinem Vorgesetzten eine bestimmte Bedeutung, also findet auch in dieser Situation Kommunikation statt. Diese Erkenntnis ist von Bedeutung, weil dadurch zwischenmenschliche Interaktionsprobleme einer kommunikationstheoretischen Analyse zugänglich gemacht werden können, ohne daß notwendigerweise explizite Kommunikation im traditionellen Sinne stattfinden muß.

Das zweite Axiom sagt aus, daß jede Kommunikation *einen Inhalts- und einen Beziehungsaspekt* umfaßt. Der Inhaltsaspekt betrifft die Übermittlung von Fakten (Beispiel: Ein Vorgesetzter teilt seinen Mitarbeitern bestimmte Controlling-Kennzahlen der eigenen Abteilung mit). Der Beziehungsaspekt hingegen betrifft das zwischenmenschliche Verhältnis zwischen den Kommunikationspartnern und liefert damit unter Umständen einen Ausgangspunkt für die Interpretation des reinen Inhalts (Beispiel: Lob oder Tadel des Vorgesetzten für die realisierten Kennzahlen). Kommunikation dient demnach nicht nur der Vermittlung von Fakten, sondern beeinflußt in starkem Maße die sozialen Beziehungen zwischen den Kommunikationspartnern. Je unproblematischer die sozialen Beziehungen sind, desto leichter können Sachinformationen ausgetauscht werden, da für die Klärung des Beziehungsaspektes nur ein geringer Kommunikationsaufwand betrieben werden muß.

Das dritte Axiom bezieht sich darauf, daß Beziehungen zwischen Kommunikationspartnern durch die *Art der Interpunktion von Kommunikationsabläufen* geprägt sind. Unter Interpunktion verstehen Watzlawick / Beavin / Jackson bestimmte Interpretationsweisen und Kausalwahrnehmungen von Aussagen und Verhaltensweisen der Kommunikationspartner. Ein Interpunktionsproblem liegt beispielsweise vor, wenn ein Vorgesetzter seinen Mitarbeiter wegen mangelnden Engagements kritisiert, dieser seine geringe Leistung jedoch auf die ständige Kritik zurückführt. Durch unterschiedliche Interpunktionsweisen können also kontextabhängige Kommunikationsstörungen auftreten, die oft nur über eine Kommunikation über die Bedeutung der ursprünglichen Kommunikation (Metakommunikation) aufgelöst werden können. Insbesondere bei interkulturellen Kommunikationsbeziehungen können solche Interpunktionsdivergenzen häufig auftreten und zu erheblichen Mißverständnissen oder sogar zum Scheitern des Kommunikationsvorganges führen (vgl. Keller 1992).

Im vierten Axiom wird zwischen *digitaler und analoger Kommunikation* unterschieden. Digitale Kommunikation erfolgt in erster Linie durch gesprochene oder geschriebene Sprache und eignet sich aufgrund ihrer eindeutigen Syntax vor allem für die präzise Übermittlung des Inhaltsaspektes einer Kommunikation. Analoge Kommunikation findet vorwiegend außerhalb der eigentlichen Sprache, z.B. über Mimik, Gestik oder Tonfall, statt. Sie besitzt eine wenig eindeutige Syntax, jedoch vielfältige semantische Möglichkeiten und dient meist zur Vermittlung des Beziehungsaspektes. Um das Beispiel zum zweiten Axiom nochmals aufzugreifen: Das Vortragen der Kennzahlen (digitale Kommunikation) kann in kritisch-besorgter oder erfreuter Tonlage (analoge Kommunikation) erfolgen. So kann mit Hilfe der analogen Kommunikation auch ohne explizites Lob oder Tadel die gewünschte Botschaft übermittelt werden.

Das fünfte Axiom umfaßt die Unterscheidung zwischen *symmetrischen und komplementären Kommunikationsbeziehungen*. Symmetrische Beziehungen bestehen dann, wenn sich die Kommunikationspartner auf gleicher Ebene befinden, wie z.B. gleichgestellte Kollegen in einem Unternehmen. Komplementäre Beziehungen existieren hingegen dann, wenn Kommunikationspartner sich gegenseitig ergänzende Unterschiede aufweisen. Dies kann beispielsweise zwischen Vorgesetztem und Mitarbeiter der Fall sein.

Watzlawick / Beavin / Jackson bieten mit den fünf Axiomen der Kommunikation zwar kein vollständiges, in sich geschlossenes Kommunikationsmodell. Ihre Überlegungen machen jedoch auf eine Reihe wichtiger Kommunikationsaspekte aufmerksam, die großen Einfluß auf zwischenmenschliche Kommunikationsbeziehungen besitzen. Sie liefern damit wichtige Hinweise für die Gestaltung unternehmensinterner und unternehmensübergreifender Kommunikationsbeziehungen sowie den Einsatz von Kommunikationsmedien. Hierbei ist besonders zu beachten, daß verschiedene Medien in unterschiedlichem Maße dazu geeignet sind, Inhalts- und Beziehungsaspekte einer Kommunikation zu vermitteln. Beispielsweise eignet sich ein Faxgerät zwar hervorragend für die schnelle und eindeutige Übermittlung von gedrucktem Zahlenmaterial (Inhaltsaspekt, digitale Kommunikation). Für ein kritisches Mitarbeiter-Gespräch, bei dem es in erster Linie um den Beziehungsaspekt geht, wird aber in der Regel der persönliche Face-to-face-Kontakt unumgänglich sein, da gerade die hier verstärkt benötigte analoge Kommunikation über technische Medien nur schwer zu übermitteln ist.

3.3.3.2 Erklärung von Kommunikationsstörungen nach Schulz von Thun

Eine ebenfalls sozialpsychologische Betrachtung zwischenmenschlicher Kommunikation findet sich bei Schulz von Thun (vgl. Schulz von Thun 1993). Nach Schulz von Thun enthält *jede Nachricht vier verschiedene Botschaften*: Wie bei Watzlawick / Beavin / Jackson enthält jede Kommunikation einen Sachinhalts- und einen Beziehungsaspekt. Zusätzlich führt Schulz von Thun die Appellseite ein, mit der beim Kommunikationspartner eine bestimmte Wirkung erreicht werden soll. Ferner ist der Selbstoffenbarungsaspekt zu berücksichtigen, der besagt, daß eine Kommunikation sowohl eine gewollte Selbstdarstellung als auch eine unfreiwillige Selbstenthüllung beinhalten kann. Diese vier Aspekte werden hinsichtlich ihrer Intentionen bzw. Wirkungen zwischen Sender und Empfänger analysiert (vgl. Abb. 3-6). Schulz von Thun stellt insofern kein eigenes Modell der Verständigung auf, sondern entwickelt das Modell von Watzlawick / Beavin / Jackson weiter und differenziert es für eine bessere Anwendbarkeit auf konkrete Kommunikationsstörungen und -probleme.

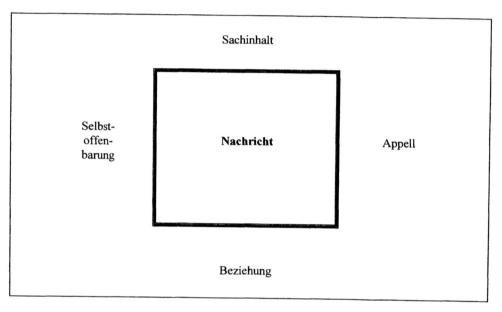

Abb. 3-6:   Vier Seiten der Nachricht (in Anlehnung an Schulz von Thun 1993, S. 14)

Kommunikationsstörungen sind vor diesem Hintergrund dann unvermeidlich, wenn das gesendete und empfangene Botschaftsgeflecht von Sender und Empfänger in unterschiedlicher Weise interpretiert wird. So kann sich beispielsweise die Nachricht eines Vorgesetzten „Herr Maier, Sie arbeiten zu viel" auf alle vier Botschaften beziehen. In Wirklichkeit mag der Vorgesetzte den Sachinhalt in den Vordergrund stellen und lediglich feststellen, daß Herr Maier statt acht täglich zehn Stunden arbeitet. Herr Maier könnte das jedoch als einen Vorwurf verstehen und daraus den Schluß ziehen, daß sein Vorgesetzter mit ihm und seiner Arbeitsleistung unzufrieden ist. Ein Grund für die fehlerhafte Deutung der Nachricht kann darin liegen, daß der Empfänger aufgrund eines bestimmten Selbstbildes einen anderen Deutungsschlüssel (Interpunktion im Sinne von Watzlawick / Beavin / Jackson) für die Nachricht verwendet. Ein solches Mißverständnis kann schließlich dazu führen, daß der Mitarbeiter die Aussage in einer Weise beantwortet, die dem Vorgesetzten im Hinblick auf seine Botschaft als unangemessen erscheint. Solche Konflikte lassen sich u.U. nur lösen, wenn beide Kommunikationspartner in eine Metakommunikation eintreten. Sie müssen kommunizieren, wie eine Nachricht gemeint ist, um dadurch eine Verständigung über die zugrundeliegende Botschaft zu erlangen. Dies setzt jedoch voraus, daß beide Partner willens sind, eine solche Verständigung auf der Metaebene tatsächlich zu erreichen, was keineswegs unterstellt werden kann. Eine weitere wichtige Rolle bei der Vermeidung von Mißverständnissen auf der Beziehungs- und Selbstoffenbarungsebene spielt daher auch die Frage der Standardisierung bzw. Individualität von Kommunikationsvorgängen (vgl. Koller 1994).

3.3.3.3 Das TALK-Modell von Neuberger

Das TALK-Modell von Neuberger (1985) bildet eine Weiterentwicklung der Kommunikationstheorie von Watzlawick und seinem Schülerkreis. Es wurde als theoretische Grundlage für Kommunikationsschulungen in Organisationen entwickelt und ist besonders geeignet, zwischenmenschliche Kommunikationsprozesse zu analysieren. In diesem Modell werden beim Kommunikationsprozeß vier Aspekte unterschieden (vgl. Abb. 3-7): Tatsachendarstellung, Ausdruck, Lenkung und Kontakt.

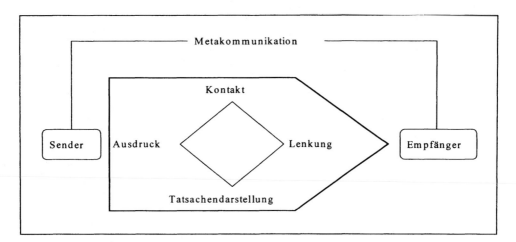

Abb. 3-7:   Das TALK-Modell (in Anlehnung an Neuberger 1985, S.13)

Der Aspekt der *Tatsachendarstellung* („Es ist") entspricht weitgehend dem Inhaltsaspekt der Kommunikation im zweiten Axiom von Watzlawick / Beavin / Jackson. Im Mittelpunkt steht hier die Kommunikation zur Lösung sachlicher Probleme. Bei diesem Problemlösungsprozeß unterscheidet Neuberger fünf Phasen: Problemformulierung, Bedingungs- und Zielklärung, Entwicklung von Lösungsalternativen, Bewertung der Lösungsalternativen und Entscheidung und zuletzt Durchführung und Kontrolle.

Ausdruck („Ich bin") umfaßt diejenigen Informationen, die man bei der Kommunikation über sich selbst – freiwillig oder unfreiwillig – preisgibt. Hierzu zählt insbesondere die nonverbale Kommunikation, die jedoch leicht mißverständlich sein kann. Neuberger unterscheidet zwischen Ausdruck (Widerspiegelung der inneren Lage) und Eindruck (Wirkung auf den Partner), die nicht identisch sein müssen.

Der *Lenkungsaspekt* („Du sollst") betont, daß der Sender einer Nachricht im allgemeinen bei dem Empfänger eine bestimmte Wirkung erzielen will. Dies kann ganz offen sein („Strengen Sie sich mehr an!") oder durch Anwendung von Manipulationstechniken („Morgen kommt der Vorstand und dann können Sie zeigen, wie innovativ das Team arbeitet.").

Kontakt („Wir sind") umfaßt die Teile der Kommunikation, die sich auf die Beziehung zwischen den Kommunikationspartnern beziehen. Hier findet sich der Beziehungsaspekt aus dem zweiten Axiom von Watzlawick / Beavin / Jackson wieder. Viele Kommunikationsvorgänge dienen in erster Linie dem Aufbau bzw. der Pflege der Beziehung; der eigentliche Sachinhalt der Kommunikation ist dabei nachrangig. Dies ist bisweilen schwer zu erkennen: Wird man von einem Kollegen freundlich angesprochen (z.B. „Wie geht es Ihnen?"), so kann es ganz falsch sein, sachlich auf den Inhalt zu antworten, da der Kollege nur Emotionen ausdrücken will. Man sollte in diesem Fall versuchen, auf die Botschaft der Beziehungsebene einzugehen und ebenfalls etwas Freundliches sagen.

Die *Metakommunikation* spielt eine entscheidende Rolle beim Auflösen von Kommunikationsstörungen. Bei der Kommunikation über die Kommunikation kann eine Orientierung an den vier obengenannten Aspekten zur Identifikation der Ursachen sehr hilfreich sein.

3.3.4 Die Theorie der Sprechakte nach Austin und Searle

Die Theorie der Sprechakte basiert im wesentlichen auf den Vorlesungen von Austin und den Arbeiten seines Schülers Searle (Austin 1989; Searle 1994). Im Zentrum dieser linguistischen Theorie steht die Frage nach dem pragmatischen Aspekt kommunikativer Äußerungen – die Frage nach der Funktion der Kommunikation. Ist die Funktion einer kommunikativen Äußerung stets nur die *Mitteilung*, also eine Übermittlung von Information? Die Sprechakttheorie verneint dies und zeigt weitere Möglichkeiten des Gebrauchs von Äußerungen auf. Austin liefert das folgende anschauliche Beispiel: Das „Ja" als Äußerung im Verlauf einer standesamtlichen Trauung ist keine Mitteilung, sondern Vollzug einer Handlung. „Wenn ich vor dem Standesbeamten oder am Altar sage 'Ja', dann berichte ich nicht, daß ich die Ehe schließe; ich schließe sie" (Austin

1989, S. 29). Genauso verhält es sich bei einem Gruß, einem Dank, einer Drohung oder einer Urteilssprechung. Die Äußerungen entsprechen in all diesen Fällen unmittelbar Handlungen. Mit der Sprache lassen sich also Dinge tun. Äußerungen werden damit zu Sprechhandlungen, den sogenannten *„Sprechakten"*. Die Mitteilung ist nur eine mögliche Form der Äußerung. Während Äußerungen mit Mitteilungscharakter auf ihre Wahrheit oder Unwahrheit geprüft werden können, macht dies für Sprechakte wenig Sinn. Sprechakte begründen Verpflichtungen; bei ihnen ist nach den Bedingungen des Gelingens oder Scheiterns zu fragen.

Äußerungen, die zugleich Handlungen konstituieren, – wie das „Ja" im Beispiel der Eheschließung – nennt Austin *„performative Äußerungen"* (von engl. „to perform"). Handlungen, die man vollzieht, indem man etwas sagt, bezeichnet er als *„illokutionäre Akte"*. Es ist das Verdienst der Sprechakttheorie, auf das weite Spektrum von Handlungen aufmerksam gemacht zu haben, die durch Kommunikation als sprachliche Handlungen in vielfältigen Formen stattfinden. Searle (1993) bündelt sie in seiner „Taxonomie illokutionärer Akte" in fünf Kategorien, die hier nur überblicksartig anhand von Beispielen vorgestellt werden sollen (vgl. Searle 1993; Winograd / Flores 1992):

- „Assertive" Akte: Feststellungen etc., mit denen sich der Sprecher an bestimmte Sachverhalte bindet.

- „Kommissive" Akte: Versprechen etc., mit denen sich der Sprecher auf bestimmte zukünftige Handlungen verpflichtet.

- „Expressive" Akte: Lob, Tadel, Entschuldigungen etc., die den psychischen Zustand des Sprechers bezüglich bestimmter Sachverhalte zum Ausdruck bringen.

- „Direktive" Akte: Aufforderungen, Befehle etc., mit denen der Zuhörer zu (sprachlichen oder nichtsprachlichen) Handlungen veranlaßt werden soll.

- „Deklarative" Akte: Erklärungen etc., die – wie im Fall der Eheschließung – den Inhalt der Äußerung als reales Faktum konstituieren.

All diese Sprechakte stehen nicht für sich allein. Einerseits kann eine Zuordnung von performativen Äußerungen zu illokutionären Akten nur im Kontext erfolgen, andererseits lassen sich auch die Bedingungen ihres Gelingens nicht isoliert analysieren. Eine einfache Metapher veranschaulicht das Zusammenspiel einzelner Sprechakte und gibt den Anstoß für eine neue Sicht auf Organisationen und die Gestaltung von Computersystemen zu ihrer Unterstützung: Sprechakte fügen sich für Winograd / Flores wie „Tanzschritte" zu Konversationen zusammen, die „Muster gegenseitiger Verpflichtungen" bilden. Dementsprechend lassen sich Organisationen als Netzwerke von Konversationen interpretieren. Computersystemen kommt – in so verstandenen Organisationen –

die Rolle von Konversationsunterstützungssystemen zu (Winograd / Flores 1992). Diese Neukonzeption der Rolle der Informations- und Kommunikationstechnik in Organisationen auf Basis der Sprechakttheorie hat inzwischen eine ganze Klasse von konversationsorientierten Systemen hervorgebracht und beeinflußt heute neben Nachrichtensystemen und Gruppenunterstützungssystemen insbesondere Ansätze der Workflow-Gestaltung und des Business Process Reengineering (vgl. Teil 4). Die Sprechakttheorie hat aber nicht nur die Arbeiten von Winograd / Flores in entscheidendem Maße geprägt, sie bildete auch einen der Grundpfeiler in der ursprünglichen Fassung der handlungsorientierten Kommunikationstheorie von J. Habermas (vgl. Hrubi 1988; Habermas 1976).

3.3.5 Mechanismen der Handlungskoordination nach Habermas

Den Sachverhalt der Verständigung thematisiert der Soziologe Habermas in seiner Theorie des kommunikativen Handelns (vgl. Habermas 1981). Habermas beschreibt *Bedingungen und Grundmuster menschlicher Interaktionen* und entwickelt daraus eine umfassende Gesellschaftstheorie. Obwohl er nicht beabsichtigt, ein Kommunikationsmodell im engeren Sinne zu entwerfen, lassen sich aus seinen Überlegungen wichtige Faktoren für das Verständnis menschlicher Verständigung herausarbeiten. Habermas Anliegen ist die Beschreibung sozialen Handelns. Er analysiert Mechanismen der Handlungskoordination, die regelhafte und stabile Vernetzungen von Handlungsinteraktionen ermöglichen (vgl. Habermas 1984).

Da die Koordination von Handlungen immer sehr eng mit Kommunikationsprozessen verbunden ist, lassen sich aus den Ausführungen von Habermas wichtige kommunikationstheoretische Folgerungen ableiten. Im Lichte der Semiotik sind diese Überlegungen der pragmatischen Kommunikationsebene zuzuordnen. Für die Koordination zweckorientierter (teleologischer) Einzelhandlungen stellt Habermas zwei grundsätzliche Koordinationsformen fest. Er unterscheidet danach, ob die Koordination ausschließlich über Einflußnahme der Handelnden aufeinander oder durch die Herstellung eines rational begründeten Einverständnisses zwischen den Handelnden erreicht wird.

Der Unterschied zwischen diesen beiden Formen besteht darin, daß jeweils *unterschiedliche Einstellungen* der Handelnden zueinander feststellbar sind. Im Falle der Einflußnahme liegt eine *erfolgsorientierte* Einstellung vor. Eine *verständigungsorientierte* Einstellung ist dagegen das Motiv für ein Einverständnis zwischen den Handelnden. Nach Habermas kann ein Handelnder nicht gleichzeitig beide Einstellungen gegenüber einem anderen einnehmen, sie schließen sich gegenseitig aus. Diesen beiden Einstellungsformen stellt Habermas unterschiedliche Handlungssituationen gegenüber. Er unterscheidet zwischen sozialen und nicht-sozialen Handlungssituationen. *Nicht-soziale*

Handlungssituationen beziehen sich auf eine objektive Welt mit all ihren Eigenschaften und Gegebenheiten. Eine *soziale Handlungssituation* bezieht sich auf eine soziale Welt mit bestimmten Regeln für das soziale Zusammenleben. Daraus leitet Habermas drei verschiedene Formen von Handlungen ab (vgl. Abb. 3-8).

Handlungs-orientierung Handlungs-situation	erfolgsorientiert	verständigungs-orientiert
nicht-sozial	instrumentelles Handeln	---
sozial	strategisches Handeln	kommunikatives Handeln

Abb. 3-8:   Handlungstypen nach Habermas

Eine für das Verstehen von Verständigungsprozessen wichtige Unterscheidung betrifft *soziale Handlungssituationen*. Sie lassen sich in erfolgs- und verständigungsorientierte Handlungssituationen differenzieren. Im Falle des *strategischen Handelns* betrachtet ein Akteur seinen Mitmenschen als Objekt. Er versucht, seine Ziele gegebenenfalls auch durch Manipulation, Täuschung oder Betrug durchzusetzen (z.B. aggressive Werbe-strategie). Im Gegensatz dazu behandeln die Akteure beim verständigungsorientierten Handeln ihre Partner als „Ko-Subjekte" (Kirsch 1992, S. 33). Die Handelnden gelangen über gemeinsame Verständigungsprozesse zur Koordination der einzelnen Handlungs-absichten. Dabei versuchen sie, Einverständnis über die gemeinsame Handlung zu erreichen. Es findet keine Manipulation zwischen den Beteiligten statt, sondern die Suche nach Konsens und gemeinsamen Problemlösungen tritt an ihre Stelle (z.B. Suche nach einem gemeinsamen Urlaubsziel in einer Familie).

Die verständigungsorientierte Handlungsweise bezeichnet Habermas als *kommunikati-ves Handeln*. In diesem Terminus zeigt sich die Bedeutung der Kommunikation als Steuerungsmechanismus für die Handlungskoordination von Akteuren. Demgegenüber gibt es andere Medien wie Geld oder Macht, durch die Handlungen koordiniert werden können, ohne daß kommunikatives Einverständnis notwendig wäre. Allerdings ist nach Habermas zunehmend die Tendenz zu beobachten, daß diese (nicht-kommunikativen) Medien immer mehr in Bereiche eindringen, die einer kommunikativen Handlungs-orientierung vorbehalten sein sollten, wie z.B. Familien oder Freundschaften.

Die verständigungsorientierte (kommunikative) Handlungsorientierung ähnelt dem bereits skizzierten Beispiel von der Aufforderung an jemanden, ins Wasser zu springen. Im Gegensatz dazu steht die strategische (und etwa mit List durchgeführte) Aktion, jemanden ins Wasser zu stoßen. Kommunikatives Handeln beläßt Raum für Handlungsalternativen, die im Rahmen von Verständigungsprozessen ausgelotet werden, bis schließlich in beidseitiger, wohlwollender Absicht ein Konsens gefunden wird. Das kommunikativ erzielbare Einverständnis bemißt sich an *drei kritisierbaren Geltungsansprüchen*, die ein Sprecher erheben kann. Bei der Darstellung von Sachverhalten der objektiven Welt erhebt der Sprecher den *Anspruch der Wahrheit*. Den *Geltungsanspruch der (normativen) Richtigkeit* erhebt ein Sprecher zur Herstellung und Erneuerung von zwischenmenschlichen (sozialen) Beziehungen. Bei expressiven Äußerungen wie etwa von persönlichen Erlebnissen oder gefühlsbezogenen Eindrücken erhebt ein Sprecher den *Geltungsanspruch der Wahrhaftigkeit*. Jeder Sprecher erhebt stets alle drei Geltungsansprüche, wobei ein Anspruch dominieren kann. Werden sie vom Hörer nicht angenommen, kommt kein Einverständnis und damit keine Verständigung zustande. Für die Klärung von Kommunikationsstörungen bedeutet das, daß zwei Akteure notwendigerweise eine verständigungsorientierte Handlungsweise besitzen müssen. Durch Manipulation oder Täuschungsmanöver wäre keine Verständigung über die Bedingungen der betrachteten Kommunikation möglich. Einer der beiden Akteure würde eine Metakommunikation nur zum Schein führen, sie im Grunde aber dazu benutzen, die eigenen Ziele durchzusetzen.

Ein weiterer, für das Verständnis von Kommunikationsprozessen wichtiger Aspekt der Theorie von Habermas ist das *Lebensweltkonzept*. Eine Lebenswelt ist der Inbegriff einer bestimmten Lebens- und Sprachform, die die Möglichkeiten und Grenzen des Denkens und Sprechens eines Akteurs bestimmt. Das gesamte Hintergrundwissen, das stillschweigend vorausgesetzt werden muß, damit kommunikatives Handeln erst möglich ist, wird als Lebenswelt bezeichnet. Damit ist gemeint, daß Aussagen oder Nachrichten keine kontextunabhängige, gleichsam wörtliche (denotative) Bedeutung besitzen, sondern stets auf bestimmten Erfahrungen und Denkmustern gründen, was bei Kommunikationsvorgängen zwischen Akteuren unterschiedlicher Lebenswelten zu erheblichen Verständigungsschwierigkeiten führen kann. Wittgenstein spricht von *Sprachspielen*, in denen Regeln enthalten sind, die ein Mensch in einer bestimmten Lebenswelt beherrschen muß, um mit anderen Teilnehmern dieser Lebenswelt kommunizieren zu können. Diese Regeln und das Hintergrundwissen werden im Laufe von Sozialisationsprozessen erlernt. Dabei bildet sich nach und nach ein System von Geglaubtem heraus. Die inhaltliche Bedeutung eines Satzes ist demnach vor dem jeweiligen Hintergrundwissen zu sehen.

Wenn Kommunikationspartner sehr unterschiedlichen lebensweltlichen Kontexten angehören, können sich zum Teil erhebliche Kommunikationsstörungen ergeben. Das kann gerade bei Kommunikationsvorgängen zwischen Unternehmen verschiedener Regionen der Fall sein, die unterschiedlichen Kulturkreisen angehören. Die Wirtschaftsliteratur liefert etwa Beispiele für kulturbedingte Kommunikationsstörungen zwischen europäischen bzw. amerikanischen Unternehmen und fernöstlichen Unternehmen (vgl. z.B. Keller 1992). Aber auch innerhalb von Unternehmen können kulturbedingte Kommunikationsstörungen etwa zwischen bestimmten Mitarbeitergruppen bzw. Mitarbeitern und Führungskräften auftreten. Dies mag besonders dann der Fall sein, wenn Menschen in einem Unternehmen zusammenarbeiten, die aus verschiedenen *privaten Lebenswelten* stammen, die man als *originär* bezeichnen kann. Je mehr sich jedoch Mitarbeiter neben ihren alltäglichen, privaten Lebens- und Sprachformen in die *organisatorische* und insofern *derivative Lebenswelt* ihres Unternehmens einleben, desto mehr bildet diese als eine gemeinsam geteilte Lebenswelt eine geeignete Plattform für funktionierende Verständigung (z.B. Integration ausländischer Mitarbeiter in einem Betrieb mit Hilfe sogenannter Lernstatt-Konzepte).

3.3.6 Erklärung von Verständigung aus Sicht des radikalen Konstruktivismus

Andere Einsichten in Informations- und Kommunikationsprozesse und damit in Prinzipien der Verständigung ergeben sich aus Sicht des sogenannten radikalen Konstruktivismus. Der *radikale Konstruktivismus* umschreibt eine bestimmte Auffassung von der Funktion der menschlichen Erkenntnis. Danach liefert jede Form von Verstehen nicht ein getreues Abbild der Wirklichkeit, sondern durch die kognitiven Prozesse des Nervensystems lediglich ein internes Konstrukt der (Außen-)Wirklichkeit. Diese Erkenntnisperspektive wurde maßgeblich durch die Neurobiologen Maturana und Varela (vgl. z.B. Maturana / Varela 1987) beeinflußt.

Grundlage des Konstruktivismus ist die Auffassung, daß das Nervensystem bzw. in einer engeren Betrachtung das Gehirn als kognitives System eine sogenannte *operationale Geschlossenheit* aufweist. Eine operationale Geschlossenheit liegt dann vor, wenn ein System seine (im Falle des Gehirns geistigen) Zustände selbst erzeugt. Im Gegensatz zu traditionellen Input-Transformation-Output-Modellen werden operational geschlossene Systeme so charakterisiert, daß sie von sich aus aktiv sind, ohne daß notwendigerweise Anstöße von außen erfolgen müssen. Bei Interaktionen zwischen einem System und seiner Umgebung determiniert die Struktur des Systems, zu welchen Reaktionen es kommt (vgl. Maturana / Varela 1987). Operationale Geschlossenheit bezieht sich auf die informationelle, nicht jedoch auf die materielle Ebene (energetische Offenheit). Man kann daher auch von informationeller Geschlossenheit sprechen. Das bedeutet, daß ein kognitives System keine Information direkt aus der Umwelt aufnimmt. Das kognitive System erzeugt selbst die Informationen, die es verarbeitet. Beispielsweise kann ein und dasselbe Ereignis bei verschiedenen Menschen unterschiedliche geistige Zustände hervorrufen. Sie hängen von den bisherigen geistigen Zuständen der betroffenen Menschen ab.

Da ein kognitives System keinen unmittelbaren Zugang zur äußeren Realität besitzt, kann es diese Realität auch nicht abbilden. Es kann nur *Konstruktionen dieser Realität* erzeugen und hoffen, daß diese Konstruktionen für das eigene Überleben geeignet sind. Somit gibt es keine richtigen oder falschen Konstruktionen der Realität, sondern nur geeignete bzw. ungeeignete. Ob eine Wirklichkeitskonstruktion tatsächlich der Realität entspricht, kann von niemandem beurteilt werden. Alle kognitiven Systeme sind gleichermaßen geschlossen. Diese Auffassungen haben für die Beurteilung von Verständigung wichtige Konsequenzen: Wenn kognitive Systeme im oben beschriebenen Sinne geschlossen sind, dann können im Verlauf von Kommunikationsvorgängen auch keine Informationen von einem System zum anderen übertragen werden. Erfolgreiche Verständigung muß daher auf andere Art und Weise erklärbar sein.

In der Sprachpsychologie wird zwischen denotativer und konnotativer Bedeutung von Sprachsymbolen unterschieden. Die *denotative Bedeutung* bringt die Beziehung zwischen einem Zeichen wie etwa einem Wort und einem Objekt der Realität zum Ausdruck. So bezeichnet beispielsweise „Hund" eine bestimmte, vom Menschen domestizierte Säugetierart. Demgegenüber umfaßt die *konnotative Bedeutung* alle gefühlsmäßigen und wertenden Assoziationen bzw. Interpretationen, die mit einem Zeichen verbunden sind. Die konnotative Bedeutung ist individuenspezifisch. Wer beispielsweise einmal von einem Hund gebissen wurde, verbindet mit diesem Wort andere Assoziationen als jemand, der erfolgreicher Hundezüchter ist. Aus Sicht des radikalen Konstruktivismus gibt es nun streng genommen keine denotativen Wortbedeutungen. Verständigung vollzieht sich ausschließlich über konnotative Bedeutungszuschreibungen zu Zeichen. Damit können in einem Kommunikationsprozeß keine instruktiven Interaktionen stattfinden, ein Sender kann einen Empfänger nicht deterministisch beeinflussen. Dennoch kann Verständigung zustande kommen. Daß ein Hörer das versteht, was er sich selbst konstruiert, heißt ja nicht, daß sich der Hörer zwangsläufig etwas anderes konstruiert als das, was der Sprecher gemeint hat.

Aufgrund gemeinsamer, gleicher oder ähnlicher Erfahrungen und Erlebnisse, die z.B. auf ähnlichen Sozialisierungsprozessen beruhen, entstehen gleiche oder ähnliche kognitive Zustände und somit gleiche oder ähnliche Wirklichkeitskonstruktionen, sogenannte *konsensuelle Bereiche*. Verständigung funktioniert demnach dann, wenn die Interpretation der Kommunikation innerhalb dieser konsensuellen Bereiche erfolgt. Konsensuelle

Bereiche hängen sehr eng mit dem zusammen, was Habermas als Lebenswelt bezeichnet. Wenn zwei Kommunikationspartner im Rahmen konsensueller Bereiche interagieren, interpretieren sie die verwendeten Zeichen (z.B. bestimmte Begriffe, Gesten usw.) in relativ stark übereinstimmender Weise. Verständigung ist möglich, weil ähnliche kognitive Zustände dazu führen, daß Zeichen ähnliche Zustandsveränderungen auslösen. Wenn sich also zwei Europäer über einen Hund unterhalten, werden sie ihn in der Regel als Haustier betrachten, während er in China in manchen Regionen den Status eines Nahrungsmittels besitzen kann. Eine Kommunikation zwischen Europäern und Chinesen über Hunde könnte daher aufgrund des Fehlens konsensueller Bereiche zu fatalen Mißverständnissen führen.

3.3.7 Auffassung von Kommunikation nach Luhmann

Der Soziologe Luhmann greift die Diskussion des radikalen Konstruktivismus auf und versucht, die wichtigsten Kommunikationsbereiche der modernen Gesellschaft als operational geschlossene Funktionssysteme zu beschreiben (vgl. Luhmann 1994). Er knüpft damit an die von Maturana / Varela geführte Diskussion an, entwickelt aber Begrifflichkeiten, mit denen soziale Systeme vertiefter als autopoietische Systeme beschrieben werden können. Solche Systeme bringen ihre eigenen, von anderen Systemen isolierten Interpretationsmuster hervor und beziehen sich ausschließlich auf diese (Selbstreferenz). Luhmann argumentiert, daß sich *autopoietische soziale Systeme durch Kommunikation* bilden. Für ihn sind nicht lebende Elemente (Menschen oder Gruppen von Menschen), sondern Kommunikationen die Systemelemente. Kommunikation ist damit notwendiger Bestandteil für die Bildung sozialer Systeme, also etwa auch für Organisationsformen wie Unternehmen oder Märkte. Im Sinne der Autopoiese werden diese Elemente durch das jeweilige soziale System selbst gebildet. Kommunikationen werden in solchen organisierten sozialen Systemen zugleich als Entscheidungen konstituiert. Unternehmen oder Märkte bestehen danach aus Entscheidungen und fertigen diese Entscheidungen, aus denen sie bestehen, selbst an (vgl. Luhmann 1986). Der Beitrag, den Luhmann für das Verständnis von Verständigung leistet, besteht darin, daß er die Resultate von Kommunikationsvorgängen nicht ausschließlich einem einzelnen Akteur bzw. einem Paar von Kommunikationspartnern zuschreibt. Kommunikationsvorgänge haben immer auch eine aus pragmatischer Perspektive weitergreifende Wirkung. Einzelne Kommunikationsvorgänge, die zunächst einzelnen Kommunikationspaaren zuzuordnen sind, leisten einen Beitrag zur Konstitution des betrachteten sozialen Systems, dem das Kommunikationspaar angehört. Luhmann arbeitet die Eigenständigkeit der Betrachtung von Sozialem gegenüber einem methodologischen Individualismus im Rahmen von Verständigungsvorgängen heraus. Die in diesem Teil vorgestellten Kommunikationsmodelle zeigen, wie sehr die Modellbildung und letztlich der Erklärungsgehalt der Modelle von der Ausgangsfragestellung der jeweiligen Theorieperspektive abhängen.

Während etwa die Beiträge zur Beschreibung und Erklärung von Verständigung bei den psychologisch geprägten Autoren wie Watzlawick / Beavin / Jackson auf der Betrachtung individueller Kommunikationsvorgänge basieren, betonen soziologisch orientierte Autoren wie Habermas oder Luhmann stärker die Wirkungen von Kommunikation für das gesamte soziale Gefüge. Das nachrichtentechnische Modell von Shannon / Weaver hingegen bezieht sich vor allem auf die gleichsam technische Erklärung von Kommunikationsstörungen. Für die Beschreibung und Erklärung von wirtschaftlich relevanten Verständigungsvorgängen liefern alle der dargestellten Überlegungen partielle Ansätze. Es existiert zwar keine geschlossene, umfassende Theorie menschlicher Verständigung, die unterschiedlichen Ansätze bieten jedoch unterschiedliche Perspektiven, mit denen – situativ eingesetzt – jeweils verschiedene Facetten von Kommunikationsphänomenen beschrieben, analysiert und letztlich gestaltet werden können.

3.4 Aufgabe – Medium – Kommunikation

Zwischen Aufgabe, Medium und Kommunikation existieren zahlreiche Wechselwirkungen. Art und Ausmaß der erforderlichen Informations- und Kommunikationsaktivitäten richten sich nach der Beschaffenheit der zu erfüllenden Aufgabe. Umgekehrt wird die Qualität der im Rahmen einer bestimmten Aufgabe erforderlichen Entscheidungen und Handlungen maßgeblich von der Kommunikation zwischen den verschiedenen Aufgabenträgern geprägt. Die Wahl des Mediums bzw. des Kommunikationsmittels wird sowohl durch die Art der Aufgabe als auch durch die Form der erforderlichen Kommunikation beeinflußt und wirkt wiederum selbst auf die Aufgabenerfüllung und die Qualität der Kommunikationsprozesse zurück. Im folgenden sollen daher ausgewählte Perspektiven zur Erklärung der Medienwahl (Kap. 3.4.1) sowie der Medienwirkung (Kap. 3.4.2) erläutert werden.

3.4.1 Perspektiven der Medienwahl: Ergebnisse der Media-Choice-Forschung

Unterschiedliche Aufgaben stellen unterschiedliche Anforderungen an die Kommunikation. Doch welche Medien erfüllen die jeweiligen Anforderungen besser oder schlechter, die von unterschiedlichen Aufgaben gestellt werden? Diese Frage nach der Eignung bestimmter technischer Kommunikationswege für die Unterstützung von Kommunikationsaufgaben, insbesondere Aufgaben der Managementkommunikation, wird im Rahmen der sogenannten *Media-Choice-Forschung* in zahlreichen empirischen Untersuchungen analysiert. Immer wieder tritt dabei der enge Zusammenhang zwischen den Merkmalen der Kommunikationsaufgabe und den Charakteristika des Kommunikationsweges deutlich hervor. Immer wieder zeigt sich aber auch die zentrale Unterscheidung von Inhalts-

und Beziehungsaspekt menschlicher Kommunikation, wenn es um die Bestimmung einer adäquaten Medienunterstützung geht (vgl. z.B. Reichwald 1999; Goecke 1997; Möslein 1999; Reichwald / Möslein 1999a). Welche Einflußfaktoren sind also für eine adäquate Medienwahl bestimmend?

Immer wenn Kommunikation nicht direkt – also face-to-face, von Angesicht zu Angesicht – zur gleichen Zeit am gleichen Ort erfolgen kann, ist eine Unterstützung durch Medien erforderlich. Sei es der klassische Brief, das Fax oder die elektronische Nachricht, sei es das Telefon oder die Videokonferenz – das Spektrum der Medien zur Unterstützung menschlicher Kommunikation über die Grenzen von Raum und Zeit hinweg ist groß, und das Angebot alternativer Kommunikationsdienste wächst beständig. Doch ist es für den Erfolg eines Kommunikationsprozesses nicht unerheblich, für welche Form der Medienunterstützung man sich entscheidet. Die Kommunikationsforschung versucht, solchen Zusammenhängen auf die Spur zu kommen. Sie fragt nach Einflußfaktoren der Medienwahl – also danach, was Menschen veranlaßt, sich in bestimmten Kommunikationssituationen für bestimmte Medien zu entscheiden. Und sie fragt nach der Wirkung des Medieneinsatzes – also nach den Effekten, die die Entscheidung für ein bestimmtes Kommunikationsmedium auf den Erfolg oder Mißerfolg von Kommunikationsprozessen hat. Aus Sicht unterschiedlicher Media-Theorien werden heute auch unterschiedliche Einflußfaktoren für Auswahl und Einsatz bestimmter Medien verantwortlich gemacht (Möslein 1999; Reichwald / Möslein 1999a):

- Aus Sicht der *Theorie der subjektiven Medienakzeptanz* bestimmen der persönliche Arbeitsstil und die Kommunikationspräferenzen des Einzelnen die Medienwahl (Unterstützt das Medium die eigene Vorliebe für Schnelligkeit oder Bequemlichkeit?).

- Aus Sicht des *Social-Influence-Ansatzes* entscheidet die Akzeptanz des Mediums im Umfeld der Kommunikationspartner über die Auswahl (Was bevorzugt mein Gegenüber?).

- Aus Sicht des *aufgabenorientierten Ansatzes* der Medienwahl stellt die geschäftliche Kommunikationsaufgabe jeweils bestimmte Grundanforderungen, die vom eingesetzten Medium zu erfüllen sind (Wie gut erfüllt ein Medium die Anforderungen der Aufgabe?).

- Aus Sicht der *Media-Richness-Theorie* dominieren die objektiven Eigenschaften des Mediums für analoge und digitale Kommunikationsinhalte (Ist das Medium „reich" oder „arm"?).

Keine dieser Theorien ist für sich allein genommen vollständig erklärungskräftig, und noch immer sind in diesem Bereich viele Fragen offen. Doch die bisherigen Erkenntnisse machen folgendes deutlich: Neue Technologien können nicht allein aufgrund ihrer

Potentiale als geeignet zur Überwindung räumlicher und zeitlicher Grenzen bewertet werden. Nur unter Berücksichtigung weiterer Einflußfaktoren und Wirkungszusammenhänge läßt sich verstehen und erklären, warum beispielsweise in der Geschäftswelt trotz Verfügbarkeit von Telekonferenzen und Multimedia immer noch Kosten und Zeitaufwand in erheblichem Maße in Kauf genommen werden, um persönlich zu kommunizieren (vgl. Pribilla / Reichwald / Goecke 1996; Goecke 1997; Reichwald et al. 2000; Reichwald / Möslein 2001).

Medienwahl aus Sicht der Theorie der subjektiven Medienakzeptanz

Einsatz und Nutzung bestimmter Medien ist aus Sicht der *Theorie der subjektiven Medienakzeptanz* in hohem Maße vom persönlichen Stil der Aufgabenerfüllung abhängig. Demnach sind für die Wahl eines Kommunikationsmediums nicht alleine dessen objektive Leistungsmerkmale ausschlaggebend. Vielmehr bestimmt der subjektiv wahrgenommene Nutzen des Mediums über Akzeptanz oder Ablehnung. „Perceived usefulness" und „perceived ease of use" sind aus dieser Sicht zentrale Bestimmungsgrößen der Medienakzeptanz (vgl. z.B. Davis 1989). Dieser wahrgenommene Nutzen oder die wahrgenommene Bequemlichkeit des Medieneinsatzes ist jedoch nicht unbeeinflußbar. Teilweise mögen die subjektiven Einschätzungen zwar Ausdruck persönlicher Charaktereigenschaften sein, doch fördern Übung und positive persönliche Erfahrung im Umgang mit einem Medium durchaus die positive Einschätzung seines Nutzens. Häufig sind zu einer wirklich effektiven Nutzung (und damit zu einem Nutzenempfinden) darüber hinaus Qualifikationsmaßnahmen wie Anleitung, Schulung und Training erforderlich. Diese sind dann zugleich Wegbereiter für Akzeptanz und nutzbringenden Medieneinsatz.

Medienwahl aus Sicht des Social-Influence-Ansatzes

Der Social-Influence-Ansatz, der auch als *Theorie der kollektiven Medienakzeptanz* bezeichnet wird, verweist darauf, daß neben den individuellen Präferenzen vor allem auch das soziale Umfeld die Akzeptanz oder Ablehnung bestimmter Medien beeinflußt. Das bedeutet, daß die individuelle Medienwahl davon bestimmt wird, welche Medien von den Arbeitskollegen, den Kooperationspartnern oder vom Vorgesetzten verwendet werden, welche symbolische Bedeutung dem Einsatz eines Mediums zugeschrieben wird und welche Verbreitung ein Medium im Arbeitsumfeld hat (vgl. hierzu ausführlich Goecke 1997).

Wie sehr Einstellungen, Erfahrungen und Nutzungsmuster im Arbeitsumfeld die persönliche Medienwahl beeinflußen, machte bereits eine frühe empirische Untersuchung von Schmitz (1987) deutlich: 20% der Varianzen, die beim Einsatz von E-Mail in verschiedenen Abteilungen auftraten, waren mit dem Anwendungsverhalten des jeweiligen Vorgesetzten zu erklären. Welche Rolle die symbolische Bedeutung des Medieneinsatzes spielt, wird offenkundig, wenn beispielsweise in manchen Organisationen die persönliche Mediennutzung durch Führungskräfte als Zeichen für Innovationsfähigkeit steht, in anderen Organisationen hingegen die persönliche Mediennutzung im Management als nicht angemessen gilt.

Welche Bedeutung dem Adoptionsverhalten und der Verbreitung eines Kommunikationsmediums im Arbeitsumfeld zukommt, verdeutlichen Überlegungen zum Phänomen der sogenannten „kritischen Masse": Es ist eine typische Eigenschaft von Kommunikationsmedien, daß ihr Nutzen für den einzelnen Teilnehmer erst dann entsteht, wenn er mit einer ausreichenden Anzahl von Kommunikationspartnern über dieses Medium in Kontakt treten kann (vgl. Kap. 2.4). Die Attraktivität des Mediums steigt mit der Zahl seiner Nutzer. Ab einer gewissen kritischen Anzahl an Nutzern gewinnt die Entscheidung für ein bestimmtes Medium so den Charakter eines Selbstläufers. Soziale Einflußfaktoren in Form anerkannter Normen, symbolischer Zuschreibungen oder kollektiver Handlungsmuster sind damit aus dieser Theorieperspektive mitbestimmend für persönliche Medienpräferenzen.

Medienwahl aus Sicht des aufgabenorientierten Ansatzes

Auf den Zusammenhang zwischen der Kommunikationsaufgabe einerseits und der Wahl des Kommunikationsmediums andererseits hat die deutsche Kommunikationsforschung bereits zu Beginn der 1980er Jahre mit dem *„Modell der aufgabenorientierten Medienwahl"* aufmerksam gemacht (vgl. Klingenberg / Kränzle 1983; Picot / Reichwald 1987). Auf der Grundlage empirischer Untersuchungen bei der Einführung neuer Formen der Bürokommunikation wurde ein Zusammenhang von Aufgabe und Eignung von Kommunikationswegen entdeckt: Unterschiedliche Aufgaben stellen unterschiedliche Anforderungen an die Kommunikation; alternative Medien können diesen Anforderungen jeweils unterschiedlich gut gerecht werden. Die aufgabenorientierte Eignung eines Mediums bestimmt damit maßgeblich über Akzeptanz und Einsatz. Das Modell zeigt, daß jeder geschäftliche Kommunikationsprozeß vier Grundanforderungen an den Kommunikationsweg stellt. Diese Anforderungen sind je nach Aufgabeninhalt und Einschätzung der Aufgabenträger von unterschiedlichem Gewicht für die Aufgabenerfüllung (vgl. Abb. 3-9).

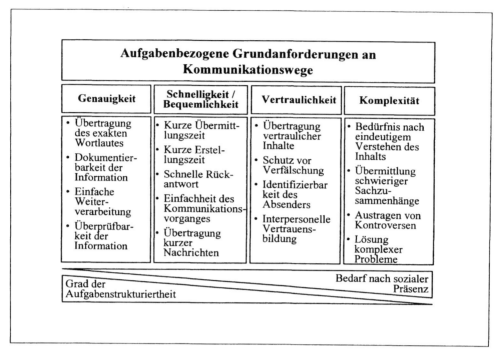

Abb. 3-9:   Das aufgabenorientierte Kommunikationsmodell (in Anlehnung an Reichwald 1999)

Genauigkeit der Kommunikation hat als Grundmerkmal beispielsweise in bürokratischen Führungsprozessen, aber auch in Abstimmungsprozessen für technische Fachauf-
gaben eine entscheidende Bedeutung. Bei derartigen Kommunikationsprozessen kommt
es auf administrative Exaktheit, auf Dokumentationsfähigkeit und Weiterbearbeitungs-
möglichkeit der ausgetauschten Informationen an. Die formale Genehmigung von Investitionsvorhaben ist ein Beispiel für Kooperationsprozesse im Führungsbereich, bei
denen es auf besondere „Genauigkeit", also inhaltliche Aspekte der Kommunikation,
ankommt.

Schnelligkeit und Bequemlichkeit der Kommunikation stehen dann im Vordergrund,
wenn Informationen in möglichst kurzer Zeit und ohne größeren Aufwand ausgetauscht
werden müssen. Erfordern Kommunikationsprozesse z.B. schnelle Dispositionen oder
die sofortige Reaktion auf unerwartete Ereignisse, dann ist schnelle und bequeme
Kommunikation besonders wichtig.

Vertraulichkeit als Anforderung an einen Kommunikationsprozeß spielt vor allem dann
eine Rolle, wenn es um die Erzielung einer wertorientierten Übereinkunft zwischen

Kooperationspartnern geht, wenn die interpersonelle Vertrauensbildung als sozialer Aspekt der Kommunikation im Vordergrund steht. Das Merkmal „Vertraulichkeit" beinhaltet jedoch auch Anforderungen der Kommunikationspartner an den Schutz vor unberechtigtem Zugriff, Verfälschung und die Identifizierbarkeit des Absenders von Nachrichten.

Komplexität charakterisiert Kommunikationsaufgaben, bei denen es um die Klärung schwieriger Inhalte geht oder bei denen komplizierte sachliche und personenbezogene Fragen wechselseitig verstanden werden müssen. Komplexität stellt besondere Anforderungen an die Direktheit des Dialogs, erfordert unmittelbare Rückkopplung sowie das Wechselspiel zwischen verbaler und non-verbaler Kommunikation.

Diese vier Grundanforderungen stellen die Bedingungen für jede geschäftliche Kommunikationsbeziehung dar. Im Vordergrund steht die effektive Aufgabenerfüllung und die ungestörte Verständigung zwischen den Kommunikationspartnern. In Abhängigkeit vom Typ der Aufgabe und der subjektiven Einschätzung von seiten der Aufgabenträger erfolgt die Wahl der Kommunikationsmedien (vgl. ausführlich Reichwald 1999). Für eine optimale Aufgabenunterstützung ist deshalb die Wahlmöglichkeit, also die Ausstattung des Arbeitsplatzes mit alternativen Zugängen zu neuen Kommunikationsmedien, von höchster Bedeutung. Dies gilt gleichermaßen für die Abwicklung von Geschäftsprozessen wie für die Arbeit des Managers in der Unternehmensleitung.

Medienwahl aus Sicht der Media-Richness-Theorie

Eine besonders anschauliche Erklärung für die Medienwahl bietet die Theorie der *Media Richness*, die „arme" und „reiche" Kommunikationsformen unterscheidet. Nach dieser Theorie haben technische und nicht-technische Kommunikationsformen unterschiedliche Kapazitäten zur authentischen Übertragung analoger und digitaler Informationen. Die Face-to-face-Kommunikation in der persönlichen Begegnung ist dementsprechend eine „reiche" Kommunikationsform. Sie bietet eine Vielzahl paralleler Kanäle (Sprache, Tonfall, Gestik, Mimik, ...), ermöglicht unmittelbares Feedback, stellt ein reiches Spektrum an Ausdrucksmöglichkeiten zur Verfügung und erlaubt auch die Vermittlung und unmittelbare Wahrnehmung persönlicher Stimmungslagen und Emotionen. Dagegen stellt der Austausch von Dokumenten, z.B. per Fax, eine „arme" Kommunikationsform mit sehr niedrigem Media-Richness-Grad dar.

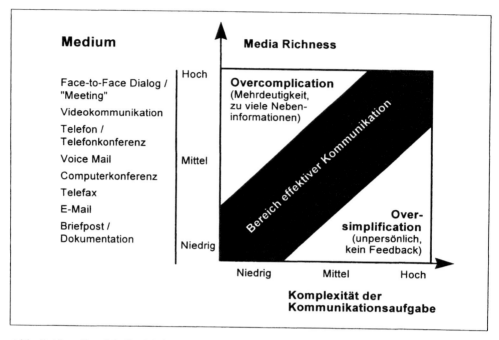

Abb. 3-10:   Das Media-Richness-Modell nach Daft und Lengel (in Anlehnung an Rice 1992)

Auf der Basis empirischer Untersuchungen haben Daft und Lengel (1984, 1986) ein Modell „armer" und „reicher" Medien entwickelt, das in Abbildung 3-10 dargestellt ist. Das Modell klassifiziert zunächst Kommunikationsformen nach ihrem „Reichtum" im Spektrum von persönlichem Dialog bis zur Briefpost. Doch es geht noch einen Schritt weiter: Das Modell räumt mit der naheliegenden „lean and mean"-Vermutung auf. Reiche Medien sind nicht automatisch besser und arme Medien per se schlechter. Das Gegenteil ist der Fall: Der Bereich effektiver Kommunikation liegt gerade zwischen einer unnötigen Komplizierung (*Overcomplication*) und einer unangemessenen Simplifizierung (*Oversimplification*). Welches Medium „paßt", hängt von der Komplexität der Aufgabe ab, die zu erledigen ist (Rice 1992):

- Die Kommunikation über „reiche" Medien ist um so effektiver, je komplexer die zugrunde liegende Aufgabe ist.
- Die Kommunikation über „arme" Medien ist um so effektiver, je strukturierter eine Aufgabe ist.

Diese Ergebnisse wären nicht weiter erstaunlich, hätten Daft / Lengel / Trevino (1987) nicht zusätzlich herausgefunden, daß sich erfolgreiche Führungskräfte offensichtlich

gerade durch einen theoriekonformen Medieneinsatz auszeichnen: „Mediensensitive"
Manager, deren Medienwahl in verschiedenen Aufgabensituationen den Media-Choice-
Regeln der Theorie entsprach, wurden in ihrem Unternehmen fast doppelt so oft als
„High Performer" eingestuft wie Führungskräfte, die ihre Kommunikationsmedien für
verschiedene Aufgaben, nicht wie im Modell postuliert, nutzten und sich dadurch als
„medien-insensitiv" erwiesen (vgl. Abb. 3-11).

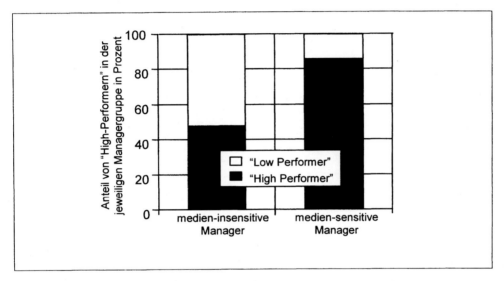

Abb. 3-11: Mediensensitivität und Managementerfolg (in Anlehnung an Daft / Lengel
/ Trevino 1987)

Wenn Daft und Lengel mit ihrem Modell recht haben, ergeben sich spannende Konsequenzen für die Medienunterstützung im Management: Welche Kommunikationswege
sind im Management zu wählen, um sich im Bereich effektiver Kommunikation zu
bewegen? Hier schließen sich an die Fragen nach der Medienwahl unmittelbar Fragen
nach der Wirkung des Medieneinsatzes an. Mit ihnen befaßt sich das nachfolgende
Kapitel.

3.4.2 Perspektiven der Medienwirkung: Ergebnisse der Media-Impact-Forschung

Die Media-Impact-Forschung fragt nach der Wirkung des Medieneinsatzes zur Unterstützung geschäftlicher Kommunikationsprozesse. Sie untersucht die Auswirkungen auf die
individuelle Arbeitssituation (z.B. Informationsversorgung, persönliche Arbeitsmuster,
Reisetätigkeit), auf *Kooperationsprozesse* (z.B. Problemlösungsprozesse, Interaktions-

muster, Vorgangsbearbeitung) sowie *organisatorische und soziale Kooperationsstrukturen* (z.B. Dezentralisierungstendenzen, Macht- und Kontrollstrukturen, Beziehungsnetze) insbesondere unter dem Aspekt der Effektivität und Effizienz. Zahlreiche Analysen in Labor- und Feldexperimenten sind diesem Einfluß neuer Medien auf Arbeits- und Kooperationsprozesse nachgegangen. Besonders interessant sind in diesem Zusammenhang Untersuchungen, die sich direkt auf die Auswirkungen des Medieneinsatzes auf die Managementkommunikation und die Zusammenhänge zwischen Technologieeinsatz und Managementerfolg beziehen (vgl. hierzu insbesondere Mintzberg 1973; Beckurts / Reichwald 1984; Picot / Reichwald 1987; Müller-Böling / Ramme 1990; Grote 1994; Pribilla / Reichwald / Goecke 1996; Goecke 1997; Reichwald / Bastian 1999).

Der Einfluß des Medieneinsatzes auf die Managementkommunikation

Zusammenhänge zwischen dem Einsatz verschiedener Kommunikationsmedien im Managementbereich und ihren Auswirkungen auf das Managementverhalten werden beispielsweise in den empirischen Untersuchungen von Grote (1994) deutlich. So läßt sich das Führungsverhalten eines Managers anhand der beiden unabhängigen Dimensionen *„Lokomotion"* (auch Leistungsorientierung oder Zielorientierung) und *„Kohäsion"* (auch Mitarbeiterorientierung oder Gruppenorientierung) beschreiben (vgl. hierzu ausführlich Teil 8). Dabei wird die adäquate Kombination dieser beiden Führungsdimensionen als wesentlich für den spezifischen Erfolg unterschiedlicher Führungsstile angesehen: Eine Führung, die sich allein auf die Erreichung inhaltlicher Arbeitsziele konzentriert, läuft Gefahr, die ebenfalls erfolgsrelevanten Faktoren des Arbeitsklimas zu vernachlässigen und so schlechtere Leistungen in Folge niedriger Arbeitszufriedenheit nach sich zu ziehen. Ebenso wird eine rein mitarbeiterorientierte Führung zwar in der Regel mit einer hohen Arbeitszufriedenheit, nicht jedoch mit hoher Leistung der Mitarbeiter in Verbindung gebracht. Die Untersuchung von Grote ergab nun anhand von Befragungen eine unterschiedliche Eignung verschiedener Kommunikationsmedien in bezug auf die Unterstützung der Leistungs- bzw. Mitarbeiterorientierung im Management: Demnach ist der Einsatz technischer Kommunikationsmedien hauptsächlich für die Unterstützung der *Lokomotion* in Mitarbeitergruppen geeignet, während die *Kohäsion* vor allem mit persönlicher Face-to-face-Kommunikation verbunden ist. Aufgrund der unterschiedlichen Media-Richness neuer Kommunikationstechnologien stellt sich daher die Frage, ob die heute beobachteten Substitutionseffekte zwischen Kommunikationsformen mit unterschiedlicher sozialer Präsenz auch Auswirkungen auf Führungsstrukturen oder die Gestaltung der Organisationskultur haben (vgl. ausführlich Teil 9).

Wirkungen des Medieneinsatzes auf Arbeit und Kooperation im Management

Wenngleich heute weitgehend unbestritten ist, daß Ausbreitung und Einsatz neuer Medien auch die Arbeits-, Kooperations- und Managementprozesse maßgeblich verändern, ist der Kenntnisstand der Media-Impact-Forschung in diesem Feld dennoch relativ gering. Mit Ausnahme weniger Untersuchungen (z.B. Beckurts / Reichwald 1984; Grote 1994; Goecke 1997) beruhen die Erkenntnisse über Wirkungen des Medieneinsatzes bislang weitgehend auf Studien, die sich nicht speziell auf Managementprozesse konzentrierten. Gleichwohl zeigt sich, daß Erkenntnisse, die in andersartigen Arbeitskontexten gewonnen wurden, nur sehr bedingt auf Managementprozesse übertragen werden können und daß rein analytische Überlegungen und Prognosen über zu erwartende Wirkungen des Medieneinsatzes reale Entwicklungstendenzen im Bereich des Managements nur unzureichend beschreiben. Untersuchungen über den Medieneinsatz im Management fördern daher immer auch Überraschungen zutage.

Optimistische Erwartungen zur Wirkung des Medieneinsatzes bezogen sich in der Vergangenheit insbesondere auf eine Verringerung des persönlichen Kommunikationsaufwandes, auf Zeiteinsparungen bei der Face-to-face-Kommunikation oder eine Reduzierung von Sitzungshäufigkeit und Reisetätigkeiten – insgesamt also auf eine Entlastung des kommunikationsintensiven Manageralltags durch kommunikationsunterstützenden Medieneinsatz. Ein Vergleich tatsächlicher Zeit- und Aktivitätsprofile, wie sie heute im oberen Führungsbereich anzutreffen sind, mit Zeit- und Aktivitätsprofilen von Führungskräften, wie sie sich der Managementforschung in den 1970er Jahren darstellten (als die meisten der relevanten Kommunikationsmedien noch gar nicht zur Verfügung standen) zeigt jedoch ein anderes Bild.

Ein solcher Vergleich von Zeit- und Aktivitätsniveaus Untersuchungen aus den 1990er Jahren (Pribilla / Reichwald / Goecke 1996) mit früheren Untersuchungen von Mintzberg in den 1970er Jahren (Mintzberg 1973) ist in mancher Hinsicht problematisch. Er kann nur deshalb gewagt werden, weil die Untersuchungsmethodik beider Analysen sich in wesentlichen Punkten gleichen.

Abbildung 3-12 zeigt den Vergleich der Zeit- und Aktivitätsprofile zwischen den Ergebnissen von Pribilla / Reichwald / Goecke und den Ergebnissen der frühen Untersuchung von Mintzberg. Selbsterklärend ist das unterschiedliche zeitliche Ausmaß der durchschnittlichen Nutzung von E-Mail, Fax- und Voice Mail, die zum Zeitpunkt der Untersuchung von Mintzberg noch nicht verfügbar waren. Erstaunlicher ist schon der gestiegene Anteil der telefonischen Kommunikation gegenüber den Mintzberg'schen Ergebnissen und dies trotz der zwischenzeitlich verfügbaren asynchronen Kommunikationsmedien. Die größte Überraschung des Zeitvergleichs aber ist der beinahe unveränderte Anteil der Face-to-face-Kommunikation. Denn in den 1990er ebenso wie in den 1970er Jahren verbringen Führungskräfte im Durchschnitt mehr als 6 Stunden am Tag mit persönlichen Gesprächen oder Besprechungen.

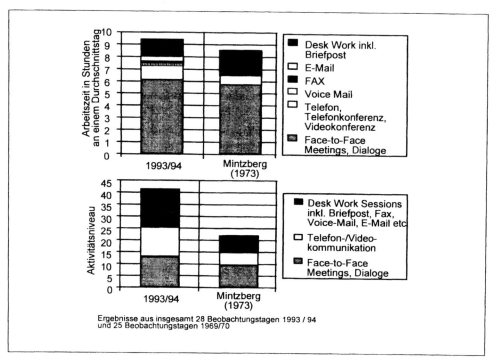

Abb. 3-12:   Vergleich der Zeit- und Aktivitätsprofile im oberen Führungsbereich (Pribilla / Reichwald / Goecke 1996)

Allen Prognosen über die Substitution von Face-to-face-Kommunikation – besonders, wenn sie mit der Überwindung von räumlichen Distanzen verbunden sind – zum Trotz, zeigt dieser Vergleich eindrucksvoll, daß die Face-to-face-Kommunikation im obersten Management offenbar nicht oder nur im geringen Ausmaß durch die verfügbaren Medien substituiert wird. Inwieweit diese Aussage sich auch auf Multimedia-Ausstattungen des Managerarbeitsplatzes übertragen läßt, kann hier nicht vertieft werden. Eines steht jedoch fest: Die Face-to-face-Kommunikation ist eine Konstante im Kommunikationsverhalten. Sie spielt im Unternehmen heute wie in der Vergangenheit die dominierende Rolle (vgl. auch Kieser / Hegele / Klimmer 1998). Mit diesem Ergebnis bleiben auch alle schon in früheren Untersuchungen (vgl. z.B. Beckurts / Reichwald 1984) festgestellten Konsequenzen der Face-to-face-Kommunikation gleichermaßen aktuell:

das Problem der hohen Abwesenheitszeiten und die mit der Face-to-face-Kommunikation verbundene Nicht-Erreichbarkeit von Personen, die in Managementprozesse eingebunden sind. Wie kann der Informationsfluß während der Zeit dieser kommunikationsbedingten Abwesenheit vom Arbeitsplatz aufrechterhalten werden? Die Vermutung liegt auf der Hand, daß hier die wesentlichen Innovationen für die Arbeitswelt ansetzen, die mit dem Medieneinsatz erreicht werden können.

Der Unterschied in der Arbeitszeit der untersuchten Manager (vgl. Abb. 3-12) wirft Fragen nach Erklärungen für die Verlängerung der Arbeitstage auf, die sich im Zeitvergleich ergeben. Stark zugenommen hat vor allem die Kommunikation über technische Kommunikationsmedien. Etwas zurückgegangen ist die Arbeitszeit am Schreibtisch (Desk Work). Dazu geben die meisten untersuchten Personeen an, daß im Tagesgeschäft für Dinge wie das Lesen von Berichten oder Protokollen, Erarbeiten von Konzepten oder Literaturlektüre immer weniger Zeit bleibt, d.h. Schreibtischarbeiten werden auf das Wochenende oder in die häusliche Nachtarbeit verlagert.

Das Management ist in der Zeitfalle: Zeitdruck, ein hohes Aufgabenvolumen, schnelles Reagieren in kritischen Situationen, Kundenorientierung, Beziehungspflege, Führen nach innen und Networking nach außen. Die Manager im Untersuchungsbereich haben in den 1990er Jahren ein Aktivitätsniveau zu absolvieren, das sich im Vergleich zur Situation 25 Jahre früher fast verdoppelt hat (vgl. Abb. 3-12). Diese im oberen Führungsbereich beobachtete Situation droht sich im Rahmen aktueller Reorganisationen auf immer weitere Mitarbeiterkreise auszudehnen und weiter zu verschärfen (vgl. z.B. Reichwald et al. 2000). In dieses Bild paßt der Medieneinsatz, vor allem der Einsatz asynchroner Kommunikationsmedien wie Voice Mail, Fax- und E-Mail, die das steigende Aktivitätsaufkommen in einem zeitlich verträglichen Maß abfangen: Bei gleichbleibendem zeitlichen Niveau für Face-to-face-Kommunikation (verbunden mit etwas höherer Anzahl von Face-to-face-Kontakten) konzentriert sich das hohe Maß zusätzlicher Arbeits- und Kommunikationsaktivitäten auf die Wege der Telekommunikation. Substitutionen finden vor allem im Bereich der herkömmlichen Briefkommunikation durch Medieneinsatz statt.

Als Fazit dieses Zeit- und Aktivitätsvergleichs bleibt in Bezug auf die Medienwirkung folgendes festzuhalten: Die Vorteile des Medieneinsatzes – besonders die Vorteile der asynchronen Telekommunikationsformen – sehen Führungskräfte in der schnellen, bequemen Kontaktaufnahme mit räumlich nahen und entfernten Partnern. Nicht zu übersehen ist aber auch, daß die Medien selbst zu einem allgemeinen Anstieg des Aktivitätsniveaus beitragen und die Erwartungen nach unmittelbarer Rückkoppelung, schneller Reaktion und schnellen Entscheidungen verstärken. Die neuen Medien der Telekommunikation bieten die Möglichkeit, die Arbeits- und Managementprozesse besser zu beherrschen, d.h. trotz eines komplexen und verteilten Aufgabenumfeldes zeit- und ortsunabhängig erreichbar zu sein, Kontakte zu halten und letztlich die Reaktions- und Abstimmungszeiten zu verkürzen.

Gleichzeitig bewirkt das Angebot zusätzlicher Kommunikationskanäle insgesamt aber auch ein Anwachsen der Kommunikationsaktivitäten. Im Management bedingen Telemedien somit ein erhöhtes Aktivitätsniveau, eine stärkere Fragmentierung des Arbeitstages und – gerade bei den Vielnutzern neuer Medien – einen Anstieg der Reiseaktivitäten (vgl. Pribilla / Reichwald / Goecke 1996). Dieses sogenannte *Telekommunikationsparadoxon* wird in Teil 8 noch ausführlicher erläutert. Für das Zeit- und Aktivitätsdilemma des Managements erweisen sich die neuen Technologien damit gleichermaßen als Problemlöser, aber auch Problemverstärker. Die Kommunikations- und Managementforschung stößt hier auf zahlreiche offene Fragen.

3.5 Modelle des Wissens

3.5.1 Die Bedeutung des Wissens

Im Unterschied zu Informationen, die als Bedeutung tragende Zeichen definiert werden, wird Wissen als handlungsorientierte Verknüpfung von Informationen unter Berücksichtigung von Erfahrungen im Kontext verstanden. Wissen ist daher sehr personen- und organisationsbezogen, während sich Informationen auch losgelöst von Personen interpretieren und verarbeiten lassen.

Wissen umfaßt damit die Summe aller Vorstellungsinhalte, die ein Individuum über seine Umwelt auf der Basis vergangener Beobachtungen und Erfahrungen sowie daraus abgeleiteter Schlußfolgerungen angesammelt hat und für gewiß hält. Wissen umfaßt des weiteren die Summe aller erlernten kognitiven und motorischen Fähigkeiten eines Individuums, die sich als nützlich im Umgang mit seiner Umwelt erwiesen haben sowie die Fähigkeiten eines Kollektivs, die als Wissenselemente eigener Qualität aus der gemeinsamen Ausübung dieser individuellen Fähigkeiten resultieren (vgl. Scheuble 1998). Der Inhalt dieses Wissensbegriffes kann anhand von drei Kriterien systematisiert werden: dem Gegenstand, dem Kontext sowie der Transferierbarkeit (vgl. Abbildung 3-13).

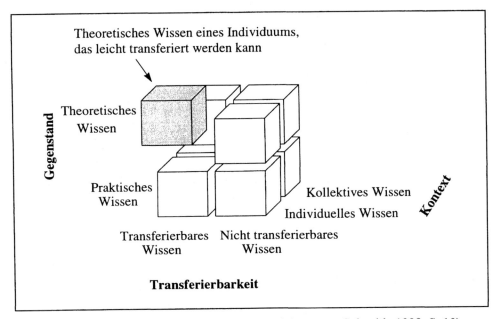

Abb. 3-13:   Systematisierung von Wissen (in Anlehnung an Scheuble 1998, S. 10)

Die Frage nach dem Gegenstand führt zu der Unterscheidung von theoretischem und praktischem Wissen. In Abhängigkeit des Kontextes, innerhalb dessen das betreffende Wissenselement seine jeweilige Wirkung entfaltet, kann zwischen individuellem und kollektivem Wissen unterschieden werden. Die einzelnen Wissenskategorien lassen sich zusätzlich dahingehend unterscheiden, wie groß die Barrieren sind, die einem Transfer des betreffenden Wissenselementes von einem Akteur zu einem anderen entgegenstehen. Dies führt zu der Unterscheidung von transferierbarem und nicht transferierbarem Wissen. Die jeweiligen Ausprägungen sind als Enden eines entlang der betreffenden Dimension aufgespannten Kontinuums zu verstehen. In der Literatur auffindbare Wissensarten lassen sich entweder als alternative Bezeichnungen für die erkennbaren Würfel oder als Teilaspekte dieser Elemente interpretieren. Die Frage nach dem Begriffsinhalt von Wissen ist seit mehr als zweitausend Jahren Gegenstand der Epistemologie (zu einem Überblick vgl. z.B. Moser / Nat 1995). Die verschiedenen Ansätze dieser philosophischen Tradition orientieren sich meist an der von Platon vertretenen Auffassung von Wissen als wahrer erklärter Vorstellung. Wissen – soviel läßt sich aus dem philosophischen Begriffsverständnis entnehmen – hat danach etwas mit Vorstellungen über die Realität zu tun. Wissen ist nach dieser Auffassung die Summe aller Vorstellungsinhalte, die ein Individuum über sich und die umgebende Welt besitzt. Man könnte statt dessen auch von dem Bild eines Individuums sprechen. Dieses Bild muß kein getreues Abbild der Welt sein. Es muß nicht wahr sein. Das Verhältnis dieses einen Bildes zu der Welt ist aber auch nicht beliebig, sondern hat einer gewissen Überprüfung standzuhalten. Dies heißt nicht, wie vom philosophischen Wissensverständnis gefordert, daß die betreffenden Vorstellungsinhalte wahr sein müssen, um sich als Wissen zu qualifizieren. Es heißt nur, daß sie für wahr gehalten werden, weil sie auf irgendeine Weise autorisiert wurden. Verschiedene Möglichkeiten der Überprüfung sind denkbar. Ein Extrem ist die Wissenschaft, die Vorstellungsinhalte einem systematischen, Objektivität beanspruchenden Autorisierungsprozeß unterwirft.

Ein anderes Extrem sind Mythen und Traditionen, die aufgrund ihrer sozialen Legitimität für gewiß gehalten werden. Der Unterschied zwischen den beiden Modi ist nicht das Ergebnis, sondern die Vorgehensweise. So haben sich viele wissenschaftliche Theorien als falsch erwiesen, während in den meisten Überlieferungen ein Funken Wahrheit steckt (vgl. Sowell 1980). Wissen ist nicht gegeben, sondern wird erlernt. Individuen tun dies, indem sie den Interaktionen mit der Umwelt durch Interpretation und Deutung Ordnung auferlegen. Auf der Basis von Erfahrungen wird ein Bild oder Modell der Welt geschaffen, indem Unterscheidungen getroffen, Zusammenhänge erkannt und Schlüsse gezogen werden. Manchmal führen neue Erfahrungen auch zu der Erkenntnis, daß bisherige Bilder und Vorstellungen unzutreffend waren. Solche Revisionen der Wissensbasis gibt es im Alltagsleben genauso wie in der Wissenschaft. Wissen ist deshalb immer vorläufig.

Was bislang beschrieben wurde, ist theoretisches oder abstraktes Wissen über etwas. Theoretisches Wissen ist das, was Ryle (1949) als „knowledge that" und James (1962) als „knowledge about" bezeichnen. Den Wissensbegriff auf dieses abstrakte theoretische Wissen zu reduzieren, wäre jedoch unzweckmäßig, weil es von jenen praktischen Fähigkeiten und Fertigkeiten abstrahiert, die für ökonomisches Handeln so bedeutsam sind. Praktisches Wissen umfaßt all die praktischen Fertigkeiten und Fähigkeiten, ohne die das theoretische Wissen ein rein geistiges Phänomen bliebe. Wissen ist zwar immer individuell, wird aber in seiner Form und Inhalt durch die soziale Umwelt des jeweiligen Individuums geprägt (vgl. Nelson / Winter 1982; Simon 1991). Kollektives Wissen gleicht vor diesem Hintergrund einem Mosaik. Es setzt sich zusammen aus individuellen Elementen, deren Form durch deren vereinten Zweck gegeben sind. Individuelles Wissen ist die Substanz kollektiven Wissens, und doch ist letzteres mehr als die Summe seiner Teile.

Ohne im einzelnen nachzuzeichnen, wie diese wechselseitigen Anpassungsleistungen zwischen dem Individuum und seiner sozialen Umwelt erfolgen (vgl. Berger / Luckmann 1967), kann festgehalten werden, daß es kollektives Wissen gibt, weil individuelles Wissen aus einem Interaktionsprozeß mit seiner dinglichen und sozialen Umwelt resultiert, die von individuellem Handeln beeinflußt wird und zugleich auf das individuelle Wissen zurückwirkt. Kollektives Wissen ist jenes Wissen, das nur von einem Kollektiv als Ganzem beherrscht wird. Das bedeutet nicht, daß dieses Wissen z.B. in einer Routine oder in einer Kultur liege, wie häufig zu lesen ist. Träger des Wissens sind immer Individuen, und so wie ein Mosaik aus speziell geformten Steinen besteht, setzt sich das Wissen eines Kollektivs aus den individuellen Wissensbausteinen zusammen. Auch das Wissen eines Kollektivs kann im Hinblick auf dessen praktischen und theoretischen Inhalt differenziert werden. Theoretisches Wissen eines Kollektivs ist geteiltes Wissen. Das Attribut 'geteilt' weist darauf hin, daß es sich um Wissen handelt, das jedes der zu einem Kollektiv gehörenden Individuen besitzt. Typische Beispiele sind die in einer Organisation verbreiteten Mythen und Geschichten oder die von den Mitgliedern eines Projektteams geteilte Expertensprache.

Wenn in der Literatur von dem Wissen eines Kollektivs gesprochen wird, dann sind jedoch häufig dessen praktische Aspekte gemeint. Diese Routinen (vgl. March / Simon 1958; Nelson / Winter 1982) resultieren aus dem eingespielten Ablauf der Handlungen und Entscheidungen einer Gruppe von Menschen und repräsentieren Wissenselemente eigener Qualität. Durch diesen eigenständigen Charakter kollektiven Wissens wird es erst möglich, kollektive ökonomische Akteure, wie z.B. eine Unternehmung oder eine Organisationseinheit, mit dem gleichen wissensökonomischen Instrumentarium zu analysieren, wie es auf einzelne Individuen angewandt werden kann.

Von besonderem Interesse ist die Frage, inwieweit Wissen von einem Akteur zu einem anderen übertragen werden kann. Dies gilt sowohl für die Förderung eines gewollten Wissenstransfers als auch für die Verhinderung eines unerwünschten Transfers von Wissen. Mit Transfer ist an dieser Stelle ein effektiver Übergang des Wissens eines Akteurs zu einem anderen gemeint. Der Kauf eines Physikbuches, das Lesen eines Patentes in einer Patentauslegestelle oder die Anwesenheit im Hörsaal einer Universität reichen z.B. nicht aus, um diesen Vorgang als Wissenstransfer zu qualifizieren. Ein Wissenstransfer hat erst dann stattgefunden, wenn der Empfänger in der Lage ist, das betreffende Wissenselement annähernd so zu konstruieren, wie es der ursprüngliche Wissensinhaber in der Lage ist. Von Bedeutung ist in diesem Zusammenhang der implizite Charakter von Wissen (vgl. Polanyi 1962, 1985), der dessen Übertragung häufig im Wege steht.

Die Artikulierbarkeit von Wissen ist jedoch nicht die einzige Bestimmungsgröße für die Transferierbarkeit von Wissen. Wissen, das nicht in Worte zu fassen ist, läßt sich oft bildlich übertragen (Möslein 2000). Wenn z.B. ein Lehrling sein Handwerk erlernt, so tut er dies zu einem großen Teil durch Beobachtung, Imitation und Übung dessen, was ihm der Meister vormacht (vgl. Nonaka / Takeuchi 1985). Häufig ist es nicht einmal erforderlich, den Wissensinhaber bei der Ausübung seiner Fähigkeiten zu beobachten.

Meist reicht bereits die Betrachtung eines Produktes, um das zugrundeliegende Wissen zu erlangen – eine Option, die z.B. unter dem Stichwort Reverse Engineering bekannt ist. Umgekehrt gibt es Beispiele eines weitgehend artikulierten Wissens, das nur mit großer Mühe zu transferieren ist.

3.5.2 Wissen zwischen Koordination und Motivation

Wissen als zentraler Produktionsfaktor läßt sich managen. Aufgabe des Wissensmanagements ist es daher, die Wissensflüsse in und zwischen Unternehmen gezielt zu optimieren (vgl. Kap. 10.5.3). Durch seine Verankerung in einem organisatorischen Kontext befindet sich das Wissensmanagement zugleich in einem Spannungsfeld zwischen Koordination und Motivation (vgl. Milgrom / Roberts 1992). Koordinations- und Motivationsmaßnahmen determinieren in hohem Maße das „Können und Wollen" der Mitarbeiter einer Organisation, die als Träger von Wissen im Unternehmen fungieren. In diesem Sinne ist es eine wichtige Aufgabe der Unternehmensführung, einen geeigneten Koordinations- und Motivationsrahmen zu schaffen. Nur so kann das Wissensmanagement gelingen. Im Rahmen des *Koordinationsaspektes* steht dabei die Frage im Vordergrund, welche Handlungen von Mitarbeitern ausgeführt werden müssen, um zur Erreichung der Unternehmensziele beizutragen. Somit geht es um die Überwindung des Nichtwissens dessen, was zu tun ist. Mit Blick auf das Wissensmanagement eines Unternehmens sind dabei zwei Aspekte relevant, nämlich die Koordination zwischen Menschen und die Koordination zwischen Menschen und Maschinen. Der erste Aspekt ist überall dort entscheidend, wo eine Koordination von Wissensflüssen z.B. durch Hierarchien, Gruppenkonstellationen oder formalisierte Informationswege erfolgt. Die Koordination des Verhältnisses Mensch-Maschine ist insbesondere dann wichtig, wenn der individuelle Zugang zu Datenbanken, die gezielte Übermittlung von Informationen (interne Rundschreiben, Newsletter) oder auch schon die Gestaltung der Benutzeroberfläche des Intranets eines Unternehmens Wissensflüsse beeinflusst und steuert.

Im Rahmen des *Motivationsaspektes* geht es um die Frage, wie die Voraussetzungen zu gestalten sind, damit alle Mitarbeiter ihren Beitrag zum Wissensmanagement leisten. Die Motivation der Akteure zur Generierung, Transfer und Nutzung von Wissen ist in starkem Maße von der Gestaltung der materiellen und immateriellen Anreize abhängig.

Damit die Einführung des Wissensmanagements (vgl. Kap. 10.5.3) gelingt, sind organisatorische Regelungen sowie Motivations- und Anreizsysteme so zu gestalten, daß die Organisationsmitglieder ihren Beitrag dazu nicht nur erbringen können (Koordinationsaspekt), sondern dies auch wollen (Motivationsaspekt).

3.6 Information, Kommunikation und Vertrauen

Vertrauen ist ein elementares Organisationsprinzip zwischenmenschlicher Austauschbeziehungen. Einerseits basiert die Bildung von Vertrauen auf Informations- und Kommunikationsprozessen. Andererseits werden die Art und Weise menschlichen Informations- und Kommunikationsverhaltens wiederum entscheidend vom vorhandenen Ausmaß an Vertrauen geprägt. Diese Wechselwirkungen zwischen Vertrauen, Information und Kommunikation sind Gegenstand folgender Ausführungen.

Vertrauen kann unter verschiedenen Gesichtspunkten betrachtet werden (vgl. z.B. Schottländer 1957; Barber 1983; Zündorf 1987; Gambetta 1988; Schmidtchen 1994; Ripperger 1998; Luhmann 2000). Im folgenden wird zunächst die Bedeutung des Vertrauens in und zwischen Unternehmen aufgezeigt (Kap. 3.6.1), bevor die Beziehungen zwischen dem Vertrauensmechanismus und dem individuellen Informationsverhalten von Akteuren thematisiert werden (Kap. 3.6.2) wobei insbesondere auch die Problematik reziproken (Informations-) Verhaltens berücksichtigt wird (Kap. 3.6.3). Abschließend werden die Wechselwirkungen zwischen Vertrauen und Kommunikation – auch unter Berücksichtung interkultureller Aspekte – erläutert (Kap. 3.6.4, 3.6.5).

3.6.1 Die Bedeutung des Vertrauens im intra- und interorganisatorischen Kontext

Als ein elementares Organisationsprinzip zwischenmenschlicher Austauschbeziehungen spielt Vertrauen auch und gerade bei der Organisation wirtschaftlicher Leistungsbeziehungen eine zentrale Rolle (vgl. Albach 1980; Fukuyama 1995; Ripperger 1998). Vertrauen ist nicht nur unerläßlich in mikroökonomischen Transformations- und Reorganisationsprozessen hin zu flexibleren Unternehmensstrukturen (vgl. Bleicher 1995). Vertrauen wird zu einer notwendigen Voraussetzung für deren Existenz, da es als ein konstitutives Merkmal von Netzwerkorganisationen, virtuellen und verteilten Unternehmensstrukturen gilt (vgl. z.B. Powell 1996; Sydow 1996; Handy 1995; Loose / Sydow 1994; Wurche 1994; Reichwald et al. 2000). Diese Organisationsformen sind in vielen Bereichen durch ein zunehmendes Maß an räumlicher und organisatorischer Dezentralisierung gekennzeichnet: Auf der Basis moderner Informations- und Kommunikationstechnologien sind solche Dezentralisierungsprozesse mehr oder weniger extrem. Angefangen von intraorganisatorischen Strukturen, wie Modularisierung und internen Netzwerken (vgl. Teil 5), können sie sich z.B. als zwischenbetriebliche Netzwerke (vgl. Teil 6) über die Grenzen des Unternehmens hinaus fortsetzen und dabei auch die Extremform des virtuellen Unternehmens (vgl. Teil 8) annehmen.

Sowohl räumliche als auch organisatorische Dezentralisierungsmaßnahmen vergrößern zunächst die Handlungsspielräume von Mitarbeitern und Partnern. Zugleich ist die Eingrenzung dieser Handlungsspielräume durch herkömmliche Kontroll- und Überwachungssysteme oftmals nicht möglich bzw. mit zusätzlichen Kosten verbunden, die die durch die Dezentralisierung grundsätzlich erzielbaren Effizienzsteigerungen zumindest teilweise wieder aufheben würden. Vertrauen kann hier ein durchaus effizienter Mechanismus sein, um dieses 'Kontrollvakuum' zu füllen. Die Maxime, daß Vertrauen zwar gut, Kontrolle jedoch besser sei, wandelt sich damit in die Zielvorgabe, Kontrolle zumindest dort, wo sie nicht oder nur zu prohibitiv hohen Kosten möglich ist, so weit es geht durch Vertrauen zu ersetzen.

Die Genese von Vertrauen in und zwischen Organisationen kann durch entsprechende soziale Normen und institutionelle Rahmenbedingungen gezielt gefördert werden (vgl. Zucker 1986; Creed / Miles 1996; Kramer / Tyler 1996; Ripperger 1998, 1999). Organisationen, in denen ein hohes Maß an Vertrauen herrscht, verfügen tendenziell über mehr soziales Kapital (vgl. Kap. 3.6.3) als solche mit eher opportunistischen Kulturen und können dadurch regelmäßig höhere Kooperationsgewinne realisieren. Vertrauen kann demnach – insbesondere in den neuen Unternehmensformen – einen wichtigen Wettbewerbsvorteil konstituieren.

3.6.2 Informationsverhalten und Vertrauen

Das Problem des Vertrauens kann als das Problem der riskanten Vorleistung (Luhmann 2000) beschrieben werden: Der Vertrauensgeber überträgt dem Vertrauensnehmer die Kontrolle über Ereignisse oder Ressourcen und vertraut ihm damit etwas an, über das letzterer zum Schaden (Vertrauensbruch) oder aber zum Nutzen (Honorierung von Vertrauen) des ersteren verfügen kann. Dabei setzt sich der Vertrauensgeber dem Risiko eines Vertrauensbruchs und des damit einhergehenden Schadens ungeschützt aus.

Die Erfassung der Vertrauensproblematik setzt damit zwei Annahmen über das menschliche (Informations-)Verhalten voraus: begrenzte Rationalität und Opportunismus. Denn Vertrauen wird erst durch die Unsicherheit über die motivationale Disposition bzw. die Handlungsabsicht eines anderen Menschen und die Gefahr einer Schädigung durch diesen begründet. Das bedeutet zum einen, daß der Vertrauensgeber nur unvollständig über die wahren Motive und Handlungsabsichten des Vertrauensnehmers informiert ist bzw. diesbezüglich einem Irrtum unterliegen kann (begrenzte Rationalität). Es bedeutet zum anderen, daß der Vertrauensnehmer Informationen nicht immer wahrheitsgemäß übermittelt, sondern gegebenenfalls auch bewußt verheimlicht oder verzerrt, um hieraus einen eigenen Vorteil auf Kosten des Vertrauensgebers zu erzielen (opportunistisches

Verhalten). Damit besteht zwischen Vertrauensgeber und Vertrauensnehmer eine Prinzipal-Agent-Beziehung (vgl. Kap. 2.3.4). Der Vertrauensgeber, in der Rolle des Prinzipals, ist grundsätzlich schlechter über die wahren Eigenschaften und Handlungsabsichten des Vertrauensnehmers (Agent) informiert als dieser selbst. Vor dem Hintergrund dieser Überlegungen läßt sich somit Vertrauen wie in Abbildung 3.14 definieren.

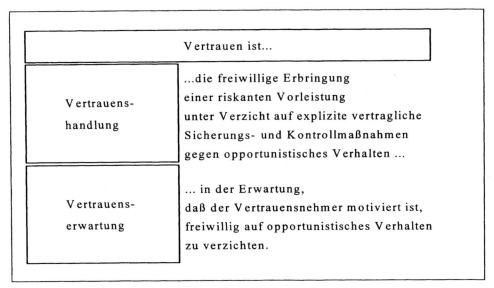

Abb. 3-14: Vertrauen – Vertrauenserwartung und Vertrauenshandlung (in Anlehnung an Ripperger 1998, S. 45)

Die *Vertrauenserwartung* des Vertrauensgebers beruht auf seiner subjektiven Einschätzung der Vertrauenswürdigkeit des Vertrauensnehmers (vgl. auch Deutsch 1960a, 1960b, 1976). Der Vertrauensgeber ist hierbei grundsätzlich nicht vollständig genug informiert, um erfolgssicher handeln zu können. Über diesen Informationsmangel setzt er sich durch sein Vertrauen willentlich hinweg, indem er seine vorhandenen Informationen aus der Vergangenheit in die Zukunft transferiert. Hierbei kann sich der Vertrauensgeber auf eigene Erfahrungen oder auf die Erfahrungen Dritter stützen. In Abhängigkeit der zugrundeliegenden Informationen lassen sich unterschiedliche Kategorien von Vertrauen differenzieren (vgl. hierzu auch Abb. 3-15). *Generalisiertes Vertrauen* beschreibt die grundsätzliche Vertrauensbereitschaft eines Menschen unabhängig von den Spezifika einer bestimmten Situation (vgl. Rotter 1971, 1980; Petermann 1996). Es charakterisiert eine typische Eigenschaft der Persönlichkeit: Je nach zugrundeliegenden Erfahrungen haben die Menschen mehr oder weniger Vertrauen gegenüber Dritten.

Hingegen basiert das *spezifische Vertrauen* auf der subjektiven Einschätzung der Vertrauenswürdigkeit einer bestimmten Person in einer spezifischen Situation (Petermann 1996). Es bezieht sich z.B. auf einen Arzt, der im Rahmen einer schweren Behandlung einen sehr qualifizierten, zuverlässigen und vertrauenserweckenden Eindruck macht.

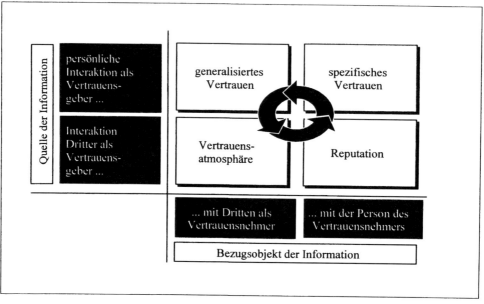

Abb. 3-15:   Typische Vertrauenskategorien (in Anlehnung an Ripperger 1998, S. 99)

Der Vertrauensgeber greift jedoch nicht nur auf eigene Erfahrungen, sondern auch auf die Erfahrungen Dritter zurück. Handelt es sich hierbei um Erfahrungen Dritter mit der Person des Vertrauensnehmers, so spricht man von Reputation. *Reputation* ist gewissermaßen die öffentliche Information über die bisherige Vertrauenswürdigkeit eines Akteurs. Sie spielt z.B. bei Kooperationen eine große Rolle, wenn keine nachprüfbaren Informationen über die Leistungsfähigkeit potentieller Partner vorliegen oder im Internet-Handel, wenn durch die Informationen im Web keine Rückschlüsse auf die Qualität der Leistung möglich sind (Koch / Möslein / Wagner 2000).

Beziehen sich die Erfahrungen Dritter nicht direkt auf die Person des Vertrauensnehmers sondern auf die Interaktion mit Dritten innerhalb eines gemeinsamen sozialen Kontextes, so konstituieren sie die *Vertrauensatmosphäre* eines sozialen Systems (Ripperger 1998). Die jeweils zugrundeliegenden kulturellen bzw. institutionellen Rahmenbedingungen beeinflussen maßgeblich die Wahrscheinlichkeit opportunistischen Verhaltens innerhalb eines gegebenen Systems, so daß der Anteil opportunistisch handelnder

Akteure in unterschiedlichen Kulturen unterschiedlich hoch sein wird. Je höher nun der Anteil positiver Erfahrungen in Vertrauensbeziehungen in einem sozialen Umfeld ist, umso besser ist in der Regel auch die Qualität der Vertrauensatmosphäre.

Zwischen den einzelnen Kategorien existieren naturgemäß *Interdependenzen*. Es liegt nahe, daß der Grad an generalisiertem Vertrauen maßgeblich die Vertrauenserwartung in einer spezifischen Situation beeinflußt. Auch ist davon auszugehen, daß in einem sozialen System mit einer guten Vertrauensatmosphäre das generalisierte Vertrauen eines Akteurs – zumindest gegenüber den Mitgliedern dieses Systems – regelmäßig höher ist als in einem System mit einer schlechten Vertrauensatmosphäre. Die Art der Reputationen innerhalb eines sozialen Systems beeinflußt die subjektive Wahrnehmung seiner Mitglieder über die Qualität der Vertrauensatmosphäre. Zudem wird sich die Reputation eines potentiellen Vertrauensnehmers auf das spezifische Vertrauen des Vertrauensgebers auswirken, auch wenn sie natürlich kein Substitut für eigene Erfahrungen ist.

Welche konkrete Vertrauenskategorie im konkreten Fall überwiegt, hängt letztlich vom Grad der Vertrautheit einer Situation ab (vgl. Ripperger 1998). Ist eine Situation durch ein hohes Maß an Vertrautheit gekennzeichnet, wird sich die Vertrauenserwartung überwiegend auf generalisiertes Vertrauen, auf die Reputation des potentiellen Vertrauensnehmers und auf die Vertrauensatmosphäre des sozialen Umfeldes stützen. Umgekehrt basiert die Vertrauenserwartung in einer weniger vertrauten Situation, in der einige situationsspezifische Hinweise zur Verfügung stehen, tendenziell stärker auf spezifischem Vertrauen.

3.6.3 Vertrauen und reziprokes (Informations-) Verhalten

Reziprok altruistisches Verhalten und soziales Kapital

Die Norm reziproken Verhaltens (Reziprozitätsnorm) ist eine in allen Kulturen universell gültige Norm (Gouldner 1960). Sie konstituiert sich aus den folgenden zwei Verhaltensregeln: (1) Man sollte nicht diejenigen schädigen, die einem selbst geholfen haben. (2) Man sollte denjenigen, von denen man Hilfe erhalten hat, ebenfalls helfen. Diese positive Form der Reziprozität kann auch als reziprok altruistisches Verhalten beschrieben werden. Die Vorteile reziprok altruistischen Verhaltens in einer Gruppe resultieren aus einem ähnlichen Prinzip, wie es auch einer Versicherung auf Gegenseitigkeit zugrunde liegt: Der Nutzen einer altruistischen Handlung ist für den Begünstigten regelmäßig höher als deren Kosten für den Handelnden. Kann letzterer darauf vertrauen, daß ersterer den altruistischen Akt zu einem späteren Zeitpunkt erwidert, so kann reziprok altruistisches Verhalten langfristig für beide Seiten mit einem Nutzenzuwachs verbunden sein (Trivers 1971). Der Nutzen aus reziprok altruistischem Verhalten kann einen zentralen Anreiz für die Honorierung von Vertrauen und die Investition in eine Vertrauensbeziehung darstellen. Allerdings setzt reziprok altruistisches Verhalten selbst wiederum ein Mindestmaß an Vertrauen – insbesondere in die Dankbarkeit und Reziprozitätsbereitschaft des Nutznießers – voraus. Beispiele für solches Verhalten finden sich sowohl bei Tieren als auch bei Menschen: Warnrufe vor drohenden Gefahren – durch Vögel und durch Menschen –, die Rettung eines Ertrinkenden durch einen kundigen Schwimmer oder wechselseitige Blutspenden veranschaulichen dies.

Vertrauen ermöglicht und wächst durch reziprok altruistisches Verhalten. Beides fördert die Entstehung von sozialem Kapital. *Soziales Kapital* wird dann generiert, wenn die Beziehungen zwischen Akteuren sich dahingehend verändern, daß kooperatives Handeln erleichtert wird (Coleman 1990). Ein Akteur, der über Sozialkapital verfügt, kann mit dem kooperativen Verhalten eines Dritten rechnen, d.h. bei Bedarf auch auf dessen Ressourcen zugreifen und dadurch seine eigenen Ressourcen erweitern. Sozialkapital bildet sich so vor allem aus interpersonalen Möglichkeiten sozialer Art, die sich aus dem moralischen Anspruch auf reziprok altruistisches Verhalten ergeben. Vertrauen besitzt demnach eine zentrale Bedeutung bei der Produktion sozialen Kapitals. Organisationen mit einer dichten Vertrauensatmosphäre werden deshalb über ein höheres Maß an Sozialkapital und somit auch über bessere Kooperationsmöglichkeiten verfügen als solche mit einer eher opportunistischen Kultur (vgl. auch Cohen / Prusak 2001). Die Genese von Vertrauen sollte deshalb durch eine entsprechende Gestaltung institutioneller Rahmenbedingungen gezielt gefördert werden.

Der Austausch und das Teilen von Informationen sind eine grundlegende Manifestation reziprok altruistischen Verhaltens im menschlichen Zusammenleben. In vielen Fällen ist die Mitteilung von Informationen für den Informanten mit relativ geringen Kosten verbunden, erzeugt aber beim Informierten einen erheblichen Nutzen. Oftmals verringert sich jedoch auch der Wert einer Information für den Informanten, sobald diese Information geteilt wird. Unter Umständen lohnt sich dann der Austausch von Informationen für den Informanten nur in solchen Fällen, in denen er erwarten kann, von dem Informierten ebenfalls wieder nutzenstiftende Informationen zu erhalten. Insbesondere der wechselseitige Transfer wertvoller Informationen setzt ein besonderes Maß an Vertrauen voraus. Im folgenden soll die besondere Problematik eines zwischenbetrieblichen Informationstransfers dargestellt werden.

Das Informationstransfer-Dilemma: Probleme eines zwischenbetrieblichen Informationstransfers

Besondere Problemstellungen ergeben sich bei einem *zwischenbetrieblichen Informationstransfer*. Der Austausch von Informationen, die mit einem pragmatischen Handlungswert verbunden sind, führt dazu, daß deren Empfänger einen zusätzlichen Handlungsnutzen daraus ziehen kann, während der Informationswert für den Geber tendenziell sinkt, weil er einen Verlust an exklusiver Informiertheit erleidet. Unter welchen Bedingungen es dennoch zu einem Informationstransfer sogar zwischen Konkurrenten kommen kann, erklärt Schrader in Anlehnung an von Hippel modelltheoretisch unter Bezugnahme auf eine typische *Gefangenendilemma-Situation* (vgl. Schrader 1990; v. Hippel 1988). Das aus der Spieltheorie bekannte Gefangenendilemma hat folgende Grundstruktur (vgl. Teil 2): Zwei Spieler haben die Wahl, sich kooperativ oder nicht kooperativ zu verhalten. Für beide Spieler ist die unkooperative Verhaltensweise die dominante Strategie. Denn gleichgültig wie sich der andere Spieler verhält, führt diese Verhaltensweise stets zu einem höheren Nutzen als die kooperative Variante. Verhalten sich jedoch beide Spieler unkooperativ, stellen sie sich beide schlechter, als wenn beide kooperieren würden. Bei einem einperiodigen Spiel werden die beiden Spieler sich jeweils unkooperativ verhalten. Bei mehrperiodigen Spielen jedoch kann sich kooperatives Verhalten zeigen. In Computersimulationen hat sich die sogenannte *Tit-for-Tat-Strategie* als die günstigste Strategie erwiesen (vgl. Axelrod 1997). Tit-for-Tat ist eine Heuristik, bei der in der ersten Runde kooperiert wird und in sämtlichen folgenden Runden das vorhergehende Verhalten des Partners kopiert wird. Eine Kooperation zwischen beiden Spielern findet solange statt, bis ein Spieler sich unkooperativ zeigt. In der darauf folgenden Spielrunde kopiert der Gegenspieler diese Verhaltensweise; die Kooperation ist beendet.

Diese Situation eines Gefangenendilemmas läßt sich auf den Fall zwischenbetrieblichen Informationstransfers anwenden (vgl. v. Hippel 1988; Schrader 1990). Zwei Unternehmen A und B besitzen je eine Information, die dem anderen Unternehmen unbekannt ist. Dabei entspricht der Wert der Information von Unternehmen A dem der Information von Unternehmen B. Der jeweilige Wert setzt sich aus zwei Komponenten zusammen, dem Grundwert r und dem Zusatzwert Δr. Der Zusatzwert spiegelt den Vorteil wieder, der dadurch entsteht, daß das eine Unternehmen gegenüber dem anderen einen Informationsvorsprung besitzt. Dieser Vorsprung geht jedoch bei einem Informationsaustausch verloren. Danach bleibt nur noch der Grundwert erhalten. Daraus läßt sich ein in Abbildung 3-16 dargestelltes Informationstransfer-Dilemma modellieren.

Gibt man die Annahme eines einperiodigen Spiels auf, sind, wie bereits erwähnt, *kooperative Verhaltensweisen* der beiden Unternehmen möglich. Während kurzfristig der

Nicht-Transfer von Informationen vorteilhaft sein mag, kann es langfristig zweckmäßig sein, durch eigenes kooperatives Verhalten den Partner zu einer dauernden, für beide Seiten lohnenden Kooperation zu ermutigen. Aus dem Modell kann abgeleitet werden, daß zwischenbetrieblicher Informationstransfer für beide Partner dann ökonomisch vorteilhaft ist, wenn die Informationen einen hohen Grundwert und einen geringen Zusatzwert besitzen. Konkurrenzverhalten tritt dagegen bei einem niedrigen Grundwert und einem hohen Zusatzwert der Informationen auf.

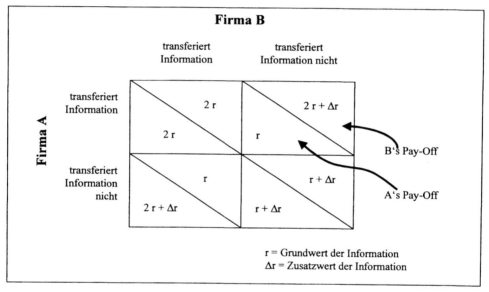

Abb. 3-16:   Struktur des Informationstransfer-Dilemmas (in Anlehnung an Schrader 1990, S. 27)

Es zeigt sich weiterhin, daß ein solcher Informationsaustausch nur dann zustande kommen kann, wenn ein *angemessenes Maß an Vertrauen* besteht und die Zusammenarbeit eine langfristige Perspektive besitzt. In einer empirischen Untersuchung gelangt Schrader (1990) sogar zu dem Fazit, daß besonders informaler zwischenbetrieblicher Informationsaustausch einen positiven Erfolgsbeitrag leisten kann. Er stellt darüber hinaus fest, daß das zeitliche Auseinanderfallen von Leistung und Gegenleistung sowie eine gewisse Blindheit gegenüber vorteilhaften Kooperationsbeziehungen verbunden mit einem vorherrschenden Konkurrenzdenken häufig den Grund für die Ablehnung solcher Informationstransfers darstellen. Es ist jedoch festzuhalten, daß zwischen Kooperation und Konkurrenz kein unauflöslicher Widerspruch besteht.

3.6.4 Vertrauensbildung und Kommunikation

Vertrauensbildung und Kommunikation sind eng miteinander verbunden (Bittl 1997):
Die Bildung von Vertrauen setzt Kommunikation ebenso voraus, wie gewisse Formen
der Kommunikation Vertrauen erfordern. Kommunikation bleibt also nicht ohne Einfluß
auf das Vertrauen zwischen den Kommunikationspartnern. Vertrauen wird erst dadurch
als Problem begründet, daß sich der Vertrauensgeber über die moralischen Qualitäten
und die wahren Handlungsabsichten des Vertrauensnehmers im Unklaren befindet.

Die Vertrauensproblematik resultiert somit aus der Existenz von Informationsasymmetrien seitens des Vertrauensgebers und der Gefahr ihrer opportunistischen Ausnutzung
durch den Vertrauensnehmer (vgl. Kap. 3.6.2). Kommunikation kann Informationsasymmetrien überwinden oder aber verstärken. Vertrauenswürdig ist, „wer die Absicht
realisiert, die er dem anderen in Worten oder durch konkludentes Verhalten mitgeteilt
hat, d.h. wer sein eigenes Handeln an dem ausrichtet, was er bewußt oder unbewußt
über sich kommuniziert hat und auch nur das kommuniziert, was nach seiner Kenntnis
in Wirklichkeit bereits wahr ist bzw. durch das eigene künftige Verhalten zur Wirklichkeit wird" (Ripperger 1998, S. 139).

Nicht vertrauenswürdig ist hingegen derjenige, der durch sein Kommunikationsverhalten den Anschein wohlwollender Absichten und dadurch Vertrauen erweckt, um dann
ein für den Vertrauensgeber schädigendes Ereignis zum eigenen Vorteil bewußt herbeizuführen. Es ist also insbesondere die mit der übermittelten Botschaft verbundene Täuschungsabsicht, welche ehrliches Kommunikationsverhalten von unehrlichem trennt
(Baier 1986). Das Vertrauen des Vertrauensgebers stützt sich demnach auf die Annahme, daß der Vertrauensnehmer mit dem, was er kommuniziert, keine Täuschungsabsicht
verbindet. Die Entstehung einer Vertrauensbeziehung setzt zudem voraus, daß der Vertrauensnehmer seine Bereitschaft kommuniziert hat, die Interessen des Vertrauensgebers
anzuerkennen und sein eigenes Verhalten entsprechend zu binden. Dies kann durch eine
wörtliche Mitteilung geschehen, beispielsweise in Form eines Versprechens, kann aber
auch allein durch konkludentes Verhalten erfolgen.

Die Bildung von Vertrauen ist häufig auf leicht interpretierbare Situationen angewiesen
und setzt die Fähigkeit voraus, kommunikative Äußerungen und Signale Dritter möglichst korrekt deuten zu können. Dies erfordert ein Mindestmaß an Übereinstimmung
und Verständnis auf der syntaktischen, semantischen und pragmatischen Kommunikationsebene (vgl. Kap. 3.3.1) sowie hinsichtlich bestimmter Verhaltensnormen und
-gebräuche. Menschen nehmen Mimik, Gestik, Äußerungen und Verhaltensweisen
anderer Menschen durch einen kognitiven und affektiven Filter subjektiv unterschied-

lich wahr. Sie sind somit nicht immer in der Lage, die vom Sender kommunizierte Botschaft in ihrer Bedeutung richtig zu interpretieren. Die richtige Deutung von kommunikativen Äußerungen muß vielfach erst im Rahmen wiederholter Interaktion erlernt werden. Dies setzt eine Geschichte wiederholter Erfahrungen und damit ein Mindestmaß an *Vertrautheit* voraus (Luhmann 1988, 2000). „Vertrautheit erhöht die Sicherheit des Erwartens, indem es die korrekte Einschätzung von potentiellen Vertrauenssituationen vereinfacht, und reduziert damit die dem Vertrauen immanente subjektive Unsicherheit, d.h. die Möglichkeit einer Fehlinterpretation von Information und Kommunikation und damit die Gefahr eines Irrtums" (Ripperger 1998, S. 107).

3.6.5 Vertrauensbildung im internationalen bzw. interkulturellen Kontext

In einer global ausgerichteten Wirtschaft, in der Unternehmen über verschiedene Kultur- und Landesgrenzen hinweg agieren, kooperieren oder gar fusionieren, kommt der Vertrauensbildung in einem internationalen bzw. interkulturellen Kontext eine besonders kritische Rolle zu. Die Bedeutung des Vertrauens bei internationalen Transaktionen resultiert dabei nicht zuletzt daraus, daß, anders als bei binnenwirtschaftlichen Transaktionen, in der Regel mehrere nationale und mitunter konfligierende Rechtsordnungen tangiert sind.

Damit verliert die Institution des expliziten Vertrags – als einem funktionalen Äquivalent von Vertrauen – in einem internationalen Kontext tendenziell an Effizienz (Ripperger 1999): Die vertragliche Planung einer internationalen Transaktion ist regelmäßig komplexer und somit auch unvollständiger als die einer binnenwirtschaftlichen Transaktion; die Durchsetzung von Verträgen über nationale Grenzen hinweg ist kostenintensiver, zeitaufwendiger und in geringerem Maße gewährleistet als innerhalb eines Staates; und eine explizite vertragliche Regelung wird dem erhöhten Bedarf an Flexibilität in internationalen Transaktionsbeziehungen nicht immer gerecht. Der Bedarf an Vertrauen nimmt also in einem internationalen Kontext tendenziell zu. Gleichzeitig ist jedoch die Vertrauensbildung zwischen Angehörigen verschiedenartiger Kulturen mit gewissen Problemen behaftet. Diese sollen im folgenden kurz erläutert werden.

Ist man mit einer Kultur und ihren Institutionen als den Spielregeln sozialer Interaktion vertraut, dann können die Folgen des eigenen Handelns sowie das Verhalten der anderen besser eingeschätzt werden. Vertrauen gründet im Glauben an die Wahrheit des bewußt oder unbewußt Mitgeteilten. Die Erfassung des Wahrheitsgehaltes einer kommunikativen Äußerung aber ist in einem sozial und kulturell vertrauten Umfeld leichter als in einem völlig fremden. Dies gilt nicht zuletzt auch deshalb, weil bei unterschiedlichen kulturellen Hintergründen die Eindeutigkeit von Kommunikation in viel geringerem Maße gewährleistet ist als innerhalb derselben Kultur. So mag ein mündliches Versprechen in einem Lande viel, in einem anderen hingegen wenig gelten, und eine Lüge, die in einer bestimmten Kultur als höfliche Floskel durchschaut wird, kann in einer anderen als böswillige Täuschungsabsicht gedeutet werden. Auch Mimik, Gestik und andere kommunikative Äußerungen sind in fremden Kulturräumen oft sehr unterschiedlich zu deuten. Nicht zuletzt wird eine Verständigung aufgrund sprachlicher Schwierigkeiten in vielen Fällen noch erschwert. Aufgrund dieser kommunikativen Schwierigkeiten gestaltet sich die Vertrauensbildung zwischen sehr verschiedenartigen Kulturen als besonders problematisch. Zudem sind in einem internationalen bzw. interkulturellen Kontext für die Bildung von Vertrauen maßgebliche Informationen – wie sie unter Kapitel 3.6.2 beschrieben wurden – in geringerem Maße vorhanden als in einem nationalen Kontext.

In vielen Fällen fehlen persönliche Erfahrungen mit Angehörigen einer fremden Kultur bzw. Subkultur, die als Grundlage des generalisierten Vertrauens dienen könnten. Zudem sind zuverlässige Informationen über die Reputation internationaler Transaktionspartner oder die in einem sozialen System herrschende Vertrauensatmosphäre tendenziell schwierig zu beschaffen. Auch die Beschaffung situationsspezifischer Informationen als Grundlage des spezifischen Vertrauens gestaltet sich in einem internationalen Kontext regelmäßig schwieriger, da neben den kulturellen Unterschieden oftmals noch große Entfernungen und Zeitverschiebungen überwunden werden müssen.

Schließlich ist auch der Grad an generalisiertem Vertrauen, der Dritten tendenziell entgegengebracht wird, in verschiedenen Kulturen unterschiedlich hoch (Fukuyama 1995). Beispielsweise beschreibt Fukuyama China als eine Kultur, in der die Menschen zwar den eigenen Familienangehörigen bereitwillig vertrauen, dieses Vertrauen aber kaum auf außenstehende Dritte ausdehnen. Hierdurch kann gerade auch die – für Kooperationsbeziehungen mit chinesischen Unternehmen erforderliche Vertrauensbildung – zusätzlich erschwert werden. Insofern läßt sich bezüglich der Vertrauensbildung im internationalen bzw. interkulturellen Kontext in ähnlicher Weise ein 'Vertrauensdilemma' konstatieren wie bei virtuellen Unternehmen (vgl. Teil 8 und Teil 10): Einerseits steigt bei internationalen Transaktionen aufgrund der verminderten Effizienz expliziter Verträge der Bedarf an Vertrauen, andererseits wird die Vertrauensbildung aufgrund der soeben erläuterten Hindernisse zusätzlich erschwert.

Dennoch kann die Vertrauensbildung im Kontext internationaler Kooperationsbeziehungen unter Umständen gefördert werden. Ripperger (1999) beschreibt verschiedene Maßnahmen für den Aufbau von Vertrauen in bilateralen und multilateralen Transaktionsbeziehungen in einem internationalen Kontext, die im folgenden kurz erläutert werden. Den folgenden Empfehlungen liegt dabei die Erkenntnis zugrunde, daß der Aufbau

von Vertrauen eine – oftmals recht kostenintensive und in der Regel auch beziehungs-
spezifische – Investition darstellt, die sich meist erst im Rahmen wiederholter Transaktionen und bei Erzielung entsprechender Kooperationsgewinne amortisiert.

(1) Transaktionsbeziehungen können in *langfristige Beziehungen* eingebettet werden.
Dadurch erhöhen sich neben der Transaktionshäufigkeit in der Regel auch die insgesamt
erzielbaren Kooperationsgewinne und damit die Bereitschaft, sich vertrauenswürdig zu
verhalten. Die Bereitschaft, in eine längerfristige Kooperationsbeziehung einzutreten,
kann gegebenenfalls durch die Tätigung spezifischer Investitionen glaubhaft signalisiert
werden. Beispiel sind Investitionen des Abnehmers in die Produktionsanlagen des Lieferanten.

(2) Einen ähnlichen Effekt besitzt die Erhöhung der *Exklusivität* einer Transaktionsbeziehung. Indem ein Unternehmen die Zahl anderweitiger internationaler Transaktionspartner verringert, erhöhen sich für den Transaktionspartner die zukünftig erzielbaren
Kooperationsgewinne im Falle vertrauenswürdigen Verhaltens (Treueprämie). Allerdings ist in diesem Fall aufgrund eines höheren Risikos (z.B. Ausfall der gesamten
Produktion im Falle nicht rechtzeitiger oder qualitativ minderwertiger Lieferung des
Transaktionspartners) auch ein höheres Maß an Vertrauen erforderlich.

(3) Zudem können die *Kooperationsgewinne* anfangs gering gehalten und im Falle der
Erfüllung der Vertrauenserwartung *schrittweise erhöht* werden. Dadurch kann ein Unternehmen die Treueprämie für seinen Kooperationspartner sichtbar beeinflussen und
somit einen Anreiz für vertrauenswürdiges Verhalten setzen.

(4) Auch sollte das *Vertrauensrisiko* seitens des Unternehmens, das sich in der Position
des Vertrauensgebers befindet, anfangs möglichst gering sein. Indem Vertrauen in einer
weniger riskanten Situation getestet wird, können die Motive und Handlungsabsichten
des Kooperationspartners (Vertrauensnehmer), insbesondere dessen Treue- und Opportunismusprämie, besser eingeschätzt werden und dadurch die Gefahr einer Fehleinschät-
zung in Situationen, in denen mehr auf dem Spiel steht, verringert werden.

(5) Auch kann die Vertrauensbildung im Kontext internationaler Transaktionen auch
durch die Einschaltung von *Handelsmittlern* (z.B. Import- / Exportfirmen oder auch
Banken) erleichtert werden. In diesem Falle kooperieren die internationalen Transaktionspartner nicht direkt miteinander, sondern schalten in ihrem eigenen Land jeweils
einen Handelsmittler ein. Durch die Bündelung der Transaktionen verschiedener inlän-
discher Unternehmen kann die Transaktionshäufigkeit und -dauer zwischen zwei Han-

delsmittlern und dadurch die Effizienz des Vertrauensmechanismus deutlich erhöht werden.

(6) Handelsmittler stellen eine besondere Form von sog. *Vertrauensintermediären* dar. Die Kosten des Vertrauensaufbaus zwischen zwei Akteuren können gegebenenfalls auch dadurch verringert werden, daß eine gemeinsame, bereits bestehende Vertrauensbeziehung zu einem Dritten – dem *Vertrauensintermediär* – genutzt wird, der dann als mittleres und mittelndes Glied eine Art Vertrauenskette zwischen den eigentlichen Kooperationspartnern bildet. In einem internationalen Kontext kann grundsätzlich jede Unternehmung, Bank oder andere Institution – beispielsweise eine Industrie- und Handelskammer – die Funktion eines Vertrauensintermediärs übernehmen.

(7) Umgekehrt kann auch der Vertrauensnehmer durch entsprechende *Signalisierungsmaßnahmen* Vertrauen induzieren, indem er beispielsweise durch die Stellung eines Sicherungsgutes oder durch die Tätigung einer spezifischen Investition seine Opportunismusprämie für den Vertrauensgeber sichtbar verringert.

(8) Schließlich kann die Genese von Vertrauen durch die Bildung einer Handelskoalition oder eines Unternehmensnetzwerkes, d.h. durch die Einbettung von Transaktionen in den multilateralen Kontext eines von der Außenwelt abgrenzbaren Systems, gefördert werden. Eine für die Vertrauensbildung erforderliche Identität der Transaktionspartner wird hier über die Zugehörigkeit zu einer Gruppe bzw. die Mitgliedschaft in diesem System konstituiert. Allerdings muß über entsprechende institutionelle Rahmenbedingungen auch gewährleistet werden, daß bereits diese Mitgliedschaft glaubwürdig die Absicht eines Akteurs signalisieren kann, sich allen anderen Mitgliedern gegenüber vertrauenswürdig zu verhalten. Eine solche Signalwirkung kann dadurch erzeugt werden, daß die erzielbaren Kooperationsgewinne innerhalb des Systems deutlich höher sind als außerhalb des Systems (z.B. aufgrund geringerer Transaktionskosten, einem besseren Zugriff auf Ressourcen oder dem Zugang zu interessanten Handelspartnern) und opportunistisches Verhalten innerhalb des Systems mit dem sofortigen Ausschluß aus diesem sanktioniert wird. Dieses Prinzip findet sich bereits im Mittelalter bei der überseeischen Handelskoalition der Maghribi-Händler (vgl. Greif 1989), es liegt der Diamantenbörse in New York zugrunde (vgl. Bernstein 1990), und es wird auf ähnliche Weise auch von der Firma eBay Inc. für die Organisation ihres Flohmarktes im Internet genutzt.

3.7 Schlußfolgerungen für das Management

Die Ausführungen in diesem Teil haben Probleme des Informationsverhaltens (Kap. 3.2), des Kommunikationsverhaltens und der Verständigung (Kap. 3.3), der Medienwahl und -wirkung (Kap. 3.4), des Wissens und Wissenstransfers (Kap. 3.5) sowie der Vertrauensbildung (Kap. 3.6) identifiziert. Verschiedene informations- und kommunikationstheoretische Modelle zeigen, wie derartige Probleme als hemmende Faktoren bei der arbeitsteiligen Aufgabenerfüllung innerhalb und zwischen Unternehmen wirken können.

Es wurde deutlich, daß das *Informationsverhalten von Akteuren* aus verschiedenen Gründen suboptimal sein kann:

- Abweichung des subjektiven vom objektiven Informationsbedarfs (3.2.1);

- keine ausreichend pragmatische Handlungswirkung von Informationen aufgrund eines zu hohen Grades an Erstmaligkeit oder Bestätigung (3.2.2);

- ineffiziente Nutzung von Informationen durch suboptimale institutionelle Rahmenbedingungen (3.2.3);

- sichtbares Informationsverhalten als Bewertungssubstitut für die Güte von Informationen bzw. Entscheidungen (3.2.3);

- aktorbezogene, interaktionsbezogene und wissensbezogene Informationspathologien (3.2.4).

Zudem wurde klar, daß *Störungen in der Verständigung* zwischen Akteuren auf verschiedenen Ebenen auftreten können:

- Ebenen der Semiotik: syntaktische, semantische oder pragmatische Störungen in der Kommunikation zwischen Akteuren (3.3.1);

- technische Störungen der Informationsübertragung (3.3.2);

- psychologisch-sozial bedingte Störungen in menschlichen Kommunikationsvorgängen (3.3.3);

- Störungen auf der Ebene sprachlicher Handlungen: Sprechakte (3.3.4);

- Störungen auf den Ebenen strategischen und kommunikativen Handelns durch Manipulation oder unterschiedliche Lebenswelten (3.3.5);

- Störungen aufgrund fehlender oder nicht deckungsgleicher konsensueller Bereiche durch unterschiedliche Konstruktionen der Realität (3.3.6).

Kommunikation als Basis des Organisierens bietet aber vor allem auch Optionen für die organisatorische Gestaltung. Neue Möglichkeiten der mediengestützten Kommunikation haben diese Gestaltungsoptionen zusätzlich erweitert. Für die organisatorische Kommunikation steht damit zunächst die gesamte Vielfalt möglicher Kommunikationsformen zur Wahl. Um das Zusammenspiel von *Aufgabe, Medium und Kommunikation* zu verdeutlichen, hat Kapitel 3.4 empirische Erkenntnisse zu

- Grundfragen der aufgabengerechten Medienwahl (3.4.1) und

- Grundfragen der aufgabenbezogenen Medienwirkung (3.4.2)

in Kommunikationsprozessen im Überblick aufgezeigt und dabei auch offene Fragestellungen deutlich gemacht. Mit zunehmender Bedeutung des Faktors *Wissen* im Unternehmen wird es immer wichtiger, organisatorische Regelungen und Motivations- und Anreizsysteme so zu gestalten, daß die Mitglieder ihren Beitrag zu Generierung, Transfer und Nutzung von Wissen nicht nur erbringen können (Koordinationsaspekt), sondern auch wollen (Motivationsaspekt).

Bei der Erläuterung der Zusammenhänge zwischen *Information, Kommunikation und Vertrauen* wurden unter anderem folgende Aspekte aufgezeigt:

- Die Bedeutung des Vertrauens im intra- und interorganisatorischen Kontext wird im Rahmen der derzeit zu beobachtenden räumlichen und organisatorischen Dezentralisierungstendenzen und der sich hieraus ergebenden Handlungsspielräume für Mitarbeiter und Partner tendenziell zunehmen (3.6.1).

- Vertrauen basiert auf Informationen. In Abhängigkeit der zugrundeliegenden Informationen lassen sich das generalisiertes Vertrauen, spezialisiertes Vertrauen, Reputation und Vertrauensatmosphäre unterscheiden (3.6.2).

- Die Vorteile reziprok altruistischen Verhaltens bzw. das hierdurch entstehende Sozialkapital bilden einen wichtigen Anreiz für vertrauenswürdiges Verhalten. Die Genese von Vertrauen sollte demnach in Organisationen durch eine entsprechende Gestaltung institutioneller Rahmenbedingungen gezielt gefördert werden. Vertrauen ist zudem eine wichtige Voraussetzung für einen zwischenbetrieblichen Informationstransfer, von dem alle beteiligten Unternehmen profitieren können (3.6.3).

- Vertrauen und Kommunikation stehen in enger Wechselwirkung miteinander: Vertrauensbildung setzt Kommunikation voraus, und die Qualität eines Kommunikationsprozesses wird wiederum vom existierenden Maße an Vertrauen zwischen den Kommunikationspartnern beeinflußt. Vertrauensbildung wird erleichtert, wenn kommunikative Äußerungen Dritter relativ leicht interpretierbar sind, d.h. sie erfordert ein Mindestmaß an Übereinstimmung auf der syntaktischen, semantischen und pragmatischen Kommunikationsebene bzw. ein gewisses Maß an Vertrautheit (3.6.4).

- In einem internationalen bzw. interkulturellen Kontext läßt sich ein „Vertrauensdilemma" feststellen: Da die Effizienz expliziter Verträge aufgrund der mit unterschiedlichen nationalen Rechtsordnungen verbundenen Probleme tendenziell abnimmt, steigt hier einerseits der Bedarf an Vertrauen. Andererseits wird die Vertrauensbildung durch die unterschiedlichen kulturellen Hintergründe, ein geringes Maß an Vertrautheit und die hierdurch bedingten Kommunikationsprobleme zunehmend erschwert. Dennoch kann die Genese von Vertrauen durch entsprechende Maßnahmen gezielt gefördert werden (3.6.5).

Der Erfolg einer Verständigung von Akteuren innerhalb und zwischen Unternehmen hängt stark davon ab, inwiefern bestimmte typische Verhaltensweisen im Umgang mit Informationen sowie Kommunikationskanälen und -medien bei der Gestaltung von Informations- und Kommunikationssystemen berücksichtigt werden. Welche Ursachen für Verständigungsprobleme auch immer vorliegen mögen, sie müssen durch das *Management von Information und Kommunikation* wahrgenommen und durch eine geeignete Gestaltung von Informations- und Kommunikationssystemen entschärft werden.

Dies trifft insbesondere auch auf *unternehmensübergreifende Informations- und Kommunikationsbeziehungen* zu. In zweierlei Hinsicht verstärkt sich dort die skizzierte Problematik: Zum einen gewinnen bestimmte Verständigungsprobleme im zwischenbetrieblichen Bereich an Brisanz, etwa durch räumliche und / oder zeitliche Distanzen oder technische Abstimmungsprobleme, zum anderen erschwert sich die Problemlösung, weil das Management von Information und Kommunikation Unternehmensgrenzen überschreitet. Die Systemgestaltung obliegt nun nicht mehr einem einzelnen unternehmensbezogenen Management, sondern erfordert die Koordination von einer Mehrzahl von Unternehmensinteressen. Das bedeutet eine unternehmensübergreifende Verdünnung von Verantwortlichkeiten hinsichtlich der Systemgestaltung, komplexere Abstimmungsmechanismen sowie möglicherweise einen erhöhten Spielraum für eigennützige, opportunistische Verhaltensweisen.

Es ist keine Aussage möglich, inwieweit Organisationsformen wie Modularisierungskonzepte, virtuelle Unternehmensstrukturen und symbiotische Arrangements die genannten Probleme des *Informationsverhaltens* im Vergleich zur traditionellen Unternehmung verschärfen. Der Einsatz moderner Informations- und Kommunikationstechnik (z.B. elektronische Archivierungssysteme und Dokumentenverwaltung, Datenbanken, Systeme künstlicher Intelligenz, vgl. auch Teil 4) kann die dem Menschen durch beschränkte Rationalität und Informationsverarbeitungskapazität gesetzten Grenzen zwar nicht aufheben, aber doch zumindest hinausschieben.

Durch den Einsatz von IuK-Technik können Probleme des Informationsverhaltens der Mitarbeiter entschärft werden: Beispielsweise können verteilte Datenbanken oder neue Möglichkeiten der Informationsrecherche Probleme einer unzureichenden Informationsbeschaffung wegen zu großer Entfernung zu den Informationsquellen mildern.

Neben und zusammen mit der IuK-Technik kann in vielen Fällen mit dem Setzen von günstigen institutionellen Bedingungen für die menschliche Informationsverarbeitung Abhilfe für Probleme des Informationsverhaltens geleistet werden. So kann z.B. das durch das Gefangenendilemma bedingte Nichtzustandekommen eines Informationsaustausches auch durch die beste IuK-Technik nicht gelöst, aber in einer auf langfristigen Verträgen und gegenseitigem Vertrauen beruhenden Kooperation sehr wohl überwunden werden. Auch positive Anreizstrukturen für ausreichende Informationsbeschaffung und den effizienten Umgang mit Informationen können durch institutionelle Regelungen geschaffen werden, z.B. durch Regeln der Kostenzurechnung für betriebliche Stellen, die Informationen nachfragen.

Die oben genannten *Probleme des Kommunikationsverhaltens* bzw. der *Verständigung* können in symbiotischen Organisationsformen oder telekooperativen Strukturen (vgl. Teil 6 und 8) im Vergleich zu traditionellen hochintegrierten Unternehmen intensiviert, möglicherweise sogar potenziert werden, weil bei der Kommunikation größere Entfernungen überbrückt werden müssen. Mit zunehmender Entfernung werden Übertragungsfehler auf der syntaktischen, semantischen und insbesondere der pragmatischen Ebene der Kommunikation sowie Störungen bei menschlichen Kommunikationsvorgängen wegen des schwerer zu vermittelnden Beziehungsaspektes wahrscheinlicher. Mit größerer Entfernung erhöhen sich zudem die Abhängigkeiten von der zuverlässigen Funktion der technischen Übertragung von Informationen. Der Transfer von Wissen sowie die Bildung von Vertrauen werden hier zusätzlich erschwert.

Daraus ergibt sich die Schlußfolgerung, daß diese drohenden kommunikativen Nachteile durch anderweitige Effizienzvorteile dieser Organisationsformen kompensiert oder durch den gezielten Einsatz moderner Informations- und Kommunikationstechnik sowie entsprechender Anreizsysteme nach Möglichkeit beherrscht werden müssen. Demgegenüber werden bei der Modularisierung der Unternehmung (vgl. Teil 5) die Verständigungsprobleme eher vermindert, wenn im Unternehmen bisher organisatorisch und räumlich getrennte Aufgabenträger in selbständig agierenden unternehmerischen Subeinheiten zusammengefaßt werden.

Die oben entwickelten Grundgedanken werden in den folgenden Teilen des Buches fortentwickelt und mit weiteren theoretischen Ansätzen kombiniert. Dabei wird sich jeweils zeigen, welche Triebkräfte die Auflösung der Unternehmung fördern, in welchen Formen sich Unternehmensgrenzen auflösen, welche Rolle die Informations- und Kommunikationstechnik dabei spielt und wie die entstehenden neuen Arbeits- und Organisationsformen geführt werden können. Wichtig ist dabei, daß Organisation und Informations- und Kommunikationstechnik ineinandergreifen müssen, damit Unternehmungen in neue Koordinationsformen eintreten können und die so entstehenden neuen Strukturen in ihrem internen Zusammenhalt nicht gefährdet sind.

Teil 4

Potentiale der Informations- und Kommunikationstechnik für die Unternehmensentwicklung im Markt

4.1 Nutzen und Einsatzebenen der Technik

Neue IuK-Techniken bergen neuartige Potentiale für die Lebensgestaltung jedes Einzelnen, die Entwicklung der Gesellschaft, für die Zukunft der Arbeitswelt und für neue und innovative Organisationsstrukturen. Die Abschätzungen derartiger technischer Potentiale und die Prognosen der Techniknutzung werden jedoch erfahrungsgemäß von der realen Entwicklung nur selten bestätigt, oftmals sind sie sogar falsch.

Als Johann Philipp Reis im Jahre 1861 den ersten Prototypen eines Fernsprechers vorstellte, war der Nutzen dieses Mediums völlig unklar. Man rechnete bestenfalls mit bescheidenen Erfolgen. Um die Jahrhundertwende wurde das Telefon dann beispielsweise zur Übertragung von Opern und Konzertveranstaltungen genutzt. Prominente Beispiele aus dieser Zeit sind das Pariser Théâtrophone, das Londoner Electrophone, das Tel-Musici in Delaware oder das Telefon Hírmondó in Budapest. In München wurde bis 1929 telefonische Musik verbreitet, in der ungarischen Hauptstadt sogar bis 1945. Die Zahl der Hauptanschlüsse überschritt erst im Jahr 1919 die Millionengrenze. 1994 gab es weltweit über 600 Millionen Festnetztelefonanschlüsse, und die Art der Nutzung hat sich ebenso radikal gewandelt wie die Auffassung von Raum und Zeit (vgl. Becker 1995; Sterling 1995; Flichey 1994). Inzwischen gibt es bereits mehr Mobilfunk- als Festnetzanschlüsse, für 2003 werden weltweit über eine Milliarde Mobilfunkanschlüsse erwartet. Die Entwicklungsgeschichte des Telefons bildet keinen Einzelfall im Auseinanderfallen von Potentialabschätzung und -realisierung: „I think there is a world market for maybe five computers", prognostizierte Thomas Watson, Präsident von IBM, im Jahre 1943. Ebenso wurden die grafischen Benutzeroberflächen, ohne die kein Anwenderbetriebssystem heute mehr auskommt, anfangs als Spielerei belächelt und ihr Potential verkannt.

Auch in der jüngsten Vergangenheit sind Fehleinschätzungen im Bereich der IuK-Technik der Normalfall. Derartige Fehlprognosen resultieren vor allem aus der Neigung des Menschen zur linearen und monotonen Fortschreibung aktueller Entwicklungstendenzen und der damit verbundenen Unterschätzung von möglichen Richtungs- und Geschwindigkeitsänderungen zukünftiger Entwicklungen (vgl. z.B. Dörner 1989). Mit dieser Restriktion vor Augen soll im folgenden ein Überblick über grundsätzliche Potentiale der IuK-Technik gegeben werden.

Aufgrund der Menge und Vielfalt technischer Möglichkeiten erscheint es dabei wenig sinnvoll, allgemeingültig und situationsunabhängig konkrete Empfehlungen für einen effizienten Einsatz der IuK-Technik abzuleiten. Vielmehr erscheint es notwendig, aus strategischen Überlegungen heraus Anforderungen an die IuK-Technik zu formulieren.

Diese Top-Down-Philosophie läßt sich sehr schön an Hand des Drei-Ebenen-Modells des Informationsmanagements verdeutlichen, das zunächst im Überblick dargestellt wird und den nachfolgenden Ausführungen zugrundeliegt.

Das Drei-Ebenen-Modell des Informationsmanagements

Aufgabe des Informationsmanagement ist der effektive (zielgerichtete) und effiziente (wirtschaftliche) Einsatz von Informationen in der Unternehmung. Sie läßt sich auf drei verschiedenen, miteinander verkoppelten Ebenen bewerkstelligen (vgl. Wollnik 1988; vgl. zum folgenden auch Picot / Reichwald 1991).

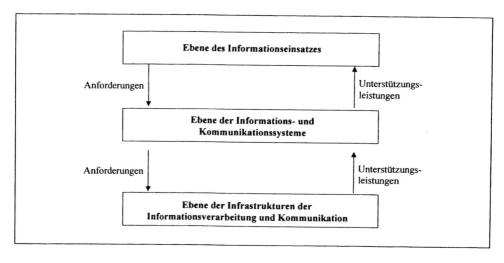

Abb. 4-1:   Das Drei-Ebenen-Modell des Informationsmanagements (in Anlehnung an Wollnik 1988)

1. Ebene des Informationseinsatzes: Auf dieser Ebene wird der Informationsbedarf und seine Deckung für alle wesentlichen in einer Institution auftretenden (internen und externen) Verwendungszwecke geplant, organisiert und kontrolliert. Das Management des Informationseinsatzes ist in besonderer Weise Aufgabe der Unternehmensführung. Es geht hierbei letztlich um die Setzung von Prioritäten für systematisch bereitzustellende Planungs-, Steuerungs- und Kontrollinformationen sowie für Dokumentationserfordernisse. Diese Ebene definiert die Anforderungen an und bezieht Unterstützungsleistungen von der Ebene der Informations- und Kommunikationssysteme. Sie spiegelt sich vornehmlich in Kapitel 4.3 wider.

2. Ebene der Informations- und Kommunikationssysteme: Informations- und Kommunikationssysteme sind aufeinander abgestimmte Arrangements personeller, organisatorischer und technischer Elemente, die der Deckung des Informationsbedarfs dienen. Hierzu gehören beispielsweise Standardsysteme des Rechnungswesens, Systeme der Produktionsplanung und -steuerung oder auch unternehmensspezifische Systeme der Produkt- und Kundeninformation. Aufgabe des Managements der Informations- und Kommunikationssysteme ist es, die Struktur dieser Systeme durch geeignete Kombination ihrer Elemente festzulegen. Dabei ist den Anforderungen der ersten Ebene Rechnung zu tragen. Zugleich definiert diese zweite Ebene die Anforderungen an und bezieht Unterstützungsleistungen von der dritten Ebene. Kapitel 4.4 behandelt ihre Inhalte.

3. Ebene der informations- und kommunikationstechnischen Infrastrukturen: Komponenten der technischen Infrastruktur sind zunächst als „nutzungsoffene Leistungsträger" (Wollnik 1988) zu verstehen, d.h. ihr Nutzen für die Unternehmung resultiert erst aus der zielgerichteten Kombination einzelner Infrastrukturkomponenten und ihrem Einsatz im Kontext der Aufgabenbewältigung. Infrastrukturentscheidungen umfassen Entscheidungen über Rechnerausstattung, Systemarchitekturen oder Netzwerklösungen. Die Infrastrukturkomponenten und ihre konkreten Potentiale stehen im Zentrum von Kapitel 4.2.

4.2 Entwicklungstendenzen der Informations- und Kommunikationstechnologie

Die Ebenen des Informationseinsatzes der IuK-Systeme und der Infrastrukturen werden nun von grundsätzlichen Entwicklungstendenzen beeinflußt, die zunächst erläutert werden. Grob wird dabei in übergreifende und anwendungsbezogene Trends unterschieden, wobei diese Unterscheidung sicherlich nicht trennscharf ist.

4.2.1 Übergreifende Trends

4.2.1.1 Kapazitäts- und Leistungssteigerung

Das wohl augenfälligste Potential der Technik für die Unternehmensentwicklung am Markt resultiert aus der gestiegenen Leistungskapazität von Rechnern und Netzwerken in bezug auf Faktoren wie etwa die Verarbeitungs- und Übertragungsgeschwindigkeit oder das Fassungsvermögen der zugehörigen Speichermedien. Eng damit verknüpft ist die Leistungssteigerung der auf diesen Plattformen aufsetzenden Software, die sich z.B. in der Funktionalität, der Robustheit oder der Bedienbarkeit ausdrückt. Die fortschreitende explosive Kapazitätssteigerung der IuK-Technik ist Katalysator für eine ganze

Reihe weiterer Potentiale, wie sie z.T. in den folgenden Kapiteln noch angesprochen werden. Abbildung 4-2 skizziert die exponentielle Entwicklung der Technikleistung am Beispiel der Prozessorgeschwindigkeit und des Speicherausbaus von Personalcomputern. Um diese Leistungssteigerungen entlang der beiden Dimensionen Geschwindigkeit und Fassungsvermögen zu verdeutlichen, werden im folgenden drei Aspekte der Kapazitätssteigerung herausgegriffen: die Verarbeitungsleistung von Rechnerarchitekturen, die Übertragungsgeschwindigkeit von Netzwerken sowie der Platzbedarf von Hardwarekomponenten.

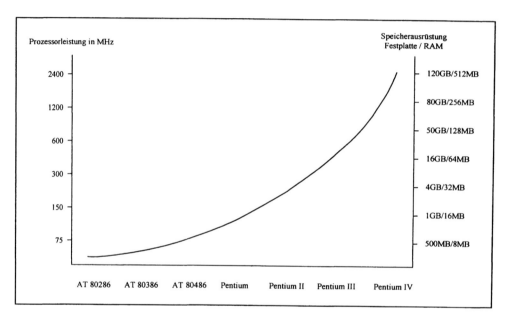

Abb. 4-2: Die Entwicklung von Prozessorgeschwindigkeit und Speicherausstattung von Microcomputern

Leistungsteigerung der Rechnerarchitektur

Längst haben moderne Rechnerarchitekturen die klassischen Defizite der „von Neumann-Architektur" überwunden (vgl. Hennessy / Patterson 1994). Bei letzterer handelt es sich um einen programmgesteuerten Rechner, dessen Anweisungen zusammen mit den zugehörigen Daten in einem gemeinsamen Speicher abgelegt sind. Dieses für damalige Verhältnisse revolutionäre Konzept führte durch die Ablage der Programmanweisungen im Speicher zu einer programmunabhängigen Konstruktion, die sich durch ihre große Flexibilität von den bis dato festverdrahteten Architekturen abhob. In der Bus-architektur, einer Erweiterung und Umsetzung des „von Neumann"-Konzepts, wurde erstmals der Hauptspeicher über eine Vermittlungskomponente, den sogenannten *Bus*, mit anderen spezialisierten Komponenten wie dem Zentralprozessor (CPU) und den Bausteinen zur Ein- und Ausgabe verbunden. Der Bus spielt dabei in diesem Konzept eine äußerst wichtige Rolle: Eine nach beiden Seiten offene, zusammenhängende Über-tragungsstrecke ermöglicht den gleichberechtigten Anschluß aller Übertragungsteil-nehmer. Man kann sich diese Architektur etwa anhand der Form eines gewöhnlichen Kammes veranschaulichen, an dessen Zinken ein Anschluß der Busteilnehmer möglich ist. Die Busstruktur unterscheidet sich damit von einem stern- oder ringförmigen Archi-tekturkonzept. Im Verlauf der weiteren Technikentwicklung erkannte man jedoch auf-grund natürlicher und technischer Hürden der Miniaturisierung bald die Kapazitätsgren-zen der reinen „von Neumann-Architektur". Der Bus als einzige Verbindung der Rechnerbestandteile untereinander erwies sich als Flaschenhals für die Verarbeitungs-geschwindigkeit, was zur Entwicklung neuer, innovativer Rechnerarchitekturen führte (vgl. Hwang / Briggs 1985; Bode 1990). In diesem Sinne sind Superskalar-, Vektor- und massive Parallelrechner zu nennen, die aufgrund ihrer speziellen Bauweise ein Viel-faches der Leistung konventioneller Prozessoren erreichen.

Neben der Leistungssteigerung durch grundlegende architekturale Veränderungen steigt auch die Rechenleistung der traditionellen Bestandteile der „von Neumann-Rechner" durch neu entwickelte Technologien im Design und der Herstellung dieser Komponen-ten rapide. Zu erwähnen wären RISC-Technologie, höhere Taktfrequenzen, intelligente-res Pipelining oder Steigerung der Busbreite. Gordon Moore, ein Mitbegründer von Intel, stellte 1965 fest, daß – nach einer ihrer Erfindung folgenden anfangs etwas schnel-leren Entwicklung – sich die Kapazität integrierter Schaltkreise etwa alle 18 Monate verdoppelt (*Moore'sches Gesetz*). Nach Schätzung vieler Experten wird diese Faustregel noch mindestens zwei Jahrzehnte lang Gültigkeit behalten.

Leistungssteigerung der Rechnernetze

Vor dem Hintergrund moderner Downsizing-Strategien ist die alleinige Betrachtung der Hardware individueller Rechner für eine Einschätzung der Systemleistung nicht mehr ausreichend. Mit der Migration von zentralisierter Datenverarbeitung auf Großrechnern (Mainframes) hin zu verteilter Verarbeitung auf vernetzten Workstations steigt die Not-wendigkeit einer an die Rechnerleistung angepaßten *Netzleistung*. Glasfaserkabel und neue Übertragungsverfahren steigern den Durchsatz bei gleichzeitiger Senkung der Fehler-rate. Im Bereich der lokalen Netze sind dem derzeitigen Stand der Technik entsprechend

Fibre Distributed Data Interface (FDDI), und Fast Ethernet (IEEE 802.3u) mit 100 Mbit/s oder Gigabit Ethernet (IEEE 802.3ae, 2002) mit bis zu 10 Gbit/s zu nennen. Das klassische Ethernet ist im Vergleich dazu bei Größenordnungen bis 10 Mbit/s einzuordnen. Gegenwärtig schreitet die Leistungssteigerung von Netzwerktechnologie mit einer Verdoppelung der Bandbreite etwa alle sechs bis acht Monate deutlich rascher voran als die Gesamtleistungssteigerung von Rechnersystemen.

Neben der Übertragungskapazität ist auch die Art der Vermittlung für die Leistungsfähigkeit eines Netzes bedeutsam. Hier lassen sich grundsätzlich zwei Arten von Kommunikationsverbindungen unterscheiden. Bei der *Leitungsvermittlung* erfolgt die Synchronisation von Sender und Empfänger durch den Aufbau einer Leitung, die für die gesamte Dauer der Verbindung exklusiv zur Verfügung steht (z.B. Telefon). Demgegenüber sieht das Konzept der *Paketvermittlung* eine Aufteilung der zu übermittelnden Daten in kleine Blöcke, sogenannte Pakete, vor, die dann einzeln auf die Reise vom Sender zum Empfänger geschickt werden. Die Leitungen zur Übertragung jedes einzelnen Pakets werden Schritt für Schritt stets nur von einem Knoten zum nächsten aufgebaut. An jeder Stelle des Verbindungsweges muß jeweils der nächste Netzknoten ermittelt werden, so daß die gesamte Übertragung in der Regel einer gewissen Prognoseunsicherheit unterworfen ist. Der Vorteil leitungsvermittelnder Netze liegt in der höheren realisierbaren Durchsatzrate, während die paketvermittelnde Variante sich eher durch Robustheit und eine bessere Ausnutzung der vorhandenen Bandbreite auszeichnet. Fällt ein Netzknoten im paketvermittelnden Netz aus, so können die Pakete von einem der vorgelagerten Knoten kurzerhand auf eine alternative Route umgeleitet werden.

Je nach Ausbau können mehrere Netztypen unterschieden werden. Ein *Local Area Network* (LAN) ist durch eine Ausdehnung über wenige Kilometer und eine hohe Datenrate gekennzeichnet. Die Anzahl der Anschlüsse ist begrenzt, wobei ein typischer Grenzwert hier bei einigen hundert Stationen (z.B. innerhalb eines Unternehmens) liegt. Durch Zusammenschalten mehrerer LANs über Netzkopplungen kann eine höhere Teilnehmerzahl erzielt werden. Der Betreiber eines LAN bzw. W-LAN fügt auf seinem eigenen Grund und Boden über viele Freiheiten und betreibt das Netz eigenverantwortlich. Als Übertragungsmedien eignen sich verschiedene Arten von Kabel- bzw. Funkverbindungen. Je nach Übertragungsmedium kann die Datenrate von 1 Mbit/s bis zu mehreren Gbit/s betragen. Unter einem *Metropolitan Area Network* (MAN) versteht man eine Weiterentwicklung von lokalen Netzen, die den erhöhten Kommunikationsbedarf innerhalb eines Ballungsgebietes besser unterstützen soll. Mit Hilfe von MANs werden die LANs eines Ballungsgebietes miteinander verbunden. Die Übertragungsrate eines solchen Netzes liegt im Bereich von 100 Mbit/s bis 1Gbit/s, in der Regel werden Glasfaserkabel verwendet. Die Administration dieser Netze kann öffentlich oder privat erfolgen. Ein *Wide Area Network* (WAN) verbindet verschiedene geographische Regionen, gegebenenfalls länderübergreifend, miteinander. Die Netzbetreiber sind in der Regel private oder öffentliche Telekommunikationsgesellschaften. Gelegentlich wird für ein weltumspannendes Netzwerk mit hohen Übertragungsraten wie beispielsweise das Satellite Business System (SBS) auch der Begriff *Global Area Network* (GAN) verwendet. Die Abgrenzung zum WAN ist jedoch unscharf, so wird der weltweit größte Zusammenschluß von Netzwerken, das Internet, üblicherweise als WAN bezeichnet.

Gerade in bezug auf Weitverkehrsnetze (WANs) kommt der Forderung nach hoher Bandbreite größtes Gewicht zu. Durch die simultane Bedienung einer großen Anzahl von weltweit verteilten Kommunikationsteilnehmern entstehen sehr hohe Datenvolumen, die in möglichst kurzer Zeit zu transportieren sind. In der Regel ist es dabei nicht möglich, etwaige Spitzenbelastungen in irgendeiner Form zu kompensieren. Die Architektur städte- und länderverbindender Netztechniken entspricht dabei dem Vorbild des Straßenverkehrs: Über eine dedizierte, in ausreichender Kapazität angelegte Hauptverkehrsverbindung – die „Datenautobahn" – werden wichtige Knotenpunkte weltweit miteinander verbunden. Den Zu- und Ausfahrten herkömmlicher Autobahnen gleich wird anschließend nur an bestimmten Stellen der Zugang zu diesem *Information Highway* ermöglicht. Derzeit werden vor allem drei Verfahren zur Realisierung von Weitverkehrsnetzen verwendet: Frame Relay, DQDB und ATM, die sich durch ihren jeweiligen technischen Entwicklungsstand unterscheiden:

Eine weit verbreitete, jedoch für die Realisierung eines schnellen Information Highway wegen zu geringer Bandbreite eher ungeeignete Technik ist *Frame Relay*, eine optimierte, paketvermittelnde Technik mit Übertragungsraten bis 44 Mbit/s. Eine wesentlich höhere Durchsatzleistung weist die *Distributed Queue Dual Bus* (DQDB) Technik auf, die über zwei jeweils nur in einer Richtung betriebene Busse verfügt. Wie auf einem Förderband werden über diese Busse kontinuierlich leere bzw. gefüllte Zellen geschickt, die den Empfänger mit einer Geschwindigkeit von bis zu 140 Mbit/s erreichen.

Bandbreiten von derzeit zwischen 25 und 622 Mbit/s mit Ausblick auf 2,5 Gbit/s verspricht der *Asynchronous Transfer Mode* (ATM). Diese bei der Implementierung von Breitband-ISDN Netzen zugrundegelegte Technik basiert auf dem paketvermittelnden Konzept und bedient sich dabei einer festen Paketgröße. Durch den Aufbau eines sogenannten *virtual channel*, einer virtuellen Verbindung zwischen Sender und Empfänger in den einzelnen Netzknoten, wird ein fester Weg bereitgestellt, über den dann die auf sehr kleine Pakete aufgeteilte Nutzinformation geleitet wird. Die Vorwegnahme von Entscheidungen über den Verlauf der eigentlichen Übertragungsstrecke vermindert den Aufwand zur Überprüfung und richtigen Verteilung der einzelnen Pakete während der Übertragung und erleichtert auch die Kostenzuordnung. Die hohe Geschwindigkeit der ATM-Technik resultiert aus dem Vorhandensein sogenannter *ATM-Switches*, Netzzugangskomponenten, die eine Durchführung von Zugriffsalgorithmen durch die Netzteilnehmer überflüssig machen. Der Sender muß also lediglich die in einzelne Pakete aufgeteilten Daten beim ATM-Switch abgeben, und nicht erst, wie in vielen lokalen Netzen, mit den anderen Netzteilnehmern die beabsichtigte Benutzung des Übertragungsmediums koordinieren.

Abbildung 4-3 bietet eine Übersicht über einige wesentliche Kommunikationstechnologien hinsichtlich ihrer Übertragungsgeschwindigkeit und ihrer Entstehungszeitpunkte. Man beachte, daß der Ordinate hierbei eine logarithmische Skalierung zugrundeliegt, was die jeweilige beachtliche Steigerung der mit den einzelnen Techniken verbundenen Übertragungsgeschwindigkeiten unterstreicht.

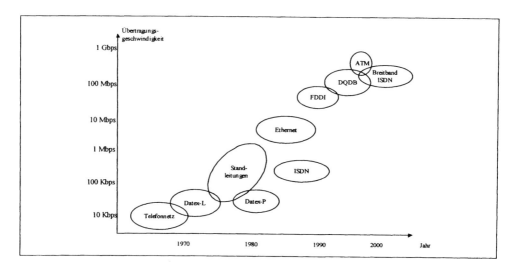

Abb. 4-3:   Entwicklung der Kommunikationstechnologien (in Fortschreibung nach Geihs 1995, S. 4)

Miniaturisierung

Bezieht man den Platzbedarf und das Gewicht von Hardwarekomponenten in die Kapazitätsbetrachtung mit ein, so läßt sich eine Leistungssteigerung ganz besonderer Art erkennen: die *Miniaturisierung*. Die Herstellung immer kleinerer integrierter Schaltkreise bei steigender *Integrationsdichte*, d.h. der Menge an Schaltelementen pro Flächeneinheit auf einem Chip, gerät dabei allerdings immer mehr in Bereiche natürlicher Grenzen, z.B. aufgrund von Wärmeentwicklung, Bedienbarkeit oder äußerer Gegebenheiten.

Beispielsweise ist die Größe eines Druckers an das DIN A4-Format gebunden, die Größe einer Notebooktastatur muß an die menschlichen Finger angepaßt sein. Ein Telefon muß den Abstand zwischen Ohr und Mund überbrücken können und genügend Platz für eine Bedienung der Zifferntastatur bereitstellen. Auch die aktuellen ultraflachen Notebooks erzielen ihre geringen Maße und Gewicht nicht nur durch Miniaturisierung ihrer Komponenten, sondern auch durch Einsparungen an ihrer Ausstattung. So sind etliche Peripheriegeräte und Schnittstellen nicht mehr interner Bestandteil dieser Geräte, sondern externes Zubehör.

Während Faktoren der Bedienbarkeit und anderer äußerer Gegebenheiten durch Konstruktionen wie zusammenklappbare Tastaturen oder verlängerbare Druckkopfführungen teilweise in den Griff zu bekommen sind, stellt die starke Wärmeentwicklung hochintegrierter Schaltkreise ein wesentlich größeres Problem dar. Gegen eine Überhitzung von Mikroprozessoren hilft bei derzeitigem Wissensstand am ehesten eine Verringerung der Integrationsdichte. Durch die Verwendung eines reduzierten Prozessor-Befehlssatzes wird die Anzahl der benötigten Schaltkreise vermindert. Durch die Koppelung dieser Hardwaretechnik mit einem optimierenden Compiler kann so eine Leistungssteigerung bei gleichzeitiger Beibehaltung der Baugröße erreicht werden. Dieses Konzept wird bei *RISC-Architekturen* (reduced instruction set computers) verfolgt.

Parallel zur Miniaturisierung auf Prozessorebene entstehen andere Potentiale aus der Miniaturisierung ganzer Baugruppen. So ist es z.B. möglich, eine Bluetooth-Schnittstelle oder ein Festplattenlaufwerk in den Maßen einer Streichholzschachtel als sogenannte *PCMCIA-Karte* (auch PC-Card) zu realisieren. Diese in Laptops und Notebooks verwendete Technik beruht auf einer Standardisierung von Einschubkarten gemäß der Spezifikation der Personal Computer Memory Card International Association (*PCMCIA*), deren jeweilige Funktion von der Schnittstellenlogik selbständig erkannt wird, so daß ein wechselseitiger Austausch der betreffenden Karten möglich wird.

4.2.1.2 Kostenentwicklung

Auf die Einheit bezogen, sind die Kosten für die elektronische Informationsverarbeitung in bisher nicht dagewesenem Umfang, nämlich in den letzten 25 Jahren um deutlich mehr als den Faktor 100.000 gesunken. So sind beispielsweise die Kosten der Informationsverarbeitung von 100 $ pro Instruktion und Verarbeitungssekunde im Jahr 1975 auf unter 0,001 $ im Jahr 1999 gefallen, die Kosten für ein dreiminütiges Telefongespräch von New York nach London von 300 $ im Jahr 1930 auf nahezu 0 $ im Jahr 1999. Diese Kostenreduktionen halten an; so rechnet man in den nächsten Jahren z. B. mit einer Vervierfachung der Bandbreite in der Telekommunikation alle 2 Jahre bei zugleich sinkenden Kosten. Diese Entwicklungen verändern die Knappheitrelationen nachhaltig, führen zu einer sehr viel umfangreicheren Nutzung der IuK-Technik in praktisch allen Anwendungsfeldern und ermöglichen insbesondere die Automatisierung und Unterstützung durch Informations- und Kommunikationstechnik in Bereichen, die zuvor undenkbar waren. Dies führt wiederum zu massiven Produktivitätssteigerungen, höheren Innovationsraten und dadurch bedingten kürzeren Produktlebenszyklen. An die Unternehmen stellen sich dadurch ganz neue Anforderungen: Sie sind gezwungen, durch entsprechende Preisstrategien entweder die Zahlungsbereitschaft früher Anwender abzuschöpfen – bevor neue, leistungsfähigere Nachfolgeprodukte erscheinen – oder möglichst schnell für eine rasche Verbreitung der Produkte und Dienstleistungen zu sorgen, um Netzeffekte auszuschöpfen (vgl. Teil 2). Typische Preisstrategien in diesem Zusammenhang sind neben den klassischen Abschöpfungs- und Penetrationsstrategien die Strategie des Follow the Free (vgl. Teil 2) sowie das Preismodell der Shareware.

4.2.1.3 Internet und Globalisierung

Ein weiterer Aspekt der Entwicklung informations- und kommunikationstechnischer Infrastrukturen bezieht sich auf deren Verteilung über nationale Grenzen hinaus: auf ihre *Globalisierung*. Eine weltweite Bereitstellung von Informationen ist Ziel sowohl von Bestrebungen auf der Seite technischer Entwicklungen als auch in bezug auf die Entwicklung internationaler Standards. Deutlich wird dies insbesondere am Internet.

Globalisierung der Sprachübermittlung

Das im Jahre 1982 unter deutscher und französischer Beteiligung entstandene digitale Mobilfunksystem GSM (*Global System for Mobile Communications*) ist mittlerweile als De-facto-Standard in Europa, Asien und in etwa 130 Ländern verbreitet. Ein Konzept zur weltweiten Kommunikation stellt das auf GSM basierte *Personal Communication Network* (PCN) dar, das 1991 unter der Bezeichnung *Digital Cellular System 1800* (DCS 1800) ins Leben gerufen wurde (und auf dem beispielsweise das E-Plus Mobilfunknetz basiert). Zur bestmöglichen Minderung der in einer weltweiten Telephonie auftretenden Wartezeiten und Verzögerungen bei der Übertragung werden dabei höchste Anforderungen an die Technik gestellt, eine Einbindung von Satelliten in den Übertragungsweg ist beinahe unerläßlich.

Globalisierung der Datenübertragung: Internet

Im Hinblick auf die Vision einer *Global Information Infrastructure* zur weltweiten Übermittlung von Daten rückt das *Internet* immer mehr in den Mittelpunkt (Böcking 1997). Seine Rolle als allgemeines weltweites Datennetzwerk festigt sich zusehends. Seit der zunehmenden Kommerzialisierung wächst das „Netz der Netze" in exorbitantem Maß und gewährte im Mai 2002 ungefähr 580 Mio. Menschen in über 100 Ländern Zugriff auf seine Ressourcen (vgl. Abb. 4-4). Im Juli 2002 waren weltweit über 30 Millionen Domänen registriert (vgl. NetNames International Ltd. 2002), davon über 1,5 Million in Deutschland (vgl. DENIC eG 2002). Allein über Google hatte man Ende 2001 bereits Zugriff auf über drei Milliarden Web-Dokumente (vgl. Google 2001). Damit bietet das Internet heute eine weltumspannende Infrastruktur zum Informations- und Datenaustausch.

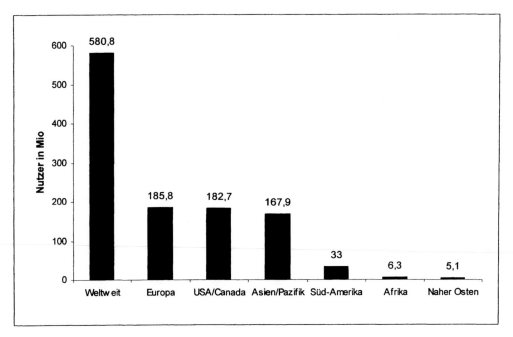

Abb. 4-4:   Weltweite Internet-Nutzer im Mai 2002 (Zahlen nach Nua Internet Surveys 2002)

Aufgrund der ursprünglich militärischen Zielsetzung wurde das Internet von vornherein als ein Netzwerk konzipiert, in dem eine völlig dezentrale Administration möglich ist. Es existiert weder eine zentrale Instanz zur Koordination der Teilnehmer noch eine Stelle, die für die Steuerung der einzelnen Dienste zuständig ist. Es haben sich jedoch

Organisationen herauskristallisiert, die richtungsweisenden Charakter haben, und allgemein als Standardisierungsinstanzen angesehen werden, so z.B. die *Internet Engineering Task Force* (IETF) für das Internet allgemein oder das *World Wide Web Consortium* (W3C) für das World Wide Web und damit zusammenhängende Technologien.

Grundlage für die Kommunikation über das Internet ist das *Transmission Control Protocol / Internet Protocol* (TCP/IP). Ähnlich dem ISO/OSI-Standard ist eine geschichtete Struktur vorgegeben; eine direkte Vergleichbarkeit der einzelnen Schichten besteht jedoch nicht. Die zunehmende Attraktivität des Internets basiert im wesentlichen auf seinen Diensten (Jaros-Sturhahn / Löffler 1995; Picot / Sennewald 1997; Reichwald / Englberger 1997). Mittlerweile steht eine Vielzahl an Diensten und Anwendungen zur Verfügung. Aufgrund des offenen Charakters des Internets können jederzeit neue Dienste dezentral implementiert werden. Abbildung 4-5 gibt eine Übersicht über die wichtigsten Dienste des Internet.

Basisdienste	Bulletin Board-Systeme	Verzeichnis-dienste	Dateisysteme	Informations-recherchesysteme
Telnet	Listserv	Finger	Alex	HyTelnet
FTP	Mailinglisten	Whois	Prospero	Archie
E-Mail	News	X.500		Gopher
HTTP		Netfind		WAIS
				World Wide Web

Abb. 4-5:   Einteilung der Internet-Dienste (in Anlehnung an Scheller et al. 1994, S. 2)

Der *Telnet*-Dienst ermöglicht den interaktiven Zugriff auf entfernte Rechner. *FTP* bezeichnet den *File Transfer Protocol* Dienst zur Übertragung von Daten zwischen zwei Rechensystemen. Die Übertragung von Texten (inklusive eingefügter Dateien) geschieht unter Verwendung von *E-Mail*. Das ursprünglich am CERN, dem Europäischen Zentrum für Teilchenphysik, für wissenschaftliche Texte entwickelte *World Wide Web* (WWW) basiert auf einer Client-Server-Architektur. Der entfernte Server hält als Datenpool Informationen bereit, der lokale Client bereitet sie mit sogenannten Browsern für die Präsentation am Bildschirm auf. Die Informationen und Dokumente sind anhand der *Uniform Resource Locators* (URLs) eindeutig adressiert. Die Übertragung der ggf. auch multimedialen Daten basiert auf dem Hypertext Transfer Protocol (HTTP). Ein wichtiger und viel diskutierter Aspekt des Internets ist der Schutz übertragener Daten vor unberechtigtem Zugriff und Manipulation. Entsprechende Methoden im Internet basieren in erster Linie auf der Verschlüsselung der Information. Sie umfassen auf Protokollebene z.B. *Secure*

Socket Layer (SSL) oder *Secure HTTP* (S-HTTP) oder auf Datenebene Verfahren wie die *Digitale Signatur* (elektronische Unterschrift) oder *RSA* (Verschlüsselung) sowie selbstgestrickte Lösungen z.B. vieler Banken, um Authentizität und/oder Zugriffsschutz sicherzustellen. Gegenwärtig sind digitale Unterschriften im Consumer-Bereich noch selten, sie werden heute vorwiegend von Unternehmen zur Zertifizierung der Echtheit von in ihre Webseite eingebetteten Programmteilen (z.B. Java Applets oder ActiveX Controls) verwendet. Die wachsende Bedeutung der Sicherheit elektronischer Daten-übertragungen in offenen Netzen – insbesondere dem Internet –findet mittlerweile Eingang in die Gesetzgebung, um eine einheitliche rechtliche Grundlage für Transaktionen auf elektronischer Basis zu schaffen, sowohl in Hinsicht auf technische Anforderungen als auch im Hinblick auf Rechtsverbindlichkeit elektronisch übermittelter Informationen (vgl. hierzu Enquete-Kommission 1998). Der Gesetzgeber in Deutschland sieht als Speicher des persönlichen Schlüsselcodes zur Erstellung digitaler Unterschriften Chipkarten vor, was im Gegensatz zu auf der Festplatte eines Rechners gespeicherten Schlüsseln den Vorteil der Portabilität sowie vollständigen physikalischen Zugriffs-schutz (sowie zusätzlichen Schutz der Karte durch eine PIN) bietet. Die für dieses Konzept notwendige Infrastruktur aus Chipkartenlesegeräten auf der einen sowie entspre-chender Servertechnologie auf der anderen Seite fehlt jedoch derzeit noch.

Auch an sogenannten Trust Centern, Institutionen, die digitale Schlüssel und Chipkarten ausstellen und für deren Echtheit bürgen, herrscht noch Mangel. Bisher gibt es nur ein Trust Center in Deutschland, weitere befinden sich jedoch im Aufbau, insbesondere im Bankbereich (vgl. Picot / Neuburger 2000). Bis die juristische Regelung breite Anwen-dung in der Praxis findet, sind noch etliche Probleme vorwiegend technischer Natur zu lösen, z.B. Fragen der enormen Sicherheitsanforderungen der Trust Center (vgl. Klotz / Müller 1998). Auch werden neue Technologien bisherige Schutzkonzepte wie PIN, die den Benutzer zwingen, sich Zeichenfolgen als Paßwort zu merken und obendrein noch sehr kurz und damit unsicher sind, langfristig ersetzen. Individuelle körperliche Merk-male wie der Fingerabdruck oder das mit noch deutlich mehr Variablen ausgestattete Netzhautmuster geben Perspektiven auf benutzerfreundliche und hochsichere Verfahren zur unmittelbaren Identifikation einer Person.

Die Internet-Philosophie und -Technologie wird zunehmend auch innerhalb einer Unter-nehmung eingesetzt (Reichwald / Englberger 1997; Picot / Sennewald 1997; Schecken-bach 1997; Reichwald et al. 1999; Piller 2001). Diese sog. *Intranets* dienen als eine Art Corporate Network für den internen Informationsfluß, wobei die Informationen nur innerhalb des Unternehmens zugänglich sind. Erstreckt sich ein Informationsverbund über die Grenzen einer Unternehmung hinaus, entsteht ein *Extranet*. Charakteristisch ist die unternehmensübergreifende technische Vernetzung von eng kooperierenden Wert-schöpfungspartnerschaften. Extranets spielen gerade im Zusammenhang mit Netzwerkstrukturen (vgl. Teil 6) sowie als Übertragungsmedium für EDI eine wichtige Rolle. Die technischen Grundlagen beider Konzepte sind, wie beim Internet, das TCP/IP-Protokollpaar sowie die Internet-Dienste. Im Gegensatz zum Internet bieten Intranets und Extranets nur einem eingeschränkten Benutzerkreis Zugriff. Sogenannte Firewalls schotten Intra- und Extranet vom Internet ab und schützen damit vor unberechtigtem Zugang. Dadurch lassen sich in Intranets und Extranets die Vorteile des Internet ausschöpfen, ohne seine Nachteile, die in erster Linie im Sicherheitsbereich liegen, in Kauf nehmen zu müssen. Die einzelnen Bereiche eines weiträumigen Extranets bedienen sich in der Regel des Internets als Bindeglied. Diese Verwendung eines offenen Netzes als Datentransportmittel ermöglicht deutliche Kostensenkungen im Bereich des Datenverkehrs im Vergleich zu herkömmlichen, proprietären Netzwerken, da nur die Anschlußkosten (Providergebühren) zu tragen sind, die Kosten für Aufbau und Unterhalt eines eigenen Netzes entfallen.

4.2.1.4 „Natürliche" Benutzerführung

Eine Entwicklung, die Voraussetzung ist für die zunehmende Durchsetzung des alltäglichen Lebens mit Informationstechnologie, ist ihre immer einfacher werdende Bedienung durch Anwender. Formen der Bedienung, die den Schritt von der Intention des Anwenders zur Umsetzung verzögern oder unnötig aufwendig gestalten, verhindern die Erreichung des vollen Nutzenpotentials der vielfältigen technologischen Systeme. Der einfache Zugang zur Bedienung der immer komplexer werdenden Software, die inzwischen auch – in vielleicht nicht ganz offensichtlicher Form – in Gegenstände des alltäglichen Gebrauchs Einzug findet, und nicht mehr dem Bereich der Unterhaltungs- und Kommunikationselektronik vorbehalten ist, kann unter unterschiedlichen Gesichtspunkten betrachtet werden.

Ein Aspekt ist die *intuitive* Bedienung: Der Anwender soll in der Lage sein, ein System ohne größeren Einarbeitungsaufwand (in Form von Studium von Handbüchern, Schulungen oder Herumexperimentieren) möglichst effizient nutzen zu können. Hier kommen *grafische Bedienoberflächen* zum Einsatz, die durch Vereinheitlichung wiederkehrender Schaltelemente zur Erreichung eines Wiedererkennungseffektes und die Verwendung von übersichtlichen Piktogrammen zu einer flüssigeren Bedienung und somit höherer Produktivität führen (vgl. Möslein 2000). Dabei müssen die jeweils häufigsten Aktionen durch eine möglichst geringe Anzahl von Handlungen (Verschieben der Maus, Anklicken von Piktogrammen oder Auswahleinträgen, Ziehen & Fallenlassen von Objekten) auszuführen sein. Kontextabhängige *Hilfefunktionen*, die gezielt Fragen des Anwenders zu Elementen der Bedienoberfläche beantworten, Hilfefunktionen mit natürlichsprachlicher Abfragemöglichkeit sowie Schnellhilfen (z.B. in Form sogenannter „Tooltips") haben zum Ziel, auftauchende Fragen des Anwenders zur Bedienung möglichst rasch und mit geringem Suchaufwand zu beantworten. Die an späterer Stelle zu erläuternde *Objektorientierung* der Benutzerschnittstelle führt ebenfalls zu einer intuitiveren und produktiveren Handhabung. Der Anwender manipuliert Objekte (z.B. Dokumente), zu denen das System geeignete Aktionen zur Verarbeitung kontextsensitiv anbietet. Dies ermöglicht einheitliche, integrierte Oberflächen, in denen die zu einem Anwendungskomplex gehörigen Funktionalitäten, die früher getrennt – zumeist sogar als individuelle Programme – zur Verfügung standen, miteinander verschmelzen und nur noch Objekte (klassische Bürodokumente wie Text, Datenbank, Präsentation, Tabelle, aber auch Auftrag, Rechnung, Bestellung etc.) kontextabhängig manipuliert werden. Nicht mehr das „wie" und gegebenenfalls „wo", sondern das „was" tritt in den Vordergrund.

Ein weiterer Ansatz ist die *„natürliche" Benutzereingabe*. Klassische Eingabegeräte wie die Tastatur zur Eingabe von Ziffern und Text oder die Maus zur Bedienung grafischer Bedienoberflächen werden sicherlich weiterhin in Gebrauch bleiben. Neuere Formen wie Spracherkennung zur verbalen Eingabe von Texten und Anweisungen, deren Software in zunehmendem Maße und in steigender Qualität auf dem Markt erhältlich ist und in Zukunft integraler Bestandteil mancher Betriebssysteme werden soll, oder berührempfindliche Bildschirme finden jedoch zunehmend Verbreitung. Sie ermöglichen eine der natürlichen Ausdrucksweise des Menschen durch Wort und Geste nähere Form der Kommunikation von Eingaben an die Maschine ohne die gegebenenfalls vom Anwender erst mühsam zu erlernende Bedienung eines Eingabegerätes. Die Folge ist eine leichtere Integration von Informationssystemen in die alltägliche Umgebung des Menschen ebenso wie die Steigerung der Produktivität durch Beschleunigung von Arbeitsabläufen im Vergleich zu herkömmlichen Eingabemethoden: Mußte bisher ein diktierter Text nach dem Diktat noch über eine Tastatur eingegeben werden, so kann dieser Schritt bei Verwendung von Spracherkennungssystemen entfallen. Ein weiteres Beispiel für den sinnvollen Einsatz von Spracherkennung in Verbindung mit einer Datenbank und Telekommunikationssystemen ist die automatische Telefonanwahl eines Gesprächspartners auf Nennung des Namens hin, wodurch das Nachschlagen in einer Telefondatenbank und das explizite Wählen der gefundenen Anschlußnummer durch den Benutzer entfallen.

Weitere Formen solch „natürlicher" Interaktion zwischen Mensch und Maschine werden es dem Menschen immer mehr ermöglichen, sich natürlich in einer Umgebung aus Informations- und Kommunikationssystemen zu bewegen. So kann der Schreibstift als Eingabegerät auf einer berührungsempfindlichen Oberfläche in Zukunft die Eingabe durch Maus und Tastatur ergänzen oder teilweise ersetzen. Systeme zur Erkennung der Blickrichtung des Menschen befinden sich bereits im Einsatz zur Steuerung militärischer Spezialsysteme, mehrere Forschungs- und Entwicklungsprojekte befassen sich mit dem Einsatz am zivilen Büroarbeitsplatz, der breite Einsatz dieser Produkte ist in den

nächsten Jahren zu erwarten. Ebenfalls in der Forschungsphase befinden sind dreidi-
mensionale, interaktive Arbeitsbereiche. Für eine marktreife, den Anwender-
bedürfnissen gerechte Umsetzung sind jedoch heutige Rechnersysteme noch nicht ausreichend leistungsstark.

In diesem Zusammenhang ebenfalls interessant ist das Konzept der *„Roomware"*: Teile
der Raum- und Gebäudeausstattung wie Büromöbel, Türen und Wände werden zu interaktiven, computer-augmentierten und vernetzten Objekten; reale Umgebung und virtueller Informationsraum verschmelzen. Insbesondere im Bereich der Unterstützung kooperativer Arbeit, wie z.B. bei der Ausstattung von Projekt- oder Konferenzzimmern, befinden sich derartige Darstellungs-, Eingabe- und Kommunikationssysteme im For-
schungs- und Entwicklungsstadium (vgl. Streitz / Geißler / Holmer 1998). Beispiele für
Elemente solcher „Kooperationslandschaften" sind die im Rahmen des „i-Land"-
Projektes entwickelte „DynaWall", eine mehrere Meter große, berührungssensitive
Anzeigeleuchtwand („elektronische Tapete"), oder der „InteracTable", ein vernetzter
Projektionstisch mit berührungsempfindlicher Oberfläche, der die Manipulation der
dargestellten Objekte mit dem Finger oder einem Stift sowie die Informationseingabe
über Wort und/oder Schreibstift (sowie eine kabellose Tastatur für größere Texte) erlaubt (Informationen auch zu weiteren Komponenten des „i-Land"-Projektes finden sich
in GMD 1998). Die Industrie, z.B. Forschungsabteilungen großer Automobilkonzerne
oder Werbeagenturen, bekundet bereits reges Interesse an derartiger Technologie.

Die neuen Formen der Benutzerinteraktion durch „Roomware" gehen Hand in Hand mit
dem *intelligenten Arbeitsplatz*. Der Mitarbeiter wird bereits beim Betreten des Raumes
identifiziert – z.B. anhand eines Active Badges oder Sensoren an der Türlinke – sein
Arbeitskontext geladen sowie Heizung und Belüftung nach persönlichen Präferenzen
eingestellt. In einer möglichen Zukunftsvision wird der Arbeitsplatz standortunabhängig, der Mitarbeiter zum „nomadic worker": Die persönlichen Arbeitsdaten können über
das Internet transparent zwischen Wohnung und verschiedenen Büros, Konferenzräu-
men etc. transferiert werden. Auch Ausstattungsgegenstände wie Licht und Heizung
werden vernetzt und melden ihren Zustand, wodurch präventive Wartung ermöglicht
wird. Ziel des „intelligent Workplace" ist nicht nur die Ermöglichung neuer Formen der
Zusammenarbeit, sondern auch die Verbesserung der Lebensqualität der Beschäftigten
und ein geringerer Energieverbrauch im Vergleich zu herkömmlichen Büroräumen.
Dazu zählt neben der Individualisierung der Umgebung durch Erkennung des Benutzers
auch ein Gebäudemanagement-System, das Umgebungsvariablen wie Belüftung,
Beleuchtung, Luftbefeuchtung oder Heizung den Witterungsbedingungen anzupassen
sucht (vgl. Diesler 1998).

4.2.1.5 Objektorientierung

Eine seit einigen Jahren anhaltende Entwicklung, deren Bedeutung weiterhin stark zunimmt und die als äußerst zukunftsträchtig zu betrachten ist, ist der Trend zur Objektorientierung. Eine darzustellende Problemwelt – dies kann eine Listenverwaltung, aber auch ein Unternehmen sein – wird bei diesem Ansatz nicht wie herkömmlich entlang ihrer funktionellen Abläufe (Prozeduren) modelliert, sondern auf Basis der Komponenten (*Objekte*), aus denen sie aufgebaut ist. Die Idee der Objektorientierung hat ihren Ursprung bei den Schöpfern der Programmiersprache SIMULA (vgl. Dahl / Myrhaug / Nygaard 1970) und wurde später in die Programmiersprache Smalltalk integriert (vgl. Goldberg / Robson 1989). In dieser Sichtweise wird die Trennung zwischen Daten und Funktionen aufgehoben, und stattdessen eine Strukturierung anhand von Modulgrenzen vorgenommen. Grundbausteine sind nicht Prozeduren und Daten, sondern Zustände, Aktivitäten und Kommunikation. Typische Objekte in einem zu modellierenden Unternehmen etwa sind die Personalverwaltung, einzelne Mitarbeiter oder Abteilungen. Ausführlichere Informationen zu den Konzepten der Objektorientierung und objektorientierten Modellierung von Problembereichen finden sich etwa in Meyer (1990), Graham (2000) oder Coad / Yourdon (1991).

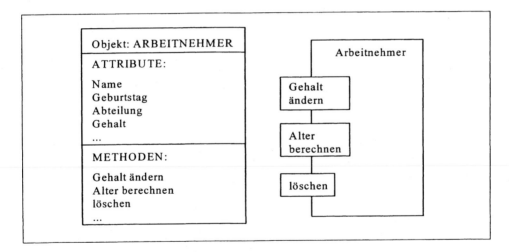

Abb. 4-6:   Objektaufbau (Graham 2000)

Im Sinne der Objektorientierung besteht die gesamte modellierte Welt vollständig aus *Objekten*, die gleichberechtigt sind und nach außen prinzipiell den gleichen Verhaltensregeln folgen (im einzelnen können sich die Objekte selbstverständlich verschieden verhalten). Diese Objekte wiederum bauen sich aus Eigenschaften (*Attribute*) und Verhalten

(*Routinen*, Methoden) auf, die zusammen als *Features* oder Members bezeichnet werden. Sie kommunizieren miteinander über *Nachrichten*, indem der Sender durch eine Nachricht beim Empfänger um Bearbeitung einer bestimmten Aufgabe ansucht. Das empfangende Objekt führt bei Erhalt einer Nachricht die geforderte Aktivität durch und meldet nach Erfolg gegebenenfalls ein Ergebnis, z.B. einer Berechnung, an den Sender zurück. Die Schnittstellen der einzelnen Objekte sind dabei genau definiert, d.h. es ist exakt festgelegt, welche Nachrichten an ein Objekt zulässig sind und von wem diese gesendet werden dürfen. Dieses Konzept wird als *Verkapselung* bezeichnet (vgl. Abb. 4-6 zu Aufbau und sichtbarer Schnittstelle eines Beispielobjektes einer Klasse „Arbeitnehmer"). Weiterhin sind alle Objekte eigenverantwortlich, d.h. nur sie allein bestimmen, auf welche Weise sie eine Anforderung durch eine Nachricht erledigen, solange das Ergebnis der Spezifikation entspricht. Kein anderes Objekt außer ihnen selbst kann ihren Zustand verändern. Ferner treffen Objekte alle Zuordnungen (also z.B. die konkrete Belegung der Eigenschaften mit Werten) dynamisch, also zur Laufzeit des Programmes.

Alle ihrer formellen Beschreibung nach gleichartigen Objekte (z.B. alle Angestellten) werden zu einer Klasse zusammengefaßt, in deren *Klassenschema* der komplette Aufbau mit prinzipiellen Eigenschaften (aber nicht deren konkrete Ausprägung, da diese ja von individuellem Objekt zu Objekt unterschiedlich sein kann) und Verhalten aller Angehörigen der Klasse beschrieben wird. Dabei können Klassen von anderen Klassen *erben*, d.h. eine Klasse (*Unterklasse*) kann Features anderer Klassen (*Oberklassen*) übernehmen (und dabei gegebenenfalls umbenennen oder redefinieren) und zu diesen eigene, weitere Features hinzufügen. Diese Vererbungsbeziehungen werden als *Spezialisierungen* bezeichnet. Beispielsweise könnte eine Klasse Angestellter von einer Klasse Person erben. Bei der Programmierung werden nicht die einzelnen zur Laufzeit des Programmes agierenden Objekte, sondern nur die Klassen beschrieben. Während des Programmablaufes werden dann aus den Klassenbeschreibungen die konkreten Objekte *instanziiert*, diese kommunizieren miteinander, reagieren auf den Erhalt von Nachrichten hin und bearbeiten und lösen in dieser Interaktion das gestellte Gesamtproblem.

Die Vorteile des objektorientierten Ansatzes liegen in der starken Strukturiertheit der objektorientierten Modellierung der Problemwelt. Folge sind hohe Flexibilität und Übersichtlichkeit sowie gute Erweiter-, Skalier- und Änderbarkeit der Software durch den modularen Ansatz – Qualitäten, die für die immer komplexer werdenden modernen Systeme unabdingbar sind. Durch den modularen Ansatz können einzelne Komponenten (Klassen) in einer Vielzahl verschiedener Szenarien und Applikationen wiederver-wendet werden, was zu Zeit- und Kostenersparnissen in der Entwicklung neuer Software führt. Ein Gesichtspunkt von kritischer Bedeutung, insbesonders auch in Hinblick auf die Entwicklung und den Einsatz wiederverwendbarer Komponenten, ist die Forderung nach *zuverlässiger* – also sowohl korrekter als auch robuster –

Software. Hier kommt die Theorie des *Design by Contract* (vgl. Mandrioli / Meyer 1992) zum Einsatz. In ihrem Sinne wird Softwareerstellung als auf einer Folge von genau dokumentierten Vertragsvereinbarungen zwischen Klienten (Aufrufern) und Lieferanten (Routinen) basierend betrachtet, die auf gegenseitigen Verpflichtungen und expliziten Zusicherungen beruhen. Dabei bedient sie sich zur Umsetzung der Objektorientierung mit Nachrichten, Verkapselung, Vererbung und ihren weiteren Eigenschaften. Konsequent angewandt, führen auf dieser Theorie aufbauende Entwicklungsverfahren zu einem hohen Grad an Zuverlässigkeit der erstellten Software.

Bisher gibt es nur wenige Programmiersprachen, die die Konzepte der *Objektorientierung* konsequent umsetzen, so z.B. Eiffel (vgl. Meyer 1992). Viele verbreitete Programmiersprachen wie C++ oder Java beinhalten heutzutage objektorientierte Merkmale, ihre prozeduralen Ursprünge sind jedoch noch deutlich erkennbar. Es ist davon auszugehen, daß in Zukunft Programmiersprachen mit starker Objektorientierung in Hinblick auf die damit verbundenen Vorteile immer stärkere Verbreitung finden werden. Gegenwärtige Nachteile wie hoher Ressourcenbedarf sowohl bei Speicheranfordernissen als auch bei Rechenleistung dürften zunehmend bedeutungslos werden. Die ursprünglich auf programmiersprachlicher Ebene entwickelten und verbreiteten Ideen der Objektorientierung finden bei der Analyse zu erfassender Probleme in Softwareprojekten immer weitere Verbreitung (siehe hierzu Kap. 4.4.5 und 4.4.6) und werden zunehmend auch bei der *Analyse unternehmensorganisatorischer Strukturen* eingesetzt (vgl. z.B. das Konzept Business / Objects, vgl. auch Teil 10).

4.2.1.6 Konvergenz

In den vergangenen Jahren hat sich eine Entwicklung abgezeichnet, die als eine der Voraussetzungen für die Bildung neuer ökonomischer Strukturen des Marktplatzes „Internet" anzusehen ist und als Konvergenz bezeichnet wird. „Konvergenz beschreibt (...) den evolutionären Prozeß des Zusammenwachsens der ursprünglich weitgehend unabhängig operierenden Industrien Medien, Telekommunikation und Informationstechnologie. Sie kennzeichnet sowohl die Annäherungen der Technologien als auch die Verbindung der Wertschöpfungsketten sowie das Zusammenwachsen der Märkte insgesamt" (Zerdick / Picot / Schrape et al. 2001). Der Begriff Konvergenz bedeutet soviel wie Annäherung an einen Punkt, Zusammenlaufen, Übereinstimmung, Vereinigung zwecks eines gemeinsamen Zieles. Ermöglicht wird sie durch die Technologie der Digitalisierung, welche die Übertragung vielfältiger Inhalte über das selbe Medium erlaubt. Vorangetrieben wird sie durch das rasche Wachstum der Rechnerleistung gekoppelt mit drastischen Kostensenkungen für Rechen- und Speicherkapazität, große Fortschritte in der Übertragungstechnologie, neue Softwaretechnologien, Deregulierung der Telekommunikationsmärkte sowie Kreativität und Einfallsreichtum seitens der Marktteilnehmer (vgl. Yoffie 1997). Eines der ersten Unternehmen, die das Kommen digitaler Konvergenz propagierten, war die NEC Corporation, die 1977 erstmals den Slogan „C&C" (Computers and Communications) auf ihr Banner schrieb (vgl. Yoffie 1997).

Greenstein und Khanna (1997, S. 203ff) unterscheiden zwei Wege, auf denen die Grenzen zwischen den Märkten für Informations- und Telekommunikationstechnologie verschwimmen: Zum einen die *Konvergenz in Substituten*, welche die funktionelle Annäherung einst verschiedener Produkte bezeichnet und schließlich zu deren Austauschbarkeit führt, zum anderen die *Konvergenz in Komplementen*, die die funktionale Ergänzung mehrerer Produkte bzw. deren zunehmendes Zusammenspiel beschreibt, so daß eine Verwendung in Kombination neue Möglichkeiten gegenüber der separaten Verwendung eröffnet.

Bereits früher gab es Berührungspunkte und gegenseitige Ergänzungen der drei Industrien Medien, Telekommunikation und Informationstechnik. In jüngerer Zeit fließen sie immer stärker ineinander, und ihre bisher getrennten vertikalen Wertschöpfungsketten verschmelzen zu einem neuartigen Multimedia-Markt mit mehreren horizontalen Segmenten (vgl. Collis / Bane / Bradley 1997; Zerdick / Picot / Schrape et al. 2001), der die integrierte Erstellung von Medien-, Telekommunikations- und IuK-Leistungen beinhaltet. Bei diesem Prozeß sind zwei Stufen zu unterscheiden (vgl. Zerdick / Picot / Schrape et al. 2001), die in Abbildung 4-7 schematisch dargestellt werden.

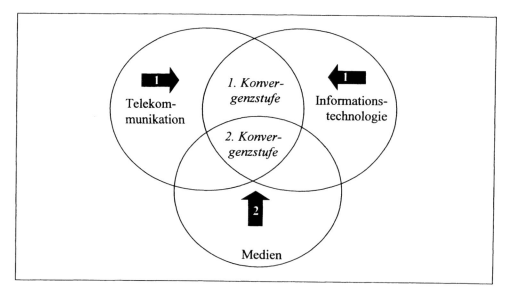

Abb. 4-7:   Stufen der Konvergenz (in Anlehnung an Adstead / McGarvey 1997, S. 10)

In der *ersten Stufe* fusioniert die Wertschöpfung zwischen Telekommunikations- und IT-Industrie. Systeme zur elektronischen Informationsverarbeitung bedienen sich der Einrichtungen des Telekommunikationssektors zum Austausch von Daten. Insbesondere die Expansion des Internet seit 1993 mit dem Anschluß vieler bis dahin separater Netzwerke beschleunigte diesen Vorgang drastisch. Die *zweite, gegenwärtig stattfindende Stufe* der Konvergenz prägt die zunehmende Annäherung der drei Sektoren Medien, Telekommunikation und Informationstechnologie, mit wachsenden und an Bedeutung zunehmenden Überschneidungsbereichen.

In Folge der Konvergenz treten neue Konkurrenzverhältnisse zwischen Unternehmen auf, die bisher auf getrennten Märkten agierten. Mediale Inhalte werden nicht mehr ausschließlich über Broadcast-Netze wie Rundfunk, Kabel oder Satellit verbreitet, sondern auch über Telefon- und Computernetze. Umgekehrt ermöglichen neue Technologien die Abwicklung von Kommunikationsdienstleistungen über die Broadcast-Netze. Informationen, die der Konsument bisher nur zu bestimmten Sendezeiten und Empfangsorten abrufen konnte, ist nunmehr zeit- und ortsungebunden verfügbar. Endgeräte wie Fernseher, Telefon oder Computer, die bisher einem der Bereiche zuzuordnen waren, verfügen immer häufiger über Funktionalitäten, die mehrere der drei Aspekte abdecken. So können beispielsweise Fernseher als Darstellungseinheit für Internet-Inhalte eingesetzt werden, Computer für Telefonie oder Darstellung von Rundfunk-Inhalten, die sowohl über herkömmliche Kanäle als auch Computernetze übertragen werden können, Verwendung finden oder Informationen aus dem Internet auf einem Mobiltelefon empfangen und dargestellt werden.

Diese Veränderungen erfordern neue, an die Gegebenheiten des Multimedia-Marktes angepaßte Strategien (beispielsweise nach dem CHESS-Prinzip, siehe Yoffie 1997). Entsprechend erklärt sich, daß einige traditionelle Firmen Probleme haben, auf dem sich wandelnden Markt zu bestehen, während kleine, junge Firmen oftmals überraschende Erfolge erzielen. Die aus der Konvergenz heraus erwachsenden einheitlichen Kommunikationsinfrastrukturen und -dienstleistungen sowie die steigende Informationsverfügbarkeit führen zu ökonomischen Veränderungspotentialen auch in anderen Wirtschaftsbereichen wie Finanzdienstleistungen oder Handel. Beispiele sind virtuelle Marktplätze oder andere Anwendungen des E-Commerce (vgl. Teil 7 sowie Zerdick / Picot / Schrape et al. 2001).

4.2.1.7 Virtualisierung

Im Zuge der technischen Entwicklungen zeichnet sich ein Trend ab, der sich durch alle marktlichen und organisatorischen Veränderungen durchzieht: der Trend zur Virtualisierung (vgl. auch Kap. 4.4.1 sowie die Teile 8 und 10).

Virtuell bedeutet nicht wirklich, scheinbar, also nur vom Konzept her oder der Anlage nach als Möglichkeit vorhanden, nicht jedoch real (vgl. Scholz 1994, 1997). Dabei gibt es keine Virtualität an sich: Virtualität bezieht sich immer auf ein Objekt. Trotz seiner nicht gegebenen tatsächlichen Existenz hat ein virtuelles Objekt volle Funktionalität und kann von außen behandelt werden, als sei es real. Ursprünglich im technischen Sinne in Zusammenhängen wie virtueller Speicher oder virtuelle Maschine verwendet, finden sich nun in Verbindung mit Virtualität Bezugsobjekte wie z.B. Produkte, Unternehmen oder Märkte. Mittlerweile gibt es eine Vielzahl von Definitionen und Systematisierungen, die sich u.a. in der Wahl des Bezugsobjektes und der Art der Abgrenzung unterscheiden. So lassen sich die Arten der Virtualität z.B. nach der zugrundeliegenden Sichtweise näher differenzieren (vgl. Picot / Neuburger 1997a).

Aus dem Blickwinkel eines Kunden ergibt sich die Möglichkeit eines „virtuellen Leistungsnetzes": Der Kunde stellt sich – z.B. über das Internet – bedürfnisorientiert die Leistungen zusammen, die ihm die jeweils besten Lösungen versprechen, und gestaltet so ein an seine Bedürfnisse angepasstes „virtuelles" Gesamtprodukt.

Aus dem Blickwinkel des Unternehmens lassen sich virtuelles Produkt und virtuelle Arbeitsteilung unterscheiden. Die *Virtualisierung von Produkten* resultiert aus einer zunehmenden Verlagerung von Kundenkontakt, Distribution und Vertrieb in die Informationssphäre (z.B. Internet). Die Entwicklung der zunehmenden ganz oder teilweise erfolgenden Substitution physischer Prozesse durch virtuelle Prozesse wird unter dem Schlagwort „from market place to market space" (Haeckel / Nolan 1993) charakterisiert Die Folge ist eine Virtualisierung von Marktstrukturen, die sich in Entwicklungen wie elektronischen Märkten, Teleshopping oder Electronic Commerce konkretisiert (vgl. Teil 7). Das Potential *virtueller Arbeitsteilung* besteht darin, die wirtschaftliche Wertschöpfung unabhängig von bestehenden Begrenzungen in flexibler Weise unter Einbeziehung wechselnder Partner zu organisieren (Picot / Neuburger 1997a; Reichwald / Möslein 1996b). Es lassen sich verschiedene Stufen der virtuellen Arbeitsteilung unterscheiden. *Virtuelle Mitarbeiter* sind räumlich und zeitlich ausgelagert und über Telekommunikation in das betriebliche Geschehen eingegliedert (vgl. Teil 8). *Virtuelle Teams* führen interne und externe Teammitglieder für die Dauer eines Projektes zusammen. *Virtuelle Unternehmen* entstehen aus einer problem- und aufgabenbezogenen

Vernetzung standortverteilter Organisationseinheiten, die an einem arbeitsteiligen Wert-schöpfungsprozeß beteiligt sind (vgl. Teil 8). Dabei kann es sich um externe und interne Module oder Organisationseinheiten handeln.

In Folge all dieser Entwicklungen ist – unabhängig von dem jeweils zugrundeliegenden Organisationsmodell (vgl. Kap. 4.4.1) – eine zunehmende Virtualisierung von Markt- und Unternehmensstrukturen erkennbar. Die Organisationsformen verändern sich und stellen andere Anforderungen an die sie unterstützenden Informations- und Kommunikationssys-teme als klassische Märkte und Hierarchien. Systementwurf und -gestaltung (vgl. Kap. 4.4.4) müssen diese sich abzeichnenden organisatorischen Entwicklungen aufgreifen. Der Systementwicklung fällt dabei die Aufgabe zu, Wege aufzuzeigen, wie diese strukturellen Anforderungen in geeignete Systemarchitekturen umgesetzt werden können.

4.2.2 Anwendungsbezogene Trends

4.2.2.1 Mobilität

Gerade in Bezug auf die Auflösung der Unternehmensgrenzen steht ein Entwicklungs-trend informations- und kommunikationstechnischer Infrastrukturen im Vordergrund des Interesses. Es handelt sich dabei um die zunehmende *Mobilität*, die einfache und bequeme Möglichkeit eines Standortwechsels (siehe dazu die Beiträge in Reichwald 2002). Daten können heute über weltumspannende Netze von beinahe jedem Standort aus übertragen werden. Integrierte Lösungen wie etwa ein mit PC, Drucker, Fax und Telefon ausgestatteter Aktenkoffer bedienen sich dieser Kommunikationsmöglichkeiten im Sinne einer Kombination von *mobile computing* und *Mobilfunk*. Notebooks und auch die aktuellen PDA's werden immer häufiger standardmäßig mit einer Möglichkeit zur Anbindung an Datenübertragungsnetze ausgestattet, z.B. über Bluetooth, W-LAN, GPRS etc.

Die Entwicklungen auf dem europäischen Mobilfunksektor sind durch die immer weiter voranschreitende Miniaturisierung und die damit verbundenen Preissenkungen gekenn-zeichnet. Die Aufhebung des Netzmonopols für Mobilfunk der Telekom im Jahre 1989, die Liberalisierung des Telekommunikationsmarktes und der Eintritt von privaten Unter-nehmen wie Mannesmann in den Wettbewerb um die Gunst der kommunizierenden Ge-sellschaft sind nur einige der Faktoren, die den Fortschritt in diesem Bereich forcieren.

Abbildung 4-8 zeigt einen Ausschnitt aus der Netzlandschaft der Telekommunikation in Deutschland. Auf der Seite leitungsgebundener Übertragungsmedien sind als wichtigste Vertreter das analoge Telefonnetz (engl. *Plain Old Telephone Service*, POTS), das integrierte Datennetz (IDN) und das *Integrated Services Digital Network* (ISDN) zu nennen (vgl. Kubicek 1990). In Bezug auf Funkübertragung sind die digitalen D- und E-Netze, das digitale Datennetz Modacom sowie unidirektionale Funknetze wie Cityruf. Der alte Eurosignal-Dienst wurde 1998, das C-Netz Anfang 2000 abgeschaltet. Auf diesen Netzen werden unterschiedliche Dienste angeboten, so sind beispielsweise die traditionellen Telefon- und Faxdienste dem analogen Telefonnetz zuzuordnen, Datex-P hingegen ist ein Beispiel für einen paketvermittelnden Dienst im integrierten Datennetz. Zwischen den einzelnen Netzen bestehen Übergänge, so daß auch eine Bildung kombinierter Dienste wie etwa das Zustellen einer Nachricht über das Cityruf-Netz aus dem Telexdienst heraus möglich ist.

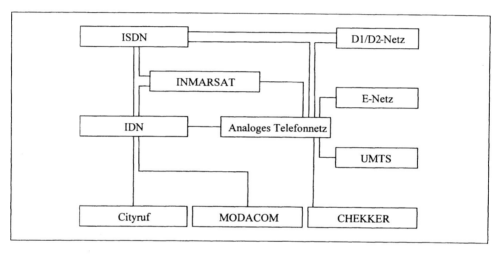

Abb. 4-8:   Übergänge im Telekommunikationsnetz (in Anlehnung an Schulte 1997)

Beschränkt man sich auf eine Betrachtung öffentlich zugänglicher *Mobilfunkdienste*, so können sieben Arten unterschieden werden (vgl. Lange 1990; Duelli / Pernsteiner 1992). Die sogenannte *schnurlose Telefonie* beruht auf dem Vorhandensein von Basisstationen in der näheren Umgebung. Darunter fallen insbesondere die in privaten Haushalten verwendeten schnurlosen Telefone, aber auch öffentliche Varianten, wie das in Großbritannien eingesetzte CT2, ein Funktelefon mit einer Reichweite von ca. 100 Metern. In Europa wird die schnurlose mobile Kommunikation in Zukunft vor allem auf der Basis des DECT-Standards (*Digital European Cordless Telecommunication*) vorangetrieben. Unter der Bezeichnung *Bündelfunk* wird ein zur Realisierung innerbetrieblicher Funknetze geeigneter Dienst angeboten, bei dem jeder Sprechverbindung ein eigener Kanal zugeteilt wird. Andere Varianten sind der *Datenfunk* wie z.B. Modacom, der *mobile Satellitenfunk* wie etwa das Netz der *International Maritime Satellite Organisation* (INMARSAT) sowie der nur in einer Richtung betriebene Dienst des *Funkrufs*.

Von größtem Interesse ist aber die in dieser Liste letztgenannte *mobile Funktelefonie*. Darunter fallen insbesondere die digitalen Funknetze D1, D2 und das E-Netz. Die Aufteilung des D-Netzes aus wettbewerbstechnischen Gründen auf die Anbieter T-Mobile AG für D1 bzw. Vodafone GmbH für D2 hat dabei im Grunde keinerlei technische Konsequenzen, da beide auf dem Standard des *Global System for Mobile Communication* (GSM) beruhen. Gleiches gilt für das E-Netz mit den Betreibern E-Plus und O_2 Germany. Ziel war hier auch die Integration von unterschiedlichen Diensten über den reinen Fernsprechdienst hinaus, um einen Anschluß an das landgebundene ISDN-Netz zu ermöglichen (vgl. Reichwald 2002). Ein beinahe dreimal so großer Frequenzbereich wie für GSM steht dem verbesserten PCN-Standard zur Verfügung. PCN als Grundlage für das ausschließlich privaten Anbietern zugeteilte E-Netz bedient sich kleinerer *Zellen* im Wirkungsbereich, also einer wesentlich feineren Aufteilung des Funkgebietes in einzelne, wabenartige Funkzonen.

Der Grad an erreichbarer Mobilität hängt entscheidend vom Flächendeckungsgrad der eingesetzten IuK-Technik ab. In diesem Sinne ist die Einigung auf weltweite Standards und die Schaffung von Übergängen zwischen nationalen Netzen von entscheidender Bedeutung. Eine andere Möglichkeit zur Flächendeckung ergibt sich aus der Erschließung des Weltraums: Das Satellitenfunknetz INMARSAT beispielsweise umfaßt bereits den gesamten Erdball mit Ausnahme der Polkappen und bietet Netzteilnehmern zu Lande und zu Wasser gleichermaßen Anschluß an die Telekommunikationsnetze der Welt.

Mit der Migration zu digitaler Übertragung verliert das Format der übermittelten Daten mehr und mehr an Bedeutung. Aus diesem Grunde bieten sich Mobilfunknetze für die Übertragung von Daten (Texten, Grafiken, etc.) ebenso an wie für die Übertragung von Sprache im Rahmen von Telefonverbindungen. Unter dem Begriff *Mobile Computing* hält der Computer, ausgestattet mit einem Funkmodem oder einer Schnittstelle zu einem Funktelefon, Einzug in die Welt der Funkübertragung.

Fernziel der Entwicklung hinsichtlich der Zusammenführung von Netzen ist die vollständige *Abstraktion* vom zugrundeliegenden physischen Netz. In einem einzigen logischen Netz werden technik- und anbieterunabhängig beliebige Endgeräte bedient und die gesamte Menge an zur Verfügung stehenden Diensten angeboten. Um einen Eindruck über die Komplexität dieses Vorhabens zu gewinnen, ist in Abbildung 4-9 eine beispielhafte Übersicht über die Dienste zusammengestellt, die im Rahmen der Mobilfunknetze D1 und D2 angeboten werden. Neben den Standarddiensten Telefonie, Telefax und Notruf lassen sich in einer groben Klassifikation außerdem Zusatzdienste und operatorgestützte sowie automatisierte Mehrwertdienste unterscheiden.

Basisdienste	Mehrwertdienste Sprachen	Mehrwertdienste Daten
• Notruf • Telefax • Telefonie	• Informationsdienste • Telekonferenz • Sprachbox • Tarifeinheitenanzeige • Rufnummernanzeige • Nummernsperrung • Anklopfen • Anrufumleitung	• T-Online • Telecash • Telekarte • Datex-P • Datex-L • Corporate Networks • Mailbox • WAP • GPRS • HSCSD • UMTS

Abb. 4-9:   Dienste im D-Netz

Unter die Bezeichnung *Anrufumleitung* fallen über die Möglichkeit der Umleitung der eigenen Nummer hinaus auch Dienste zur Weiterleitung bestimmter, durch die vorangestellten Ziffern 0800, 0180 und 0900 gekennzeichneter Telefonnummern an bestimmte Apparate des Auftraggebers. Diese Möglichkeiten stellen dabei die Grundlage für andere Dienste, wie etwa das Anbieten einer Ansage über einen operatorgestützten oder automatisierten *Informationsdienst*. Der unter der Bezeichnung *Sprachbox* angegebene Dienst bezieht sich auf zentral angebotene Anrufbeantworterfunktionen, über die die Aufzeichnung und Wiedergabe von Nachrichten asynchron zu ihrer Zustellung möglich ist. Hinter dem Dienst *Anklopfen* verbirgt sich die Anzeige eintreffender Anrufe, während gerade ein anderes Gespräch geführt wird. Der Teilnehmer erhält an seinem Telefon ein optisches oder akustisches Signal, und kann dann entscheiden, ob er den zweiten Anruf entgegennehmen will oder nicht. Hinsichtlich der Datendienste ergibt sich alleine aus der Vielfalt an Interpretationsmöglichkeiten von Daten eine Fülle an möglichen Ausprägungen. Sieben wichtige Dienste werden in Abbildung 4-9 aufgeführt, von denen im folgenden einige kurz angesprochen werden sollen. Das ehemals unter den Bezeichnungen Bildschirmtext bzw. Datex-J bekannte *T-Online* bietet eine Kommunikationsplattform für die Abwicklung von Bestellungen, Flugbuchungen, Kontoführung und ähnlichem sowie einen Zugang zum Internet und wird über das Telefonnetz mit einem Modem angewählt. Ebenfalls über einen Telefonanschluß ist das paketvermittelnde Netz *Datex-P* zu erreichen. Der Dienst bezieht sich hier nur auf den Transport der Daten von einem Ort zum anderen, so daß weitere Dienste hierauf aufsetzen können, wie z.B. das *Telecash*, die bargeldlose Bezahlung an einem Kreditkartenleser. In bezug auf die bargeldlose Bezahlung von Telefongesprächen tritt die *Telekarte* in den Vordergrund, die bereits oft mit einer Kreditkartenfunktion kombiniert angeboten wird, also die generellen Merkmale des Telecash aufweist. Zum mobilen, funkgestützten Zugriff auf Informationsdienste – neben speziellen Angeboten in WML, der Wireless Markup Language, auch das World Wide Web – soll *WAP* (Wireless Application Protocol) dienen. Die meisten neuen Mobiltelefone unterstützen die Datenkommunikation über WAP, die Zahl der angebotenen Dienste wie beispielsweise Fahrkartenverkauf, Wettervorhersage oder Börseninformationen nimmt beständig zu, allerdings hindern die langsame Übertragung und umständliche Bedienung derzeit noch die breite Nutzung.

4.2.2.2 Zusammenarbeit

Der Aspekt der *Zusammenarbeit* als Potential der IuK-Technik kommt vor allem in Anwendungen zur Kooperationsunterstützung und Gruppenarbeit zum Ausdruck. Die Entwicklung hin zur rechnergestützten arbeitsteiligen Aufgabenbewältigung hatte ihren Anfangspunkt im Einsatz von Mainframe-Rechnern auf Organisationsebene. In den folgenden Jahren wurden dann vorrangig Einzelpersonen durch Arbeitsplatzrechner im Rahmen ihrer Tätigkeiten unterstützt (vgl. Grudin 1991). Erste Ansätze der Unterstützung der Zusammenarbeit durch eine dafür geeignete Hard- und Software wurden von Grudin auf das Jahr 1984 datiert, nachdem frühere Ansätze etwa unter der Bezeichnung *office automation* nicht primär die Informationstechnik zum Gegenstand hatten.

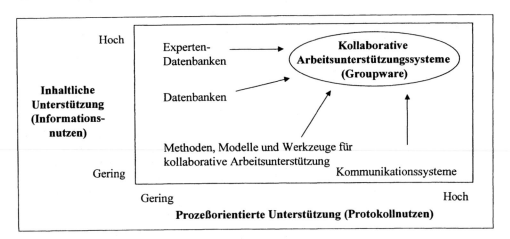

Abb. 4-10   Inhaltliche und prozeßorientierte Formen zur Unterstützung kooperativer Aufgabenabwicklung (Picot / Reichwald 1991, S. 299)

Eine erste Unterscheidung im Bereich der rechnergestützten Gruppenarbeit ist entlang der Frage möglich, ob die informations- und kommunikationstechnische Unterstützung der Gruppenarbeit den *Inhalt* der Zusammenarbeit oder ihren *Ablauf* betrifft (siehe Abb.

4-10), also eine Unterscheidung zwischen *Informations-* und *Prozeßunterstützung* (vgl. Picot / Reichwald 1991). Bei der Gruppenarbeit eingesetzte Datenbanken beispielsweise dienen primär der Informationsunterstützung, das Telefon hingegen, wie auch die meisten Kommunikationstechniken, unterstützen in der Regel den damit verbundenen Prozeß. Unabhängig von der Art der Unterstützung bezeichnet *Computer Supported Cooperative Work* (CSCW) als Oberbegriff alle Teilaspekte der computergestützten Zusammenarbeit (vgl. Borghoff / Schlichter 2000). Auf dem Spektrum zwischen reiner *Informationsunterstützung* einerseits und reiner *Prozeßunterstützung* andererseits werden im folgenden Datenbank- und Expertensysteme, Gruppenzusammenarbeits- und Gruppenentscheidungsunterstützungs- sowie Vorgangssteuerungssysteme beschrieben.

Datenbanksysteme

Ein *Datenbanksystem*, bestehend aus einer *Datenbank* sowie einer Software zu deren Verwaltung, dem *Datenbankmanagementsystem* (vgl. Schlageter / Stucky 1983; Date 1999), bildet die Grundlage für die Bereitstellung der sowohl für Einzel- als auch für Gruppenarbeit relevanten Daten. Um die Vielfalt der auf dem Markt erhältlichen Datenbanksysteme in ein gemeinsames Raster einfügen zu können, wurde im Jahre 1975 vom amerikanischen Ausschuß für Standardisierungsfragen ANSI / SPARC die Drei-Ebenen-Architektur zur Gestaltung von Datenbanksystemen entwickelt (vgl. ANSI / SPARC 1975, sowie Abb. 4-11). Diese Architektur erlaubte erstmalig eine Trennung von physischen Aspekten wie der Datenspeicherung, -optimierung oder -sicherung sowie der Erfordernisse des Benutzers und der Anwendungssysteme vom eigentlichen logischen Aufbau des Datenbanksystems. Darüber hinaus wird eine unabhängige Gestaltung dieser Aspekte möglich, so daß das *konzeptionelle (logische) Modell* der Datenbank unverändert gegenüber Modifikationen in den darunter- und darüberliegenden Ebenen bleiben kann.

Die Effekte dieses in Abbildung 4-11 skizzierten ebenenorientierten Aufbaus können anhand des folgenden Beispiels veranschaulicht werden: Zwei Benutzer, der eine in der Abteilung Finanzplanung, der andere in der Produktion, greifen über ein Datenbankmanagementsystem auf die gespeicherten Unternehmensdaten zu. Dabei werden beiden Benutzern jeweils nur die Daten zur Bearbeitung angezeigt, die für die Erledigung ihrer jeweiligen Aufgaben erforderlich sind. Die konkrete Interaktion mit den Benutzern erfolgt auf der *externen Ebene* des Datenbanksystems, auf der Ebene der Subschemata, in der jedem Benutzer eine individuelle Sicht auf die Daten zur Verfügung steht. Soll nun noch ein dritter Benutzer Zugriff auf einen für ihn relevanten Teil des Datenbestandes erhalten, so ist dies ohne Modifikation darunterliegender Schichten möglich. Die für die Einrichtung und Betreuung der Datenbank zuständige Zentralabteilung kann auf der anderen Seite jederzeit aufgrund des gestiegenen Datenvolumens die Entscheidung fällen, die physische Speicherung der Daten, z.B. durch die Einführung eines zusätzlichen Index, zu optimieren. Auch dieser Eingriff auf der *internen (physischen) Ebene* ist ohne eine Anpassung der anderen Schichten möglich und geschieht insbesondere für die Benutzer in der Regel völlig unbemerkt.

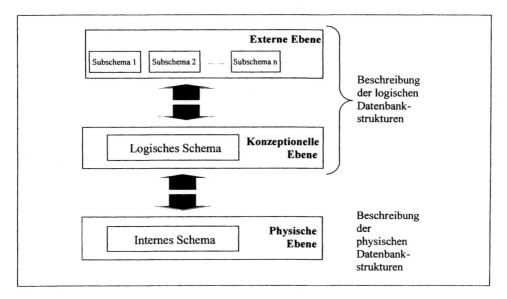

Abb. 4-11:   Drei-Ebenen-Architektur eines Datenbanksystems (Picot / Reichwald 1991, S. 347)

Expertensysteme

Dank der Möglichkeit, aus einer gespeicherten Wissensbasis Schlußfolgerungen und damit neues Wissen zu generieren, läßt sich ein noch höherer Grad an Informationsunterstützung durch ein *Expertensystem* realisieren. Wie in einem Datenbanksystem geschieht in einem derartigen System die Informationsbereitstellung durch Zugriff auf eine Datenmenge, den der Benutzer durch das Stellen von *Anfragen* steuern kann. Der Unterschied zu einer Datenbank liegt jedoch im Vorhandensein von *Regeln* in dieser *Wissensbasis*, die eine *intensionale*, d.h. in Form einer Abbildungsvorschrift gegebene, Definition von Sachverhalten erlauben. Durch diese spezielle Form der Wissensrepräsentation als Menge von Regeln ist es dem Expertensystem möglich, durch das Ziehen von Schlußfolgerungen neue Informationen aus den vorhandenen zu generieren.

Zur Realisierung der Interaktion mit dem Benutzer sind in einem Expertensystem außer der Wissensbasis noch die Komponenten *Inferenzmechanismus* und *Dialogsteuerung* enthalten (vgl. Liebowitz 1988). Der Inferenzmechanismus dient in erster Linie dazu, die Anfrage des Benutzers vor dem Hintergrund der Wissensbasis zu *beweisen*, und zwar in der Form, daß eine in der Anfrage formulierte Aussage auf Vereinbarkeit mit dem in der Wissensbasis enthaltenen Wissen geprüft wird. Auf dieser grundsätzlichen Philosophie aufbauend ist dann auch, sozusagen als Beiprodukt, die Ausgabe einer Faktenmenge aus der Wissensbasis möglich. Dies geschieht durch Angabe *freier Variablen* in der Anfrage, d.h. Variablen, denen erst im Verlauf des Inferenzprozesses Werte zugewiesen werden und die dabei über die Dialogkomponente am Bildschirm aufgelistet werden. In der Terminologie der Expertensysteme wird die Anfrage als *Query* bezeichnet. Die Dialogsteuerung stellt die Schnittstelle zum Anwender dar, meist in Form eines interaktiven Modus. Desweiteren stellt sie eine Erklärungskomponente zur Verfügung, mit deren Hilfe der Benutzer den Entscheidungs- und Schlußfolgerungsprozeß des Expertensystems untersuchen und kritisch nachvollziehen kann.

Ein Beispiel: Die Wissensbasis enthält die beiden Fakten *Meier ist Chef von Schmitt* sowie *Schmitt ist Chef von Müller*. Gleichzeitig ist die Regel *Aus A ist Chef von B und B ist Chef von C folgt A ist Chef von C* in der Wissensbasis abgelegt, eine Tatsache, die für den Menschen zwar selbstverständlich ist, doch im Hinblick auf die elektronische Verarbeitung durchaus spezifiziert werden muß. Es folgt nun die Anfrage des Benutzers, ob der Mitarbeiter Manfred Meier weisungsberechtigt gegenüber Markus Müller ist. Die diesbezüglich an das System gestellte Query lautet: *Meier ist Chef von Müller*. Das System versucht nun anhand der in der Wissensbasis vorhandenen Fakten und Regeln, diese Query zu beweisen. Durch Ersetzen der Variablen A, B und C in der einzigen vorhandenen Regel mit den Namen Meier, Schmitt und Müller kann eine wahre Aussage hergeleitet werden. Die Antwort des Systems ist: *Ja*.

In einer zweiten Anfrage wird nun folgende Query an das System übergeben: *Meier ist Chef von A*. Die freie Variable A wird nun im Verlauf des Beweises mit dem Wert *Schmitt* besetzt werden, da der Fakt *Meier ist Chef von Schmitt* in der Wissensbasis vorhanden ist. Darüber hinaus wird das System durch Anwendung der Regel den Wert *Müller* finden. Die Ausgabe am Bildschirm lautet: *Schmitt, Müller*.

Die im vorangegangenen Beispiel beschriebene Form des Schließens spezieller Aussagen aus einer allgemeinen Faktenmenge wird als *deduktive Inferenz* bezeichnet. Eine interessante Erweiterung dieses Konzeptes ist die *statistische Inferenz*, bei der durch Attributierung der Wissensbasis mit Wahrscheinlichkeitswerten auch Schlüsse aus unscharfem Wissen gezogen werden können. Beispielsweise ist es dadurch möglich, den Sachverhalt zu beschreiben, daß Meier mit 80 % Wahrscheinlichkeit Chef von Schmitt ist (etwa bei einer potentiell bevorstehenden Beförderung). Diese Möglichkeit bietet interessante Perspektiven in bezug auf die Annäherung an die menschliche Fähigkeit, Vermutungen zu äußern.

Insgesamt sind drei verschiedene Benutzermodi von Expertensystemen zu unterscheiden, die alle interaktiv über die Dialogsteuerung bedient werden: das Ableiten von Antworten auf Anfragen (Benutzer als Klient), die Erweiterung der Wissensbasis des Systems (Benutzer als Tutor), und die Ausgabe der Fakten der Wissensbasis als Grundlage zur menschlichen Weiterverwertung (Benutzer als Schüler) (vgl. Michie 1980).

Workgroup-Systeme

Im Rahmen der *Prozeßunterstützung* der Zusammenarbeit lassen sich anhand der zeitlichen und örtlichen Verteilung der einzelnen Gruppenmitglieder vier verschiedene Kommunikationstypen unterscheiden (vgl. Abb. 4-12 sowie Abb. 8-1), die durch Groupware unterstützbar sind (vgl. DeSanctis / Gallupe 1985; Borghoff / Schlichter 2000; Krcmar 2002). Die diesbezüglich im folgenden betrachteten Groupware-Systeme sind unter anderem das *Group Decision Support System* (GDSS), das *Joint Editing* und *E-mail*.

Anwesenheit der Teilnehmer	zu gleicher Zeit (synchron)	zu unterschiedlichen Zeiten (asynchron)
am gleichen Ort	• umfassend computerunterstützte Sitzung • computerunterstützte Sitzungsmoderation • Group Decision Support Systems • Präsentationssoftware	• Terminkalender-Management für Gruppen • Projektmanagement-Software • Textfilterungs-Software
an unterschiedlichen Orten	• Audio- und Videokonferenz • Screen-Sharing • Spontaninteraktion durch Nachrichtenaustausch im Rechnernetz	• Electronic Conferencing und Bulletin-Boards, E-Mail • Werkzeuge zur Konversationsstrukturierung • Mehrfachautoren-Software (Joint-Editing)

Abb. 4-12: Synchrone / asynchrone und verteilte / nicht verteilte Kommunikation (in Anlehnung an Krcmar 1992, S. 7)

Das *Group Decision Support System* (vgl. Maaß 1991; Krcmar 2002) ist ein Beispiel für die synchrone Kommunikationsunterstützung am selben Ort. Als Unterklasse der *Decision Support Systems* (DSS), dem Gegenstand der Untersuchungen von Keen / Scott Morton

(1978), kann ein derartiges System eine Gruppe von Entscheidungsträgern bei der Lösung schlechtstrukturierter Probleme etwa durch computergestützte Methoden wie z.B. Brainwriting, Präferenzermittlungen oder Techniken zur Ideenstrukturierung unterstützen. Um eine für Besprechungen möglichst günstige Atmosphäre zu schaffen, werden in der Konzeption derartiger Systeme oft auch gruppendynamische Aspekte und ergonomische Rahmenbedingungen mit einbezogen.

Eine verteilte, asynchrone oder synchrone Arbeitssituation kann durch *Joint Editing* unterstützt werden. Hierbei wird ein und dasselbe Dokument durch verschiedene Benutzer – u.U. sogar zeitgleich – bearbeitet. Werden Dokumente hingegen von einer Person verfaßt und dann asynchron anderen Personen zugestellt, so spricht man von elektronischer Post bzw. von *E-Mail*.

Eine computergestützte Gruppenarbeit besonderer Art, die zur gleichen Zeit an unterschiedlichen Orten Einsatz findet, ist die *Videokonferenz*. Damit bezeichnet man eine durch Audio- und Videotechnik ermöglichte synchrone Telekommunikation, eine Technik, die den Vorteilen des klassischen Face-to-face-Kontaktes am nächsten kommt. Dabei liegt allerdings die Mindestanforderung an die Bandbreite des zugrundeliegenden Übertragungskanals bei 64 Kbit/s, was der Leistung von Schmalband-ISDN entspricht. Eine Multimedia-Konferenz auf Hochleistungsworkstations hingegen stellt noch wesentlich höhere Anforderungen an die Bandbreite: Ein Bedarf an Übertragungsgeschwindigkeiten im Bereich um 100 Mbit/s ist hier keine Seltenheit.

Workflow-Systeme

Das höchste Maß an Prozeßunterstützung für eine Gruppe liefern die *Workflow-Systeme* (vgl. hierzu auch Kap. 5.4.3.3). Im Gegensatz zu den oben vorgestellten Workgroup-Systemen, bei denen die Zusammenarbeit, also die Gemeinsamkeit der Arbeit an der Lösung einer Aufgabe, im Vordergrund steht, ist hier das zentrale Augenmerk auf den Ablauf der unterstützten Vorgänge gerichtet. Mit Hilfe eines derartigen *Vorgangssteuerungssystems* können die Tätigkeiten einzelner Mitarbeiter in zeitlicher Hinsicht koordiniert werden, wobei idealerweise bestehende Anwendungsprogramme und Werkzeuge integriert werden. Das System automatisiert den *Ablauf*, d.h. einzelne Schritte werden nacheinander den Benutzern zur Erledigung vorgelegt. Da die Ausführung der einzelnen Tätigkeiten nicht notwendigerweise an ein und demselben Rechner stattfinden muß, bietet sich als technische Grundlage für diese Art von Anwendung die verteilte Verarbeitung in Client / Server-Umgebungen an.

Anforderungen an ein Workflow-System im administrativen Bereich sind beispielsweise die Integration von Textverarbeitungssystemen zur Dokumentenerstellung, die Möglichkeit zur Bestimmung des Laufwegs, die einfache Regelung von Vertretungssituationen und ähnliches. Im betrieblichen Arbeitsablauf stehen außerdem Funktionen wie die Weiterleitung von Daten von einem Anwendungsprogramm zum nächsten im Vordergrund, so daß das System in der Lage sein muß, die *Application Programming Interfaces* (APIs), d.h. die Programmierschnittstellen der betroffenen Programme, ansprechen zu können.

Die „Workflow" Auftragsbearbeitung beinhaltet beispielsweise die Erfassung der Auftragsdaten sowie den anschließenden Aufruf des Bonitätsmoduls, das durch Zugriff auf eine Datenbank die neu eingegebenen Daten mit den gespeicherten Informationen abgleicht. Wird dem Kunden Zahlungsfähigkeit unterstellt, so ist der nächste Schritt die Übertragung der Auftragsdaten an das Modul zur Lagerverwaltung. Die Information darüber, welcher Schritt als nächstes ausgeführt werden muß, ist vergleichbar mit dem Register einer Umlaufmappe. Die elektronische Umlaufmappe des Workflow-Systems schickt die jeweiligen Inhalte der Mappe selbständig an die betroffenen Personen und stellt darüber hinaus automatisch das geeignete Werkzeug zur Aufgabenerfüllung zur Verfügung. An jedem dieser Werkzeug- oder Modulaufrufe ist eine nach Möglichkeit automatische Versorgung der Module mit Eingabedaten notwendig, im ersten Falle unseres Beispieles, der Bonitätsprüfung, sind es die Kundendaten, im zweiten die Daten des Auftrags. Diese Versorgung muß an den jeweiligen Modulaufrufen im Workflow-System explizit programmiert werden, und zwar unter Bezugnahme auf die Programmierschnittstelle (API) des jeweiligen Moduls.

Der Vergleich des Vorgangssteuerungssystems mit der klassischen Umlaufmappe hinkt an einer Stelle: Während die elektronische Variante jederzeit zeitgleich an zwei verschiedene Personen zur parallelen Bearbeitung geschickt werden kann, ist dies in der konventionellen, papiergebundenen Form nicht ohne weiteres möglich. Ein großer Vorteil der elektronischen Abwicklungsunterstützung von Unternehmensprozessen ist demnach die *Parallelisierbarkeit von Prozeßelementen*. Hinzu kommt ein Flexibilitätsvorteil, der sich aus der im Vergleich zur nichtautomatisierten Vorgangsabwicklung schnelleren und besseren Adaptierbarkeit an veränderte Bedingungen ergibt, sowie die Möglichkeit zur Automation einiger Ablaufschritte, wie beispielsweise eine automatische Bonitätsprüfung nach Auftragseingabe oder die automatisierte Nachbestellung von Gütern bei Unterschreitung eines bestimmten Lagerbestandes.

4.2.2.3 Verteilung

Der Aspekt der *Verteilung* beschreibt den Trend zur Dezentralisierung auf der Ebene der informations- und kommunikationstechnischen Infrastrukturen. Sowohl in bezug auf die Datenhaltung als auch die Funktionalität von Anwendungsprogrammen vollzieht sich im letzten Jahrzehnt eine Entwicklung, in der zentrale Strukturen mehr und mehr aufgelöst werden. Ursache hierfür ist im wesentlichen die gestiegene Leistungsfähigkeit von Rechnernetzen, die die Problematik der Übertragungsengpässe bei der Informationsverarbeitung immer mehr in den Hintergrund stellt und damit eine Auslagerung von Daten und Funktionen auf andere Rechner erlaubt. Eine wichtige Voraussetzung für eine derartige Auslagerung in heterogenen Systemlandschaften ist die Standardisierung, ein Aspekt, auf den später noch näher eingegangen wird. In jüngster Zeit zeichnet sich jedoch in einigen Bereichen auch ein gegenläufiger Trend zurück zur zentralen Datenverarbeitung auf sogenannten Application- oder Terminal-Servern ab. Zurückzuführen ist diese Entwicklung auf die aufwendigere Wartung und die hohen Hardwarekosten im Bereich der Aktualisierung verteilter Systeme in Verbindung mit der hohen Leistungsfähigkeit moderner Workstations. Diese können inzwischen die Rechenzeitbedürfnisse mehrerer zeitgleicher Nutzer bedienen, ein Aufgabenbereich, der früher Großrechnern vorbehalten war.

Verteilung von Daten

Der Aspekt der Datenhaltung über Rechnergrenzen hinweg verdient eine gesonderte Betrachtung. Die damit verbundenen Anforderungen an eine sogenannte *verteilte Datenbank* wurden von C.J. Date in einem Satz auf den Punkt gebracht: „Ein verteiltes System sollte dem Benutzer genau wie ein nichtverteiltes erscheinen" (vgl. Date 1999). Von dieser grundlegenden Regel, der sogenannten *Transparenzforderung*, werden dann insgesamt zwölf Forderungen abgeleitet, die in ihrer Gesamtheit zwar bisher von keiner kommerziell erhältlichen Software erfüllt werden, doch dennoch einen guten Anhaltspunkt für die Beurteilung verteilter Datenbanken liefern. Die wesentlichsten Aspekte werden im folgenden kurz angesprochen.

Die Forderung nach *lokaler Autonomie* bezieht sich auf die Notwendigkeit der Eigenständigkeit der einzelnen Standorte. Funktionsdeterminierende Abhängigkeiten dürfen weder zwischen den einzelnen Orten noch von einer zentralen Instanz bestehen, da ansonsten bei einem Ausfall eines Teilsystems andere Standorte betroffen werden. Umgekehrt besteht jedoch der Anspruch, daß für jeden Benutzer der Anschein gegeben wird, als ob sämtliche Daten an einem zentralen Ort, nämlich dem eigenen Standort, gespeichert sind. Date bezeichnet dies als die Forderung nach *Standortunabhängigkeit*. Zu den Aspekten der physischen Speicherung von Daten gehört die *Fragmentierungsunabhängigkeit*. Daten sollten aus Effizienzgründen am Ort der größten Nachfrage gespeichert werden können, selbst wenn sie logisch zusammengehörig sind. Personaldaten etwa, die für die Geschäftsstelle in London interessant sind, sollten dementsprechend vor Ort gespeichert werden, ebenso die Münchner Personaldaten in München. Dennoch stehen dem Benutzer auf Wunsch stets *alle* Personaldaten zur Verfügung. Ebenso besteht die Forderung nach der Möglichkeit zur Einführung *kontrollierter Re-*

dundanz über die einzelnen Standorte hinweg, das heißt der Anspruch der *Replizierungs-sunabhängigkeit*. Aus Gründen der Zugriffsgeschwindigkeit sollte das Unterhalten von Kopien der Daten für Benutzer und Systemverwalter an unterschiedlichen Standorten möglich sein, wobei das System für die Sicherung der Konsistenz zwischen den einzelnen Kopien verantwortlich ist. Ebenso besteht aus Gründen der Effizienz die Notwendigkeit einer *verteilten Anfragenbearbeitung (Distributed query processing)*. Diese Forderung impliziert das gleichzeitige Bearbeiten einer Anfrage an die Datenbank an sämtlichen Standorten, an denen Fragmente des relevanten Datenbestandes gehalten werden. Diese Möglichkeit erfordert ein gleichfalls *verteiltes Transaktionsmanagement (Distributed transaction management)*, über das z.B. durch den Ausfall eines Knotens verursachte Konsistenzschäden an der Datenbank vermieden werden können. Neuere Ansätze versuchen, über die statische Verteilung hinausgehend, noch Möglichkeiten einer dynamischen, standortunabhängigen Verteilung von Datenbeständen zu nutzen. Unter dem Stichwort *Objektmigration* werden Ansätze zusammengefaßt, die darauf abzielen, Datenobjekte in einem weltweit verteilten System (z.B. Flugbuchungssystem) stets dynamisch an die Standorte wandern zu lassen, an denen sie vorrangig gebraucht werden.

Verteilung von Funktionalität

In einem verteilten System ist die transparente Verteilung von interner Funktionalität Grundlage für die Integration der extern verfügbaren Funktionalität. So kann eine Einbindung verschiedener Benutzer an verschiedenen Standorten in der Regel nur durch die nach außen hin nicht sichtbare Duplizierung der Einzelplatzsysteme mit anschließender, ebenso verborgener Koordination geschehen. In einem geschlossenen System der Information und Kommunikation sind so die Konzepte der Verteilung und der Integration stets in der einen oder anderen Form miteinander gekoppelt. Das im folgenden Kapitel angesprochene *Client / Server-Konzept* als Methode zur Verteilung von interner Funktionalität ermöglicht die optimale Plazierung von Aufgaben auf die jeweils am besten dafür geeignete Instanz und damit die *Integration der Rechenleistung* sämtlicher Rechner im Netz.

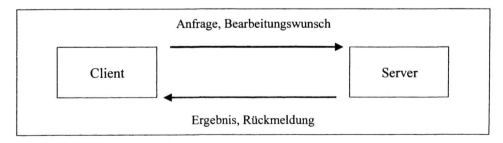

Abb. 4-13:   Das Client / Server-Konzept

Der Terminus Client / Server muß zunächst in seiner abstrakten Bedeutung gesehen werden (vgl. Borkhoff / Schlichter 2000). Hierbei wird lediglich impliziert, daß ein von einem Antragsteller, dem *Client*, ausgehender Auftrag von einem Dienstleister, dem *Server*, bearbeitet wird (vgl. Abb. 4-13). In bezug auf die Informationstechnik können die an diesem Spiel beteiligten Akteure nun unterschiedlicher Gestalt sein, ja sogar ihre Rollen als Client und Server komplett gegeneinander austauschen.

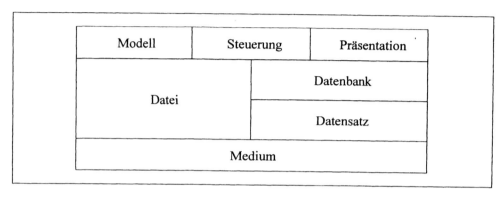

Abb. 4-14:   Anwendungssystemarchitektur aus Client / Server-Sicht

Abbildung 4-14 zeigt eine mögliche Darstellung der grundsätzlichen Architektur von Anwendungssystemen aus Client / Server-Sicht, wobei für jede der angegebenen Komponenten eine Auslagerung der Funktionalität möglich ist. Die eigentliche Applikation, bestehend aus einem *Modell-*, *Präsentations-* und einem diese beiden Komponenten verknüpfenden *Steuerungsteil*, verwendet dabei beim Zugriff auf das Speichermedium eine Hierarchie von Abstraktionsebenen. Beispielsweise bedient sich ein PPS- (Produktionsplanungs- und -steuerungs-) System bestimmter Algorithmen zur Berechnung von Fertigstellungsterminen und Durchlaufzeiten, die der Modellkomponente zugeordnet werden können. Für die Visualisierung am Bildschirm stehen Routinen im Präsentationsteil zur Verfügung, und die Verknüpfung der Ausgabefenster mit den berechneten Werten geschieht über Routinen aus dem Steuerungsteil. Die darunterliegenden Ebenen beziehen sich auf die Speicherung der Daten, wobei entweder über eine Datenbank der Zugriff auf einzelne Datensätze stattfinden kann oder unmittelbar auf Dateien gearbeitet wird. Auf den Ebenen Medium, Datei, Datenbank und Präsentation ist derzeit bereits eine Verwirklichung des Client / Server-Konzeptes im Netz möglich, eine Übertragung dieses Konzepts auf die anderen Module ist jedoch ebenfalls durchaus denkbar. So ist das weiter oben beschriebene *Distributed Query Processing* ein Beispiel für eine Client / Server-Beziehung auf der Datenbankebene, die betreffenden *Datenbankserver* sind die jeweils mit der Ausführung der gestellten Anfrage beschäftigten Knoten. Dem in klassischen lokalen Netzen stets vorhandenen *Fileserver* hingegen obliegt die Aufgabe, den Zugriff der angeschlossenen Clients auf ganze Dateien zu koordinieren. Einen *Disk-Server* findet man beispielsweise in Konfigurationen, in denen ein knappes Medium wie etwa ein CD-ROM-Laufwerk mehreren Clients zur Verfügung gestellt wird.

Interessant ist der aus dem unter UNIX verwendeten X-Konzept bekannte *Presentation Server*. Die Dienste zur Gestaltung der Benutzerschnittstelle werden hier zentral verwaltet und können damit einer einheitlichen Gestaltung unterworfen werden. Diese ohne weiteres auf den allgemeinen Aufruf von Diensten auf entfernten Rechnern ausweitbare Technik bezeichnet man als *Remote Procedure Call*.

Standardisierung von Client / Server-Datenbanken

Gerade in bezug auf die Einbettung von Datenbankservern in heterogene Anwendungslandschaften ist eine Standardisierung von *Datenbankschnittstellen* unerläßlich. Unter den für eine derartige Standardisierung zuständigen Organisationen findet sich auch hier die schon erwähnte ISO (die International Organisation for Standardization). Darüber hinaus existieren zu diesem Thema Herstellerzusammenschlüsse wie die SQL Access Group oder X/Open, aber auch Alleingänge, wie sie beispielsweise von Microsoft oder IBM praktiziert werden.

Die internationale Norm zum Thema Datenbankzugriff aus den Reihen der ISO ist der *Remote Database Access* RDA-Standard. Hier werden Anhaltspunkte für die Umwandlung z.B. in SQL formulierter herstellerspezifischer Datenbankanfragen in ein neutrales Format gegeben, das dann unter Verwendung des ebenfalls von der ISO propagierten 7-Schichten-Modells zwischen Client und Server übertragen werden kann. Ebenso findet man hier Richtlinien für die Umformung der Antwort – Nachricht mit anschließender Rückübertragung an den Client. Eine verteilte Konfiguration mit mehreren Datenbankservern findet allerdings noch keine Berücksichtigung. Vor dem Hintergrund objektorientierter Client / Server-Systeme ist als wichtiger Zusammenschluß von Herstellern die *Object Management Group* (OMG) mit über 700 Mitgliedern als das weltweit größte Konsortium von Softwareherstellern zu nennen. Die Architektur eines Verteilersystems zur Koordination von Funktionsaufrufen über ein Netzwerk wird im Rahmen der von der OMG spezifizierten *Common Object Request Broker Architecture* (CORBA) festgelegt (vgl. OMG 1992). Objekte unterschiedlicher Hersteller und Programmiersprachen können auf diese Weise in ein verteiltes System integriert und bei der Inanspruchnahme gemeinsam genutzter Dienste koordiniert werden.

4.2.2.4 Integration

Sowohl in bezug auf Hardware als auch auf die darauf abgestellten System- und Anwendungsprogramme bestehen starke Tendenzen zur *Integration*, d.h. der Zusammenführung bestimmter funktionaler Eigenschaften. Unterschiedliche Rechnerarchitekturen und Systemtechniken werden über den Aspekt der *Kompatibilität* (Verträglichkeit mit anderen Systemkomponenten) aufeinander abgestimmt und aufgrund ihrer *Interoperabilität* (Interaktion mit anderen Systemkomponenten) in heterogene Netz- und Systemlandschaften eingebaut. Dieser Abstimmung verschiedenartiger Systeme kommt insbesondere im Zusammenhang mit dem Trend der Globalisierung eine wachsende Bedeutung zu. Produkte wie *Java*, eine (weitgehend) systemunabhängige Programmiersprache, oder Konzepte wie *CORBA* begründen ihren enormen Erfolg primär auf der Umsetzung dieses Aspektes.

Eine weitere Ebene der Integration ist das Zusammenführen von Anwendungsprogrammen unter einer einheitlichen Benutzerschnittstelle. Im Zusammenhang mit Internet und Intranet spielt hier der *Browser* als universeller Client für verschiedenartigste Applikationen und Benutzeroberfläche für den Zugriff auf unterschiedlichste Server eine zentrale Rolle. Auch Office-Pakete mit ehemals eigenständigen Applikationen wie Textverarbeitung, Präsentationsprogramm oder Datenbank präsentieren sich zunehmend unter einer einheitlichen Oberfläche, in deren Schaltzentrale die einzelnen Funktionalitäten transparent modulartig eingebunden werden. Zudem werden Anwendungen zur Dokumentenerstellung hin zur Internet-Funktionalität erweitert, um die erstellten Dokumente direkt im World Wide Web zu veröffentlichen. Ebenfalls unter den Aspekt der Integration fällt die Zusammenführung bisher getrennter Aufgaben- und Funktionsbereiche in ein großes Softwareprodukt mit aufeinander abgestimmten Komponenten. So werden Systeme zur Unternehmenssteuerung (wie beispielsweise SAP) eingeführt, die sämtliche Stufen des Wertschöpfungsprozesses einer Organisation erfassen und unterstützen sowie die organisationale Struktur des Unternehmens abbilden.

Im folgenden werden Integrationstendenzen auf unterschiedlichen Ebenen mit unterschiedlichen Integrationsobjekten angesprochen. Die Diskussion orientiert sich dabei an den Rechnernetzen, den Daten sowie den Formen der Daten im Sinne der verwendeten Medien.

Integration von Netzwerken

Eine Integration in bezug auf bestehende *lokale Netze* geschieht in der Regel durch deren Anschluß an ein sogenanntes *Backbone-Netzwerk*. Ein derartiges Netz, bildhaft der menschlichen Wirbelsäule ähnelnd, ist in der Lage, mehrere bestehende lokale Netze

über spezielle Bindeglieder ohne hohen Neukonfigurationsaufwand zusammenzuschließen. Die Netzkomponente an der Schnittstelle zwischen lokalem und Backbone-Netz
wird als *Gateway* bezeichnet. Ihr obliegt die Übersetzung zwischen den unterschiedlichen Protokollen, Übertragungsbandbreiten und Standards der gekoppelten Netze. Das
Hochgeschwindigkeits-Übertragungsverfahren ATM (vgl. Kap. 4.2.1) wurde beispielsweise unter Beachtung seiner Eignung als Backbone-Technik konzipiert. Ein ATM-
Gateway kann so die geforderte Übersetzung und Weitergabe der Nutzdaten effizient
bewerkstelligen.

Datenintegration

Auf einer anderen Ebene der Integration findet sich die Zusammenfassung der in einem
Unternehmen benötigten *Daten* als Voraussetzung für eine Integration von *Information*.
Die Zusammenfassung von Daten aus unterschiedlichen betrieblichen Funktionsbereichen,
aber auch in vertikaler Richtung innerhalb und außerhalb des Unternehmens, bezeichnet
man als *Datenintegration*. Sie beinhaltet sämtliche Vorteile einer zentralen Verwaltung
der unternehmensrelevanten Daten und bildet gleichzeitig die Voraussetzung für eine den
modernen Gegebenheiten entsprechende Gestaltung der Unternehmensprozesse. Ein
großer Vorteil ergibt sich aus dem Wegfall der Mehrfacherfassung von identischen Daten.
Auftragsinformationen beispielsweise, die sowohl in der Finanzabteilung als auch in der
Produktion benötigt werden, müssen nur einmal erfaßt werden und stehen anschließend in
beiden Abteilungen zur Verfügung. Die weitgehende Redundanzfreiheit einer integrierten
Datenbasis sichert gleichzeitig die *Konsistenz*, da die Möglichkeit widersprüchlicher
Informationen in redundanten Datenbeständen entfällt.

Medienintegration

Integration erfolgt aber auch hinsichtlich der Medien. Unter dem Begriff *Multimedia*
halten Kommunikationsmedien wie Sprache, Grafik und Video Einzug in die Welt der
Informationstechnik. Fünf Medien sind es, die derzeit für eine Zusammenführung in
einer Benutzeroberfläche in Frage kommen: Text, Vektor- und Rastergrafiken, Audio
und Video. Große Unterschiede in den technischen Anforderungen ergeben sich dabei
primär in bezug auf die Medien Audio und Video, da hier der Anspruch einer Wiedergabe in *Echtzeit* besteht. Für die Reproduktion bewegter Bilder oder von Tonsequenzen
muß kontinuierlich aufgenommen, bzw. *gesampelt* werden, für die Medien Text und
Grafik genügt hingegen eine einmalige, zeitlich nicht kritische Digitalisierung. Abbildung 4-15 zeigt einen Vergleich des Speicherbedarfs der einzelnen Medien.

Speicherbedarf digitalisierter Informationen	
1 Seite Schreibmaschinen-Text (s/w, DIN A4)	2 KB
1 Seite Graphik (24 bit/Bildelement)	50 KB
Video-Standbild	200 - 700 KB
1 Minute Audio in Stereo	5,3 MB
... komprimiert	1,3 MB
1 Minute Video-Bewegtbild	>1 GB
... komprimiert	9 MB
1 Seite Farbdruck, DIN A4	20 MB
Spielfilm (Farbe, 90 Min. unkomprimiert)	1 TB

Abb. 4-15:　Speicherbedarf digitalisierter Informationen (in Anlehnung an Wolff 1993, S. 12)

Eine Verbesserung der Qualität von Audio- und Videodaten ist durch Erhöhung der Samplingfrequenz möglich. Allerdings erhöhen sich damit auch trotz ausgefeilter Komprimierungsalgorithmen die Anforderungen an die Kapazität des zugrundeliegenden Übertragungsmediums. So kann beispielsweise für die Echtzeitübertragung von Videodaten eine Bandbreite von 140 MB/s erforderlich werden. Diese Übertragungsgeschwindigkeit kann derzeit nur mit Hilfe schneller Netze wie z.B. der DQDB- oder ATM-Technik (vgl. Kap. 4.2.1) gewährleistet werden. Das Kapazitätsproblem stellt sich nicht nur bei der Übertragung, sondern auch bei der Speicherung multimedialer Daten. Zur Weitergabe multimedialer Daten dienen Wechselmedien mit hoher Kapazität wie die CD-ROM oder die DVD, während bei der Bearbeitung der Daten aufgrund ihrer hohen Leistungswerte schnelle Festplatten mit großer Speicherkapazität bevorzugt werden. Trotz aller technischen Schwierigkeiten bei der Integration von Medien rückte ihre betriebswirtschaftliche Bedeutung vor allem im Bereich der Büroarbeit ins Zentrum des Interesses (vgl. Koller 1994; Picot / Neuburger 1997b).

4.2.2.5 Standardisierung

Standardisierung (zu den ökonomischen Grundlagen der Standardisierung siehe Kap. 2.4.2) dient dem Ziel, allgemein akzeptierte und öffentlich zugängliche Regeln aufzustellen, die es ermöglichen, verschiedenartige Systeme im Verbund einzusetzen (*Kompatibilität*). Systeme, die derartigen Regeln folgen, werden als *offene Systeme* bezeichnet. Die offizielle Definition offener Systeme des *Technical Committee on Open Systems* des *IEEE (Institute of Electrical and Electronics Engineers)* bezieht sich auf

„die vollständige und konsistente Menge internationaler Technikstandards und funktionaler Standards zur Spezifikation von Schnittstellen, Diensten und Formaten hinsichtlich einer Gewährleistung von Interoperabilität und Portabilität von Anwendungen, Daten und Personen" (Bues 1994, S. 22).

Vor diesem Hintergrund erweist sich Offenheit als Voraussetzung für Integration, und zwar hinsichtlich integrationsbestimmender Faktoren wie z.B. Interoperabilität und Portabilität. *Interoperabilität*, d.h. die Zusammenarbeit verschiedener Komponenten, und *Portabilität*, d.h. die Übertragbarkeit auf andere Systeme, können dabei nur gewährleistet werden, wenn geeignete herstellerübergreifende Standards bei der Konzeption der informations- und kommunikationstechnischen Infrastrukturen eingehalten werden.

Im deutschen Sprachraum kann der englische Begriff „Standard" sowohl Standard als auch Norm bedeuten. Der Begriff *Standard* bezeichnet allgemein eine Spezifikation, die verbreitet Verwendung findet. Bei einer technischen *Norm* hingegen handelt es sich um eine technische Spezifikation, die von einer anerkannten Normungsorganisation unter Mitarbeit und Zustimmung aller interessierten Kreise erstellt und gebilligt wurde (vgl. o.V. 1997, Stichwort „Technische Norm") und zur allgemeinen, öffentlichen Verwendung empfohlen wird. Ihre Verwendung ist an sich freiwillig und nicht rechtlich zwingend. Somit muß eine Norm nicht zwangsläufig auch Standard sein (beispielsweise die Email-Norm X.400), während sich umgekehrt auch viele Spezifikationen weit verbreiten und Standard werden, ohne vorher zur Norm erhoben worden zu sein.

Grundsätzlich können zwei Arten von Standards unterschieden werden: De-facto- und De-jure-Standards. *De-facto*-Standards entstehen evolutionär in der Praxis, indem sich eine Spezifikation auf dem Markt durchsetzt, ohne durch eine normgebende Organisation oder einen Gesetzgeber empfohlen bzw. vorgeschrieben worden zu sein. Sie sind das Ergebnis von marktlichen Ausleseprozessen oder auch Verbandsaktivitäten oder Kooperationen (vgl. Zerdick / Picot / Schrape et al. 2001) und bilden sich oft heraus, „wenn in einem expandierenden Markt eine bestimmte Verfahrensweise einen gewissen Vorteil gegenüber alternativen Verfahrensweisen hat" (Gates / Myhrvold / Rinearson 1997, S. 83). Beispiele hierfür sind die Netzwerkprotokolle TCP/IP und IPX/SPX, aber auch der Datenbankstandard ODBC. Bei *De-jure*-Standards handelt es sich um „Standards, die verbindlich durch Industrie-Konsortien oder offizielle Institutionen festgelegt werden" (Zerdick / Picot / Schrape et al. 2001). Eine engere Definition fordert unmittelbare Gesetzeskraft und betrachtet De-jure-Standards als „Zwangsstandards". Hinter ihnen steht die Verbindlichkeit gesetzlicher Regelungen. Ihre Entstehung wird vor allem durch administrative Prozeduren beeinflußt" (Monopolkommission 1991).

In Deutschland ist das Deutsche Institut für Normung e.V. (DIN) mit Sitz in Berlin für die Erstellung und Verabschiedung von Normen zuständig. Es handelt sich dabei jedoch nicht um eine staatliche Instanz, sondern um einen gemeinnützigen Verein, dessen Normen an sich nur den Charakter von Empfehlungen ohne rechtliche Verbindlichkeit haben (vgl. Groenke 1985). „Es sei denn, DIN-Normen sind, z.B. durch einen Vertrag, verbindlich gemacht worden. Das geschieht täglich in unzähligen Fällen. Da es zweckmäßig ist, die vertraglich zu erbringenden Leistungen so genau wie möglich zu bestimmen, beziehen sich die Parteien gern auf den Inhalt von DIN-Normen" (DIN 1999). Das amerikanische Pendant zum DIN ist das *American national standards institute* (ANSI) in New York. Das DIN wirkt als autorisierte nationale Vertretung in den Gremien der europäischen und internationalen Normungsinstitute mit. Auf europäischer Ebene sind im Bereich der Informations- und Kommunikationstechnologie im wesentlichen drei Organisationen zuständig: Das *Comité Européen de Normalisation* (CEN, European Committee for Standardization) für Normung von Informationstechnologie allgemein und das *Comité Européen de Normalisation Electrotechnique* (CENELEC) für elektrotechnische Belange in Brüssel sowie das *European Telecommunications Institute* (ETSI) in Nizza für den Telekommunikationssektor. Die Koordination im Bereich der Überlappungen der Tätigkeitsfelder der genannten Organisationen geschieht durch das *Information and Communication Technology Standards Board* (ICTSB). Die vom CEN als Europäische Norm (EN) herausgegebenen Spezifikationen sind für die Länder der Europäischen Union (EU) und European Free Trade Area (EFTA) gültig und werden von den Mitgliedern als nationale Normen übernommen. Auch sie sind aus sich heraus nicht rechtsverbindlich.

Analog zu den europäischen Normungsinstituten sind international die *International Organization for Standardization* (ISO), die *International Electrotechnical Commission* (IEC) und die *International Telecommunications Union-Telecommunication Standardization Sector* (ITU-TS, ehemals *Comité Consultatif Internationale de Telegraphique et Telephonique*, CCITT) mit Sitz in Genf tätig. Auf dem Gebiet der Informationstechnik überschneiden sich die Zuständigkeitsbereiche der ISO und der IEC, weshalb 1987 für Normungen in diesem Bereich das *Joint Technical Committee 1 Information Technology* (JTC1) gegründet wurde. Die Hauptmitglieder der ISO bestehen aus den nationalen normgebenden Institutionen der Mitgliedsstaaten, eine Übernahme der ISO-Normen für diese besteht jedoch nicht. „Die Welthandelsorganisation der WTO strebt jedoch eine stärkere Verpflichtung zur Übernahme der ISO-Normen an. Besonders Japan und die USA haben hier Nachholbedarf" (DIN 1999).

Offizielle Normen und Standards, wie etwa das unten vorgestellte ISO / OSI Referenzmodell, stehen stets im Wettbewerb mit Industriestandards wie TCP/IP, IPX/SPX oder ähnlichen. Dabei erweisen sich die evolutionär in der Praxis entstandenen Varianten oft als wesentlich durchsetzungsfähiger als ihre auf dem „grünen Tisch" entwickelten Ge-

genstücke: „In manchen Bereichen werden zur Förderung der Kompatibilität Normen oder Standards von Regierungen und Kommissionen festgelegt. Dies sind De-jure-Standards, die Gesetzeskraft haben. Viele der erfolgreichsten Standards sind jedoch De facto-Standards, die der Markt herausfindet" (Gates / Myhrvold / Rinearson 1997). In jedem Fall steckt hinter den Standardisierungsbestrebungen der Wunsch nach Offenheit, Kompatibilität und Integration, ein Bedürfnis, das sich z.B. im Enstehen von Nonprofit-Herstellerzusammenschlüssen verdeutlicht. Beispiele für derartige Zusammenschlüsse sind das X/Open-Konsortium, das sich der Standardisierung im Bereich des Betriebssystems UNIX verschrieben hat, das World Wide Web Konsortium (W3C), das Spezifikationen für die Datenformate des WWW empfiehlt, oder die Open Applications Group, die sich mit Document Type Definitions (DTD) für XML beschäftigt, so auch für die Beschreibung von Business Objects.

Abb. 4-16: Das ISO / OSI-7-Schichten Referenzmodell (in Anlehnung an Scheller et al. 1994, S. 20)

Netzwerkstandardisierung

Ein erster Schritt in Richtung Offenheit ist die Standardisierung auf *Netzwerkebene*. Das in Abbildung 4-16 dargestellte, OSI-7-Schichten-Referenzmodell für die Strukturierung von Rechnernetzen der ISO ist zumindest vom Konzept her Grundlage für die Interoperabilität von Netzwerkarchitekturen. Den einzelnen Schichten dieses Modells werden bestimmte

Aufgaben zugeordnet (vgl. Tanenbaum 1989). Die Funktionalität einer Schicht beruht jeweils auf den von der darunterliegenden Schicht zur Verfügung gestellten Diensten, mit den elementaren Funktionen zur fehlerfreien Übertragung einzelner Bits über ein gegebenes technisches Medium auf der untersten Ebene, der Bitübertragungsschicht. Die Kommunikation zwischen den gleichen Schichten auf den unterschiedlichen beteiligten Rechnersystemen beruht auf einer standardisierten Sprache, dem sogenannten *Protokoll*. Die beiden wichtigsten Protokolle des Internet, TCP und IP (*Transport Control Protocol* und *Internet Protocol*) sind auf den Ebenen 4 (Transportschicht) bzw. 3 (Netzwerkschicht) einzuordnen. Über TCP wird eine virtuelle Verbindung zwischen dem Quell- und dem Zielrechner aufgebaut, während IP für die Weiterleitung der Daten auf den Strecken zwischen dem Sender und dem Empfänger verantwortlich ist.

Standardisierung des Datenaustausches

Auf der Darstellungs- bzw. Anwendungsschicht des ISO/OSI-Referenzmodells einzuordnen sind z.B. Standards für den elektronischen Datenaustausch zwischen Unternehmen, auch als *Electronic Data Interchange* (EDI; vgl. Teil 6) bekannt (vgl. Niggl 1994; Neuburger 1994; Kilian / Picot / Scholtes et al. 1994; Piller 2001). EDI steht für Electronic Data Interchange und erlaubt eine effiziente zwischenbetriebliche Kommunikation. Daher gilt EDI auch als wesentliche Basis für das Konzept des *Efficient Consumer Response*. Voraussetzung für die medienbruchfreie Übermittlung und Weiterverarbeitung von Daten sind einheitliche Standards auf der Übertragungs- und auf der Nachrichtenebene. Sowohl für kommerzielle Daten als auch für Produkt- und Textdaten haben sich eine Vielzahl von Standards herausgebildet (vgl. Abb. 4-17).

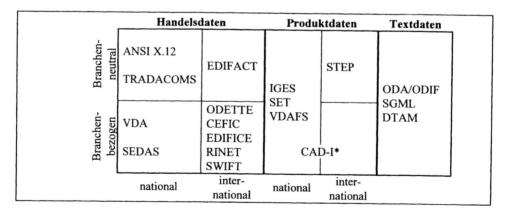

Abb. 4-17:   Standards für den Handels-, Produkt- und Textdatenaustausch (Neuburger 1994, S. 22)

Für den kommerziellen Datenaustausch gibt es neben einigen national oder branchenbezogen anwendbaren Standards den ISO-Standard *EDI for Administration, Commerce and Transport (EDIFACT)*, der branchenübergreifend und international eingesetzt wird. Dieses umfassende Regelwerk mit insgesamt über 600 verschiedenen Datenelementen läßt sich durch die Bildung sogenannter *subsets* auf die konkreten Erfordernisse einzelner Kommunikationspartner oder Branchen abstimmen. So existieren z.B. ODETTE für die Automobilindustrie, CEFIC für die Chemiebranche oder EDIFICE im elektronischen Bereich. Ein Beispiel für einen Standard für Produktdaten ist der von der ISO entwickelte Standard STEP, dem *Standard for The Exchange of Product definition data*. Er eignet sich insbesondere für den Austausch von CAD-Daten. Für den Austausch von Textdaten ist beispielhaft das *Office Document Architecture / Office Document Interchange Format* (ODA/ODIF) der ISO zu nennen. Zielsetzung ist hierbei nicht nur die Erfassung der Texte, sondern auch die Beschreibung von Formatierungsinformationen, Layouts, Fußnoten und dergleichen.

Die Einführung von EDI in einem Unternehmen verursacht in der Regel erhebliche Kosten, weshalb kleinere und mittlere Betriebe vornehmlich in der Rolle als Zulieferer unter dem Druck großer Unternehmen EDI einführen. Daher hat sich EDI bisher noch nicht so stark verbreitet, wie es auf Grund seiner Potentiale zu erwarten wäre. Dies könnte sich durch das Internet-Datenformat XML (Extensible Markup Language) ändern. Bei XML (siehe W3C 1999) handelt es sich um eine vereinfachte Untermenge von *SGML (Structured Generalized Markup Language)*, die aus dem Bedarf nach einer mächtigeren Sprache als dem bisher verwendeten HTML (*Hypertext Markup Language*) zur Beschreibung von Dokumenten im World Wide Web heraus entwickelt wurde. Sie ermöglicht, anders als HTML, die Beschreibung der Bedeutung des Inhalts eines strukturierten Dokumentes. Wie SGML ist auch XML eine Metasprache, d.h. sie ermöglicht die Beschreibung wiederum neuer Beschreibungssprachen. Diese Eigenschaften bilden die Grundlage eines potentiellen Einsatzes von XML und daraus abgeleiteter Sprachen als universelles Datenformat mit der Vision, ohne erheblichen Aufwand an den Schnittstellen Daten zwischen Webservern, Datenbanken, Unternehmensplanungssystemen, Büro-Software oder beliebigen anderen Programmen austauschen zu können.

Durch eine Verbindung von EDI und XML lassen sich die Einstiegskosten zur Teilnahme an EDI erheblich verringern, da geringere Investitionen für aufwendige Bearbeitungswerkzeuge erforderlich sind. Zudem ist EDI / XML sehr viel flexibler, da Nachrichten unabhängig von den zugrundeliegenden Geschäftsprozessen und Nachrichtenstandards übertragbar und weiterverarbeitbar sind. Selbst bilaterale Absprachen oder eigenentwickelte Standards können unproblematisch in das Konzept integriert werden. Dadurch lassen sich möglicherweise die Rationalisierungseffekte und strategischen Vorteile realisieren, die man sich schon seit den siebziger Jahren verspricht (vgl. Neuburger 1999).

4.2.2.6 Dematerialisierung

Neben der Virtualisierung, die das konzeptuelle Vorhandensein nicht real existierender Objekte beschreibt, ist ein rein physischer Trend der Auflösung greifbar vorhandener Objekte hin zu rein elektronischer Information zu beobachten: die *Dematerialisierung*.

Sie bezeichnet die *Desintegration von Medium und Information*, also die Trennung von Information von ihren bisher gebräuchlichen Trägern und ihre Speicherung und Übertragung auf elektronischem Wege. Möglich wird dieser „Wechsel von physischen Atomen zu digitalen Bits" (Zerdick / Picot / Schrape et al. 2001) durch die Digitalisierung, vorangetrieben durch die rasante Leistungssteigerung von Rechnersystemen und Rechnernetzen (vgl. Kap. 4.2.1). In digitaler Form gespeicherte Information kann von Mikroprozessoren erfaßt und bearbeitet, beliebig dupliziert, kostengünstig aufbewahrt und über Netzwerke transportiert werden und grenzunabhängig einen globalen Markt erreichen (vgl. Zerdick / Picot / Schrape et al. 2001).

Der Trend zur Dematerialisierung äußert sich in verschiedensten Bereichen. Traditionelle Massenmedien (vgl. Sennewald 1998) nutzen die Möglichkeiten des Internets, um Inhalte parallel zur herkömmlichen Vertriebsweise, oder auch exklusive Online-Inhalte, einem breiten Publikum bei kostengünstigem „Transport" und geographisch beliebiger Reichweite zugänglich zu machen. Manche Printmedien bieten sogar unmittelbare elektronische „Duplikate" im Portable Document Format (PDF) von Adobe ihrer Druckerzeugnisse an. In der Regel jedoch erfordert die Aufarbeitung von Content für die Präsentation im Internet eine eigene, für die Betrachtung am Bildschirm angepasste Darstellungsweise nebst Umsetzung in geeignete Datenformate. Die Vorgehensweise ändert sich gegenüber der Erstellung traditioneller Medienprodukte, es entsteht eine neue Wertschöpfungskette (vgl. Sennewald 1998). Auch Informationen, die bisher bereits in elektronischer Form, jedoch auf physikalisch vertriebenen Datenträgern wie Musik-CD oder Daten-CD-ROM vorlagen, werden zunehmend in elektronischer Form über Datennetze verbreitet. Voraussetzung hierfür bilden effiziente Kompressionsverfahren wie beispielsweise MP3 für Audiodaten, um die zu übertragenden Datenmengen möglichst gering zu halten. Durch die einfache Vervielfältigung und den grenzüberschreitenden Datenverkehr wird die Erstellung und Verbreitung illegaler Kopien („Raubkopien") begünstigt, entsprechend müssen geeignete technische Sicherungsverfahren wie elektronische Echtheitszertifikate (beispielsweise „Wasserzeichen" zur Kennzeichnung von Tondateien) geschaffen werden. Insbesondere auf dem Musikmarkt stoßen die neuen Vertriebsmöglichkeiten über elektronische Netze auf den Widerstand der Tonträgerfirmen, die ihre beherrschende Stellung gefährdet sehen (vgl. Zerdick / Picot / Schrape et al. 2001).

Auch im Bereich der Finanzdienstleistung werden Papierbelege und schriftliche Aufträge zunehmend durch *Electronic Banking* verdrängt. Die elektronische Weiterleitung und maschinelle Verarbeitung rund um die Uhr von Vorgängen wie Kontoverwaltung oder Aktienhandel ermöglicht drastische Einsparungen an Personal und Bankfilialen bis hin zur Entstehung von *Online Banken*, die nur noch telefonisch, schriftlich oder vorzugsweise über das Internet mit den Kunden interagieren. Die dadurch entstehenden Kostenvorteile können an die Kunden weitergegeben werden, in der Folge werden oftmals attraktivere Konditionen für die rein elektronische Abwicklung einer Dienstleistung angeboten. Mit der explosiven Verbreitung von Internet-Anschlüssen (vgl. Kap. 4.2.1) steigt die Zahl der Kunden, die das Angebot papierloser Bankgeschäfte über Datennetze mit ihren Vorteilen wie Orts- und Zeitunabhängigkeit in Anspruch nehmen. Entsprechend bieten immer mehr Geldinstitute zusätzlich zu ihren traditionellen Geschäftswegen Online Banking an, verbunden mit der Tendenz, den bisher üblichen, filialgestützten Kundenverkehr langsam einzuschränken.

Im innerbetrieblichen Informationsverkehr verdrängt rein elektronisch gespeicherte und verbreitete Information immer mehr die papiergebundene Information. Briefe, Memos und andere Schriftsachen werden elektronisch erstellt und gespeichert. Dies ermöglicht ihre einfache, beliebige Änderung sowie eine zentrale Ablage mit raschem Zugriff durch alle Berechtigten. Zur Archivierung können die so abgelegten Informationen einfach auf entsprechende Datenträger wie Festplatten oder CD-ROM gespeichert werden, eine zusätzliche, vorherige Erfassung ist nicht notwendig. Auch der Versand digitaler Informationen, sowohl innerhalb als auch außerhalb eines Unternehmens, erfolgt immer häufiger über ein Datennetz in Form von E-Mail anstatt auf dem Briefpostweg. Neue Verfahren zur einfach zu handhabenden, sicheren elektronischen Unterschrift von Dokumenten, sowie neue Technologien für portable, für den Menschen bequem zu erfassende Anzeigegeräte elektronischer Information („elektronisches Papier") werden hier auch zukünftig zu weiteren Veränderungen in Richtung der rein elektronisch existenten Information führen. Das papierlose Büro wird jedoch auf absehbare Zeit weiterhin Utopie bleiben.

4.3 Informationseinsatz in der Unternehmung

4.3.1 Identifikation informationsintensiver Geschäftsfelder

Angesichts der potentiellen Möglichkeiten, mit Informations- und Kommunikationssystemen den Unternehmenserfolg zu beeinflussen, stellt sich die Frage nach einer Art Raster zur systematischen Suche nach vielversprechenden Anwendungsbereichen. Ein solches Raster versuchen Porter / Millar (1985) in Gestalt des Informationsintensitäts-Portfolios zu liefern.

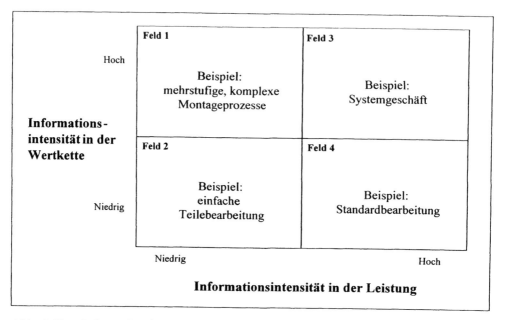

Abb. 4-18:   Informationsintensitäts-Portfolio (Porter / Millar 1985; in Anlehnung an Picot / Reichwald 1991, S. 273)

Das Portfolio-Konzept stützt sich auf folgenden Grundgedanken: So wie es kapital- oder materialintensive Geschäftsfelder gibt, kann ein Geschäftsfeld auch informationsintensiv sein. Genau jene informationsintensiven Geschäftsfelder eines Unternehmens gilt es herauszufinden, denn hier sind für Wettbewerber wie auch für die eigene Unternehmung die Möglichkeiten groß, durch gezielte Aktivitäten des Informationsmangements in besonderer Weise zum Geschäftserfolg beizutragen. Porter / Millar schlagen zwei Dimensionen zur Operationalisierung der Informationsintensität vor (vgl. Abb. 4-18). Die *Informationsintensität in der Wertkette* einerseits beschreibt die Rolle der Information in Beschaffung, Logistik, Produktion und Absatz. Zum anderen bezieht sich die *Informationsintensität in der Leistung* auf die Erklärungsbedürftigkeit von Produkten und Dienstleistungen. Sie äußert sich z.B. im Beratungs- und Schulungsbedarf, Dokumentation oder Produktinformation. Einzelne Geschäftsfelder oder Teilfunktionen lassen sich anhand dieser Kriterien in der Portfoliomatrix positionieren.

Ergänzend zur Informationsintensität ist auch die jeweilige Wettbewerbsposition und Branchenattraktivität der Geschäftsfelder zu untersuchen. Die strategische Wettbewerbsposition beeinflußt die Dringlichkeit des Einsatzes von Informations- und Kommunikationssystemen. Besitzt ein Unternehmen eine starke Wettbewerbsposition in erfolgsträchtigen und zukunftsorientierten Märkten, so hat der Einsatz von Informations- und Kommunikationssystemen hohe Bedeutung. Für Geschäftsfelder mit relativ schwacher Wettbewerbsposition und wenig zukunftsträchtigen Märkten dagegen ist eine strategische Neuorientierung dringlicher. Ein gezielter Aufbau von Informations- und Kommunikationssystemen kann aus wettbewerbsorientierter Sicht sinnvollerweise erst nach einer Ermittlung der strategischen Wettbewerbsposition der betrachteten Geschäftsfelder erfolgen.

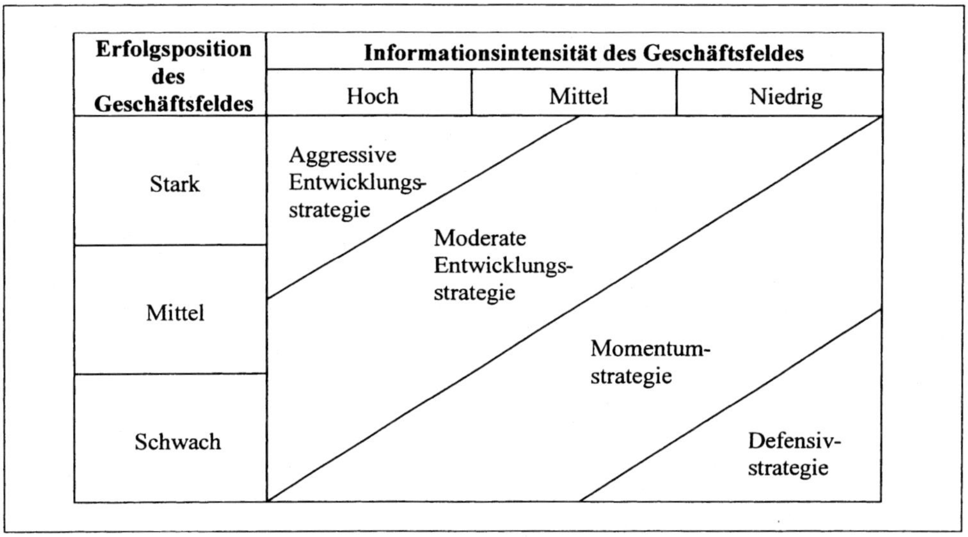

Erfolgsposition des Geschäftsfeldes	Informationsintensität des Geschäftsfeldes		
	Hoch	Mittel	Niedrig
Stark	Aggressive Entwicklungsstrategie		
Mittel		Moderate Entwicklungsstrategie	
Schwach		Momentumstrategie	Defensivstrategie

Abb. 4-19: Strategieorientierte Entwicklung und Einsatz von Informations- und Kommunikationssystemen (Krüger / Pfeiffer 1988; in Anlehnung an Picot / Reichwald 1991, S. 275)

Aus der kombinierten Betrachtung von Informationsintensität und Wettbewerbsposition von Geschäftsfeldern lassen sich strategische Richtungen und Prioritäten für das Informationsmanagement ableiten (vgl. Krüger / Pfeiffer 1988 sowie Abb. 4-19). Starke Erfolgspositionen und hohe Informationsintensität von Geschäftsfeldern erfordern *aggressive Entwicklungsstrategien* und den konsequenten Einsatz von Informations- und Kommunikationssystemen. Bei einer Verschiebung der Geschäftsfeldposition in Richtung abnehmender Erfolgsposition bzw. Informationsintensität besitzen Informations- und Kommunikationssysteme hingegen relativ geringe Bedeutung, so daß *moderate Entwicklungsstrategien*, *Momentumstrategien* oder gar *Defensivstrategien* verfolgt werden sollten.

Im Hinblick auf die Erreichung strategischer Wettbewerbsvorteile hat die skizzierte Vorgehensweise dennoch eine Schwachstelle (vgl. im folgenden Ciborra 1994). Erwartet man von einem strategieorientierten Informations- und Kommunikationssystem (*Strategic Information System*), daß es tatsächlich dazu geeignet ist, der Unternehmung einen strategischen Wettbewerbsvorteil zu verschaffen, so müßte es mindestens drei Anforderungen erfüllen: Das Strategic Information System muß für die Unternehmung einen *Mehrwert generieren*, es sollte weitgehend *proprietären Charakter* aufweisen, und von Mitbewerbern *nicht unmittelbar imitierbar* sein.

Der oben skizzierte Ansatz nach Krüger / Pfeiffer (vgl. Abb. 4-19) generiert jedoch gerade aufgrund seiner weiten Verbreitung *nicht-proprietäre* Lösungen, d.h. Lösungen, die prinzipiell allen Marktteilnehmern zur Verfügung stehen. Nur ein neues Verständnis des Planungsprozesses von Informationssystemen scheint eine Lösung dieses Dilemmas zu versprechen (vgl. Ciborra 1994). Ebenso wie im Produkt- und Prozeßbereich Innovationsstrategien die Grundlage der Erlangung nachhaltiger Wettbewerbsvorteile bilden, kann auch im Bereich des Informationsmanagements gerade ein innovationsorientierter Ansatz nachhaltige Vorteile verschaffen. Kapitel 4.5 wird auf diesen Aspekt bei der Diskussion der Managementperspektiven für den Einsatz von IuK-Technik im Unternehmen nochmals eingehen.

4.3.2 Informations- und kommunikationsorientierte Gestaltung der Unternehmensprozesse

Sind diejenigen Geschäftsfelder identifiziert, für die der gezielte und verstärkte Einsatz des Produktionsfaktors Information sinnvoll erscheint, müssen im nächsten Schritt die betroffenen Prozesse auf den konkreten Informationsbedarf hin untersucht werden. Dessen Deckung soll durch Informations- und Kommunikationssysteme unterstützt werden. Gegebenenfalls müssen auch die Prozesse angepaßt werden, um die technische Unterstützung besser zu ermöglichen. Bedient man sich einer abstrakten Sichtweise der Unternehmensprozesse, so stellt man fest, daß eine Menge von Aktionen einen bestimmten Input in einen bestimmten Output transformiert.

Diese Sicht ist nicht nur zufällig deckungsgleich mit derjenigen der Automaten in Kapitel 4.4.2, denn ein Automat kann tatsächlich als die Formalisierung von Prozessen verstanden werden. Der Unterschied zwischen beiden Begriffen liegt in den Eigenschaften der *Aktionen* begründet. Die einem Automaten zugrundeliegenden Aktionen müssen exakt beschrieben werden, was für reale Unternehmensprozesse in der Regel nicht möglich ist. Im Bezugsrahmen der Organisation gibt es darüber hinaus andere wichtige Parameter eines Prozesses, wie beispielsweise die dafür benötigte Zeit oder die eingesetzte Technikplattform. Diese Prozesse können manuell (z.B. das händische Sortieren von Post) oder automatisiert (z.B. die Sortierung von Kontoauszügen mit

Hilfe einer speziell dafür konzipierten Maschine) sein. Zur Beschreibung eines Prozesses werden die oben erwähnten elementaren Aktionen in einer flußorientierten Sichtweise angeordnet. Vom formalen Standpunkt aus betrachtet stehen dazu insbesondere die in Kapitel 4.4.5 beschriebenen Notationen der Funktions- und Prozeßmodellierung zur Verfügung. Ohne jedoch weiter die sich hieraus ergebende technische Diskussion zu verfolgen, soll im folgenden eine breitere Sichtweise verfolgt werden. In Einklang mit den Ausführungen Davenports (1993), der Prozeßinnovation als die Fusionierung von Informationstechnik mit dem menschlichen Faktor betrachtet, wird auch hier der Prozeßbegriff weiter gefaßt als eine bloße Aneinanderreihung von Elementartransformationen. Das Konzept der Prozeßinnovation stützt sich zwar auf neue Informationstechniken, doch hängt der Erfolg eines Prozesses auch wesentlich von der *Motivation* der Mitarbeiter und dem *Engagement* des oberen Managements in bezug auf die strategische Vision ab. Informationstechnik ist der Eckstein dieses Paradigmas und zeigt sich damit in der Rolle des „Ermöglichers" (*enabler*) – oder des Behinderers (*disabler*).

Die von Davenport und anderen propagierte Prozeßorientierung (vgl. auch Picot / Franck 1995) schließt auch verstärkt die Kundenorientierung mit ein. Auch eine verbesserte Kostenorientierung kann z.B. durch die Einführung einer Prozeßkostenrechnung erreicht werden. In allen diesen Rahmenkonzepten ist es wichtig, Prozesse zu entwerfen, die sich nicht im Lauf der Zeit verfestigen und damit Barrieren bilden gegenüber der Dynamik der übrigen Organisation. Ein Beispiel hierfür ist die Einführung von Workflow-Systemen, die einer „Zementierung" der Organisationsstrukturen von vorneherein dadurch entgegengewirkt, daß die Workflow-Strukturen flexibel an veränderte Bedingungen anpaßbar sind.

4.3.3 Das Lebenszyklusmodell für die Produktion von Information

Auf der Basis des ermittelten Informationsbedarfs ist das *Informationsangebot* zu planen, zu organisieren und zu kontrollieren. Dabei steht im Mittelpunkt des Interesses, wie ein Aufgabenträger die etwa durch die Methode der Kritischen Erfolgsfaktoren ermittelten Informationen tatsächlich erhält. Für die Analyse der Bedarfsdeckung eignet sich das sogenannte Lebenszyklusmodell für die Produktion von Informationen von Levitan (vgl. Levitan 1982) (vgl. Abb. 4-20).

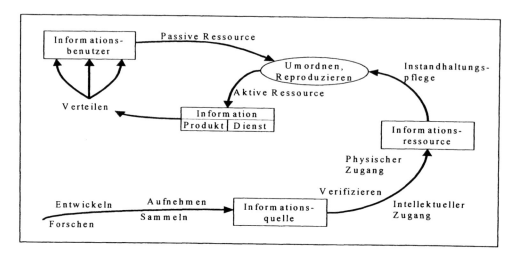

Abb. 4-20:   Lebenszyklusmodell für die Produktion von Informationen (in Anlehnung an Levitan 1982)

Der *Lebenszyklus der Produktion von Informationen* beginnt damit, daß innerhalb einer Datenmenge potentielle Informationen erkannt werden. Nachdem die relevanten Daten gesammelt und aufgenommen wurden, bilden sie die sogenannte *Informationsquelle*. Um eine Informationsquelle in eine *Informationsressource* zu überführen, sind verschiedene Schritte notwendig. Die Informationsquelle ist zu verifizieren, Mechanismen für den physischen, aber auch intellektuellen Zugang sind zu etablieren, Speichermöglichkeiten sind zur Verfügung zu stellen und verschiedene gesetzliche, organisatorische und ökonomische Bedingungen sind zu berücksichtigen. Die Informationsressource dient zur Deckung des Informationsbedarfs beim Informationsnutzer. Sie kann dabei einen passiven oder einen aktiven Zustand einnehmen. Wenn die Ressource nur auf Initiative des Informationsbenutzers verwendet wird, wird sie als passiv bezeichnet. Es handelt sich somit um eine benutzeraktive Informationsressource. Im aktiven Zustand wird die Ressource in Informationsprodukte und -dienste überführt, die an die Informationsbenutzer weitergeleitet werden, etwa in Form regelmäßiger Berichte oder fester Verteiler oder von Meldungen aufgrund über- bzw. unterschrittener Schwellenwerte (vgl. Szyperski 1980). Hieran läßt sich sehr schön der Unterschied zwischen Push- und Pull-Prinzip verdeutlichen. Während beim Push-Prinzip die Information zur Verfügung gestellt wird (aktive Informationsressource) verlangt das Pull-Prinzip die benutzeraktive Suche nach Informationen (passive Informationsressource).

Der Vorteil eines derartigen Lebenszyklusmodells besteht darin, daß die verschiedenen „Produktionsstufen" von Informationen identifiziert und gestaltet werden können. Diese können als Ausgangspunkt für die Beantwortung der Frage nach der Planung der Ressource Information verwendet werden. Gleichzeitig bieten die verschiedenen Stufen des Lebenszyklusmodells wichtige Ansatzpunkte für mögliche Unterstützungsleistungen durch Informations- und Kommunikationssysteme. Diese Ansatzpunkte müssen ebenfalls vom Informationsmanagement erkannt und umgesetzt werden.

4.3.4 Mehrwert durch Information und Kommunikation

Das letztendliche Ziel beim Entwurf von Organisationsstrukturen und Unternehmensprozessen und bei deren Abstimmung mit der Informationstechnik liegt in der Erzeugung bzw. Steigerung von *Wert*. Kann ein derartiger Mehrwert nicht erlangt werden, sollte man den gesamten entsprechenden Aufwand in Frage stellen.

In der Vergangenheit stand bei vielen Managern die Annahme im Vordergrund, daß sich durch die Einführung bzw. Anwendung von Informationstechnik der gewünschte Mehrwert quasi automatisch einstellt. Heute hingegen kann man auf eine Reihe von Projekten zurückblicken, die im großen und ganzen einer schlichten Automatisierung von bestehenden bürokratischen Abläufen gleichkommen. Die erwartete hohe Effizienzverbesserung trat dabei nicht ein. Diese Diskrepanz resultiert im wesentlichen aus der Annahme, daß Informationstechnik in direkter Folge finanziellen Mehrwert verursacht. Die Einschätzung, daß Einsatz von Informationstechnik und Mehrwert in einem derart trivialen Zusammenhang stehen, erwies sich als falsch. Mehrwerteffekte können dennoch in mehrfacher Hinsicht als Effizienzwirkungen (z.B. return on investment) oder Effektivitätswirkungen (z.B. Qualität der Managementinformationen) auftreten (vgl. Kuhlen 1995; Wigand 1995a; Reichwald 1999).

Als Beispiel für die Einführung von Informations- und Kommunikationstechnik ohne Mehrwert, ja sogar Wertminderung, soll hier der von Boehm (1988) beschriebene Fall der Implementierung eines Informationssystems bei dem Verlag „Scientific American" in den sechziger Jahren dienen. Im Bereich der Abonnentenbearbeitung sollte durch die Automatisierung bestimmter bisher manuell zu erledigender Schritte die Effizienz des Arbeitsablaufs gesteigert werden. Der bisherige Ablauf bestand zunächst aus einer Sichtung und Sortierung der eingegangenen Post nach Neuanträgen, Verlängerungen oder Geschenkabonnements. Die Daten wurden dann auf Lochkarten übertragen und manuell archiviert. Jeden Monat wurden dann in einer extrem arbeitsintensiven Sitzung Etiketten, Rechnungen und andere Formulare anhand der archivierten Daten erstellt. Aufgrund der gestiegenen Nachfrage sah sich der Verlag bald nicht mehr in der Lage, den Arbeitsaufwand in dieser Form zu bewältigen, und wandte sich an ein Softwarehaus. Die vorgeschlagene und letztendlich implementierte Lösung des Problems bestand im wesentlichen aus der Substituierung des manuell geführten Lochkartenarchivs. Die Post wurde wie bisher gesichtet, sortiert und auf Lochkarten übertragen. Die Informationen auf den Lochkarten wurden im folgenden Schritt auf Band kopiert und einem Minicomputer zur Verwaltung übergeben. Aus den nunmehr elektronisch archivierten Daten konnten dann gegen Ende jeden Monats die notwendigen Formulare generiert werden.

Interessanterweise kam es zu einem Kostenanstieg in der Abonnentenverwaltung. Die Qualität der Dienstleistung ging zurück, und die Arbeitsmoral der beteiligten Mitarbeiter fiel ins Bodenlose. Grund dafür war die technikzentrierte Sichtweise bei der Planung und Realisierung des Informationssystems. Das aus Sicht der Programmierer und Systementwickler sicherlich äußerst komplexe und bewundernswerte Programm hatte nämlich einen winzigen Nachteil: Durch einen einzelnen, an sich trivialen Eingabefehler innerhalb der auf den Lochkarten gespeicherten Daten wurde die komplette Einleseoperation des Systems gestoppt und der gesamte Lochkartensatz zurückgewiesen. Die fehlerhafte Karte mußte dann manuell gesucht, berichtigt und der Lauf erneut gestartet werden. Die Reaktion auf dieses Problem bestand nun darin, zusätzliche Kontrollschleifen im Bereich der manuellen Erfassung auf Lochkarten vorzusehen. Es mußten zusätzliche Plausibilitätsprüfungen eingeführt werden (z.B. Prüfung auf Verlängerung nichtexistenter Aufträge). Zusätzliche Mitarbeiter mußten eingestellt und zusätzliche Formulare zur Aufnahme der neu entstehenden Ausnahmefälle entwickelt werden.

Wie man an diesem Beispiel sehr gut erkennen kann, wird die bloße Einführung von Informationstechnik für sich alleine kaum Mehrwert erzeugen. Vielmehr sind es auch organisatorische und personelle Aspekte, wie etwa die detaillierte und korrekte Bestimmung des zugrundeliegenden Arbeitsprozesses oder die frühzeitige Einbindung der Mitarbeiter bei der Planung dieses Informationssystems, die das Vorhaben bei „Scientific American" zum Erfolg gemacht hätten. Will man eine Wertsteigerung erreichen, so empfiehlt es sich, den gesamten Prozeß aus *organisatorischer, technischer und personeller Sicht* neu zu überdenken. Welche Auswirkungen hätte es wohl auf den Erfolg des Projektes gehabt, wenn die Notwendigkeit der Lochkartenerfassung an sich in Frage gestellt worden wäre?

4.3.5 Das Produktivitätsparadoxon

Die Unmöglichkeit, einen direkten, regelhaften Bezug zwischen Informationstechnik und Mehrwert zu entdecken, manifestiert sich nicht nur in Einzelfällen wie dem vorangegangenen Beispiel. Sie zeigt sich auch bei einer erweiterten Sicht über die gesamte Dienstleistungsbranche hinweg. Das unter dem Schlagwort Produktivitätsparadoxon (vgl. z.B. Brynjolfsson 1993; Gründler 1997; Picot / Gründler 1995; Piller 1998c; Thurow 1992;

Strassmann 1990; Wigand 1995a) bekannte Phänomen einer fehlenden Korrelation zwischen Investitionen in Informations- und Kommunikationstechnik einerseits und der Produktivität andererseits wird von Roach (1991) als Überinvestitionen in Computertechnik dargestellt. Dies trifft insbesondere auf den Dienstleistungssektor zu, der z.B. in den USA etwa 85 Prozent der insgesamt installierten Informationstechnik umfaßt.

Den Berichten zufolge stieg der wirtschaftliche Output in den USA zwischen 1980 und 1990 um 30 Prozent, wobei die Anzahl der Arbeiter um zwei Prozent zunahm, die der Angestellten aber um ganze 33 Prozent. Zugleich stieg die Produktivität der Arbeiter um 28 Prozent, während die der Angestellten um drei Prozent fiel. Neue Technik, Hardware wie Software, hält Einzug in das amerikanische Büro, aber das Ergebnis ist dennoch eine negative Produktivitätsentwicklung. Analoge Ergebnisse finden sich bei Brynjolfsson (1993), der ebenfalls auf diesen viel diskutierten, aber dennoch schwer erklärbaren Zusammenhang zwischen IuK-Technikeinsatz und Produktivität hinweist, in anderen Studien aber auch deutliche Produktivitätssteigerungen durch IuK-Technik auf Unternehmens- und Branchenebene nachweist (vgl. Brynjolfsson / Hitt 1993, 1995a, 1998).

Zu ähnlichen Ergebnissen kommt eine von der Universität München durchgeführte Studie (vgl. Gründler 1997). Sie zeigt, daß die Produktivitätssteigerungen in Deutschland im Vergleich zu den USA zwar geringer ausfallen, sich Investitionen in Informationstechnik-Personal jedoch überdurchschnittlich auszahlen. Allerdings konnte hier für den Dienstleistungssektor weder ein positiver noch ein negativer Einfluß der Informationstechnik auf die Produktivitätsentwicklung nachgewiesen werden. Da gerade in diesen Sektor der größte Teil der Investitionen in Informationstechnik fließt, ist ein Verständnis der Ursachen und Erklärungen für das Produktivitätsparadoxon von elementarer Bedeutung. Die verschiedenen Erklärungsansätze wurden von Picot / Gründler (1995; Gründler 1997) in sieben Kategorien eingeteilt (vgl. Abb. 4-21).

---

1. Reinvestition der mitarbeiterbezogenen Einsparungen
2. Umverteilung der Gewinne zwischen den Unternehmen einer Branche
3. Verzögerung bei der Realisierung der Gewinne
4. Unzureichende Meßbarkeit des Inputs und des Outputs
5. Politische Widerstände
6. Mißmanagement von Information und Technik
7. Unzureichende Reorganisation von Unternehmensabläufen

Abb. 4-21:   Erklärungen für das Produktivitätsparadoxon der Informationstechnik

Durch *Reinvestition der mitarbeiterbezogenen Einsparungen* manifestieren sich die
Gewinne nicht außerhalb des Unternehmens. Gerade im Verwaltungsbereich machen
sich Einsparungen in der Regel nicht in Form gesunkener Arbeitskosten bemerkbar,
vielmehr ergibt sich tendenziell eine Qualitätssteigerung im Hinblick auf die geleistete
Arbeit. Ein zweiter Aspekt ist die *Umverteilung der Gewinne zwischen den Unternehmen einer Branche*. Die Beurteilung der branchenübergreifenden Produktivität muß
hierbei unter dem Gesichtspunkt gesehen werden, daß eine etwaige Produktivitätsver-
besserung *einzelner* Firmen aus wettbewerbstechnischer Sicht immer zu Lasten anderer
Firmen geht und daher im volkswirtschaftlichen Gesamtergebnis nicht zum Ausdruck
kommt. Die *Verzögerungen bei der Realisierung der Gewinne* beziehen sich auf zweierlei Aspekte. Zum einen muß sich der Industriezweig, der die neuen IuK-Produkte am
Markt zur Verfügung stellt, erst hinsichtlich der Produktqualität und der Servicestruktur
entwickeln. Dies führt auf Seiten des Anwenders zu Verzögerungen durch etwaige
Fehler in den Produkten, vor allem bei mangelnder Unterstützung durch den Hersteller.
Auf der anderen Seite treten Lern- und Anpassungsschwierigkeiten auf, die einen verspäteten „pay-back" der Informationstechnik verursachen.

Die *unzureichende Meßbarkeit des Inputs und des Outputs* ist die häufigste und auch
plausibelste Erklärung für das Paradoxon. Nutzen, der in Form verbesserter Qualität,
Schnelligkeit, Variantenvielfalt, Kundenbetreuung oder Flexibilität auftritt, findet in der
Regel keinen Platz in den gängigen Bewertungsverfahren. Wegen des zeitversetzten
Auftretens von Input und Output stellt sich darüber hinaus das Problem, die Auswirkungen der Inflation auszugleichen. Eine weitere Erklärung bieten *politische Widerstände*.
Mitarbeiter halten unter Umständen am althergebrachten System fest und sträuben sich
gegen Reorganisation und Einsatz von IuK-Technik. Das Argument des *Mißmanagement von Informationen und Technik* bezieht sich auf die mangelnde Abschätzung des
Nutzens durch die verantwortlichen Entscheidungsträger. Informationstechnik wird
häufig nicht im Interesse der Firma eingeführt, sondern auch aus den unterschiedlichsten
persönlichen Motiven heraus. Die *unzureichende Reorganisation von Unternehmensabläufen* bezieht sich auf den falschen Einsatz von Informationstechnik. Dieser beruht
oft lediglich auf einer „Elektrifizierung" bestehender Prozesse ohne Anpassung der
Organisations- und Personalstruktur. Die Folge sind Ineffizienzen und eine mögliche
Zementierung der Organisationsstruktur.

4.3.6 Wirtschaftlichkeitsbeurteilung von Informationseinsatz

Mit der wachsenden Bedeutung des Produktionsfaktors Information verschärfen sich in
der betrieblichen Praxis die Probleme der Wirtschaftlichkeitsbeurteilung des Informationseinsatzes. Die verstärkte informations- und kommunikationstechnische Vernetzung
in der Unternehmung hat klassische Wirtschaftlichkeitsrechnungen weitgehend un-

brauchbar gemacht (vgl. im folgenden Reichwald / Höfer / Weichselbaumer 1996). Warum aber sind vernetzte IuK-Systeme in der Unternehmung so schwierig zu bewerten? Das klassische Muster der Investitionsrechnung an einem isolierbaren Investitionsobjekt wird außer Kraft gesetzt, da neben den reinen Investitionsaufwendungen für die Technik stets intensive Begleitaufwendungen für Maßnahmen zur Änderung und Anpassung der Organisation und der menschlichen Arbeit zu verzeichnen sind. Bewertungsobjekt kann daher nicht mehr eine isolierte Einzelmaßnahme sein, sondern Maßnahmenbündel mit teilweise zeitlich verzögerten und räumlich versetzten Wirtschaftlichkeitseffekten.

Die Beurteilung der Wirtschaftlichkeit neuer IuK-Techniken stößt damit in Theorie und Praxis auf Probleme. Diese Probleme lassen sich im wesentlichen in sechs Problemkategorien bündeln (siehe auch Kap. 10.5.4; vgl. Picot 1979a; Picot / Reichwald 1987; Reichwald 1999 sowie Abb. 4-22):

- *Maßgrößenproblem*: Welche Maßgrößen bzw. Indikatoren spiegeln die Aufwands- und Nutzeneffekte möglichst genau wieder?

- *Situationsproblem*: Inwieweit werden die Wirtschaftlichkeitseffekte durch die jeweils vorliegenden spezifischen Situationsbedingungen beeinflußt?

- *Verbundproblem*: In welchen Teilen des arbeitsteiligen Leistungsverbundes der Unternehmung treten die für die Wirtschaftlichkeitsbeurteilung relevanten Effekte auf?

- *Zurechnungsproblem*: Wie lassen sich zeitlich verzögerte oder räumlich verteilte Wirtschaftlichkeitseffekte zurechnen?

- *Innovationsproblem*: Wie lassen sich innovative Anwendungen neuer Technik bewerten, die über die reine Substitution traditioneller Arbeitsverfahren hinausgehen?

- *Ganzheitlichkeitsproblem*: Wie können komplexe Wechselbeziehungen im organisatorisch-technisch-personellen Gesamtsystem in der Wirtschaftlichkeitsbeurteilung Berücksichtigung finden?

Die genannten Problemfelder definieren die Anforderungen an adäquate Wirtschaftlichkeitsbeurteilung. In die Leistungsmerkmale eines idealtypischen Bewertungsverfahrens übersetzt bedeutet dies:

- Es müssen relevante Wirtschaftlichkeitskriterien in monetärer und nicht-monetärer Form zusammengestellt werden können (*Maßgrößenaspekt*).

- Es dürfen keine Restriktionen für die Berücksichtigung zeitlich oder räumlich auseinanderliegender Ursache-Wirkungs-Beziehungen bestehen (*Zurechnungsaspekt*).

- Es müssen diejenigen Wirtschaftlichkeitskriterien in den Vordergrund gestellt werden können, die sich auf besonders änderungsbedürftige Schwachstellen im Einsatzbereich beziehen (*Situationsaspekt*).

- Es muß gewährleistet sein, daß Abhängigkeitsbeziehungen zwischen beteiligten Teilsystemen transparent gemacht und Verbundeffekte berücksichtigt werden (*Verbundaspekt*).

- Es müssen innovatorische Wirkungen in den Wirtschaftlichkeitsansatz aufgenommen werden können, z.B. im Hinblick auf die Marktversorgung (*Innovationsaspekt*).

- Es müssen neben rein technikbezogenen Kosten- und Leistungsgrößen umfassendere Effekte (Organisationseffekte, Qualifikationseffekte, Humaneffekte, externe Effekte) Berücksichtigung finden. Damit aber kann eine Bewertung von IuK-Techniken sinnvollerweise nur im Kontext der Informations- und Kommunikationssysteme und vor dem Hintergrund eines zielorientierten Einsatzes von Information und Kommunikation in der Unternehmung erfolgen (*Ganzheitlichkeitsaspekt*).

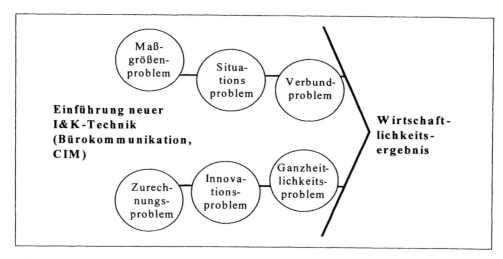

Abb. 4-22:   Bewertungsprobleme vernetzter IuK-Technik (in Anlehnung an Reichwald / Höfer / Weichselbaumer 1993, S. 16)

Klassische Investitionsrechenverfahren (vgl. z.B. Blohm / Lüder 1995; Hax 1993; Perridon / Steiner 2002) werden diesen Anforderungen nicht gerecht. Aufgrund der einfachen Handhabbarkeit sind sie in der Praxis dennoch weit verbreitet. Vielfältige neuere Vorschläge zur Wirtschaftlichkeitsbeurteilung des Einsatzes von IuK-Technik versuchen den Schwachstellen klassischer Verfahren entgegenzutreten.

Will man die Leistungsfähigkeit eines neuen Bewertungsansatzes abschätzen, so ist es sinnvoll, zunächst zu fragen nach (vgl. Schumann 1993):

- Art des Verfahrens: Handelt es sich um einen rein quantitativen, rein qualitativen oder kombinierten („erweiterten") Bewertungsansatz?

- Art und Anzahl zu beurteilender Zielgrößen: Handelt es sich um ein ein-, wenig- oder mehrdimensionales Bewertungsverfahren?

- Einsatzbereich des Verfahrens: Ist es als Entscheidungshilfe vor der Realisierung einer neuen IuK-Lösung, als Begleitinstrument während der Einführung oder als Kontrollinstrument nach Abschluß der Realisierung zu verstehen?

- Umfang des Verfahrens: Handelt es sich um ein isoliertes Hilfsmittel oder eine umfassendere Methodik der Bewertung?

- Betrachtungsobjekt: Werden Eigenschaften einzelner technischer Lösungen, isolierte Effekte von Einzellösungen oder Integrationseffekte integrierter IuK-Systeme bewertet oder wird gar ein Gesamtkonzept zur strategischen IuK-Planung geliefert?

Einen Überblick über bestehende neuere Verfahren zur Wirtschaftlichkeitsbeurteilung von IuK-Technik geben beispielsweise Kredel (1988), Nagel (1991), Schumann (1992; 1993) sowie Reichwald / Höfer / Weichselbaumer (1996). Hier soll im folgenden der Ansatz des *vernetzten Wirtschaftlichkeitsdenkens* (Reichwald / Höfer / Weichselbaumer 1996) als Beispiel eines erweiterten Wirtschaftlichkeitsansatzes kurz skizziert werden (vgl. auch Kap. 10.5.4).

Erweiterte Wirtschaftlichkeitsansätze, in die auch qualitative Kriterien auf der Kosten- wie auf der Leistungsseite einfließen, bieten einen interessanten Ausgangspunkt, um die Vorteilhaftigkeit vernetzter Bewertungsobjekte abbilden zu können (vgl. Reichwald / Weichselbaumer 1996). Bewertungsgrundlage ist letztlich das Ausmaß an Effektivität, d.h. die Eignung von Maßnahmen zur Zielerreichung. Eine organisatorisch-technische Veränderung im Unternehmen ist aus dieser Sicht dann als wirtschaftlich einzustufen, wenn die von den betroffenen Interessensgruppen verfolgten Ziele dadurch besser erfüllt werden können. Veränderungen sind daher von verschiedenen Standpunkten aus zu bewerten (Mehr-Ebenen-Betrachtung) und zu vergleichen. Die Wirtschaftlichkeitsbeurteilung soll hierzu alle direkten und indirekten Kosten- und Leistungskonsequenzen aus Sicht der Mitarbeiter, aus Unternehmenssicht sowie aus gesellschaftlicher Perspektive erfassen. Abbildung 4-23 zeigt das Grundkonzept des Bewertungsansatzes im Überblick.

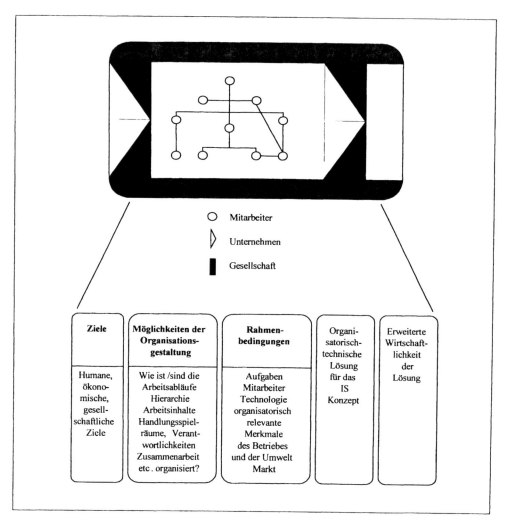

Abb. 4-23: Grundkonzept des Bewertungsansatzes der vernetzten Wirtschaftlichkeit
(in Anlehnung an Reichwald / Höfer / Weichselbaumer 1996, S. 120)

Zentral für den Ansatz der vernetzten Wirtschaftlichkeitsbewertung sind einerseits die aktive Beteiligung unterschiedlicher betrieblicher Interessensgruppen am Bewertungsprozeß, andererseits die gleichrangige Berücksichtigung von Humankriterien, ökonomischen Kriterien (Kosten, Zeit, Qualität, Flexibilität) und gesellschaftlichen Kriterien im Rahmen der erweiterten Wirtschaftlichkeitsbewertung. Die Beteiligung unterschiedlicher Interessensgruppen ist zum einen deshalb wichtig, da Investitionen in IuK-Technik in der Regel ein hohes Maß an Komplexität und Unsicherheit besitzen.

Nur wenn die Arbeitnehmer aus den betroffenen Bereichen der Unternehmung einbezogen werden, können deren Erfahrungen und Know-how genutzt werden. Zum anderen ist jedes Wirtschaftlichkeitsergebnis im Grunde manipulierbar. Alle Bewertungsverfahren basieren auf subjektiven Annahmen und Einschätzungen. Selbst in den traditionellen Investitionsrechenverfahren rein monetärer Ausprägung, die so oft als objektiv postuliert werden, müssen Schätzungen über zukünftige Ein- und Auszahlungen, die Zinsentwicklung etc. vorgenommen werden. Marginale Veränderungen der Annahmen können dazu führen, daß sich die relativen Vorteilhaftigkeiten der bewerteten Alternativen deutlich verschieben, das ursprüngliche Bewertungsergebnis also gänzlich unbrauchbar wird.

Die Möglichkeit, ein erwünschtes Wirtschaftlichkeitsergebnis z.B. durch Veränderung der Annahmen oder durch gezieltes Auswählen und Weglassen von Bewertungskriterien wie gewollt „hinzubiegen", muß als Aufforderung verstanden werden, jedes Bewertungsergebnis stets kritisch zu hinterfragen. Jedes Wirtschaftlichkeitsergebnis ist letzten Endes subjektiv durch den jeweiligen Bewerter geprägt. Die Gefahr, daß ein anderer Entscheider unter den gleichen Bedingungen zu einem ganz anderen Urteil kommen kann, wirft die Forderung nach einer höheren Objektivierbarkeit der Ergebnisse auf. Dies kann zumindest ansatzweise dadurch geschehen, daß letztlich alle von der Entscheidung betroffenen Interessengruppen am Bewertungsprozeß partizipieren, ihre Zielvorstellungen einbringen und gemeinsam einen Interessensausgleich bzw. Konsens herbeiführen. Hierdurch wird gewährleistet, daß die verschiedenen Aspekte des betrieblichen Geschehens beleuchtet, sowohl individuelle als auch unternehmerische und gesellschaftliche Ziele berücksichtigt werden und eine nach Möglichkeit umfassende ganzheitliche Sicht der Tragweite von Entscheidungen gebildet wird. Dies ist besonders wichtig bei der Bewertung von Entscheidungen oder Entwicklungen, deren tatsächliche Tragweite heute niemand mit Bestimmtheit einschätzen kann. Gerade die Abschätzung der Einsatzkonsequenzen neuer IuK-Technik für die Zielerreichung im Unternehmen sowie deren Potentiale für die zukünftige Unternehmensentwicklung im Markt bilden ein solch komplexes Problemfeld für die Wirtschaftlichkeitsbewertung.

4.4 Informations- und Kommunikationssysteme

Im vorangegangenen Kapitel wurden der Einsatz von Informations- und Kommunikationstechnik in der Unternehmung nach Ermittlung des Informationsbedarfes und unter Bewußtsein des Produktivitätsparadoxons behandelt. Für ein Unternehmen und seine Entwicklung im Markt aber ist zur Umsetzung der geplanten Unterstützung eine sinnvolle Einbindung in das betriebliche Informations- und Kommunikationssystem nötig (vgl. z.B. Mertens et al. 2000). Denn es gilt: Technik soll der Unternehmung dienen, nicht umgekehrt (vgl. im folgenden Picot / Reichwald 1991; Picot 1993b sowie Maier 1990). Informations- und Kommunikationssysteme vereinigen personelle (Qualifikation, Motivation), organisatorische (Aufbau- und Ablauforganisation) und technische (Hardware, Software) Komponenten. Die Kombination dieser Komponenten bestimmt die Struktur von Informations- und Kommunikationssystemen und beeinflußt ihre Effizienz im Hinblick auf die betriebliche Aufgabenerfüllung. Unterschiedliche Aufgaben stellen jeweils spezifische Anforderungen an Organisationsstrukturen; unterschiedliche Organisationsstrukturen wiederum bedürfen jeweils spezifischer Unterstützung durch Informations- und Kommunikationssysteme.

4.4.1 Informations- und Kommunikationssysteme und Koordinationsformen

Die Transaktionskostentheorie zeigt, daß die Eignung von Organisations- und Koordinationsformen abhängig ist von den Eigenschaften der jeweiligen Aufgaben und Austauschbeziehungen (vgl. Kap. 2.3.3). Diese Eigenschaften beeinflussen die bei der arbeitsteiligen Aufgabenerfüllung zu bewältigenden Informations- und Kommunikationsprobleme. Alternative Organisationsstrukturen kann man aus dieser Perspektive als alternative Wege betrachten, um diese Probleme kostenminimal zu bewältigen (vgl. Picot / Reichwald 1991; Picot / Freudenberg 1997).

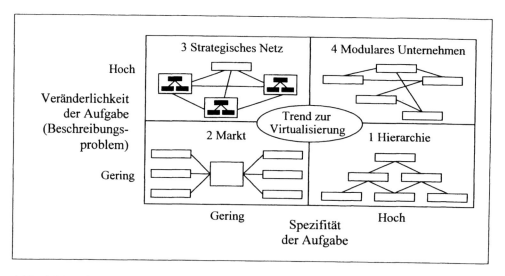

Abb. 4-24:   Organisationsformen und Makrostrukturen von Informations- und Kommunikationssystemen (in Anlehnung an Picot / Reichwald 1991, S. 292)

Zieht man die Aufgabenmerkmale Spezifität und Veränderlichkeit in den jeweiligen Ausprägungen gering und hoch als Kriterium für die Höhe der Informations- und Kommunikationskosten heran, so lassen sich vier Organisationsformen zur Bewältigung der so klassifizierten Aufgaben unterscheiden (vgl. Abb. 4-24). Jede dieser Organisationsformen (Hierarchie, Markt, strategisches Netzwerk und modulares Unternehmen) stellt unterschiedliche Anforderungen an die Unterstützung durch Informations- und Kommunikationssysteme. Durch die zunehmende informations- und kommunikationstechnische Durchdringung eröffnen sich – gerade vor dem Hintergrund der skizzierten neuen technischen Entwicklungen – neue Potentiale für die Gestaltung der Aufgabenabwicklung, die letztlich zu einer Virtualisierung von Unternehmens- und Marktstrukturen führen können (vgl. Teil 8). Hieraus ergeben sich dann wiederum neue und veränderte Anforderungen an die Unterstützung durch Informations- und Kommunikationssysteme.

Hierarchische Koordinationsformen (Feld 1) treten bei hoch spezifischen, stabilen Aufgaben auf. Informations- und Kommunikationssysteme erfüllen hier die Funktion interner Steuerungs- und Kontrollstrukturen. Dabei besteht sowohl ein horizontaler Steuerungs- und Kontrollbedarf innerhalb und zwischen den einzelnen Funktionen (entlang der Wertschöpfungsprozesse) als auch ein vertikaler zwischen der Unternehmensleitung und operativen Einheiten (entlang der Hierarchie). Durch Systematisierung dieser Systeme nach dem Kriterium ihrer vertikalen Reichweite auf der Steuerungs- und Kontrollstrecke zwischen operativen Einheiten und Unternehmensleitung gelangt man zu folgender Einteilung (vgl. Mertens 2001; Mertens / Griese 2000; Scheer 1990):

Mengenorientierte operative Systeme verarbeiten Informationen über den Status und den Verlauf von mengenorientierten primären Wertschöpfungsprozessen. Sie finden sich z.B. in der industriellen Fertigung, bei der in verschiedenen Teilphasen von der Konstruktion über die Arbeitsplanung, über die Steuerung des Fertigungsprozesses bis hin zur Qualitätssicherung EDV-Systeme eingesetzt werden. Gemeinsam mit computergestützten PPS-Systemen bilden sie die Grundlage für das *Computer Integrated Manufacturing* (CIM). Voraussetzung ist eine logisch einheitliche Datenbasis (die durchaus physisch verteilt sein kann), auf die alle Teilsysteme zugreifen können. Die mengenorientierten operativen Systeme liefern den Dateninput für die *wertorientierten Abrechnungssysteme*. Zu ihnen zählt man z.B. die Lagerbuchführung, die Anlagenbuchführung und die Debitoren- und Kreditorenbuchführung. Sie machen die betriebswirtschaftlichen Konsequenzen mengenorientierter Prozesse sichtbar. *Analyse-, Berichts- und Kontrollsysteme* arbeiten vorwiegend mit den Methoden der Kosten- und Leistungsrechnung. Sie sollen Informationen zur Unterstützung der mittelfristigen Planungs- und Kontrollprozesse des Management (Controlling) bereitstellen (vgl. z.B. Küpper et al. 1990; Küpper 2001; Hahn 2001; Horváth 1996). Die Inputinformationen für diese Systeme werden durch Selektion und Verdichtung aus den operativen, mengen- und wertorientierte

Systemen sowie aus externen Quellen gewonnen. *Planungs- und Entscheidungsunter-stützungssysteme* sollen auf der Ebene der Unternehmensleitung, d.h. im Rahmen der strategischen Planung und bei unternehmenspolitischen Entscheidungen, Hilfestellung leisten. Es handelt sich also um Systeme, die zur besseren Handhabung schlechtstruktu-rierter Entscheidungssituationen beitragen sollen. Trotz intensiver Forschungsbemühun-gen sind die Vorstellungen über solche Systeme noch sehr abstrakt. Konsens besteht darüber, daß sie über eine Sammlung von Methoden bzw. Entscheidungsmodellen sowie über direkte Online-Zugriffsmöglichkeiten auf eine geeignete Datenbasis verfügen sollten. In diese Datenbasis müssen neben unternehmensinternen vor allem auch unter-nehmensexterne Informationen (z.B. über Marktanteile und Wettbewerber) einfließen. Zur informationstechnologischen Unterstützung der Entscheidungsfindung in der Unter-nehmung dient häufig ein *Data Warehouse*, in dem im Gegensatz zu den operationalen Datenbanken, die jeweils nur aktuelle Daten über einen Ausschnitt des Unternehmens halten, Informationen über das gesamte Unternehmen und über einen größeren Zeitraum hinweg (meist als Momentaufnahmen der operativen Daten) gespeichert werden. Es lässt sich definieren als „Sammlung von subjektorientierten, integrierten, zeitabhängi-gen, non-volatilen Daten zur Unterstützung von Managemententscheidungen" (Mertens u.a. 2000, S. 61) und verfügt über die Komponenten Datenmanagement, Datenorganisa-tion und Auswertung/Aufbereitung.

Die *marktliche Koordinationsform* (Feld 2) bietet sich für den Austausch unspezifischer, stabiler Leistungen, also von Standardprodukten, an. Da aber gerade die Eigenschaften, Qualitäten, Konditionen etc. von Standardprodukten sehr leicht informationstechnisch abbildbar sind, werden immer mehr Märkte durch IuK-Systeme „mediatisiert" und in sogenannte elektronische Märkte umgewandelt (vgl. Teil 7). Traditionelle Handels-stufen verlieren dadurch teilweise an Bedeutung, denn Abnehmer können sich auf elekt-ronischem Wege über das Marktangebot umfassend informieren und sind dadurch im-mer weniger auf lokale Anbieter angewiesen. Elektronische Medien können sehr viele Angebots- und Nachfragebeziehungen im Markt zusammenfassen. Dadurch eröffnen sich für die Marktteilnehmer mehr und schnellere Möglichkeiten für Geschäftsabschlüs-se. Zusätzlich zur so erreichten Verbesserung der Markttransparenz ermöglichen die entsprechenden IuK-Systeme auch die automatisierte Abwicklung der transaktionsbe-gleitenden Bestell-, Abrechnungs- und Zahlungsvorgänge. Neben diesen als *Makleref-fekt* bezeichneten Kostensenkungspotentialen kann die „Mediatisierung" von Transakti-onen auch zu *Integrations- und Verkettungseffekten* zwischen den Wertketten der am elektronischen Markt beteiligten Unternehmen führen. Solche weitergehenden Integrati-onseffekte setzen aber voraus, daß sowohl die marktliche als auch die unternehmensin-terne Kommunikation auf einheitlichen und standardisierten Datenformaten und Übertragungsprotokollen erfolgt.

Strategische Netzwerke (Feld 3) sind Organisationsformen, die sich zur Koordination unspezifischer, aber stark veränderlicher Leistungen herausbilden. Sie bestehen aus rechtlich selbständigen, spezialisierten Klein- und Mittelunternehmen, die in engen, stark arbeitsteiligen Austauschbeziehungen gemeinsame Aufgabenstellungen bewältigen. Zumeist übernimmt ein sogenanntes Leit- oder *Brokerunternehmen* die übergreifende Koordinationsfunktion (vgl. Jarillo 1988; Ochsenbauer 1989).

Zur Feinabstimmung der Leistungsbeiträge der Netzwerkpartner kommen unternehmensübergreifende Informations- und Kommunikationssysteme zum Einsatz. Eine zentrale Bedeutung spielen hier z.B. EDI (vgl. Picot / Neuburger / Niggl 1991) oder das in Kapitel 4.2.1 angesprochene Extranet, die sowohl sekundäre administrative Aufgaben (z.B. Austausch von Rechnungsdaten oder rechnergestützte Übertragung von Zahlungsanweisungen) als auch primäre Wertschöpfungsprozesse (z.B. elektronische Bestellsysteme für Just-In-Time-Produktion, Vertriebssysteme zwischen Herstellern, Speditionen und Handel oder Ferndiagnosesysteme für technische Anlagen) unterstützen können.

Hoch spezifische und stark veränderliche Aufgaben werfen besondere Bewertbarkeits- und Abhängigkeitsprobleme auf, die mittels formaler, bürokratischer Systeme nicht zufriedenstellend lösbar sind. Sinnvoll erscheint die Ausprägung *modularer Unternehmen* (Feld 4) unter Bildung abgeschlossener, prozessorientierter Einheiten, die auf unterschiedlichen Ebenen erfolgen kann (vgl. Teil 5). Den Informations- und Kommunikationssystemen kommt eine eher subsidiäre Funktion der Unterstützung des Informationsaustausches innerhalb und zwischen diesen Modulen zu. Über die individuelle Informationsverarbeitung hinausgehend können Systeme zur rechnergestützten Teamarbeit und kollaborativen Arbeitsunterstützung auch die Gruppenarbeit sowohl inhaltlich als auch prozessual unterstützen (vgl. Kap. 4.2.2).

4.4.2 Formalisierung als Voraussetzung informations- und kommunikationstechnischer Gestaltung

Die menschliche Informationsverarbeitungskapazität ist beschränkt. IuK-Technik bietet die Möglichkeit, diese menschlichen Grenzen der Informationsaufnahme, -speicherung und -verarbeitung auszuweiten und so insgesamt zu einer Erweiterung menschlicher Leistungsgrenzen in bezug auf Raum, Zeit und Geschwindigkeit beizutragen. Hierin liegt das grundlegende Potential technischer Medien begründet, ein Potential, dem gleichwohl ebenso grundlegende Grenzen gesetzt sind. Die Rede ist hierbei jedoch nicht in erster Linie von etwaigen *technischen Grenzen*, die sich dem Anwender im täglichen Umgang mit Informationstechnik und Kommunikationsmedien unmittelbar manifestie-

ren, wie etwa die Beschränkungen der Verarbeitungsgeschwindigkeit, der Speicherka-
pazitäten oder der Übertragungsleistung. Sie alle verlieren durch stetige Leistungsver-
besserungen und Kapazitätssteigerungen bei Prozessoren, Speichermedien und Übertra-
gungskanälen allmählich an Bedeutung. Von weit wichtigerer Bedeutung sind *theoretische Grenzen* der rechnergestützten Informationsverarbeitung, die auch für hypothe-
tische Rechnermodelle mit unbeschränkter Verarbeitungsleistung und Speicherkapazität
gelten. Es sind dies die Grenzen der *Formalisierung* und *Berechenbarkeit* – zentrale
Untersuchungsobjekte der theoretischen Informatik.

Hier können nur einige Aspekte der Formalisierbarkeit summarisch angesprochen werden, soweit sie für das Verständnis grundlegender informations- und kommunikationstechnischer Leistungsgrenzen von Bedeutung sind. Der interessierte Leser sei für eine
weitergehende Einführung in die Thematik auf Sipser (1997), Cohen (1991), Engeler /
Läuchli (1988), Sander / Stucky / Herschel (1995), Schöning (2001) oder Stetter (1988)
sowie zur Vertiefung auf Hopcroft / Ullman (1979 und 2000) verwiesen.

Computersysteme werden mit dem Anspruch entwickelt, den Menschen bei der Bewältigung von Problemen der Informationsverarbeitung zu unterstützen. Computergestützte
Informationsverarbeitung bedeutet aber letztlich immer die Ausführung bestimmter
Berechnungsvorschriften auf Informationen. Einer Problemlösung mit Hilfe des Computers geht damit stets die Formulierung der Problemlösungsvorschriften sowie die Fixie-
rung der benötigten Information voraus, d.h. eine formale Beschreibung des zu lösenden
Problems. Plakativ gesprochen bedeutet dies: *Ohne Formalisierung keine Implementierung, ohne Implementierung kein informations- und kommunikationstechnisches System.*

Von zentraler Bedeutung ist daher die Frage, für welche Probleme überhaupt Formalisierungen gefunden werden können und wie solche Formalisierungen geeigneterweise
aussehen können oder sollen. Damit eng verbunden sind eine Vielzahl weiterer Fragestellungen: Welche Beschreibungstechniken bieten sich für eine Spezifikation von
Problemen oder Problemlösungsvorschriften an? Welche Ausdrucksmöglichkeiten
kommen bestimmten Beschreibungstechniken zu? Liegt es an der gewählten Beschrei-
bungstechnik (z.B. Programmiersprache), wenn gewisse Probleme sich einer Formalisierung erfolgreich widersetzen? Und: Welche Eigenschaften charakterisieren universelle Beschreibungstechniken, also Techniken, die geeignet sind, alle prinzipiell formali-
sierbaren Probleme (und deren Lösungen) formal zu beschreiben?

Im Kontext der Informationsverarbeitung bezeichnet man präzise und endlich aufge-
schriebene Verarbeitungsvorschriften als *Algorithmen*. Der Algorithmusbegriff stellt eine
der ältesten Wurzeln der Informationsverarbeitung dar und bildet auch heute noch eine

ihrer tragenden Säulen. Er geht auf den vor 1200 Jahren am Hof des Kalifen von Bagdad lebenden Mathematiker und Lehrmeister Al Chwârismî zurück und bezog sich zunächst ausschließlich auf mechanische Regeln für das Rechnen mit geschriebenen Zahlen. Leibniz verallgemeinerte den Begriff des Algorithmus auf feste Regeln zur Verarbeitung allgemeiner Zeichen und Zeichenfolgen, die beliebige Bedeutung tragen können (vgl. Bauer / Wössner 1981 sowie Bauer / Brauer / Jessen 1992). Anschauliche Beispiele für Algorithmen sind Computerprogramme, wobei die zu ihrer Formulierung verwendete Programmiersprache völlig unerheblich ist. Entscheidend ist allein die *in eindeutiger Weise und in endlicher Aufschreibung spezifizierte Abfolge von elementaren Verarbeitungsschritten*, mit Hilfe derer vorgegeben wird, wie Eingabedaten schrittweise in Ausgabedaten umzuwandeln sind. Ein Algorithmus beschreibt also eine Abbildung von der Menge der zulässigen Eingabedaten in die Menge der Ausgabedaten. Nicht alle solche Abbildungen können jedoch durch einen Algorithmus realisiert werden. Heute werden zunehmend auch formale Problemspezifikationen in deskriptiven Sprachen als Algorithmen angesehen. Sie präzisieren zwar nicht die exakte Verarbeitungsschrittfolge, erlauben aber dennoch eine maschinelle (mechanische oder elektronische) Interpretation und Problemlösung. Informelle Hinweise und Anweisungen, Kochrezepte oder Bastelanleitungen genügen in aller Regel nicht der Forderung nach maschineller Interpretierbarkeit und Durchführbarkeit. Sie fallen damit nicht unter den Algorithmusbegriff.

Aber nicht alle Probleme lassen sich durch Algorithmen lösen. Einer der interessantesten Aspekte der theoretischen Informatik ist die Existenz von Beweisen, daß die Menge der Probleme größer ist als die Menge der Lösungen. Folglich gibt es unlösbare Probleme. Somit kann *für bestimmte Problemstellungen kein Lösungsalgorithmus* angegeben werden (so läßt sich beispielsweise die sog. „Busy Beaver Funktion" nicht berechnen). Und tatsächlich finden sich in der Vergangenheit viele Beispiele für das Scheitern umfangreicher Forschungs- und Entwicklungsvorhaben, in denen auf der Suche nach Algorithmen für nachweislich unlösbare Probleme diese fundamentale theoretische Erkenntnis nicht beachtet wurde.

Jede mathematische Formel stellt in ihrer Eigenschaft als Verarbeitungsvorschrift für die jeweiligen Eingabeparameter einen Algorithmus dar. Grundlegende Algorithmen, die in unterschiedlichsten Anwendungsbereichen zum Einsatz kommen, sind Such- und Sortieralgorithmen, Algorithmen zur Verarbeitung von Zeichenfolgen oder Algorithmen zur Lösung von Graphen- und Netzwerkproblemen (vgl. z.B. Knuth 1997; Knuth 1998; Ottmann / Widmayer 1996). Die Betriebswirtschaftslehre kennt eine Vielzahl nützlicher Algorithmen für spezielle Anwendungsbereiche, beispielsweise finden sich im Bereich der Produktionswirtschaft Berechnungsvorschriften zur Losgrößenoptimierung, Durchlauf- und Kapazitätsterminierung, Maschinenbelegungsplanung oder zur Wegeminimierung.

Computerprogramme in gängigen Programmiersprachen bilden nur einen Spezialfall der Formulierung von Algorithmen. Allgemein kann eine algorithmische Beschreibung mit Hilfe mathematischer Konstrukte, auf der Basis sogenannter *formaler Sprachen* oder durch die Verwendung abstrakter Computermodelle, wie etwa der sogenannten *Kellerautomaten* oder *Turingmaschinen* erfolgen. Letztere sind abstrakt notierte, symbolverarbeitende Maschinen, die theoretisch in der Lage sind, den jeweils beschriebenen Algorithmus auszuführen. Im folgenden werden einige Grundmodelle formaler Beschreibung kurz vorgestellt.

Problemstellungen der realen Welt können von einem einzelnen Aufgabenträger autonom, von mehreren Aufgabenträgern in arbeitsteiligen Arrangements sowie unter zusätzlicher Einbeziehung technischer Unterstützungsmedien bewältigt werden. Solange ein Einzelner autonom agiert, kann es ausreichend sein, wenn dieser ein implizites Bild der Zielrichtung oder des Lösungswegs im Kopf trägt. Für eine Übertragung von Aufgaben und Teilaufgaben auf andere Akteure aber ist es notwendig, den Lösungsweg oder die Zielsetzung in einer *Sprache* zu formulieren (vgl. Abb. 4-25).

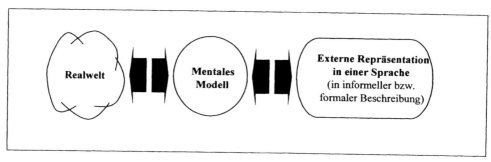

Abb. 4-25:   Modellbildung

Für die Kommunikation zwischen menschlichen Aufgabenträgern genügt dabei meist die informelle oder semiformale Beschreibung in natürlichsprachiger Form. Um Aufgaben jedoch im Sinne des oben gegebenen Algorithmusbegriffs auf Computer übertragen zu können, ist eine höchst formale Aufgabenbeschreibung notwendig, eine Beschreibung, die durch strenge und präzise Bildungsregeln gesteuert wird. Derartige formale Beschreibungen werden in *formalen Sprachen* abgefaßt. Formale Sprachen, zu denen auch die Programmiersprachen zu zählen sind, sind künstlicher Natur. Sie werden ebenso wie ihre weniger formalen Pendants durch ein bestimmtes Grundvokabular, das *Alphabet*, und eine Menge von Regeln, die *Grammatik*, bestimmt. Sie gibt an, wie Wörter und Sätze der Sprache aus den Elementen des Alphabets aufzubauen sind bzw. welche Zeichenfolgen über dem Alphabet zum Sprachschatz der Sprache gehören. Die Syntax einer formalen Sprache ist dabei klar festgelegt, ihre Semantik wohldefiniert, d.h. die Korrektheit und die

Bedeutung eines Satzes in dieser Sprache sind stets unzweideutig feststellbar. So ist beispielsweise für Programmiersprachen festgelegt, nach welchen Regeln Programme der Sprache aufzubauen sind, ob ein gegebener Programmtext ein formal korrektes Programm der Sprache darstellt und welche semantische Bedeutung einem syntaktisch korrekten Programm zukommt (zu den Ebenen der Semiotik vgl. Kap. 3.3.1).

Die Festlegung des syntaktischen Regelwerks einer formalen Sprache kann auf unterschiedliche Weise erfolgen, beispielsweise über die Angabe formaler *Grammatiken* – Mengen von Regeln, die die Syntax einer Sprache festlegen – oder an Hand sogenannter *Automatenmodelle* – abstrakter Maschinen, die in der Lage sind, genau die Sätze der betreffenden formalen Sprache zu verstehen (und keine anderen).

Wie passen diese sprachtheoretischen Überlegungen nun in den betriebswirtschaftlichen Kontext? Entscheidend ist, daß Automatenmodelle – die in ihrer mächtigsten Form, der sogenannten *Turingmaschine*, alle im intuitiven Sinne berechenbaren (und damit computergestützt lösbaren) Funktionen berechnen können (*Church'sche These*) – Abläufe repräsentieren. Ein derartiger Ablauf beschreibt die Transformation von Eingaben in Ausgaben, eine Tatsache, die von größter Bedeutung ist für die Formalisierung betrieblicher Prozesse. Ansätze der Workflow-Modellierung, also der Beschreibung von betrieblichen Abläufen im Hinblick auf eine informationstechnische Unterstützung, bedienen sich häufig formaler Automaten als Beschreibungsmittel.

Endliche Automaten (Zustandübergangsdiagramme) stellen die eingeschränkteste und aufgrund ihrer leichten Implementierbarkeit für praktische Beschreibungszwecke bedeutsamste Automatenklasse dar. Abbildung 4-26 zeigt ein als endlicher Automat modelliertes Konversationsnetz auf Basis der Sprechakttheorie (vgl. Kap. 3.3.4). Das Netz beschreibt einen möglichen Konversationsverlauf für den Gesprächstyp „Auftrag", wie er im System *Coordinator*, dem ersten und wohl bekanntesten Computersystem zur expliziten Konversationsunterstützung, dargestellt wird. Die Knoten des Diagramms spezifizieren die möglichen Zustände im Verlauf des Konversationsprozesses; die Kanten repräsentieren die auftretenden Sprechakte. Vom Einstiegspunkt, dem Knoten 1 führt das Ansuchen der Person A in den Knoten 2. Von dieser Stelle aus ist der weitere Verlauf abhängig von dem von B getätigten Sprechakt: Eine Ablehnung führt in den Knoten 8, ein Versprechen zum Knoten 3. Diese Art der Modellierung bildet die Grundlage für eine ganze Klasse neuerer Systeme zur Kommunikations- und Entscheidungsunterstützung in Organisationen (vgl. zu den Grundlagen der Action Workflow Theory Winograd 1986; Winograd / Flores 1986; Medina-Mora u.a. 1992).

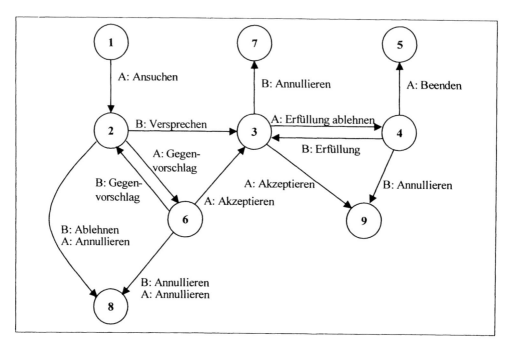

Abb. 4-26:   Beispiel eines als Automat modellierten Konversationsnetzes (Borghoff /
             Schlichter 1998, S. 187)

Die klassische Sicht auf Informationsverarbeitungs- und Kommunikationsprozesse
bedient sich einer *zentralen Instanz* sowie einer *sequentiellen Folge von Verarbeitungsschritten.* Doch ebenso wie im Bereich der Unternehmensorganisation heute klar ist, daß
die klassische, weitgehend zentralistische Betrachtung von Unternehmensstrukturen nur
einen Spezialfall im Spektrum von *Zentralisierung* und *Dezentralisierung* darstellt, läßt
sich auch in bezug auf technische Informations- und Kommunikationssysteme die zentrale Steuerung in ein Kontinuum unterschiedlicher Grade von Verteiltheit einordnen.
Analog dazu bildet auch die klassische weitgehend sequentielle Betrachtung sowohl
organisatorischer Abläufe als auch technischer Prozesse nur einen Spezialfall im Spektrum von *Sequentialisierung* und *Parallelisierung*.

Die Notwendigkeit einer Auseinandersetzung mit den Freiheitsgraden der *Verteiltheit*
(d.h. im Spektrum von Zentralisierung und Dezentralisierung) und *Nebenläufigkeit* (d.h.
im Spektrum von Sequentialisierung und Parallelisierung) ist erkannt, doch obwohl seit
Jahrzehnten intensiv an einem besseren Verständnis kooperierender Prozesse gearbeitet
wird ist das bestehende Wissen über die Organisation von verteilten Systemen und
nebenläufigen Prozessen im Vergleich zum Kenntnisstand über sequentielle Abläufe
noch immer beschränkt.

Einen wichtigen Ansatz zur Beschreibung verteilter, nebenläufiger Systeme bildet das sogenannte *Petri-Netz-Modell* (vgl. z.B. Baumgarten 1996; Reisig 1990; Starke 1990). Carl Adam Petri legte 1962 mit seiner Dissertation den Grundstein für diesen Beschreibungsansatz, in dem vor allem auch zeitliche Beziehungen abgebildet werden können. Petri-Netze kommen heute in vielfältigen Anwendungsgebieten zum Einsatz, beispielsweise zur Beschreibung menschlicher Interaktionsprozesse, technischer Kommunikationsabläufe oder auch betrieblicher Geschäftsvorgänge. Hierauf wird in Kapitel 4.4.6 näher eingegangen.

Im technischen Anwendungskontext liegt ein wichtiger Einsatzbereich von Petri-Netzen in der Modellierung von Kommunikationsprotokollen. Derartige Protokolle sind notwendig, um in Rechnernetzwerken (vgl. Kap. 4.2) einen geregelten Informationsaustausch sicherzustellen, ungewünschtes Netzverhalten auszuschließen und ein Mindestmaß an Fehlertoleranz zu gewährleisten. National und international genormte Kommunikationsprotokolle (z.B. das ISO / OSI-Referenzmodell, vgl. Kap. 4.2.2) sind heute im allgemeinen zu komplex, um in Praxistests umfassend überprüft werden zu können. Netzmodelle bieten hier Möglichkeiten einer anschaulichen Beschreibung, der formalen Analyse oder der Simulation umfangreicher Testläufe. Im betriebswirtschaftlichen Anwendungskontext gewinnen Petri-Netz-Modelle für die Beschreibung, Analyse und Simulation von Bürovorgängen und allgemeinen Geschäftsprozessen zunehmend an Bedeutung. Sie erlauben die Beschreibung strukturierter, arbeitsteiliger Abläufe in und zwischen Organisationen. Dabei sind sie nicht auf eine Darstellung rein sequentieller Verarbeitungsschritte eingeschränkt, sondern ermöglichen auch die Beschreibung von Bearbeitungsalternativen und nebenläufigen Bearbeitungsvorgängen.

4.4.3 Grenzen der Formalisierbarkeit

Informationsverarbeitung erfordert Kommunikation und Kommunikation erfordert Sprache. Während zwischenmenschliche Kommunikation informelle sprachliche Mittel nutzen kann, erfordert der Umgang mit Computersystemen und die technische Kommunikation zwischen Computersystemen stets formalisierte Kommunikation. Die Möglichkeiten formalisierter Kommunikation aber sind begrenzt durch die Ausdrucksmächtigkeit formaler Sprachen und deren Charakterisierungsmodelle (mathematische Konstrukte, logische Kalküle, Grammatiken oder Automaten). Die *Berechenbarkeitstheorie* beschäftigt sich mit der Frage, welche Probleme durch welche Sprachklassen beschreibbar sind und wo die Grenzen der Beschreibbarkeit liegen. Diese Fragen aber sind nur von nachrangigem Interesse, wenn man den Blick auf die computergestützte Informationsverarbeitung richtet. Denn reale Computer sind strenggenommen immer nur endliche Automaten. Der Grund dafür liegt in der *Endlichkeit* des zur Verfügung stehenden Speicherplatzes. Für umfassendere Problemklassen ist ein theoretisch unendlicher Speicher für die Implementierung des betreffenden formalen Automatenmodells notwendig. Egal wie groß der verfügbare Speicherplatz ist, egal auch wie hoch die Prozessorleistung oder wie lange die zur Verfügung stehende Zeit sein mag, unter realen Anwendungsbedingungen sind Raum und Zeit stets endlich. Die Modellannahmen unbeschränkten Speichers oder unbeschränkter Zeit sind irreal.

Was aber können Computer unter diesen realen Beschränkungen leisten? Mit dieser Frage beschäftigt sich die *Komplexitätstheorie*. Sie fragt auch nach dem Ressourcenbedarf für die Bearbeitung prinzipiell lösbarer Probleme und versucht Problemstellungen nach dem Umfang ihres Ressourcenbedarfs zu klassifizieren, um so die Voraussetzungen für grundlegende Aufwandsabschätzungen im Bereich der computergestützten Informationsverarbeitung zu schaffen. Auf Basis des Ressourcenverbrauchs läßt sich leicht zeigen, daß selbst für viele vollständig formalisierbare bzw. algorithmisierbare Probleme eine exakte computergestützte Problemlösung ausscheidet. Zahlreiche betriebswirtschaftliche Problemstellungen fallen in diese Komplexitätsklasse, so beispielsweise das Problem des Handlungsreisenden (Travelling Salesman Problem), bei dem es für eine beliebige Anzahl an Reisezielen eine transportkostenminimale Reiseroute zu bestimmen gilt, oder das Problem der optimalen Maschinenbelegungsplanung. Derartige Probleme sind für den allgemeinen Fall sinnvollerweise nur über Heuristiken behandelbar, also Verfahren, die nicht auf wissenschaftlich gesicherten Erkenntnissen, sondern auf Hypothesen, Annahmen oder Erfahrungen aufbauen.

Grenzen der praktischen Berechenbarkeit bestehen also bereits bei eigentlich gut beschreibbaren Problemstellungen in einer statischen Problemwelt. Die Bedingungen der Realität „verkomplizieren" die Situation zusätzlich: Die betriebliche Problemwelt ist ständigen, mehr oder weniger starken Änderungen unterworfen. Formale Beschreibungen aber sind statischer Natur. Darüber hinaus verändern sich reale Problemstellungen auch durch den Versuch ihrer Beschreibung. Dennoch wird heute intensiv an der Neu- und Weiterentwicklung von Beschreibungstechniken zur Systemspezifikation gearbeitet. Als vorrangige Qualitätsmerkmale einer „idealen" Systembeschreibung gelten dabei u.a. Korrektheit, Eindeutigkeit, Vollständigkeit, Verifizierbarkeit und Konsistenz. An der Realisierbarkeit einer möglichst umfassenden Modellierung des sozialen Systems „Unternehmung" wird in der Informatik kaum gezweifelt. Vor dem Hintergrund der ökonomischen Theorie aber erscheint diese Zielsetzung fragwürdig. Bereits 1987 hat Ciborra (mit Blick auf die Entwicklung umfassender Unternehmensdatenmodelle) auf das grundlegende Problem der Realisierbarkeit formaler Unternehmensmodelle hingewiesen: „Now, if this were all possible, the enterprise would not have any reason to exist according to the transaction cost view: its dissolution would be warranted on efficiency grounds (reduction of overhead costs)" (Ciborra 1987). Gemäß der Theorie der Transaktionskosten (vgl. Kap. 2.3.3) kann eine ganzheitlich modellierbare Unternehmung nicht effizient sein – die Unternehmensaufgabe dürfte aufgrund ihrer erwiesenen Beschreibbarkeit nicht mehr hierarchisch koordiniert werden. Die Transaktionskostentheorie widerspricht damit einer vollständigen Beschreibung und Abbildung der Unternehmung (vgl. Ciborra 1987; Picot 1989b).

Anders ausgedrückt: Die vollständige Beschreibung der Informationsarchitektur einer Institution würde den Koordinationsmechanismen dieser Institution unmittelbar ihre Berechtigung entziehen. In dem Augenblick, in dem die Informationsstrukturen einer Unternehmung formalisiert werden, bietet es sich an, diese Formalisierung zu nutzen, und zwar in einer Weise, die zur Senkung der mit den Informations- und Kommunikationsaktivitäten der Unternehmung verbundenen *Transaktionskosten* führt. Wie in Kapitel 4.3.2 bereits angemerkt, läßt sich eine derartige Formalisierung beispielsweise als Grundlage für den IuK-Technikeinsatz heranziehen. Eine andere Gelegenheit bietet sich in der Reorganisation der Unternehmung, d.h. in der Veränderung ihrer bisherigen (z.B. hierarchischen) Organisationsform, wobei die erstellte Beschreibung als dezentral benutzte Informationsbasis eingesetzt werden kann. Ist eine derartige Reorganisation dennoch nicht möglich, so lautet die vereinfachte Konsequenz, daß der gewählte Beschreibungsansatz von vorneherein nicht angemessen war.

Unter dem Einfluß einer immer stärkeren Ausbreitung IuK-technischer Infrastrukturen manifestiert sich die prognostizierte Konsequenz der Reorganisation heute bereits in der Praxis. Bislang monolithische Unternehmensstrukturen lösen sich auf zu Gunsten dezentraler, verteilter und netzwerkartiger Organisationsarchitekturen. Heutige Informationsmodelle aber können die Wandlungsfähigkeit von Organisationen hin zu modularen oder virtuellen Strukturen nicht unterstützen; sie behindern den Wandlungsprozeß. Denn modulare, netzwerkartige oder virtuelle Organisationen entstehen nicht aus dem Nichts; sie entstehen durch organisatorischen Wandel aus bestehenden Organisationsstrukturen. Aktuelle Beschreibungstechniken sind bislang kaum in der Lage, diesen Wandlungsprozeß zu unterstützen.

4.4.4 Systementwicklung

Die ingenieursmäßige Entwicklung von Software – also einer Menge von Programmen zusammen mit begleitenden Dokumenten, die für ihre Anwendung notwendig oder hilfreich sind (vgl. Hesse / Merbeth / Frölich 1992) – unter Anwendung wissenschaftlicher Methoden und Werkzeuge, das *Software Engineering*, wird in der Regel in der Gestalt eines Lebenszyklus gesehen, dem sogenannten *Software development life cycle*. Innerhalb dieses Rahmens werden zunächst zwei grundsätzliche Vorgehensweisen unterschieden (vgl. McDermid / Rook 1991): zum einen die Sichtweise des Projektmanagements, die eine Entwicklung von Software nach *zeitlich* zusammengehörigen Phasen vornimmt, und zum anderen ein eher *technikorientierter* Ansatz, in dem einzelne Entwurfsstadien der Software differenziert werden. Ein klassisches Beispiel für ersteren Ansatz ist das ursprünglich von W. W. Royce (1970) entwickelte *Wasserfallmodell*, so benannt aufgrund der Assoziation, die sich bei einer treppenartigen Darstellung der Abfolge der einzelnen Projektschritte einstellt (vgl. Abb. 4-27).

In diesem Modell wird eine strenge Teilung problembereichsspezifischer und implementierungsspezifischer Tätigkeiten vorgenommen, die sich in der expliziten Trennung zwischen einer Analyse- und Designphase ausdrückt. Dem als Ergebnis der Analysephase vorliegende *Fachkonzept* fehlen jegliche Implementierungsanweisungen, so daß die Zuständigkeit für seine Erstellung großenteils bei der betreffenden Fachabteilung liegt. Demgegenüber bietet sich bei der Erarbeitung des *Technikkonzepts* in der Designphase eine vorwiegende Beteiligung der zuständigen Informatikabteilung an, da hier konkrete implementierungsspezifische Entscheidungen getroffen werden. Bis heute hat das Wasserfallmodell zahlreiche Erweiterungen erfahren, etwa durch die Einführung von Validierungsschritten und Rückkoppelungen zwischen den Phasen, so daß eine verbesserte Qualitätssicherung im Entwicklungsprozeß garantiert werden kann.

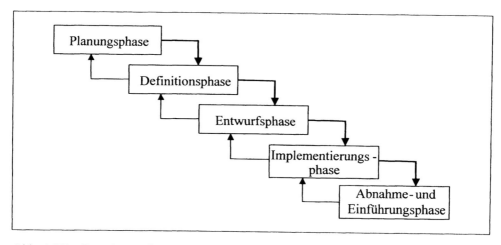

Abb. 4-27:   Das Wasserfallmodell

Ein Vertreter des technikorientierten Ansatzes ist das sogenannte *Prototyping*. Hierbei wird zunächst eine unvollständige, lauffähige Vorversion, der sogenannte *Prototyp*, als Modell der endgültigen Software entwickelt. Diese Methode erlaubt eine frühzeitige Einbindung der Anwender und wirkt dadurch den Folgen einer möglicherweise ungenauen Spezifikation entgegen. Je nach Zielsetzung werden hierbei unterschiedliche

Formen des Prototyping unterschieden (vgl. Pomberger / Blaschek 1993). Für die Softwareentwicklung am interessantesten ist das *evolutionäre* Prototyping, bei dem der Prototyp selbst schrittweise bis zum fertigen Endprodukt weiterentwickelt wird.

Eine Verknüpfung dieser beiden unterschiedlichen Entwicklungsmethodiken, des phasenorientierten und des technikorientierten Ansatzes, ist Grundgedanke des von Barry Boehm 1988 vorgestellten *Spiralmodells* (vgl. Abb. 4-28 sowie Hesse / Merbeth / Frölich 1992). Hier werden die zeitlich gegliederten Projektphasen Analyse, Design, Implementierung und Test in einen iterativen Rahmen eingebettet, in dem nach jeder Stufe ein jeweils verbesserter Prototyp zur Verfügung steht. Für jeden dieser Prototypen ist eine Planungsphase, Risikoanalyse, die erwähnten Projektphasen zur eigentlichen Softwareerstellung sowie eine Evaluierung durch den Kunden vorgesehen.

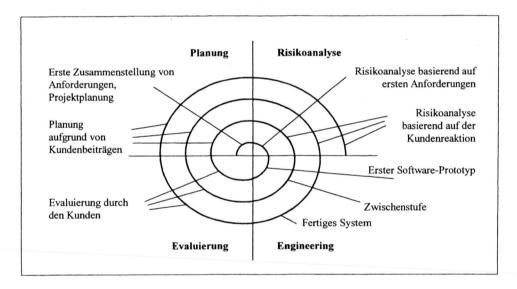

Abb. 4-28: Das Spiralmodell

Hinsichtlich der hohen Komplexität moderner Softwaresysteme gewinnen derartige methodische Ansätze der Softwareentwicklung zunehmend an Bedeutung, da die klassische phasenorientierte Vorgehensweise als ausschließliches Strukturierungskonzept versagt. Vor allem im Hinblick auf spezielle Programmierparadigmen, wie etwa der objektorientierten Programmierung, lassen sich eine Reihe weitere Vorgehensmodelle anführen, zu denen beispielsweise das Cluster-Modell von Meyer (1989) oder das Fontänenmodell von Henderson-Sellers / Edwards (1990) zu zählen sind.

Ermöglicht durch die kostengünstige und weitreichende Verbreitung von Software über das Internet gewinnt eine Vorgehensweise zunehmend an Bedeutung, die mit dem Prototyping verwandt ist: Der Entwickler eines Softwareproduktes veröffentlicht zumeist noch fehlerbehaftete und teils unfertige, aber bereits grundsätzlich lauffähige Vorabversionen der Software, sogenannte Beta-Versionen, und verteilt diese kostenlos (zumeist gegen Registrierung) an Endanwender. Die Rückmeldungen der Anwender an den Hersteller über Fehler, Wünsche und Erfahrungen mit der Software fließen dann in die Erstellung des Endproduktes mit ein. Auf diese Weise sind gleichzeitig Kostenersparnisse beim Hersteller im Bereich der Qualitätssicherung sowie größere Kundenorientierung bei der Erstellung des Softwareproduktes realisierbar. Manche Hersteller gehen sogar so weit, den Quellcode ihres Produktes zu veröffentlichen, und somit Entwicklern in aller Welt Gelegenheit zu geben, Erweiterungen und Verbesserungen vorzunehmen und diese dem Hersteller mitzuteilen, der dann nach Auswahl und Zusammenführen der Beiträge diese in die Gestaltung der fertigen Software übernimmt. Allerdings nutzen zunehmend Hersteller die Möglichkeit der im Vergleich zu herkömmlichen Vertriebswegen raschen, weitreichenden und kostengünstigen Verteilung von Software über das Internet auch, um fehlerhafte und noch nicht ausreichenden Qualitätstests unterworfene Software als Produkt in den Handel zu bringen, und dringend nötige Nachbesserungen erst danach in Form von „Service Packs" oder Bugfixes online zur Verfügung zu stellen.

4.4.5 Modellierung von Informationssystemen

Unabhängig davon, ob nun der managementorientierte, der technikorientierte Ansatz oder gar eine Mischform gewählt wird, in jedem Fall muß der in der zu entwickelnden Software abgebildete Realitätsausschnitt in irgendeiner Form identifiziert, analysiert und festgehalten werden. Das *Modell* als Abstraktion der Wirklichkeit steht im Mittelpunkt der Planung, und manifestiert sich im Falle des managementorientierten Ansatzes explizit im Ergebnis der Phasen Analyse und Design. Die zur Diskussion stehende Software wird dabei meist in graphischer Notation vorab spezifiziert, wodurch eine Grundlage für eine umfassende Planung von Randbedingungen wie etwa der Projektdauer, den anfallenden Kosten etc. geschaffen wird. Die Modellierung von Software bezieht sich dabei in der Regel auf zwei Aspekte: die dynamische *Funktionalität* und die statischen *Strukturen* des Systems. Gemäß dieser Zweiteilung unterscheidet man vornehmlich zwischen *Funktionsmodellierung* und *Datenmodellierung*. Eine andere, immer häufiger angewandte Möglichkeit ist die objektorientierte Modellierung von Software aufbauend auf einer Einteilung der Problemwelt in *Objekte*, unabhängige, miteinander interagierende Komponenten mit Eigenschaften und Verhalten.

Eine bekannte Methode zur Funktionsmodellierung ist das im Rahmen der Strukturierten Analyse (SA) entwickelte *Datenflußdiagramm* von DeMarco (1978). Die Essenz dieser Notationsmethode beschränkt sich auf drei wesentliche Elemente: *Tätigkeiten*, *Datenflüsse* sowie *Datenquellen*. Die Aufgabe des Analytikers besteht in dem Verbinden von Tätigkeiten durch Datenflüsse, um die funktionalen Aspekte der zu spezifizierenden Software festzuhalten. Beispielsweise läßt sich die Modellierung der Funktion „Auftragsbearbeitung" in den drei groben Tätigkeiten „Bonität des Kunden prüfen", „Lagerbestand prüfen" und „Auftrag genehmigen" vornehmen. Zwischen diesen Tätigkeiten werden beispielsweise die Datenflüsse „Kreditwürdigkeit des Kunden" und „Lagerbestand des bestellten Teiles" identifiziert. Die einzelnen Tätigkeiten können dann in weiteren Modellierungsschritten weiter verfeinert werden, so daß sich insgesamt ein hierarchisches Konzept, die *Strukturierte Analyse*, zur Modellierung funktionaler Zusammenhänge ergibt. Der zweite Aspekt einer Systembeschreibung bezieht sich auf die darin enthaltenen statischen Zusammenhänge. Sechs Jahre nach der erstmaligen Veröffentlichung des relationalen Datenbankmodells durch Codd (1970) trat Chen (1976) mit seiner Methode zur Modellierung von Daten und deren Beziehungen zueinander an die Öffentlichkeit. Dieses unter der Bezeichnung Entity / Relationship-Ansatz mittlerweile zur Standardmethode der Datenmodellierung maturierte Konzept besteht aus nur drei verschiedenen Elementen und ist daher strukturell relativ einfach aufgebaut. Mit Hilfe der konstitutiven Elemente *entity*, *property* und *relationship* werden Objekte, Objekteigenschaften und Beziehungen zwischen Objekten abgebildet, wobei das folgende Beispiel eine Einordnung der Begriffe erleichtern soll: In der Terminologie des Entity / Relationship-Ansatzes etwa entspricht ein *entity* einem Kunden, einem Artikel oder auch einer Bestellung. Die Eigenschaften dieser *entities*, die sogenannten *properties*, manifestieren sich beispielsweise im Namen und der Adresse des Kunden, im Preis des Artikels oder einer Bestellnummer. Eine mögliche *relation* zwischen den drei genannten *entities* wäre etwa die Beziehung „hat bestellt", die Verknüpfung zwischen einem Kunden, dem Artikel, der bestellt wurde und den Rahmendaten der Bestellung (zu einer ausführlicheren Darstellung des Entity / Relationship-Modells vgl. etwa Date 1999).

Mittlerweile wurden an vielen Stellen des Modells Erweiterungen vorgenommen, wodurch die Notation zur Beschreibung der Zusammenhänge in relationalen Systemen immer mächtiger wurde. Zu den wichtigsten Neuerungen zählen etwa die Angabe von Beziehungskomplexitäten, d.h. der Festlegung der maximalen Anzahl an möglichen Beziehungspartnern, oder die weitere Detaillierung des Beziehungsbegriffs in Spezialisierungs- und Dekompositionsbeziehungen. Ein Beispiel für die erstere Variante, auch bekannt unter der Bezeichnung *IS-A-Beziehung*, wäre die Beziehung zwischen den Entities BMW, Mercedes, Audi etc. und einem Entity Auto („BMW is-a Auto"). Alle aufgeführten Fabrikate sind *Formen* des Entities Auto, während eine Dekompositions-, oder auch *HAS-A-Beziehung*, eher die *Komponenten* von Auto zum Gegenstand hat. Eine Veranschaulichung dieses letzten Sachverhaltes ist beispielsweise das Verhältnis des Entities Auto zu den Entities Karosserie, Motor, Getriebe („Auto has-a Karosserie").

Softwaresysteme vereinigen stets sowohl statische als auch dynamische Elemente. Aus diesem Grund besteht in der Regel Bedarf an einem kombinierten Einsatz von Methoden zur Daten- und Funktionsmodellierung. Zu beachten ist dabei die Schwierigkeit einer Kopplung der beiden Sichtweisen. Die parallele Entwicklung der beiden Modelle bedingt einen starken Koordinationsbedarf der beteiligten Mitarbeiter, da die Interdependenzen zwischen statischer und dynamischer Sicht in der Regel sehr hoch sind. Die getrennte Betrachtung von Daten und Funktionen erscheint daher etwas hinderlich, beruht jedoch auf der unterschiedlichen Entwicklungsgeschichte der Softwareentwicklung einerseits und der Datenbanksysteme andererseits.

Eine Möglichkeit zur Abhilfe bietet der Ansatz der *Objektorientierung* (vgl. Kap. 4.2.1), in dem auch die Idee des Programming by Contract Anwendung findet. Das Konzept des *Programming by Contract* liefert eine Grundlage für die moderne Systementwicklung, in der Konzepte wie z.B. Korrektheit, Robustheit, Erweiterbarkeit, Wiederverwendbarkeit und Kompatibilität berücksichtigt werden müssen (vgl. Meyer 1990), und kann auch bei traditioneller prozeduraler Programmierung eingesetzt werden. Die modulare Sicht auf das Softwaresystem ermöglicht eine bessere Planung und Koordination bei der Softwareerstellung sowie eine wesentlich flexiblere und übersichtlichere Anpassung und Wartung.

Vertreter des objektorientierten Modellierungsansatzes sind beispielsweise Rumbaugh u.a. (1991) sowie Coad / Yourdon (1991). Die Methode von Rumbaugh, die sogenannte *Object Modeling Technique* (OMT), bedient sich dabei im wesentlichen bereits bekannter Konzepte, wie etwa eines erweiterten Entity / Relationship-Diagramms, eines Datenflußdiagramms sowie eines Zustandsübergangsdiagramms, das die im System auftretenden Ereignisse abbildet und hatte somit Ähnlichkeit zur strukturierten Analyse. Die *Object Oriented Analysis* (OOA) nach Coad / Yourdon hingegen bedient sich einer diese drei verschiedenen Sichten auf die zu erstellende Software integrierenden Notation. Wegen der fehlenden Betrachtung von Ereignissen ist diese Notation naturgemäß weniger mächtig als die drei getrennten Modelle der OMT. Allerdings bietet sie den nicht zu unterschätzenden Vorteil einer integrierten Betrachtung von Daten (Eigenschaften) und Funktionen (Verhalten) bereits während der Analysephase, so daß eine spätere Zusammenführung mit der Gefahr einer nachträglichen Änderung entfällt. Ein weiterer Vorteil ist die Möglichkeit der Fortführung der Arbeit in der auf die Analyse folgenden Designphase in der gleichen Notation.

1997 wurde von der Object Management Group (OMG, www.omg.org) ein Standard zum Austausch von Objektmodellen gesucht und die bei Rational von Booch, Rumbaugh u.a. entwickelte Unified Modeling Language (UML, www.rational.com/uml/) ausgewählt. Da die wichtigsten Unternehmen im Bereich Objekttechnologie entweder in der OMG partizipieren oder sich an deren Standards orientieren hat sich UML inzwischen weitgehend als einheitliche Notation für die Geschäftsprozeß- und Objektmodellierung durchgesetzt (für weiterführende Informationen vgl. Fowler 1999 und Oesterreich 1998).

4.4.6 Modellierung von Unternehmen

Wird der Anwendungsbereich der Modellbildung auf reale Objekte wie z.B. das Unternehmen ausgeweitet, so besteht die Notwendigkeit zur Erfassung und Einbindung von Akteuren in das Modell. Somit muß den oben behandelten Aspekten des „wie" und „womit" von Softwaresystemen ein „wer" und im Endeffekt auch ein „wann" hinzugefügt werden, um eine realitätsnahe Abbildung der Sachverhalte zu ermöglichen. Dies führt zum *Organisations- und Ereignismodell.* In bezug auf Unternehmen enthält das Organisationsmodell im wesentlichen die organisatorischen Einheiten, d.h. die Aufbaustruktur des Unternehmens. Im Ereignismodell werden die relativen zeitlichen Zusammenhänge des Systems modelliert, d.h. es wird berücksichtigt, welche Aktion durch welches Ereignis angestoßen wird und welche weiteren Ereignisse dadurch in Folge ausgelöst werden. Planungssoftware für Workflow-Systeme, wie z.B. das ARIS-Toolset von Scheer oder das Produkt Bonapart (vgl. z.B. Krallmann / Klotz 1994) enthalten solche Modellierungswerkzeuge, um eine Zuordnung bestimmter Tätigkeiten zu den einzelnen Akteuren zu ermöglichen.

Obwohl die vier Ebenen der Modellierung (Daten, Funktionen, Organisation und Ereignisse) nicht in jeder bekannten Methode explizit in Form eines eigenständigen Modells berücksichtigt werden, so sind diese vier Dimensionen doch stets enthalten. Wichtige Ansätze der Unternehmensmodellierung sind die „Architektur integrierter Informationssysteme" (ARIS) von Scheer und das „semantische Objektmodell" (SOM) nach Ferstl / Sinz (1990, 1991).

Das ARIS-Konzept nach Scheer (vgl. Scheer 1997) kommt der oben erörterten vierdimensionalen Sichtweise am nächsten (siehe Abb. 4-29). Hier werden im Rahmen einer Unternehmensmodellierung vier Sichtweisen auf das Informationssystem beschrieben, die sich in den vier Modellen der Daten-, Funktions-, Organisations- und Steuerungssicht manifestieren. Ereignisse werden im Rahmen der Steuerungssicht in das Modell eingeführt und dienen der Verknüpfung von Funktions- und Datensicht. Das Ergebnis dieser Verknüpfung wird als ereignisgesteuerte Prozeßkette (EPK) bezeichnet. Ein einfaches Beispiel hierzu findet sich in Abbildung 4-30.

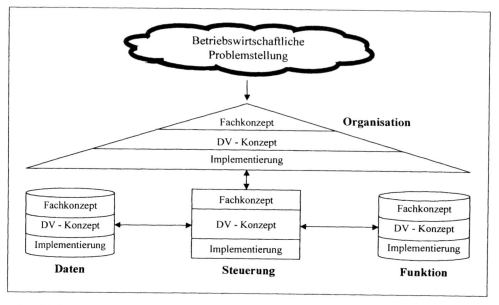

Abb. 4-29:   Das ARIS-Konzept (Scheer 1997)

Die beiden Ereignisse „schriftlicher Auftragseingang" und „Auftragseingang über EDI"
treten auf den einzelnen Auftrag bezogen exklusiv auf und stoßen die Funktion „Auftrag
erfassen" an. Diese Funktion verwendet das Datenobjekt Auftragspositionen und resultiert im Eintreten des Ereignisses „Auftrag erfaßt". Die in diesem Beispiel noch fehlende
Verbindung zur Organisationssicht entsteht dann durch die Zuordnung der einzelnen
Funktionen zu Organisationseinheiten.

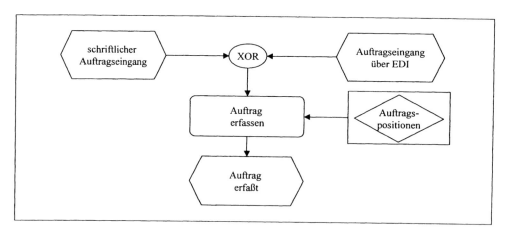

Abb. 4-30:   Die ereignisgesteuerte Prozeßkette „Auftragseingang"

Das *semantische Objektmodell* (vgl. Ferstl / Sinz 1990, 1991) ist der Versuch, die Strukturbrüche zwischen den verschiedenen Sichtweisen auf die Unternehmung zu minimieren. Eingebettet in ein umfassendes Vorgehensmodell werden in einem Top-Down-Ansatz immer feinere Modelle zur Beschreibung von Daten, Funktionen, organisatorischen Einheiten und Ereignissen im Zusammenspiel entwickelt. Auf jeder Ebene der Verfeinerung steht dadurch ein in allen gestalterischen Dimensionen vollständiges Modell zur Verfügung, so daß ein strukturbruchfreies Zusammenwirken stets gewährleistet ist. Das in Form des sogenannten *konzeptuellen Objektschemas* (KOS) letztendlich spezifizierte Ergebnis kann dann als Ausgangspunkt für die Entwicklung von Software dienen, wobei durch das Vorhandensein organisatorischer Aspekte im Modell dem Entwurfsprozeß eine ganzheitliche Sichtweise zugrundeliegt.

Grundlage für eine Modellierung des *ereignisgesteuerten dynamischen Systems Unternehmung* ist sowohl in ARIS als auch in SOM das *Petri-Netz*, wenn auch jeweils in abgewandelter Form. Diese bereits in Kapitel 4.3.2 erwähnte Modellierungsmethode erlaubt eine Beschreibung zeitlicher Zusammenhänge mit Hilfe zweier verschiedener Arten von Netzknoten.

In einem Petri-Netz werden einerseits die *lokalen Zustände*, oft auch als Bedingungen oder Objekte bezeichnet, in der Regel durch Kreise notiert. Innerhalb dieser Zustände können symbolische Objekte in Form sogenannter *Marken* beherbergt werden. Die zweite Art von Netzknoten bezieht sich auf *Ereignisse*. Sie werden durch ein Rechteck notiert. Ereignisse und lokale Zustände sind im Wechsel miteinander verbunden, d.h. ein Ereignis führt zu einem Zustand, und aus einem Zustand heraus kann wiederum ein Ereignis eintreten. Die Ereignisse sind in der Lage, die mit ihnen verbundenen lokalen Zustände durch Umverteilung der darin enthaltenen Marken zu verändern. Diese Veränderungen lassen sich formal-mathematisch beschreiben, so daß eine Kontrolle und Analyse der Anzahl, der relativen Zeitpunkte und der Abfolge von Ereignissen im Netz möglich ist.

Im Beispiel von Abbildung 4-31 werden für das Ereignis *Zusammenschrauben* jeweils eine Schraube, eine Mutter, ein Lochband und ein Lochblech benötigt. Außerdem müssen Schraubenschlüssel und Schraubenzieher bereitliegen und im Behälter für die fertigen Schraubobjekte muß noch Platz sein für die Ablage eines neuen Objekts. Alle diese für das Ereignis notwendigen Ressourcen werden in Form abstrakter Marken symbolisiert. Die Aktivität des Zusammenschraubens kann dann durch die Entnahme von Marken aus vorgelagerten Behältern und die Ablage von entsprechenden Marken in nachgelagerte Objektbehälter im Petri-Netz simuliert werden.

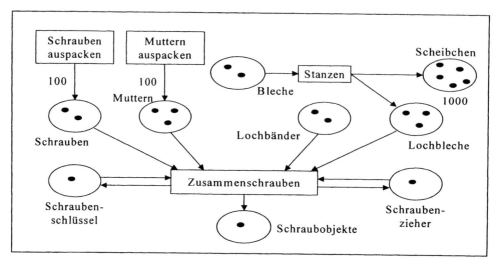

Abb. 4-31:   Einfaches Petri-Netz-Modell: Bleche und Schrauben (Baumgarten 1996)

Der objektorientierte Ansatz, wie er in SOM und auch in ARIS (vgl. Bungert / Heß 1995) auf die Modellierung von Unternehmen angewandt wird, erfreut sich angesichts der damit verbundenen Natürlichkeit und Realitätsnähe eines stetig zunehmenden Interesses (zu einer theoretischen Auseinandersetzung mit dem Thema objektorientierter Unternehmensmodellierung vgl. Lutz 1997, ein stark praxisorientierter Ansatz findet sich hingegen z.B. bei Taylor 1995).

Ein objektorientiertes Konzept, daß in der Industrie gegenwärtig als vielversprechend betrachtet wird, ist die Vision von *Business Objects* (manchmal auch als *Business Components* bezeichnet, vgl. auch Teil 10). Die *Object Management Group* (OMG) definiert Geschäftsobjekte folgendermaßen: „A business object is defined as a representation of a thing active in the business domain, including at least its business name and definition, attributes, behaviour, relationship, rules, policies and constraints. A business object may represent, for example, a person, place, event, business process or concept. Typical examples of business objects are: employee, product, invoice and payment." (vgl. OMG 1996). Die Idealvorstellung stellt eine physisch verteilte, dynamische Menge von solchen Geschäftsobjekten zur Laufzeit der Software dar, in der die Geschäftsobjekte miteinander interagieren, neue hinzukommen und bestehende sich an die neu hinzugekommenen anpassen können. Es wird versucht, das Konzept des Business Objects durchgängig in allen Entwicklungsstufen von der Erstellung des Anforderungsprofils über Analyse und Design bis hin zur konkreten Instanz im laufenden System beizubehalten. Dies ist nicht völlig ohne Abstriche möglich, die konzeptuelle Sicht muß um etliche Bestandteile erweitert werden, z.B. Hilfskomponenten, Interfaces zu anderen Komponenten, oder technische

Komponenten – beispielsweise Klassen zur Speicherverwaltung oder eine Schnittstelle zu einem Object Request Broker. Gemeinsam bilden das konzeptuelle Business Object und seine Erweiterungen eine *Distributable Component* (DC) als Implementierung und informationstechnische Umsetzung des aus der Geschäftswelt stammenden Business Objects. Die Entwicklung und das Wachstum eines Unternehmens bedingen neue Prozesse sowie die Anpassung bestehender an die neuen Anforderungen. Dieses ist ein kontinuierlicher Vorgang, daher müssen Systeme zur Handhabung von Business Objects in der Lage sein, bestehende Geschäftsobjekte ständig mit neu hinzukommenden zu kombinieren und neu zu organisieren. Die infrastrukturelle Komponente, der diese Verwaltungsaufgabe zukommt, wird als *Business Object Facility* (BOF) bezeichnet. Sie instanziiert dynamisch zur Laufzeit aus den DCs ggf. physisch verteilte *Distributable Objects* (DO) als konkrete Repräsentanten eines Business Objects und koordiniert und kombiniert diese zur Darstellung und Abwicklung der unternehmerischen Geschäftsprozesse (vgl. Eeles / Sims 1998).

4.5 Schlußfolgerungen für das Management

In dem oft übertriebenen Streben nach der Entwicklung eines immer neueren und besseren Managementkonzeptes sehen sich Unternehmen mit einer Vielzahl verschiedener Empfehlungen konfrontiert. Ansätze wie z.B. Lean Management, Total Quality Management, Empowerment, Qualitätszirkel oder Reengineering galten oft isoliert als einziges Allheilmittel für die Probleme der Unternehmung. Entscheidungsträger, die auf diesen Zug nicht aufsprangen, kamen in Rechtfertigungszwang und stießen auf allgemeines Unverständnis. Innerhalb derartiger, auch stark von Trends dominierten Entwicklungen erweist es sich als immer schwieriger, wirklich zukunftsträchtige Ideen in einer Vielzahl von „Schnellschüssen" zu erkennen (vgl. Wigand 1995a).

Der Wandel betrifft vorwiegend das in den letzten 50 Jahren vorherrschende Organisationsmodell der funktionalen Hierarchie. Für eine Umgestaltung müssen Kernprozesse gefunden werden, die nicht nur das gesamte Unternehmen überlagern, sondern auch Lieferanten und Kunden mit einbeziehen. Der *Prozeß* steht im Vordergrund, d.h. nicht *was* eine Unternehmung produziert steht allein im Mittelpunkt, sondern *wie* es mit Hilfe von Partnern, Lieferanten und u. U. auch Kunden produziert wird. Doch selbst wenn Firmen die richtigen Prozesse identifiziert haben, erweist es sich als eine schwierige, nicht zu unterschätzende Aufgabe, diese zu gestalten und weiterzuentwickeln. IuK-Technik spielt hier eine entscheidende Rolle. Ihr Potential kann jedoch nur ausgeschöpft werden, wenn ihr Einsatz adäquat erfolgt. Die optimale Abstimmung von Prozessen mit der sie überlagernden IuK-Technik ist Grundvoraussetzung für die erfolgreiche Transformation zu einer anpassungsfähigen und flexiblen Organisation.

Die Ausführungen in Kapitel 4.3.4 weisen auf die fehlende direkte Korrelation von IuK-Technikeinsatz und erzeugtem Wert hin. Es gilt daher, der Geschäftsstrategie bzw. den Unternehmenszielen verstärkt Beachtung zu schenken. Die hieraus abgeleiteten Anforderungen an die Informationstechnik müssen dann im Zusammenhang mit den Anforderungen gesehen werden, die sich aus der konkreten Organisation der Geschäftsprozesse ergeben. Dabei ist der wechselseitige Bezug zu beachten: Einerseits definieren Geschäftsstrategie und Prozesse ihre Anforderungen an die IuK-Technik, zum anderen ermöglicht IuK-Technik die Einführung neuer Strategien und Prozesse. Die Kunst besteht darin, den optimalen Grad für den Einsatz von IuK-Technik zu finden, den optimalen *organizational fit*.

Um dies zu erreichen, können während der Implementierung mehrere Iterationen notwendig werden, jeweils gefolgt von Verbesserungen und Abstimmungsprozessen, ähnlich den Selbstregulierungsmechanismen in einem kybernetischen System. Erst wenn eine geeignete Verbindung zwischen IuK-Technik, den Geschäftsstrategien, -zielen und -prozessen hergestellt worden ist, und sich die Organisation an die Veränderungen angepaßt hat, kann überhaupt mit Verbesserungen auf Seiten der Effizienz und Effektivität gerechnet werden (vgl. Wigand 1995a).

Neben der Adäquanz ist auch ein *innovativer* Einsatz von IuK-Technik anzustreben. Gerade im Hinblick auf das Bestehen im internationalen Wettbewerb muß der Einsatz des Produktionsfaktors Information auf eine möglichst neuartige und einzigartige Weise erfolgen. Einen Ansatz hierzu stellen beispielsweise die in sich widersprüchlich scheinenden Leitlinien von Ciborra (1994) dar. Er argumentiert, daß diese sieben Paradoxa einen neuen, „systematischen" organisatorischen Ansatz beschreiben, um die Entwicklung innovativer Informationssysteme zu steuern. Sie seien dazu geeignet, Lernprozesse und Kreativität zu fördern sowie die Notwendigkeit zur Kontrolle in den Hintergrund zu stellen.

Das Streben nach innovativen IuK-Lösungen einerseits und dem richtigen organizational fit andererseits ist der Schlüssel zur Überwindung der Leistungsgrenzen der Organisation. Betroffen sind hierbei nicht nur die traditionellen Grenzen der Unternehmung in bezug auf geographische Beschränkungen, Entfernungen, Geschwindigkeit und Arbeitszeit, sondern auch Bewußtseinsgrenzen der Mitarbeiter in der Organisation. Durch den kontinuierlichen Abgleich von Informationstechnik, Geschäftszielen, Strategien und Unternehmensprozessen sowie durch das Bewußtsein über die Ausdehnung der Unternehmensgrenzen läßt sich die Vision eines anpassungsfähigen und flexiblen Unternehmens realisieren. Dies wird unterstützt und gefördert durch die ständig wachsenden Potentiale der IuK-Technik.

Teil 5

Auflösung von Hierarchien – Modularisierung der Unternehmung

Fallbeispiel Teil 5: Die „Spaghetti-Organisation" von Oticon

Bei dem traditionsreichen dänischen Hörgerätehersteller *Oticon* wurden nach einer Phase intensiver Rationalisierung in einer gleichermaßen spektakulären wie rigorosen Aktion quasi über Nacht die hierarchischen Strukturen der 120 köpfigen Firmenzentrale in Kopenhagen aufgelöst und neu organisiert. Alle individuellen Arbeitsplätze, Arbeitsplatzeinrichtungen und Arbeitsmittel wurden abgeschafft. Als Mitarbeiter bei Otticon hatte man also kein eigenes Büro, keinen eigenen Schreibtisch und auch keinen eigenen Personal Computer. An ihre Stelle traten ein neues Architekturkonzept, eine innovative technische Infrastruktur, neue Formen der Arbeitsmittelnutzung und neue Spielregeln für die Aufgabenbewältigung und Zusammenarbeit (vgl. Hagström 1995a, 1995b; Kao 1996). Heute bilden ganzheitliche, kundenorientierte Projekte, die von der Produktentwicklung bis zur Marktreife reichen, den Bezugspunkt für die Zusammenarbeit. Die Projekte werden von einem verantwortlichen Manager sowie einem Promotor im zehnköpfigen Führungsteam des Unternehmens betreut, welcher Kontakte vermittelt und Türen innerhalb der Organisation öffnet. Feste Arbeitszeitregelungen und Anwesenheitspflicht gibt es nicht mehr. Jeder Mitarbeiter ist für das Erreichen der gesetzten Ziele einzig seinem Projektteam gegenüber verantwortlich. Er ist einem Ressourcenpool zugeordnet und bewirbt sich nach persönlichem Interesse um die Mitarbeit. Man arbeitet in der Regel interdisziplinär und gleichzeitig an mehreren Projekten. Dabei gilt das Prinzip, daß Spezialisten aus einem Bereich zusätzlich weitere Rollen übernehmen sollen, um so die eigenen Fähigkeiten zu erweitern und Einblick in andere Bereiche zu erlangen. So kann z.B. ein Ingenieur in einem Projekt für die Programmierung von Mikrochips zuständig sein, im nächsten eine Markteintrittsstrategie ausarbeiten und im dritten für die Korrespondenz mit spanischen Vertriebspartnern zuständig sein.

Ein wesentliches Prinzip von Oticon ist die räumliche Nähe der Projektmitglieder. Wann immer möglich, soll Face-to-face kommuniziert werden. Die Reorganisation wurde zunächst vor allem bei den Angestellten in den unteren Ebenen mit großer Begeisterung aufgenommen. Eine Welle neuer Projektinitiativen führte zu innovativen neuen Produkten, mit denen heute ein wesentlicher Anteil der Umsätze bestritten wird. Produktentwicklungszyklen halbierten sich. Im Laufe der Zeit stieß jedoch die originäre „Spaghetti-Organisation" auf Widerstand. Viele Mitarbeitern waren, nachdem die erste Euphorie sich gelegt hatte, mit der Reorganisation nicht zufrieden. Als eine wesentliche Erklärungsursache zeigte sich, dass durch die fehlende hierarchische Struktur den Mitarbeitern die Wichtigkeit ihrer Arbeit nur schlecht vermittelt werden konnte. Zwar wirkt die Erweiterung des Entscheidungs- und Weisungsraums grundsätzlich motivierend, doch fehlten vielen Otticon-Mitarbeitern monetäre Leistungsanreize. Ebenso wurden viele der Projekte, an denen sie arbeiteten, oft umgeworfen oder nicht vollendet. Heute hat Otticon die ursprüngliche Organisation um sogenannte „Competence Center" erweitert. Diese agieren zwischen den Projekten. Ebenso wurde die Beständigkeit der Zusammensetzung organisationaler Einheiten gesteigert, und diese in eine klareren hierarchischen Rahmen eingeordnet. Das Beispiel Otticon zeigt, dass es keinen „one best way" der Organisation gibt, sondern eine optimale Organisation sich nur im Einzelfall unter Berücksichtung der Betriebs- und Mitarbeitersituation dynamsich entwickeln kann (vgl. Foss 2001).

5.1   Grundgedanke der Modularisierung

In den letzten Jahren häufen sich die Beiträge aus Wissenschaft und Praxis, die unter Verweis auf deutlich veränderte Wettbewerbsbedingungen eine Reorganisation der Unternehmen fordern. Im Zentrum der Kritik stehen dabei insbesondere Großunternehmen mit stark hierarchisch und funktional gegliederten Organisationsstrukturen. Plakativ wird dabei von einem Ende der „Dinosaurier" gesprochen, die durch modular aufgebaute, hochflexible „Flotillen"-Organisationen abgelöst werden sollen (vgl. Drucker 1990). Die Restrukturierung der Unternehmensorganisation soll nach Meinung vieler Autoren einhergehen mit einer weitgehenden Auflösung bzw. einer Verflachung der Hierarchien (vgl. z.B. Bennis 1993; Davidow / Malone 1993; Picot / Reichwald 1994). Diese Thesen sollen nachfolgend kritisch überprüft werden.

Bevor auf die Ursachen und betriebswirtschaftlichen Erklärungsansätze für diese Entwicklung eingegangen wird, gilt es zunächst, die Modularisierung als eigenständiges Organisationsprinzip zu definieren. Analysiert man die in der Literatur propagierten Vorschläge zur Reorganisation der Wertschöpfungskette durch Bildung von *„Fraktalen", „Segmenten"* oder*„Modulen"* (vgl. z.B. Warnecke 1992; Zenger / Hesterly 1997; Wildemann 1998), werden deutliche Ähnlichkeiten zwischen diesen Konzepten erkennbar. Versucht man nun, den gemeinsamen Grundgedanken dieser Ansätze zusammenzufassen, so läßt sich dieser folgendermaßen formulieren:

Modularisierung bedeutet eine *Restrukturierung der Unternehmensorganisation* auf der Basis *integrierter, kundenorientierter Prozesse* in relativ *kleine, überschaubare Einheiten (Module).* Diese zeichnen sich durch *dezentrale Entscheidungskompetenz und Ergebnisverantwortung* aus, wobei die Koordination zwischen den Modulen verstärkt durch *nicht-hierarchische Koordinationsformen* erfolgt. Der gemeinsame Grundgedanke der Modularisierungskonzepte kommt auf verschiedenen Unternehmensebenen zur Anwendung (Gerpott / Böhm 2000): von der Modularisierung auf Ebene der Arbeitsorganisation durch Bildung autonomer Gruppen bis zur Aufgliederung des Gesamtunternehmens in weitgehend unabhängige Profit-Center (vgl. Kap. 5.2).

5.1.1 Charakteristika modularer Organisationsformen

Die Aufgliederung der Unternehmung in Module zielt darauf ab, die Komplexität der Leistungserstellung zu reduzieren und die Nähe zum Markt zu erhöhen. Das modularisierte Unternehmen soll damit schneller und flexibler auf Marktveränderungen, Kundenwünsche und Aktionen der Wettbewerber reagieren können. Die wesentlichen Merkmale der obigen Definition werden im folgenden näher betrachtet.

Restrukturierung der Unternehmensorganisation

Die Modularisierung ist eine *intraorganisationale Reorganisationsform* (vgl. Schwarzer / Krcmar 1994). Damit unterscheidet sie sich von den in Teil 6 und Teil 8 diskutierten neuen Organisationsformen (Netzwerk bzw. virtuelles Unternehmen), die relativ dauerhafte bzw. fallbezogene Kooperationsbeziehungen zwischen verschiedenen Unternehmen bzw. Unternehmenseinheiten betrachten (interorganisationale Perspektive).

Es wird davon ausgegangen, daß die Wertschöpfungsprozesse, die in Modulen ablaufen, von hoher Spezifität sind und deshalb nicht fallweise am Markt abgewickelt werden (vgl. hierzu die transaktionskostentheoretischen Betrachtungen in Kap. 2.3.3). Objekt der Reorganisation im Sinne der Modularisierungskonzepte ist somit das „klassische", durch langfristige Verträge und Eigentumsrechte charakterisierte Unternehmen. Diese Feststellung schließt allerdings nicht aus, daß Eigentumsrechte an kompletten Modulen, z.B. im Zuge der Weiterentwicklung des Unternehmens, auf Dritte übertragen werden können.

Prozeßorientierung

Die Ausrichtung der Organisationseinheiten an *Prozessen*, d.h. an Ketten zusammenhängender Aktivitäten zur Erstellung eines Produkts oder einer Dienstleistung (vgl. Picot / Franck 1995), propagieren neben den Modularisierungskonzepten viele Beiträge zur Unternehmensorganisation (vgl. z.B. Striening 1988; Harrington 1991; Davenport 1993; Österle 1995a, 1995b; Picot / Franck 1995; Gaitanides 1996). Dabei wird vor allem der Gegensatz zur überwiegend funktionalen bzw. verrichtungsorientierten Arbeitsteilung bisheriger Organisationskonzepte betont, die primär auf eine Produktivitätsoptimierung der einzelnen Unternehmensbereiche durch Spezialisierung abzielen. Vorrangiges Ziel der prozeßorientierten Ansätze ist die Reduktion organisatorischer Schnittstellen im Leistungsprozeß. Schnittstellenprobleme, wie z.B. Kommunikationsbarrieren, Zielkonflikte oder Liegezeiten an den Grenzen zwischen Funktionalabteilungen sind in den letzten Jahren als eine der wichtigsten organisatorischen Ursachen für mangelhafte Wettbewerbsfähigkeit von Unternehmen erkannt worden (vgl.

z.B. Gaiser 1993). Sie bewirken u.a. lange Durchlaufzeiten bei Entwicklungsprojekten und bei der Abwicklung von Kundenaufträgen (vgl. Reichwald / Sachenbacher 1996b), hohe Änderungskosten durch zu spätes Erkennen von Qualitätsmängeln oder eine geringe Flexibilität bei der Reaktion auf neue Marktanforderungen (Sanchez / Mahoney 1996; Baldwin / Clark 1998).

Aufgrund dieser Ausrichtung an Prozessen statt an Funktionen handelt es sich bei der Modularisierung aus organisationstheoretischer Sicht um einen objektorientierten Modellierungs- und Strukturierungsansatz (vgl. Kap. 4.4.6). Im Prinzip ähneln die Modularisierungskonzepte damit der schon lange bekannten Spartenorganisation. Neu ist allerdings die konsequente Umsetzung der objektorientierten Strukturierung auf allen Unternehmensebenen. Außerdem sind die Objekte, an denen sich die Organisationsstruktur bei der Modularisierung ausrichtet, nicht nur marktfähige Endprodukte, sondern auch interne Zwischenprodukte (Sach- und Dienstleistungen).

Kundenorientierung

Mit der durchgängigen Ausrichtung der Module auf die Zielobjekte der betrieblichen Aktivitäten – interne wie externe Produkte – ist untrennbar eine Betonung der *Kundenorientierung* verbunden. Diese ergibt sich aus der zentralen Rolle des Abnehmers bei der Definition der Anforderungen an die Leistung und damit an den Prozeß. Durch die beschriebene Erweiterung der objektorientierten Perspektive auf interne Produkte und Prozesse ergibt sich eine Ausweitung des Kundenbegriffes auch auf interne Abnehmer von Zwischenleistungen. Damit entsprechen die Modularisierungsansätze auch den Forderungen der heutigen Ansätze zum Total Quality Management (TQM), die ein durchgängiges Augenmerk auf die Qualität der Leistung entlang der gesamten Wertschöpfungskette fordern (vgl. z.B. Mizuno 1988; Weaver 1991; Oess 1994) .

Die Betonung der Kundenorientierung bei marktorientierten wie internen Austauschprozessen weist einen interessanten Nebeneffekt auf: Die Reorganisation marktferner Unternehmensbereiche, wie z.B. Forschung und Entwicklung, Finanzen oder Personal, kann bei der Modularisierung nach den analogen kundenorientierten Grundprinzipien zur Restrukturierung der marktnahen Bereiche der Wertschöpfungskette erfolgen. Voraussetzung ist allerdings eine genaue Definition des jeweils relevanten internen Kunden und seiner spezifischen Anforderungen.

Integriertheit der Aufgaben

Direkt verbunden mit der Prozeß- und Kundenorientierung ist die Forderung nach einer weitgehenden *Integriertheit* bzw. Abgeschlossenheit der in einem Modul zusammengefaßten Aufgaben. Diese Forderung ergibt sich unmittelbar aus dem Ansatz der Prozeß-orientierung, möglichst alle zusammengehörigen Aktivitäten zur Erstellung eines (Zwi-schen-) Produkts in einer Organisationseinheit zu integrieren. Hintergrund ist die gene-relle Regel der Organisationslehre, bei stark interdependenten Aufgaben organisatori-sche Schnittstellen weitgehend zu vermeiden. Die Mindestgröße eines Moduls ergibt sich damit aus den Prozeßschritten für ein klar definierbares Zwischenprodukt. Proble-matisch ist hierbei allerdings, daß – je nach Aufgabe – das aus Prozeßsicht sinnvolle Maß an Aufgabenintegration entlang der Wertschöpfungskette zu hoch liegen kann. Dadurch können die Grenzen der Beherrschbarkeit durch eine „kleine Einheit" (im Sinne obiger Definition von Modularisierung) überschritten werden. Dieses Dilemma soll nachfolgend näher betrachtet werden.

Bildung kleiner Einheiten

Handelt es sich bei der Prozeßorientierung um ein Merkmal, das die Modularisierungs-ansätze mit fast allen aktuellen Reorganisationsansätzen gemeinsam haben, so kann die *Bildung kleiner Organisationseinheiten* als der eigentliche Kerngedanke der Modulari-sierung bezeichnet werden (Weber 1995). Zielsetzung ist dabei, die Organisationsstruk-tur an die Problemlösungskapazität des Menschen bzw. einer kleinen, überschaubaren Gruppe von Menschen anzupassen. Damit sollen insbesondere komplexitätsbedingte Fehler, Kosten und Zeitverluste vermieden werden.

Da die Grenzen der Beherrschbarkeit durch den Menschen aufgabenspezifisch sehr unterschiedlich sind, ergibt sich eine deutliche Schwankung bei der Bestimmung der sinnvollen Größe „kleiner Einheiten". Frese spricht daher auch richtiger von einer „rela-tiv kleinen Zahl von Personen" (Frese 1993). Allerdings legen empirische Ergebnisse die Bestimmung praktischer Obergrenzen nahe. So stellen Peters / Waterman (1984) fest, daß auf Unternehmensebene ab ca. 500 Mitarbeitern an einem Standort Arbeits-konflikte, Fluktuation und Unzufriedenheit überproportional steigen. Für teilautonome Gruppen, die Grundform modularer Organisationseinheiten auf der Arbeitsebene, wird dagegen üblicherweise eine Maximalgröße von ca. 15 Personen angegeben.

Damit ergibt sich neben der oben angesprochenen Forderung nach Abgeschlossenheit der Aufgaben in einem Modul eine zweite Grundforderung an die Modulbildung: Der Umfang und die Komplexität der einem Modul zugeordneten Aufgaben muß den Mög-lichkeiten des Menschen (bzw. der Gruppe) als dispositivem und ausführendem Faktor entsprechen. Hier kann sich ein schwer lösbarer Konflikt ergeben, wenn das aus Prozeß-sicht sinnvolle Mindestmaß an Aufgabenintegration die Grenzen der Überschaubarkeit und Beherrschbarkeit durch eine „kleine Einheit" schon übersteigt. Durch Einsatz neuer IuK-Techniken (vgl. Teil 4), die helfen, die bisherigen Grenzen der Beherrschbarkeit durch den Menschen auszuweiten, kann allerdings dieser Konflikt deutlich entschärft werden. Die neuen IuK-Techniken spielen damit – ähnlich wie bei den Reengineering-Ansätzen (vgl. z.B. Davenport 1993; Hammer / Champy 1993) – auch im Zusammenhang mit der Modularisierung eine entscheidende Rolle als „Enabler".

Darüber hinaus wird in zunehmendem Maße versucht, schon bei der Gestaltung von Produkten und Dienstleistungen die technischen und prozessualen Abhängigkeiten auf ein Minimum zu beschränken. Durch eine Untergliederung der Leistungen in weitgehend unabhängige funktionale Subsysteme mit definierten Schnittstellen lassen sich einzelne Aufgabenbereiche gezielt voneinander isolieren. So wird das Prinzip der Modularisierung schon seit Jahren erfolgreich in der Softwarebranche angewendet, um die Entwicklungszeiten zu reduzieren. Aber auch in anderen Bereichen, wie z.B. der Automobilindustrie, wird verstärkt auf die Produktmodularisierung zurückgegriffen, um Aufgabenbereiche zu strukturieren und Synergien zu realisieren. Letztlich lassen sich geschlossene Funktionsmodule auch leichter an externe Partner outsourcen (vgl. Kap. 6). Überwiegen in der Regel die Vorteile der Produktmodularisierung, besteht andererseits auch die Gefahr einer Verselbständigung einzelner Module. So kann die fortlaufende Optimierung von Teilbereichen dazu führen, daß die Gesamtleistung aus den Augen verloren wird. Die Sinnhaftigkeit von Produkt- und Dienstleistungsmodulen sollte daher regelmäßig anhand der Wettbewerbsfähigkeit der Gesamtarchitektur überprüft werden. Schließlich muß immer gewährleistet sein, daß der Mehraufwand für die Abgrenzung isolierter Aufgabenbereiche durch gesunkene Koordinationskosten kompensiert wird (vgl. Göpfert 1998).

Dezentrale Entscheidungskompetenz und Ergebnisverantwortung

Eine weitere charakteristische Gemeinsamkeit der Modularisierungskonzepte ist die Verlagerung von Entscheidungskompetenz und Ergebnisverantwortung in die Module. Das konkrete Ausmaß dieser *Reintegration dispositiver und administrativer Aufgaben* hängt dabei von der Betrachtungsebene und der Aufgabenstellung ab. Grundsätzlich wird jedoch das Subsidiaritätsprinzip (vgl. Picot 1991c) als Richtlinie für die Dezentralisierung von Managementfunktionen befolgt: Entscheidungskompetenz und Ergebnisverantwortung sollen in der Hierarchie so niedrig wie möglich (also möglichst nahe am eigentlichen Wertschöpfungsprozeß) angesiedelt sein. So bedeutet z. B. die prozeßnahe Entscheidungskompetenz eine deutlich höhere Flexibilität der Unternehmung durch viele dezentrale und kundennahe Regelkreise (vgl. Beuermann 1992) und durch den Wegfall langer und fehleranfälliger Entscheidungswege. Gleichzeitig soll die Motivation der Mitarbeiter durch ganzheitliche Aufgabenerfüllung erhöht und der Anreiz zu marktgerechtem Handeln verstärkt werden. Damit verändert sich auch die Rolle des Managers vom klassischen Vorgesetzten hin zum „Coach" (vgl. Teil 9).

Nicht-hierarchische Koordinationsformen zwischen Modulen

Wie bereits in Teil 2 ausgeführt, gehen die Vertreter der klassischen Ökonomie von einer Koordination der Märkte durch eine sogenannte *„invisible hand"* aus. Im Mittelpunkt steht dabei der Preismechanismus, der die Aktivitäten der einzelnen Marktteilnehmer koordiniert, Marktinformationen konzentriert, Tauschmöglichkeiten signalisiert und somit eine optimale Ressourcenallokation ermöglicht.

Alfred Chandler, der bekannte Wirtschaftshistoriker aus Harvard, spricht im Gegenzug von der *„visible hand" des Managements* und meint damit die hierarchische Koordination wirtschaftlicher Aktivitäten durch die Führungskräfte innerhalb der Unternehmung (vgl. Chandler 1977). An die Stelle der „Selbststeuerung" durch den Marktmechanismus tritt die „Fremdsteuerung" der Organisationsmitglieder durch das Management innerhalb der Hierarchie.

Es läßt sich in letzter Zeit beobachten, daß sich insbesondere Großunternehmen bemühen, neben der „visible hand" des Managements auch marktähnliche Koordinationsmechanismen zur Koordination von weitgehend autonomen Organisationseinheiten einzusetzen (vgl. z.B. Picot / Ripperger / Wolff 1996; Frese 2000; Bieberbach 2001). Derartige Instrumente, wie beispielsweise interne marktorientierte Verrechnungspreise, sollen die „invisible hand" des Marktes im innerbetrieblichen Leistungsaustausch wirksam werden lassen. Als Alternativen zur hierarchischen Koordination sind außerdem „weichere" Maßnahmen in der Diskussion, wie die Entwicklung einer ausgeprägten Unternehmenskultur (vgl. z.B. Wilkens / Ouchi 1983). Die Problematik der Koordination modularer Organisationseinheiten im Hinblick auf die Ziele des Gesamtunternehmens wirft allerdings viele Fragen auf, die noch aufgegriffen werden (vgl. Kap. 5.2). Fest steht allerdings, daß sich auch hier durch den Einsatz neuer IuK-Techniken neue Möglichkeiten ergeben, die Beherrschbarkeit der Koordinationsaufgabe durch den Menschen zu verbessern (vgl. Kap. 5.4). Im folgenden sollen zunächst die Dysfunktionalitäten der klassischen Organisationsformen diskutiert werden, bevor dann in Kapitel 5.2 die Realisierungsformen der Modularisierung dargestellt werden.

5.1.2 Dysfunktionalitäten der klassischen Organisationsprinzipien Hierarchie, Bürokratie und Taylorismus

In der Literatur werden die neuen Modularisierungskonzepte häufig damit begründet, daß Hierarchie bzw. Bürokratie als abzulösende Organisationsmodelle gelten, weil sie den neuen Rahmenbedingungen des Wettbewerbs nicht mehr gewachsen sind (vgl. z.B. Peters 1993; Bennis 1993). Generell werden in diesen Beiträgen die Begriffe Hierarchie und Bürokratie recht undifferenziert nebeneinander verwendet, wobei diese Begriffe in der Regel als Gegenkonzepte zum Organisationsprinzip der Modularisierung angesehen werden. Ebenso häufig wird auch der Gegensatz zwischen Modularisierung und Taylorismus betont. Defizite, die diesen klassischen Organisationsprinzipien zugeschrieben werden, dienen in vielen Beiträgen unmittelbar zur Legitimation modularer Organisationsformen, was z.B. in Titeln wie „Jenseits der Hierarchien" (Peters 1993), „Beyond Bureaucracy" (Bennis 1993) oder „The End of Bureaucracy and the Rise of the Intelligent Organization" (Pinchot / Pinchot 1993) zum Ausdruck kommt. Diese Zusammenhänge sollen nachfolgend analysiert und diskutiert werden. Dazu werden zunächst die drei Organisationsprinzipien Hierarchie, Bürokratie und Taylorismus inhaltlich erläutert sowie jeweils ihre Dysfunktionalitäten und ihr Verhältnis zur Modularisierung dargestellt.

Hierarchie und Modularisierung

Unter *Hierarchie* versteht man grundsätzlich die Struktur der unter- und übergeordneten Stellen innerhalb einer Organisation (vgl. z.B. Welge 1987; Kappler / Rehkugler 1991). Stellen sind dabei die kleinsten organisatorischen Einheiten, denen personenneutral abgegrenzte Teilaufgaben zugeordnet werden können. Zunächst werden die aufbauorganisatorischen Beziehungen zwischen ihnen betrachtet (Stellenhierarchie). Kennzeichen einer hierarchischen Beziehung zwischen Stellen ist die einseitige Zuweisung von Leitungs- und Entscheidungsbefugnissen zugunsten der hierarchisch höheren Stelle (Instanz) gegenüber der untergebenen Stelle (ausführende Stelle). Obwohl Instanzen auch von Personenmehrheiten besetzt sein können (Gremien, Kollegien), nehmen in der Regel einzelne Führungskräfte die Aufgaben einer Instanz wahr. Daher entspricht in der Praxis die Stellenhierarchie in der Regel einer konkreten Personenhierarchie, die mit einer entsprechenden Macht- und Statushierarchie verbunden ist. Organisationstheoretische Untersuchungen zur Hierarchie bzw. zu ihren Alternativen können somit nicht losgelöst von soziologischen Fragestellungen, etwa zur Akzeptanz von Machtstrukturen im Unternehmen, betrachtet werden.

Eine erweiterte Bedeutung erfährt der Begriff Hierarchie in der organisationstheoretischen Literatur zur Thematik der vertikalen Integration (vgl. z.B. Picot 1991b). Hier wird unter „Hierarchie" die Extremform der organisatorischen Einbindung von Teilen der Wertschöpfungskette verstanden, in Gegenüberstellung zur fallweisen Abwicklung von Transaktionen am Markt sowie zu hybriden Organisationsformen (vgl. Kap. 2.2).

Als wichtigstes Kennzeichen der Hierarchie werden in diesem Zusammenhang die langfristigen Arbeitsverträge als Basis für den Leistungsaustausch hervorgehoben. Der unmittelbare Bezug zur oben genannten Grundkonzeption von Hierarchie ergibt sich aus der Tatsache, daß erst die langfristigen Vertragsbeziehungen erweiterte Weisungs- und Kontrollbefugnisse im Vergleich zum marktlichen Leistungsaustausch ermöglichen (vgl. Kap. 2.4.4).

Als typische *Dysfunktionalitäten hierarchischer Organisationsformen* werden heute genannt (vgl. z.B. Bennis 1993; Peters 1993):

- Lange Entscheidungswege auf dem „Instanzenweg" und damit Inflexibilität gegenüber Marktveränderungen sowie hohe Koordinationskosten bei turbulenten Marktbedingungen;
- Markt- und Prozeßferne der Entscheidungsträger;
- Probleme der Informationsfilterung und –verzerrung;
- Konzentration auf Bereichsziele, da nur auf den obersten Hierarchieebenen die Möglichkeit einer ganzheitlichen Prozeßsicht besteht;
- mangelnde Akzeptanz der hierarchischen Koordination durch Weisungen, insbesondere im Zusammenhang mit einem autoritären Führungsstil.

Bereits aus dieser kurzen Betrachtung der verschiedenen Begriffsauffassungen von Hierarchie und aus den sehr unterschiedlichen Dysfunktionalitäten, die ihr zugeschrieben werden, wird erkennbar, daß zur Beurteilung der Zusammenhänge zwischen Hierarchie und Modularisierung eine Vielzahl von Aspekten betrachtet werden muß. So läßt sich beispielsweise die These von der „Enthierarchisierung der Unternehmen" im Zuge der Modularisierung vor dem Hintergrund der bisherigen Feststellungen bereits sehr unterschiedlich interpretieren:

- als Rückbildung bzw. Abflachung der Stellenhierarchie;
- als Wandlung von einer Personenhierarchie in eine Kollegienhierarchie;
- als Reduktion des Grades vertikaler Integration in der Wertschöpfungskette.

Der These kann damit zwar in mehrfacher Hinsicht tendenziell zugestimmt werden, eine vollständige Enthierarchisierung der Unternehmen, wie die vorne aufgeführten Titel versprechen, ist dagegen nicht zu erwarten (vgl. Kühl 1995).

Festzuhalten bleibt damit, daß bei der Gegenüberstellung von Hierarchie und Modularisierung eine differenzierte Betrachtung erforderlich ist. Auf ausgewählte Aspekte wird im Zusammenhang mit der theoretischen Diskussion der Modularisierung noch detaillierter eingegangen.

Bürokratie und Modularisierung

Zur allgemeinen Charakterisierung von *Bürokratien* wird nicht nur im deutschen Sprachraum an erster Stelle auf die Arbeiten von Max Weber verwiesen (vgl. Weber 1922). Dieser nennt eine Reihe charakteristischer Merkmale bürokratischer Organisationen (vgl. zusammenfassend Derlien 1992; Kieser 1999):

- Hauptamtliches Personal;
- Trennung von (Privat-) Haushalt und Betrieb;
- hierarchische Über- und Unterordnung der Stellen;
- Staffelung von Weisungs- und Kontrollbefugnissen;
- Gehorsams- und Berichtspflichten;
- formal abgegrenzte räumliche und sachliche Kompetenzverteilung;
- Regelgebundenheit und damit Unpersönlichkeit des Verfahrens;
- Schriftlichkeit und Aktenkundigkeit des Verkehrs zur Sicherung der nachträglichen Kontrollierbarkeit.

Im Detail bezieht sich das Bürokratiemodell nach Weber zwar auf die öffentliche Verwaltung, die meisten Beschreibungsmerkmale lassen sich allerdings auch unmittelbar auf klassische Verwaltungsstrukturen in Privatunternehmen übertragen. Entsprechend ist von „Bürokratisierung" die Rede, wenn bei einer konkreten Organisation eine zunehmende Ausprägung der genannten Merkmale zu beobachten ist, von „Entbürokratisierung" im Falle einer Abnahme. So attestiert beispielsweise Frese den Modularisierungskonzepten für Großunternehmen einen positiven „Entbürokratisierungseffekt" (vgl. Frese 1993).

Obwohl ursprünglich von Weber (lediglich) als idealtypisches Beschreibungsmodell konzipiert, bildete die Webersche Darstellung von Bürokratie schon früh den Ausgangspunkt für ein breites Spektrum von Ansätzen der Bürokratiekritik (vgl. Derlien 1992). Diese behandeln unterschiedliche Dysfunktionalitäten von Bürokratien, von der Gefahr einer Verselbständigung bürokratischer Strukturen über die Entmenschlichung ihrer Abläufe („ohne Ansehen der Person") bis hin zu kritischen Stellungnahmen über ihre Effizienz. Im Zusammenhang mit der Diskussion neuer Organisationskonzepte (wie z.B. der Modularisierung) haben sich dabei insbesondere die Ansätze der neuen Institutionenökonomik wie die Property-Rights-Theorie, die Transaktionskostentheorie und die Principal-Agent-Theorie (vgl. Teil 2) bewährt. Das Modularisierungsprinzip wird später vertieft behandelt (vgl. Kap. 5.3.2).

Der Schwerpunkt der Bürokratiekritik konzentriert sich allerdings auf ihre hierarchischen Merkmale (vgl. z.B. Bennis 1993). Die am häufigsten genannten Dysfunktionalitäten von bürokratischen Organisationen entsprechen damit den bereits oben im Zusammenhang mit der Hierarchie aufgelisteten. Vor diesem Hintergrund lässt sich die festgestellte, recht undifferenzierte Verwendung der Begriffe Hierarchie und Bürokratie in der Literatur zu neuen Organisationskonzepten verstehen.

Es sollte jedoch bei der Betrachtung der Zusammenhänge zwischen Bürokratie und Modularisierung nicht außer acht gelassen werden, daß die Beschreibungsmerkmale einer Bürokratie im Sinne des Modells Webers deutlich mehr Aspekte umfassen als diejenigen einer Hierarchie. Dies betrifft insbesondere die Regelgebundenheit von Abläufen in Bürokratien. In diesem Zusammenhang betonen z.B. Kieser / Kubicek, daß die vielverbreitete Behauptung einer Entbürokratisierung im Sinne eines Abbaus von Regeln bei der Teambildung (und entsprechend bei der Bildung von kleinen Organisationseinheiten) weitgehend ungeprüft ist (vgl. Kieser / Kubicek 1992). Sie vermuten, daß allgemeine Regeln für die Koordination von Teams sogar an Bedeutung gewinnen werden (vgl. auch Reichwald / Koller 1996b). Allerdings dürften hier nicht die starren, unflexiblen Regeln gemeint sein, die im Zentrum der Bürokratiekritik stehen, sondern eher Festschreibungen von Verhaltensmaximen, Normen und Werten, wie sie in vielen neuen Organisationskonzepten vorgeschlagen werden (vgl. Teil 9).

Ähnlich ist die Gegenüberstellung von Bürokratie und Modularisierung in bezug auf die eingeschränkte Kompetenzverteilung zu klären. Zwar propagieren die Modularisierungskonzepte eine Ausweitung der Kompetenzen autonomer Organisationseinheiten im Rahmen einer verstärkten Prozeß- und damit Kundenorientierung. Gleichzeitig werden aber die Notwendigkeiten einer Aufgabenverteilung eine Einschränkung der Kompetenzen in funktionaler Hinsicht mit sich bringen. Diese eingangs aufgegriffene These vom diametralen Gegensatz zwischen einer „bürokratischen" und einer „modularen" Organisation kann also auch in dieser Hinsicht nicht entsprochen werden.

Taylorismus und Modularisierung

Als dominierende Gestaltungsprinzipien des *tayloristischen Produktionskonzeptes* gelten (vgl. Taylor 1913 sowie Abb. 5-1):

- Die personelle Trennung von dispositiver und ausführender Arbeit;
- die Konzentration der Arbeitsmethodik auf eine weitestgehende Arbeitszerlegung nach dem Verrichtungsprinzip;
- die räumliche Ausgliederung aller planenden, steuernden und kontrollierenden Aufgaben aus dem Bereich der Fertigung.

Das industrielle Organisationsmodell der Fließfertigung steht für dieses Prinzip. In der Managementlehre sind diese Organisationsmodelle mit den Namen Taylor und Fayol verbunden. Ihre Organisationsphilosophien haben die industriellen Großorganisationen bis in die heutige Zeit durch die Methoden und Prinzipien des *Scientific Management* (vgl. Teil 9) nachhaltig geprägt.

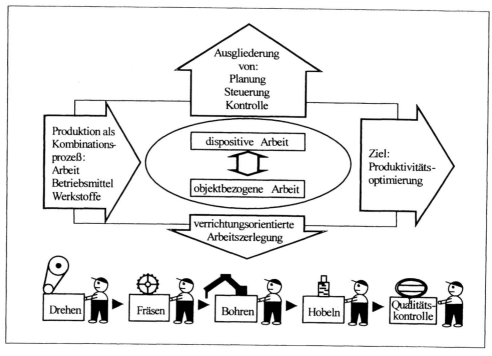

Abb. 5-1:   Modell tayloristischer Arbeitsorganisation (in Anlehnung an Reichwald 1993b)

Aus dem Prinzip der Ausgliederung von planenden, steuernden und kontrollierenden Aufgaben entstand die Zweiteilung des Industrieunternehmens in den Produktions- und Verwaltungsbereich und damit die Zweiteilung der Belegschaft in Arbeiter und Angestellte, in „blue-collar"- und „white-collar"-Arbeitswelten, in die „Lohnempfänger" und „Gehaltsempfänger". Die hoch arbeitsteilige Leistungserstellung im Produktionsbereich benötigte eine streng hierarchisch aufgebaute Unternehmensverwaltung, die stark bürokratische Züge trug. Somit war letztlich nicht nur der Werkstattbereich, sondern das gesamte Unternehmen betroffen.

Die tayloristischen Organisationsprinzipien entstanden vor dem Hintergrund ungesättigter Nachfrage nach Massenprodukten, traditioneller Fertigungstechnologien sowie geringer Innovationshäufigkeit bei Industrieprodukten. Aus dieser Wettbewerbssituation heraus wurde als vorrangiges Unternehmensziel meist die Erreichung einer möglichst hohen Produktivität verfolgt, verstanden als Outputmenge pro Zeiteinheit, so daß eine entsprechende Gestaltung organisatorischer Abläufe – insbesondere auch im Fertigungsbereich – einen permanenten Anstieg des Produktionsvolumens zur Folge hatte (vgl. Reichwald 1992a).

Die Zerlegung und Schematisierung der Arbeitsabläufe sollte auch eine Reduktion der Anforderungen an den einzelnen Menschen bewirken. Auf diese Weise konnte der Mensch zu einem „funktionsfähigen Produktionsfaktor" und damit berechenbar gemacht werden. Dies bot die Voraussetzung für produktions- und kostentheoretische Überlegungen zur Ermittlung des optimalen Grades der Arbeitsteilung (vgl. z.B. Reichwald 1977).

Die arbeitsteiligen Organisationsprinzipien Hierarchie, Bürokratie und Taylorismus zeigen also wechselseitige inhaltliche Bezüge. Deshalb kommt es im Schrifttum gelegentlich zur ungerechtfertigten Gleichsetzung (vgl. Teil 9). Dabei sollte nicht vergessen werden, daß sie insbesondere für weitgehend standardisierte Güter (z.B. Massen-Konsumgüter) bei stabilen Marktbedingungen in vielen Fällen weiterhin effiziente Alternativen darstellen. Außerdem sollten die bisherigen Betrachtungen gezeigt haben, daß eine diametrale Gegenüberstellung der Modularisierungskonzepte zu diesen klassischen Organisationsprinzipien eine unzulässige Vereinfachung darstellt. Die Auswirkungen der Modularisierung können nicht einfach durch Umkehrschluß aus den Defiziten von Hierarchie, Bürokratie und Taylorismus abgeleitet werden. Vielmehr gilt es, die prognostizierbaren Auswirkungen einer Modularisierung aus den eingangs aufgezeigten Definitionsmerkmalen der modularen Organisationseinheiten abzuleiten.

5.2   Realisierungsformen der Modularisierung

5.2.1 Das Spektrum der Modularisierungskonzepte

Reorganisationskonzepte, die den eingangs beschriebenen Grundprinzipien der Modularisierung entsprechen, sind für alle Ebenen der Unternehmensorganisation vorgeschlagen worden: für die *Makroebene (Gesamtunternehmung)*, für die *Mikroebene (Arbeitsplatzgestaltung und Arbeitsorganisation)* sowie für die dazwischen liegenden *Mesoebenen (Abteilungen bzw. Prozesse)*. Obwohl in ihren Grundprinzipien ähnlich, zeichnen sich die Modularisierungsansätze auf den verschiedenen Ebenen durch unterschiedliche Ausrichtungen aus. Auf der Unternehmensebene orientiert sich die Modulbildung an wettbewerbsrelevanten Oberzielen wie Marktnähe oder Technologieführerschaft, auf der Prozeßebene an zusammenhängenden Aufgabenketten, auf der Ebene der Arbeitsorganisation vor allem an den Mitarbeitern und den zu ihrer Unterstützung verfügbaren IuK-Techniken. Dabei weisen die Modularisierungskonzepte innerhalb einer Ebene oftmals unterschiedliche Schwerpunkte auf, die untereinander z.T. in Konkurrenz stehen. Andererseits sind auch Konfliktpotentiale zwischen den Modularisierungsbestrebungen auf verschiedenen Ebenen festzustellen. Des weiteren muß berücksichtigt werden, daß einmal gewählte Modularisierungsformen durch eine Veränderung in den Rahmenbedingungen an Vorteilhaftigkeit verlieren können und z.B. eine Rückbesinnung auf eine stärkere Funktionsorientierung erforderlich wird. Nachfolgend wird versucht, einen Überblick über die sich heute in der Diskussion befindlichen Modularisierungsansätze und die sich abzeichnenden Grenzen der Modularisierung zu vermitteln.

5.2.2 Modularisierungskonzepte auf der Ebene des Unternehmens

5.2.2.1 Profit-Center-Strukturen mit zentralen und dezentralen Modulen

Ein Kennzeichen vieler Unternehmen mit modularisierten Strukturen ist ihre Gliederung in zahlreiche, rechtlich selbständige *Profit-Center* (vgl. Frese 1995). Diese werden dann auf einer höheren Modularisierungs- bzw. Segmentierungsebene nach unterschiedlichen Kriterien, wie z.B. Geschäftsbereichen und Produkten, Kernkompetenzen bzw. Regionen und Märkten zusammengefaßt (Wittlage 1996). Als klassisches Beispiel für eine Profit-Center-Organisation mit einer verhältnismäßig kleinen, koordinierenden Zentralinstanz gilt die schweizerisch-schwedische ABB (vgl. v. Koerber 1993), an deren Spitze eine nur ca. 100 Mitarbeiter starke Konzernführung in Zürich steht.

Bei der Betrachtung der Profit-Center-Organisation steht wiederum das klassische Spannungsverhältnis zwischen Zentralisierung und Dezentralisierung der Aufgabenerfüllung im Mittelpunkt, das angemessen aufgelöst werden muß. Eine vollständige Zentralisierung scheitert möglicherweise an der Überforderung der Zentralinstanz. Analog kann eine dezentrale Lösung nicht funktionieren, wenn zentrale Rahmenbedingungen bzw. eine ausreichende Infrastruktur fehlen. So benötigen auch dezentrale Unternehmensorganisationen bis zu einem gewissen Grad eine einheitliche Gestaltung von Querschnittsaufgaben wie Strategieentwicklung, Rechnungswesen, Controlling, Finanzen, Personalwesen, Technologieentwicklung etc. (vgl. Koller 1997; Scholz 1997).

Eine in der Praxis zunehmend verbreitete Lösung für diesen Konflikt ist die Organisationsform der *Management-Holding* (vgl. Bühner 1987, 1993). Die Management-Holding ist eine dezentrale Form der Geschäftsbereichsorganisation. Sie steht für einen Unternehmensverbund, bei dem die eigentliche Geschäftstätigkeit von mehreren unternehmerisch handlungsfähigen und rechtlich selbständigen Teilbereichsunternehmen als Profit-Center verantwortet wird. Die konzernleitende Obergesellschaft, die oftmals nur einen kleinen Teil der Gesamtmitarbeiterzahl umfaßt, hat als übergreifende Aufgabe die langfristig orientierte Koordination ihrer Tochtergesellschaften, vor allem hinsichtlich der Globalstrategie, der Allokation von Finanzmitteln im Sinne eines internen Kapitalmarktes, des Personalmanagements, des Rechnungswesens sowie der Koordination weiterer Querschnittaufgaben (vgl. Abb. 5-2).

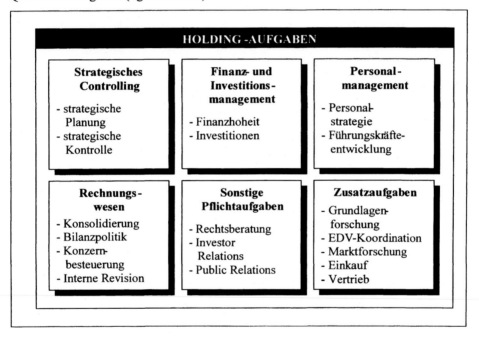

Abb. 5-2:   Aufgaben einer Management-Holding (in Anlehnung an Bühner 1993)

Die Holding hat damit für Finanz-, Technologie- und Managementsynergien zu sorgen. Operative Synergien (z.B. die gemeinsame Nutzung von Vertriebssystemen) sind durch die Geschäftsbereiche zu realisieren. Die größere operative Eigenverantwortlichkeit der Geschäftsbereiche erhöht die Mitarbeitermotivation und macht die Geschäftsbereiche agiler. Ein weiterer Vorteil liegt in der strukturellen und strategischen Flexibilität, etwa bei der Anbindung oder Abtrennung von Geschäftsbereichen bzw. bei der Beteiligung externer Partner an bestimmten Geschäftsbereichen.

5.2.2.2 Modularisierung nach Geschäftsbereichen und Produkten

Die Urform der Aufgliederung der Unternehmensstruktur nach marktorientierten Geschäftsbereichen stellt die *Spartenorganisation* dar. Sie wurde erstmals von Alfred Sloan bei General Motors in den 20er Jahren eingeführt. In der Regel wird hierbei das Unternehmen auf der zweiten Hierarchieebene unterhalb der Leitung im Sinne einer objektbezogenen Zentralisierung nach Produktgruppen gegliedert. Die entstehenden Sparten sind intern hauptsächlich nach funktionalen Kriterien gegliedert. Moderne Modularisierungskonzepte verfeinern die objektorientierte Gliederung der Sparten durch Bildung eigener marktorientierter (und häufig rechtlich selbständiger) Module für kleinere Geschäftsfelder bis hin zu einzelnen Produkten. Gleichzeitig zu dieser stark produktorientierten Differenzierung bei der Modulbildung werden allerdings auf höherer Ebene entsprechende Koordinationseinrichtungen geschaffen, z.B. in Form von Gruppen innerhalb der zentralen Obergesellschaft, die für ein Geschäftsfeld zuständig sind. Ziel ist hier die Förderung des Know-how-Austausches zwischen verwandten Profit-Centern und damit die Nutzung von technologischen Synergiepotentialen im Unternehmensverbund.

5.2.2.3 Modularisierung nach Kernkompetenzen

Eine weitere Form der Modulbildung auf der Ebene des Gesamtunternehmens stellt die Einrichtung dauerhafter Organisationseinheiten zur Weiterentwicklung von *Kernkompetenzen* („core competencies", vgl. Prahalad / Hamel 1990; siehe auch Kap. 6.2.1) bzw. *Kernfähigkeiten* („capabilities", vgl. Stalk / Evans / Shulman 1992) dar. Das Konzept der Kernkompetenzen nach Prahalad / Hamel (1990) betont vor allem die Bedeutung der Ausbildung und Beherrschung von Schlüsseltechnologien, die in verschiedensten Produkten Anwendung finden können. Als hervorragendes Beispiel für die gezielte Entwicklung und Kombination von Kernkompetenzen wird dabei das Unternehmen Canon genannt, dessen breites Spektrum an Produkten im Grunde genommen aus drei Kernkompetenzen erwächst (vgl. Abb. 5-3). Stalk / Evans / Shulman (1992) betonen dagegen, daß neben Kernkompetenzen im Sinne von Schlüsseltechnologien auch eine besondere Beherrschung grundlegender Wertschöpfungsprozesse entscheidend für die nachhaltige Wettbewerbsfähigkeit ist. Sie greifen dabei das ebenfalls von Prahalad / Hamel (1990) genannte Beispiel der Firma Honda auf und stellen fest, daß zwar die Kernkompetenzen dieses Unternehmens in den Bereichen Motoren- und Antriebstechnik sicherlich ein bedeutender Grund für die sukzessive Ausbreitung in den Geschäftsfeldern Motorräder, Rasenmäher, Generatoren und Automobile waren und sind. Ebenso entscheidend seien aber auch die weniger gut erkennbaren, außergewöhnlichen (Kern-) Fähigkeiten von Honda in den Bereichen Händlermanagement und Produktentwicklung.

Kernkompetenzen bei Canon		
	Fein-mechanik	Fein-optik	Mikro-elektronik
Basic camera	■	■	
Compact fashion camera	■	■	
Electronic camera	■	■	
EOS autofocus camera	■	■	■
Video still camera	■	■	■
Laser beam printer	■	■	■
Color video printer	■		■
Bubble jet printer	■		■
Basic fax	■		■
Laser fax	■		■
Calculator			■
Plain paper copier	■	■	■
Battery PPC	■	■	■
Color copier	■	■	■
Laser copier	■	■	■
Color laser copier	■	■	■
NAVI	■	■	■
Still video system	■	■	■
Laser imager	■	■	■
Cell analyser	■	■	■
Mask aligners	■	■	■
Stepper aligners	■		■
Excimer laser aligners	■	■	■

Abb. 5-3: Kernkompetenzen am Beispiel Canon (in Anlehnung an Prahalad / Hamel 1990, S. 90)

Diese Beispiele zeigen, daß gegenüber dem klassischen Portfolio aus Geschäftsfeldern, Geschäftsbereichen und Marktsegmenten die Pflege und Weiterentwicklung des unternehmensspezifischen Portfolios an Kernkompetenzen bzw. Kernfähigkeiten zunehmend an Bedeutung gewinnen. Entsprechend müssen auch in einer modularisierten Unternehmung übergeordnete, koordinierende Module für diese Aufgabe eingerichtet werden (vgl. Prahalad / Hamel 1990). In diesem Bereich ist eine gewisse Zentralisierungstendenz erkennbar (z.B. die Bildung von „Competence Center"). Damit Kernkompetenzen Kundennutzen stiften können, müssen allerdings marktnahe dezentrale Einheiten einen effizienten Informationsaustausch zwischen Kunden und Unternehmen pflegen.

5.2.2.4   Modularisierung nach Regionen und lokalen Einzelmärkten

Die zunehmende Notwendigkeit, auf den internationalen Märkten als lokaler Marktteilnehmer aufzutreten, führt in vielen Unternehmen zu einer weiteren Form der Modulbildung: die *Ausbildung regionenspezifischer Organisationseinheiten* (vgl. z.B. v. Koerber
1993). Hintergrund ist einerseits das Bestreben der Unternehmen, spezifische Organisationseinheiten möglichst nahe an den einzelnen Märkten zu situieren. Dies ist z.B. bei
hochentwickelten Regionen mit innovationsfreudigen Kunden von Bedeutung, da diese
Märkte oft eine Vorreiterrolle für globale Massenmärkte spielen. Andererseits ist diese
regionale Differenzierung der Unternehmen eine Antwort auf die teilweise deutliche
Bevorzugung einheimischer Anbieter und Arbeitgeber in bestimmten lokalen Märkten.
Ebenso wie bei der Modularisierung nach Geschäftsbereichen und Produkten muß ange-
sichts der heute sehr feinen Aufgliederung bei den regionalen Modulen aber auch für eine
Koordination dieser Marktaktivitäten zur Nutzung von Synergieeffekten gesorgt werden.
Auch hier kann die Einrichtung von übergeordneten Modulen für regionale Bereiche auf
der obersten Ebene der Unternehmensstruktur eine sinnvolle Maßnahme sein.

5.2.2.5   Konfliktpotentiale auf der Ebene des Unternehmens

Die Bildung eigener modularer Organisationseinheiten für die verschiedenen Geschäftsbereiche, Kernkompetenzen und regionalen Märkte eines Unternehmens kann naturgemäß nicht ohne Überschneidungen erfolgen. Modular organisierte Unternehmen sind
daher häufig auf ihrer obersten Gliederungsebene in (zum Teil mehrfacher) Matrixform
strukturiert. Interessenkonflikte sind bei einer derartigen Organisationsstruktur praktisch
nicht vermeidbar, auch wenn die disziplinarische Zuordnung der Mitarbeiter in der Regel
nur bezüglich einer Achse der Matrix erfolgt. Diese Konflikte werden jedoch von den
Unternehmen akzeptiert. Es gilt, sie auszutragen und zu lösen. Hierbei spielen die Manager der einzelnen Profit-Center eine entscheidende Rolle. Sie müssen quasi als „Diener
mehrerer Herren" das Gleichgewicht zwischen den verschiedenen Interessen innerhalb
der Matrixstruktur herstellen (vgl. v. Koerber 1993). Die Anforderungen an die Führungskräfte an diesen Schnittstellenpositionen in modular strukturierten Unternehmen sind
entsprechend hoch.

Aauch auf der Unternehmensebene kann sich eine zu weit getriebene Modularisierung
im Zeitverlauf als dysfunktional erweisen und zu Reorganisationsbedarf führen. Im
eingangs erwähnten Beispiel des schweizerisch-schwedischen Unternehmens ABB
gehörte jede Konzerngesellschaft als Modul einer Matrixorganisation sowohl zu einer
Landesgesellschaft als auch zu einem Geschäftsbereich. Bei einem Engagement in mehr
als 140 Ländern und den produktbezogenen Geschäftsgebieten erwies sich diese Orga-

nisationsform auf Dauer als zu komplex. Entsprechend wurden bei der Neuorganisation die Geschäftsgebiete gestärkt, um den Einfluß der Landesgesellschaften zu reduzieren.

Ein weiteres wichtiges Konfliktfeld auf der Ebene des Gesamtunternehmens betrifft die *Arbeitsteilung zwischen zentralen und dezentralen Modulen*. Hier kommt es u.a. darauf an, die richtigen Spezialisierungsvorteile zu erkennen und auszuschöpfen. Diese Spezialisierungsvorteile können zum einen im Bereich der Prozeß- und Kundenspezifität, zum anderen in der Spezifität der übergreifenden Unternehmensinfrastrukturen und der Querschnittsfunktionen liegen. Aufgaben mit hoher *Prozeß- und Kundenspezifität*, d.h. bei denen das Wissen über spezifische kundenorientierte Abläufe für die Problemlösung entscheidend ist (vgl. Picot 1999; Picot / Dietl / Franck 2002), sollten dezentral in den marktnahen prozeßorientierten Modulen bzw. Fachabteilungen gelöst werden. Aufgaben mit einer hohen *Funktions- und Infrastrukturspezifität*, im Sinne einer hohen Bedeutung übergreifender methodischer und technischer Aspekte für die Problemlösung, sollten dagegen übergreifend abgewickelt (zentralisiert) werden (vgl. Abb. 5-4). Nicht selten sind Aktivitäten in beiden Richtungen hoch einzustufen, so daß hybride Koordinationsformen gefunden werden müssen, die sowohl den infrastruktur- und funktionalen Spezialisierungsvorteilen entsprechen als auch den Prozeßerfordernissen entgegenkommen.

Sofern nicht mangelnde Abstimmung der Kompetenzbereiche, sondern mangelnde Kommunikation die Ursache von Konflikten ist, kann auch hier die IuK-Technik als „Enabler" von flexiblen Organisationslösungen wirken. So lassen sich kundenorientierte Prozesse zunehmend aus funktionsspezifischen Informationspools speisen. Traditionelle Organisationslösungen wie Matrixstruktur, Arbeitskreise, Projektmanagement oder auch der informelle Informationsaustausch lassen sich mit Hilfe der IuK-Technik effizient realisieren. Weitere unterstützende Elemente, wie z.B. das Competence Center, treten an die Stelle klassischer Funktionalbereiche und stehen den dezentralen Organisationseinheiten bezüglich der Fachthemen als Ratgeber und Koordinator aller Unternehmensaktivitäten in diesem Spezialgebiet zur Seite (Koller 1997). Es kommt also zu einer flexiblen Kombination von infrastruktur- bzw. funktionsorientierten Modulen („Zentralisierung") mit prozeß- und kundenorientierten Modulen („Dezentralisierung"). Beispiele aus dem Bankenbereich verdeutlichen dies: Die Produktionsbank (spezialisiert auf bestimmte Prozeßabwicklungen, z.B. Zahlungsverkehr) läßt sich verknüpfen mit der Vertriebsbank und deren differenzierten kundennahen Vertriebsformen wie z.B. persönlicher Kundenkontakt, Tele-Banking oder Online-Banking (vgl. Picot 1997a; Picot / Neuburger 2000).

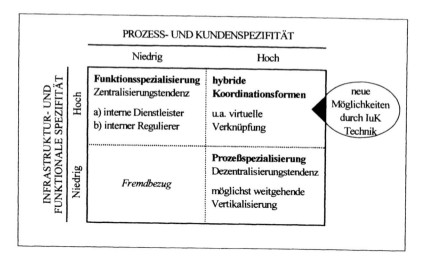

Abb. 5-4:   Normstrategien für die (De-) Zentralisierung von Funktionen (in Anlehnung an Picot 1997b)

5.2.3 Modularisierungskonzepte auf der Ebene der Prozeßketten

5.2.3.1 Institutionalisierung von Geschäftsprozessen

In Zusammenhang mit der Aufgabenerweiterung und Objektorientierung gewinnt in zunehmendem Maße eine funktions- und abteilungsübergreifende *Prozeßorientierung* an Bedeutung. Mit einer durchgehenden Vorgangs- und Prozeßkettenorientierung lassen sich eine erhebliche Reduzierung der Informationsübertragungs- und Wartezeiten und damit der gesamten Durchlaufzeiten von Bearbeitungsvorgängen erzielen (vgl. z.B. die Fallbeispiele zum Reengineering bei Hammer / Champy 1993 sowie Reichwald / Sachenbacher 1996b). Konzepte zur prozeßorientierten Restrukturierung von Unternehmen werden schon länger diskutiert (vgl. z.B. Gaitanides 1983). Idealziel ist dabei die vollständige Ablösung der bisher üblichen funktionalen Organisationsstruktur durch prozeßorientierte Organisationseinheiten und dessen Verantwortliche (den sogenannten *„Process owner"*). Typische Beispiele für derartige Geschäftsprozesse sind z.B. Auftragsbearbeitung, Einkaufsabwicklung oder Produktentwicklung (vgl. Fromm 1992). Geschäftsprozesse umfassen damit in der Regel bedeutende Teile der Wertschöpfungskette.

5.2.3.2 Segmentierungs- und Inselkonzepte

Konzepte zur prozeßorientierten Bildung kleiner Organisationseinheiten wurden zunächst für den Fertigungsbereich entwickelt (vgl. z.B. das „focused factory"-Modell von Skinner 1974). Für diesen Bereich liegen inzwischen mehrere ausgereifte Ansätze vor, die auch in der Praxis erfolgreich umgesetzt werden. Beispiele sind das Konzept der „*Produktinseln*" von Wagner / Schumann (1991) oder das Konzept der „*Fertigungssegmente*" von Wildemann (1998) (vgl. Abb. 5-5).

Produktinsel	Fertigungssegment
(nach Wagner / Schumann 1991)	(nach Wildemann 1994)
Zusammengefaßte Fertigstellung einer Produktgruppe - räumlich - organisatorisch	Markt- und Zielausrichtung – Bildung abgegrenzter Produkt / Markt / Produktion-Kombinationen – Strategische Erfolgsfaktoren
ganzheitliche Arbeitsinhalte: - planende Aufgaben - ausführende Aufgaben - kontrollierende Aufgaben	Produktorientierung – Koordinationsaufwand – Leistungsverflechtung – Fertigungstiefe
weitgehende Selbststeuerung der Produktinsel innerhalb des organisatorischen Rahmens	Mehrere Stufen der logistischen Kette Integration mehrerer unternehmensinterner Wertschöpfungsstufen
	Übertragung indirekter Funktionen – Steuerung – Materialbereitstellung, Transport – Rüsten – Qualitätskontrolle, Instandhaltung
	Kosten- und Ergebnisverantwortung

Abb. 5-5: Grundmerkmale von Produktinseln und Fertigungssegmenten (in Anlehnung an Wagner / Schumann 1991; Wildemann 1998)

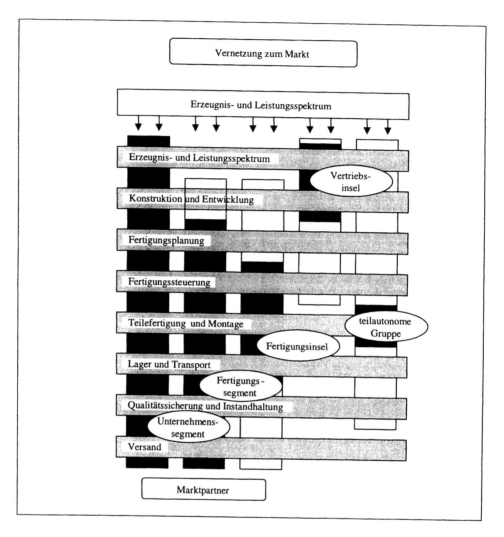

Abb. 5-6:   Modularisierungskonzepte entlang der Wertschöpfungskette (in Anlehnung an Bullinger / Seidel 1992)

Die grundlegenden Merkmale von Segmentierungs- und Inselkonzepten entsprechen weitgehend den eingangs dargestellten Prinzipien der Modularisierung: Bildung kleiner, prozeß- und kundenorientierter Einheiten, weitgehend abgeschlossene Aufgabenbereiche, dezentrale Entscheidungskompetenz und Ergebnisverantwortung (vgl. Kap. 5.1). Einerseits sind diese Organisationskonzepte inzwischen auch auf indirekte Bereiche übertragen worden. Ein bekanntes Beispiel hierfür stellen Vertriebsinseln dar, in denen produktspezifisch die Auftragsabwicklung und die Anpassungskonstruktion zusammengefaßt werden (vgl. Bullinger 1991; Weißner et al. 1997). Andererseits wird die Ausweitung bis auf die Unternehmensebene in Form von *„Unternehmenssegmenten"* vorgeschlagen (vgl. Bullinger / Seidel 1992; siehe auch Abb. 5-6).

Festzuhalten bleibt damit, daß Modularisierungsansätze nach dem „Bottom-up"-Prinzip, die sich von der Prozeßebene zu einer immer weitreichenderen Integration von Wertschöpfungsschritten entwickeln, mit den „Top-down"-Ansätzen, die von der ursprünglichen Spartenorganisation auf Unternehmensebene ausgehen, konvergieren.

5.2.3.3 Konfliktpotentiale auf der Ebene der Prozesse

Bei der Einrichtung von modularen Organisationseinheiten auf der Ebene der Prozesse können in mehrfacher Hinsicht Konflikte auftreten. So kann z.B. das *Ausmaß der zu einer Prozeßkette gehörenden Aufgaben* ihre Bewältigung durch kleine Organisationseinheiten unter Umständen selbst bei Nutzung der Möglichkeiten moderner IuK-Technik unmöglich machen. Für derartige Prozeßketten sind dann meist hierarchische Zwischenstrukturen unumgänglich.

Konflikte können weiter auch an den *Schnittstellen zwischen modularen Einheiten* auftreten, wie z.B. zwischen Vertriebsinsel und Fertigungssegment (vgl. Abb. 5-6). Hier ist darauf zu achten, daß Zieldivergenzen zwischen den kooperierenden Modulen möglichst weitgehend vermieden werden (Weißner et al. (1997). In ähnlicher Weise können Interessenkonflikte zwischen gleichartigen Modulen, z.B. zwischen Fertigungssegmenten für verwandte Produktreihen, entstehen, wenn *unteilbare Ressourcen*, z.B. teure Spezialmaschinen, gemeinsam genutzt werden müssen. Hier zeigt sich, daß das Spannungsverhältnis zwischen zentraler und dezentraler Verteilung von Ressourcen auch auf der Prozeßebene ein bedeutendes Problemfeld darstellt, für das nur fallbezogen geeignete Lösungen gefunden werden können.

Allgemeine Konfliktpotentiale auf der Ebene der Prozesse können insbesondere dadurch entstehen, daß die Reorganisation der Unternehmensprozesse „Top-down" von der Unternehmensleitung und ihren Beratern geplant und durchgesetzt wird. Ein solches Vorgehen kann zwar für die zügige Umsetzung von Reorganisationsvorhaben sorgen, es kann jedoch auch erheblichen *Widerstand bei den betroffenen Mitarbeitern* hervorrufen. Derartige Akzeptanzprobleme können durch Aufnahme partizipativer Elemente in die Planung und Umsetzung von Reorganisationsmaßnahmen gemildert oder überwunden werden (vgl. Picot / Franck 1995).

Prozeßorganisation und Modularisierung können schließlich auch an *personellen Veränderungsbarrieren,* wie dem Festhalten von Mitarbeitern an alten Gewohnheiten und Denkstrukturen, scheitern. Daraus resultierende Probleme können überwunden werden, wenn das Management frühzeitig vor Beginn der Reorganisation Gründe, Ziele und Konsequenzen der organisatorischen Veränderungen offenlegt und Qualifizierungskonzepte in das Reorganisationsvorhaben einbindet, die die Mitarbeiter auf die komplexeren und anspruchsvolleren Aufgaben vorbereiten (vgl. Nippa 1995).

5.2.4 Modularisierungskonzepte auf der Ebene der Arbeitsorganisation

5.2.4.1 Autarkie- versus Kooperationsmodell

Bei der Bildung autonomer Einheiten auf der Ebene der Arbeitsorganisation bestehen insbesondere im Zusammenhang mit dem Einsatz neuer IuK-Techniken zwei prinzipielle Gestaltungsmöglichkeiten (vgl. Picot / Reichwald 1987): Zum einen kann versucht werden, durch Aufgabenintegration einen gesamten Prozeß im wesentlichen durch einen einzigen Mitarbeiter durchführen zu lassen. Der Schwerpunkt wird hierbei auf eine autarke Bearbeitung der zusammenhängenden Sach- bzw. Managementaufgabe gelegt (*Autarkiemodell*). Zum anderen kann es sich als notwendig oder sinnvoll erweisen, die abgeschlossene Aufgabe bzw. den Prozeß von Anfang an einem Team zu übertragen. Da hier bei der Organisationsgestaltung das Hauptaugenmerk auf die Koordination und Kooperation zwischen den Gruppenmitgliedern gelegt werden muß, spricht man in diesem Falle vom *Kooperationsmodell*. Eine besondere Entwicklung dieser beiden Ausprägungen zeigt sich auch in der Arbeitsorganisation des oberen Managements. Im Autarkiemodell nutzen Führungskräfte die elektronischen Medien selbständig und unabhängig von ihrem Standort (im Büro, auf der Reise, im privaten Bereich). Beim Kooperationsmodell nutzen die Führungskräfte die Medien über Kooperationspartner im Assistenzbereich (Sekretariate, Mitarbeiter, Stäbe). Führungskräfte sind bekannterweise überwiegend mit kommunikationsintensiven Aufgaben befaßt. Dies ergibt sich aus ihrer spezifischen Situation (vgl. Witte 1984). Neuere empirische Untersuchungen über die Nutzung neuer Kommunikationstechnologien belegen, daß Ausprägungen der Nutzung der neuen Technologien für die Bewältigung des Kommunikationsproblems ebenfalls in die Richtung eines Autarkiemodells bzw. eines Kooperationsmodells hinauslaufen (vgl. Pribilla / Reichwald / Goecke 1996). Der Nutzen neuer Telemedien für die Führungskraft hängt davon ab, inwieweit sie die spezifischen Anforderungen der Arbeitssituation unterstützen.

Realisierungsformen von Autarkie- bzw. Kooperationsmodell auf der Ebene der Arbeitsorganisation sind einerseits vollintegrierte Einzelarbeitsplätze, andererseits teilautonome Gruppen. Eine analoge Unterscheidung findet man bei Hammer / Champy (1993), die jeweils von „Case worker" und „Case team" sprechen. Beide Formen der Modularisierung auf der untersten Organisationsebene haben ihre jeweiligen Stärken und Schwächen, auf die nachfolgend getrennt eingegangen wird. Eindrucksvolle Beispiele für erfolgreiche Modularisierungen auf der Ebene der Arbeitsorganisation lassen sich für beide Konzepte finden (vgl. z.B. Hammer / Champy 1993; Davenport 1993; Pribilla / Reichwald / Goecke 1996).

5.2.4.2   Vollintegrierte Einzelarbeitsplätze

Organisationskonzepte auf der Ebene der Arbeitsorganisation, die dem Autarkiemodell entsprechen, sind auch unter Begriffen wie „integrierte Rundumsachbearbeitung" oder „integrierte Einzelarbeitsplätze" bekannt. Sie stellen die kleinste Form modularer Organisationseinheiten dar, können allerdings außerordentlich leistungsfähig sein. Zahlreiche Beispiele für eine erfolgreiche Umsetzung dieses Konzeptes liegen insbesondere aus kundennahen Dienstleistungsbereichen vor. So berichten beispielsweise Hammer / Champy (1993) von entscheidenden Durchbrüchen in bezug auf Durchlaufzeiten und Servicequalität, die bei Kreditinstituten sowie Versicherungen durch DV-unterstützte Komplettbearbeitung der Kundenanträge „aus einer Hand" erzielt werden (vgl. Hammer / Champy 1993). Als weiterer Vorteil der integrierten Aufgabenbearbeitung wird von diesen Autoren der viel persönlichere Kontakt zum Kunden genannt. Außerdem wird das in der Praxis häufig auftretende Problem vermieden, daß der momentane Bearbeitungsstand eines einmal angestoßenen Bearbeitungsvorgangs (z.B. bei Kundenanfragen oder Änderungswünschen) mangels eines direkten Verantwortlichen nicht festgestellt werden kann.

Vorschläge für eine weitgehend autarke Aufgabenbearbeitung wurden auch für den industriellen F&E-Bereich erarbeitet (vgl. z.B. Ehrlenspiel / Ambrosy / Aßmann 1995). Hier wird z.B. eine Integration von Arbeitsplätzen der Konstruktion und der Produktionsplanung vorgeschlagen, so daß zusammenhängende Teilaufgaben aus beiden Bereichen von einem Mitarbeiter direkt bearbeitet werden können. Iterationsschleifen im Produktentwicklungsprozeß können damit viel schneller durchlaufen werden. Gerade im F&E-Bereich zeigen sich jedoch auch deutlich die Grenzen des Autarkiemodells: Während relativ standardisierte Konstruktions- und Planungsaufgaben im Bereich der Ausarbeitung und Detaillierung von Produktentwürfen gut selbständig bearbeitet werden können, verlangen innovative Entwicklungsaufgaben oft das kreative Potential von Teams.

Das Autarkiemodell als Ausprägung der Arbeitssituation im Führungsbereich zeigt interessante Ergebnisse bei der Anwendung neuer Medien der Telekommunikation. Empirische Untersuchungen zeigen, daß die Telemedien im Führungsbereich einerseits durch Erhöhung des Zeitdrucks, des Aktivitätsniveaus und der Belastung und Beanspruchung die Arbeitssituation erheblich verschärfen (vgl. z.B. Müller-Böhling / Ramme 1990). Andererseits bieten die Medien neue Wege der Problemlösung. Die autarke Anwendung der Telemedien ermöglicht eine erhebliche Beschleunigung des Informationsflusses sowie eine höhere Flexibilität und intensivere Kooperation mit entfernten Partnern. Außerdem bewirkt die persönliche Bedienung der asynchronen Medien E-Mail, Fax und Voice Mail nach dem Autarkiemodell eine spürbare Reduzierung des Assistenzaufwandes um bis zu 30% (vgl. Pribilla / Reichwald / Goecke 1996). Autarke Mediennutzung verschafft Top-Managern außerdem Vorteile im Zeitwettbewerb und in bezug auf die globale Kooperation mit internen und externen Partnern.

Das beste Zeitmanagement und die meisten Kapazitätsreserven zur kooperativen Bewältigung von Ad-hoc-Aufgaben ermöglicht allerdings das Kooperationsmodell. Es bietet einen wirksamen Ansatz zur Reduzierung der Fragmentierung der Managerarbeit. Die assistierte Kommunikation über E-Mail verschafft den Top-Managern dieser Anwendergruppe Freiräume zur Intensivierung der Face-to-face-Kommunikation in Meetings mit vielen Teilnehmern jeweils vor Ort. Dies gilt auch für das Coaching im kleinen Team (vgl. Teil 9). Die Möglichkeit zur direkten hierarchieübergreifenden Kommunikation mit einer hohen Anzahl von Personen fördert die Vermittlung von Unternehmenszielen sowohl nach innen als auch nach außen und unterstützt die aktive Gestaltung der Unternehmenskultur (vgl. Pribilla / Reichwald / Goecke 1996).

5.2.4.3   Teilautonome Gruppen

Die typische Organisationsform für die Umsetzung des Kooperationsmodells auf der Ebene der Arbeitsorganisation ist die *teilautonome Gruppe* (vgl. Teil 9). Durch die weitestgehende Rückintegration von dispositiven Aufgaben können Gruppen von 8-10 breit qualifizierten Personen für überschaubare Aufgabenbereiche den gesamten Wertschöpfungsprozeß vollziehen. Dies geht im Idealfall von der Materialbeschaffung bis zur Endmontage eines bestimmten Kundenauftrages (vgl. z.B. Martin 1990; Frieling 1992). Im Mittelpunkt der Entwicklung zum verstärkten Einsatz teilautonomer Gruppen steht der Mensch (vgl. Heinen 1986). Das Organisationsmodell der autonomen Gruppe wurde bereits in den 70er Jahren als das den menschlichen Bedürfnissen am weitesten entsprechende Arbeitsmodell propagiert. Es besitzt alle guten Voraussetzungen, die Kreativitäts- und Leistungspotentiale des Menschen in hohem Maße zur Entfaltung zu bringen, seine Motivation zu fördern und wirtschaftlichen Nutzen zu stiften, wenn es sinnvoll in den Wertschöpfungsprozeß eingefügt wird. Die Erkenntnisse der Arbeitsstrukturierungsdebatte belegen, daß dem Menschen über einen sinnvollen Arbeitsinhalt, ein überschaubares Arbeitsumfeld, eine rasche Rückkopplung der Arbeitsergebnisse sowie über ausreichende Qualifikation, Handlungsautonomie und Verantwortung eine bessere Möglichkeit zur Selbstentfaltung gegeben wird (vgl. Kap. 5.3.5; Teil 9). Gleichzeitig erhöhen sich die Leistungsbereitschaft und die Wertschätzung durch andere. Dies bedeutet, daß individuelle Ziele stärker mit Unternehmenszielen in Übereinstimmung gebracht werden können (vgl. Womack / Jones / Roos 1990; Reichwald / Hesch 1993).

5.2.4.4   Konfliktpotentiale auf der Ebene der Arbeitsorganisation

Wie zu Beginn dieses Kapitels angemerkt, orientieren sich die Modularisierungsansätze auf der unmittelbaren Ebene der Arbeitsorganisation an den zur Aufgabenbewältigung verfügbaren Ressourcen, insbesondere an den Mitarbeiterpotentialen sowie an den neuen Möglichkeiten zu ihrer Unterstützung durch IuK-Techniken. Entsprechend sind die wichtigsten Konfliktpotentiale auf dieser Ebene in bezug auf die Akzeptanz der neuen Organisationsformen und der neuen IuK-Techniken zu erwarten. Als Beispiele für mögliche Ursachen von Konflikten auf dieser Ebene können genannt werden:

- unzureichende Breite der Fachqualifikation zur Bewältigung der erweiterten Aufgabenbereiche (insbesondere für den Einsatz der notwendigen IuK-Techniken);
- mangelhafte Sozialkompetenz zur Selbstorganisation und Konfliktlösung in der Gruppe;
- gruppeninterne Spannungen durch unterschiedliche Leistungsfähigkeit bzw. Leistungsbereitschaft (insbesondere bei gruppenorientierter Leistungsbewertung).

5.2.5 Konfliktpotentiale zwischen den Modularisierungskonzepten auf den verschiedenen Unternehmensebenen

Die Debatte um Zentralisierung bzw. Dezentralisierung von direkten oder indirekten Funktionen auf den verschiedenen Ebenen des Unternehmens hat Tradition und ist häufig kontrovers. Allerdings war das Spektrum der in der Diskussion stehenden Dezentralisierungsansätze wohl noch nie so groß wie heute. Es gilt daher, auch die Frage zu untersuchen, inwieweit dezentrale Organisationsstrukturen auf der arbeitsorganisatorischen Ebene einerseits und auf der Meso- und Makroebene andererseits untereinander kompatibel sind. Hier sind noch zahlreiche Fragen offen, jedoch zeichnen sich auch erfolgversprechende Ansätze für wichtige Teilaspekte ab.

Ein zentrales, ebenenübergreifendes Problem betrifft die *Koordination und Synchronisation der Module* auf den verschiedenen Ebenen. Wie schon mehrfach angesprochen, birgt die Einrichtung weitgehend autonomer Organisationseinheiten im Unternehmen die Gefahr der Verfolgung von Eigeninteressen zu Lasten der Gesamtinteressen des Unternehmens. Zur Koordination der operativen modularen Einheiten auf Arbeitsorganisations-, Prozeß- und Unternehmensebene werden daher in der Regel weiterhin hierarchische Koordinationsstrukturen beibehalten (vgl. Reichwald / Koller 1996b). Die Rolle der Führungskräfte erfährt in diesen Hierarchien jedoch eine deutliche Wandlung: vom Vorgesetzten zum Moderator bzw. Coach (vgl. Teil 9).

Derartig „hybrid" organisierte Unternehmen erkennen aber auch zunehmend, daß die klassische hierarchische Koordination über die Zielvorgabe durch die Instanz und die Ergebnisrückmeldung durch die ausführenden Stellen im Spannungsfeld mit der Selbstorganisation und Selbstkontrolle in den Modulen steht. Sie gehen daher häufig dazu über, mit den Mitarbeitern der modularen Einheiten die *Ziele partizipativ zu vereinbaren*, wodurch sowohl eine effektivere Koordinationswirkung als auch eine Motivationswirkung erzielt wird (vgl. Reichwald / Koller 1996b).

Einen Schritt weiter geht das im Zusammenhang mit den Modularisierungsbestrebungen wiederentdeckte System der *überlappenden Gruppen* nach Likert (vgl. Likert 1961). Dieser Ansatz sieht eine Koordination der Aktivitäten im Unternehmen durch ein System von hierarchisch abgestuften, aber überlappenden Gruppen vor (vgl. Abb. 5-7). Jeweils ein Mitarbeiter der untergeordneten Gruppe fungiert durch seine Mitgliedschaft in der nächsthöheren Gruppe als Verbindungsglied („linking pin") zwischen den Ebenen.

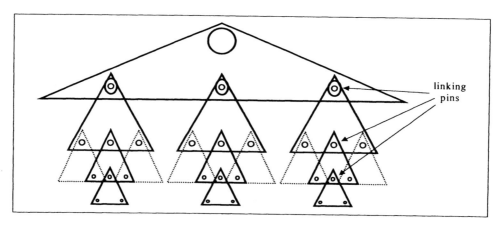

Abb. 5-7:   Das System der überlappenden Gruppen nach Likert (1961)

Der Ansatz der überlappenden Gruppen stellt somit eine hervorragende Möglichkeit dar, modulare Einheiten auf den unterschiedlichen Unternehmensebenen zu verketten.

Gleichzeitig wird es möglich, die Vorteile von Gruppen hinsichtlich gegenseitiger Loyalität und Kooperation zu nutzen, um die Akzeptanz der gemeinsam vereinbarten Ziele zu erhöhen und ihre Umsetzung zu sichern. Der Koordinationsansatz wurde (in leicht abgewandelter Form) z.B. im Modell der sogenannten „Soziokratie" übernommen (vgl. Pfefferkorn 1991; Endenburg 1994), das in dem niederländischen Unternehmen Endenburg Elektrotechnik praktiziert wird. Festzuhalten bleibt, daß zur wirksamen Koordination modularer Einheiten im Sinne der Gesamtziele des Unternehmens eine partizipative Zielvereinbarung für die einzelnen Module erfolgversprechend scheint.

Ein weiteres potentielles Konfliktfeld zwischen den Modulen auf den verschiedenen Ebenen betrifft die *Zentralisierung bzw. Dezentralisierung von Funktionen* im Unternehmen. Zwar kann prinzipiell in Anlehnung an den von Bühner formulierten Grundsatz für die Management-Holding gefordert werden (vgl. Bühner 1993), daß nichts zu zentralisieren ist, was für den Erfolg der Module (Bühner: „der Geschäftsbereiche") wesentlich ist. Doch stehen in dieser Hinsicht oft Modulinteressen und übergeordnete Interessen im Konflikt. Die Entscheidung über Dezentralisierung von Funktionen ist daher (gerade in großen Unternehmen) ein komplexer, mehrstufiger Prozeß, der ebenfalls unter partizipativer Beteiligung der Mitarbeiter auf einen Konsens abzielen sollte.

5.3 Erklärung der Modularisierung aus der Sicht theoretischer Modelle

5.3.1 Wettbewerbsstrategische Erklärungsansätze

Sowohl in Beiträgen zum Business Process Reengineering als auch in Modularisierungskonzepten wird zur Begründung der Vorteilhaftigkeit dieser Maßnahmen regelmäßig auf die *neuen Wettbewerbsanforderungen* verwiesen. Hierbei dominieren bisher Darstellungen auf Basis einzelner Fallbeispiele, die in meist recht allgemein gehaltener Argumentation auf Plausibilitätsüberlegungen gestützt sind (vgl. z.B. Hammer / Champy 1993; v. Koerber 1993). Theoretische Erklärungsmodelle werden in der Literatur noch selten angewandt.

Eine Ausnahme bilden die Überlegungen von Frese zur „Leitbildfunktion mittelständischer Strukturen für Großunternehmungen" (vgl. Frese 1993). Frese unterscheidet bei diesen Betrachtungen als wesentliche Effizienzziele von Organisationen:

- die Ressourceneffizienz, d.h. die Vermeidung von Leerkapazitäten und unwirtschaftlicher Allokation knapper Ressourcen;

- die Markteffizienz, d.h. die Nutzung von Verbundvorteilen durch koordiniertes Auftreten auf Absatz- bzw. Zuliefermärkten;

- die Prozeßeffizienz, d.h. die Optimierung des Gesamtprozesses, z.B. in bezug auf Durchlaufzeit, Qualität, Service oder Flexibilität.

Die weitgehend funktionale Organisation von Großunternehmen wird dabei als Ausdruck des primären Strebens nach Ressourcen- und Markteffizienz gewertet. Angesichts steigender Dynamik und Unsicherheit auf den Märkten wird jedoch die zunehmende Bedeutung der Prozeßeffizienz hervorgehoben.

Die Wettbewerbsstrategie hat so entscheidenden Einfluß auf die Koordinationsanforderungen und damit auf die Organisationsstruktur (vgl. Chandler 1962). Davon ausgehend entwirft Frese ein wettbewerbsstrategisches Modell zur Diskussion der Vorteilhaftigkeit von „kleinen Einheiten". Dieses Modell basiert auf der Systematik von Wettbewerbsstrategien nach Porter (vgl. Porter 1995), modifiziert diese jedoch unter Einbeziehung verschiedener Produktionstypen (vgl. Abb. 5-8).

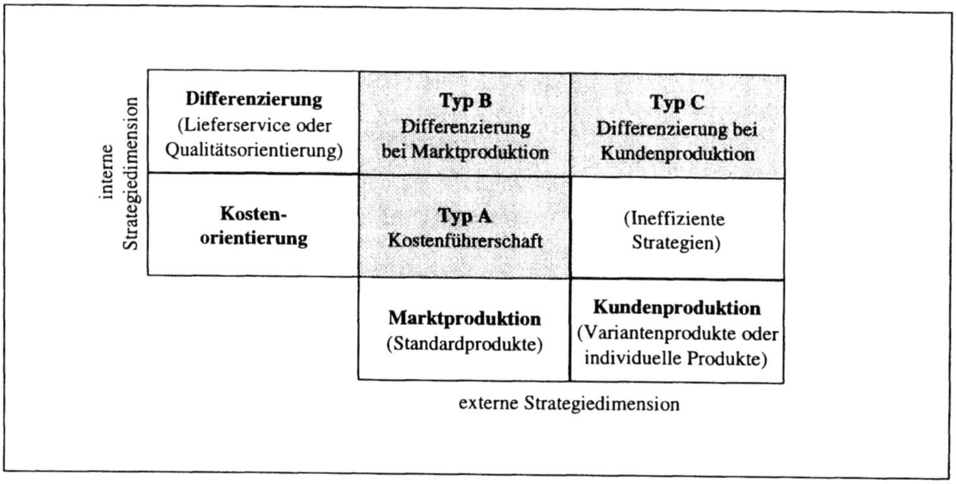

interne Strategiedimension	Differenzierung (Lieferservice oder Qualitätsorientierung)	Typ B Differenzierung bei Marktproduktion	Typ C Differenzierung bei Kundenproduktion
	Kosten- orientierung	Typ A Kostenführerschaft	(Ineffiziente Strategien)
		Marktproduktion (Standardprodukte)	Kundenproduktion (Variantenprodukte oder individuelle Produkte)
		externe Strategiedimension	

Abb. 5-8:   Systematisierung von Strategien (in Anlehnung an Frese 1993)

Wesentliches Ergebnis der Betrachtungen von Frese ist, daß die Bedeutung der Prozeßeffizienz von Strategietyp A zu Strategietyp C stark zunimmt. Die Wettbewerbsvorteile, die durch die Bildung kleiner Organisationseinheiten zu erwarten sind, hängen damit situativ von der jeweiligen Unternehmensstrategie und der entsprechenden Bedeutung der Prozeßeffizienz ab. Die allgemeine Entwicklung der Märkte (vgl. Teil 1) zwingt allerdings immer mehr Unternehmen zu Strategien der Typen B und C. In Ergänzung der Argumentation von Frese sind heute aber auch kunden- *und* gleichzeitig kostenorientierte Strategien möglich („Mass Customization", vgl. Piller 2001). Zur Verwirklichung dieser Position tragen neben den Potentialen der neuen IuK-Technologien auch modulare Organisationsstrukturen bei, wie in Kapitel 10.1 noch vertieft gezeigt wird.

5.3.2 Institutionenökonomische Erklärungsansätze

5.3.2.1 Modularisierung als Anpassung von Property-Rights

Aus der Perspektive der *Property-Rights-Theorie* (vgl. Kap. 2.3.2) kann die Modularisierung als eine Umverteilung von Handlungs- und Verfügungsrechten innerhalb der Organisation interpretiert werden. Handlungsrechte bzw. Ausführungskompetenzen, die in funktional und hierarchisch organisierten Unternehmen horizontal breit verteilt sind, werden prozeßbezogen in den Modulen gebündelt. Verfügungsrechte bzw. Entscheidungskompetenzen werden gleichzeitig in vertikaler Richtung vom Management auf untere, prozeßnähere Ebenen verlagert (vgl. Picot / Schneider 1988).

Dieser Aspekt der Modularisierungskonzepte entspricht der grundsätzlichen Organisationsempfehlung der Property-Rights-Theorie, die Handlungs- und Verfügungsrechte möglichst den Handelnden selbst zuzuschreiben. Hierdurch wird ein Anreiz zu selbstverantwortlichem und effizientem Handeln erwartet. Außerdem werden hohe Transaktionskosten, die mit der fallweisen Übertragung von Verfügungsrechten bei weisungsorientierten, hierarchischen Koordinationsformen verbunden sind, vermieden.

Allerdings bezieht sich die Übertragung von Property-Rights auf die Module in der Regel primär auf die Rechte zum Gebrauch der zur Verfügung gestellten Ressourcen im Sinne der vorgesehenen Aufgabe (usus). Hinsichtlich des Umfangs der Übertragung weiterer Property-Rights bestehen dagegen erhebliche Unterschiede zwischen den Modularisierungskonzepten für die verschiedenen Unternehmensebenen. Teilweise sind die Konzepte hinsichtlich der Property-Rights-Verteilung auch nicht vollständig ausgearbeitet.

So werden das Recht, die Gewinne aus der Geschäftstätigkeit einzubehalten, sowie die Pflicht, eigene Verluste zu tragen (usus fructus), mit steigender Ebene der Modularisierung verstärkt übertragen (Module als Cost-Center oder Profit-Center). Die Unternehmensleitung verzichtet jedoch in der Regel nicht vollständig auf diese Property-Rights, z.B. um strategisch bedingte Verschiebungen von Kapitalressourcen zwischen den modularen Einheiten vorzunehmen. Die weitergehenden Eigentums- und Verfügungsrechte der zweckfremden Nutzung bzw. Veränderung der Güter (abusus) sowie der Veräußerung an

Dritte verbleiben auch bei der Modularisierung im wesentlichen in den Händen der Eigentümer bzw. ihrer unmittelbar Bevollmächtigten in der Unternehmensleitung. Aufgrund der damit weiterhin unvollständigen Zuordnung der Property-Rights zu den unmittelbar Handelnden besteht die Gefahr externer Effekte prinzipiell fort. Deren weitere Einschränkung wäre allerdings nur durch Maßnahmen zur Beteiligung der Mitarbeiter am Unternehmenskapital möglich, eine Thematik, die im Zusammenhang mit den Modularisierungskonzepten bisher noch kaum diskutiert wird.

5.3.2.2 Modularisierung aus Sicht der Transaktionskostentheorie

Obwohl die *Transaktionskostentheorie* (vgl. Kap. 2.3.3) ursprünglich zur Erklärung der Entstehung von Unternehmen als zentralisierte, hierarchisch koordinierte Form der Leistungserstellung entwickelt wurde (vgl. Coase 1937; Williamson 1975), hat sie sich ebenso als wertvolles Instrument zur Effizienzanalyse von Organisationsstrukturen bewährt (vgl. z.B. Picot 1982b). In dieser verallgemeinerten Anwendungsform ist sie sehr hilfreich zur Untersuchung und Begründung von beobachtbaren Zentralisierungs- bzw. Dezentralisierungstendenzen wie z.B. den Modularisierungsbestrebungen. Im Mittelpunkt der Betrachtung steht dabei die Höhe der Transaktionskosten, die je nach Organisationsstruktur variiert.

Gemäß den Annahmen der Transaktionskostentheorie zeichnen sich effiziente Organisationsformen durch niedrigere Transaktionskosten im Vergleich zu den möglichen Organisationsalternativen aus. Zu untersuchen ist demnach, inwieweit und unter welchen Umständen die Modularisierung der Unternehmensstruktur mit einer Reduktion der anfallenden Transaktionskosten verbunden ist und damit aus Sicht der Transaktionskostentheorie einen vorteilhaften Organisationsansatz darstellt.

Wie bereits eingangs bei der Analyse der Kernmerkmale der heutigen Modularisierungskonzepte festgestellt wurde, handelt es sich bei der Modularisierung im Prinzip um eine objektorientierte Bildung von Organisationseinheiten um Prozesse, wobei diese Organisationseinheiten weitgehend autonom und ergebnisverantwortlich handeln und damit quasi Unternehmen im Unternehmen darstellen. Als ein Erklärungsmodell lassen sich daher hier die transaktionskostentheoretischen Überlegungen zum wirtschaftlich sinnvollen Grad der vertikalen Integration (vgl. Picot 1991b) von der Unternehmensebene auf die Ebene der modularen Organisationseinheiten übertragen. Eine Integration von Leistungserstellungsprozessen in einer modularen Organisationseinheit würde sich demnach empfehlen, wenn eine *hohe Spezifität und strategische Bedeutung* der Leistung vorliegt (vgl. Picot 1991b). Eine eher große Häufigkeit der notwendigen Transaktionen und hohe Umweltunsicherheit würden diese Tendenz unterstützen.

Betrachtet man nun die heutige Wettbewerbssituation, so ist festzustellen, daß Prozeß-merkmale wie Auftragsabwicklungszeit oder Flexibilität aus Sicht des Kunden eine ebenso hohe Bedeutung erlangt haben wie die physischen Produktmerkmale. Prozesse werden damit zum strategischen Faktor. Gleichzeitig unterliegen Prozesse, im Gegen-satz zu den Produkten, die auf dem Markt für jedermann analysierbar sind, in weit geringerem Maße der Gefahr einer Imitation. Eine strategische Differenzierung durch hoch spezifische Prozesse bietet sich daher an und wird auch von vielen Unternehmen erfolgreich betrieben (vgl. z.B. Stalk / Evans / Shulman 1992). Die prozeßorientierte Modularisierung kann damit auch auf Basis der transaktionskostentheoretischen Über-legungen zur vertikalen Integration gut begründet werden. Die oben beschriebene Um-weltunsicherheit durch Marktturbulenz und Innovationsgeschwindigkeit unterstützt diese grundsätzliche Argumentation.

Mit der steigenden Wettbewerbsrelevanz von Prozessen steigt oft die Häufigkeit von funktions- und bereichsübergreifenden Transaktionen. Die dabei entstehenden Transak-tionskosten sind bei klassischen, funktional gegliederten Organisationen besonders hoch. Gründe hierfür sind die häufig beklagten Schnittstellenprobleme zwischen Funk-tionsbereichen, die z.B. durch unterschiedliche bereichsbezogene Ziele, verschiedene Organisationskulturen oder unterschiedliche Fachsprachen entstehen. Die wirtschaftli-che Bedeutung dieser Transaktionshemmnisse wird dabei erst in ihrem vollen Umfang deutlich, wenn man zu den eigentlichen Koordinationskosten die zusätzlich entstehen-den Opportunitätskosten am Markt (z.B. durch verspäteten Markteintritt) in die Betrach-tungen mit einbezieht.

Durch die organisatorische Integration der Teilprozesse mit den häufigsten Transaktio-nen können Schnittstellenprobleme erfolgreich reduziert werden. Die Transaktionskos-ten sinken drastisch. Eine wichtige transaktionskostensenkende Rolle spielt hierbei die Kommunikation in einer gemeinsamen Sprache sowie die Vertrauensatmosphäre, die durch die enge Zusammenarbeit entsteht (vgl. Ouchi 1980). In diesem Zusammenhang wirkt insbesondere die Charakteristik von Modulen als kleine, überschaubare Einheiten vertrauensbildend. So sinkt auch die Gefahr opportunistischen Verhaltens durch die soziale Kontrolle in kleinen Einheiten, die regelmäßig hohe Transaktionskosten (z.B. durch aufwendige Kontrollmaßnahmen) verursacht.

Kleine, prozeßorientierte Einheiten implizieren allerdings eine verstärkte Abgrenzung, d.h. eine Dezentralisierung in funktionaler Hinsicht. Aus transaktionskostentheoreti-scher Sicht ist daher genau zu untersuchen, ob die verbesserte Koordination in der Prozeßebene im Einzelfall mit Koordinationsproblemen und damit bedeutenden Verlus-ten von Synergiepotentialen in funktionaler Hinsicht verbunden ist. Dabei ist z.B. zu analysieren, welcher Art der Spezifität im Einzelfall größere Bedeutung zukommt, der

Fachspezifität (hier: entlang des Prozesses) oder der Infrastrukturspezifität (vgl. Picot 1990; Picot / Reichwald 1991; Picot / Franck 1995; Bieberbach 2001 sowie Kap. 5.2). Ein weiteres Merkmal der neuen Modularisierungskonzepte, das ebenfalls unter transaktionskostentheoretischen Gesichtspunkten von Bedeutung ist, betrifft die tendenzielle Abkehr von hierarchischen Koordinationsinstrumenten zugunsten von Selbstorganisation und marktähnlichen Anreizsystemen in modularen Organisationen. In hierarchischen Organisationsformen ist eine vergleichsweise starke Kontrolle notwendig, die aber aufwendig ist und angesichts des beobachtbaren Wertewandels auf eine immer geringere Akzeptanz stößt. Modularisierungskonzepte stellen damit auch in dieser Hinsicht einen Ansatz zur Reduktion der Transaktionskosten dar. Dieser Aspekt spielt bei der nachfolgend betrachteten Principal-Agent-Problematik ebenfalls eine große Rolle.

5.3.2.3 Modularisierung und die Principal-Agent-Problematik

Auch die *Principal-Agent-Theorie* (vgl. Kap. 2.3.4) liefert wertvolle Hinweise zur theoretischen Begründung der heutigen Modularisierungskonzepte. Im Mittelpunkt dieser Theorie steht die bei Auftraggeber-Auftragnehmer-Beziehungen bestehende Gefahr, daß sich der Auftragnehmer (Agent) bei entsprechenden Verhaltensspielräumen abweichend von der Vereinbarung mit seinem Auftraggeber (Principal) verhält. Als entscheidend für das Auftreten derartiger Principal-Agent-Probleme nennt die Theorie unvollständige Informationen auf Seiten des Principals (asymmetrische Informationsverteilung) sowie Abweichungen zwischen den Zielen des Principals und des Agenten, die letzteren zu opportunistischem Handeln bewegen.

Ökonomisch bedeutsame (Negativ-) Folgen dieser Principal-Agent-Problematik sind Wohlfahrtsverluste aufgrund der Verhaltensabweichungen des Agenten, nichtwertschöpfende Aufwendungen für Kontrolle auf Seiten des Principals sowie Kosten der Vertrauensbildung (Garantiekosten) auf Seiten des Agenten. Diese sog. Agency-Costs bilden das Effizienzkriterium bei der Bewertung der Modularisierungskonzepte aus Sicht der Principal-Agent-Theorie. Principal-Agent-Beziehungen treten bei fast jeder Art von Unternehmensstruktur auf, da die Entstehung von Organisationen regelmäßig mit einer Delegation von Entscheidungs- und Verfügungsrechten des Eigentümers verbunden ist. Problematisch werden diese Auftraggeber-Auftragnehmer-Beziehungen im Unternehmen allerdings erst, wenn nennenswerte Informationsasymmetrien sowie Zielabweichungen zwischen Principal und Agent auftreten. Dies ist bei hierarchischen, funktional gegliederten Organisationen insbesondere in zweifacher Hinsicht von Bedeutung: zwischen Unternehmensleitung und Funktionalbereichen im besonderen sowie zwischen Instanzen und ausführenden Stellen im allgemeinen. Es soll nun näher betrachtet werden, inwieweit Modularisierungskonzepte diesen Principal-Agent-Problemen entgegenwirken.

Die erstgenannte problematische Principal-Agent-Konstellation in funktional gegliederten Hierarchien betrifft das Auftrageber-Auftragnehmer-Verhältnis zwischen Gesamtgeschäftsleitung und den Führungskräften der Funktionalbereiche. Im Mittelpunkt stehen dabei die beobachtbaren Abweichungen zwischen den aus übergreifenden Marktanforderungen abgeleiteten Zielsetzungen und dem tatsächlichen Verhalten der Führungskräfte in den funktionalen Bereichen. Hier ist in der Praxis nach wie vor eine *Tendenz zur bereichsbezogenen Optimierung* festzustellen, die hinsichtlich der übergreifenden Ziele wie Gesamtdurchlaufzeit, Gesamtkosten oder Total Quality (gesamtheitliche Qualität des Wertschöpfungsprozesses) zu mangelhaften Ergebnissen führt.

Das Augenmerk ist also primär auf die für die Manager in den Funktionalbereichen tatsächlich relevanten Ziele sowie auf ihre verfügbaren Handlungsspielräume zu richten. Die Ziele von Führungskräften ergeben sich in erster Linie aus den jeweiligen Ergebnisindikatoren, an denen ihre Leistung gemessen wird. In der Praxis dominieren hier nach wie vor bereichsbezogene Kennzahlen, deren isolierte Verfolgung unter Umständen zu suboptimalen Gesamtergebnissen führt. Weitere eigene Ziele von Bereichsmanagern, wie etwa das von Seiten der Bürokratiekritik betonte Streben, aus Statusgründen möglichst viele Untergebene zu haben, verstärken die Divergenz zu den Unternehmenszielen.

Untersucht man auf der anderen Seite den Verhaltensspielraum der Bereichsmanager, wird eine paradoxe Situation erkennbar. Zwar haben Führungskräfte aufgrund ihrer Entscheidungskompetenzen prinzipiell bedeutende Handlungsspielräume. Jedoch werden diese durch bereichsorientierte Controllinggrößen oft erheblich eingeschränkt. Dies widerspricht letztlich der vom Markt geforderten Prozeßorientierung. Durch Modularisierung und entsprechende prozeßorientierte Ausrichtung der Führungsstruktur kann die Unternehmensleitung als Principal die Ziele ihrer Agenten in marktgerechter Weise umorientieren. Allerdings sind gleichzeitig entsprechende Anpassungen der Controllingsysteme erforderlich, zu denen noch wenige konzeptionelle Überlegungen vorhanden sind (zu Controllingsystemen vgl. z.B. zusammenfassend Küpper 1997; Hahn 2001; Horváth 2002).

Eine weitere interessante Ausprägungsform von Principal-Agent-Problemen in hierarchischen Organisationen betrifft – wie eingangs erwähnt – das generelle Auftraggeber-Auftragnehmer-Verhältnis zwischen Instanzen und ausführenden Stellen. Die Principal-Agent-Problematik äußert sich dabei in der immer häufiger von Arbeitgeberseite beklagten geschäftsschädigenden Ausnutzung von Verhaltensspielräumen durch Mitarbeiter auf allen Ebenen. Als typische Ausprägungsformen dieses „*Moral hazard*" werden dabei z.B. hohe Krankenstände, mangelnde Sorgfalt bei der Arbeit oder fehlendes Engagement für Produktivitätsverbesserungen genannt.

Wenngleich derartige Aussagen zumeist empirisch nicht nachgewiesen sind, lassen theoretische Überlegungen auf Basis der Principal-Agent-Theorie durchaus eine Zunahme des Moral hazard in hierarchischen Organisationsformen vermuten. Zum einen ermöglicht der steigende Qualifikations- und Informationsgrad der Mitarbeiter eine genauere Identifikation ihrer Verhaltensspielräume. Zum anderen führt der Wertewandel zu einem verstärkten Auseinanderfallen von unternehmensseitigen Zielvorgaben und persönlichen Zielen sowie zu einer mangelhaften Akzeptanz hierarchischer Führungs- und Kontrollsysteme. Es ist daher zu erwarten, daß qualifizierte Mitarbeiter in ausführenden Positionen bei streng hierarchisch gegliederten Organisationen zunehmend die erkannten Verhaltensspielräume auch im Sinne eigener Interessen nutzen.

Betrachtet man vor diesem Hintergrund die Maßnahmen, die die Modularisierungskonzepte vorschlagen, so stellt man fest, daß diese mit den allgemeinen Handlungsempfehlungen der Principal-Agent-Theorie zur Einschränkung von „Moral Hazard" weitgehend übereinstimmen. Ein wichtiger Aspekt ist dabei sicher, daß kleine, überschaubare Einheiten verbesserte Informations- und Kontrollmöglichkeiten bewirken. Ihre Transparenz unterstützt den Abbau von Informationsasymmetrien. „Tote Winkel" aus Sicht der Kontrollinstanz werden erheblich reduziert. Die in Teamstrukturen zu beobachtende soziale Kontrolle verstärkt dabei den Effekt, Verhaltensspielräume von Einzelmitarbeitern und damit die Verfolgung „privater" Ziele in erheblichem Maße zu reduzieren. Diese besseren Kontrollmöglichkeiten dürfen allerdings nicht als der Hauptvorteil der Modularisierung betrachtet werden. Schließlich ist davon auszugehen, daß findige Mitarbeiter bei entsprechender (De-)Motivation immer neue Verhaltensspielräume entdecken und ausnutzen werden.

Als viel entscheidender für die zu erwartende Vermeidung von Principal-Agent-Problemen durch Modularisierung ist der Ersatz des Principals „Vorgesetzter" durch den Principal „Kunde", der die *Divergenz zwischen den Mitarbeiterzielen und den Zielen ihrer Organisationseinheit* reduziert. Die Vorschläge in den Modularisierungskonzepten zur Delegation von Entscheidungskompetenz in die Module hinein sowie zur Selbstorganisation in Teams entsprechen in dieser Hinsicht den Empfehlungen der Principal-Agent-Theorie. Hierbei können sich allerdings im Zuge der Modularisierung auch neue Principal-Agent-Probleme ergeben, wenn nicht durch geeignete Koordinationsmaßnahmen eine Zieldivergenz zwischen den „Modulinteressen" und denen des Gesamtunternehmens verhindert wird (vgl. Kap. 5.2).

Ein Lösungsansatz zur Reduktion von Principal-Agent-Problemen ist bisher allerdings kaum in den Modularisierungskonzepten aufgegriffen worden: die von der Theorie empfohlene *Ergebnisbeteiligung der Mitarbeiter* zur Erhöhung der Anreize zu einem unternehmenskonformen Verhalten (vgl. Teil 9). Geht man von der verschiedentlich geäußerten Prognose aus, daß betriebswirtschaftliche Organisationen sich verstärkt zu „offenen Systemen von Teilhabern" entwickeln werden (vgl. z.B. Laske / Weiskopf 1992), so wird dieser Aspekt wohl in Zukunft an Bedeutung gewinnen.

5.3.3 Kommunikationstheoretische Erklärungsansätze

Die Ergebnisse der Kommunikationswissenschaften (vgl. Teil 3) zeigen, daß aus der intensiven Interaktion einer überschaubaren Anzahl von Handlungsträgern positive Wirkungen für die Effizienz dieser Informations- und Kommunikationsprozesse resultieren. So heben eine Vielzahl von Arbeiten die Vorteilhaftigkeit persönlicher Nähe und eines gemeinsamen Werte- und Sachkontextes für die Effizienz der Bewältigung komplexer Kommunikationsaufgaben hervor (z.B. die Media Richness-Theorie, vgl. Teil 3). Dies liegt vor allem daran, daß im Rahmen der Kommunikation neben dem eigentlichen Sachinhalt immer auch die Beziehung der Akteure zueinander zur Disposition steht (vgl. Watzlawick / Beavin / Jackson 1990; Kap. 3.3.3). Eine begrenzte Anzahl von Kommunikationspartnern sowie eine häufige Interaktion erleichtern die Interpretation und differenzierte Übermittlung von Beziehungsinhalten. Der gemeinsame Aufgabenbereich organisatorischer Module wirkt sich darüber hinaus förderlich auf die Vermittlung sachbezogener Inhalte aus (vgl. z.B. O'Reilly 1983).

Für den einzelnen Handlungsträger können modulare Organisationsstrukturen insofern vorteilhaft sein, als daß sich die Komplexität der zu verarbeitenden Informationen auf einen abgegrenzten Bereich beschränkt und neue Informationsinhalte gezielter in bestehendes Wissen eingeordnet werden können. Individuelle Pathologien der Informationsaufnahme und -verarbeitung (z.B. selbstkonzept- und hierarchiebedingte Verzerrungen der Wahrnehmung, vgl. Kap. 3.2.5) werden leichter transparent und können durch die Gruppe aufgefangen werden.

Allerdings führt die Zugehörigkeit zu organisatorischen Modulen auch zur Herausbildung partieller Wertegemeinschaften, insbesondere wenn die umgebende Umwelt als unsicher und relativ feindlich wahrgenommen wird. Störungen der Informations- und Kommunikationprozesse, welche auf individueller Ebene zu beobachten sind, können prinzipiell auch auf Ebene der Interaktion zwischen der Gruppe und der restlichen Organisation auftreten. So kann das Phänomen des „Groupthink" zu gravierenden Fehlentscheidungen führen, wenn Gruppennormen zu einer verzerrten Wahrnehmung von Handlungsalternativen führen (vgl. Janis 1982). Zu einer immer wichtigeren Managementaufgabe in modularisierten Unternehmen wird daher die Kommunikation einer übergeordneten Wertegemeinschaft (vgl. Reichwald / Bastian 1999a, 1999b).

5.3.4 Motivationsheoretische Erklärungsansätze

Erkenntnisse aus der Arbeitswissenschaft belegen, daß Menschen durch ganzheitliche Aufgaben, ausreichenden Handlungsspielraum, ein überschaubares Umfeld sowie rasche Rückkopplung der Arbeitsergebnisse zur Leistung motiviert werden. So stützen beispielsweise die Ergebnisse der Untersuchungen von Hackman die prognostizierten Vorteile modularer Organisationsstrukturen im Hinblick auf die Mitarbeitermotivation (vgl. Hackman 1969, 1977). Die Möglichkeiten der *Aufgabenzusammenführung*, verbunden mit einer verstärkten *Eigenverantwortlichkeit* und einer Erhöhung des *Handlungsspielraums* (vgl. Abb. 5-9) bieten Chancen für eine Arbeitsbereicherung und mehr Selbstverwirklichung.

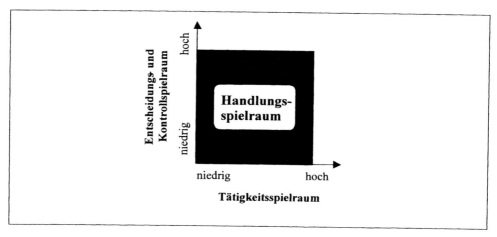

Abb. 5-9:   Modell des Handlungsspielraumes (in Anlehnung an v. Rosenstiel 2002)

Eine Anwendung der Zwei-Faktoren-Theorie nach Herzberg (vgl. Herzberg / Mausner / Snyderman 1959; Teil 9) deutet in die gleiche Richtung. Es fällt auf, daß insbesondere die wichtigsten vier Motivationsfaktoren nach Herzberg (Leistung, Anerkennung, Arbeitsinhalt und Verantwortung) durch Bildung kleiner, abgeschlossener und weitgehend selbstorganisierter Einheiten im Sinne der Modularisierungskonzepte positiv beeinflußt werden können. So kann etwa erst durch ganzheitliche Arbeit ein Eindruck der eigenen Leistung und damit die Basis für eigene wie fremde Anerkennung entstehen. Die Modulbildung auf Basis von relativ abgeschlossenen Prozeßketten liefert hierfür die notwendigen organisatorischen Voraussetzungen.

Die Prinzipien der *Selbstorganisation* und *Selbstverantwortung* (vgl. Teil 9) innerhalb von modularen Einheiten lassen interessantere, vielseitigere und verantwortungsvollere

Tätigkeiten und damit ebenfalls positive Motivationseffekte erwarten. Allerdings setzt das diesen Maßnahmen zugrundeliegende Prinzip der (horizontalen bzw. vertikalen) Aufgabenintegration eine deutlich höhere Qualifikation der Mitarbeiter voraus. Ohne entsprechende Qualifizierungsmaßnahmen kann es daher auch zur Ablehnung der neuen Organisationskonzepte durch bedeutende Teile der Mitarbeiterschaft kommen (vgl. Frieling 1992).

Diese Erkenntnisse zur Vorteilhaftigkeit von kleinen Einheiten und Teamstrukturen sind nicht neu. Sie wurden bereits in der Diskussion um die Humanisierung der Arbeitswelt in den 70er Jahren mit Nachdruck vertreten (vgl. z.B. Picot / Reichwald / Berbohm 1985; Reichwald 1999), konnten sich jedoch in der Praxis nicht durchsetzen. Aus heutiger Sicht muß man feststellen, daß die Konzepte zum Teil zu früh kamen. Erst die in Teil 1 beschriebene radikale Wandlung der Wettbewerbsbedingungen bringt die ökonomischen Vorteile der Modularisierungskonzepte voll zum Tragen. Diese Vorteile beruhen zum großen Teil auf motivierteren und damit flexibleren, kreativeren und prozeßorientiert denkenden Mitarbeitern.

Die wettbewerbsorientierte Bewertung der neuen Organisationskonzepte und ihrer Motivationswirkung hat inzwischen verbreitet Anklang gefunden. So werden heute auch von Seiten führender Vertreter der betriebswirtschaftlichen Organisationslehre die Motivationseffekte von modularen bzw. segmentierten Strukturen ausdrücklich betont (vgl. z.B. Frese 1993). Hierbei ist allerdings eine Schwerpunktverschiebung in der Begriffsfassung von Motivation festzustellen: Während in der arbeitswissenschaftlich geprägten Diskussion der 70er Jahre die Motivation als Ausdruck von Arbeitszufriedenheit hervorgehoben wurde, werden im aktuellen organisationstheoretischen Schrifttum vorrangig Motivationseffekte für marktgerechtes Verhalten betrachtet. In diesem Sinne wird z.B. von Frese die motivierende Wirkung von Marktdruck unterstrichen, der im Unternehmen, z.B. durch die Einführung von Profit-Centern, erzeugt werden kann (vgl. Frese 1993).

Bezeichnend für die neue, ökonomisch geprägte Betrachtungsweise auf Modularisierungskonzepte ist folgende Aussage von Bennis: "While various proponents of 'good human relations' have been fighting bureaucracy on humanistic grounds and for Christian values, bureaucracy seems most likely to founder on its inability to adapt to rapid change in the environment" (Bennis 1993).

5.3.5 Aufgabenorientierte Erklärungsansätze

Arbeitsteilung verlangt Koordination und Abstimmung, was in aller Regel einen bestimmten Aufwand verursacht. Durch alternative Organisationsstrukturen (Aufbau- und Ablaufregeln) wird versucht, diese Koordinationskosten zu minimieren. Es gehört zu den wichtigsten Einsichten der situativen Organisationsforschung, daß es den einen optimalen Weg (die eine optimale Organisationsstruktur) nicht geben kann. Vielmehr hängt die Antwort auf die Frage, welche Struktur die Koordinations- und Kommunikationskosten minimiert, von den jeweils vorliegenden *Eigenschaften der zu organisierenden Aufgabe* ab. Ändern sich die Aufgabenmerkmale, dann sind auch neue Lösungswege für das Organisationsproblem erforderlich (vgl. z.B. Picot 1999).

Aufgabentypologische Systematisierungsansätze haben sich für die Untersuchung der Zusammenhänge zwischen Aufgabe und geeigneten Organisationsformen und zur Ableitung entsprechender Normstrategien vielfach bewährt (vgl. z.B. Picot / Reichwald 1987; Nippa / Reichwald 1990). Auf ihrer Basis läßt sich auch der heutige Reorganisationsbedarf in Richtung modularer Unternehmenseinheiten gut begründen. Dabei lag in der Vergangenheit der Schwerpunkt der Betrachtungen im Bereich der industriellen Fertigung. Nicht zuletzt vor dem Hintergrund der gegenwärtigen Entwicklung hin zur Dienstleistungsgesellschaft greift dieser enge Produktionsbegriff – verstanden als der Entstehungsprozeß von industriellen Produkten – jedoch zu kurz. Im weiteren Sinne kann man unter Produktion den zielgerichteten Einsatz von Sach- und Dienstleistungen und deren Transformation in andere Güter und Dienstleistungen verstehen. Bei diesem Begriffsverständnis können beispielsweise auch die Aktivitäten eines Marktforschungsinstitutes dem Produktionsbereich zugerechnet werden (Produktionsergebnis bzw. Output sind Informationen). Vor diesem Hintergrund erscheint es sinnvoller, von Leistungsbündeln zu sprechen, die verschiedene Eigenschaften in unterschiedlichen Ausprägungen besitzen. Zu unterscheiden sind somit Aufgabenbereiche der industriellen Produktion einerseits und der dienstleistungsorientierten Produktion andererseits. Dabei bestimmen die Merkmale der jeweiligen Leistungsbündel, welche Organisationsformen für die Leistungserstellung geeignet sind. Die Zusammenhänge zwischen den gewandelten Merkmalen der heutigen Unternehmensaufgaben und dem Trend zur Modularisierung sollen hier am Beispiel der industriellen Produktion exemplarisch veranschaulicht werden.

Die Eigenarten der Aufgabe bestimmen weitgehend die konkrete Ausgestaltung der organisatorischen Prozesse und Strukturen (vgl. Perrow 1970; Picot 1999). Diese allgemeine Erkenntnis wird erfolgreich für die Gestaltung des produktionswirtschaftlichen Entscheidungsfeldes angewandt. Charakteristische Merkmale, die die Aufgabensituation beschreiben, sind Ausgangspunkt für die produktionswirtschaftlichen Entscheidungen (vgl. Schomburg 1980; Picot / Reichwald / Nippa 1988; Frese 1989; Zäpfel 1989; Frese / Noetel 1990). Produktionswirtschaftliche Aufgabenmerkmale leiten sich vor allem aus den Besonderheiten des Leistungsangebotes und aus der Art des Marktbezuges ab. Als dominierende Merkmale für die Bestimmung der Produktionsaufgabe werden deren *Komplexität* (die Anzahl der zu berücksichtigenden Elemente und ihrer Verknüpfungen) und die *Variabilität* (das Ausmaß und die Vorhersehbarkcit von Veränderungen) betrachtet (vgl. Reichwald / Dietel 1991). Ihre Ausprägungen bestimmen wesentliche Anforderungen an eine situationsgerechte Gestaltung der Produktionswirtschaft. Die Komplexität der Produktionsaufgabe wird entscheidend beeinflußt durch das Produktionsprogramm, die Variabilität durch den Marktbezug eines Industriebetriebes. Abbildung 5-10 verdeutlicht diese situative Betrachtung (vgl. auch Reichwald 1984; Picot 1990; Reichwald / Schmelzer 1990).

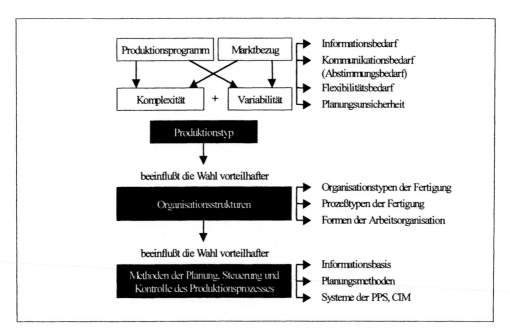

Abb. 5-10: Zusammenhang zwischen produktionswirtschaftlicher Aufgabenstellung, Produktionstyp und Entscheidungsfeld (in Anlehnung an Reichwald / Dietel 1991, S. 406)

Kombiniert man die Merkmale Komplexität und Variabilität zu einer vereinfachten produktionswirtschaftlichen Situationsbeschreibung, so ergeben sich die in Abbildung 5-11 dargestellten vier Felder mit unterschiedlichen Merkmalsausprägungen. Während Feld 2 eine Produktionssituation zeigt, die z.B. für den Anlagenbau im Investitionsgüterbereich (hohe Komplexität und hohe Veränderlichkeit des Leistungsprogramms) typisch ist, repräsentiert Feld 3 eine Produktionssituation der Konsumgüterindustrie mit Massenartikeln (geringe Komplexität und geringe Veränderlichkeit des Leistungsprogrammes). Die Felder 1 und 4 zeigen Mischformen.

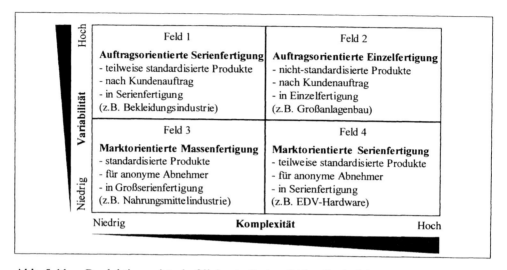

Abb. 5-11:   Produktionswirtschaftliche Aufgabenfelder (in Anlehnung an Reichwald / Dietel 1991)

Je nach Aufgabenfeld ergeben sich unterschiedliche Anforderungen an die Informations- und Kommunikationsstrukturen sowie an die Methoden der Produktionsplanung, -steuerung und -kontrolle. Dies resultiert aus dem unterschiedlichen Informationsbedarf, den Kommunikations- und Abstimmungserfordernissen und damit aus der Unterschiedlichkeit der Planungssituation (Zäpfel 1989; Reichwald 1990). Vereinfachend können nun aus den vier Grundsituationen der Abbildung 5-11 sowie aus den Überlegungen der Abbildung 5-10 drei Produktionstypen gebildet werden, deren Anforderungen an die Planungssituation und die Organisationslösung Abbildung 5-12 verdeutlicht (vgl. Picot / Reichwald 1987; Nippa / Reichwald 1990).

Die *auftragsorientierte Einzelfertigung* (Typ 1) zeichnet sich dadurch aus, daß Individualprodukte hergestellt werden. Die Festlegung der Eigenschaften des Produktes erfolgt durch den Kunden. Industriebetriebe mit auftragsorientierter Einzelfertigung sehen sich mit einer unsicheren Planungssituation konfrontiert. Ihre Stellung im Wettbewerb wird durch die Fähigkeit bestimmt, im Rahmen einer Produktdifferenzierung möglichst umfassend und schnell auf Kundenwünsche eingehen zu können.

Produktionstyp Merkmale	**Typ I** Auftragsorientierte Einzelfertigung	**Typ II** Gemischte Serienfertigung	**Typ III** Marktorientierte Massenfertigung
Informationsbedarf	sehr hoch	mittel	niedrig
Flexibilitätsbedarf	sehr hoch	mittel	niedrig
Abstimmungs-/ Koordinationsbedarf	sehr hoch	mittel	niedrig
Planungs- unsicherheit	sehr hoch	mittel	niedrig

Abb. 5-12: Drei Produktionstypen und ihre Merkmale (in Anlehnung an Reichwald / Dietel 1991)

Der Produktionstyp der *marktorientierten Massenfertigung* (Typ 3) ist durch eine stabile Planungssituation gekennzeichnet. In Produktionsprogramm und Produktionsprozeß besteht nur geringer Flexibilitäts- und Abstimmungsbedarf zwischen Produktion und Markt; deshalb lassen sich die Leistungen kostengünstig standardisieren. Differenzierungsaspekte spielen eine nachgeordnete Rolle. Die Festlegung der Produktmerkmale orientiert sich an den allgemeinen Bedürfnissen eines anonymen Marktes.

Der Produktionstyp der *gemischten Serienfertigung* (Typ 2) ist als Mischform der beiden vorher beschriebenen Produktionstypen zu betrachten und ist daher durch mittlere Planungsunsicherheit gekennzeichnet.

Die drei abgeleiteten Produktionsstypen sind als Idealtypen zu verstehen, die der betrieblichen Praxis in ihrer Vielfalt nicht gerecht werden können. Gleichwohl stellt diese typologische Betrachtung sicher, daß aufgabenbezogene Lösungsansätze für Strukturentscheidungen und für die Produktionsplanung und -steuerung (Prozeßentscheidungen) abgeleitet werden können. Den aufgabenorientierten Produktionstypen lassen sich Freiheitsgrade der Organisationsgestaltung idealtypisch zuordnen (vgl. Abb. 5-13).

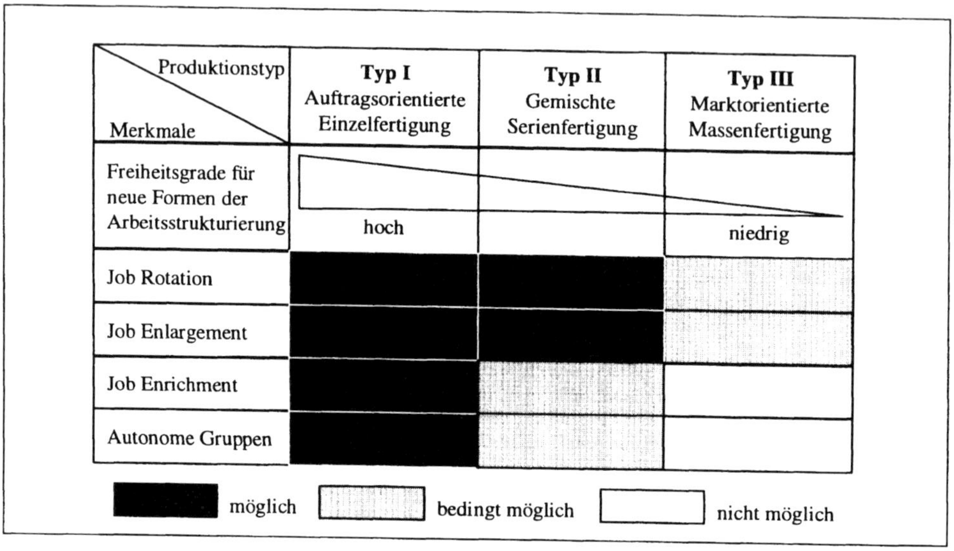

Produktionstyp Merkmale	Typ I Auftragsorientierte Einzelfertigung	Typ II Gemischte Serienfertigung	Typ III Marktorientierte Massenfertigung
Freiheitsgrade für neue Formen der Arbeitsstrukturierung	hoch		niedrig
Job Rotation	■	■	▒
Job Enlargement	■	■	
Job Enrichment	■	▒	
Autonome Gruppen	■	▒	

■ möglich   ▒ bedingt möglich   ☐ nicht möglich

Abb. 5-13:   Produktionstypen und Freiheitsgrade der Organisationsgestaltung (in Anlehnung an Reichwald / Dietel 1991)

Solange die industrielle Leistungserstellung überwiegend auf Produkte von geringer, allenfalls mittlerer Komplexität und Spezifität bei langfristig konstantem Bedarf ausgerichtet war, d.h. solange Märkte stabil und Kundenwünsche eher einheitlich waren (Verkäufermärkte), erwiesen sich arbeitsteilig-hierarchische Organisationsmodelle gegenüber anderen Organisationsformen als effizient.

In der industriellen Praxis ist jedoch eine zunehmende Tendenz zum Käufermarkt und zur kundenorientierten, individuellen Fertigung erkennbar, wie z.B. im Automobil- oder Maschinenbau. Die intensive Interaktion zwischen Industriebetrieb und Markt bedarf einer hohen Flexibilität in allen Bereichen der industriellen Leistungserstellung. Die bereits beschriebenen neuen Wettbewerbsbedingungen begründen die beobachtbare Tendenz zu Produktionsaufgaben des Typs I (auftragsorientierte Einzelfertigung) und teilweise des Typs II (Kleinserienfertigung). Dadurch werden auch Möglichkeiten zum Einsatz von Konzepten wie Job Rotation, Job Enlargement, Job Enrichment oder autonome Gruppen (vgl. Teil 9) eröffnet. Entsprechend entsteht auch ein Reorganisationsbedarf hin zu modularen Strukturen. Diese Entwicklung wird sich auch in Zukunft weiter fortsetzen. Abbildung 5-14 zeigt diesen Trend aus einer unternehmensinternen Perspektive.

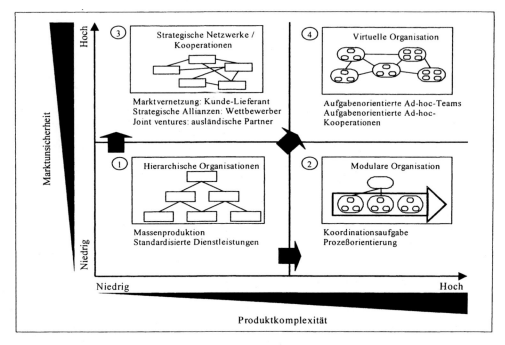

Abb. 5-14: Wandel der Marktsituation und Reorganisationsbedarf (in Anlehnung an Pribilla / Reichwald / Goecke 1996)

Veränderte Leistungsmerkmale, Aufgabenmerkmale und Marktbedingungen hin zu höherer Komplexität und Variabilität machen autonome Teamstrukturen in der Produktion und anderen Unternehmensbereichen erforderlich, da sich diese Formen schneller und effizienter anpassen können. Der Trend zur Modularisierung wird damit aus Sicht aufgabenorientierter Erklärungsansätze der Organisationstheorie bestätigt.

5.4 Die Rolle der IuK-Technik bei der Modularisierung

5.4.1 Anforderungen an die IuK-Technik in modularen Organisationsformen

Die ganzheitliche Integration von Aufgaben entlang der Wertschöpfungskette modularisierter Unternehmen erfordert *unternehmensweit koordinierte IuK-Systeme* (Pribilla et al. 1996). Im wesentlichen geht es hierbei um zwei Punkte: die Koordination der selbständigen prozeß- oder funktionsorientierten Module untereinander sowie die Versorgung der Module mit bedarfs-, zeit- und qualitätsgerechten Informationen.

Gerade für die Koordination der Module eröffnet die moderne IuK-Technik erhebliche Potentiale (vgl. auch Abb. 5-4). Sie erlaubt die problembezogene Verknüpfung prozeß- oder funktionsorientierter Einheiten. In die Abwicklung bzw. Bearbeitung einer bestimmten Aufgabe lassen sich auf der Basis einer entsprechenden IuK-technischen Infrastruktur jeweils die Module integrieren, die für die Bewältigung dieser Aufgabe erforderlich sind. Abb. 5-15 verdeutlicht dieses Prinzip am Beispiel der Kundenbetreuung einer Versicherung. In den Prozeß der Kundenbetreuung wird – z.B. auf Basis eines Extranets oder corporate networks – das notwendige Know-how durch den Zugriff auf Kompetenzcenter integriert. Je selbständiger die Module sind, desto wichtiger sind IuK-Systeme, die die Koordination und virtuelle Verknüpfung dieser Module unterstützen. Um den Zugriff auf erforderliche Daten und Informationen und deren problembezogene Verarbeitung im jeweiligen Modul zu gewährleisten, müssen zudem alle betrieblichen Informationssysteme durchgängig integriert und vernetzt werden. Nur so läßt es sich ermöglichen, daß z.B. produktionsbezogene Kundenanfragen im Auftragsabwicklungsprozeß zuverlässig bearbeitet und gesteuert werden.

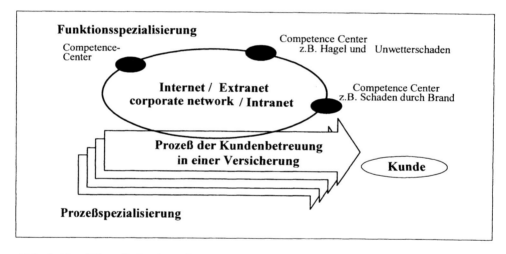

Abb. 5-15:   Virtuelle Verknüpfung zwischen Prozeß- und Funktionsspezialisten

Die erste Spalte in Abbildung 5-16 zeigt eine Zusammenfassung der prozeßbedingten Anforderungen an die IuK-Technik, auf die im folgenden vertieft eingegangen wird. Um diesen Anforderungen gerecht zu werden, müßten die ganze Vielfalt der Objekte, Ressourcen und Funktionen im Unternehmen sowie ihre Verflechtungen durch IuK-Systeme abgebildet werden. Solche hochkomplexen IuK-Systeme (z.B. integrierte PPS-Systeme) sind jedoch in der Unternehmenspraxis kaum noch zu beherrschen und erfordern einen erheblichen Einsatz von Kapital und Know-how.

Prozeßbedingte Anforderungen	IuK-Technische Unterstützung
Dezentraler Zugriff und Austausch von Informationen, zeit- und bedarfsgerechte Verfügung über Informationen durch verschiedene Mitarbeiter	Kommunikationstechnische Vernetzung der Rechnerkapazitäten, integrierte bzw. verteilte Anwendungsarchitektur mit verteilten Datenbanken, Intranet, Extranet
Unterstützung der Entscheidungsfindung	Entscheidungsunterstützungssysteme
Unterstützung autarker Generalisten statt mehrerer Spezialisten	Workplace-Systeme, Expertensysteme
Werkzeuge zur Unterstützung von Gruppenarbeit	Workgroup-Systeme, Intranet
Prozeßorientierte Unterstützung strukturierter Arbeitsabläufe	Workflow-Systeme, Intranet
Unternehmensübergreifender Austausch von Daten	Nutzung der Telekommunikationsinfrastruktur, EDI, Intranet, Extranet

Abb. 5-16:   Anforderungen modularer, prozeßorientierter Organisationen an die IuK-Technik und Lösungspotentiale

Statt zu versuchen, das Unternehmen in seiner ganzen Komplexität abzubilden, führt die Modularisierung zu einer entgegengerichteten Entwicklung. Es ist der Trend zur *Selbstorganisation* zu beobachten. „Selbstorganisation umfaßt alle Prozesse, die aus einem System heraus von selbst entstehen und in diesem „Selbst" Ordnung entstehen lassen, verbessern oder erhalten" (Probst 1992; Dietrich 2001). Selbstorganisation kann nur in Ganzheiten stattfinden, die gleichzeitig wieder Teile eines übergeordneten Systems sind. Diese Ganzheiten weisen generelle Charakteristika auf: sie sind autonom, d.h. sie steuern sich selbst; ferner sind Gestaltungs-, Lenkungs- und Entwicklungskompetenzen über das ganze System verteilt. Sie verfügen über Redundanz, so daß jede selbstorganisierende Einheit über alle Fähigkeiten zur autonomen Handlungsfähigkeit verfügt. Nicht zuletzt sind selbstorganisierende Systeme selbstreferentiell, d.h. sie bilden eine Grenze gegenüber ihrer Umwelt. Gleichwohl bleiben selbstorganisierende Systeme über Schnittstellen offen gegenüber ihrer Umwelt und sind mit ihr vernetzt.

Mit der prozeßorientierten Gliederung der modularen Organisation entstehen selbstorganisierende Ganzheiten (Module) auf allen Ebenen der Unternehmung. Für die Module jeder dieser Ebenen gilt, daß sie bei ganzheitlicher Integration in die Wertschöpfungskette der Unternehmung ihre Aufgaben autonom erledigen. Im Ergebnis liegen einfache, übersichtliche Strukturen und Prozesse vor. Die Vereinfachung der Prozeßabläufe sollte mit der *Vereinfachung und Komplexitätsreduktion von IuK-Systemen* einhergehen. Diese Erkenntnis führt zu einem anderen Grundverständnis des Einsatzes von IuK-

Technik. Moderne IuK-Systeme müssen nicht mehr sämtliche Eventualitäten komplex strukturierter Prozesse abdecken, sondern auf einen schlanken Kernprozeß und dessen besondere Aufgabenstellungen und Informationsbedarfe zugeschnitten sein. Es liegt auf der Hand, daß eine solche Individualisierung von IuK-Systemen weitgehend unvereinbar ist mit zentralen Lösungen der Informationsverarbeitung. Moderne, an schlanke Kernprozesse angepaßte IuK-Systeme lassen sich daher in erster Linie durch verteilte, dezentrale Lösungen der Informationsverarbeitung realisieren und unterstützen. Dabei muß gewährleistet sein, daß einerseits die funktionale Unterstützung der Aufgabenstellung innerhalb der Module gegeben ist und andererseits die Verflechtungen zwischen den Modulen durch das IuK-System abgebildet werden.

Dies führt zu der grundsätzlichen Frage, inwieweit die betriebswirtschaftlichen Anforderungen an moderne IuK-Technik durch Standardsoftwareprodukte überhaupt erfüllt werden können. Kernkompetenzen und hoch spezifische Aufgaben sind die Voraussetzungen dafür, daß sich ein Unternehmen im Wettbewerb behaupten kann. Sie differenzieren es von Konkurrenten und sorgen für das langfristige Überleben auf dem Markt. Gerade die informationstechnische Unterstützung der relativen Einmaligkeit der Kernprozesse ist daher für die Unternehmen von besonderem Wert. Dabei ist zu unterscheiden, worin die spezifischen Kernkompetenzen liegen: in der informationsbezogenen Steuerung eines Prozesses oder in der besonderen Fähigkeit zur inhaltlichen Bewältigung des Prozesses. Besteht die Kernkompetenz in der inhaltlichen Bewältigung eines Prozesses (z.B. Design- oder FuE-Prozesse, Rezepturen, Montage- und Beratungskompetenzen), die informationstechnisch nicht wesentlich zu unterstützen sind, können handelsübliche Standardsoftwarepakete (z.B. PPS-Systeme) wertvolle Hilfe bei der Steuerung der Prozesse leisten. Anders verhält es sich, wenn die Spezifität in der Steuerung von Prozessen (z.B. Projektmanagement für Großprojekte, logistische Abwicklungen) liegt. Hier sind spezifische Softwarelösungen erforderlich. Ansonsten besteht die Gefahr, sich zu stark an durch Standardsoftware vorgegebene Standardprozesse anpassen zu müssen, so daß der Differenzierungsvorteil verloren geht. Moderne Softwarewerkzeuge müssen den neuen Anforderungen gerecht werden, indem sie beispielsweise die Möglichkeit der raschen und komfortablen Erstellung unternehmensspezifischer Lösungen bei gleichzeitiger Berücksichtigung der Integrität der gemeinsam genutzten Daten bieten.

Neben der informationstechnischen Unterstützung der Kernprozesse ist deren unternehmensweite Koordination und Integration von entscheidender Bedeutung. Eingesetzte IuK-Systeme müssen den hieraus erwachsenden Anforderungen gerecht werden. Die Basis hierfür ist zum einen die (passive) Bereitstellung einer IuK-Infrastruktur in Form von Datenübertragungsnetzen und integrierten Datenbanken sowie zum anderen die Existenz von Werkzeugen zur (aktiven) Prozeßkoordination.

Die rasante Entwicklung im Bereich der IuK-Technologien stellt für den größten Teil der Anforderungen bereits Lösungsansätze bereit, die in Abbildung 5-16 (Spalte 2) zusammengefaßt sind und im folgenden Kapitel erläutert werden.

5.4.2 Potentiale der IuK-technischen Unterstützung modularer Organisationsformen

Wie bereits in Teil 4 ausführlich beschrieben, bilden die Potentiale moderner IuK-Technik eine wesentliche Voraussetzung für die Herausbildung neuer Organisationskonzepte. Für die modulare Organisationsform spielen dabei vor allem die Möglichkeiten der kommunikationstechnischen Vernetzung der Rechnerkapazitäten und die Potentiale integrierter, verteilter Anwendungsarchitekturen mit verteilten Datenbanken eine entscheidende Rolle.

Netze unterschiedlicher räumlicher Ausdehnung sorgen dafür, daß Daten und Informationen schnell und aktuell auf den lokalen Arbeitsplätzen vorliegen. Für die Vernetzung räumlich getrennter Unternehmens- oder Betriebseinheiten ebenso wie für die unternehmensübergreifende Vernetzung (vgl. Teil 6) ist dabei die Nutzung von Telekommunikationsinfrastruktur und elektronischem Datenaustausch (EDI) notwendig (vgl. Neuburger 1994).

Durch die hohen Übertragungskapazitäten moderner Kommunikationsnetze wie z.B. Extranet oder Intranet lassen sich zunehmend interaktive und multimediale Anwendungen standortübergreifend realisieren. Dies eröffnet die Möglichkeit zur Ausdehnung des Einsatzes von Groupware-Systemen auf unternehmensübergreifende Prozesse, beispielsweise auf Basis eines Extranets (vgl. Teil 4). So wird z.B. eine standortübergreifende, eng vernetzte Entwicklung mit dem Zulieferer im Sinne des Simultaneous Engineering möglich (vgl. Kuhlmann u.a. 1993; Gerpott / Winzer 2000).

Aber vor allem auch im Inneren der modularen Organisation kommen Groupware-Systeme und Datennetze zum Einsatz. Die Leistungsfähigkeit moderner IuK-Netze ermöglicht insbesondere Systemkonfigurationen, die der für selbstorganisierende Einheiten typischen Mischung aus Zentralisierung und Dezentralisierung entsprechen. Systeme dieser Art sind als *Client-Server-Architekturen* bekannt (vgl. Teil 4). Hierbei werden auf ausgewählten Rechnern innerhalb eines Netzes Server-Programme installiert, die bestimmte Dienstleistungen anbieten, z.B. spezielle Datenbanken (Datenbankserver). Die Programme auf den übrigen Arbeitsplatzrechnern agieren als sog. Clients, die diese Dienste über das Netz hinweg bei Bedarf in Anspruch nehmen. Während z.B. bei zentralen Konfigurationen ein Arbeitsplatzrechner bei einer Datenbankabfrage entweder nur als

Terminal des Zentralrechners (Hosts) agiert (und diesen dauerhaft beansprucht) oder sich die gesamten Daten über das Netz kopiert, um dann lokal die Anfrage abzuarbeiten, wird bei einer Client-Server-Architektur nur ein Befehl vom Client an den Datenbankserver geschickt. Dieser arbeitet die Anfrage ab und sendet lediglich seine „Arbeitsergebnisse" zurück. Die Weiterbearbeitung der Daten, z.B. die Formatierung, graphische Darstellung etc., erfolgt dann lokal beim Client. So werden nur noch wirklich benötigte Nutzdaten über das Netz transportiert, die Rechnernetze erheblich entlastet und die lokale Aufgabenintegration und Entscheidungsdelegation unterstützt. Zur weiteren funktionalen Unterstützung der Aufgabenstellung stehen den dezentralen Modulen darüber hinaus elektronische Entscheidungsunterstützungssysteme, Expertensysteme und individuell zu gestaltende Workplace-Systeme zur Verfügung.

Die Client-Server-Architektur ermöglicht die Koordination der einzelnen Module durch gemeinsame Informations- und Wissensbasen in Form *integrierter verteilter Datenbanken* (vgl. Teil 4). Lange Zeit wurden Datenbanken zentral auf Großrechnern gelagert, um so eine integrierte Datenverarbeitung zu ermöglichen. Jetzt erfolgt mehr und mehr eine Abkehr von zentralen Datenbanklösungen hin zu verteilten Systemen. Dabei werden die aufgaben- und prozeßrelevanten Daten dezentral vor Ort gehalten, während nicht ständig erforderliche Daten entweder zentral oder in anderen Bereichen gespeichert werden. Die verschiedenen Datenbanken stehen dabei untereinander in Verbindung und erscheinen dem Benutzer wie eine zentralisierte Datenbank (vgl. Seitz 1995). Die Modularisierung der Organisation geht somit Hand in Hand mit einer Modularisierung der notwendigen Datenbanken auf der IuK-technischen Seite.

Die Unterstützung schlanker firmenspezifischer Kernprozesse im Unternehmen erfordert die Bereitstellung angepaßter technischer Lösungen. Hierzu stehen Softwarewerkzeuge zur Verfügung, die eine rasche und komfortable Erstellung individueller Lösungen ermöglichen. Eine derartige Anpassung der IuK-Technik an betriebsindividuelle Gegebenheiten bezeichnet man als *Customizing*. Mit Hilfe eines speziellen Programmes, dem Customizer, werden diejenigen Funktionsbausteine einer modularen Standardsoftware zu einem (neuen) Programm zusammengefügt, die die unternehmens- und kundenspezifischen Prozesse optimal unterstützen.

Zur Koordination der modularen Einheiten bzw. der unterstützten Kernprozesse werden *prozeßorientierte IuK-Systeme* benötigt. Zur Zeit existiert mit den in Kapitel 5.4.3.3 erläuterten Workflow-Systemen jedoch nur ein Typ prozeßorientierter Software am Markt, wohingegen sämtliche anderen Softwaretypen (wie z.B. PPS-Systeme) dieses Prädikat nur eingeschränkt verdienen. Der häufige Lösungsversuch, Prozeßstrukturen durch eine Verkettung vorhandener funktionaler Softwaremodule zu unterstützen, erhöht eher die Komplexität des IuK-Systems und widerspricht damit dem Ziel der Komplexitätsreduktion einer Modularisierung. Es ist daher zu erwarten, daß es in Zukunft verstärkt zu Neuentwicklungen von prozeßorientierter Software kommen wird.

In diesem Zusammenhang ist insbesondere auf die zunehmende Verbreitung unternehmensübergreifender Standardsoftware-Pakete (Enterprise Ressource Planning – ERP) hinzuweisen. Diese komplexen Softwareprodukte umfassen diverse funktionale Lösungen wie Materialwirtschaft, Produktionsplanung und -steuerung, Rechnungs- und Personalwesen und verbinden sie zu prozeßorientierten Einheiten. Aufgrund der Durchgängigkeit und Interoperabilität dieser modular aufgebauten Systeme lassen sich Kunden und Lieferanten relativ einfach an den internen Datenaustausch anbinden. In besonders austauschintensiven Branchen haben einige Anbieter bereits Standards etabliert (z.B. R/3 von SAP). Allerdings ist die Entscheidung für ein solches System angesichts eingeschränkter Möglichkeiten für strategische Differenzierung kritisch zu hinterfragen. In der Regel ist mit der Einführung eines ERP-Systems ein höherer Grad an unternehmensweiter Integration und Formalisierung verbunden, als dies bei herkömmlichen Standardpaketen der Fall ist. Der Software sind zudem generische Prozeßlösungen hinterlegt, welche teilweise nur sehr aufwendig an bestehende Strukturen angepaßt werden können und die Unternehmen möglicherweise in der variablen Ausgestaltung ihrer Abläufe einschränken. In vielen Fällen muß sich das Unternehmen grundlegend an die Software anpassen, so daß die Einführung eines ERP einen erheblichen Reorganisationsaufwand mit sich bringt. Daher sollte auf höchster Managementebene für den Einzelfall genau geprüft werden, inwieweit der Nachteil der Uniformität durch den Vorteil höherer Informations- und Ablauftransparenz innerhalb und zwischen den Unternehmen aufgewogen wird (vgl. Davenport 1998).

5.4.3 Aufgabenorientierter IuK-Technik-Einsatz als Voraussetzung für die Effizienz modularer Organisationsformen

5.4.3.1 Grundüberlegungen zum aufgabengerechten IuK-Technik-Einsatz

Die *Multifunktionalität der neuen IuK-Technik* und die damit verbundene Breite ihrer Anwendungsmöglichkeiten schaffen neue Bedingungen für die betriebliche Leistungserstellung. Sie ist zugleich Produktions- und Organisationstechnik, betrifft den Prozeß der materiellen Leistungserstellung in der Fertigung ebenso wie den Prozeß der Informationsverarbeitung im Büro. Mit der dezentralen Verfügbarkeit des Leistungsspektrums der neuen Technik und der Gestaltbarkeit von Hard- und Softwaresystemen entwickelt sich die Informationstechnik zu einem offenen Leistungsträger. Die Technik weist zunehmend einen *Werkzeugcharakter* auf: Sie kann gleichermaßen zu Zwecken der Standardisierung und der Individualisierung eingesetzt werden. Dieser Infrastrukturwandel berührt alle betrieblichen Gestaltungsoptionen hinsichtlich der Arbeitsbedingungen, der Organisationsstrukturen und der Qualifizierung von Mitarbeitern (vgl. z.B. Davenport 1993; Allen / Scott Morton 1994; Evans / Wurster 1997).

Hinsichtlich der organisatorischen Folgen des Technikeinsatzes für die Arbeitsteilung ist das zugrundeliegende Organisationsmodell entscheidend. Beim *Autarkiemodell* (vgl. Kap. 5.2.4.1; Picot / Reichwald 1987) soll der Einsatz von Technik im Management und in der Sachbearbeitung den Aufgabenträger von anderen Stellen und Assistenzkräften weitgehend unabhängig machen. Es soll erreicht werden, daß Aufgabenträger (Führungskräfte, Entwickler, Konstrukteure, Sachbearbeiter etc.), mit multifunktionaler Technik am Arbeitsplatz ausgestattet, beispielsweise ihre Texterstellung, Graphik- und Bildbearbeitung selbst durchführen sowie Kommunikationsprozesse, Informationsablage und -retrieval selbst abwickeln können. Das *Kooperationsmodell* geht dagegen von der Beibehaltung des arbeitsteiligen Prozesses aus. Hier werden teambezogene Prozesse der Aufgabenabwicklung verstärkt. Alle Beteiligten eines Kooperationsverbundes sollen durch Einsatz von IuK-Technik ihre Aufgaben effizienter erledigen können. Zusammenfassend fördert das Autarkiemodell damit eine Produktivitätssteigerung durch Reduzierung der Arbeitsteilung, während das Kooperationsmodell auf eine Effizienzsteigerung der Teamarbeit durch Verbesserung der Kommunikationsbeziehungen abzielt.

Betrachtet man vor dem Hintergrund dieser Überlegungen die in der Literatur beschriebenen Ansätze und Fallbeispiele zum Business Process Reengineering, so bietet sich eine Unterscheidung der betrachteten Geschäftsprozesse gemäß der zugrundeliegenden Prozeß- bzw. Aufgabenmerkmale an (vgl. Picot / Reichwald 1987; Nippa 1995), um fallspezifisch die Vorteilhaftigkeit des Autarkie- bzw. des Kooperationsmodells zu beurteilen. Bei einer derartigen aufgabenorientierten Betrachtungsweise ergeben sich tendenziell folgende Gestaltungsempfehlungen: Je höher der Strukturiertheitsgrad eines Aufgabenfeldes und je geringer die Variabilität und Komplexität, desto vorteilhafter ist das Autarkiemodell (z.B. bei der deterministischen Aufgabenabwicklung in der Versicherungssachbearbeitung). Umgekehrt erweist sich das Kooperationsmodell besonders in Aufgabenbereichen mit niedriger Strukturiertheit sowie hoher Veränderlichkeit und Komplexität als überlegen (z.B. in Forschung und Entwicklung oder im Projektmanagement). Beide Modelle bilden natürlich Extrempunkte, zwischen denen interessante Mischformen liegen.

Nachfolgend sollen nun aktuelle IuK-Techniken zur Unterstützung der umrissenen aufgabenspezifischen Organisationsmodelle näher betrachtet werden.

5.4.3.2 IuK-Techniken zur Unterstützung autarker Komplettbearbeitung von gut strukturierten Aufgaben

Für die Unterstützung der selbständigen bzw. weitgehend autarken Bearbeitung zusammenhängender, gut strukturierter Aufgabenpakete sind zahlreiche IuK-Werkzeuge entwickelt worden. Sie werden in der Informatik oft unter dem Oberbegriff der *Workplace-Technologien* zusammengefaßt.

Workplace-Technologien zielen auf eine möglichst *optimale technische Unterstützung des Einzelarbeitsplatzes* ab. Die spezifischen Anforderungen lassen sich durch Arbeitsanalysen auf Arbeitsplatzebene ermitteln. Analyseobjekt bilden beispielsweise Problemstruktur, Tätigkeitsstruktur, Tätigkeitsinhalte sowie Tätigkeitsmerkmale am einzelnen Arbeitsplatz. Die Entwicklung von Individualsystemen auf der Basis der Anforderungen des Einzelarbeitsplatzes ist seit ca. 1975 ein Schwerpunktthema der Informationssystementwicklung (vgl. Grudin 1991). Von besonderer Bedeutung ist die adäquate Ausgestaltung der Datenbasis sowie der zugehörigen Mechanismen der Informationsgenerierung, -verarbeitung, -aufbereitung und -auswertung. Zur Anwendung kommen insbesondere integrierte Textverarbeitungs-, Tabellenkalkulations-, Präsentations- und Datenbankprogramme. Im Zentrum der Betrachtung steht hier traditionell der Inhaltsaspekt der Informationsverarbeitung, nicht aber der zwischenmenschliche Beziehungsaspekt (vgl. Kap. 3.3.3). Selbst bei der Nutzung gemeinsamer Informationsressourcen wird in der Regel der einzelne autonome Aufgabenträger technisch isoliert, um so ein möglichst „ungestörtes" Arbeiten zu ermöglichen. Als Beispiel können hier die Transaktionsmechanismen und Sperrprotokolle heutiger Datenbanksysteme genannt werden.

Die skizzierte Unterstützungsphilosophie dedizierter Workplace-Systeme ist immer dann besonders gut geeignet, wenn die Aufgabenstruktur tatsächlich auf autonome Individualarbeit ausgelegt ist. Jede Aufgabe enthält im Prinzip derartige Elemente der Einzelarbeit. Mit wachsender Aufgabenkomplexität gewinnt jedoch die teamartige Kooperation mehrerer Aufgabenträger mehr und mehr an Bedeutung. Die spezifischen Anforderungen dieses Kooperationsaspektes bilden den Fokus der nachfolgend skizzierten Workflow- und Workgroup-Technologien.

5.4.3.3 IuK-Techniken zur Unterstützung kooperativer Bearbeitung gut strukturierter Prozeßketten

Eine adäquate IuK-technische Unterstützung von Prozeßketten im Unternehmen erfordert über die Betrachtung des individuellen Arbeitsplatzes hinausgehend vor allem auch die gezielte Auseinandersetzung mit übergreifenden Aufgabenzusammenhängen. Dies ist primär das Anwendungsfeld der *Workflow-Systeme* (vgl. Hilpert 1993; Hasenkamp / Kirn / Syring 1994; Götzer 1997; Rosemann / Uthmann 1997).

Workflow-Systeme, die meist auf der Basis von Dokumenten-Management-Systemen arbeiten, unterstützen die Bearbeitung von Geschäftsvorgängen durchgehend nach definierten Regeln. Sie bieten Unterstützungsleistungen hinsichtlich Vorgangsgenerie-rung, -organisation und -steuerung sowie Vorgangsverfolgung, -information und -termi-nierung. In der Regel werden Arbeitsabläufe mit Hilfe von sogenannten Zustandsüber-gangsdiagrammen modelliert. Dies bedeutet, daß Arbeitsabläufe in Schrittfolgen aufge-gliedert werden, wobei jeder Arbeitsschritt im technischen System eine Zustandsände-rung bewirkt. Abhängig von dem erreichten Systemzustand stehen dann alternative Folgeschritte zur Verfügung. Die informationstechnische Abbildung der Prozesse stellt nicht nur die korrekte Bearbeitungsreihenfolge sicher, sondern kann durch festgelegte Zeiträume oder durch Kopplung an bestimmte Ereignisse auch für eine zeitgerechte Bearbeitung sorgen.

Workflow-Systeme können in *transaktionsorientierte* und *ad-hoc-orientierte Systeme* unterschieden werden (vgl. Palermo / McCready 1992; Jablonski et al. 1997). Während in transaktionsorientierten Workflow-Systemen die Prozeßabfolge mit allen Varianten weitgehend abgebildet ist und keine Eingriffe der Benutzer in die Arbeitsabläufe vorge-sehen sind, ermöglichen ad-hoc-orientierte Workflow-Systeme den Anwendern neben Eingriffsmöglichkeiten in die Prozeßschritte auch die Neudefinition des Arbeitsflusses. Infolgedessen eignen sich transaktionsorientierte Workflow-Systeme in erster Linie für gut strukturierte, langfristig stabile Prozesse, die bereits im Vorfeld durch Regeln und Prozeduren gut beschrieben werden können, während ad-hoc-orientierte Workflow-Systeme auch kurzlebigere Prozesse unterstützen können.

Der zentrale Vorteil des Einsatzes von Workflow-Systemen liegt in der *Möglichkeit, Objekte eines Vorgangs ohne Medienbrüche weiterverarbeiten zu können.* Papierbasierte Objekte (z.B. Korrespondenz, Rechnungen, Zeichnungen, Aktennotizen, Formulare etc.) werden dafür gescannt und elektronisch gespeichert. Alle zu einem Vorgang gehörenden Objekte lassen sich damit zu „elektronischen Umlaufmappen" zusammenstellen, die neben den ursprünglich papierbasierten Dokumenten auch alle im und vom System er-stellten Objekte enthalten. Dadurch lassen sich die Vorteile der elektronischen Datenver-arbeitung (Transportmöglichkeit, Zugriff, Aktualität etc.) im ganzen Prozeß realisieren. Einmal erfaßte Objekte können nicht nur von einem Benutzer exklusiv bearbeitet, sondern beliebig dupliziert werden. Im Unterschied zur kaum kontrollierbaren physischen Dupli-zierung übernimmt jedoch das Workflow-System die Versionskontrolle und -abstim-mung. Damit lassen sich Prozeßabläufe dynamisch aufsplitten und parallelisieren. Die Folge sind drastische Reduzierungen der Durchlauf-, Liege- und Transportzeiten.

Negative Effekte von Workflow-Systemen können in der Reduktion informaler Kontakte bestehen (vgl. Wohlenberg 1994; Jablonski et al. 1997). Der damit einhergehenden *Gefahr der Isolierung von Mitarbeitern* kann jedoch durch regelmäßige Meetings, Einrichten von Gruppenräumen etc. begegnet werden. Zweifellos bergen Workflow-Systeme auch ein erheblich größeres Kontrollpotential als herkömmliche, papierbasierte Arbeitsmethoden in sich. Durch entsprechende Datenschutzgesetze und Betriebsvereinbarungen lassen sich aber auch diese potentiellen Gefahren bereits im Vorfeld abmildern.

Problematisch ist außerdem die Beobachtung, daß viele Implementierungen von Workflow-Systemen noch an den organisatorischen Gegebenheiten „vorbei" erfolgen (vgl. z.B. Bornschein-Grass 1995; Weiß / Krcmar 1996). Das zentrale Forschungsanliegen liegt daher zur Zeit neben der Weiterentwicklung der Geschäftsprozeßunterstützung durch Workflow-Systeme vor allem in einer *stärkeren Berücksichtigung organisatorischer Anforderungen* bei ihrem Einsatz.

5.4.3.4 IuK-Techniken zur Unterstützung kooperativer Bearbeitung schlecht strukturierter Aufgabenkomplexe

Workgroup-Technologien (vgl. Teil 4) sollen die *Zusammenarbeit in Gruppen* durch die Verwendung von IuK-Technologien unterstützen. Dabei konzentrieren sie sich nicht nur auf rein funktionale Aspekte, sondern orientieren sich an Vorgängen und Geschäftsprozessen. Vor diesem Grundgedanken werden kooperative Anwendungen gesucht, die einerseits die flexible Datenverarbeitung und andererseits prozeßorientierte Kommunikation der Teammitglieder ermöglichen (vgl. Wohlenberg 1994). Die Anforderungsermittlung für Workgroup-Systeme muß auf der organisatorischen Ebene ansetzen und hat neben den technischen Beziehungen und Abhängigkeiten besonders die Kooperations- und Kommunikationsbeziehungen zwischen den Beteiligten sowie die Spezifika des soziotechnischen Umfeldes zu berücksichtigen. Zur Entwicklung von Unterstützungssystemen für arbeitsorganisatorische Teamstrukturen haben insbesondere die technischen Fortschritte im Bereich der Telekommunikation, der verteilten Systeme sowie der Multimedia-Anwendungen beigetragen. Gruppenunterstützungssysteme sind heute unter der Bezeichnung *Groupware, Computer Aided Team (CATeam), Task/Team Support System (T/TSS)* oder *Computer Supported Cooperative Work (CSCW)* verfügbar (vgl. Seitz 1995; Borghoff / Schlichter 2000). Die häufigste Unterscheidung für Gruppenunterstützungssysteme baut auf den zeitlichen und räumlichen Eigenschaften der Gruppenarbeit auf. Unter Berücksichtigung von synchronem bzw. asynchronem Verlauf der Gruppenarbeit und räumlicher Nähe bzw. Ferne ergeben sich verschiedene Unterstützungsformen (vgl. Teil 4).

Im Gegensatz zur „gezielten" Isolation des individuellen Anwenders in Ansätzen der Workplace-Technologien zielen Workgroup-Konzepte auf ein bewußtes Miteinander der Anwender: Die Kooperations- und unter Umständen auch Kollisionsbeziehungen zwischen den Teammitgliedern werden im Kontext der Anwendung explizit herausgestellt. Nicht Abschottung, sondern „Awareness", d.h. das bewußte Spüren und Erleben des Ineinandergreifens kooperativer Arbeitsprozesse, ist eine zentrale Gestaltungsstrategie von Workgroup-Systemen (vgl. Borghoff / Schlichter 2000).

Es liegen mittlerweile mehrere empirische Untersuchungen zum Einsatz von *Gruppenunterstützungssystemen* vor (vgl. Wohlenberg 1994). Computerkonferenzen wird heute überwiegend eine hohe Eignung zur Abstimmung von Gruppenprozessen oder zur breiten Ideengenerierung attestiert. Als problematisch gilt ihr Einsatz bei komplexen Entscheidungsproblemen, Verhandlungen und Meinungsverschiedenheiten oder zwischen einander unbekannten Kommunikationspartnern (vgl. z.B. Kilian-Momm 1989). Ebenso werden beim Einsatz von Systemen zur Entscheidungsunterstützung sowie von Systemen zur Sitzungsunterstützung (z.B. elektronische Sitzungsräume) positive Effekte auf die Abläufe und Ergebnisse von Gruppenentscheidungsprozessen festgestellt (vgl. Krcmar / Lewe 1992; Grüninger 1996).

Von hohem ökonomischen Nutzen sind auch die empirischen Erkenntnisse zu Groupware-Tools, die die *asynchrone Gruppenkommunikation* unterstützen sollen (z.B. Gruppenterminkalender, Mehrfachautoren-Systeme, Gruppen-Wissensbasen oder Agentensysteme). Generell haben diese Systeme ein hohes Unterstützungspotential, wenn es im Anwendungsbereich viele Informationsobjekte gibt, die von mehreren Gruppenmitgliedern bearbeitet werden. Allerdings wurden auch negative Effekte in der Form festgestellt, daß Gruppenmitglieder eine große Bereitschaft zur Zusammenarbeit aufbringen müssen, da die Nutzung dieser Systeme mit einer Reduzierung des individuellen Informationsvorsprungs und somit gegebenenfalls auch mit Machtverlust verbunden ist. Erzwungene Veränderungen des persönlichen Arbeitsstils der Gruppenmitglieder, Verdrängung persönlicher Kontakte durch den Einsatz von Informationstechnologie und starke Kontrollierbarkeit können des weiteren dazu führen, daß der potentielle Nutzen von Groupware-Systemen nicht realisiert werden kann. Hier sind Schulungen und frühzeitige Partizipation der betroffenen Mitarbeiter bereits in der Einführungsphase dringend geboten.

Als technisch problematisch stellen sich heute die Integrierbarkeit der aufgezeigten Groupwareentwicklungen sowohl untereinander als auch in bestehende Systemlandschaften dar. Die damit verbundenen Medienbrüche bilden einen Hauptkritikpunkt an den aktuellen Workgroup-Technologien (vgl. Bornschein-Grass 1995; Teufel 1996).

5.5 Schlußfolgerungen für das Management

Die Modularisierung von Organisationen ist mit dem jüngst in Organisationstheorie und -praxis wieder verstärkt beachteten Prozeßdenken eng verknüpft. Im Zentrum aller Modularisierungskonzepte steht der ganzheitliche, am Markt orientierte Leistungserstellungsprozeß. Dieser ist zunächst in zusammenhängende Teilprozesse zu untergliedern, für die anhand geeigneter Effizienzkriterien (z.B. Höhe der Transaktionskosten) zu entscheiden ist, ob sie grundsätzlich unternehmensintern durchgeführt, in Kooperation mit ausgewählten unternehmensexternen Partnern abgewickelt (vgl. Teil 6) oder vom Markt fremdbezogen werden sollen (vgl. Teil 7). Für hoch spezifische Geschäftsprozesse, die unternehmensintern durchgeführt werden sollen, sind anschließend geeignete Modularisierungskonzepte zu finden.

Der Leitgedanke ist dabei, kleine, überschaubare und weitgehend selbststeuernde Organisationseinheiten (Module) um ganzheitliche, kundenorientierte Prozesse einzurichten. Damit kann den eingangs beschriebenen neuen Wettbewerbsanforderungen (vgl. Teil 1) besser entsprochen werden: Durch die nachdrückliche Ausrichtung der Unternehmensorganisation an den kundenrelevanten Prozessen im Zuge der Modularisierung und die verstärkte Delegation von Entscheidungsbefugnissen in diese kundennahen Module hinein rückt die *Marktorientierung* in den Mittelpunkt der Organisationsgestaltung. Die *operative Flexibilität* des Unternehmens – z.B. im Hinblick auf neue Kundenwünsche – wird durch Vermeidung von Schnittstellen bei den kundenrelevanten Prozessen, durch kurze Kommunikationswege in den Modulen sowie durch flache Hierarchien deutlich erhöht. Gleichzeitig bietet die modulare Unternehmensstruktur durch die Möglichkeit eines relativ einfachen Aufbaues bzw. Abbaues einzelner Module auch eine hohe *strukturelle Anpassungsfähigkeit* an dynamische Marktbedingungen. Die heute erforderliche hohe *Innovationsfähigkeit* im gesamten Unternehmen wird schließlich durch die unmittelbare Marktnähe der Module, die motivationssteigernde ganzheitliche Aufgabenstruktur sowie durch direkte und informelle Kommunikationsmöglichkeiten gefördert.

Die Modularisierung als Organisationsansatz kann auf allen Unternehmensebenen zur Anwendung kommen. Auf der Ebene der Gesamtunternehmung (Makroebene) können Module mit Zuständigkeit für ganze Geschäftsbereiche oder regionale Märkte, für Kernkompetenzen oder sogar für die strategische Planung und Koordination des Gesamtunternehmens eingerichtet werden. Auf Ebene der Geschäftsprozesse (Mesoebene) können sich sinnvolle Prozeßabgrenzungen und damit Module vom einfachen Fertigungssegment bis hin zu kompletten Unternehmenssegmenten (z.B. mit Gesamtverantwortung für ein Produkt) erstrecken. Auf Ebene der Arbeitsorganisation (Mikroebene) führen die gleichen Grundprinzipien der Modularisierung zur Bildung von teilautonomen Gruppen und vollintegrierten Einzelarbeitsplätzen. Im modularisierten Unternehmen erkennt man damit – ganz im Sinne der von Warnecke (1992) propagierten „fraktalen Fabrik" – selbstähnliche, kompakte Strukturen auf allen Ebenen.

Eine zentrale Rolle bei der Modularisierung spielen neue IuK-Techniken. Sie werden mit Recht vielerorts als die eigentlichen „Enabler" der prozeßorientierten Reorganisation bezeichnet (vgl. z.B. Davenport 1993), da sie bisherige Grenzen der Beherrschbarkeit von zusammenhängenden Prozessen durch den Menschen sprengen und damit den Weg zu den heutigen Modularisierungskonzepten eröffnen. So wird in der Regel erst durch den Einsatz neuer IuK-Techniken die Kombination der Vorteile von kleinen Organisationseinheiten bzw. Teams (flache Hierarchie, Selbstorganisation, stärkere Motivation, soziale Kontrolle etc.) und der Vorteile einer Integration zusammenhängender Prozesse möglich.

Modularisierung ist ein ganzheitlicher Ansatz, der auch die im Unternehmen arbeitenden Menschen einbeziehen muß. Sowohl Mitarbeiter als auch Führungskräfte müssen in modularisierten Organisationseinheiten ein neues Rollenverständnis entwickeln (vgl. Teil 9). Die Rolle der Mitarbeiter als Auslöser und Schlüsselfaktor für radikale Organisationsänderungen wird in letzter Zeit neu bewertet. Dabei werden das allgemein höhere Qualifikationsniveau sowie gestiegene Ansprüche an die Qualität der Arbeit als Chance betrachtet, um – mit der entsprechenden informationstechnischen Unterstützung – herkömmliche, heute nicht mehr anforderungsgerechte Trennungen zwischen ausführender und dispositiver Arbeit aufzuheben. Neue Anforderungen an die soziale und fachliche Kompetenz der Mitarbeiter ergeben sich hierbei insbesondere durch den allgemein mit der Verwirklichung von Modularisierungskonzepten verbundenen Übergang zu teamorientierten Arbeitsformen.

Teil 6

Auflösung der Unternehmung – Symbiosen und Netzwerke

Fallbeispiel Teil 6: Colliers International Property Inc. – ein Beispiel für ein weltweites Unternehmensnetzwerk

Wie läßt sich das Angebot einer Dienstleistung organisieren, die vom Kunden weltweit nachgefragt wird, aber aufgrund regionaler Spezifitäten in der Leistungserbringung lokale Präsenz und lokales Know-how vom Anbieter verlangt? Was wie die Quadratur des Kreises scheint, wird von der Colliers International Property, Inc. (www.colliers.com) im Immobiliengeschäft für Geschäftskunden durch ein weltweites Netzwerk von Büros ermöglicht. Die Büros von Colliers sind keine Filialen eines weltweiten Konzerns, sondern rechtlich selbständige Immobilienmakler und –unternehmen, die sich als eigenständige Mitglieder eines weltweiten Netzwerks verstehen. Colliers bietet „Full Service" für alle Aspekte gewerblicher Immobilien an: Das Spektrum der Dienstleistungen reicht von Kauf und Verkauf sowie Vermietung gewerblicher Immobilien über das Management von Immobilien bis hin zu den mit dem Immobiliengeschäft verbundenen Finanzdienstleistungen, Marktforschung und Kommunikationsleistungen. Mit seinem weltumspannenden Netzwerk ist Colliers so in der Lage, globalen Unternehmen ein vollständiges Dienstleistungsbündel „aus einer Hand" anzubieten.

Colliers wurde 1974 durch den Zusammenschluß mehrerer Immobilienunternehmen in Australien gegründet und breitete sich zunächst im südostasiatischen Raum und in Kanada aus. 1985 schloß sich Colliers mit der führenden amerikanischen Gruppe von Immobilienunternehmen zusammen und erhielt so Zugang zum nordamerikanischen Markt. Die für die weltweite Koordination zuständige Zentrale von Colliers wurde in Boston angesiedelt. 1989 wurden weltweit alle Büros von Colliers elektronisch miteinander vernetzt, wodurch sich die Kommunikationsmöglichkeiten stark verbesserten und weltweite Geschäfte angeboten werden konnten. Seit 1995 benutzen alle Mitglieder von Colliers einheitlich die Groupware Lotus Notes, die weltweiten Zugriff auf gemeinsame Datensätze ermöglicht und so den Informationsfluß wesentlich effizienter macht (vgl. Knoop / Appelgate 1997). Die Anzahl der Partnerunternehmen von Colliers steigt kontinuierlich an, so sind z.B. allein von 1995 bis Mitte 1999 fünfzig neue Partner in das Netzwerk eingestiegen. Heute gibt es drei regionale Zentralen in Boston, London und Hong Kong, die weltweite Zentrale befindet sich in Vancouver, Kanada. Ende 2002 sind über in 51 Ländern mehr als 235 Büros vernetzt.

Die Organisation von Colliers ist ein typisches Beispiel für eine hybride Organisationsform: Die Mitglieder sind rechtlich selbständige Unternehmen, eine Kapitalverflechtung untereinander oder eine Kapitalbeteiligung an Colliers ist für die Mitgliedschaft nicht notwendig. Für die Leistungen der Zentrale entrichten die Mitglieder eine jährliche Gebühr, die sich nach einem bestimmten Schlüssel errechnet. Dafür stellt die Zentrale den Mitgliedern bestimmte Dienstleistungen – z.B. Kommunikation, Koordination, Organisation von Konferenzen – zur Verfügung. Darüber hinaus verpflichten sich die Mitglieder, das weltweit einheitliche Colliers Logo zu nutzen und einen Mitarbeiter ihres Unternehmens als „Colliers Manager" zu benennen. Dieser ist fester Ansprechpartner für die Zentrale und andere Mitglieder und hat dafür Sorge zu tragen, daß die von Colliers weltweit festgelegten Qualitätsstandards von seinem Unternehmen eingehalten werden.

Daneben gibt es noch andere Funktionen, die von Colliers zentralisiert werden: So erforderte die weltweite Durchsetzung von Lotus Notes als Kommunikationsstandard die Initiative von der Zentrale. Auch bei der Abwicklung von langfristigen Komplettverträgen mit globalen Unternehmen wird ein zentraler Key Account Manager eingesetzt, der als Verantwortlicher gegenüber dem Kunden auftritt und die Aktivitäten der beteiligten Mitglieder koordiniert und überwacht, während diese ihr regionales Know-how im jeweiligen Immobilienmarkt nutzen können. Diese hybride Organisationsform mit ihrer Mischung von zentralisierten und dezentralisierten Tätigkeiten ermöglicht es Colliers, die Größenvorteile eines weltweit agierenden Konzerns zu realisieren, ohne die Marktnähe zu verlieren, die für den Erfolg im Immobiliengeschäft von entscheidender Bedeutung ist.

6.1 Der Grundgedanke hybrider Organisationsstrukturen

In der betrieblichen Praxis ist in zunehmendem Maße die Entwicklung zu beobachten, daß sich traditionelle Unternehmensstrukturen und Unternehmensgrenzen in Richtung hybrider Verbindungen mit externen Partnern auflösen. Der Grundgedanke solcher Arrangements basiert auf einem globalen Kooperationsgedanken und kann wie folgt skizziert werden: Ein Unternehmen geht eine intensive Verbindung mit anderen, rechtlich und wirtschaftlich selbständigen Unternehmen ein, indem es diese in die Erfüllung seiner Aufgaben einbezieht. Dadurch entstehen Verbindungen, die sowohl negative (Abhängigkeiten) als auch positive (Synergieeffekte) Auswirkungen haben können (vgl. Gemünden / Ritter 1998).

Zur Vermeidung oder Eingrenzung der opportunistischen Ausnutzung von Abhängigkeiten durch einen Partner sind solche hybriden Arrangements im allgemeinen langfristig angelegt. Sie streben eine enge Vernetzung zwischen den Partnern an und basieren auf gegenseitigem Vertrauen. Verschiedene Ausprägungen solcher Arrangements, wie z.B. Netzwerke oder Joint Ventures, verändern die rechtlichen und ökonomischen Grenzen der Unternehmung: Unternehmensgrenzen weichen auf, weil die Schnittstelle zwischen Unternehmung und Markt nicht mehr zutreffend beschrieben werden kann.

Während die Unternehmung bisher lediglich standardisierte Teilaufgaben von Märkten bezieht, kommt es nun zunehmend zur Einbeziehung externer Marktpartner in originäre Aufgaben der Unternehmung. Dies läßt die traditionelle, zum Markt gezogene Unternehmensgrenze (spezifische versus standardisierte Leistungen) zunehmend verwischen und führt gleichsam zu einer Auflösung der Unternehmung. Auch rechtliche Grenzen werden durch hybride Organisationen zunehmend verschoben. Im Falle eines Joint Ventures wird eine eigenständige rechtliche Einheit geschaffen, die keinem der Partner eindeutig zugeordnet werden kann. International ausgerichtete dynamische Netzwerke überschreiten nationale Rechtsgrenzen und können zur Kollision unterschiedlicher nationaler Rechtsordnungen führen.

In folgenden drei Fällen kann von einer Veränderung oder Auflösung der traditionellen ökonomischen Unternehmensgrenzen gesprochen werden: Zum einen tritt eine Auflösung dann ein, wenn sich die Unternehmung im Rahmen der Leistungstiefenoptimierung zunehmend *vertikal desintegriert* und Standardleistungen künftig vom Markt bezieht. Zum anderen kann von Auflösung der Unternehmung gesprochen werden, wenn durch den Einsatz von Informations- und Kommunikationstechnik *Standortgrenzen* überwunden und Büroarbeitsplätze zu den Arbeitnehmern nach Hause verlagert werden (vgl. Teil 8). Zum dritten kommt es zu einem Auflösungsprozeß, wenn durch unternehmensinterne (z.B. fehlendes Know-how oder Kapital) oder unternehmensexterne Faktoren (z.B. EDI, vgl. Teil 4) die *Einbeziehung externer Dritter in originäre, d.h. spezifische und / oder unsichere Unternehmensaufgaben* erzwungen wird oder diese Einbeziehung freiwillig erfolgt. Eine derartige Auslagerung von Aufgaben und Kompetenzen auf Dritte führt dazu, daß das Betätigungsfeld der Unternehmung und damit die Unternehmensgrenzen zunehmend diffus werden und nicht mehr exakt zu bestimmen sind. Die Unternehmung geht ein hybrides Arrangements mit anderen Unternehmen ein. Ihre Aufgabe, in überlegener Weise zwischen Ressourcenmärkten und Absatzmärkten eine Brücke zu schlagen und kundenorientierte Leistungen zu erbringen (vgl. Kap. 2.2), erfüllt sie zu einem immer geringeren Teil im Binnenbereich und zu einem immer größeren Teil in wechselnder Symbiose mit Dritten. Derartige Formen der Auflösung von Unternehmensgrenzen stehen im Mittelpunkt dieses Teils.

6.2 Erklärungsansätze für die Entwicklung von hybriden Organisationen

Im folgenden werden mit der Theorie der Kernkompetenzen, der Transaktionskostentheorie und der Vertragstheorie Ansätze dargestellt, die die Auflösung der Unternehmensgrenzen und das Eingehen hybrider Arrangements mit Dritten beschreiben bzw. erklären können.

6.2.1 Erklärung hybrider Organisationen durch die Theorie der Kernkompetenzen

Zunehmender Wettbewerbsdruck zwingt die Unternehmensführung häufig dazu, die Abstimmung zwischen Unternehmensaufgabe, Leistungstiefe und Wettbewerbsumfeld noch konsequenter als bisher zu optimieren. Eine zu große Leistungstiefe bindet in größerem Umfang als erforderlich Managementkapazitäten, Know-how und Kapital. Diese Ressourcen stehen dann für die strategisch wichtigen Aufgaben des Unternehmens nicht mehr zur Verfügung und schränken seine Flexibilität im Wettbewerbsumfeld ein. Aus diesen Gründen wird in den letzten Jahren die Rückbesinnung auf *Kernkompetenzen* gefordert (vgl. Prahalad / Hamel 1990; Strautmann 1993, siehe auch Kap. 5.2.2.3) und zunehmend auch verwirklicht. Laut Prahalad / Hamel stellen Kernkompetenzen die wesentlichen technischen, technologischen, vertrieblichen und organisatorischen Fähigkeiten eines Unternehmens dar. Sie nennen drei Möglichkeiten zur Identifizierung von Kernkompetenzen: „First, a core competence provides potential access to a wide variety of markets. ... Second, a core competence should make a significant contribution to the perceived customer benefits of the end product. ... Finally, a core competence should be difficult for competitors to imitate" (Prahalad / Hamel 1990, S. 83f.). Es handelt sich bei Kernkompetenzen also um unternehmensspezifische Fähigkeiten. Diese Kernkompetenzen müssen durch *Komplementärkompetenzen* flankiert und unterstützt werden. Komplementärkompetenzen sind charakterisiert durch Spezialisierungs-, Größen- oder Integrationsvorteile. Für den strategischen Erfolg sind sie jedoch nicht so entscheidend wie die eigentlichen Kernkompetenzen. Sie müssen deshalb auch nicht unbedingt vom Unternehmen selbst beherrscht werden. Über diese Komplementärkompetenzen verfügen oftmals andere Marktteilnehmer. Als Beispiel hierfür wäre zu nennen, daß im Automobilbau zwar die Hersteller im allgemeinen eine Kernkompetenz bei der Konstruktion von Motoren haben, das elektronische Antiblockiersystem hingegen gemeinsam mit einem großen Lieferanten (*Bosch* oder *Nippon Denso*) entwickeln.

Damit Unternehmen zur Realisierung ihrer Wettbewerbsstrategie notwendige Bündel von Kern- und Komplementärkompetenzen entwickeln können, ist es oftmals notwendig, Kooperationen und strategische Allianzen mit anderen Unternehmen einzugehen (vgl. z.B. Bleicher 1992; Gerybadze 1995). Dadurch kann ein Unternehmen unterstützende Komplementärkompetenzen akquirieren (vgl. Reve 1990), ohne sie selbst entwickeln zu müssen. Demgegenüber sind *Peripheriekompetenzen* für die eigene Wettbewerbsposition von so nachrangiger Bedeutung, daß sie weder intern bereitgestellt noch in Kooperationen mit anderen Unternehmen erworben werden müssen. Peripheriekompetenzen können auf dem Weg des Fremdbezugs vom Markt mit Hilfe von kurzfristigen Kauf- oder Dienstleistungsverträgen erworben werden.

Aus Sicht der Theorie der Kernkompetenzen ist damit lediglich die interne Vorhaltung und Pflege der Kernkompetenzen erforderlich. Die Unternehmung soll sich auf ihren strategischen Kern, ihre eigentliche Unternehmensidee beschränken. Leistungen außerhalb der eigenen Kernkompetenzen können vielfach kostengünstiger von Dritten bezogen werden, sei es durch Fremdbezug vom Markt oder durch Begründung von Kooperationen und strategischen Allianzen mit externen Partnern (vgl. Jarillo 1998).

Damit scheint aus Sicht der Theorie der Kernkompetenzen die *effiziente Unternehmensgrenze* bestimmbar zu sein. In der Praxis ist jedoch zunehmend die Erscheinung zu beobachten, daß Unternehmen aus den verschiedensten Gründen andere Unternehmen in die Entwicklung und den Ausbau ihrer Kernkompetenzen einbeziehen. Dadurch können die erforderlichen Kompetenzen schnell und kostengünstig erworben werden. Phillips arbeitete beispielsweise bei der Entwicklung der Compact Disk und der dazugehörigen optischen Speichertechnologie mit Sony zusammen, weil die Entwicklungskosten und Standardisierungsbemühungen besser von zwei großen Unternehmen als von einem Unternehmen allein bewältigt werden konnten. Die optische Speichertechnologie stellt heute eine Kernkompetenz von Philips dar (vgl. Prahalad / Hamel 1990).

Es erweist sich als schwierig, eine annähernd trennscharfe Abgrenzung zwischen Kernkompetenzen und Komplementärkompetenzen herbeizuführen. Dementsprechend wird am Konzept der Kernkompetenzen bisweilen der hohe Abstraktionsgrad der Analyse kritisiert und eine Konkretisierung der zentralen Theoriebegriffe und der Untersuchungsergebnisse gefordert (vgl. Reve 1990).

Reve (1990) z.B. zeigt einen Weg auf, wie die zentralen Begriffe der Theorie – Kernkompetenzen und Komplementärkompetenzen – schärfer gefaßt werden können. Er schlägt eine *transaktionskostentheoretische Interpretation* dieser Begriffe vor (vgl. auch Strautmann 1993). Laut Reve zeigen sich Kernkompetenzen meistens in ortsspezifischen Investitionen oder begründen sich durch hoch spezifische Sachanlagen und spezifisches Humankapital. Aber auch durch transaktionsspezifische Investitionen, d.h. durch Investitionen in die Leistungsbeziehung mit einem bestimmten Kunden, können Kernkompetenzen generiert werden. Komplementärkompetenzen zeichnen sich dagegen durch mittlere Spezifität der Sachanlagen, des Humankapitals und der transaktionsbezogenen Investitionen sowie durch mittlere Ortsgebundenheit aus. Mit Hilfe transaktionskostentheoretischer Überlegungen ist es leichter möglich, für Kern- und Komplementärkompetenzen die optimale Einbindungsform und damit die effiziente Unternehmensgrenze zu bestimmen. Die klassische transaktionskostentheoretische Vorgehensweise zur Erklärung daraus entstehender hybrider Organisationsformen wird im folgenden dargelegt.

6.2.2 Die Wahl der Unternehmensgrenzen aus Sicht der Transaktionskostentheorie

Zunächst ist eine Abgrenzung zwischen der Auflösung der Unternehmensgrenzen durch hybride Arrangements einerseits und dem Problem der vertikalen Integration bzw. Desintegration andererseits erforderlich. Das in Kapitel 2.3.3 behandelte Markt-Hierarchie-Paradigma erörtert alternative Koordinationsmechanismen für die Erfüllung arbeitsteiliger Aufgaben, nämlich Markt, Hierarchie und kooperative Organisationsformen.

Mit Hilfe der *Transaktionskostentheorie* können die Grenzen der Unternehmung im Sinne ihres internen Zuständigkeitsbereiches für Leistungserstellung und -verwertung bestimmt werden. Mit Veränderungen der wesentlichen Einflußgrößen (Spezifität und Unsicherheit), der Verhaltensannahmen (opportunistisches Verhalten und begrenzte Rationalität), der Informationsverteilung, der Transaktionsatmosphäre oder der Zugangsbarrieren zu Know-how und Kapital müssen diese Unternehmensgrenzen neu bestimmt werden (vgl. Kap. 2.3.3). Die Neubestimmung der Unternehmensgrenzen führt danach zur Integration derjenigen Aufgaben, deren Spezifitätsgrad signifikant zugenommen hat, und zur Auslagerung derjenigen Aufgaben, deren Spezifitätsgrad signifikant abgenommen hat. Es erfolgt eine Neuabgrenzung der Schnittstelle zwischen Unternehmung und Markt, wobei dem Markt insbesondere die Erstellung standardisierter Güter und Dienstleistungen überlassen wird. Dies ist ein permanenter Optimierungsprozeß, der in einer dynamischen Wirtschaft mit sich ändernden Leistungs- und Aufgabenmerkmalen unvermeidlich ist.

Neben dieser Neubestimmung der Unternehmensgrenzen als Folge der Änderung der wesentlichen Einflußfaktoren ist vor allem die Begründung hybrider Arrangements ein wichtiger Aspekt des organisatorischen Wandels im Lebenszyklus einer Unternehmung. Im Gegensatz zur Anpassung der Unternehmensgrenzen findet bei der Begründung solcher grenzüberschreitender Arrangements eine Mitwirkung externer Partner an der Erstellung originärer, d.h. spezifischer und durch hohe Unsicherheit geprägter Leistungen statt. Bei der Bildung *hybrider Arrangements* – die in der Regel erfolgt, nachdem die Unternehmung im Rahmen der Eigenfertigungs- / Fremdbezugsentscheidung ihre Grenze zum Markt gezogen hat – wird die enge, langfristig orientierte Zusammenarbeit mit externen Dritten auch bei der Erfüllung von Kernaufgaben, die im Rahmen der Eigenfertigungs-, Fremdbezugsentscheidung als solche identifiziert wurden, angestrebt. Werden in die Erstellung dieser spezifischen Kernaufgaben Dritte einbezogen, dann ist durch die Vermengung von Ressourcen und gemeinsamer Aufgabenerfüllung nicht mehr klar bestimmbar, wo das eine Unternehmen endet und das mit ihm in einem hybriden Arrangement stehende andere Unternehmen beginnt. Damit wird also eine starke

Verknüpfung der Auflösung der Unternehmung durch symbiotische Arrangements mit dem Problem der vertikalen Integration deutlich.

Es gibt eine Vielzahl verschiedener Formen von Partnerschaften, die Unternehmensgrenzen verwischen: Kooperationen, strategische Allianzen, Joint Ventures, Netzwerke, Franchising- und Lizenzabkommen, Keiretsu, zwischenbetriebliche Clans u.a. (vgl. Kap. 6.3). Es stellt sich die Frage, unter welchen Bedingungen, in welchem Ausmaß und in welche Formen sich ein Unternehmen durch Begründung hybrider Arrangements auflöst und welche ökonomischen Vor- und Nachteile damit verbunden sind.

Als Ursachen für derartige Auflösungen der Unternehmensgrenzen lassen sich vier Einflußgrößen identifizieren, die nachfolgend erläutert werden (vgl. auch Picot 1993c):

- mittlere Spezifität der Aufgabe;
- hohe Unsicherheit der Umwelt;
- Änderungen der Transaktionsatmosphäre (technologische Fortschritte, v.a. in der Informations- und Kommunikationstechnik, Vertrauen und gleiche Werthaltungen zwischen den Transaktionspartnern);
- Marktzutrittsbarrieren, die auf fehlendem Kapital oder Know-how beruhen.

6.2.2.1 Klassische transaktionskostentheoretische Erklärung: mittlere Spezifität von Aufgaben

Die Transaktionskostentheorie empfiehlt bei *Teilleistungen mittlerer Spezifität* (d.h. bei Komplementärkompetenzen) und mittlerer Unsicherheit eine *hybride Einbindungsform* (z.B. einen langfristigen Kooperationsvertrag) als geeignetes Koordinationsmuster. Spezifische Leistungen mittleren Grades können nicht einfach wie Standardgüter vom Markt fremdbezogen werden, da sie an den hoch spezifischen Kern der Unternehmenstätigkeit angepaßt werden müssen. Andererseits ist es wenig sinnvoll, solche Leistungen mittlerer Spezifität selbst zu erstellen, da der Einsatz aufwendiger hierarchischer Anreiz-, Kontroll- und Sanktionssysteme von den Eigenschaften der zu koordinierenden Leistung her nicht erforderlich ist.

Als effiziente Einbindungsform für Aufgaben mittlerer Spezifität wird deshalb von der Transaktionskostentheorie (vgl. Kap. 2.3.3) eine Zulieferung durch Dritte empfohlen, die durch *langfristige Rahmenverträge* und *Kooperationsabkommen* gegen opportunistische Ausbeutung abgesichert ist. Damit ist die erste Ursache für die Begründung hybrider Arrangements gefunden: Mittlere Spezifität von Teilleistungen führt sowohl bei marktlicher als auch bei hierarchischer Aufgabenabwicklung zu hohen Transaktionskosten. Viele single-sourcing-Vereinbarungen und zwischenbetriebliche simultaneous-engineering-Ansätze sind als kooperative symbiotische Arrangements zu charakterisieren.

6.2.2.2 Hohe Unsicherheit einer Aufgabe als Begründung für hybride Arrangements

In den vorangegangenen Überlegungen wurde der Grad an Umweltunsicherheit für die Durchführung der jeweiligen Transaktionen nicht näher betrachtet. In der Realität ist hier seit längerem eine zunehmende Umweltunsicherheit zu beobachten. *Hohe Unsicherheit* schlägt sich in nicht vorhersehbaren häufigen Änderungen qualitativer, quantitativer, terminlicher, politischer oder technischer Parameter der Leistungsbeziehung nieder. Wenn die Umweltunsicherheit stark zunimmt, müssen möglicherweise sogar hoch spezifische Teilleistungen, d.h. Kernprodukte, gemeinsam mit externen Partnern abgewickelt werden, und Kernkompetenzen externen Partnern zugänglich gemacht werden, da spezifische Investitionen in einer dynamischen Umwelt in starkem Maße der Gefahr der Entwertung ausgesetzt sind. Solche Investitionen beinhalten in einer durch große Unsicherheit geprägten Umwelt erheblich mehr Risiko als bei geringer Unsicherheit. Deswegen werden Unternehmen unter solchen Umweltbedingungen auch bei hoch spezifischen Investitionen mehr als zuvor nach *Risikoteilung* Ausschau halten und risikoreiche Kernaufgaben gemeinsam mit externen Partnern wahrnehmen. Während der als relativ kurz angenommenen Lebensdauer derartiger Investitionen entstehen durch die symbiotische Partnerschaft zusätzlich Größen- und Spezialisierungsvorteile, die ein einzelnes Unternehmen im Alleingang nicht realisieren kann.

Im Fall hoch spezifischer und mit großer Unsicherheit behafteter Investitionen ist der Zwang zur Begründung hybrider Arrangements noch stärker als bei Aufgaben mittlerer Spezifität. Unter solchen Bedingungen ist die Einbeziehung externer Partner sogar in ureigenste Kernbereiche der Unternehmung die effizienteste Lösung um wettbewerbsfähig zu bleiben. Forschungs- und Entwicklungskooperationen, Vertriebs- und Produktionsallianzen können als Beispiele für derartige, im unternehmerischen Kernbereich angesiedelte Kooperationen und Vernetzungen mit rechtlich und wirtschaftlich selbständigen externen Partnern genannt werden.

6.2.2.3   Förderung symbiotischer Arrangements durch Veränderungen der Transaktionsatmosphäre

Veränderungen in der Transaktionsatmosphäre können hybride Arrangements fördern. Im folgenden wird der Einfluß von Informations- und Kommunikationstechnik und von Vertrauen auf die Begründung und Ausgestaltung hybrider Arrangements untersucht.

Informations- und Kommunikationstechnik

Transaktionskosten können durch den Einsatz von IuK-Technik erheblich beeinflußt werden, so daß hybride Arrangements mit externen Partnern oder sogar marktliche Koordination anstelle von hierarchischen Lösungen ökonomisch sinnvoll werden können. Aus Sicht der Transaktionskostentheorie kann der *Einsatz geeigneter Informations- und Kommunikationstechnik* zu einer Reduktion der Transaktionskosten führen. Die ursprünglichen Effizienz-Punkte des Übergang einer Koordinationsform in die andere verschieben sich damit in Richtung marktlicher Koordination (vgl. Kap. 2.5). Dies bedeutet, daß marktliche und hybride Koordinationsformen nun in der Lage sind, bisher transaktionskostenintensivere Leistungen, d.h. spezifischere und durch höhere Unsicherheit gekennzeichnete Kernaufgaben, effizient zu erbringen. Die Bedeutung der Hierarchie nimmt ab, die von marktlichen und symbiotischen Lösungen zu. Informations- und Kommunikationstechnik fördert damit die Markt- und Symbioseorientierung der Unternehmensorganisation (vgl. Picot / Ripperger / Wolff 1996). Bestehende Trends zur Auflösung der Unternehmung durch hybride Arrangements, wie z.B. Netzwerke und Joint Ventures, können verstärkt und begünstigt werden. Es ist jedoch auf die technische Kompatibilität der Systeme zu achten, wenn Unternehmen derartige Kooperationen eingehen, damit der Aufwand einer Anpassung der technischen Infrastruktur nicht die Effizienzvorteile einer Zusammenarbeit überwiegt.

Zwischenbetriebliche Informations- und Kommunikationstechnik kann die *unternehmensübergreifende Zusammenarbeit* und Koordination in vielen Funktionsbereichen unterstützen (vgl. Abb. 6-1). Wenn geeignete Informations- und Kommunikationstechniken – insbesondere moderne Telekommunikationsinfrastrukturen – zur Verfügung stehen, können Kontakte zwischen potentiellen Transaktionspartnern leichter geknüpft und Abstimmungen auch über größere Entfernungen hinweg erzielt werden (vgl. z.B. Reichwald / Koller 1995). Bei entsprechender Integration der IuK-Technik in die Unternehmensprozesse ist auch ein Zusammenwachsen der Wertschöpfungsketten möglich.

Zwischenbetriebliche Prozesse und Transaktionen können z.B. durch Videokonferenzdienste, Datenübertragungsdienste, Mehrwertdienste oder EDI unterstützt, beschleunigt und vereinfacht werden (vgl. Teil 4). Insbesondere EDI (vgl. Picot / Neuburger / Niggl 1994) besitzt in dieser Hinsicht ein großes Potential (vgl. Kap. 6.4). Ein auf akzeptierten Standards (z.B. XML) aufsetzendes *EDI* kann zum einen die Aufgabenerfüllung in bestehenden kooperativen Netzwerken und strategischen Allianzen unterstützen, zum anderen aber auch dazu beitragen, daß solche hybride Arrangements überhaupt eingegangen werden (vgl. Neuburger 1994).

Unternehmens-bereich	IuK-unterstützte Kooperationsform	Effekte
F&E	– Austausch von Informationen – koordinierte oder gemeinschaftliche F&E – Aufbau und Nutzung gemeinschaftlicher Infrastrukturen	– Einsparung von Ressourcen – Zeitvorteile – Steigerung von Marktmacht – Kreativitätsförderung – bessere Kapazitätsauslastung – besserer Ressourcenzugang
Beschaffung	– gemeinsamer Einkauf, Transport – (teil-)automatisierte Lagerhaltung	– Nutzung von Großkunden-Vorteilen (z.B. Rabatte) – Kosten-, Zeit- und Qualitätsvorteile
Produktion	– Austausch von Komponenten – Austausch freier Kapazitäten – Aufbau und Nutzung gemeinschaftlicher Produktionsstätten	– Kosten-, Zeit- und Qualitätsvorteile – flexible Produktion – Nutzung von Skaleneffekten – Risikoteilung – bessere Kapazitätsauslastung
Absatz	– Austausch von Informationen (z.B. Kundendatei) – Wechselseitige Übernahme von Distributions- und / oder Kundendienstleistungen – gemeinsame Werbe-, PR- oder Verkaufsförderungsaktionen – Aufbau gemeinsamer Serviceangebote (z.B. Hotline)	– Spezialisierungsvorteile – Zugang zu neuen Ressourcen – Risikominderung – Einsparung von Mitteln für wettbewerbliche Zwecke – erhöhter Kundennutzen durch die Integration von Dienstleistungen (value-added-services)
Marktforschung	– Austausch von Informationen und Ergebnissen – gemeinsame Marktuntersuchungen – Aufbau und Nutzung gemeinsamer Marktforschungseinrichtungen – gemeinsame Entwicklung unterstützender Systeme – Gemeinsame Marktbeobachtung	– Zugang zu neuen Ressourcen – Vermeidung von Parallelforschung – Spezialisierungsvorteile – Innovationspotentiale durch die Kombinationsmöglichkeiten der Produkte bzw. Dienstleistungen

Abb. 6-1: Unterstützungspotentiale der IuK-Technik bei unternehmensübergreifender Zusammenarbeit (in Anlehnung an Reichwald / Rupprecht 1992)

Mit dem *Internet* (vgl. Teil 4) steht ein weltweit ausgebautes Computernetz zur Verfügung, das auch kleinen, symbiotisch verflochtenen Firmen preisgünstige Kommunikationsmöglichkeiten bietet und eine Vielfalt neuer Kommunikationsformen zwischen Unternehmen ermöglicht. Viele hybride Arrangements, wie z.B. Netzwerke, sind ohne modernste informations- und kommunikationstechnische Unterstützung in der Praxis kaum denkbar. Die Informations- und Kommunikationstechnik erleichtert die Zusammenarbeit mit Dritten auch in spezifischen, komplexen und dynamischen Aufgabenfeldern, nicht nur in der Abwicklung von Standardprozessen.

Dem Technikeinsatz zur Unterstützung marktlicher oder kooperativ-symbiotischer Prozesse sind zuweilen immanente Grenzen gesetzt, die insbesondere dann tangiert werden, wenn persönliche Anwesenheit und zwischenmenschliche Face-to-face-Kommunikation zur Lösung von Informations- und Kommunikationsproblemen erforderlich sind. Der Aufbau von Vertrauen zwischen den Kooperationspartnern, gemeinsame strategische Entscheidungen und die kreative Lösung unstrukturierter Probleme lassen sich nicht ohne persönlichen Kontakt realisieren. In diesen Fällen kann Telekommunikation höchstens eine unterstützende Funktion in der Vor- und Nachbereitung sowie bei der Flankierung der Interaktion ausüben.

Vertrauen und gemeinsame Werthaltungen

Vertrauen und gemeinsame Werthaltungen (vgl. Handy 1995; Mathews 1994 sowie Kap. 3.6) sind ebenfalls wichtige Bestandteile der Transaktionsatmosphäre. Sie können, ebenso wie die Informations- und Kommunikationstechnik, die Vereinbarung und Abwicklung von Transaktionen erleichtern und beschleunigen und dadurch transaktionskostensenkend wirken. Durch Erzeugung einer vertrauensvollen Atmosphäre können daher hybride Arrangements in Form einer Symbiose zur unternehmensübergreifenden Erfüllung auch hoch spezifischer Kernaufgaben ökonomisch sinnvoll eingesetzt werden. Die Gefahr der opportunistischen Ausbeutung bestehender Abhängigkeiten ist geringer als bei anonymen Markttransaktionen. Vertrauen und gemeinsame Wertorientierung fördern und verstärken bestehende Tendenzen zur Begründung hybrider Organisationen. Vertrauen zwischen den Transaktionspartnern vermindert das Bedürfnis nach möglichst genauer vertraglicher ex-ante-Spezifizierung künftiger Ereignisse oder nach expliziten Regelungen zur Teilung der Kooperationsergebnisse. Bei gegenseitigem Vertrauen erübrigen sich aufwendige Schutzmechanismen zur Verhinderung opportunistischen Verhaltens. Vorteilhaft für die Entwicklung einer vertrauensvollen Atmosphäre sind langfristige Transaktionsbeziehungen. In solchen Beziehungen ist es am ehesten möglich, die aus Mangel an Vertrauen entstehenden Gefangenendilemma-Situationen zu überwinden (vgl. Kap. 2.3.1). Bei langfristigen Transaktionsbeziehungen ist opportunistisches Verhalten zur Erzielung kurzfristiger Vorteile auf Kosten des Kooperationspartners kontraproduktiv, wenn dadurch zukünftig zu erwartende Gewinne aus fortgesetzten Austauschbeziehungen verschenkt werden.

6.2.2.4 Zutrittsbarrieren zu neuem Know-how und zu Kapitalmärkten als Gründe für symbiotische Arrangements

Zutrittsbarrieren zu neuem Know-how und zu den Kapitalmärkten (vgl. Picot 1991b; Picot / Reichwald 1994) tragen ebenfalls zur Aufweichung der Unternehmensgrenzen durch symbiotische Arrangements bei. In einem unsicheren, wettbewerbsintensiven Umfeld können sich die Kernfähigkeiten, mit deren Hilfe eine Unternehmung ihre Wettbewerbsposition aufgebaut hat, rasch entwerten. Daraus ergibt sich für das Unternehmen die Notwendigkeit, ständig neue Kernfähigkeiten mit unternehmerischen Erfolgsaussichten aufzubauen. Das Unternehmen steht dann vor der Frage, inwiefern entweder eine kooperative Lösung zur Entwicklung des für die Aufgabenerfüllung notwendigen Wissens und Könnens nötig ist, oder eine Förderung von Know-how intern, z.B. durch Ausbildung und Weiterbildung, zielführender ist. Beide Lösungsoptionen können dem Unternehmen allerdings unter Umständen verschlossen sein. In nicht wenigen Fällen verursacht der unternehmensinterne Aufbau neuer Kernfähigkeiten prohibitiv hohe Transaktionskosten und ist vor allem nur sehr langsam zu verwirklichen. Ein marktlicher Know-how Bezug verspricht zumeist Kosten- und Zeitvorteile.

Doch auch der Fremdbezug des erforderlichen Know-hows ist nicht ohne weiteres möglich. Das Informations-Paradoxon beschreibt das Phänomen (vgl. Kap 2.4.3), dieses besagt, daß ein Käufer die zu erwerbende Information nicht beurteilen kann, weil er sie nicht kennt. Sobald er aber Einblick in die Information erhalten hat, braucht er sie nicht mehr zu erwerben, weil er sich das Wissen dann ja bereits angeeignet hat.

Auch Transferprobleme bei tazitem Wissen können den rein marktlichen Fremdbezug von Know-how erschweren. Für den Aufbau einer Kernkompetenz ist häufig gerade das anwendungsbezogene Erfahrungswissen aus bestimmten Praxisfeldern von Bedeutung. Es ist wegen seines impliziten und schwer faßbaren Charakters nur eingeschränkt oder überhaupt nicht durch Worte, Zahlen oder Planskizzen transferierbar. Sowohl das Informationsparadoxon als auch das Phänomen des taziten Wissens bilden Hemmfaktoren beim marktlichen Fremdbezug neuen Wissens. Selbst wenn diese Schwierigkeiten beherrschbar wären, verbliebe immer noch das für einen Fremdbezug allgemeingültige Problem einer potentiell starken Abhängigkeit von externen Spezialisten.

Diese drei Know-how-Zutrittsbarrieren können in langfristig angelegter, enger und auf gegenseitigem Vertrauen basierender Kooperation mit dem externen Wissenslieferanten (auch z.B. im Rahmen von Joint Venture-Verträgen) leichter und rascher überwunden werden: Bei langfristiger Kooperation muß der Informationslieferant kaum noch befürchten, nach Preisgabe seines Wissens vom Informationskäufer keine Gegenleistung zu erhalten. Im Rahmen einer Symbiose zwischen Informationslieferant und Informationskäufer ist es auch eher möglich, tazites Wissen durch gemeinsame Problemlösung „on the job" (z.B. in gemeinsamer Projektarbeit) zu transferieren. Die Möglichkeit des opportunistischen Ausnutzens entstandener Abhängigkeiten stellt in langfristigen Austauschbeziehungen ein geringeres Problem dar als bei kurzfristigen Marktkontrakten. Durch solche Partnerschaften können zudem die beim internen Aufbau neuer Kernkompetenzen und Tätigkeitsfelder auftretenden Risiken auf mehrere Schultern verteilt werden.

Begrenzte Verfügbarkeit von Kapital bei gleichzeitig *hohem und risikoreichem Kapitaleinsatz* für die Entwicklung von Kernkompetenzen verstärkt die Dringlichkeit von hybriden Arrangements. Auf diese Weise können zukunftsbezogene kapitalintensive Strategien, die eigentlich unternehmensintern verwirklicht werden sollten, leichter umgesetzt werden. Die begrenzte Verfügbarkeit von Kapital zwingt häufig sogar Großunternehmen, mit externen Dritten Kooperationen in den Kerngebieten ihres Betätigungsfeldes einzugehen.

Zusammenfassend zeigt sich, daß mangelndes Know-how und Kapital unternehmerische Alleingänge erschweren und das Unternehmen zu hybriden Arrangements mit externen Partnern zwingen können. Zum Aufbau neuer Kernfähigkeiten ist es oftmals nötig, die Unternehmensgrenzen aufzuweichen, um durch Kooperationspartner neues Wissen und Kapital in die Organisation einspeisen zu können.

6.2.3 Die Modellierung der Unternehmung als Geflecht interner, externer und hybrider Verträge

Aus Sicht der Theorie der Kernkompetenzen verwischen die Grenzen der Unternehmung, wenn sie gezwungen ist, in die Entwicklung und den Ausbau von Kernkompetenzen externe Partner einzubeziehen (vgl. Kap. 6.2.1). Aus transaktionskostentheoretischer Sicht werden die Unternehmensgrenzen unscharf, wenn externe Partner in die Erfüllung hoch spezifischer oder unsicherer Aufgaben einbezogen werden, die eigentlich originäre Unternehmensaufgaben sind (vgl. Kap. 6.2.3). Abschließend ist nun zu untersuchen, welchen Beitrag die Vertragstheorie zur Erklärung hybrider Arrangements zu leisten vermag (vgl. auch Kap. 2.3.1).

Die Auflösung der Unternehmung durch hybride Organisationsformen kann aus *vertragstheoretischer Sicht* erklärt werden, wenn die Unternehmung als Geflecht von internen und externen (über Unternehmensgrenzen hinausreichenden) Verträgen modelliert wird (vgl. Aoki / Gustafson / Williamson 1990). Das hierarchische Gefüge des Unternehmens wird durch *interne Verträge* mit den Unternehmensangehörigen (z.B. Arbeitsverträge) konstituiert. Sie sind in der Regel unvollständiger, relationaler Natur. Für die unternehmensinterne Erfüllung sind vor allem hoch spezifische Aufgaben geeignet. Arrangements wie z.B. Joint Ventures, Franchising- und Lizenzabkommen, die der Erfüllung von Aufgaben mittlerer Spezifität dienen, werden durch *externe Verträge* (Kooperationsverträge, Franchisingabkommen) gesteuert. Bilaterale Beziehungen mit externen Partnern, die der Erfüllung gering spezifischer, d.h. standardisierter Aufgaben dienen, werden ebenfalls durch externe Verträge (Spotmarkt-Verträge) organisiert, in welchen die Leistungen vollständig spezifiziert sind. Interne Verträge und die zuletzt genannten klassischen externen Verträge für kurzfristigen Fremdbezug vom Markt bestimmen die klassischen Unternehmensgrenzen. Diese Unternehmensgrenzen werden jedoch durch die erstgenannte Kategorie externer Verträge (Kooperationsverträge, Franchisingabkommen), die hybride Arrangements begründen, zunehmend verwischt.

Hybride Arrangements werden auch dann eingegangen, wenn für hoch spezifische Aufgaben anstelle der hierfür eigentlich erforderlichen internen Arbeitsverträge externe Verträge mit unabhängigen Dritten geschlossen werden. Der Vorteil besteht darin, daß die Unternehmung ihre organisatorischen und damit auch ihre ressourcen- und leistungsmäßigen Grenzen überwinden kann. Sie kann sich Unterstützung und Ressourcen aus dem marktlichen Umfeld sichern und damit neue Expansionsmöglichkeiten erschließen. Effizienzgewinne können nicht nur durch eine adäquate Grenzziehung zwischen Unternehmung und Markt im Rahmen der make or buy-Entscheidung, sondern auch durch hybride Arrangements realisiert werden. Ein Risiko besteht darin, daß externe Partner in die Erfüllung der Unternehmensaufgaben stärker als bisher einbezogen werden und sich so z.B. mehr Wissen über innere Angelegenheiten eines Unternehmens aneignen können. Damit entstehen stärkere Abhängigkeiten als ursprünglich geplant.

Das Überschreiten der Unternehmensgrenzen durch hybride Arrangements kann so außerordentliche unternehmerische Chancen, aber auch gravierende Vertrags- und Managementprobleme generieren (vgl. Reve 1990). Sowohl die Realisierung der Chancen als auch die Verhinderung opportunistischen Verhaltens der Transaktionspartner müssen durch effiziente Verträge sichergestellt werden. Diese Aufgabe wird dadurch erschwert, daß diesen unternehmensübergreifenden, langfristig angelegten Vernetzungen oftmals unvollständige, relationale Verträge zugrundeliegen. Sie erfordern besondere vertragliche (harte) und außervertragliche (weiche) Schutzmechanismen und besitzen somit in vielen Fällen den Charakter symbiotischer Verträge (vgl. Schanze 1991).

6.3   Realisierungsformen hybrider Organisationen

6.3.1 Überblick

Eine *einheitliche Systematisierung* von hybriden Organisationsformen und ihre Plazierung im Kontinuum zwischen Markt und Hierarchie ist bislang nicht gelungen. Gemeinsam ist den verschiedenen Systematisierungsansätzen, daß sie den vertikalen Integrationsgrad einer Organisationsform beschreiben und auf dieser Basis markt- bzw. hierarchienähere Formen der Organisation unterscheiden. Imai / Itami (1984) beispielsweise verwenden die *Art der Entscheidungsfindung* sowie die *Dauer einer Bindung* zur Beschreibung hybrider Abwicklungsmechanismen (vgl. auch Baur 1990). Mit zunehmender Dauer einer Verbindung und der Möglichkeit, über Anweisungen zu koordinieren, steigt danach der vertikale Integrationsgrad. Kappich nennt als Kriterien die *Art und das Ausmaß der Absicherungsnotwendigkeit gegen opportunistisches Verhalten*. Der vertikale Integrationsgrad sollte dabei mit der Erhöhung der Spielräume für opportunistisches Verhalten steigen (vgl. Kappich 1989). Den *Grad der Ad-hoc-Auswahl von Geschäftspartnern* nehmen Benjamin / Malone / Yates (1986) als Kriterium für den Integrationsgrad. In dem Maße, in dem etwa Lieferanten für zukünftige Beschaffungstätigkeiten bereits ex ante festliegen und nicht mehr in Konkurrenz zueinander stehen, liegt eine vertikale Integration vor. Schneider zielt auf die *Form der Beeinflussung von Geschäftspartnern* ab. Bei marktnäheren Organisationsformen werden die Ergebnisse von Handlungen zunehmend über den Preismechanismus beeinflußt, während bei hierarchienäheren Formen Handlungen verstärkt direkt über Anweisungsmöglichkeiten beeinflußt werden (vgl. Schneider 1988). Abbildung 6-2 zeigt diese Kriterien im Überblick.

Imai / Itami (1984)	• Art der Entscheidungfindung • Dauer der Beziehung
Kappich (1989)	• Art und Ausmaß des Absicherungsbedürfnisses gegen opportunistisches Verhalten
Benjamin / Malone / Yates (1986)	• Ausmaß der Ad hoc-Auswahl der Geschäftspartner
Schneider (1988)	• Form der Einflußnahme auf Geschäftspartner

Abb. 6-2:   Kriterien für die Beurteilung des Integrationsgrades

Das Abhängigkeitsverhältnis zwischen Austauschpartnern hängt eng mit dem Grad der Spezifität einer Leistungsbeziehung zusammen. Die meisten Beschreibungsansätze zielen darauf ab, den *Integrationsgrad* durch das Ausmaß der Abhängigkeit von Geschäftspartnern zu kennzeichnen. Hierarchienähere Organisationsformen sind durch ein größeres ein- bzw. gegenseitiges Abhängigkeitsverhältnis zwischen den Geschäftspartnern gekennzeichnet als marktnähere Formen.

Einseitige Abhängigkeiten ermöglichen die Nutzung von Machtpotentialen. In solchen Fällen liegt eine vertikale *Beherrschung* vor (vgl. Baur 1990). Beherrschungsformen definieren mittel- bis langfristige Beziehungen zwischen rechtlich selbständigen, aber einseitig wirtschaftlich abhängigen Partnern. Diese Beherrschungformen zeichnen sich durch einen vergleichsweise hohen Grad an vertikaler Integration aus und bedingen damit eine hierarchienähere Organisationsform. Aufgaben mit einer vergleichsweise hohen Spezifität, aber mit eher geringer strategischer Bedeutung oder geringer Häufigkeit sind Beispiele dafür.

Demgegenüber kennzeichnet der Begriff der *Kooperation* die gleichrangige Zusammenarbeit zwischen rechtlich und wirtschaftlich selbständigen Unternehmen. Kooperationen werden in der Regel für Aufgaben mit mittlerer Spezifität und mittlerer strategischer Bedeutung eingegangen und zeichnen sich durch einen gewissen, allerdings nicht sehr hohen Grad an vertikaler oder horizontaler Integration aus. Kooperationen in diesem Sinne haben einen symbiotischen Charakter mit gegenseitigem Abhängigkeitsverhältnis.

Im folgenden werden verschiedene Beherrschungs- und Kooperationsformen dargestellt. Dazu werden jeweils deren charakteristische Eigenschaften und Erscheinungsformen verdeutlicht. Es existieren in der Literatur und in der wirtschaftlichen Praxis eine ganze Reihe von Begriffen, mit denen bestimmte Formen von Organisationsmechanismen zwischen Markt und Hierarchie bezeichnet werden. So lassen sich Begriffe wie strategische Allianzen, strategische (Wertschöpfungs-) Partnerschaften, strategische Kooperationen, operative Kooperationen, Joint Ventures und ähnliche finden. Sie können alle unter dem Begriff *Kooperation* zusammengefaßt werden. Gleichzeitig weisen sie aber auch auf unterschiedliche Erscheinungsformen von Kooperationen hin. In ähnlicher Weise wird von vertikalen, horizontalen oder diagonalen Formen der Kooperation gesprochen (vgl. z.B. Sydow 1992a). Die verschiedenen Formen sind Gegenstand des folgenden Kapitels 6.3.2. Auch bei Beherrschungsformen zeigt sich ein breites Feld an Begrifflichkeiten. Das Spektrum reicht von quasi-vertikaler Integration oder vertikaler Quasi-Integration bis hin zu Lizenzen oder Kapitalbeteiligung. Diese Beherrschungsformen werden in Kapitel 6.3.3 näher beleuchtet. Die Frage, welche der skizzierten symbiotischen oder beherrschenden Organisationsformen unter bestimmten Bedingungen ausgewählt wird, ist Gegenstand von Kapitel 6.3.4.

Darüber hinaus werden verschiedene Erscheinungsformen und Besonderheiten von *multilateralen Organisationsformen* beschrieben. Solche zwischenbetrieblichen *Netzwerke* bestehen aus einer Mehrzahl von rechtlich selbständigen Unternehmen, deren Verbindungen mehr oder weniger locker sind. Der Netzwerkbegriff ist nicht von vorneherein mit einer bestimmten Markt- bzw. Hierarchienähe verknüpft. Man kann sie als hybride Organisationsformen beschreiben, die je nach den Beziehungsformen entweder markt- oder hierarchienah ausgestaltet sein können. Auch bei Netzwerken existiert ein uneinheitliches Begriffsfeld. Es finden sich Begriffe wie strategische Netzwerke, dynamische Netzwerke oder auch Wertschöpfungsnetzwerke, die zum Teil synonym verwendet werden, zum Teil jedoch auch unterschiedliche Netzwerktypen signalisieren. Sie sind Gegenstand des Kapitels 6.3.5.

6.3.2 Kooperationsformen

Kooperationsformen bezeichnen eine mittel- bis langfristig angelegte, vertraglich geregelte Zusammenarbeit rechtlich selbständiger Unternehmen zur gemeinschaftlichen Erfüllung von Aufgaben (vgl. z.B. Rotering 1990; Schrader 1993; Balling 1997). Die unternehmensübergreifende Zusammenarbeit erfolgt zum gegenseitigen Nutzen und hat damit den Charakter einer Symbiose. Sie bietet sich dann an, wenn durch sie Vorteile realisierbar ist, die andere Abwicklungsformen nicht verwirklichen können. Häufig genannte Beispiele hierfür sind Zeitvorteile, Kostenvorteile, Know-how-Vorteile, Skalenvorteile, Kompetenzgewinn, Verringerung der Risiken sowie Marktzutritt (vgl. z.B. Porter / Fuller 1989; Vizjak 1990; Rupprecht-Däullary 1994; Bronder 1995). Damit wird jedoch noch nichts darüber ausgesagt, wie diese gemeinschaftliche Aufgabenerfüllung aussehen kann und welche konkreten Formen der Beziehung zugrundeliegen.

Tröndle beschreibt das Wesen von Kooperationen beispielsweise an Hand der Kriterien *Autonomie- und Interdependenzgrad* (vgl. Tröndle 1987; Rotering 1993). Unternehmen, die an einer Kooperation teilnehmen, sind in dem Grade autonom, in dem sie Entscheidungen über Aufnahme oder Beendigung der Kooperation selbst fällen können, ohne Anweisungen einer übergeordneten Instanz berücksichtigen zu müssen. Sie befinden sich zu ihren Kooperationspartnern in einem Gleichordnungsverhältnis. Diese Sichtweise läßt sich noch ergänzen. Autonom ist ein Unternehmen auch dann, wenn es in einer Beziehung zu einem anderen Unternehmen keinem unmittelbaren Druck- oder Machtpotential bezüglich der Aufnahme oder der Beendigung einer längerfristigen Zusammenarbeit von Seiten eines Partners ausgesetzt ist. In diesem Punkt unterscheiden sich Kooperationen von Beherrschungsverträgen.

Gleichzeitig jedoch entstehen nach Beginn einer Kooperation Interdependenzen zwischen den Kooperationspartern. Diese Interdependenzen beziehen sich auf die Existenz kollektiver Entscheidungstatbestände. In einer Kooperation werden eine ganze Reihe von Entscheidungen gemeinsam gefällt, die im Rahmen von Entscheidungsgremien ausgehandelt werden müssen und denen ein für beide Kooperationspartner verbindlicher Charakter zugesprochen wird (vgl. Brockhoff 1989). Kooperationen bilden damit eine Form der Ressourcenzusammenlegung (vgl. Vanberg 1982), bei der sowohl über die Art und Menge der in eine Kooperation einzubringenden Ressourcen wie auch über die Verteilung des damit erzielbaren Outputs Abstimmungs- bzw. Aushandlungsprozesse ablaufen, bei denen das jeweilige Verhandlungspotential im wesentlichen ausgeglichen ist. Bei einem unausgeglichenen Verhandlungspotential würde der schwächere Partner keine Kooperation eingehen.

Weitere charakterisierende Merkmale, die häufig genannt werden, sind *Freiwilligkeit der Kooperationsbildung* sowie ihre stets *explizite vertragliche Vereinbarung*. Anhand des erstgenannten Merkmals lassen sich Kooperationen gut von den im folgenden Kapitel zu behandelnden Beherrschungsformen abgrenzen. Freiwilligkeit der Kooperationsbildung bedeutet, daß Kooperationen nur dann eingegangen werden, wenn beide Partner durch die Kooperation einen Nutzenzuwachs erwarten. Dies trifft bei Beherrschungsformen nicht unbedingt zu. Kooperationen entstehen weiterhin stets durch explizite vertragliche Vereinbarung. Wie noch zu zeigen sein wird, können dagegen Beherrschungsformen auch auf Basis impliziter Verträge entstehen. Die explizite Vereinbarung einer Zusammenarbeit wird häufig als definitorisches Merkmal von Kooperationen angesehen. Rotering definiert Kooperation beispielsweise als eine längerfristige, explizit vereinbarte und einseitig kündbare Zusammenarbeit zwischen Unternehmen (vgl. Rotering 1993 sowie die dort angegebene Literatur).

Häufig werden Kooperationen mit einer strategischen Komponente verbunden. In diesem Zusammenhang spricht man von strategischen Allianzen, strategischen Partnerschaften oder im Kontext von Netzwerken auch von strategischen Netzwerken. Durch diesen Zusatz soll das Ziel der Kooperationen deutlich werden, Wettbewerbsvorteile für die Kooperationspartner zu schaffen.

Systematisierung von Kooperationen

Kooperationen lassen sich nach verschiedenen Gesichtspunkten systematisieren. Bezüglich der Richtung der Zusammenarbeit lassen sich vertikale, horizontale und diagonale Kooperationen unterscheiden (vgl. Büchs 1991; Bronder 1995). *Vertikale Kooperationen* beziehen sich auf Unternehmen aufeinanderfolgender Stufen der Wertschöpfungskette wie z.B. Kunde und Lieferant. Derartige Kooperationsformen werden häufig als Wertschöpfungspartnerschaften bezeichnet und entstammen der gleichen Branche (z.B. enge Kooperation zwischen Hersteller und Zulieferer in der Automobilindustrie). Bei *horizontalen Kooperationen* arbeiten Unternehmen der gleichen Branche sowie der gleichen Wertschöpfungsstufe zusammen (z.B. Forschungs- und Entwicklungskooperationen von Mikroelektronikunternehmen). *Diagonale Kooperationen* werden zwischen Unternehmen unterschiedlicher Branchen auf verschiedenen Wertschöpfungsstufen geschlossen (z.B. zwischen Banken und IT-Unternehmen).

Kooperationen können sich desweiteren auf das gesamte Unternehmen oder auf einzelne Funktionsbereiche beziehen. Betrifft die Zusammenarbeit einzelne Funktionsbereiche, lassen sich funktionale Kooperationen weiter differenzieren. *Logistische Kooperationen* beschreiben beispielsweise eine Form der Zusammenarbeit, bei der Unternehmen eine enge und langfristige vertragliche Abstimmung der Ein- bzw. Ausgangslogistik vereinbaren. *Marketing-Kooperationen* beziehen sich auf die Zusammenarbeit von Unternehmen hinsichtlich Vertrieb, Marketing oder Kundendienst. *Technologiekooperationen* liegen vor, wenn Unternehmen insbesondere im Forschungs- und Entwicklungsbereich zusammenarbeiten, um gemeinsam neue Technologien zu entwickeln bzw. technologische Weiterentwicklungen gemeinsam zu betreiben.

Weitere Systematisierungsmöglichkeiten sind z.B. die *Reichweite* von Kooperationen (national / international), die *Dauer* der Kooperationen (vorübergehend, dauerhaft), der Grad der zugrundeliegenden gegenseitigen wirtschaftlichen *Abhängigkeit* sowie der Grad der *telekommunikativen Unterstützung*.

Beispiele für Kooperationen

Es gibt zahlreiche Beispiele für Kooperationen zwischen Unternehmen in verschiedenen Branchen und Industrien. Eine besonders starke Kooperationstätigkeit läßt sich in der Industrie für Mikroelektronik feststellen. Hier zeigen sich häufig zwei Motive zur Bildung symbiotischer Partnerschaften. Einerseits erfordert etwa die Entwicklung und Produktion einer neuen Mikrochip-Generation hohe Investitionskosten, die nicht mehr von einem Unternehmen alleine getragen werden können, da bei konkurrierenden Entwicklungen erhebliche Marktrisiken entstehen. Andererseits erfordert eine erfolgreiche Markttätigkeit in dieser Industrie in besonderem Maße technische *Standards*, die einen ganz wesentlichen Nutzenfaktor für Nachfrager darstellen. Für die Herausbildung von De-facto-Standards sind jedoch erhebliche Marktanteile notwendig, die häufig nicht mehr durch einzelne Unternehmen erreicht bzw. gehalten werden können.

So bildeten die Firmen *Apple*, *IBM* sowie *Motorola* eine strategische Allianz für die Entwicklung eines Standards für einen RISC-Prozessor, die in einem gemeinsamen Technologiezentrum zum Ausdruck kam. In einer weiteren strategischen Allianz haben sich dieselben Firmen zusammengeschlossen und die gemeinsame Firma *Kaleida* gegründet, um einen künftigen Multimedia-Standard zu schaffen. *Apple* bringt in diese Kooperation beispielsweise erhebliches Technologie-Know-how ein, während *IBM* fundierte Erfahrungen bei der Durchsetzung von De facto-Standards hat und über gute Marktzugänge verfügt. Eine Marketing-Partnerschaft sind beispielsweise *Siemens* und das Softwareunternehmen *SAP* eingegangen. Der Computerhersteller besitzt einen Marktzugang zu mittelständischen Unternehmen, während das Softwareunternehmen geeignete, neue Software anbietet. Es handelt sich hier um Anbieter von unterschiedlichen Komponenten einer Systemtechnologie (Hard- und Software als komplementäre Güter). Durch eine enge Zusammenarbeit sollen insbesondere Kompatibilitätsprobleme nachhaltig gelöst werden (vgl. Picot / Hass 2002).

Ein Beispiel für Kooperationen speziell auf regionaler Ebene ist die Entwicklung von *Regionalnetzwerken* (Cluster). Hierbei handelt es sich um geographisch eng zusammenliegende Unternehmen und Institutionen, die in einen Handlungskontext integriert werden (vgl. Knyphausen 1999). Insbesondere technologieorientierte Netzwerke versprechen eine hohe Wertschöpfung und Innovationsrate. Als weltweit bekannteste Beispiele regionaler Unternehmenskonzentrationen sind das Silicon Valley bei San Francisco und ähnliche Zentren wie z.B. das Silicon Glen bei Glasgow zu nennen. Porter begründet den Erfolg derartiger regionaler kooperativer Strukturen mit der Kombination nationaler und regionaler Standortfaktoren (vgl. Porter 1990; Portner 2001b). Wichtige Wettbewerbsfaktoren wie Fähigkeiten, Wissen und Innovation sind innerhalb von nationalen Gebieten oft ähnlicher als im internationalen Vergleich. Sie können konzentriert aufgebaut werden und damit auch die internationale Vorteilsposition von Unternehmen verbessern.

Regionale Kooperationen können zwei Strategien verfolgen. Regionalnetzwerke im Inland haben die Anziehung ausländischer Direktinvestitionen zum Ziel. Kooperationen im Ausland dagegen sind der Grund für die Aneignung von Know-how in verschiedenen Wertschöpfungsstufen. Kooperationen dieser Art sind z.B. im Biotechnologiesektor zu beobachten: So hat die *Bayer AG* mit Hilfe der 1978 gekauften Laboreinrichtungen der *Miles Corporation* (HQ in Elkhart, Indiana) in West Hafen (Yale-Cluster) ein konzernweites Pharmaforschungszentrum eingerichtet, welches von der produktionstechnischen Seite durch die in Berkeley befindlichen Cutter Labratories unterstützt wird.

Organisation von Kooperationen

In Abhängigkeit der konkreten Ausprägung und Zielsetzung der zugrundeliegenden Kooperation bieten sich unterschiedliche Möglichkeiten für die Organisation der Kooperationen an (vgl. Fontanari 1996; Fleischer 1997; Olesch 1998). Es kann zu formalen Organisationsstrukturen kommen oder die Kooperation kann in einer losen, informellen Stuktur abgebildet werden. Bezieht sich eine Kooperation beispielsweise nur auf einen einzelnen Vertrags erscheint es nicht unbedingt erforderlich, die Kooperation durch eine formale Organisation zu manifestieren. Entscheiden sich die Beteiligten aber für eine formale Organisationsstuktur, bieten sich bei längerfristigen Kooperationsbestrebungen prinzipiell zwei Möglichkeiten an: Joint Venture und Konsortium.

Bei einem *Joint Venture* wickeln Unternehmen die Kooperation über eine eigens dafür gegründete und rechtlich eigenständige Gesellschaft als Gemeinschaftsunternehmen ab, in das die Kooperationspartner verschiedene Ressourcen einbringen. Die kooperierenden Unternehmen sind in der Regel zu gleichen Teilen beteiligt (vgl. Liessmann 1990). Joint Ventures finden sich vor allem dort, wo technologisch hoch komplexe Aufgaben nicht mehr von einem Unternehmen allein bewältigt werden können, wie z.B. in der Luft- und Raumfahrtindustrie sowie in der Mikroelektronik. Um die großen Forschungs- und Entwicklungsrisiken sowie die finanziellen Belastungen zu verteilen und die Absatzmöglichkeiten in den oft protektionistisch abgeschotteten Märkten zu vergrößern, werden entsprechende Großprojekte in Form von internationalen Joint Ventures durchgeführt. Sie umfassen die Entwicklung, Produktion und zum Teil auch den Vertrieb solcher Güter.

Als zweite Möglichkeit für die Organisation einer Kooperation in Form einer Symbiose zwischen den Unternehmen bietet sich die Gründung einer Projektgemeinschaft an. Bei dieser als *Konsortium* bezeichneten Organisationsform verpflichten sich die beteiligten Unternehmen, ein oder mehrere genau abgegrenzte Projekte gemeinschaftlich durchzuführen. Konsortien werden in der Regel für eine begrenzte Dauer gebildet. Ihnen fehlt die Absicht für einen dauerhaften Zusammenschluß. Neben der Verwirklichung der ressourcenbedingten Synergievorteile wird mit Hilfe eines Konsortiums auch eine Verringerung des mit Großprojekten verbundenen Risikos für die einzelnen Kooperationspartner erreicht. Die wirtschaftliche und rechtliche Selbständigkeit der Konsorten bleibt erhalten. Typische Beispiele dafür sind Arbeitsgemeinschaften für große Bauprojekte. Auch Banken schließen sich häufig zu Konsortien zusammen, um beispielsweise größere Kredite zu vergeben oder Wertpapieremissionen abzuwickeln.

Ein weiteres wichtiges Beispiel für eine Zusammenarbeit von Unternehmen im Rahmen von Konsortien sind diverse Standardisierungsbemühungen im Informations- und Kommunikationssektor. Solche gemeinschaftliche Aktivitäten von Unternehmen werden zwar selten mit dem Begriff Konsortium belegt, sie haben dennoch deren typische Eigenschaften. So existiert beispielsweise eine Projektgruppe, die als X / Open bezeichnet wird und das Ziel verfolgt, die verschiedenen Varianten des Betriebssystems UNIX zu vereinheitlichen. An dieser Entwicklung eines einheitlichen Betriebssystem-Standards arbeiten verschiedene Unternehmen zusammen, die im Grunde zwar mit ihren proprietären UNIX-Entwürfen miteinander konkurrieren, aber letztlich nur Wettbewerbschanchen gegenüber anderen Betriebssystemen realisieren können, wenn sie Kunden ein einheitliches UNIX-Betriebssystem anbieten können. Diese gemeinsame Standardisierungsaktivität besitzt alle Kennzeichen einer strategisch bedeutsamen Kooperation zwischen den beteiligten Unternehmen.

6.3.3 Beherrschungsformen

Im Gegensatz zu kooperativen Formen der Zusammenarbeit zwischen Unternehmen bestehen bei *Beherrschungsformen* einseitige wirtschaftliche und finanzielle Abhängigkeitsverhältnisse (vgl. z.B. Baur 1990). Beherrschungsformen besitzen aufgrund der eingeschränkten wirtschaftlichen Selbständigkeit der beteiligten Unternehmen einen hierarchienäheren Charakter als die oben beschriebenen Kooperationsformen.

Solche vertikalen Integrationen sind dann effizient, wenn Aufgaben zu organisieren sind, die zwar einen relativ hohen Spezifitätsgrad aufweisen, jedoch wegen lediglich geringer bis mittlerer strategischer Bedeutung oder geringer Häufigkeit nicht notwendigerweise eine unternehmensinterne Abwicklung erforderlich machen. Die Vertragsgestaltung erlaubt eine mehr oder weniger starke Einflußnahme des beherrschenden Unternehmens auf die Geschäftätigkeit der Partner (vgl. z.B. Gerpott 1993). Dies kann sich darin äußern, daß Entscheidungen, die das Nutzenniveau aller Beteiligten verändern, nicht in einem Entscheidungsgremium mit ausgeglichenen Machtverhältnissen getroffen werden. Das beherrschende Unternehmen besitzt Machtmittel, mit denen Entscheidungen auch dann durchgesetzt werden können, wenn sie ökonomische Nachteile für den beherrschten Geschäftspartner haben. Es gibt verschiedene vertragliche Regelungen zwischen den Parteien, die entsprechende Machtverschiebungen zugunsten eines Partners bewirken. Abbildung 6-5 gibt einen Überblick über mögliche vertikale Beherrschungsformen sowie deren Ursachen für ungleiche Machtverteilung (vgl. Baur 1990).

Vertikale Beherrschungsformen	Ursache der Machtposition
Quasi-vertikale Integration	Eigentum an spezifischen Produktionsfaktoren
Vertikale Quasi-Integration	Bedeutung des Kunden für den Gesamtumsatz
Implizite Verträge	Drohung mit Abbruch der stillschweigenden Vertragsverlängerung
De-facto-vertikale Integration	Geografische Lage des Lieferanten
Partielle Integration	(Glaubhafte) Drohung mit vollständiger Integration einer Produktionsstufe
Lizenzen	Möglichkeit des Entzugs von Know-how
Kapitalbeteiligung	Eigentümerstellung

Abb. 6-3:   Wichtige vertikale Beherrschungsformen (in Anlehnung an Baur 1990, S. 101)

Die verschiedenen Beherrschungsformen unterscheiden sich nach den jeweils zugrundeliegenden Abhängigkeitsverhältnissen. Besitzt beispielsweise der Abnehmer bestimmter Güter das Eigentum an dafür notwendigen Produktionsmitteln beim Zulieferer, liegt eine *quasi-vertikale Integration* vor. Dem Zulieferer wird zwar das Risiko abgenommen, in spezifische Anlagen investieren zu müssen, jedoch besitzt er gegenüber dem Abnehmer kaum Verhandlungsmacht zur Durchsetzung eigener Vorteile. Wenn z.B. Lieferkonditionen neu zu verhandeln sind, hat er trotz einer unter Umständen hohen Spezifität seiner Leistungen kaum Möglichkeiten, Preisspielräume auszureizen. Der Abnehmer kann damit drohen, die Produktionsmittel abzuziehen und den Fertigungsauftrag entweder selbst zu erstellen oder neu auszuschreiben. Für den Lieferanten, der lediglich Besitzer dieser Produktionsmittel ist, verringern sich damit auch die Möglichkeiten für opportunistisches Verhalten. Somit kann die quasi-vertikale Integration eine geeignete Alternative zu einer vollintegrierten (hierarchischen) Erstellung von spezifischen Leistungen sein. Einem Zulieferer kann technologisches Know-how zur Verfügung gestellt werden, ohne die damit verbundenen Kosten für opportunistisches Verhalten befürchten zu müssen (vgl. Männel 1996). Beispiele für eine quasi-vertikale Integration von Leistungen finden sich bisweilen in der Automobilindustrie, indem etwa Automobilhersteller Preßwerke, an denen sie das Eigentum halten, bei Zulieferfirmen aufbauen.

Bei der *vertikalen Quasi-Integration* erwirtschaftet ein Zulieferer einen großen Anteil seiner Umsatzerlöse bei einem einzigen Großkunden. Dieser kann dem schwächeren Unternehmen drohen, die Geschäftsbeziehung zu beenden. Wenn dies für das schwächere Unternehmen eine existenzbedrohende Situation hervorruft, wird es zu entsprechenden Zugeständnissen bereit sein. Der dominierende Abnehmer kann verstärkte Kontrolle im Betrieb des Zulieferers ausüben und damit erheblichen Einfluß auf den Produktionsprozeß gewinnen. Beispielsweise kann der Abnehmer verlangen, den Produktionsprozeß und die Warenlogistik exakt auf seine Bedürfnisse hin auszurichten, um etwa Just-in-Time-Lieferbeziehungen zu optimieren. Trotz dieser, einer hierarchischen Organisation ähnlichen Vorteile muß der Abnehmer nicht alle Risiken der Leistungserstellung selbst tragen. Sie verbleiben beim rechtlich unabhängigen Zulieferer. Als Gegenmaßnahme verbleibt dem Zulieferer im wesentlichen nur die Chance, ein gegenseitiges Abhängigkeitsverhältnis herzustellen. Eine Möglichkeit hierzu besteht im Aufbau von spezifischen Know-how. Beispielsweise kann ein Zulieferer der Automobilindustrie versuchen, durch Innovationen wie etwa das Antiblockiersystem eine spezifische Verhandlungsposition gegenüber Abnehmern aufzubauen. Neben typischen Beispielen in der Automobilindustrie lassen sich Tendenzen zu einer vertikalen Quasi-Integration überall dort finden, wo Geschäftspartner erhebliche Größenunterschiede aufweisen und dadurch erhebliche Marktmachtkonzentrationen existieren.

In engem Zusammenhang zur vertikalen Quasi-Integration stehen *implizite Verträge*. Sie basieren auf der Drohung, die bislang stillschweigend durchgeführte Vertragsverlängerung abzubrechen. Im Gegensatz zu expliziten Verträgen hat das schwächere Unternehmen keine Möglichkeit, auf Einhaltung von Bestandteilen impliziter Verträge zu bestehen und diese gegebenenfalls einzuklagen. Damit kann eine dem dominierenden Geschäftspartner konforme Verhaltensweise bewirkt werden. Durch einen impliziten Vertrag, der zwischen Geschäftspartnern mit ungleicher Machtverteilung besteht, ist somit ein wichtiger Vorteil einer vollintegrierten hierarchischen Organisation realisierbar, ohne deren Nachteile tragen zu müssen. Die nahezu vollkommene Abhängigkeit und damit verbundene Möglichkeit der Beeinflussung des Schwächeren ist gegeben, ohne einen finanziellen Aufwand übernehmen zu müssen und gleichzeitig letztlich unabhängig von diesem Partner zu sein.

Eine weitere vertikale Beherrschungsform stellt die *de-facto-vertikale Integration* dar. Sie äußert sich in einer standortspezifischen Investition des Zulieferers. Diese kann beispielsweise dann vorliegen, wenn ein Zulieferer sich in unmittelbarer Nähe zu einem Abnehmer ansiedelt, um etwa eine Just-in-Time-Lieferbeziehung zu optimieren. Je mehr dieser Zulieferer dadurch seine Möglichkeiten zur Belieferung alternativer Abnehmer einschränkt, desto mehr begibt er sich in die standortspezifische Abhängigkeit eines einzigen Kunden. Für diesen ergeben sich damit dieselben Machtpotentiale wie bei den anderen Beherrschungsformen. Ein Beispiel für eine de facto-vertikale Integration ist die Ansiedlung von *Recaro*, einem Hersteller von Autositzen, in unmittelbarer Nähe des Automobilherstellers *Daimler-Chrysler* in Bremen. Obwohl dieser Zulieferer nach wie vor rechtlich selbständig ist, besteht zumindest für dieses Werk des Zulieferers eine sehr enge wirtschaftliche Abhängigkeit vom dominierenden Automobilhersteller.

Eine *partielle Integration* liegt vor, wenn ein Abnehmer gegenüber einem Zulieferer ernsthaft droht, eine Produktionsstufe des Zulieferers zu integrieren. Voraussetzung hierfür ist einerseits, daß der Abnehmer die entsprechenden technischen Anlagen und Kapazitäten für eine Eigenerstellung besitzt oder diese vergleichsweise rasch erstellen bzw. ausbauen kann. Andererseits sollte er keine besonders hohen Produktionskostennachteile etwa aufgrund fehlender Degressionseffekte besitzen. Zudem ist zu berücksichtigen, daß die Realisierung einer partiellen Integration – von freien Kapazitäten abgesehen – eine gewisse Zeitspanne in Anspruch nimmt, die dem Zulieferer seinerseits die Möglichkeit zu Gegenmaßnahmen bietet. Eine partielle Integration dürfte daher die schwächste Form vertikaler Beherrschung darstellen.

Neben den gezeigten Formen lassen sich vertikale Beherrschungsformen auch durch die Vergabe von Lizenzen sowie Kapitalbeteiligungen realisieren. Voraussetzung für die Vergabe von *Lizenzen* ist, daß der Lizenzgeber ein Patent oder eine spezifische Erfahrung über eine bestimmte Technologie besitzt (vgl. von der Osten 1989). Der Patentinhaber hat die Möglichkeit, diese Technologie im Rahmen einer Eigenfertigung selbst zu nutzen oder anderen das Nutzungsrecht in Form einer Lizenz zu überlassen. Die Lizenzvergabe bietet als Alternative zur eigenen Nutzung des Know-hows einige Vorteile. Der Lizenzgeber kann im Rahmen eines Lizenzvertrages die Verwertung einer Technologie durch den Lizenznehmer vorschreiben. In der Regel werden nur ganz bestimmte Nutzungsmöglichkeiten zugelassen. So darf der Lizenznehmer in aller Regel die Technologie nicht an Dritte weitergeben. Damit bleibt die Diffusion von Know-how trotz einer unternehmensexternen Verwertung durch den Lizenzgeber beherrschbar. Er kann etwa durch Gebietsbeschränkungen einen Wettbewerb mit eigenerstellten Technologien oder anderen Lizenzen verhindern. Häufig schreibt der Lizenzgeber die Einhaltung bestimmter Qualitätsstandards sowie die Beschränkung der erlaubten Produktionsmengen vor oder erhält sich den Einfluß auf die Preisgestaltung. Der Lizenzgeber kann damit insgesamt beachtlichen Einfluß auf die Geschäftspolitik des Lizenznehmers gewinnen.

In dem Maße, wie der Lizenznehmer auf die Bildung einer eigenen Know-how-Basis verzichtet, begibt er sich in eine wirtschaftliche Abhängigkeit vom Lizenzgeber. Dieser kann damit drohen, den Lizenzvertrag aufzukündigen, eine befristete Lizensierung nicht mehr zu verlängern oder ihm zukünftig kein neues Know-how mehr in Form von Lizenzen zur Verfügung zu stellen. Durch die Gewährung von Gegenlizenzen kann das Risiko eines opportunistischen Verhaltens eines derartig einseitigen Abhängigkeitsverhältnisses reduziert werden. Lizenzvergaben sind häufig eine Möglichkeit, einen raschen Zugang zu Märkten zu bekommen. Insbesondere auf ausländischen Märkten mit unvertrauten Rahmenbedingungen und Kundenbedürfnissen oder Handelshemmnissen ist die Lizenzvergabe eine geeignete Möglichkeit, einen Marktzugang für sein eigenes Know-how zu bekommen.

Einen anderen Weg zur Beschränkung von opportunistischem Verhalten stellen *Kapitalbeteiligungen* dar. Je nach Abhängigkeitsverhältnis lassen sich einseitige oder wechselseitige Kapitalbeteiligungen unterscheiden. Erfordern beispielsweise die von einem Abnehmer gewünschten Produktverbesserungen spezifische Investitionen auf Seiten des Lieferanten, begibt sich dieser in die Gefahr eines einseitigen Abhängigkeitsverhältnisses. Denn sobald er die notwendige Investition durchgeführt hat, kann sich der Abnehmer weigern, den vereinbarten Preis für die Produkte zu bezahlen (Hold-up-Problematik, vgl. Kap. 2.3.4). Antizipiert der Lieferant diese Gefahr, wird er auf die spezifische Investition verzichten, was auch einen Nachteil für den Abnehmer bedeuten würde. Um dies zu vermeiden, kann der Abnehmer seinem Lieferanten eine Kapitalbeteiligung anbieten. Sie stellt eine Absicherung gegenüber Ausbeutungsversuchen des Abnehmers dar. Sind auf beiden Seiten spezifische Investitionen erforderlich, lassen sich durch wechselseitige Kapitalverflechtungen Überwachungs- und Kontrollmöglichkeiten schaffen, mit denen die Anreize für opportunistisches Verhalten gesenkt werden.

6.3.4 Die Auswahl einer symbiotischen Koordinationsform

Bisher wurde noch nicht darauf eingegangen, welche konkrete organisatorische Ausprägung eine symbiotische Koordinationsform haben kann bzw. soll. Die Analyse der anzutreffenden *Ressourceninterdependenz* zwischen den beteiligten Unternehmen kann dazu beitragen, die richtige Organisationsform für ein symbiotisches Arrangement zu finden. Wichtige Einsichten in den Zusammenhang zwischen Ressourceninterdependenz und Organisationsform wurden von Teece (1986) und Dietl (1995) gewonnen (vgl. auch Picot 1993c; Picot / Dietl / Franck 2002) und sollen im folgenden dargestellt werden. Eine ökonomisch vorteilhafte symbiotische Beziehung zwischen Unternehmen erfordert, daß zumindest ein Unternehmen Ressourcen einsetzt, durch die insgesamt ein höherer Nutzen realisiert werden kann, als ihn ein einzelnes Unternehmen realisieren könnte. Solche für eine symbiotische Beziehung relevanten Ressourcen werden als interdependent bezeichnet. Charakteristische Eigenschaft solcher Ressourceninterdependenzen ist, daß sie wichtige Schlußfolgerungen für die Gestaltung symbiotischer Beziehungen zulassen. Es gibt drei verschiedene Eigenschaften von Ressourcen, die dabei berücksichtigt werden müssen: Abhängigkeit, Potenz und Plastizität. *Abhängigkeit einer Ressource* ist gegeben, wenn diese Ressource in Verbindung mit Ressourcen eines anderen Unternehmens einen höheren Nutzen im Vergleich zu einer isolierten Nutzung erbringt. Ein Beispiel dafür ist das Wissen, das in einer Gruppe vorhanden ist, im Vergleich zu dem Wissen, das nur den individuellen Personen einer Gruppe zugänglich ist. Eine Ressource besitzt eine

hohe *Potenz*, wenn andere Ressourcen von dieser Ressource abhängen. So mag beispielsweise die Weiterführung eines Geschäfts von der Prolongierung eines Bankkredits
abhängen. Wenn eine Ressource abhängig, aber nicht potent ist, besteht eine einseitige
Abhängigkeit, ist eine Ressource abhängig und potent, liegt eine zweiseitige Abhängigkeit vor. Die *Plastizität* einer Ressource bezieht sich schließlich auf die Tatsache, daß
die Art der Ressourcennutzung nicht oder nur begrenzt vorausgesagt werden kann. Je
schwieriger die Beurteilung der Art der Ressourcennutzung ist, desto plastischer ist
diese Ressource. Beispielsweise können Mitarbeiter mit einem großen Wissensschatz
als plastische Ressource angesehen werden.

Beabsichtigen zwei Unternehmen, eine symbiotische Beziehung aufzunehmen, dann
lassen sich anhand der Beurteilung dieser Eigenschaften von Ressourcen mehrere typische Gestaltungssituationen unterscheiden. Jede Situation erfordert eine ganz bestimmte
Art der organisatorischen Gestaltung einer effizienten symbiotischen Beziehung (vgl.
Dietl 1995). Dabei wird die Art der Ressourcenabhängigkeit maßgeblich von den drei
oben genannten Eigenschaften der Ressource (Plastizität, Abhängigkeit, Potenz) bestimmt. Je nach Kombination der drei Ressourcenmerkmale und je nach Verteilung der
Ressourcen auf die kooperierenden Partner ergeben sich unterschiedliche organisatorische Gestaltungsempfehlungen (vgl. Abb. 6-6).

		Ressourcen von Unternehmen A		
		abhängig	**potent und von geringer Plastizität**	**potent und von hoher Plastizität**
Ressourcen von Unternehmen B	**potent und von hoher Plastizität**	Mehrheits-beteiligung, Akquisition oder Fusion *Fall 1*	Kapitalbeteiligung von B an A *Fall 3*	Joint venture *Fall 5*
	potent und von geringer Plastizität	Lizenzvergabe *Fall 2*	Konsortium *Fall 4*	Kapitalbeteili-gung von A an B *Fall 6*

Abb. 6-4:   Auswahlmatrix (in Anlehnung an Dietl 1995, S. 580)

Wenn die Ressourcen des Unternehmens A von potenten und sehr plastischen Ressourcen des Unternehmens B abhängen, besteht bei dieser einseitigen Abhängigkeit stets die Gefahr des Hold up und des Moral hazard (vgl. Kap. 2.3.4). Ein solcher Fall liegt beispielsweise vor, wenn etwa das Unternehmen A Produktionseinrichtungen besitzt, deren ökonomischer Nutzen sehr stark vom technischen Know-how des Unternehmens B abhängt. Dabei besitzt das Unternehmen A erhebliche Schwierigkeiten, die Verwendung des Know-hows von B zu beobachten und zu beurteilen. Die einzige effiziente Lösung für A besteht in diesem Fall darin, ein einheitliches Ressourcenmanagement durch einen hohen Integrationsgrad etwa durch Aufkauf oder Mehrheitsbeteiligung an B zu erreichen (*Fall 1*).

Wenn die Ressourcen des Unternehmens A abhängig sind und die potenten Ressourcen des Unternehmens B eine geringe Plastizität besitzen, ergibt sich eine andere Gestaltungsempfehlung (*Fall 2*). In diesem Fall können die notwendigen Ressourcen von B hinreichend beschrieben und im Rahmen eines mehr oder weniger komplexen Vertrages (etwa eines Lizenzvertrages) transferiert werden. Ein solcher Vertrag kann jedoch nicht unter Berücksichtigung aller Details und möglichen zukünftigen Entwicklungen vollständig formuliert werden. Er muß daher vor allem durch vertrauensbildende Maßnahmen unterstützt werden. Der Vorteil besteht jedoch darin, daß in dieser Form einer symbiotischen Beziehung die wesentlichen Aspekte des Vertrages geregelt werden können. Die Vertragseinhaltung kann kontrolliert werden, etwa ob bestimmte Güter oder Informationen geliefert wurden oder nicht. Lizenzverträge für die Herstellung von Stahl, chemischen Erzeugnissen oder Lastkraftwägen mit Unternehmen der dritten Welt sind Beispiele dafür.

Wenn beide Seiten über potente Ressourcen verfügen, besteht eine gegenseitige Abhängigkeit (*Fälle 3 und 6*). Das Unternehmen jedoch, das über die plastischeren Ressourcen verfügt, besitzt einen Vorteil gegenüber dem anderen, da sein Beitrag für die gemeinsame Aufgabenerstellung schwerer zu kontrollieren ist. Die dabei gegebene Gefahr eines Moral-hazard-Verhaltens muß durch geeignete Maßnahmen eingeschränkt werden. Eine dafür geeignete Möglichkeit besteht in einer (Minderheits-) Beteiligung des Unternehmens mit der höheren Ressourcenplastizität am anderen Unternehmen. Diese Kapitalbeteiligung dient als Sicherheit für die Seite mit der geringeren Ressourcenplastizität, denn das Unternehmen mit der höheren Ressourcenplastizität wird dadurch nicht seine opportunistischen Möglichkeiten zu Ungunsten des Partners ausnutzen. Ein Beispiel für eine solche Form einer symbiotischen Beziehung ist die Kooperation zwischen Fluglinien und Hotelketten bzw. Autovermietungen. Häufig besitzen Fluglinien Minderheitsanteile an betreffenden Unternehmen.

Im Falle gegenseitiger Abhängigkeit mit ähnlich niedriger Ressourcenplastizität der Unternehmen zeigt sich die Bildung eines Konsortiums als die effizienteste Organisationsform (*Fall 4*). Beide Parteien verpflichten sich zur Durchführung eines gemeinsamen, relativ gut definierten Projekts, bei dem für beide Seiten Nutzenvorteile durch Synergieeffekte und Risikoteilung realisierbar sind. Beispiele dafür sind etwa Arbeitsgemeinschaften von Bauunternehmen zur Abwicklung großer Bauprojekte oder die Zusammenarbeit von Banken für Wertpapieremissionen.

Wenn beide Parteien potente und sehr plastische Ressourcen in eine Zusammenarbeit einbringen, bestehen für beide Seiten Möglichkeiten für Moral-hazard-Verhalten (*Fall 5*). Da ein Partner den Beitrag des anderen zum gemeinsamen Vorhaben nicht ausreichend kontrollieren kann, hat jede Partei die Möglichkeit, weniger als vereinbart zu leisten. Eine Partei, die sich in der Weise verhält, kann entsprechende Kostenvorteile für sich realisieren, während der Nutzenentgang von beiden Parteien geteilt wird. Dieses Problem läßt sich in effizienter Weise dadurch bewältigen, daß jede Partei ihre Ressourcen in ein Joint Venture einbringt. Eine gemeinsame Gesellschaft erleichtert die gegenseitige Kontrolle, verringert die Möglichkeiten für opportunistisches Verhalten, fördert die Entwicklung einer gemeinsamen Kultur und trägt durch Vertrauensbildung zur Erreichung der gemeinsamen Ziele bei. Beispiele für Joint Ventures finden sich bei gemeinsamen Forschungs- und Entwicklungsvorhaben, bei denen von beiden Seiten qualifiziertes Personal und technologische Ressourcen eingebracht werden.

6.3.5 Unternehmensnetzwerke

Die bisherigen Ausführungen konzentrierten sich auf bilaterale Kooperationen bzw. Beherrschungsformen. Formen unternehmensübergreifender Zusammenarbeit müssen sich jedoch keineswegs auf zweiseitige Beziehungen beschränken. Es besteht auch die Möglichkeit, eine unternehmensübergreifende Aufgabenerstellung durch vertragliche Beziehungen zwischen einer Mehrzahl rechtlich selbständiger Unternehmen abzuwickeln. Dies führt zu einem *Netzwerk* unternehmensübergreifender Zusammenarbeit, an dem eine Vielzahl von Unternehmen beteiligt ist (vgl. Gomez / Zimmermann 1999). Für diese Form der Zusammenarbeit hat sich bislang keine einheitliche Begriffsverwendung herausgebildet. In der Literatur finden sich Bezeichnungen wie *dynamic networks* (vgl. Jarillo 1988, 1998), *strategische Netzwerke* (vgl. Sydow 1992a), *Wertschöpfungsnetzwerke* (vgl. Pfeiffer / Weiß 1992), *kooperative Netzwerke* (vgl. Thorelli 1986) oder *Business Webs* (vgl. Hagel 1996).

Allgemein können solche Netzwerke entweder mehr hierarchischen oder mehr marktlichen Charakter besitzen. Dementsprechend sind sie entweder mehr den kooperativen oder mehr den beherrschenden Formen unternehmensübergreifender Zusammenarbeit zuzurechnen. Wenn Kooperationsverhältnisse die Basis der Zusammenarbeit bilden, kann man von kooperativen Netzwerken sprechen (vgl. Thorelli 1986). Beispiele sind Forschungs- und Entwicklungsallianzen, Warenwirtschaftssysteme, an denen eine Mehrzahl von Unternehmen beteiligt sind, oder Rationalisierungsgemeinschaften zwischen Lieferanten, Abnehmern und Transporteuren für eine effiziente Transportabwicklung (vgl. Wolff / Neuburger 1995). Andere Netzwerke zeichnen sich hingegen dadurch aus, daß ein oder mehrere Unternehmen eine Führungsrolle besitzen. Solche sogenannten *fokalen Unternehmen* koordinieren den Prozeß der unternehmensübergreifenden Aufgabenerstellung (vgl. Sydow 1992a). Zwischen diesen und den anderen beteiligten Unternehmen bestehen langfristige Vertragsbeziehungen mit hierarchieähnlichen Bedingungen.

Ein Beispiel für eine Netzwerkunternehmung (vgl. Sydow 1992b sowie die dort angegebene Literatur) stellt die italienische Bekleidungsfirma Benetton dar, die hochwertige Modekollektionen anbietet. Sie bezieht ihre Textilien von etwa 350 rechtlich selbständigen, aber wirtschaftlich abhängigen Lieferanten. Zum Teil sind die Lieferanten in der Nähe der eigenen wenigen Produktionsstätten angesiedelt. Die eigene Fertigung beschränkt sich im wesentlichen auf anspruchsvolle Arbeitsverrichtungen, während arbeitsintensive Standardtätigkeiten auf in der Regel relativ kleine Lieferantenfirmen ausgelagert werden. Benetton kontrolliert den stark arbeitsteilig gestalteten Produktionsprozeß, indem die wettbewerbsentscheidenden Tätigkeiten wie Designgestaltung und Qualitätskontrolle unternehmensintern durchgeführt werden. Die Koordination der Tätigkeiten von Lieferfirmen erfolgt ebenfalls zentral durch Benetton. Die Lieferanten sind wirtschaftlich abhängig, weil sie selbst kein vollständiges Produkt fertigen, das an Verbraucher verkauft werden könnte. Benetton garantiert im Gegenzug dafür den Lieferfirmen einen vereinbarten Anteil vom erwirtschafteten Gewinn. Der Verkauf der Textilien erfolgt über ca. 4200 Geschäfte, mit denen Franchise-Verträge geschlossen wurden. Die Geschäfte werden nach genauen Vorgaben von Benetton ausgestattet und geführt. Darüber hinaus sind 75 selbständige, auf Provisionsbasis tätige Verkaufsagenturen zwischen Benetton und den Geschäften zwischengeschaltet. Diese Agenturen betreuen u.a. die einzelnen Geschäfte und koordinieren regionale Werbetätigkeiten. Benetton selbst übt dabei jedoch erheblichen Einfluß auf den Absatzkanal aus. Für Benetton ergeben sich aus diesem Netzwerk verschiedene Vorteile. Es besteht ein vergleichsweise geringer eigener Investitionsbedarf. Dadurch und aufgrund der guten Möglichkeit, auf Nachfrageschwankungen flexibel zu reagieren, reduzieren sich die eigenen unternehmerischen Risiken erheblich. Die Risiken verschwinden jedoch nicht, sondern werden auf die beherrschten Geschäftspartner abgewälzt. Insgesamt wurde so ein Konzept einer unternehmensübergreifenden Zusammenarbeit realisiert, das häufig als Vorbild für andere Reorganisationsvorhaben verwendet wird. Diese Form intensiver Arbeitsteilung ist nur durch den Einsatz geeigneter IuK-Technik möglich.

Ein weiteres Beispiel für ein multilaterales Netzwerk ist das sogenannte *Keiretsu*. Keiretsu ist eine für Japan typische Form branchenübergreifender Unternehmenskooperation (vgl. Sydow 1991). Das Herzstück einer Keiretsu-Gruppe besteht meist aus einer Bank, einem Handels- und einem Industrieunternehmen. Diese Unternehmen bilden zusammen mit ca. 20 bis 30 weiteren Geschäftspartnern unterschiedlicher Branchen den engeren Kreis der Gruppe. Insbesondere die Unternehmen des engeren Kreises treffen sich regelmäßig, um Informationen auszutauschen und die Geschäftspolitik zu koordinieren. Zusätzlich gehören zum weiteren Kreis eines Keiretsu noch Zulieferbetriebe von Unternehmen des engeren Kreises, so daß das Netzwerk aus insgesamt bis zu 100 Unternehmen besteht.

Neben den personellen Beziehungen bestehen in einer Keiretsu-Gruppe vor allem durch gegenseitige Kapitalbeteiligungen finanzielle und durch gegenseitige Lieferbeziehungen leistungswirtschaftliche Verflechtungen. Dennoch behalten die an einem Keiretsu beteiligten Unternehmen ihre Entscheidungsautonomie, es gibt keine institutionalisierte Leitung. Auch die Wettbewerbskräfte bleiben weitgehend erhalten. Obwohl jedes Unternehmen eines Keiretsu bevorzugt andere Keiretsu-Unternehmen als Transaktionspartner auswählt, bestehen dazu keine Verpflichtungen. Daher ist es auch möglich, daß Geschäftsbeziehungen zwischen Unternehmen verschiedener Keiretsu-Netzen bestehen.

Eine zentrale Stellung innerhalb des gesamten Keiretsu nimmt die Keiretsu-Bank ein. Sie versorgt die Mitglieder mit den erforderlichen finanziellen Mitteln und Dienstleistungen und sorgt für die Durchsetzung notwendiger Anpassungs- und Restrukturierungsmaßnahmen. Falls ein Unternehmen in Konkurs zu gehen droht, übernimmt die Keiretsu-Bank die Bürgschaft für notwendige Kredite. Gelingt es dem Management des betroffenen Unternehmens nicht, die wirtschaftlichen Probleme zu lösen, kann es auf Druck der Keiretsu-Bank von einem eigens dafür ernannten Krisenmanagement ersetzt werden. Auch das Generalhandelshaus besitzt in den meisten Keiretsu eine zentrale Stellung. Durch seine Vertriebstätigkeit besitzt es einen unmittelbaren Kontakt zu den Kunden und gewinnt dadurch wichtige Marktinformationen. Mit solchen Informationen kann das Handelshaus die Produktentwicklung gezielt beeinflussen. Zudem koordiniert es häufig den Keiretsu-internen Know-how-Transfer, die Durchführung von Großprojekten oder Unternehmensneugründungen.

Die Ausführungen zeigen, daß innerhalb eines Keiretsu Größenvorteile etwa im Finanzbereich oder der strategischen Planung genutzt werden können, ohne Gefahr zu laufen, wichtige Markt- und Wettbewerbskräfte zu lähmen, wie dies bei einer vollständigen Integration der Fall sein kann.

Eine Form der Kooperation auf Zeit stellt das *virtuelle Unternehmen* dar (vgl. Teil 8). Diese Art der Zusammenarbeit entsteht vor dem Hintergrund der Konzentration von Unternehmen auf einzelne Bereiche der Wertschöpfungskette zur Bündelung von Kompetenzen. Der Trend zur unternehmens- und kompetenzbezogenen Segmentierung führt allerdings aufgrund möglicher Abwicklungsprobleme und Brüche nicht zwingend zu einer Optimierung der gesamten Wertschöpfungskette. Das Konzept der virtuellen Unternehmung bildet dafür einen möglichen Lösungsansatz (vgl. Picot / Neuburger 1997a; Mertens / Faisst 1997; Ettinghofer 1992; Reichwald / Möslein 1996b, 1997, 1997a). Virtuelle Unternehmen sind künstlich geschaffene Unternehmen, die zur Lösung von Kundenproblemen die individuellen Kernkompetenzen verschiedener Unternehmen entlang der Wertschöpfungskette integrieren (vgl. Picot / Neuburger 1997a; Rayport / Sviokla 1996).

Nach der Abwicklung der zugrundeliegenden Aufgabe lösen sie sich i.d.R. wieder auf. Bei der Konfiguration virtueller Unternehmen stehen nicht die vorhandenen Ressourcen, sondern vielmehr die notwendigen Kompetenzen im Vordergrund. Ihre Eingliederung in virtuelle Unternehmen ist – unabhängig vom jeweiligen Standort möglich. Damit unterstützen virtuelle Unternehmen die Marktorientierung sowohl auf der Beschaffungs- als auch auf der Absatzseite.

6.4 Die Rolle der Informations- und Kommunikationstechnik

6.4.1 Anforderungen an die Informations- und Kommunikationstechnik

Die *Bildung symbiotischer Organisationsformen* stellt besondere Anforderungen an die Gestaltung der Informations- und Kommunikationsbeziehungen zwischen den beteiligten Unternehmen. Für die Anwendung geeigneter Informations- und Kommunikationssysteme sind neben organisatorischen und personellen Gestaltungsproblemen insbesondere verschiedene technische Anforderungen zu berücksichtigen. Die technischen Voraussetzungen für symbiotische Koordinationsformen unterscheiden sich zunächst nicht prinzipiell von denen für die unternehmensinterne Abwicklung von Aufgaben. Bei unternehmensübergreifenden Kommunikationsbeziehungen können jedoch verschiedene zusätzliche Faktoren einen erfolgreichen Einsatz von IuK-Techniken erschweren. Dazu zählen die Überbrückung von in der Regel erheblich größeren räumlichen Distanzen und unterschiedlichen Zeitzonen, die unter Umständen hohe Heterogenität der in den symbiotisch verflochtenen Unternehmen eingesetzten IuK-Technik und die Handhabung abweichender organisatorischer Strukturen und Prozesse in den beteiligten Unternehmen.

Zwischen den Unternehmen einer symbiotischen Organisationsbeziehung können unterschiedliche Arten von Informationen ausgetauscht werden. Zu nennen sind als Formen des Informationsaustausches die rein sprachliche Kommunikation, die Face-to-face-Kommunikation, der Austausch von Dokumenten z.B. mit Hilfe von EDI und die elektronische Kommunikation via Intranet und Extranet.

Sprachliche Kommunikation dominiert insbesondere die Anbahnung symbiotischer Organisationsbeziehungen sowie bei der Lösung schlecht strukturierter Probleme, wo interaktiv und kreativ Informationen generiert werden müssen. Entfernte Kommunikation über Telefon ist eine schnelle und bequeme Telekommunikationsform, die auch bei schwierigen Aufgabenstellungen interaktive Abstimmungen und Problemlösungen ermöglicht, ohne unmittelbaren Face-to-face-Kontakt zwischen den Kommunikationspartnern zu bieten.

Face-to-face-Kommunikation besitzt demgegenüber einen ganzheitlichen Charakter. Dieser ist durch technische Kommunikationsmedien nicht zu erreichen. Wo unbedingt persönliche Kontakte zwischen den Kommunikationspartnern erforderlich sind, können Informations- und Kommunikationstechniken höchstens subsidiäre Funktionen erfüllen. Beispielsweise können zur Vorbereitung persönlicher Treffen rasch Schriftstücke ausgetauscht oder während laufender Verhandlungen ad hoc wichtige Informationen auch über große Entfernungen angefordert werden. Eine Annäherung an die Ganzheitlichkeit persönlicher Kommunikation kann aber durch den Einsatz von Videokonferenzen mit Hilfe von Multimedia erreicht werden. Die Videokonferenz versucht, die typische Kommunikationssituation in Besprechungen nachzubilden, ohne daß die Teilnehmer am selben Ort zusammenkommen müssen. Informations- und Kommunikationstechniken müssen dabei zu einer Integration von Bewegtbildern, Sprache und Daten in der Lage sein. Dies kann z.B. bei intensivem Austausch von Wissen und der Abstimmung komplexer Probleme bei Forschungs- und Entwicklungskooperationen notwendig sein.

Bei der Organisation administrativer Aufgaben, insbesondere bei routinisierten Standardaufgaben, dominiert der *Austausch von Textdokumenten*. Dazu zählen z.B. Briefe, Verträge, Protokolle und Notizen. Die Papierform hat den wichtigen Vorteil, als Beweisstück bei rechtlichen Auseinandersetzungen anerkannt zu werden. Die Unterschrift unter einem Text dokumentiert die Richtigkeit seines Inhalts und ist damit zur Beurteilung der Willenserklärung des Absenders von Bedeutung. Neben dieser Nachweisfunktion haben Schriftstücke häufig auch eine gewisse Repäsentationsfunktion, z.B. durch den Briefkopf oder die Gestaltung. Diese Anforderungen begrenzen die Möglichkeiten, die Übermittlung von Texten durch Telekommunikationsmedien, wie z.B. E-mail, zu substituieren. Die Anforderung der Rechtsgültigkeit kann allerdings auch mit der Einführung der digitalen Signatur erfüllt werden, was elektronisch gestützte Geschäftsbeziehungen wiederum vereinfacht. Aus zwei Gründen ist diese Substitution wünschenswert: Zum einen verkürzen sich durch Telekommunikation erheblich die Übertragungszeiten im Vergleich zu den Postlaufzeiten. Zum anderen erfordert eine papiergebundene Kommunikation die erneute kosten- und zeitintensive sowie fehleranfällige Eingabe der Inhalte in das elektronische Anwendungssystem des Empfängers. Der Einsatz von Telefax reduziert zwar die Übertragungszeiten, ersetzt aber nicht eine unter Umständen notwendige erneute Dateneingabe. Ziel ist es daher, die medienbruchlose Weiterverarbeitbarkeit von Textdokumenten im Anwendungssystem des Empfängers durch die Übertragung von Textdateien zu realisieren. Ähnliches gilt auch für die Übertragung von technischen Zeichnungen oder Graphiken. Beispielsweise ist die schnelle und kostengünstige Übertragung von Konstruktionszeichnungen besonders bei unternehmensübergreifenden Forschungs- und Entwicklungsprojekten von erheblicher Bedeutung, unter Umständen ist sie sogar notwendige Voraussetzung für lohnende Unternehmenskooperationen in diesem Bereich.

Die Abwicklung von gleichartigen und sich wiederholenden Informations- und Kommunikationsvorgängen zwischen symbiotisch verflochtenen Unternehmen kann durch *Electronic Data Interchange (EDI)* unterstützt werden. EDI ist eine Form der zwischenbetrieblichen Kommunikation, bei der geschäftliche und technische Daten sowie allgemeine Geschäftsdokumente wie Texte, Abbildungen und Grafiken nach standardisierten Formaten strukturiert und zwischen Computern verschiedener Unternehmen unter Anwendung offener elektronischer Kommunikationsverfahren ausgetauscht werden können (vgl. Teil 4 sowie Picot / Neuburger / Niggl 1991, 1995). Voraussetzung für die Kompatibilität zwischen den Anwendungssystemen sind entsprechende Standards auf der Übertragungs- und Nachrichtenebene. Während auf der Übertragungsebene zunehmend die Internet-Technologie und hier v.a. Extranets (vgl. Teil 4) als geeignete Infrastruktur für die Übertragung der EDI-Daten diskutiert werden, wird auf der Nachrichtenebene schon lange das Ziel verfolgt, einen umfassenden, d.h. international und branchenübergreifend einsetzbaren Standard zu entwickeln: EDI for administration, commerce and transport (EDIFACT). Da es kaum möglich ist, sämtliche relevanten Nachrichtentypen abzudecken, haben sich EDIFACT-Subsets herausgebildet. Im Gegensatz zu den ebenfalls zu beobachtenden bilateralen EDI-Abmachungen handelt es sich hierbei um branchenspezifische EDIFACT-Lösungen (vgl. Teil 4). Es liegt nahe, daß Unternehmen, die mit mehreren Partnern aus verschiedenen Branchen kommunizieren, das komplette EDIFACT bevorzugen, während Unternehmen mit branchenspezifischen Kommunikationsbeziehungen eher die EDIFACT-Subsets präferieren. In Verbindung mit dem Internet-Standard XML (extensible markup language) soll es zukünftig gelingen, das EDIFACT-Konzept mit der Flexibilität von XML zu integrieren, um den Einsatz von EDI für alle Unternehmen attraktiv zu machen (vgl. auch Teil 4). Für den Einsatz von

EDI kommen prinzipiell sämtliche Geschäfts- und Kommunikationspartner in Frage (vgl. Abb. 6-5).

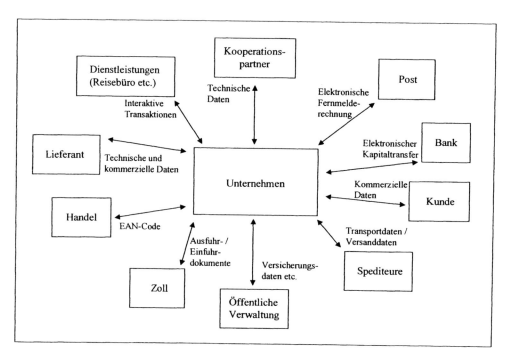

Abb. 6-5:   Elektronische Kommunikationsbeziehungen (in Anlehnung an Kilian / Picot / Neuburger 1994, S. 44)

Typische Beispiele sind Logistik-Partnerschaften oder vertikale Beherrschungsformen, bei denen große Mengen an transaktionsbegleitenden Dokumenten zwischen den beteiligten Unternehmen ausgetauscht werden müssen (z.B. JIT-Beziehungen in der Automobilindustrie). Der konkrete Nutzen von EDI (auf Basis von Internet und XML) besteht dann in einer Vermeidung unnötiger Medienbrüche und in der bruchlosen Weiterverarbeitung der Dokumente. So müssen z.B. Lieferdokumente und Rechnungen nicht mehr ausgedruckt und in Papierform an den Abnehmer geschickt werden, der diese Rechnung dann in seine EDV-Buchhaltung eingibt, sondern die elektronischen Daten werden direkt zwischen den EDV-Buchhaltungssystemen der beiden Firmen und der beteiligten Banken ausgetauscht.

EDI kann damit prinzipiell ein Hebel zur Angleichung der Organisationsstrukturen und -prozesse von Kommunikationspartnern sein. Die Verknüpfung von Anwendungssystemen über EDI unterstützt damit Tendenzen zur Integration organisatorischer Struk-

turen und Prozesse und damit letztlich die unternehmensübergreifende Integration von
Planungs- und Steuerungsprozessen. Dies ist insbesondere bei symbiotischen Unter-
nehmensbeziehungen wichtig, die ja gerade eine *Abstimmung der organisatorischen
Strukturen und Prozesse sowie der Planungs- und Steuerungsprozesse* zwischen den
beteiligten Unternehmen erfordern. Kleinaltenkamp (1993) spricht in diesem Fall von
Business Integration. Um beispielsweise Just-in-Time-Lieferbeziehungen zu optimieren
oder Rationalisierungsgemeinschaften zum Erfolg zu führen, ist es notwendig, die
Strukturen und Prozesse der verschiedenen Unternehmen eng aufeinander abzustimmen.
Gelingt dies mit Hilfe von EDI, wundert es nicht, daß sich in einer empirischen Untersuchung, in der u.a. die organisatorischen Auswirkungen von EDI analysiert wurden
(vgl. Kilian / Picot / Neuburger 1994), deutlich der Trend zu branchenübergreifenden
Netzstrukturen zwischen Kunden, Lieferanten, Banken, Speditionen, öffentlicher Ver-
waltung sowie Dienstleistungsunternehmen abzeichnete. EDI kann somit symbiotische
Arrangements mit anderen Unternehmen fördern.

6.4.2 Anwendungspotentiale der Informations- und Kommunikationstechnik

In Teil 4 wurden bereits wesentliche Potentiale und Entwicklungstrends von IuK-Techniken aufgezeigt. Anknüpfend an die im vorhergehenden Kapitel 6.4.1 beschriebenen
Anforderungen symbiotischer Arrangements an die IuK-Technik sollen hier wichtige
technologische Entwicklungstrends aufgegriffen und auf ihre Bedeutung für symbiotische Arrangements hin vertieft werden. Von besonderer Bedeutung im Rahmen symbiotischer Arrangements sind Kommunikationstechnologien, insbesondere Telekommunikationsnetze und -dienste, die im Mittelpunkt dieses Kapitels stehen.

Bei den öffentlichen Telekommunikationsnetzen zeichnen sich zwei wesentliche Entwicklungen ab. Erstens ist durch die *Verwendung neuer Übertragungstechnik und -pro-
tokolle* eine erhebliche Steigerung der Übertragungsleistung zu erwarten (siehe hierzu
Kap. 4.2.1.1). Damit wird die technische Grundlage für eine Realisierung des elektronischen Geschäftsverkehrs im Business-to-Business Bereich geschaffen, welcher über
große Entfernungen hinweg erhebliche Übertragungskapazitäten einfordert (vgl. z.B.
Frazier / Herbst 1994). Internetbasierte Kommunikations- und Datenkanäle besitzen
erhebliche Bedeutung für die Realisierung von kommunikationsintensiven Unterneh-
mensbeziehungen. Zudem werden die Telekommunikationsinfrastrukturen in vielen
Ländern derzeit ausgebaut und durch den verstärkten Einsatz von Glasfasertechnik
modernisiert. Ziel ist eine *Global Information Infrastructure (GII)*, d.h. ein global verfügbares, auf einer möglichst einheitlichen Übertragungstechnik basierendes Hochleistungstelekommunikationsnetz, das eine Vielzahl von Telekommunikationsanwendungen

bietet. Dadurch werden auch grenzüberschreitende symbiotische Arrangements wie z.B. internationale Forschungs- und Entwicklungskooperationen ermöglicht und gefördert. Aufbau und Nutzung von Intranets und Extranets auf der Basis des Internet-Standardprotokolls TCP/IP spielen bei der Bildung von Unternehmensnetzwerken vor allem bei der Unterstützung einer medienbruchfreien und standortunabhängigen Zusammenarbeit eine besondere Rolle.

Bei den mit Hilfe der öffentlichen Telekommunikationsnetze angebotenen Telekommunikationsdiensten zeichnet sich als Trend ab, daß zunehmend mehrere Dienste in einem einzigen Übertragungsnetz, wie z.B. einem Breitband-ISDN-Netz, integriert werden. In Zukunft ist zu erwarten, daß ein einziges Hochleistungstelekommunikationsnetz als Träger für eine ganze Palette von Diensten wie z.B. Telefon, Datenaustausch, Rundfunk- und Fernsehübertragung fungieren kann.

Enge kommunikationstechnische Verbindungen und damit einhergehende Vernetzungstendenzen können zur Herausbildung unternehmensübergreifender elektronischer Gruppen oder Hierarchien führen. *Unternehmensübergreifende elektronische Gruppen* bilden sich dadurch, daß eine Mehrzahl von Unternehmen auf der Basis kooperativer Beziehungen enge kommunikative Anbindungen mit gemeinsamen Standards besitzen. Dadurch bestehen innerhalb einer solchen Gruppe offene Kommunikationsmöglichkeiten zwischen den Mitgliedern, wodurch bei wechselnden Kommunikationsbeziehungen nur ein geringer Abstimmungsaufwand erforderlich ist. Solche unternehmensübergreifenden elektronischen Gruppen nähern sich bereits der Koordinationsform eines elektronischen Marktes (vgl. Teil 7) an. Sie unterscheiden sich von dieser aber u.a. dadurch, daß ihre Mitgliederzahl beschränkt und eher klein ist sowie eine gemeinsame Zielsetzung besteht. Beispiele sind Warenwirtschaftssysteme, Rationalisierungsgemeinschaften oder Forschungs- und Entwicklungsallianzen zwischen einer Mehrzahl von Unternehmen.

Bei einer *unternehmensübergreifenden elektronischen Hierarchie* handelt es sich um eine längerfristige elektronische Integration der Informationsverarbeitungssysteme zweier oder mehrerer rechtlich selbständiger Unternehmen, wobei wirtschaftliche Abhängigkeitsverhältnisse bestehen, d.h. ein beherrschendes Unternehmen erzwingt z.B. die Einrichtung des EDI-Netzwerkes. Das dominierende Unternehmen kann darüber hinaus Einfluß zur Angleichung von Organisation und Geschäftsprozessen der beherrschten Unternehmen ausüben. An solchen elektronischen Hierarchien können andere Unternehmen nicht unmittelbar partizipieren. Der Einsatz proprietärer Anwendungssysteme und Standards stärkt den hierarchischen Charakter, weil er „outside options" der in die elektronische Hierarchie integrierten Unternehmen vermindert.

Bei Beherrschungsformen kann es gerade die Strategie des beherrschenden Unternehmens sein, durch den Einsatz spezifischer IuK-Technik ein *Abhängigkeitsverhältnis* zu beherrschten Unternehmen zu zementieren. Ein Beispiel dafür mag die Kommunikationsstrategie von Ford Europe sein. Für die Kommunikation mit den Zulieferern verwendet der Automobilhersteller ein proprietäres Kommunikationssystem (Fordnet) sowie einen individuellen, für die eigenen Informations- und Kommunikationsbedürfnisse besonders geeigneten EDI-Standard (vgl. Hartzheim 1990). Diese Strategie kann jedoch dazu führen, daß sich potentielle neue Geschäftspartner weigern, dieses proprietäre System anzuwenden und somit keine Geschäftsbeziehung zustande kommt. Durch eine solche elektronische Integration lassen sich zwar kaum Beherrschungsformen begründen, jedoch verstärkt sich der Beherrschungscharakter bestehender hybrider Arrangements.

6.4.3 Probleme und Risiken

Der Einsatz von IuK-Technik birgt neben den beschriebenen Potentialen auch verschiedene *Probleme und Risiken*. Solche Faktoren können dazu führen, daß sich die Potentiale von IuK-Technik für die Herausbildung symbiotischer Organisationsformen unter Umständen gar nicht oder nicht vollständig entfalten können.

Selbst wenn eine Telekommunikationsinfrastruktur vorhanden ist, gewährleistet diese noch nicht den Erfolg symbiotischer Arrangements. Zudem erfordert eine unternehmensübergreifende Zusammenarbeit eine hohe technische Leistungsfähigkeit. Verschiedene Aufgaben wie z.B. in der Forschung und Entwicklung basieren auf der Übertragung von Bildern und hohen Datenmengen über weite Entfernungen. Erhebliche Übertragungsgeschwindigkeiten und -kapazitäten sind auch bei Multimedia-Anwendungen oder Videokonferenzen notwendig. Ein intensiver Austausch von Bildern, Multimedia-Anwendungen und technischen Daten fördert das Risiko eines Kapazitätsengpasses in öffentlichen wie auch privaten Übertragungsnetzen.

Notwendig sind hohe Übertragungskapazitäten sowie niedrige Tarife für die Übertragungsleistungen. Deregulierung und Intensivierung des Wettbewerbs auf allen Ebenen des Telekommunikationssektors, insbesondere auf der Netzebene, ermöglichen ein preisgünstiges und vielfältiges Angebot an Übertragungsleistungen und Telekommunikationsdiensten (vgl. Burr 1995).

Der Einsatz von IuK-Technik kann mit *sicherheitstechnischen und rechtlichen Risiken* verbunden sein, die, sofern sie antizipiert werden, die Bildung symbiotischer Koordinationsformen beschränken können (vgl. z.B. Borghoff / Schlichter 2000; Krcmar 2002).

Sicherheitsaspekte stellen bei der Übertragung von Daten aus mehreren Gründen eine wichtige Anforderung an unternehmensübergreifende Kommunikationsbeziehungen und die sie unterstützende Infrastruktur dar. Bei der Übertragung können technisch bedingte Fehler auftreten, die möglicherweise nicht durch Sicherungskontrollen bei der Übertragung oder durch Plausibilitätsprüfungen beim Empfänger erkannt werden. Weiterhin besteht die Gefahr bewußter Datenmanipulationen auf dem Übertragungsweg vom Sender zum Empfänger, da neben den beiden Kommunikationspartnern mindestens ein weiterer Akteur wie etwa der Betreiber öffentlicher Übertragungsnetze oder der beauftragte Mehrwertdiensteanbieter mit Übertragungsdateien in Berührung kommt.

Damit ergibt sich die *rechtliche Fragestellung*, wer für Schäden aufgrund fehlerhafter oder manipulierter Datenübertragung zu haften hat. So kann man sich beispielsweise den Fall vorstellen, daß eine fehlerhafte Übermittlung einer bestimmten Bestellmenge eine zu geringe Liefermenge zur Folge hat. Dadurch kann es unter Umständen zu Produktionsengpässen oder gar zu einem Produktionsausfall beim Abnehmer mit entsprechenden wirtschaftlichen Einbußen kommen. So ist bislang immer noch die Frage ungeklärt, wer die Haftung übernimmt, wenn beispielsweise bei einem Automobilhersteller ein Produktionsstillstand eintritt, weil zu wenig oder falsche Güter aufgrund fehlerhafter Datenübertragung zugeliefert wurden. Es können sich also erhebliche rechtliche Schwierigkeiten ergeben, die Haftung für entstandene Schäden zu klären. Diese Probleme können allerdings durch den zunehmenden Einsatz von digitalen Signaturen und elektronischen Zertifikaten gelöst werden. Zudem werden Sicherungsmechanismen erörtert, die potentielle Schäden kalkulierbar machen sollen. Es wird beispielsweise diskutiert, die *Verschuldungshaftung* durch eine *Gefährdungshaftung* zu ersetzen (vgl. Kilian / Picot / Neuburger 1994). Das bedeutet, daß nicht mehr ein Verschulden für auftretende Fehler nachzuweisen ist, sondern die Risiken durch Versicherungen abgedeckt werden. Der Gesetzgeber muß die entsprechenden Gesetze an die neuartigen Kommunikationsbedingungen anpassen.

Die Möglichkeiten für eine flexible Realisierung und Erweiterung symbiotischer Koordinationsbeziehungen steigen mit der *Diffusion einheitlicher Übertragungs- und Nachrichtenstandards*. Durch solche Standards wie TCP/IP, ein erweitertes EDI und XML lassen sich prinzipiell offene Kommunikationsbedingungen schaffen, bei denen die Anbahnung und Abwicklung neuer symbiotischer Geschäftsbeziehungen ohne aufwendige Absprachen über Übertragungs- und Formatregeln stattfinden könnte.

6.5 Schlußfolgerungen für das Management

Die Chancen symbiotischer Arrangements bestehen vor allem in der Erweiterung der Ressourcen (insbesondere Kapital und Know-how), die einem Unternehmen zur Verfügung stehen, indem die Partner ihre jeweiligen Ressourcen in die Zusammenarbeit einbringen. Da symbiotische Arrangements zwischen Unternehmen nicht auf den nationalen Bereich beschränkt sind, sondern zunehmend auch staatenübergreifend verwirklicht werden, eröffnen sie die Chance, daß regionale und globale Potentiale flexibel ausgeschöpft und Vorteile der internationalen Arbeitsteilung genutzt werden können. Internationale symbiotische Arrangements zielen nicht zuletzt auf die Nutzung von Lohndifferenzen, von Know-how-Gefällen und von Unterschieden in den nationalen Rechtsordnungen (v.a. international unterschiedliche Regulierungsstandards im Umweltschutz und Sozialrecht). Symbiotische Arrangements auf internationaler Ebene verwischen damit nicht nur die Unternehmensgrenzen, sondern bewirken auch, daß staatliche Grenzen für die internationalen Aktivitäten von Unternehmen zunehmend unbedeutender werden.

Symbiotische Arrangements mit anderen Firmen müssen wie jede ökonomische Aktivität geplant und organisiert werden. Das Management symbiotischer Arrangements erfordert, daß die Voraussetzungen für die enge Zusammenarbeit mit anderen Unternehmen geschaffen, die Risiken einer solchen Verwischung von Unternehmensgrenzen beherrscht und die mit symbiotischen Arrangements verbundenen unternehmerischen Chancen genutzt werden. Im folgenden werden anhand verschiedener Theorien Hinweise für das Management symbiotischer Unternehmensverbindungen abgeleitet.

Infrastrukturen als Voraussetzung für Kooperationsfähigkeit

Unabdingbare Voraussetzung für die Fähigkeit der Unternehmung, Kooperationen einzugehen, ist das *Vorhandensein stabiler, entwicklungsfähiger und preisgünstig zu nutzender Infrastrukturen.* Sie tragen als wesentliche Bestandteile der Transaktionsatmosphäre dazu bei, die Transaktionskosten der zwischenbetrieblichen Zusammenarbeit zu senken. Zur Infrastruktur zählen dabei hauptsächlich öffentlich (d.h. nicht notwendigerweise staatlich) bereitgestellte und von den symbiotisch verbundenen Unternehmen genutzte Infrastrukturen

- technischer Art (öffentliche Telekommunikationsnetze auf Schmalband- oder Breitband-ISDN-Basis, Verkehrswege, Ver- und Entsorgungssysteme);
- institutioneller Art (z.B. Unternehmensrecht, Wettbewerbsrecht, Arbeitsrecht, Eigentumsrecht);

- personeller Art (z.B. öffentliches Schul- und Hochschulwesen, duale Berufsausbildung, Großforschungseinrichtungen).

In einem weiteren Begriffsverständnis gehört zur Infrastruktur aber auch die in den Unternehmen vorhandene, *private Infrastruktur* wie z.B. gemeinsam genutzte Corporate Networks, EDV-Anlagen oder Extranets. Die öffentlichen und privaten Infrastrukturen bilden eine wesentliche Voraussetzung für symbiotische Arrangements wie Netzwerke, Franchisingsysteme und strategische Allianzen. Generell läßt sich feststellen, daß symbiotische Arrangements andere Anforderungen an die zur Verfügung stehenden technischen Infrastrukturen und die Informations- und Kommunikationssysteme stellen als klassische Märkte und Hierarchien. Oftmals werden symbiotische Arrangements durch den Einsatz von IuK-Technik unterstützt, intensiviert oder überhaupt erst ermöglicht. Umgekehrt verändert der Einsatz neuer Informations- und Kommunikationstechniken die Möglichkeiten der Zusammenarbeit zwischen Organisationen erheblich. Durch innovative IuK-Technik können somit auch völlig neue, bislang unbekannte Formen symbiotischer Arrangements ökonomisch effizient realisiert werden. Das Spektrum bekannter und neuer symbiotischer Organisationsformen, welches sich im Zuge der Ausbreitung der neuen Techniken entwickelt hat bzw. noch entwickeln wird, ist heute erst in Ansätzen erkennbar. Die Entwicklung geht in Richtung *unternehmens- und standortübergreifender vernetzter Strukturen* als Leitbilder zukunftsbezogener Innovationsstrategien (vgl. Teil 1), die erhöhte Anforderungen an die zugrundeliegenden Infrastrukturen stellen.

Technische Infrastrukturen können symbiotische Arrangements allerdings nur dann effektiv und effizient unterstützen, wenn diese Infrastrukturen selbst hinreichend stabil und entwicklungsfähig sind. Fehlen hingegen diese Infrastrukturen (wie z.B. in Entwicklungsländern oder in den Nachfolgestaaten der ehemaligen Sowjetunion) oder sind sie nur unzureichend entwickelt, so kann sich die Unternehmung durch Begründung symbiotischer Arrangements nicht auflösen, sondern muß sich wieder stärker integrieren. Schwierigkeiten einer Öffnung zu symbiotischen Arrangements mit anderen Unternehmen ergeben sich auch bei einer instabilen rechtlichen Infrastruktur. Dies zeigt derzeit ganz besonders deutlich die Entwicklung in Rußland, wo das weitgehende Fehlen eines rechtlichen Rahmens den Unternehmen die Bildung von strategischen Allianzen mit inländischen und ausländischen Partnern erschwert, wenn nicht unmöglich macht, und damit die Unternehmen zu einem hohen vertikalen Integrationsgrad zwingt.

Auch in Deutschland ist die Begründung symbiotischer Arrangements mit rechtlichen Risiken behaftet. Insbesondere das Wettbewerbsrecht, das Konzernrecht und das Arbeits- und Haftungsrecht tragen bisher nur ansatzweise neuen symbiotischen Formen arbeitsteiliger Aufgabenerfüllung Rechnung. Symbiotische Arrangements sind unter rechtlichen Aspekten mit vielen offenen Fragen konfrontiert. So ist beispielsweise die Frage der Durchgriffshaftung auf die Mutterunternehmen noch nicht verbindlich geregelt, wenn ein von mehreren Unternehmen gemeinsam betriebenes Joint Venture in Konkurs geht oder mit Schadensersatzklagen überzogen wird. Auch die kartellrechtliche Behandlung von strategischen Allianzen, Joint Ventures oder anderen Formen von Unternehmenssymbiosen kann im Einzelfall für die beteiligten Unternehmen erhebliche Entscheidungsunsicherheit und Risiken generieren, weil sich hier noch keine klaren Leitlinien der Wettbewerbspolitik herausgebildet haben.

Originäre Aufgabe des Managements ist es so, die für symbiotische Arrangements erforderlichen unternehmensinternen Infrastrukturen so weit wie möglich aufzubauen, den Zugang zu den erforderlichen öffentlichen Infrastrukturen sicherzustellen sowie ständig nach neuen, möglicherweise günstigeren Organisationsformen für die symbiotische Aufgabenerfüllung in Zusammenarbeit mit anderen Unternehmen zu suchen, um für zukünftige Innovationspfade der Unternehmensentwicklung gerüstet zu sein.

Vertrauen, gemeinsame Normen und Werte: 10 Regeln der Vertrauensbildung

Gemeinsame Normen und Werte sowie gegenseitiges Vertrauen sind weitere kooperationserleichternde und transaktionskostensenkende Elemente der Transaktionsatmosphäre (vgl. Teil 3). Für das Unternehmen bedeutet dies, daß es die Fähigkeit zur unternehmensübergreifenden Zusammenarbeit als strategisches, Wettbewerbsvorteile ermöglichendes und sicherndes Potential aufbauen kann und soll. Der Aufbau von Vertrauen und gemeinsamen Werten und Normen wird durch die meistens langfristig angelegte Zusammenarbeit im Rahmen von symbiotischen Arrangements gefördert, aber nicht garantiert. Daher ist es erforderlich, daß sich beide Partner an geschriebene oder ungeschriebene Regeln der Zusammenarbeit halten, die gleichsam die Unternehmensverfassung des symbiotischen Arrangements (also eine Art Netzwerk- oder Kooperationsverfassung) bilden.

Ein Beispiel hierfür ist *TCG* (*Technical and Computer Graphics*), eine Gruppe von 24 mittelständischen australischen Firmen im EDV-Service-Sektor (vgl. Matthews 1994). Jede dieser Gruppe angehörende Firma hat sich auf eine bestimmte EDV-Anwendung oder auf einen bestimmten Bereich der Informationstechnik spezialisiert. Die Firmen sind wirtschaftlich und rechtlich weitgehend unabhängig, TCG ist in der Form eines Netzwerkes organisiert. Die einzelnen Firmen akquirieren Aufträge von außerhalb des Netzwerkes und wickeln sie dann meistens im Wege des Subcontracting mit ihren Schwesterfirmen ab. Gegenüber externen Gruppen tritt *TCG* als eine homogene unternehmerische Einheit auf, d.h. die Subcontracting-Verhältnisse werden für die Unternehmensumwelt nicht sichtbar. Diese Unternehmensgruppe war in der Vergangenheit insbesondere erfolgreich, weil sie effiziente *governance structures* für das Management der zwischenbetrieblichen Netzwerkbeziehungen entwickeln konnte. Wesentliche Elemente dieser „interorganizational governance structure" (Matthews 1994, S. 16) sind:

1) *Selbständigkeit der durch bilaterale Verträge koordinierten Netzwerkfirmen:* Dies schließt aber die Möglichkeit von Überkreuz-Kapitalbeteiligungen zwischen einzelnen Firmen des Netzwerkes nicht aus.

2) *Gegenseitige Bevorzugung der Firmen beim Abschluß von Verträgen:* Diese Verhaltensregel gibt der Unternehmensgruppe ihre Identität. Der Abschluß von Verträgen mit Firmen, die nicht der *TCG*-Gruppe angehören, bleibt aber nach wie vor möglich.

3) *Ausschluß von Konkurrenz zwischen den Netzwerkfirmen:* Durch diese Regel wird der Grundstein für Vertrauen zwischen den Netzwerkunternehmen gelegt.

4) *Gegenseitige Nichtausbeutung:* Netzwerkfirmen verzichten auf Gewinne aus Transaktionen mit Schwesterfirmen. Gegenseitige Leistungsbeziehungen werden dementsprechend auf der Basis von cost-plus-Verträgen abgewickelt. Auch diese Regel fördert in besonderem Maße das Vertrauen zwischen den Netzwerkteilnehmern und vermeidet die Herausbildung einer Hierarchie zwischen wirtschaftlich starken und wirtschaftlich schwachen Netzwerkunternehmen.

5) *Flexibilität und Wahrung der Geschäftsautonomie der Gruppenfirmen:* Gruppenfirmen müssen für den Abschluß von Verträgen mit externen Partnern oder den Aufbau neuer Geschäftsfelder nicht die Zustimmung der anderen Partner einholen.

6) *Demokratische Verfassung des Netzwerkes:* Es gibt keinen Eigentümer der ganzen Unternehmensgruppe, keine Holding-Company und kein zentrales Planungskommittee. Das Netzwerk hält aufgrund der zwischen den Unternehmen bestehenden Geschäftsbeziehungen zusammen.

7) *Nichtbeachtung der Regeln führt zum Ausschluß aus dem Netzwerk:* Diese Sanktionsmöglichkeit sichert die Regelbeachtung durch die Mitgliedsfirmen.

8) *Eintritt neuer Firmen in das Netzwerk:* Der Eintritt neuer Firmen in das Netzwerk ist im allgemeinen willkommen und erwünscht. Diese Regel erlaubt dem Netzwerk die weitere Expansion und permanente Selbsterneuerung.

9) *Austritt von Firmen aus dem Netzwerk:* Kein Mitgliedunternehmen wird gegen seinen Willen im Netzwerk gehalten, der Austritt ist jederzeit möglich.

10) Beziehungen einzelner Netzwerkfirmen zu externen Dritten: Jedes Unternehmen hat die Möglichkeit, mit seinen Leistungen am Markt aufzutreten, so daß es nicht nur auf das Subcontracting innerhalb des Netzwerkes angewiesen ist. Dadurch wird das Entstehen einer Auftraggeber-Subcontractor-Hierarchie zwischen den Firmen des Netzwerkes verhindert.

Diese 10 Regeln formen die *TCG*-Verfassung, sie geben diesem Netzwerk seinen Zusammenhalt und seine Entwicklungsdynamik. Laut Matthews wurden diese Regeln nie explizit niedergeschrieben. Sie haben sich durch Übung und Praxis evolutionär herausgebildet. Matthews (1994, S. 19) merkt zusammenfassend an: „Above all, the study of the governance structure of networks brings the issue of trust back to the centre of attention. Trust is not a natural but a social construct. It is produced from the norms that govern people's behaviour and their commercial interactions."

Dieses Beispiel zeigt sehr deutlich, daß eine gemeinsame Unternehmensverfassung die Fähigkeit zur unternehmensübergreifenden Zusammenarbeit fördern kann, wenn sie Fairness und Offenheit begünstigt und die Bildung von Vertrauen sowie gemeinsamen Werten und Normen ermöglicht. Originäre Aufgabe des Managements ist es, Regeln für die Leistungsbeziehungen zwischen den symbiotisch verflochtenen Unternehmen zu entwickeln und durchzusetzen sowie eine übergreifende Kultur aller an der Symbiose Beteiligten zu pflegen. Zusammenfassend läßt sich feststellen, daß die Transaktionsatmosphäre, d.h. im wesentlichen die Infrastrukturen der Transaktion und das gegenseitige Vertrauen der Transaktionspartner, bei symbiotischen Arrangements besondere Bedeutung besitzt und eine wesentliche Determinante für den Erfolg eines symbiotischen Arrangements darstellt.

Neben der Schaffung der technischen Voraussetzungen für symbiotischen Verflechtungen ist es weiterhin Aufgabe des Managements, die mit symbiotischen Arrangements einhergehenden *Risiken* zu beherrschen. Risiken symbiotischer Arrangements können im Verlust der eigenen Identität oder im Verlust von Marktvorteilen bestehen. Das Risiko des Identitätsverlustes ist insbesondere dann sehr groß, wenn Unternehmen mit sehr unterschiedlichen Kulturen und Traditionen eine symbiotische Verflechtung eingehen. In diesem Fall besteht die Gefahr, daß die verflochtenen Unternehmensteile entweder keine eigene Unternehmenskultur und Identität entwickeln oder daß die Kultur des dominanten Symbiosepartners die der anderen Symbiosepartner verdrängt. In beiden Fällen ist zu erwarten, daß die Symbiose früher oder später rückgängig gemacht wird, z.B. weil sich die Koordination zwischen den Partnern aufgrund unterschiedlicher Wertvorstellungen als unerwartet schwierig und zu transaktionskostenintensiv erweist.

Oftmals werden in diesem Fall die verflochtenen Unternehmensbereiche aufgelöst oder von einem Partner ganz übernommen. Letzterer Fall kann für den seine Anteile veräußernden Symbiosepartner unter Umständen den Verlust entscheidender Kernkompetenzen mit sich bringen. Damit ist zugleich der zweite, bei der Begründung von symbiotischen Arrangements besonders zu beachtende Problemkreis angesprochen, nämlich die Gefahr des Verlustes von Marktvorteilen und das Entstehen einseitiger Abhängigkeiten.

Gestaltungsempfehlungen aus Sicht der Theorie

Die Theorie der Kernkompetenzen und die Transaktionskostentheorie geben wertvolle Gestaltungsempfehlungen in bezug auf die Beherrschung dieser beiden Risiken. Beide Theorien weisen darauf hin, daß Kernkompetenzen bzw. spezifische Leistungen vom Unternehmen selbst intern und nur ausnahmsweise in Kooperation mit externen Partnern wahrgenommen werden sollten. Die Transaktionskostentheorie gibt darüberhinaus die Empfehlung, daß – falls bei spezifischen Leistungen die Zusammenarbeit mit externen Partnern aufgrund fehlenden Kapitals und Know-hows erforderlich sein sollte – diese kooperative Verflechtung zusätzlich durch Vertrauen und gemeinsame Werthaltungen oder durch langfristige Verträge zwischen den Partnerunternehmen abgesichert werden muß. Mißachten Unternehmen diese Empfehlungen, so droht ihnen möglicherweise der Verlust von Kernkompetenzen, die nur unter großem Aufwand wieder aufgebaut werden können. Oder es drohen einseitige Abhängigkeiten, die unter großem Ressourcenaufwand überwunden werden müssen.

So hat sich die Firma *IBM* im Jahr 1983 entschieden, für ihren ersten Personal Computer das Betriebssystem von *Microsoft* und den Prozessor von *Intel* zu beziehen, anstelle diese Kernprodukte eines PC selbst zu entwickeln. Infolgedessen hat *IBM* seine auf diesen beiden Gebieten vorhandenen Kernkompetenzen weitgehend verloren und ist zunehmend in einseitige Abhängigkeit von *Intel* und *Microsoft* geraten. Der erneute Aufbau dieser Kernkompetenzen, der diese Abhängigkeiten vermindern sollte (Entwicklung des Betriebssystems OS/2 und des Mikroprozessors Power-PC), erforderte erhebliche Aufwendungen von Seiten *IBM* und konnte im Falle des Power-PC-Projektes nur durch das Eingehen neuer symbiotischer Verflechtungen mit *Apple* und *Motorola* erreicht werden. OS/2 war im Privatkundenmarkt sogar völlig erfolglos.

Auf solche strategischen Aspekte richten die Theorie der Kernkompetenzen und die Transaktionskostentheorie gerade den Schwerpunkt ihrer Betrachtung. Aus beiden Theorien lassen sich damit mögliche Grenzen der Anwendung symbiotischer Netzwerke zur Organisation arbeitsteiliger Aufgabenerfüllung ableiten.

Zusammenfassend muß das Management symbiotischer Arrangements zwischen mehreren Unternehmen vor allem folgende Leistungen erbringen:

- Prüfung der technischen, rechtlichen und personellen Voraussetzungen für ein symbiotisches Arrangement mit einem anderen Unternehmen (Kooperationsfähigkeit);

- Abschätzung der aus der Unternehmenssymbiose resultierenden Chancen;

- Abwägung der Risiken.

Die obigen Ausführungen haben auch verdeutlicht, daß das Management zukunftsbezogener, d.h. innovativer Unternehmensentwicklung im Vergleich zu den Prinzipien erfolgreicher Unternehmensführung in der traditionellen, hoch integrierten Unternehmung besonderes Gewicht auf das Management der informations- und kommunikationstechnischen Infrastrukturen, das Management zwischenbetrieblicher Vertragsgeflechte und ein unternehmensübergreifendes Kulturmanagement legen muß.

Teil 7

Neue Formen der Marktkoordination – Elektronische Märkte

Fallbeispiel Teil 7: Covisint – ein elektronischer Marktplatz für die Automobilindustrie

Die Optimierung der gesamten Wertschöpfungskette bis hin zum „3-Tage-Auto" dominiert die Anstrengungen vieler Automobilproduzenten. Die Einrichtung elektronischer Markt- und Kooperationsplätze soll entscheidend dazu beitragen, trotz steigender Komplexität durch immer kürzere Entwicklungszeiten und steigende Variantenvielfalt die Effizienz der Wertschöpfung zu verbessern. Prominentestes Beispiel eines solchen Marktplatzes ist Covisint, ein Kunstname, der die Begriffe Collaboration, Vision und Integration vereint. Im Februar 2000 geben DaimlerChrysler, Ford und General Motors ihre Initiative bekannt, einen einheitlichen globalen e-Marktplatz für die Automobilindustrie zu errichten. Der Initiative treten im April 2000 auch Renault und Nissan bei. Seit April 2001 stellt Covisint ein breites Produkt- und Service-Spektrum für sein internationales Klientel zur Verfügung. Bereits im Mai 2001 führt Covisint innerhalb von nur vier Tagen die bislang weltweit größte Internetauktion mit einem Volumen von ungefähr 3,5 Mrd. Euro durch. Im einer weiteren Ausbaustufe implementiert Ford im Februar 2002 die erste Pilotversion eines Covisint-Zuliefererportals. In der Endausbaustufe werden bis zu 5.000 Zulieferer über das Portal Zugriff zu über 80 Ford-Anwendungen erhalten.

Als Anwendungs- und Dienstleistungsplattform positioniert sich Covisint zwischen allen Unternehmen, die an der Herstellung von Automobilen beteiligt sind, d.h. also nicht nur zwischen OEM und den größten Zulieferern (Tear 1). Ziel ist eine drastische Reduzierung der Komplexität der Kommunikationsverbindungen zwischen den Marktteilnehmern. Baut ein Zulieferer z.B. im Rahmen der von Covisint angebotenen Supply-Chain-Anwendungen eine Anbindung zu einem Hersteller auf, kann er diese Anwendung ohne Zusatzaufwand auch auf andere Autohersteller ausdehnen. Die in Covisint gebündelten Anwendungen und Dienstleistungen sind speziell auf die Anforderungen der Automobilindustrie abgestimmt. Einzelne Produkte aber werden auch in anderen Industrien angewendet, wie z.B. internetbasierte kollaborative Produktentwicklung im Bereich Flugzeugbau oder internetbasierte Übertragung von Lagerbestandsdaten in Echtzeit im Bereich der chemischen Industrie. Noch ist der Ausbau des Marktplatzes nicht abgeschlossen, und die Zukunft wird zeigen, inwieweit diese Art einer herstellerübergreifenden Kooperation Erfolg hat. Als Erfolgsfaktoren für das schnelle Wachstum des Marktplatzes in der ersten Phase (vor allem in Vergleich zu vielen gescheiterten Versuchen anderer Betreiber elektronischer Marktplätze) gelten ein hohes Maß an Industrie- bzw. Branchenkompetenz der Betreiber, starke Anreize zur Einbindung von Geschäftsvolumen der Gründungsmitglieder sowie die effektive Einbindung einer kritischen Masse von Lieferanten.

7.1 Grundgedanke elektronischer Märkte

Das Konzept elektronischer Märkte wird seit dem Beitrag „Electronic Markets and Electronic Hierarchies" von Malone, Yates und Benjamin (1986, 1987) in der Literatur intensiv diskutiert. Ihr Beitrag wurde von vielen Autoren aufgegriffen und seither in zahlreichen Konzepten weiterentwickelt (vgl. z.B. Picot / Reichwald 1991; Ciborra 1993; Schmid 1993; Krähenmann 1994; Picot / Reichwald 1994; Benjamin / Wigand 1995; Picot / Bortenlänger / Röhrl 1995, 1996; Schmid 1995; Choi / Stahl / Whinston 1997; Wigand 1997; Shapiro / Varian 1998; Koch / Möslein / Wagner 2000; Bieberbach 2001). Das rasante Wachstum des weltumspannenden Internet hat das Interesse an elektronischen Märkten von Seiten der Wissenschaft, der Wirtschaft und der Politik gleichermaßen erhöht. Visionäre Autoren sahen gar durch die Entwicklung elektronischer Märkte ein neues Zeitalter des Wirtschaftens anbrechen, in denen die bisher gültigen Regeln der Ökonomie außer Kraft gesetzt werden (vgl. z.B. Rayport / Sviokla 1994; Kelly 1997) und kleine Unternehmen durch den Zugang zu weltweiten Märkten in Wettbewerb zu multinationalen Konzernen treten (vgl. Applegate et al. 1996). Skeptiker halten dem jedoch entgegen, daß die tatsächliche Entwicklung elektronischer Märkte noch ein beträchtliches Stück von diesen Visionen entfernt ist (vgl. Bichler / Segev 1998). Empirisch zu beobachten sind jedenfalls die ständig zunehmenden Umsätze, die mit dem Handel einer zunehmenden Zahl von Sachgütern und Dienstleistungen über das Internet erzielt werden.

Eine einheitliche *Definition* elektronischer Märkte ist bis heute in der Literatur nicht zu finden. Für wirtschaftliche Aktivitäten, die elektronisch unterstützt stattfinden, werden „E-Begriffe" heute geradezu inflationär verwendet (z.B. „Electronic Commerce", „Electronic Business", „Electronic Markets", „Electronic Marketplaces", „Electronic Marketspaces", etc.). Meist werden diese Begriffe unscharf und uneinheitlich eingesetzt. Das ist jedoch nicht verwunderlich, denn das Feld elektronisch unterstützter Markt- und Unternehmensprozesse unterliegt aufgrund der raschen Fortentwicklung der unterstützenden Technik einer starken Dynamik.

Im vorliegenden Kontext soll unter dem Oberbegriff *„Electronic Commerce"* jede Art von wirtschaftlicher Tätigkeit auf der Basis elektronischer Verbindungen zusammengefaßt werden. Die Bandbreite von „Electronic Commerce" reicht von elektronischen Märkten bis hin zu elektronischen Hierarchien und schließt auch Formen elektronisch unterstützter Unternehmensnetzwerke und -kooperationen (elektronische Netzwerke) mit ein. *Elektronische Märkte* bilden damit *eine* ausgewählte institutionelle und technische Plattform für „Electronic Commerce", bei der der marktliche Koordinationsmechanismus das gemeinsame Merkmal darstellt.

Für eine Definition elektronischer Märkte ist es notwendig, zunächst die *Funktionsweise von Märkten* genauer zu betrachten. Märkte sind ökonomische Orte des Austauschs, an denen sich Angebot und Nachfrage treffen. Die grundlegenden Charakteristika, Aufgaben und Realisierungsformen von Märkten als prozeßhaftes Geschehen wurden in Teil 2 bereits ausführlich behandelt: Der Markt bildet neben der Hierarchie die zweite grundlegende Koordinationsform wirtschaftlicher Aktivitäten (vgl. Coase 1937; Williamson 1975, 1985). Der marktliche Austauschprozeß umfaßt die Phasen der *Information*, der *Vereinbarung* sowie der *Abwicklung* einer Transaktion (vgl. Schmid 1993). An diese schließt sich die Phase des „After-Sales-Service" an, in der nach der Abwicklung der eigentlichen Transaktion mit dieser verbundene Dienstleistungen für den Käufer erbracht werden.

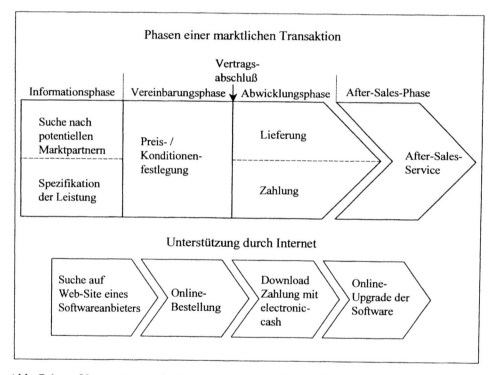

Abb. 7-1:   Unterstützung der Phasen einer marktlichen Transaktion durch das Internet

Elektronische Märkte entstehen durch die *Mediatisierung* von Markttransaktionen, also die elektronische Abbildung der Kommunikationsbeziehungen zwischen den Marktteilnehmern. Eine Form der Mediatisierung von marktlichen Transaktionen besteht in der Unterstützung einzelner Phasen der Transaktion durch Informations- und Kommunikationstechnik (IuK-Technik) – ein konstitutives Merkmal für einen elektronischen

Markt (vgl. Schmid 1993). Abbildung 7-1 zeigt die einzelnen Transaktionsphasen und anhand des Beispiels „Kauf von Software", wie sie durch das Informations- und Kommunikationssystem Internet unterstützt werden können.

Die Phasen einer Transaktion sind in Abhängigkcit von ihrer Informationsintensität unterschiedlich gut durch technische IuK-Systeme unterstützbar und stellen auch unterschiedliche Anforderungen an die Infrastruktur. Die Informationsphase kann z.B. gut unterstützt werden, wenn das IuK-System Informationen über Anbieter, Preise und Produkte gut auffinden und für den Informationssuchenden aufbereiten kann. In der Vereinbarungs- und der Abwicklungsphase stehen dagegen Anforderungen an die Sicherheit des IuK-Systems im Vordergrund. Die After-Sales-Phase benötigt möglichst individualisierbare Kommunikationskanäle. Die Unterstützbarkeit von Markttransaktionen durch technische IuK-Systeme hängt aber auch maßgeblich von den Eigenschaften der gehandelten Güter ab (vgl. Korb 2000). Die Lieferung in der Abwicklungsphase kann z.B. nur unterstützt werden, wenn das gehandelte Gut selbst informationsbasiert ist, andernfalls müssen andere technische Systeme eingesetzt werden (vgl. Steyer 1998). In Kapitel 7.3.1 wird der Zusammenhang zwischen Gütereigenschaften und Unterstützbarkeit durch IuK-Systeme weiter vertieft. Die Unterstützung marktlicher Transaktionen durch technische IuK-Systeme allein ist nicht hinreichend, um einen elektronischen Markt zu charakterisieren.

Die wachsende Bedeutung von offenen IuK-Infrastrukturen (insbesondere des Internet), die prinzipiell jedem zugänglich sind und auf denen verschiedene Güter und Dienstleistungen gehandelt werden können, erfordert eine Definition elektronischer Märkte, die die *Art der Güter* mit berücksichtigt. Hilfreich ist hier die industrieökonomische Abgrenzung von Märkten, der die substitutiven bzw. komplementären Beziehungen der auf einem Markt gehandelten Güter zugrunde gelegt wird. Danach umfaßt ein Markt „entweder ein homogenes Gut oder eine Gruppe verschiedener Produkte, die für mindestens ein Gut der jeweiligen Gruppe enge Substitute (oder Komplemente) sind. Von der Interaktion mit 'dem Rest' der Volkswirtschaft wird angenommen, daß sie sich in Grenzen hält" (vgl. Tirole 1995). Die Betrachtung elektronischer Märkte stützt sich im folgenden auf eine Definition, die diesen Aspekt mit berücksichtigt (vgl. Bieberbach / Hermann 1999). Danach ist ein *elektronischer Markt* ein *Teilmarkt* eines bestimmten Gütermarktes, der sich dadurch abgrenzt, daß der *Vertragsabschluß und einzelne Phasen* der Markttransaktion durch *informationstechnische Systeme* unterstützt werden.

Auch diese Definition läßt zwar Spielraum für die konkrete Abgrenzung eines elektronischen Marktes, ihr Vorteil gegenüber anderen Definitionen liegt aber darin, daß nicht mehr die zugrundeliegende technische IuK-Infrastruktur als abgrenzendes Kriterium angesehen wird, sondern die ökonomischen Beziehungen der gehandelten Güter. So

kann man z.B. von dem elektronischen Markt *für* Bücher oder dem elektronischen
Markt *für* Flugreisen sprechen. Die Informations- und Kommunikationssysteme, die es
Käufern und Verkäufern erlauben, Informationen über Preise und Produkte auszutau-
schen (wie z.B. das Internet), werden als *elektronische Marktplätze* bezeichnet (vgl.
Bakos 1991). Sie stellen – analog zu physischen Marktplätzen – die Infrastruktur für die
Aktivitäten der Marktteilnehmer bereit. Auf die Funktion elektronischer Marktplätze
und ihre Bedeutung für elektronische Märkte wird im folgenden näher eingegangen.

7.2 Realisierungsformen elektronischer Märkte

7.2.1 Geschlossene elektronische Märkte

Die ersten Ansätze für elektronische Märkte, in der Wissenschaft ebenso wie in der
Praxis, stammen aus einer Zeit, als die heutige Bedeutung des Internet oder anderer
offener Kommunikationsplattformen noch von niemandem vorhergesehen wurde. Zunächst standen daher *geschlossene* elektronische Märkte im Mittelpunkt der Betrachtung (vgl. Malone / Yates / Benjamin 1987). Frühe Beispiele für solche Systeme sind
die Reservierungssysteme *Apollo* und *SABRE*, die schon in den 1970er Jahren von den
Fluggesellschaften United Airlines und American Airlines aufgebaut wurden. In dieser
Branche herrschen gut strukturierte Massentransaktionen vor, und es werden nicht
lagerfähige Güter gehandelt (z.B. Sitzplätze eines bestimmten Fluges), was den Einsatz
von Informationstechnik begünstigt. An die Systeme wurden zahlreiche Reisebüros und
Fluglinien angeschlossen, die dort in freiem Wettbewerb Flugreisen anbieten und nachfragen konnten (vgl. Malone / Yates / Benjamin 1989).

Diese Systeme wurden im Laufe der Jahre weiterentwickelt. Heute gibt es weltweit
konkurrierende Buchungssysteme, die überwiegend von mehreren Fluggesellschaften
entwickelt und betrieben werden (z.B. *AMADEUS, GALILEO* und *SABRE*). Auch auf
die Systeme von Anbietern aus angrenzenden Branchen (z.B. Hotelketten, Mietwagen-
unternehmen und Schiffahrtsgesellschaften) kann zugegriffen werden. Wesentlich für
diese Systeme ist, daß eine gemeinsame Buchung von Leistungen aller beteiligten Anbieter durchführbar ist. Dazu kommt die Möglichkeit der integrierten automatischen
Abwicklung von Zahlungsleistungen (z.B. über Kreditkarten, Electronic-Cash-
Systeme).

In ihrer ursprünglichen Konzeption waren Reservierungssysteme für den Business-to-
Business-Bereich bestimmt: Der Nachfrager von Leistungen der Tourismusbranche
konnte nicht direkt auf das Buchungssystem zugreifen, sondern das Reisebüro fungierte

als Intermediär. Damit konnte man zwar in einem Buchungssystem das günstigste Angebot wählen, da aber das System nur die angeschlossenen Partner vermitteln kann, wurde nicht das ganze Potential der möglichen Marktbeziehungen abgedeckt. So war der Kunde bei seiner Auswahl auf das Angebot des von einem Reisebüro genutzten Reservierungssystems beschränkt (vgl. Hanker 1990). Diese Restriktion verliert durch die Möglichkeiten des Internet an Bedeutung. Es besteht heute für den Endkunden die Möglichkeit, über verschiedene Online-Reisebüros direkt auf fast alle Reservierungssysteme zuzugreifen und Reisebuchungen durchzuführen (vgl. Kap. 7.2.2).

Fast ebenso früh wie bei den Flugbuchungen begann die Herausbildung elektronischer Märkte im *Finanzsektor*. Wie die Reisebranche besitzen auch Finanzmärkte viele Eigenschaften, die den Einsatz von Informations- und Kommunikationstechnik begünstigen und damit eine Entwicklung in Richtung auf ein elektronisches Marktgeschehen fördern (vgl. Kap. 7.3.1.2). Erste Ansätze zu elektronischen Börseninformationssystemen gab es bereits Ende der 1960er Jahre. Das erste elektronische Börsenhandelssystem wurde 1977 in Toronto (CATS: Computer-Assisted Trading System) eingesetzt. Heute arbeitet kaum ein Händler mehr ohne Zugang zu Echtzeit-Online-Diensten, computergestützten Analysewerkzeugen und Orderrouting-Möglichkeit zu den angeschlossenen Börsen.

Bei der Einführung von Informations- und Kommunikationstechnik an den Börsen wird allerdings häufig die bestehende Organisationsform beibehalten: Der Kreis der Zugangsberechtigten bleibt beschränkt, um eine direkte Teilnahme der Investoren am Handel zu verhindern. Banken und Makler versuchen oft, ihre exklusive Zugangs- und Vermittlungsposition zu behalten (vgl. Hanker 1990; Schmid 1993). Durch den begrenzten Teilnehmerkreis ist die Sicherheit bei den Transaktionen höher (vgl. Kap. 7.3.2.3). Ein Beispiel ist das deutsche Wertpapierhandelssystem *XETRA*, das von der *Deutsche Börse AG* betrieben wird und an das nur zugelassene Wertpapierhändler angeschlossen werden dürfen. Neben den Finanzmärkten können als weitere Beispiele für geschlossene elektronische Märkte *Waren- und Warenterminbörsen* angeführt werden wie z.B. *FAST* in Australien (Fair Auction Selling Technology System) zum Verkauf des Fischfangs oder *HAM* (Hog Auction Market System) für den Handel mit Schweinen in Singapur.

Gemeinsam ist diesen geschlossenen elektronischen Märkten, daß sie unter der zentralen Kontrolle eines *Betreibers* (*Market Maker*) stehen, der als Dienstleister für Anbieter und Nachfrager den elektronischen Markt mit Hilfe eines IuK-Systems etabliert, an das sich interessierte Nutzer anschließen lassen können. Dabei handelt es sich um eine vom Market Maker kontrollierte und *beschränkte* Gruppe von Anbietern und Nachfragern. Der Market Maker kann selbst auch als Anbieter oder Nachfrager auftreten, wie im obigen Beispiel der Flugbuchungssysteme. Dabei ist er natürlich versucht, sich selbst einen Vorteil zu verschaffen. Bei dem Reservierungssystem *Apollo*, das 1976 in Betrieb ging, versuchte dies *United Airlines*, indem zunächst nur ihre eigenen Flüge buchbar waren. Das Konkurrenzsystem *SABRE* von American Airlines, das kurz später auf den Markt kam, enthielt jedoch auch Flüge anderer Gesellschaften und wurde daher von vielen Reisebüros bevorzugt. Um nicht vom Markt (der Reservierungssysteme) verdrängt zu werden, wurde auch *Apollo* für andere Fluglinien geöffnet. So sorgte also der Wettbewerb zwischen den Systemen für einen Abbau der Wettbewerbsverzerrung innerhalb der Systeme. Beide Airlines versuchten allerdings weiterhin, sich einen Vorteil zu verschaffen, indem sie dafür sorgten, daß ihre eigenen Flüge immer zuerst in der Liste möglicher Verbindungen erschienen. Diese Praxis wurde ihnen jedoch nach einer Klage von der US-Kartellbehörde untersagt (vgl. Malone / Yates / Benjamin 1987). Auch wenn die Systeme heute keinen spezifischen Marktteilnehmer mehr bevorzugen, dienen sie den Betreibergesellschaften doch als erträgliche Einnahmequelle. Die Rolle des Market Makers verliert in neuen elektronischen Märkten an Bedeutung. Heute besteht mit dem Internet eine offene Plattform, auf der prinzipiell jeder als Anbieter, Nachfrager oder Intermediär auftreten kann. Eine zentrale Kontrolle oder Zugangsbeschränkung existiert hier nicht.

7.2.2 Offene elektronische Märkte

In elektronischen Märkten, die auf *offenen Plattformen* wie dem Internet aufbauen, bietet sich die Möglichkeit einer Ausdifferenzierung von Funktionen im Markt. Der zentrale Market Maker wird durch zahlreiche Akteure mit unterschiedlichen Funktionen ersetzt, die in einem Drei-Ebenen-Modell systematisiert werden können (Abb. 7-2). Elektronische Marktplätze, Handels- und Marktunterstützungssysteme haben grundsätzlich die Aufgabe, Angebot und Nachfrage zusammenzubringen und Markttransaktionen zu ermöglichen oder zu unterstützen. Diese Systeme können von Anbietern oder Nachfragern selbst oder von Dritten (Intermediären) betrieben werden.

7.2.2.1 Elektronische Marktplätze

Dem elektronischen Markt dient als unterste Ebene der *elektronische Marktplatz*. Ein elektronischer Marktplatz ist eine Informations- und Kommunikationsinfrastruktur, die geeignet ist, als Basis marktmäßig organisierter Leistungskoordination zu dienen (vgl. Bieberbach / Hermann 1999; Bieberbach 2001). Ein elektronischer Marktplatz ist also eine notwendige, jedoch keine hinreichende Bedingung für einen elektronischen Markt. Auf Basis dieses Marktplatzes kann durch Austauschprozesse zwischen Anbietern und Nachfragern der elektronische Markt entstehen. Eine solche Unterscheidung zwischen

Markt und Marktplatz entspricht der traditionellen Differenzierung in der angelsächsischen Literatur zwischen *market* und *marketplace*, „also dem Markt als abstraktem Gebilde und jenem im geographischen Sinne" (Nieschlag / Dichtl / Hörschgen 1997, S. 92). Elektronische Marktplätze übernehmen die Funktion geographisch abgegrenzter Plätze (vgl. Beam / Segev 1997).

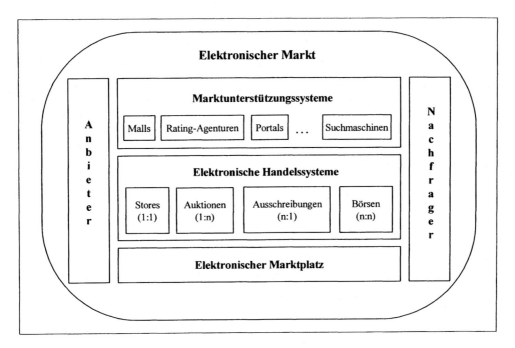

Abb. 7-2:   Drei-Ebenen-Modell elektronischer Märkte (in Anlehnung an Bieberbach / Hermann 1999)

Im Flugbuchungsbeispiel ist der elektronische Marktplatz der Zentralrechner, auf dem die Datenbank mit den noch freien Plätzen und Reservierungen liegt, sowie die Terminals in den Reisebüros und bei den Fluggesellschaften mit Verbindung zum Zentralrechner. Im Internet-Handel ist der elektronische Marktplatz die Internet-Infrastruktur mit den zugehörigen Standards (TCP/IP etc.) und Diensten (WWW etc.). Ein weiteres Beispiel ist ein Fernsehkanal in Verbindung mit einem Rückkanal (z.B. Home Order Television und Telefon). Im folgenden wird das Internet im Mittelpunkt stehen, da es sich als die wichtigste Handelsplattform herauskristallisiert hat.

7.2.2.2 Elektronische Handelssysteme

Auf elektronischen Marktplätzen, an die Anbieter und Nachfrager angeschlossen sind, bauen *elektronische Handelssysteme* auf, die speziell der Koordination und Abwicklung marktlicher Leistungsaustausche auf einem elektronischen Marktplatz dienen. Diese Handelssysteme können von einzelnen Anbietern, Nachfragern oder Dritten (Intermediären) betrieben werden. Sie lassen sich nach der Anzahl der Anbieter und Nachfrager in vier Kategorien einteilen: *Stores* (1:1), *Auktionen* (1:n), *Ausschreibungen* (n:1) und *Börsen* (n:n).

Elektronische Stores (1:1)

In Analogie zu normalen Geschäften werden elektronische Stores in der Regel von einem Anbieter (Händler oder Hersteller) betrieben. Über sie tritt er jeweils mit einem einzelnen Nachfrager in Beziehung, und ggf. nach Verhandlungen kommen ein Vertrag sowie ein Leistungsaustausch zustande (vgl. Choi / Stahl / Whinston 1997). Im WWW ist ein solcher Store eine Website, auf der man Produkte vergleichen, auswählen und bestellen kann. Ein *elektronischer Markt* entsteht erst durch den *Wettbewerb* verschiedener Stores um Kunden.

Unternehmen beginnen ihre Web-Präsenz oft mit einem reinen Informationsangebot über das Unternehmen und seine Produkte zur Unterstützung anderer Absatzkanäle. Wird dieses Angebot um Bestell- und Zahlungsmöglichkeiten ergänzt, entsteht ein elektronischer Store. Damit verbundene *Ziele* sind unter anderem eine *Umsatzsteigerung* durch den neuen Absatzweg sowie eine *Kostenreduzierung* in Werbung und Vertrieb (vgl. Timmers 1998). Verfügt das Unternehmen bereits über andere Absatzkanäle, kann es zu einer *Kannibalisierung* kommen. Die Automobilindustrie beispielsweise stieß schon bei den ersten Versuchen, Fahrzeuge über das Internet zu verkaufen, auf den massiven Widerstand der mächtigen Kfz-Händler, die dadurch ihre Geschäftsgrundlage schwinden sahen. Wird aus Rücksicht auf die klassischen Vertriebswege das Potential des Internet nicht genutzt, besteht jedoch die Gefahr, daß Konkurrenten sich diesen Kostennachteil zunutze machen und mit günstigeren Angeboten auf den Markt kommen.

Für die Kunden sind die erhöhte *Bequemlichkeit* durch die Vermeidung von Einkaufsfahrten, *24-Stunden-Erreichbarkeit* der Stores sowie das leichtere *Vergleichen* von Angeboten verschiedener Anbieter die wichtigsten Vorteile. Insbesondere die *Zeitersparnis* darf nicht unterschätzt werden. Ein durchschnittlicher US-Konsument verbringt beispielsweise pro Woche 1,5 Stunden mit dem Einkauf von Lebensmitteln und besucht dazu 2,5 mal einen Laden (vgl. Burke 1998). Durch Online-Shopping könnte hier offensichtlich sehr viel Zeit eingespart werden. Die 24-Stunden-Erreichbarkeit ist von besonderer Bedeutung in Ländern mit strengen Ladenschlußgesetzen oder bei hohen Zuschlägen für Nachtarbeit. Letzteres erklärt sich dadurch, daß bei einem elektronischen Store vom System zu beliebigen Uhrzeiten Aufträge entgegengenommen und zu den regulären Arbeitszeiten von den Angestellten abgearbeitet werden können. Das Vergleichen verschiedener Angebote wird von den Kunden bisher noch nicht als wichtiger Vorteil eingestuft; es ist jedoch zu erwarten, daß mit zunehmender Verbreitung des Online-Shoppings und mit dem Markteintritt preissensitiverer Kunden Vergleichsmöglichkeiten wichtiger werden (vgl. Wigand / Chen / Nilan 2000).

Auktionssysteme (1:n)

Bei *Auktionssystemen* treten mehrere Nachfrager zueinander um die Leistung eines Anbieters in Wettbewerb. Auktionen spielten in klassischen Märkten bisher eine Außenseiterrolle, es ist jedoch zu beobachten, daß sie in elektronischen Märkten häufiger auftreten. Ursache ist nicht nur die kostengünstige automatische Abwicklung der Auktionen durch eine Online-Software, sondern vor allem die Tatsache, daß im Internet größere Kundenkreise an der Auktion teilnehmen können. Die für eine sinnvolle Auktion notwendige kritische Masse von Teilnehmern wird somit leichter erreicht. In Anbetracht der zunehmenden Bedeutung von Online-Auktionen sollen die vier wichtigsten *Auktionsmechanismen* kurz vorgestellt werden.

Das bekannteste und auch im Internet verbreitetste Verfahren ist die *Englische Auktion*. Sie eignet sich insbesondere für Güter, deren Preis vom Verkäufer ex ante schwer festzulegen ist, wie Antiquitäten und Sammlerware. Auf elektronischen Märkten wird sie jedoch auch für fast alle anderen Arten von Gütern verwendet (vgl. Beam / Segev 1998; Schmidt / Weinhardt / Horstmann 1998). Bei dieser Auktionsform müssen sich die Nachfrager, ausgehend von einem *Mindestgebot*, in einem offenen Wettbewerb immer wieder gegenseitig überbieten.

Für die Beendigung der Auktion gibt es zwei Varianten. Entweder läuft die Aktion nur über eine bestimmte Zeit, bei Online-Auktionen typischerweise eine Woche (vgl. Beam / Segev 1998), und wird dann geschlossen. Alternativ wird sie geschlossen, wenn eine bestimmte Zeit lang keine neuen Angebote mehr eingehen. Derjenige, der bei Schließung der Auktion das höchste Gebot abgegeben hat, erhält die Ware zu diesem Preis. Der Vorteil für den Käufer ist, daß er die Ware unter Umständen zu einem niedrigeren Preis erhält, als er maximal zu zahlen bereit gewesen wäre. Er zahlt nämlich nur ein wenig mehr als derjenige bereit gewesen war zu zahlen, der am längsten mitgeboten hat.

Der Preis wird damit auf ein wenig mehr als die zweithöchste Zahlungsbereitschaft unter allen Nachfragern festgesetzt.

Die *Holländische Auktion* eignet sich insbesondere für den Verkauf von Gütern, die wegen schnellen Wertverlusts zügig umgesetzt werden müssen. Bekanntestes und namensgebendes Beispiel sind die Blumenauktionen in den Niederlanden (van Heck / Ribbers 1998). Bei diesem Verfahren beginnt der Auktionator mit einem hohen Preis und *senkt* diesen schrittweise ab, bis sich ein Nachfrager meldet, der zu diesem Preis zu kaufen bereit ist. Er erhält den Zuschlag und die Auktion ist beendet oder wird mit einem weiteren, identischen Produkt fortgesetzt. Handelt der Nachfrager nicht strategisch, meldet er sich genau dann, wenn der aufgerufene Preis kleiner oder gleich seiner eigenen Zahlungsbereitschaft ist. Handelt er strategisch, wird er sich kurz vor dem Punkt melden, an dem er die Meldung anderer Käufer erwartet. Damit hängt der Preis, der zustande kommt, sehr stark von den Erwartungen der Nachfrager über die Zahlungsbereitschaft der anderen Nachfrager und deren strategischem Verhalten ab. Im Internet hat sich diese Auktionsform bisher nicht durchsetzten können.

Bei einer *First Price Sealed Bid Auction* gibt jeder Nachfrager *ein einziges verdecktes Gebot* ab, und derjenige mit dem *höchsten Gebot* erhält den Zuschlag. Dies war vor der Etablierung elektronischer Auktionen von Vorteil, als Englische und Holländische Auktionen noch die Anwesenheit aller Bieter in einem Raum notwendig machten. Die First Price Sealed Bid Auction sparte demgegenüber Transaktionskosten. Dieser Vorteil hat auf elektronischen Marktplätzen jedoch an Bedeutung verloren, weshalb diese Auktionsform dort selten zur Anwendung kommt. Bei der Preisfindung und dem zugehörigen strategischen Verhalten ist sie äquivalent zur Holländischen Auktion.

Die *Second Price Sealed Bid Auction* oder auch *Vickrey Auction* schließlich funktioniert wie die First Price Sealed Bid Auction, mit dem Unterschied, daß der Meistbietende nicht den von ihm selbst gebotenen Preis, sondern den Preis des zweithöchsten Gebots zahlen muß. Es läßt sich nachweisen, daß dadurch ein fast gleicher, nur marginal niedrigerer Preis zustande kommt als bei der Englischen Auktion, nämlich genau die zweithöchste Zahlungsbereitschaft unter allen Nachfragern (Vickrey 1961). Gegenüber der Englischen Auktion hat die Vickrey Auction den Vorteil geringerer Transaktionskosten, da jeder nur ein einziges Gebot abgeben muß.

Damit ist sie theoretisch der Englischen Auktion überlegen. In Internet-Börsenhäusern wird sie dennoch selten verwendet. Einige Anbieter haben zunächst im Internet Vickrey-Auktionen angeboten, jedoch mangels Nachfrage wieder eingestellt. Dies kann einerseits durch das für die Kunden ungewohnte Verfahren erklärt werden und andererseits dadurch, daß die *Englische Auktion* den Kunden einen *Unterhaltungswert* bietet, der den erhöhten Aufwand mehr als kompensiert (vgl. Beam / Segev 1998). Für Business-to-Business-Auktionen ist die Bedeutung von Vickrey Auctions höher.

Elektronische Ausschreibungen (n:1)

Elektronische Ausschreibungen (Reverse Auctions) sind zu den Auktionssystemen spiegelbildlich: Hier spezifiziert ein Nachfrager eine Leistung, um deren Erbringung mehrere Anbieter konkurrieren. Dabei sind genauso die vier oben erläuterten Verfahren möglich. Ein in der Praxis bedeutender qualitativer Unterschied ist jedoch, daß die konkurrierenden Anbieter in der Regel Unternehmen sind, weswegen der Aspekt der Unterhaltung und Spielerei weniger wichtig ist. Ein bekanntes Beispiel ist der Anbieter *Priceline* (www.priceline.com), bei dem Kunden eine Reise mit Reisedaten und Preis offen ausschreiben können. Fluglinien, Hotels etc. können dann in Wettbewerb treten und diesen Preis unterbieten. Kommt ein günstigerer Preis zustande, wird automatisch für den Kunden diese Reise gebucht.

Elektronische Börsen (n:n)

Bei *elektronischen Börsen* wird der Markt weitgehend in einem einzelnen IuK-System abgebildet. Die dort entstehenden elektronischen Märkte kommen in ihrer Funktionsweise dem Ideal eines vollkommenen Marktes am nächsten. Hier treffen viele Anbieter auf viele Nachfrager, und über definierte Mechanismen wird ein gemeinsamer, im allgemeinen umsatzmaximierender Preis festgelegt. Hierfür gibt es zahlreiche Verfahren. Zwei grundlegende sollen hier kurz vorgestellt werden:

Bei der *klassischen Double Auction* geben zunächst Anbieter und Nachfrager Gebote ab. Diese werden bei den Kaufgeboten absteigend und bei den Verkaufsgeboten aufsteigend sortiert. Das Beispiel in Abbildung 7-3 zeigt sortierte Kauf- und Verkaufsgebote für eine Einheit eines imaginären Gutes. Sind die Gebote abgegeben, wird die Auktion geschlossen und der Auktionator bestimmt den Preis, zu dem der maximale Umsatz möglich ist. Dazu geht er die Liste der Verkaufsangebote beginnend beim niedrigsten Preis und die Liste der Kaufangebote beginnend beim höchsten Preis durch und bringt so viele Angebote wie möglich zusammen (matching). Im Beispiel ergibt sich dadurch ein Preis von 134 €, zu dem drei Stücke des Gutes handelbar sind (in Abb. 7-3 fett hervorgehoben). Jede Preisveränderung würde den möglichen Umsatz verringern. Steht der Preis fest, werden die möglichen Umsätze getätigt. Anschließend wird die Auktion wieder eröffnet und das Verfahren beginnt von vorn.

Verkauf	*Kauf*
120 €	**140 €**
134 €	**135 €**
134 €	**134 €**
140 €	134 €

Abb. 7-3:   Matching in der Double Auction

In einer *Continuous Double Auction* können fortlaufend Kauf- und Verkaufsgebote abgegeben werden. Kommt ein neues Kaufgebot an, wird getestet, ob es zu einem bestehenden Verkaufsgebot paßt. Wenn ja, wird der Umsatz getätigt, andernfalls wird das neue Kaufgebot in die bestehende Liste einsortiert. Mit neuen Verkaufsgeboten wird analog verfahren. Nach diesem Verfahren funktionieren üblicherweise Wertpapierbörsen.

Elektronische Börsen haben eine besondere Bedeutung für standardisierte Güter in Business-to-Business-Märkten. Beispiele sind Strombörsen wie die European Energy Exchange in Leipzig (www.eex.de), die einen Spot- sowie Terminmarkt für Strom anbietet.

7.2.2.3 Marktunterstützungssysteme

Auf der dritten Ebene im Referenzmodell schließlich finden sich die *Marktunterstützungssysteme*. Im Gegensatz zu den Handelssystemen dienen sie nicht der Abwicklung der eigentlichen Leistungsaustausche, sondern unterstützen Anbieter und Nachfrager in den verschiedenen Transaktionsphasen (vgl. Abb. 7-1). Diese Funktionen wie z.B. Information, Beratung, Bündelung, Logistik oder Versicherung werden auf traditionellen Märkten hauptsächlich vom Handel übernommen. Im Internet zeigt sich jedoch eine Ausdifferenzierung und Spezialisierung.

Zur Unterstützung in der *Informationsphase* dienen beispielsweise elektronische Malls, Portals, Suchmaschinen, Rating-Agenturen, Preisagenturen etc. *Malls* (Einkaufszentren) fassen verschiedene Stores unter einem gemeinsamen „virtuellen Dach" zusammen und treffen damit eine Vorauswahl für die Nachfrager bzw. schaffen eine gemeinsame Marketing-Plattform für die Anbieter (z.B. www.qualitymall.de). *Portals* sind allgemeine Einstiegspunkte ins World Wide Web, über die der Suchende innerhalb bestimmter Klassifikationsschemata den gewünschten Marktpartner finden oder Kaufempfehlungen erhalten kann (z.B. www.yahoo.com). Ihre wichtigste Funktion ist, möglichst viel Aufmerksamkeit auf sich zu ziehen und diese als Leistung an ihre Inserenten und Werbekunden zu verkaufen (vgl. Kap. 7.3.2.1). *Suchmaschinen* erlauben dem Nutzer die gezielte Suche anhand bestimmter Stichworte und Kategorien im gesamten WWW (z.B. www.google.com).

Rating-Agenturen bewerten Anbieter und Leistungen im Netz und erleichtern damit ihren Kunden das Finden eines geeigneten Handelspartners (z.B. www.stiftung-warentest.de). Diese Bewertungen können auch von anderen Verbrauchern kommen, die ihre Erfahrungen mit bestimmten Produkten oder Leistungen im Internet unter einer Meinungsplattform veröffentlichen (z.B. www.dooyoo.de). *Preisagenturen* dagegen haben die Aufgabe, für eine genau spezifizierte Leistung das billigste Angebot zu finden (z.B. guenstiger.de). Viele dieser Unterstützungsfunktionen sind derzeit für den Nutzer kostenlos erhältlich und über Werbung oder Quersubventionierung finanziert.

Für die *Vereinbarungsphase* sind Marktunterstützungssysteme bislang noch weniger verbreitet. Erste Ansätze gibt es bei Online-Auktionen, die den Kunden *Bidding-Agents* anbieten. Diese bieten bei Englischen Auktionen im Namen des Kunden mit, bis er den Zuschlag erhält oder ein bestimmter, maximaler Preis erreicht ist (z.B. Proxy Bidding bei ebay.com). Aus Sicht des Kunden wird die Englische Auktion damit fast zur Vickrey-Auktion. Die Transaktionskosten sinken dabei. Schwieriger sind Systeme für automatisierte Verhandlungen zwischen zwei Partnern zu implementieren. Ein wesentliches Problem ist dabei die Komplexität einer Verhandlung, wenn die Ware nicht völlig standardisiert ist. Das Verhandlungssystem muß kleine Änderungen bei Preis, Leistung oder Konditionen auf die Präferenzordnung seines Auftraggebers abbilden können, um Abwägungen zu treffen. Dies ist für Softwareprogramme jedoch nur in wenigen Fällen möglich (vgl. Beam / Segev 1997; Piller/Stotko 2002).

Zur Unterstützung des *Vertragsabschlusses* bieten *Trust Center* die Möglichkeit, über Computernetze rechtsverbindliche Unterschriften zu leisten. Eine vertrauenswürdige, neutrale Stelle (Trust Center) bestätigt die Echtheit einer elektronischen Unterschrift und erspart den Handelspartnern so das Versenden von Papierdokumenten.

In der *Abwicklungsphase* bieten *E-Cash-* und *Kreditkartenunternehmen* die Abwicklung von Zahlungsvorgängen in unmittelbarem Zusammenhang mit dem Kauf. Bei E-Cash (elektronischem Geld) handelt es sich um verschlüsselte Codes, die vom Sender an den Empfänger verschickt werden und von diesem entweder weitergeschickt oder bei einer Bank gutgeschrieben werden können. Im Gegensatz zum normalen elektronischen Zahlungsverkehr wahrt dieses Geld, ebenso wie (reales) Bargeld, *Anonymität*, d.h. man kann nicht feststellen, durch welche Hände ein elektronisches Geldstück gegangen ist.

Bei der Lieferung der Waren muß man unterscheiden, ob es sich um *digitale* oder *physische* Produkte handelt (vgl. Kap. 7.3.1.1). Digitale Produkte können über das Netz direkt verschickt oder sogar vom Kunden selbst heruntergeladen werden und stellen daher – sofern die erforderliche Bandbreite gegeben ist – keine logistische Herausforderung dar. Der Versand physischer Güter wird bei elektronischen Märkten meist über Paketdienste abgewickelt, die die Vertriebslogistik als externer Dienstleister übernehmen. Man kann daher mit wachsenden Umsätzen auf elektronischen Märkten auch mit Wachstum bei den Paketdiensten rechnen. Die Lieferketten werden auf elektronischen Märkten meist kürzer, da die Waren nicht mehr zu den Zwischenhändlern transportiert werden müssen, sondern erst nach Abschluß des Vertrags vom Hersteller (oder Großlager) zum Endkunden (vgl. van Heck / Ribbers 1998; Kap. 7.3.2.3).

Früh kristallisierte sich das WWW als besonders geeignet für die *After-Sales-Phase* heraus. Insbesondere bei Problemen während des Gebrauchs der erworbenen Produkte kann das Internet eine wertvolle Ergänzung zur telefonischen Kunden-Hotline darstellen. Kunden können Antworten auf die häufigsten Fragen und Probleme selbst recherchieren und müssen sich nur in besonders schwierigen Fällen mit Kundenbetreuern persönlich in Verbindung setzen. Über Foren und Mailinglisten sowie in virtuellen Communities unterstützen sich die Nutzer gegenseitig (vgl. Reichwald / Fremuth / Ney 2002).

Weiterhin sind bei schnell veraltenden digitalen Produkten (z.B. Virenschutz-Software) *Updates* über das Internet möglich. Im Business-to-Business-Bereich spielen *Extranets* eine besondere Rolle in der After-Sales-Phase. Kunden und Geschäftspartner erhalten hier die Möglichkeit, mit Paßwort von außen auf das Intranet des Unternehmens zuzugreifen und damit Service-Informationen, Online-Handbücher, Listen von Ansprechpartnern etc. einzusehen. Oft können auch weitere Aufträge für Nachbestellungen oder Serviceleistungen über das Extranet erteilt werden.

7.3 Erklärungsansätze für elektronische Märkte

In diesem Kapitel werden Erklärungsansätze und die besonderen ökonomischen Charakteristika elektronischer Märkte beleuchtet. In Kapitel 7.3.1 wird untersucht, welche *Produkte und Dienstleistungen* auf elektronischen Märkten gehandelt werden und welche besondere Rolle dabei Information zum einen für den Ablauf der Marktprozesse zukommt. Zum anderen wird auch die Rolle von Information als gehandeltes Gut auf elektronischen Märkten betrachtet. Kapitel 7.3.2 analysiert die *Ökonomik elektronischer Märkte*, wobei zunächst auf die besonderen Bedingungen des Handels mit digitalen Produkten eingegangen wird. Anschließend werden die Auswirkungen elektronischer Märkte auf die *Wettbewerbsbedingungen* untersucht. In einem abschließenden Teil werden die neuen Herausforderungen beleuchtet, denen sich *Handelsmittler* durch elektronische Märkte stellen müssen.

7.3.1 Produkte und Dienstleistungen auf elektronischen Märkten

Die rasante Ausbreitung des Internet stellt inzwischen fast jedes Unternehmen vor die Frage, ob und insbesondere wie das Netz für sein Geschäft genutzt werden kann. So zutreffend die Aussage ist, daß prinzipiell jedes Gut – gleich ob Sachgut oder Dienstleistung – über das Internet verkauft werden kann (vgl. Choi / Stahl / Whinston 1997), so zutreffend ist es auch, daß die Vorteile elektronischer Transaktionen bei einigen Gütern stärker zum Tragen kommen als bei anderen. Die Realisierung dieser Vorteile ist entscheidend dafür, ob sich für Anbieter und / oder Nachfrager des Gutes ein zusätzlicher Nutzen ergibt. Dieser zusätzliche Nutzen ist wiederum die notwendige Voraussetzung für einen erfolgreichen Handel auf elektronischen Märkten (vgl. Albers 1999; Koch / Möslein / Wagner 2000). Im folgenden werden gütersystematische und informationsökonomische Eigenschaften von Leistungen untersucht, die für diese Fragestellung von zentraler Bedeutung sind.

7.3.1.1 Information als Handelsware auf elektronischen Märkten

Die Eignung von Gütern für den Handel auf elektronischen Märkten hängt unter anderem davon ab, welche *Transaktionsphasen* (vgl. Abb. 7-1) von IuK-Systemen unterstützt werden können und sollen. Je mehr Phasen dies bei einem bestimmten Gut sind, desto eher eignet es sich prinzipiell für den Handel auf elektronischen Märkten. Besonders gut sind demnach Güter geeignet, bei denen sich alle Phasen von der Informationsphase bis hin zur Auslieferung und After-Sales-Phase unterstützen lassen. Unterschiede zwischen verschiedenen Güterarten treten insbesondere in der *Abwicklungsphase* auf, denn nur *Informationen* können als Wirtschaftsgut über die einem elektronischen Markt zugrundeliegende IuK-Infrastruktur (meist das Internet) transportiert werden. Alle anderen Güter müssen dagegen über eine physische Infrastruktur vom Anbieter zum Nachfrager gelangen (vgl. Kap. 7.3.2.3). Für die gütersystematische Analyse ist somit eine Unterscheidung von *Informationsgütern* auf der einen und *Sachgütern* auf der anderen Seite zweckmäßig.

Informationen können als Wirtschaftsgüter gehandelt werden, wenn sie „zweckgeeignet, vorhanden, verfügbar, übertragbar und knapp sind sowie auf eine wirksame Marktnachfrage treffen" (vgl. Bode 1997). Die Übertragung von Informationen erfordert immer Trägermedien wie z.B. Papier, Kabel, Zelluloid oder – im Falle des gesprochenen Wortes – Luft (vgl. Kap. 2.4.2). Informationsgüter können in Informationsprodukte und Informationsdienstleistungen unterschieden werden (vgl. Bode 1997). Informationsdienstleistungen unterscheiden sich von den Informationsprodukten dadurch, daß zu ihrer Erbringung der Einsatz eines externen, d.h. vom Nachfrager eingebrachten, Produktionsfaktors notwendig ist. Sie werden in Interaktion mit dem Nachfrager erstellt, wie z.B. eine Unternehmensberatung oder eine Wirtschaftsprüfung. Bei der Herstellung von Informationsprodukten gibt es dagegen diese Interaktion nicht: Die Informationen werden autonom vom Hersteller produziert und auf einem materiellen Trägermedium abgelegt. Beispiele für Informationsprodukte sind Texte auf Papier in Büchern und Zeitungen oder aufgenommene Musikstücke auf CD. Die Unterscheidung von Informationsprodukten und Informationsdienstleistungen erfolgt analog zu der Unterscheidung von Sachgütern und traditionellen Dienstleistungen (Abb. 7-4).

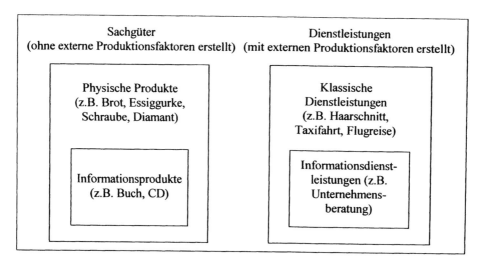

Abb. 7-4:   Informationen in der Gütersystematik

Informationsgüter können auf elektronischen Märkten digitalisiert, über Computernetzwerke verschickt und von Computerprozessoren be- und verarbeitet werden (vgl. Zerdick / Picot / Schrape et al. 2001). Informationsprodukte werden damit auf elektronischen Märkten zu *digitalen Produkten* (vgl. Choi / Stahl / Whinston 1997; Albers et al. 2001). Digitale Produkte sind wegen dieser Eigenschaften die ideale Handelsware für elektronische Märkte. Beispiele sind Software, Online-Magazine, digitalisierte Musik oder Filme. Bei Informationsgütern sind durch die Digitalisierung alle Transaktionsphasen unterstützbar. Digitale Produkte stehen im Mittelpunkt vieler Analysen elektronischer Märkte bzw. des E-Commerce, da ihre wirtschaftliche Bedeutung immer mehr zunimmt und die Bedingungen ihrer Produktion und Distribution sich von denen traditioneller Güter unterscheiden (vgl. Kap. 7.3.2.1).

Aber auch Informationsdienstleitungen können digitalisiert und über IuK-Systeme transportiert werden. Beispiele sind eine Wertpapierberatung oder eine Schulung über ein Videokonferenz-System. Die ökonomischen Potentiale elektronischer Märkte lassen sich hier allerdings nicht im gleichen Maße realisieren wie bei digitalen Produkten, da auch im IuK-System die direkte Interaktion zwischen Anbieter und Nachfrager erforderlich ist. Eine Möglichkeit für die Anbieter von Informationsdienstleistungen, die Potentiale elektronischer Märkte besser zu erschließen, besteht darin, die Dienstleistungen durch Informationsprodukte, insbesondere Computersoftware, zu substituieren (vgl. Hermann / Bieberbach 1999). Abbildung 7-5 zeigt Beispiele für Informationsdienstleistungen, deren Substitution durch digitalisierbare Informationsprodukte auf elektronischen Märkten begünstigt wird.

Es handelt sich dabei in der Regel um *standardisierte Leistungen*, die durch IuK-Systeme automatisiert erbracht werden können, wie z.B. ein einfacher Überweisungsvorgang in einer Bank. Der technische Fortschritt in der Entwicklung von Computerhardware und Computersoftware verschiebt jedoch die Grenze der Automatisierbarkeit immer weiter, so daß immer komplexere Leistungen in Computersystemen abgebildet werden können. Die *Substitution* von Informationsdienstleistungen durch Informationsprodukte fand und findet natürlich auch außerhalb elektronischer Märkte statt. Abbildung 7-5 nennt zur Veranschaulichung weitere Beispiele für diesen Substitutionsprozeß.

Der Substitutionseffekt zieht weitreichende ökonomische Konsequenzen für die Erstellung der betreffenden Informationsgüter nach sich. Die automatisierte Erstellung der Leistungen führt zu Kostensenkungspotentialen, die bei funktionierendem Wettbewerb zu Preissenkungen für die Informationsgüter führen. Inwieweit diese Vorteile tatsächlich für den Nachfrager zu einer Verbesserung führen, hängt auch davon ab, wie vollständig die Substitution *aus seiner Sicht* ist. Wenn z.B. ein Kunde einer Bank den Informationen, die er bei persönlicher Beratung erhält, einen höheren Wert beimißt als *den selben* Informationen, wenn er sie im Internet abruft, so stellt das Informationsprodukt kein vollständiges Substitut dar.

Info-Dienstleistung	Info-Produkt	
◆ Geschichten erzählen ◆ Oper ◆ Darbietung eines Hofnarren	◆ Buch ◆ Schallplatte ◆ TV-Late-Night-Show	klassischer Substitutionseffekt

◆ Bankberatung
 	
◆ Buchhandel
 	
◆ Unterricht
 	
◆ Arztbesuch
◆ Beratung im Reisebüro
 	
◆ Fahrplanauskunft
◆ Übersetzungsdienst
	◆ Online-Banking +
	   Analysetools
	◆ Communities +
	   Online-Bestellung
	◆ Lernsoftware +
	   Online-Unterstützung
	◆ Expertensystem
	◆ Photos, Videos, Hotelbe-
	   schreibungen, Auswahlhilfen
	   und Buchung online
	◆ Online-Fahrplan-Datenbank
	◆ Übersetzungsserver
		Substitutionseffekt durch elektronische Märkte

Abb. 7-5:   Beispiele für die Substitution von Informationsdienstleistungen durch Informationsprodukte (Hermann / Bieberbach 1999, S. 71)

Elektronische Märkte eröffnen neben der Möglichkeit zur Substitution die Chance, Informationsdienstleistungen und -produkte neu zu *bündeln*. Am Beispiel der Bankberatung kann dies bedeuten, daß einfache Informationen von der Bank als Informationsprodukt abrufbar gemacht werden und der Kunde bei weiterem Informationsbedarf über eine Videokonferenz zusätzlich menschliche Beratung anfordern kann. Anbieter von digitalisierten Informationsprodukten können sich die Charakteristika elektronischer Märkte für verschiedene Preis- und Produktstrategien zunutze machen, die in Kapitel 7.3.2.1. eingehend beleuchtet werden.

Während digitale Produkte aus theoretischer Perspektive ideal für den Handel auf elektronischen Märkten geeignet sind, dominierte in der Anfangsphase des E-Commerce der Vertrieb materieller Produkte wie Kleidung oder Bücher (vgl. Abb. 7-6). Heute ist vor allem ein hoher Anteil von Reisen und Versicherungen festzustellen, d.h. der Vertrieb klassischer Dienstleistungen, die an sich ebenfalls keine digitalen Güter sind. Es finden sich mit Büchern, Computer-Software und Musik aber auch Informationsprodukte unter den meistverkauften Gütern. Aber selbst bei der Computer-Software, die am ehesten für eine Digitalisierung geeignet ist, wird die Ware in der Regel nicht über das Netz vertrieben, sondern auf materiellen Trägermedien vom Anbieter an den Nachfrager versandt (siehe auch Albers 1999).

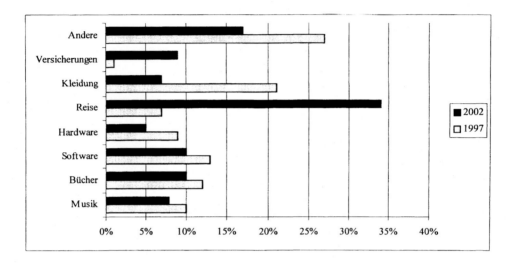

Abb. 7-6:   Geschätzter Online-Shopping-Anteil des E-Commerce in Europa im Vergleich 1997 zu 2002 in Prozent (Zahlen nach PC Data Online-Reports, pcdataonline.com)

Gründe dafür, daß die Auslieferung digitaler Produkte über das Internet derzeit noch nicht so weit fortgeschritten ist, sind u.a. technische Probleme wie zu lange Übertragungszeiten und hohe Kosten der Internet-Nutzung, aber auch rechtliche Probleme (z.B. im Urheberrecht). Es kann erwartet werden, daß die Transaktionen mit digitalen Produkten nach Überwindung dieser Schwierigkeiten in starkem Maße zunehmen werden. Dies allein erklärt jedoch nicht den momentanen Erfolg der anderen Güter im Internet. Es gibt offensichtlich neben der Digitalisierbarkeit noch andere Gütereigenschaften, die für den Handel auf elektronischen Märkten von Bedeutung sind. Diese werden im folgenden Kapitel näher beleuchtet.

7.3.1.2 Informationsökonomischer Ansatz

Wie im gütersystematischen Ansatz gezeigt wurde, ist die Eignung von digitalen Produkten für den Handel auf elektronischen Märkten darauf zurückzuführen, daß auch die Abwicklungsphase vollständig elektronisch unterstützt werden kann. Die Einsparungen an Transaktionskosten auf elektronischen Märkten sind jedoch nicht in erster Linie davon abhängig, *wie viele* Transaktionsphasen unterstützt werden können, sondern davon, wie hoch die *Transaktionskostenersparnisse* durch die Mediatisierung über alle Phasen *insgesamt* sind. Auf elektronischen Märkten können die Transaktionskosten in allen Phasen reduziert werden (vgl. Picot / Bortenlänger / Röhrl 1997). Das größte Einsparungspotential ist in der *Informationsphase* realisierbar, in der die Suche nach Informationen über potentielle Marktpartner und der Vergleich von Informationen über ihre Angebote durchgeführt werden. Gerade diese Aktivitäten lassen sich durch IuK-Technologie sehr gut unterstützen (vgl. Schmid 1993).

Aus informationsökonomischer Sicht werden Güter nach ihrem Anteil an Such-, Vertrauens- und Erfahrungseigenschaften folgendermaßen systematisiert (vgl. Nelson 1970; Darby / Karny 1973; Weiber / Adler 1995a): Güter oder Dienste, bei denen *Sucheigenschaften* überwiegen, können vom Nachfrager durch entsprechende Informationssuche bereits vor dem Kauf vollständig beurteilt werden. Bei Gütern mit überwiegend *Erfahrungseigenschaften* erfolgt eine Beurteilung durch den Nachfrager erst nach dem Kauf, weil die Qualität erst nach Gebrauch oder Konsum festgestellt werden kann. Güter, die hauptsächlich *Vertrauenseigenschaften* aufweisen, kann der Käufer weder vor noch nach dem Kauf vollständig beurteilen, da er nicht über die Zeit oder das Fachwissen verfügt, um die Güter zu bewerten.

Zusätzlich zu diesen drei Kategorien kann eine vierte Kategorie eingeführt werden, nämlich beratungsintensive Leistungen (vgl. Korb 2000). Hierbei handelt es sich um Leistungsbündel, denen eine besonders intensive Beratung von Seiten des Anbieters einem Vertragsabschluß vorausgeht. Aufgrund der Besonderheiten der Beratungsleistung, die dem eigentlichen Kauf vorausgeht, und die im Electronic Commerce eine wichtige Rolle spielt, erscheint eine zusätzliche Betrachtung dieser vierten Dimension notwendig. Den Zeitpunkt für die Beurteilbarkeit der Leistungseigenschaften zu bestimmen, ist für beratungsintensive Käufe eher schwierig, denn hierbei ist neben dem eigentlichen Kauf die Beratungsleistung ein bedeutender Faktor für das Zustandekommen der Transaktion, bzw. ist sie sogar als Teil der Transaktion zu bezeichnen.

Diese umfaßt Aspekte aller drei bekannten Eigenschaftstypen, sowohl Such- als auch Erfahrungs- und Vertrauensaspekte. Genaugenommen wird allerdings eine Beurteilbarkeit der Leistungseigenschaften erst nach Vertragsabschluß möglich, da die Beratungsleistung zwar vor dem Vertragsabschluß stattfindet, aber eine tatsächliche Beurteilung der Leistung durch den Konsumenten erst im Nachhinein erfolgen kann. In der Realität gibt es nur wenige Güter, die sich eindeutig in eine dieser Kategorien einordnen lassen, sondern in jedem Gut sind immer alle drei Eigenschaftstypen in einem mehr oder weniger starken Ausmaß vorhanden. Die Zuordnung der Eigenschaften zu bestimmten Gütern hängt von der *subjektiven Wahrnehmung* der jeweiligen Nachfrager der Leistung ab, weswegen eine Kategorisierung von Gütern nach ihren informationsökonomischen Eigenschaften nicht allgemeingültig sein kann. Die Eigenschaften sind vielmehr für konkrete Nachfrager zu einem bestimmten Zeitpunkt spezifisch, sie können jedoch durch empirische Erhebungen bei Nachfragern festgestellt werden (vgl. Weiber / Adler 1995b).

Vor dem Hintergrund dieser Systematisierung kann die führende Position der auf elektronischen Märkten im Internet gehandelten Güter Computer-Hardware, Bücher und Reisen erklärt werden. Die für die Nachfrager zur Beurteilung notwendigen Informationen wie Preis, technische Kennzeichen oder Spezifikationen können über elektronische Märkte effizient und effektiv kommuniziert werden. Zusätzlich können multimediale Darstellungen den Grund- und Zusatznutzen der Güter für den Kunden transparent machen. Bei diesen Gütern überwiegen Sucheigenschaften, deren Spezifikationen dem Nachfrager über das dem elektronischen Markt zugrundeliegende IuK-System vermittelt werden können (vgl. Korb 2000).

Produkte, deren Qualität und Funktionalität nur durch Bemusterung (riechen, tasten, schmecken) beurteilt werden können, sind dagegen für den elektronischen Handel weniger geeignet, denn diese Informationen muß sich der Nachfrager auf anderen Wegen beschaffen. Auch wenn es bereits prototypische Anwendungen zur Übertragung von Gerüchen über das Internet gibt, sprechen interaktive Medien primär den Hör- und Sehsinn des Menschen an. So lassen sich die Kaufunsicherheiten bei einem Parfüm oder bei einem Wein nur bedingt medial reduzieren (vgl. Rohrbach 1997). Der Verkauf solcher Güter auf elektronischen Märkten erfordert vom Anbieter Aktivitäten, die mit den limitierten Möglichkeiten des Kommunikationsmediums das sinnliche Erlebnis des Kaufprozesses für den Nachfrager ersetzen.

Werden Güter über die verschiedenen Vertriebswege im Electronic Commerce verkauft, so verschieben sich die klassischen Einteilungen von Gütern in Such-, Erfahrungs- und Vertrauensgüter. Vor allem Güter, deren Leistungseigenschaften sich im traditionellen Handel als Sucheigenschaften definieren lassen, können sich stark zu Erfahrungsgütern wandeln. Beispielsweise können Güter, welche elektronisch verkauft werden, nur noch visuell begutachtet werden, eine Prüfung mit den menschlichen Sinnesorganen ist hier eben nicht mehr möglich. Außerdem wird visuell nur ein Beispielgut dargestellt und nicht das tatsächlich zu verkaufende Gut. An den Gütern selbst hat sich nichts geändert, aber die Möglichkeiten einer Beurteilung der tatsächlichen Leistungseigenschaften sind bei der Großzahl an Gütern eingeschränkt. Um dieses Informationsproblem zu lösen, müssen Instrumente eingesetzt werden, die diese Nachteile aufwiegen. Berücksichtigt werden muß jedoch auch, daß bestimmte Erfahrungseigenschaften eines Gutes im traditionellen Handel durch das erhöhte Informationspotential im E-Commerce teilweise zu Sucheigenschaften werden können (vgl. Korb 2000).

Informationsgüter – und so auch digitale Produkte (vgl. Kap. 7.3.1.1) – weisen immer Erfahrungs- bzw. Vertrauenseigenschaften auf (vgl. Shapiro / Varian 1998; Choi / Stahl / Whinston 1997). Der Grund hierfür wird als *Informationsparadoxon* bezeichnet (vgl. Kap. 2.4.2 und 6.2.2.3): Um eine Information bewerten zu können, muß man sie kennen. Kennt man sie jedoch, ist es nicht mehr notwendig, sie zu erwerben. Die Anbieter von Informationsgütern müssen daher Strategien entwickeln, um das Informationsparadoxon aufzuheben, und somit die Potentiale elektronischer Märkte zu erschließen.

Eine Strategie zur Überwindung des Informationsparadoxons besteht darin, dem Nachfrager einzelne *Teile* des Informationsgutes kostenlos zur Verfügung zu stellen, damit er sich auch ohne Kenntnis aller Bestandteile des Informationsgutes ein Qualitätsurteil bilden kann (vgl. Shapiro / Varian 1998). Typische Beispiele dafür sind Schlagzeilen von Zeitungen und Trailer von Kinofilmen. Weitere Möglichkeiten bestehen darin, dem Nachfrager das Informationsprodukt zunächst für einen *bestimmten Zeitraum* kostenlos zum Test zur Verfügung zu stellen und erst nach Ablauf dieser *Testphase* eine Gegenleistung zu verlangen. Dieses Vorgehen findet sich häufig bei Anbietern von Computer-Software, die vom Nachfrager dauerhaft genutzt wird (z.B. Textverarbeitungsprogramme). Ebenfalls bei Computer-Software wird häufig eine weitere Eigenschaft digitaler Produkte zur Überwindung des Informationsparadoxons genutzt: Die leichte Veränderbarkeit. Dem Nachfrager wird eine leicht *variierte Version* der Software kostenlos zur Verfügung gestellt, die nur einen eingeschränkten Funktionsumfang besitzt (vgl. 7.3.2.1). Der Nachfrager kann sich von der Qualität des Produktes überzeugen und erwirbt dann die uneingeschränkt funktionsfähige Vollversion der Software. Ein juristisches Instrument zur Umgehung des Informationsparadoxon ist der *Patentschutz*: Ein Nachfrager kann sich in der Patentschrift über die Eigenschaften einer Erfindung informieren, eine ökonomische Nutzung dieser Informationen wird ihm jedoch nur gegen entsprechende Lizenzgebühren gestattet.

Eine weitere Strategie, um Güter mit Erfahrungs- und Vertrauenseigenschaften erfolgreich über elektronische Märkte zu vertreiben, ist der Einsatz von *Informationssubstituten*, um die Unsicherheit des Nachfragers vor dem Kauf zu reduzieren (vgl. Teil 2; Weiber / Adler 1995a). Ihre Übertragung wird durch die multimedialen Darstellungsmöglichkeiten elektronischer Märkte unterstützt, da *leistungsübergreifende Informationssubstitute* wie Reputation und Bekanntheitsgrad und leistungsbezogene Informationssubstitute wie Garantien und Preis medial transferierbar sind. Zusätzlich können *virtuelle Communities* zu einer Reduzierung der Unsicherheiten beitragen (vgl. Armstrong / Hagel 1996, 1997). Ferner bilden sich zunehmend Standards heraus, die die Qualitätsunsicherheit beim Kauf reduzieren und den Anteil an Sucheigenschaften bei Gütern mit Erfahrungs- und Vertrauenseigenschaften erhöhen. Ein Beispiel für Qualitätssiegel sind Rezensionen von Büchern, welche die Güte von Publikationen beurteilen. Da der Nachfrager Vertrauen in die Informationssubstitute haben muß, um sie als Ersatz für eine eigene Beurteilung der Gütereigenschaften zu akzeptieren, entfalten sie ihre Wirksamkeit insbesondere bei wiederholten oder längerfristigen Transaktionsbeziehungen.

Die Überwindung der Qualitätsunsicherheit ist eine Funktion, die auf Märkten von *Intermediären* als unabhängiger dritter Partei übernommen werden kann (vgl. Choi / Stahl / Whinston 1997). Der Intermediär garantiert dem Käufer des Gutes dessen Qualität, so daß sich der Käufer nicht selbst über die Gütereigenschaften informieren muß. Die Rolle von Intermediären auf elektronischen Märkten unterscheidet sich in wichtigen Funktionen von der auf traditionellen Märkten. Die Überwindung von Qualitätsunsicherheit gehört zu den wichtigsten Aufgaben, und somit auch interessanten Geschäftsfeldern, die Intermediäre auch auf elektronischen Märkten wahrnehmen. Auf diese neue Rolle von Intermediären wird in Kapitel 7.3.2.3 näher eingegangen.

Zusammenfassend kann festgestellt werden, daß die Eignung von Gütern für den Handel auf elektronischen Märkten maßgeblich von ihren informationsökonomischen Eigenschaften bestimmt wird. Von diesen hängt es ab, wie gut sich die Informationsphase durch ein IuK-System unterstützen läßt. Die gütersystematischen Eigenschaften eines Gutes sind dagegen ausschlaggebend dafür, welche Transaktionsphasen überhaupt unterstützt werden können. Eine vollständige Unterstützung der Abwicklungsphase ist nur bei Informationsdienstleistungen und Informationsprodukten möglich. Entscheidend ist jedoch die gesamte Transaktionskostenersparnis, die sich für ein Gut über alle Phasen auf elektronischen Märkten realisieren läßt. Eine hohe Informationskostenersparnis bei Gütern mit überwiegenden Sucheigenschaften kann z.B. stärker ins Gewicht fallen als Einsparungen von Abwicklungskosten bei digitalen Produkten.

Die informationsökonomischen Eigenschaften bestimmter Güter hängen von einer Vielzahl von Faktoren ab und lassen sich auch von Anbietern auf elektronischen Märkten beeinflussen. Die Eignung von Produkten und Dienstleistungen ist daher variabel und auch die Reihenfolge der Umsätze im Internet in Abbildung 7-6 kann in der Zukunft noch starken Veränderungen unterliegen. In Abbildung 7-7 sind nochmals die güterbezogenen Faktoren zusammengefaßt, die für die Eignung von Gütern für den elektronischen Handel von Bedeutung sind.

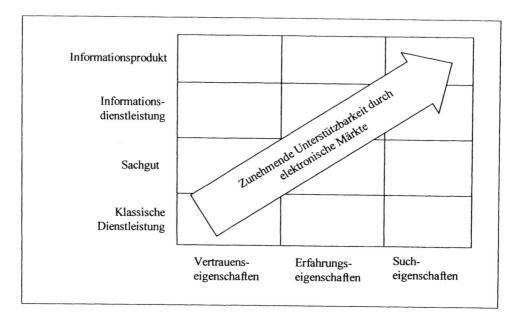

Abb. 7-7:   Unterstützbarkeit von Transaktionen durch elektronische Märkte

7.3.2 Ökonomik elektronischer Märkte

7.3.2.1 Ökonomik digitaler Produkte

Obwohl die Digitalisierbarkeit von Produkten nur ein Merkmal für die Handelbarkeit auf
elektronischen Märkten darstellt (vgl. Kap. 7.3.1.1), ist es für die Erklärung der Funktionsweise elektronischer Märkte hilfreich, die ökonomischen Besonderheiten der Produktion und Distribution digitaler Produkte zu analysieren. Der Handel auf elektronischen
Märkten bedeutet zwar für alle betroffenen Gütermärkte starke Veränderungen, den fun-
damentalsten Wandel werden jedoch Märkte für digitalisierbare Informationsprodukte
erleben, da die Grundsätze ihrer Produktion und Distribution durch die vernetzte IuK-
Technologie verändert werden (siehe dazu die Beiträge in Reichwald 2002). Das Geschäft mit digitalen Produkten ist gewissermaßen das „Herz" des Electronic Commerce
(vgl. Choi / Stahl / Whinston 1997). Die Ökonomik digitaler Produkte ist kennzeichnend
für die ökonomischen Spielregeln im Internet.

Digitale Produkte gewinnen darüber hinaus, getrieben durch technologische Innovationen, immer größere Bedeutung in modernen Volkswirtschaften. So gehören z.B. die für digitale Informationsprodukte relevanten Märkte für Medien, Software, Beratung, Datenbanken und Finanzdienstleistungen zu den stark wachsenden Märkten (vgl. Zerdick / Picot / Schrape et al. 2001). Es steht fest, daß „sich das Anwendungsgebiet der Internet-Ökonomie nicht mehr nur auf die [...] Medien- und Kommunikationssektoren bezieht, sondern zunehmend zu einer ökonomischen Theorie wird, die grundlegende Erkenntnisse für alle Wirtschaftsbereiche bietet" (Zerdick / Picot / Schrape et al. 2001).

Die ökonomische Untersuchung digitaler Produkte wird hier in zwei Teilen vorgenommen. Zunächst wird dargestellt, wie die Eigenschaften der Herstellung und Verbreitung digitaler Informationsprodukte zu *Skalen- und Netzwerkeffekten* führen und welche Implikationen sich daraus für die Anbieter ableiten lassen. Im zweiten Teil wird darauf eingegangen, mit welchen *Strategien* die Erlöspotentiale digitaler Produkte realisiert werden können.

Skalen- und Netzeffekte bei digitalen Produkten

Es wird oft herausgestellt, daß das Internet auch kleinen und kleinsten Unternehmen die Chance für den Eintritt in weltweite elektronische Märkte bietet (vgl. z.B. Schwartz 1997). Die Kosten für einen Auftritt im Internet sind gering, es genügt eine Web-Site, die auf angemieteten Servern aufgebaut wird. Die Investitionen in die technische Infrastruktur machen nur ein Bruchteil dessen aus, was für den Eintritt in einen traditionellen Markt aufgewendet werden muß, und von Beginn an steht die technische Reichweite zur Verfügung, um Kunden in aller Welt ansprechen zu können. Obwohl das Internet sicherlich auch mit dazu beiträgt, daß sich neue Arbeitsformen z.B. in *Small Offices und Home Offices (SOHOs)* ausbreiten (vgl. Reichwald et al. 1999), so ist doch auch festzustellen, daß viele elektronische Märkte im Internet oft von wenigen Unternehmen dominiert werden. Den bekanntesten Internet-Unternehmen wie z.B. *Amazon, Yahoo!* oder *AOL* ist trotz großer Unterschiede bei ihren Leistungen und Erlösformen gemein, daß sie in ihren Märkten mit zunehmender Größe Wettbewerbsvorteile erzielen konnten. Größenvorteile auf elektronischen Märkten basieren auf Skaleneffekten (*Economies of Scale*) auf der Angebotsseite und *Netzwerkeffekten* auf der Nachfrageseite.

Economies of Scale spielen auf traditionellen Märkten für Industriegüter eine wichtige Rolle. Mit steigender Produktionsmenge, z.B. von Automobilen, können die durchschnittlichen Kosten für die Produktion eines weiteren Fahrzeugs reduziert werden. Die Gründe hierfür liegen z.B. im Einsatz *größerer Anlagen*, effizienterer Fertigungsverfahren mit einem höheren Grad an *Spezialisierung* und *Arbeitsteilung*, der Erzielung günstiger *Einkaufskonditionen* für größere Mengen und der Realisierung von *Lerneffekten* im Zeitablauf. Die Größenvorteile auf traditionellen Märkten sind jedoch limitiert. Sie werden durch verschiedene Faktoren begrenzt, z.B. durch einen Anstieg in den *Koordinationskosten* mit steigender Unternehmensgröße (vgl. Teil 2). Im Gegensatz zu den Economies of Scale bei Industriegütern gibt es bei digitalen Produkten keine limitierenden Faktoren, diese nehmen mit steigender Zahl abgesetzter Produkte sogar noch zu (vgl. Zerdick / Picot / Schrape et al. 2001).

Economies of Scale spielen auf elektronischen Märkten bei der *(Re-)Produktion von Informationen* eine wichtige Rolle (vgl. Teil 2). Für die Erstellung der ersten Einheit eines Informationsproduktes fallen relativ hohe Kosten an, für die Herstellung zusätzlicher Einheiten (Kopien) dagegen nur geringe Kosten, auf elektronischen Märkten im Internet fast überhaupt keine Kosten. Je größer die Stückzahl von Informationsprodukten ist, die ein Anbieter absetzen kann, desto günstiger kann er sie verkaufen. Dadurch kann er wiederum die Absatzmenge erhöhen. Einem Anbieter, dem es gelingt, einen Größenvorsprung für ein bestimmtes digitales Produkt aufzubauen, wird dann nur noch schwer von Wettbewerbern einzuholen sein.

Ebenso wichtig für Größenvorteile auf elektronischen Märkten sind nachfrageseitig induzierte *Netzeffekte*. Die Unterschiede zwischen direkten und indirekten Netzeffekten sowie die Bedeutung von Netzeffekten und Standardisierung für Informations- und Kommunikationsmärkte sind in Kapitel 2.4.2 dargestellt. *Direkte* Netzwerkexternalitäten treten auf elektronischen Märkten hauptsächlich im Bereich der IuK-Infrastruktur auf, z.B. im WWW als elektronischem Marktplatz, und bei Kommunikationsdienstleistungen und -produkten wie z.B. dem e-mail-Dienst. *Indirekte* Netzeffekte gibt es bei einer Vielzahl von digitalen Produkten, wie z.B. Komprimierungsstandards für digitale Musik oder Software zur Erstellung von Texten und Bildern. Hier sind die Kompatibilität zwischen verschiedenen Produkten, die Lerneffekte der Nutzer von bereits auf dem Markt befindlichen Programmen und die Sicherheit, daß das Produkt auch mit zukünftigen Produkten kompatibel ist, entscheidende Faktoren für die Kaufentscheidung der Nachfrager. Für die Kaufentscheidung haben auch die *Erwartungen* potentieller Käufer über die zukünftige Verbreitung eines Produktes große Bedeutung (vgl. Tirole 1995). Viele Nutzer werden sich erst dann für das Produkt entscheiden, wenn sie erwarten, daß es sich in Zukunft durchsetzen wird. Die Erwartungsbildung wiederum ist u.a. davon abhängig, welche Wahl die übrigen Marktteilnehmer treffen.

Netzwerkexternalitäten führen dazu, daß ein Anbieter mit steigender Verbreitung seines Produktes auch zunehmende Wettbewerbsvorteile gegenüber anderen Anbietern erlangt. Während der Nutzen des eigenen Produktes steigt, werden die Produkte von Wettbewerbern wegen des Fehlens dieser Vorteile für die Nachfrager im gleichen Zuge unattraktiver. Im Extremfall entsteht durch Netzwerkexternalitäten ein sogenannter *„Winner-take-all"-Markt*, in dem ein Anbieter seinen Vorteil bis hin zu einem Monopol ausbauen kann, wenn er einen gewissen Marktanteil erst einmal überschritten hat (vgl. Shapiro / Varian 1998).

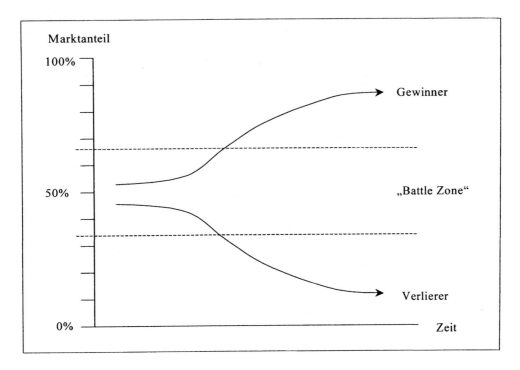

Abb. 7-8:   Winner-take-all-Markt (in Anlehnung an Shapiro / Varian 1998, S. 177)

Abbildung 7-8 zeigt beispielhaft die Entwicklung von Marktanteilen in einem „Winner-take-all"-Markt: Zwei Wettbewerber starten mit fast gleichem Marktanteil in einen neuen Markt für ein digitales Produkt mit Netzeffekten, z.B. einer neuen Software zum Abspielen von Musik im Internet. Bei annähernd gleichen Marktanteilen gibt es innerhalb einer *„Battle Zone"* noch Konkurrenz zwischen den beiden Anbietern. Sobald es einem Anbieter allerdings gelingt, seinen Marktanteil spürbar zu erhöhen, verstärkt sich der Vorteil durch Netzeffekte, während beim Konkurrenten die Nachteile zunehmen. Die Wettbewerber verlassen die „Battle Zone": Es gibt einen Gewinner, der als Monopolist den gesamten Markt dominieren kann und einen Verlierer, der aus dem Markt ausscheidet. Ob ein konkreter Markt ein „Winner-take-all"-Markt ist, hängt positiv von der Stärke der Netzeffekte und negativ vom Kundenbedürfnis nach Produktvarianten ab (vgl. Shapiro / Varian 1999). Diese Monopole werden aufgrund der sehr kurzen Innovationszyklen digitaler Produkte ständig von neuen Produkten – oder Ankündigungen neuer Produkte – bedroht und können nicht über einen langen Zeitraum aufrecht erhalten werden (vgl. Zerdick / Picot / Schrape et al. 2001).

Die Anbieter digitaler Produkte stehen vor der strategischen Herausforderung, die notwendige Verbreitung zu erreichen, solange der Markt sich in der „Battle Zone" befindet und somit die positiven Netzeffekte für sich zu nutzen. Dazu muß die Zahl der Nutzer ihres Produktes die *kritische Masse* übersteigen, von der an die positiven Netzeffekte stark genug werden, damit die weitere Ausbreitung des Produktes selbsttragend wird und alle potentiellen Käufer erreicht (vgl. Kap. 7.3.2.3). Im folgenden werden Strategien dargestellt, mit denen Anbieter diese Ziele erreichen können.

Strategien zur Realisierung von Größenvorteilen

Um Netzeffekte nutzen zu können, müssen die Anbieter möglichst schnell zu einer möglichst hohen Verbreitung ihrer Produkte gelangen. Von seiten der Preisstrategie ist das klassische Instrument zur Erreichung dieses Ziels die *Penetrationsstrategie* (vgl. Simon 1992). Bei dieser Preisstrategie werden neue Produkte zu einem sehr niedrigen Preis, u.U. unterhalb der Produktionskosten, auf den Markt gebracht, mit dem Ziel, schnell große Absatzzahlen und Marktanteile zu erreichen. Auf traditionellen Märkten wird damit das Ziel verfolgt, Economies of Scale in der Produktion zu erreichen, um so nicht einholbare Wettbewerbsvorteile aufzubauen. Gewinne erzielt das Unternehmen, indem es seine beherrschende Marktstellung für Preissteigerungen nutzt und / oder die Kostenvorteile der Massenproduktion nicht an die Käufer weitergibt. Die niedrigen Preise in der Einführungsphase des Produktes stellen gleichermaßen eine Investition in die später über Marktanteil und Stückzahl zu erwartenden Erträge dar.

Auf elektronischen Märkten ist die Penetrationsstrategie in ihrer extremsten Ausprägung zu beobachten: Die Unternehmen verschenken ihre Produkte zum Nulltarif, um positive Netzeffekte zu realisieren. Diese Strategie ist insbesondere für digitale Produkte geeignet, da die Kosten für die Erstellung zusätzlicher Einheiten dieser Produkte gegen Null tendieren, wenn das erste Exemplar erst einmal produziert worden ist (vgl. Teil 2). Die rasante Verbreitung des Internet-Browsers „*Netscape-Navigator*" Ende der 1990er Jahre war ein spektakuläres Beispiel für eine zunächst erfolgreiche Umsetzung dieser Strategie. Der zeitweise Erfolg von *Netscape* und anderen Anbietern im Internet mit dem Verschenken von Produkten scheint bei einer oberflächlichen Betrachtung die ökonomischen Gesetzmäßigkeiten traditioneller Märkte außer Kraft zu setzen (vgl.

Kelly 1997). Aber auch diese Unternehmen verfolgen mit dem Verschenken der Informationsprodukte eine längerfristige Strategie, bei der die Verbreitung der Produkte eine Investition in späteren Gewinn darstellt.

Erlöse werden vom Anbieter in einem zweiten Schritt nach der Verbreitung des kostenlosen Produktes auf verschiedene Weise erzielt (vgl. Zerdick / Picot / Schrape et al. 2001): So kann er z.B. *Erweiterungen* oder *Aktualisierungen* der kostenlosen Grundversion verkaufen, nach einer kostenlosen *Testphase* Gebühren für die Nutzung des Produktes erheben, *komplementäre Produkte* verkaufen oder sein Produkt als *Werbeträger* nutzen und die *Aufmerksamkeit* seiner Nutzer anderen Unternehmen verkaufen. Ein systematischer Überblick über die hier skizzierten Erlösformen und Preis- und Produktstrategien für digitale Produkte wird in den folgenden Kapiteln gegeben.

Für das Erreichen der kritischen Masse ist die *subjektive Wahrnehmung* der Vorteile des Produkts bei den potentiellen Nutzern entscheidend (vgl. Rogers 1995). Daher ist es für den Anbieter wichtig, den Käufern diese Vorteile überzeugend zu kommunizieren und mögliche Unsicherheiten über die zukünftige Verbreitung – und damit den zukünftigen Nutzen – zu reduzieren. Eine wichtige Strategie zur Erreichung dieses Ziels ist die Etablierung von *Standards* (Tirole 1995). Die strategischen Vor- und Nachteile von Standardisierungsprozessen für Anbieter von Informationsgütern werden in Kapitel 2.4.2. diskutiert. Die Unsicherheit der Nachfrager kann der Anbieter auch reduzieren, indem er mit Werbe- und PR-Maßnahmen in seinen Bekanntheitsgrad und den des Produktes investiert.

Damit schnell große Mengen verbreitet werden können, muß das Produkt nicht nur *bekannt*, sondern auch für alle interessierten Nachfrager *verfügbar* sein. Das Internet bietet die idealen technischen Voraussetzungen für eine schnelle günstige und massenweise Distribution digitaler Produkte. Jedoch muß der Anbieter darauf achten, daß das Produkt von allen Interessenten schnell und problemlos auf ihre Computer heruntergeladen werden kann. Der Vorteil dieser Strategie besteht für den Anbieter darin, daß die Produkte von den Nachfragern selbst kopiert und in unverminderter Qualität weitergegeben werden können (vgl. Shapiro / Varian 1998). Gleichzeitig muß er aber darauf achten, daß er nicht seine Erlöspotentiale vernichtet, wenn er die kostenlose Weitergabe des Produktes erlaubt. In diesem Zusammenhang kommt dem Management der *intellektuellen Property Rights* an den Informationsprodukten eine zentrale Rolle zu (vgl. Shapiro / Varian 1998).

Die Erwartungen potentieller Käufer können vom Anbieter auch durch *Vorankündigungen* zukünftiger Produkte beeinflußt werden. Wenn eine neue Produktvariante von einem Anbieter mit hohem Bekanntheitsgrad angekündigt wird, zögern einige Nachfrager die Kaufentscheidung bis zum Erscheinen des angekündigten Produkts heraus, so daß beim Erscheinen sofort eine größere Anzahl von Nutzern erreicht werden kann.

Erlösformen

Die Festlegung von Preis- und Produktstrategien für digitale Güter läßt sich analytisch in zwei Teilbereiche gliedern (vgl. Zerdick / Picot / Schrape et al. 2001): Die Entscheidung über eine *Erlösform* und die Entscheidung über die *Preispolitik*. Bei der Wahl der Erlösform legt der Anbieter fest, ob er seine Leistungen z.B. durch Nutzungsgebühren oder durch Werbeeinnahmen finanziert. Auf diese Entscheidung folgt logisch die Wahl der konkreten Preis- und Produktstrategie, also die Frage, wie hoch z.B. die Gebühren oder die Werbepreise konkret sind und auf welcher Basis sie berechnet werden. Abbildung 7-9 gibt einen Überblick über die Systematik der Erlösformen von Informationsanbietern.

Bei den *direkten* Erlösformen stammen die Einnahmen der Anbieter unmittelbar von den Nachfragern der Informationen, bei den *indirekten* Erlösformen bieten die Anbieter dagegen die Informationen kostenfrei an und erhalten die Vergütung für ihre Leistungen von anderen Unternehmen oder vom Staat, die sich ihrerseits bei den Konsumenten über Steuern bzw. höhere Produktpreise refinanzieren.

Die direkten Erlösformen unterteilen sich in *nutzungsabhängige* und *nutzungsunabhängige* Erlösformen. Die nutzungsabhängigen Formen setzen entweder bei der *Menge* der vom Nachfrager erworbenen Informationen an (z.B. Anzahl von Zeitungsartikeln aus einem Archiv) oder bei der *Zeit*, für die ein Zugriff auf das Informationsangebot eingeräumt wird (z.B. die zeitabhängigen Nutzungsgebühren bei Online-Diensten wie AOL). Bei den nutzungsunabhängigen direkten Erlösformen steht die Höhe des zu zahlenden Preises in keinem Zusammenhang zu Dauer und Umfang der Informationsnutzung. Es gibt zum einen *einmalige Gebühren*, mit denen der Nachfrager das Recht zur unbegrenzten Nutzung erwirbt. Hierunter fallen pauschale Lizenzgebühren (z.B. für die Nutzung von Software), Anschlußgebühren und Zahlungen für ein spezielles *Empfangsgerät* (z.B. einen Pay-TV-Decoder), das zum Abruf der Informationen notwendig ist. Nutzungsunabhängige Zahlungen können auch *periodisch* erhoben werden. Unter diese Kategorie fallen Abonnements (subscriber fees), die z.B. monatlich für die Nutzung eines Online-Dienstes anfallen, oder Rundfunkgebühren, die in Deutschland monatlich für den öffentlich-rechtlichen Rundfunk eingezogen werden.

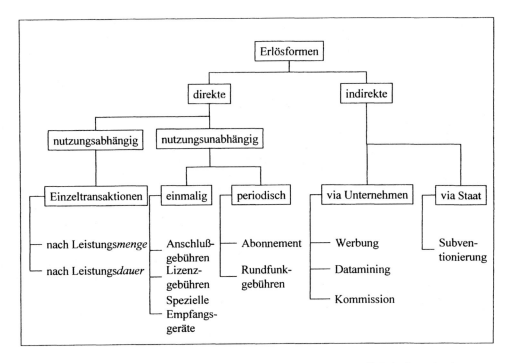

Abb. 7-9: Systematik der Erlösformen (in Anlehnung an Zerdick / Picot / Schrape et al. 2001)

Die *indirekten* Erlösformen werden nach der *Finanzierungsquelle* der Informationsanbieter unterschieden. Von wichtiger Bedeutung ist die Finanzierung durch andere Unternehmen: Informationsanbieter können diesen Unternehmen verschiedene Leistungen anbieten, die aus der Informationsnachfrage durch die Nutzer resultieren. Überragende Bedeutung unter den indirekten Erlösformen hat die Finanzierung durch *Werbung*. Die werbetreibenden Unternehmen erhalten die *Aufmerksamkeit* der Nachfrager und bezahlen dafür den Anbieter der Information, der diese Aufmerksamkeit erzeugt hat. Eng verwandt damit ist die indirekte Finanzierung über eine *Kommission*. Der Informationsanbieter wird von dem dritten Unternehmen anteilig für erfolgreich vermittelte Transaktionen bezahlt, die dadurch initiiert wurden, daß der Käufer auf das Angebot aufmerksam gemacht wurde. Die dritte, besonders für das Internet geeignete Form der indirekten Finanzierung basiert auf der Nutzung von *Datamining* und dem nachfolgenden Weiterverkauf der daraus gewonnenen Kundeninformationen. Der Informationsanbieter sammelt dabei Daten, die die Nachfrager beim Abruf der Informationen über sich selbst hinterlassen. Dabei kann es sich sowohl um persönliche Daten handeln, die der Nutzer für den Zugang zum Informationsangebot angeben muß, als auch um Daten über das Nutzerverhalten beim Abruf der Informationen, die automatisiert gewonnen werden können. Diese Daten können dann an interessierte Unternehmen weiterverkauft werden. Datenschutzgesetze setzen dieser Einnahmequelle jedoch – zumindest in Europa – enge Grenzen. Die Finanzierung durch *staatliche Subventionen* findet man bei förderungswürdigen Informationsangeboten, für die nicht in ausreichendem Maße private Finanzierungsquellen erschlossen werden können. Ein Beispiel hierfür ist das Lehrangebot einer staatlich finanzierten Universität, das über das Internet verfügbar gemacht wird.

Die Anbieter von Informationsprodukten können diese Erlösformen beliebig *kombinieren*: Ein Online-Dienst kann sich beispielsweise durch eine Kombination von einmaligen Anschlußgebühren, monatlichen Grundgebühren, zeitabhängigen Nutzungsgebühren und Werbung auf seiner Eingangsseite finanzieren.

Preis- und Produktdifferenzierung

Bei der Festlegung der konkreten Preispolitik spielen auf elektronischen Märkten die Möglichkeiten der *Preisdifferenzierung* eine zentrale Rolle (vgl. Skiera / Spann 2002). Von Preisdifferenzierung wird allgemein gesprochen, wenn ein Anbieter für *identische* Einheiten seines Gutes von verschiedenen Nachfragern *verschiedene Preise* verlangt. Diese Definition ist für die Analyse realer Märkte jedoch unbefriedigend, da in allen Ausprägungen identische Güter in der Realität kaum anzutreffen sind (vgl. Tirole 1995). Es ist daher zweckmäßig, auch dann von Preisdifferenzierung zu sprechen, wenn die unterschiedlich bepreisten Güter eines Anbieters zwar nicht völlig identisch, aber prinzipiell *gleichartig* sind (vgl. Skiera 1998). Wenn z.B. für eine Flugreise je nach Buchungszeitraum verschiedene Preise verlangt werden, so kann von Preisdifferenzierung gesprochen werden.

Nach Pigou (1920) werden drei *Arten der Preisdifferenzierung* unterschieden (vgl. Tirole 1995): Preisdifferenzierung *ersten Grades* liegt vor, wenn der Anbieter von jedem einzelnen Nachfrager einen *individuellen Preis* kassieren kann, der genau dem entspricht, was jeder einzelne maximal zu zahlen bereit ist. Bei der Preisdifferenzierung *zweiten Grades* stellt der Anbieter eine Palette verschiedener *Varianten* seines Produktes zu unterschiedlichen Preisen zur Auswahl. Die Käufer können jetzt selbst zwischen den verschiedenen Varianten wählen und müssen dafür unterschiedliche Preise bezahlen. Bei diesem Verfahren offenbaren die Nachfrager durch die Entscheidung für eine bestimmte Variante selbst ihre Zahlungsbereitschaft. Shapiro / Varian (1999) bezeichnen die Preisdifferenzierung zweiten Grades bei digitalen Produkten treffend als „*Versioning*" (vgl. Shapiro / Varian 1998; siehe auch Skiera / Spann 2002), weil der Anbieter zur Realisierung dieser Strategie in der Lage sein muß, verschiedene Versionen seines Produktes anzubieten. Preisdifferenzierung *dritten Grades* liegt vor, wenn ein Anbieter sein Produkt für verschiedene *Gruppen* von Nachfragern zu unterschiedlichen Preisen anbietet. Diese Gruppen können z.B. durch unterschiedliche Zugehörigkeit zu gesellschaftlichen Gruppen (z.B. Studenten) oder durch regionale Unterschiede (z.B. In- und Ausland) gebildet werden.

Mit der Strategie der Preisdifferenzierung versuchen die Anbieter, einen möglichst großen Anteil der *Zahlungsbereitschaft* der Nachfrager für ihre Produkte abzugreifen und damit ihren Gewinn zu maximieren. Dies gelingt dann vollständig, wenn ein Anbieter die Preisdifferenzierung ersten Grades durchsetzen kann. Dieses Ziel läßt sich in der Realität aber nur realisieren, wenn die Nachfrager bereit sind, ihre maximale Zahlungsbereitschaft offenzulegen.

Auswirkungen auf die Festlegung der Preispolitik haben für den Anbieter auch die Eigenschaften *digitaler Produkte*. Insbesondere für Strategien der Preisdifferenzierung sind digitale Produkte geeignet, da sie einfach und kostengünstig gebündelt, differenziert und individuell an die Bedürfnisse der Nachfrager angepaßt werden können (vgl. Choi / Stahl / Whinston 1997; Shapiro / Varian 1998; Skiera 1998; Piller 2001; Hermann 2002). Personalisierte digitale Produkte vermindern darüber hinaus den Anreiz für Nachfrager zu Arbitragegeschäften, d.h. den Handel mit dem Produkt zwischen Nachfragern, die unterschiedlich hohe Preise zahlen mußten (vgl. Kap. 2.2.2).

Die Möglichkeit zur Preisdifferenzierung wird gerade im Internet dadurch begünstigt, daß durch *Datamining* individuelle Informationen über die Nachfrager gewonnen werden können (vgl. Bakos 1998; Shapiro / Varian 1998). Diese Informationen – z.B. über bevorzugte Informationsangebote oder früher gekaufte Produkte – kann der Anbieter verwenden, um dem einzelnen Nachfrager auf ihn individuell zugeschnittene Angebote zu machen. Auch die in Kapitel 7.2.2.2 beschriebenen elektronischen Börsen und Auktionen können als Instrumente zur Preisdifferenzierung eingesetzt werden, denn die Preise kommen bei diesen Marktformen durch individuelle Preisangebote der Käufer zustande und nicht durch einfaches Annehmen oder Ablehnen fixer Preisangebote.

Eine Preisdifferenzierung kann auch an bestimmten Gruppen von Nutzern ansetzen. Hierbei kommt es zum einen darauf an, daß die Gruppen in bezug auf die Preissensibilität in sich möglichst homogen sind. Zum anderen müssen die Gruppen mit höheren Preisen akzeptieren, daß es gruppenbezogene Merkmale gibt, die zu niedrigeren Preisen führen (wie z.B. bei niedrigeren Preisen für Studenten). Hier unterscheiden sich elektronische Märkte nicht grundsätzlich von traditionellen Märkten. Die höhere Markttranspa-

renz kann aber dazu führen, daß Strategien der gruppenbezogenen Preisbindung erodieren (vgl. Shapiro / Varian 1998), weil die verschiedenen Gruppen Kenntnis von den
unterschiedlichen Preisen bekommen und die Differenz nicht mehr akzeptieren.

Für Anbieter digitaler Produkte auf elektronischen Märkten bietet das Versioning ideale
Voraussetzungen, um Preisdifferenzierungsstrategien zweiten Grades zu verfolgen. Das
Ziel des Versioning besteht darin, einen möglichst hohen Wert für den Käufer zu schaffen, indem das Produkt möglichst individuell auf seine Bedürfnisse abgestimmt wird und
von diesem Wert einen möglichst großen Teil über den Preis abzuschöpfen (vgl. Shapiro /
Varian 1998; Hermann 2002; Skiera/Spann 2002; Piller/Stotko 2002). Der Anbieter muß
für das Versioning also Produkteigenschaften identifizieren, deren unterschiedliche Ausprägungen den Nutzen seiner Kunden wesentlich beeinflussen. Abbildung 7-10 zeigt
beispielhaft Eigenschaften digitaler Produkte, die Gegenstand des Versioning sein können
und Charakteristika von (potentiellen) Nutzern, die ursächlich für verschieden hohe Zahlungsbereitschaften sein können.

Produkt-dimension	Merkmal	Gegensätze des Nutzenkontinuums	Beispiel
Zeit	Aktualität	Sofortiger oder späterer Zugriff	PAWWS Financial Networks (Echtzeit und verzögerte Akti-enkurse)
	Dauer der Verfüg-barkeit	Langfristige oder kurzfristige Nutzung	Lexis / Nexis Datenbanken (On-Screen-Nutzung oder Download)
Quantität	Leistungsumfang	Geschäftliche oder private Nutzung	Umfang von Datenbanken
Qualität	Bildauflösung	hoch- oder geringauflö-sende Bilder	10MB für Hochglanz-Bild oder 600KB für mattes Bild
	Lesbarkeit	Monitor oder Hardcopy	gedruckte oder Online-Version eines Fachbuchs

Abb. 7-10 : Beispiele für das Versioning digitaler Produkte (in Anlehnung an Zerdick /
Picot / Schrape et al. 2001)

Der Erfolg des Versioning hängt davon ab, daß es dem Anbieter gelingt, die verschiedenen Versionen einer Produktlinie deutlich voneinander abzuheben (vgl. Zerdick /
Picot / Schrape et al. 2001). Die Qualität der günstigen Versionen darf daher nicht zu
hoch werden, da sonst niemand bereit ist, mehr Geld für die hochwertigen Versionen

auszugeben. Ein geringerer Preisunterschied zwischen high-end und low-end Version kann dagegen dazu beitragen, daß Nutzer der günstigen Version auf die hochwertige umsteigen (vgl. Shapiro / Varian 1998). Die Festlegung der Anzahl der Versionen und die genaue Abstufung der preislichen und qualitativen Unterschiede zwischen den Versionen ist abhängig von den Eigenschaften des digitalen Produktes und den Anforderungen der Nachfrager. Die richtige Festlegung dieser Parameter wird zum strategischen Erfolgsfaktor für Anbieter differenzierter Informationsprodukte.

Eine weitere Strategie für Anbieter, aus den Netzeffekten Erlöse zu generieren, besteht in der Ausnutzung von *Komplementaritäten* (vgl. Shapiro / Varian 1998; Zerdick / Picot / Schrape et al. 2001): In einem ersten Schritt verbreitet der Anbieter ein kostenloses Informationsprodukt, mit dem schnell eine kritische Masse von Nutzern und damit verbundene positive Netzeffekte erreicht werden. In einem zweiten Schritt werden komplementäre Informationsprodukte verkauft, die zur Nutzung des kostenlosen Produktes notwendig sind. Diese Strategie ist vor allem bei Systemen von Produkten erfolgversprechend, bei denen einzelne Produkte komplementär zusammenwirken müssen, damit ein Gesamtnutzen entsteht. Der Anbieter nutzt dabei den Umstand aus, daß für den Nutzer bei einem Umstieg auf ein alternatives System aus komplementären Gütern zusätzliche Kosten entstehen, die den Kunden an das eigene System binden (*Lock-In-Effekt*). Das klassische Beispiel im Internet ist Netscape, das seinen Internet-Browser kostenlos verbreitet hat und die Erlöse mit der dazu komplementären Software für Internet-Server erzielt hat (vgl. Kap. 2.0). Diese Strategie ist älter als elektronische Märkte und wurde schon von Rockefeller Anfang des 20. Jahrhunderts eingesetzt, der Öllampen verschenkt hat, um das Öl dazu zu verkaufen. Heute wird diese Strategie z.B. von Anbietern von Mobilfunknetzen genutzt, die Endgeräte subventionieren, um mit den Nutzungsgebühren Geld zu verdienen.

Eine andere Möglichkeit zur Differenzierung digitaler Produkte ist die Zusammenführung einzelner Informationsbestandteile zu einem kundenspezifischen Bündel von Informationen, das sogenannte „*Bundling*" (vgl. Shapiro / Varian 1998; Choi / Stahl / Whinston 1997). Beim Bundling werden die Informationsbestandteile vom Anbieter zusammengestellt und dem Kunden zu einem festen Preis verkauft. Ein klassisches Beispiel für das Bundling von Informationsprodukten ist eine Tageszeitung, in der Nachrichten aus verschiedenen Bereichen vom Anbieter zusammengestellt und dem Nachfrager dann in einer Ausgabe gebündelt verkauft werden. Informationen können grundsätzlich nach Menge und Dauer der Nutzung gebündelt und abgerechnet werden. Die direkten nutzungsunabhängigen Erlösformen aus Abbildung 7-9 mit einmaligen oder periodischen Zahlungen gehören auch zu den Bundlingstrategien.

Am Beispiel der Zeitung kann auch gezeigt werden, daß der Vorteil digitaler Produkte gegenüber Informationsprodukten auf klassischen Medien (z.B. Papier) auch darin besteht, daß eine *Entbündelung* und damit eine Individualisierung von Informationsprodukten möglich wird: Online-Zeitungen, wie z.B. dowjones.com, können vom Kunden selbst nach ihren Interessen zusammengestellt werden, ohne daß sie, wie bei der auf Papier gedruckten Tageszeitung, überflüssige Informationen mit beziehen. Manche Autoren prophezeien dem Bundling auf elektronischen Märkten daher auch nur ein Nischendasein (vgl. z.B. Choi / Stahl / Whinston 1997). Es kann jedoch analytisch nachgewiesen werden, daß Anbieter von Informationsprodukten unter bestimmten Voraussetzungen ihre Gewinne durch Bundlingstrategien erhöhen können (vgl. Bakos / Brynjolfsson 1998). Durch Bundling können Abweichungen in der Zahlungsbereitschaft zwischen verschiedenen Kundengruppen, die für einzelne ungebündelte Informationsprodukte bestehen, ausgeglichen und dadurch der Ertrag für den Anbieter erhöht werden.

Das Bundling kann darüber hinaus genutzt werden, um neue Informationsprodukte in den Markt einzuführen (vgl. Shapiro / Varian 1998): So kann z.B. der Anbieter einer Software eine Demo-Version eines neuen Programms in die alte Software integrieren, um die Aufmerksamkeit seiner Kunden darauf zu lenken. Bundling kann auch als Strategie zur Auflösung des *Informationsparadoxons* genutzt werden. Der Leser einer Zeitung mag z.B. gar nicht im voraus beurteilen können, über welche Neuigkeiten er informiert werden will. So können in einem von einer Zeitungsredaktion zusammengestellten Informationsbündel auch Artikel enthalten sein, deren Nutzen vom Käufer erst während des Lesens erkannt werden. In diesem Fall ist die Zusammenstellung eine vom Anbieter erbrachte wertvolle Leistung, für die auch Zahlungsbereitschaft vorhanden ist.

Bundling ist zur Zeit auch deshalb häufig als Preisstrategie im Internet beobachtbar, weil eine einzelne Bepreisung von Informationsbestandteilen zu hohe Transaktionskosten verursachen würde. Die Bündelung von Informationsprodukten wird aber aus den oben genannten Gründen auch dann sinnvoll bleiben, wenn über verbesserte Zahlungsmöglichkeiten auch kleinste Informationsbestandteile separat abgerechnet werden können (Micropayment).

7.3.2.2 Wettbewerb auf elektronischen Märkten

Für die Frage, wie sich die Elektronisierung von Märkten auf Wettbewerb und Strategie auswirkt, sind insbesondere zwei Effekte von Bedeutung, die schon frühzeitig beschrieben wurden: der *electronic communication effect* und der *electronic brokerage effect* (vgl. Malone / Yates / Benjamin 1987). Der erste besagt, daß Information immer schneller und billiger auch über weite Strecken übermittelt werden kann. Mit dem zweiten ist gemeint, daß moderne Informations- und Kommunikationssysteme die Funktion von Brokern übernehmen, d.h. Anbieter und Nachfrager zusammenbringen können (vgl. Kap. 7.2.2.2). Dabei haben sie jedoch Vorteile gegenüber ihren menschlichen Pendants, da sie eine größere Zahl von Geboten innerhalb kürzerer Zeit verarbeiten können und damit Anbietern und Nachfragern tendenziell eine bessere Auswahl ermöglichen. Darüber hinaus sind sie meist kostengünstiger. Sehr deutlich sieht man das am Beispiel der Frankfurter Wertpapierbörse, wo das elektronische System *Xetra* (Exchange Electronic Trading) gegenüber dem klassischen Parketthandel pro Tag mehr als zehnmal so viele Orders zu etwa einem Fünftel der Kosten pro Order verarbeiten kann. Eine Folge dieser Effekte ist das *Verschmelzen* von bislang räumlich, zeitlich oder soziodemographisch getrennten Märkten. Einzelne Anbieter und Nachfrager können ihren Aktionsradius über Informations- und Kommunikationsnetze deutlich ausdehnen und räumliche Marktgrenzen überwinden. Prinzipiell ist so eine Globalisierung dieser Märkte möglich, wobei dieser Tendenz bei einzelnen Güterklassen durch (in Relation zum Kaufpreis) hohe Transportkosten, Verderblichkeit der Waren, gesetzliche Regelungen oder kulturelle Barrieren (z.B. Sprache) Grenzen gesetzt sind. Aber auch zeitliche und soziodemographische Marktgrenzen verlieren an Bedeutung, da auf elektronischen Märkten Ladenschlußzeiten keine Rolle spielen und soziale Hemmschwellen beim Besuch bestimmter Läden wegen der fehlenden Beobachtbarkeit durch andere Kunden fallen. In der Folge dieser Entwicklungen entstehen umfassendere Märkte mit einer größeren Zahl an Marktteilnehmern (vgl. Sviokla 1998).

Eine zweite, damit sehr eng verbundene Entwicklung ist die *steigende Transparenz* innerhalb der Märkte. Die Informations- und Kommunikationstechnik erlaubt es, sehr viel einfacher als in klassischen Märkten Informationen über Anbieter, Nachfrager und gehandelte Produkte einzuholen und Vergleiche anzustellen. Insbesondere der Vergleich von Produkten verschiedener Hersteller wird durch die gesunkenen Suchkosten einfacher, und der Aufwand den Anbieter zu wechseln (*switching costs*) sinkt („Your competitor is just one mouseclick away").

Eine dritte Entwicklung ist die Veränderung der *Kommunikation* zwischen den Marktteilnehmern. Es ist kein Zufall, daß erst mit der Einführung des WWW, das mit seinen multimedialen Möglichkeiten alle vorangegangen Standards im Internet an *Media Richness* deutlich übertrifft (vgl. Teil 3; sowie ausführlich Möslein 1999), das Internet in nennenswertem Umfang als Marktplatz genutzt wurde. Aber auch heute findet die Kommunikation in elektronischen Märkten noch über standardisierte, technische Schnittstellen mit relativ niedriger Media Richness statt. Eine direkte Face-to-face-Kommunikation ist meist (noch) nicht möglich, der Kunde wird im allgemeinen nicht von einem menschlichen Gegenüber, sondern von einer Software bedient. Darunter leiden die persönliche Kundenansprache, das Vertrauen und die Kundenbindung.

In Folge der Vergrößerung von Märkten bei gestiegener Transparenz und gesunkener Kundenbindung kommt es zu einem *verschärften Wettbewerb* der Marktteilnehmer. Da es sich bei den meisten Märkten in den westlichen Industrienationen um Käufermärkte handelt, hat der verschärfte Wettbewerb Gewinnerosionen für die Anbieter zur Folge (vgl. Sviokla 1998; Hagel / Armstrong 1997). Bei Verkäufermärkten kann die höhere Transparenz zu Preissteigerungen führen, wobei dies allerdings die Ausnahme bleiben dürfte (vgl. Gebauer 1996).

Bisher lassen sich auf elektronischen Märkten im Internet allerdings noch keine wesentlichen Preissenkungen durch die Elektronisierung beobachten; das Niveau der Preise entspricht bisher weitgehend üblichen Preisen im Katalogversand. Dabei kann es sich jedoch um ein vorübergehendes Phänomen handeln, da einerseits viele Unternehmen das Internet erst vor kurzem als Vertriebskanal aufgebaut haben und noch auf hohem Kostenniveau operieren und andererseits im Internet bisher tendenziell zahlungskräftigere Kunden erreichbar sind, denen die Bequemlichkeit beim Einkauf wichtiger ist als ein günstigerer Preis. Eine weitere Verbreitung des Internet in breiteren Bevölkerungsschichten könnte den Preiskampf im Web deutlich verschärfen (vgl. OECD 1998).

Die Anbieter selbst haben natürlich kein Interesse an einer Erosion ihrer Gewinne und versuchen mit verschiedenen Strategien den oben beschriebenen Entwicklungen entgegenzuwirken. Um einen ruinösen Preiswettbewerb zu verhindern, versuchen die Anbieter, *künstliche Intransparenz* auf den Märkten zu erzeugen und eine Vergleichbarkeit der Preise zu verhindern. Dies geschieht auch durch besonders unübersichtliche Preisgestaltung, die beispielsweise bei Online-Wertpapierhändlern beobachtbar ist und sich am Vorbild der Flug- und Telefongesellschaften mit ihren komplizierten Tarifsystemen orientiert. Außerdem versuchen die Anbieter, automatisierte Preisvergleiche durch Softwareagenten zu verhindern. Ein Beispiel dafür ist das Scheitern der Software BargainFinder, die auf Anfrage das billigste Angebot für eine vom Kunden gewünschte Audio-CD im Internet suchen sollte. Schnell reagierten die Anbieter darauf und sperrten ihre Seiten für BargainFinder (Bailey / Bakos 1997).

Eine zweite Möglichkeit, zu starke Markttransparenz zu verhindern, ist eine möglichst starke *Differenzierung* der Produkte bis hin zur kundenindividuellen Massenfertigung (Mass Customization, vgl. Pine 1993; Piller 1998a, 2001). Mass Customization ist nicht nur ein Mittel zur kostengünstigen Personalisierung des Marketings, sondern zielt vielmehr auf die Erstellung von Produkten und Leistungen entsprechend der Bedürfnisse des einzelnen Kunden ab. Damit zusammenhängende personalisierte Preise passen sich bei vorliegen bestimmter Voraussetzungen den Zahlungsbereitschaften der Kunden individuell an (vgl. Kap. 7.3.2.1). Die im Mass Customization geforderte Individualisierung erfordert eine Ergänzung um eine personalisierte Kommunikation, die durch interaktive Medien erreicht werden kann (vgl. Korb 2000; Piller 2001; Reichwald/Piller 2002). Zur Erhöhung der *Kundenbindung* schließlich gibt es eine breite Palette von Möglichkeiten, die oft noch aus dem klassischen Marketing übernommen werden. Dazu gehören z.B. kundenindividuelle Ansprache, Treueboni, einzigartige Zusatzleistungen und systematische Vorankündigungen neuer Produkte. Insbesondere der Aufbau starker Marken im Internet oder der Transfer von Marken aus anderen Märkten ist von großer Bedeutung, da es möglich ist, das fehlende Vertrauen in die Anbieter als menschliche Gegenüber durch Vertrauen in bekannte Marken zu substituieren (vgl. Kap. 7.3.1.2 sowie Reichwald / Bullinger 2000). Die Ursache für das fehlende Vertrauen im elektronischen Handel liegt in der Unsicherheit der Nachfrager. Die von den Transaktionspartnern in mehr oder weniger ausgeprägter Weise empfundene Unsicherheit kann verschiedene Gründe haben. Unvollständige Information über das Verhalten des Transaktionspartners, über Außeneinflüsse, neue Rahmenbedingungen des Marktverhaltens und den eigenen Beitrag an der Transaktion sind die wohl häufigst genannten Unsicherheitsfaktoren (vgl. Korb 2000; Piller/Stotko 2002).

Neben den genannten Kundenbindungsstrategien gibt es im elektronischen Handel neue Strategien, die die neuen technischen Möglichkeiten im WWW nutzen. Das bekannteste Beispiel sind die *Virtual Communities* nach Hagel und Armstrong (1997). Dabei versucht ein Anbieter auf seiner Web-Site ein Diskussionsforum für Kunden und potentielle Kunden einzurichten, in dem sich diese über die Produkte des Unternehmens unterhalten sowie Erfahrungen und Tipps austauschen können.

Zu unterscheiden ist die kommerzielle und nicht kommerzielle Nutzung von Electronic Communities. Die zunächst als News-Groups bekannten ersten Electronic Communities werden heute vielfach durch Werbung, Produkt- und Serviceangebote, Sponsoring oder auch Angebote vergünstigter Produkte oder Dienstleistungen für die Mitglieder kommerzialisiert (vgl. Seeger 1998). Im Gegensatz zu Non-Profit-Communities, deren Initiator meist eine reine Privatperson darstellt, werden kommerzielle Communities von Unternehmen gegründet. Beide Arten von Communities sind auf ihre Art interessant, ihren Anteil am Abbau von Informationsasymmetrien zu beleuchten. Der Vorteil für die Kunden ist, daß sie dadurch wertvolle Hinweise und Hilfestellung erhalten sowie ihre Anregungen und Beschwerden einfach loswerden können. Der Vorteil für den Anbieter ist, durch Beobachtung oder Teilnahme an der Community sehr günstig an Kunden-Feedback zu kommen und möglicherweise wertvolle Anregungen für Neu- und Weiterentwicklungen zu erhalten. Der Anbieter gewinnt zum einen Informationen über seine Kunden, die zur gezielten Ansprache und damit stärkeren Bindung genutzt werden können. Zum anderen verstärkt sich die Bindung dadurch, daß die Kunden selbst durch ihr Engagement Anpassungen bei „ihrem" Anbieter bewirken können. Zu beachten ist allerdings, daß nicht nur in der After-Sales-Phase Kundenbindungsstrategien und eine

kundenindividuelle Gestaltung des Angebots einzurichten sind, sondern in jeder einzelnen Phase des Kaufprozesses der Kunde und seine Bedürfnisse mehr im Mittelpunkt der
Transaktion stehen als je zuvor.

Abgesehen von all diesen Strategien, die auf die Intensivierung des Wettbewerbs reagieren, wirkt ein wichtiger Trend auf elektronischen Märkten speziell im Internet noch
zusätzlich dem Entstehen von vollkommenerem Wettbewerb entgegen: die sogenannte
Ökonomie der Aufmerksamkeit (vgl. Goldhaber 1997; Franck 1998). Dieses Konzept
basiert auf der Überlegung, daß Informationen im Internet im Überfluß frei verfügbar
und somit keine knappe Ressource mehr sind. Knapp ist dagegen die Aufmerksamkeit
der potentiellen Kunden, um die ein Wettbewerb der Anbieter entbrennt. In diesem
Wettbewerb ist Werbung ein wichtiges Instrument. Der Aufbau von Bekanntheit ist ein
zentraler Erfolgsfaktor für Unternehmen auf elektronischen Märkten. Ein hoher Bekanntheitsgrad hat auch Auswirkungen auf die Erwartungsbildung potentieller Käufer
bei der Einführung neuer Produkte mit Netzeffekten (vgl. Kap.7.3.2.1): Wenn das Unternehmen schon erfolgreich einen hohen Bekanntheitsgrad aufgebaut hat, wird ihm
eher zugetraut, daß es auch neue Produkte in hinreichender Zahl absetzen kann (vgl.
Shapiro / Varian 1998).

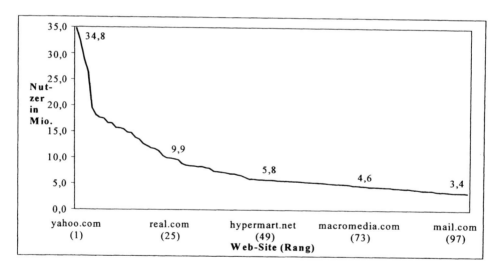

Abb. 7-11:   Anzahl Nutzer auf den 100 meistbesuchten Web-Sites in den USA im Juni
2000 (Zahlen nach PC Data Online-Reports, pcdataonline.com)

Die Aufmerksamkeitsökonomie führt zu einer *„Economy of Stars"*, in der wenige die
Aufmerksamkeit vieler auf sich ziehen. Anders formuliert bedeutet das, daß bei der

Verbreitung der Bekanntheit einer Person (eines Unternehmens, einer Marke) ebenfalls Netzwerkeffekte entstehen: Je größer die Bekanntheit erst einmal ist, desto eher gelingt es, die Aufmerksamkeit zusätzlicher Personen auf sich zu ziehen. Beispiele für die Economy of Stars sind in der *Unterhaltungsindustrie* mit Michael Jackson und im Profisport mit Michael Jordan zu finden. Auch im Internet ist diese Konzentration der Aufmerksamkeit zu beobachten: Die Aufmerksamkeit der Internet-Surfer konzentriert sich auf vielbesuchte „Star"-Seiten und nimmt im Verlauf zu den weniger besuchten Seiten exponentiell ab (vgl. Abb. 7-11): So hatte z.B. die Seite *real.com* auf Rang 25 der meistbesuchten Seiten in den USA und Kanada im Juni 2000 nicht einmal ein Drittel der Nutzer der führenden Seite von *Yahoo*.

7.3.2.3 Die neue Rolle der Intermediäre

Die Veränderungen, die sich durch die Elektronisierung von Märkten für Produzenten und Konsumenten ergeben, haben auch Auswirkungen auf die *Intermediäre*. Unter Intermediären werden im allgemeinen Akteure auf Märkten verstanden, die weder als Anbieter noch Nachfrager auftreten, sondern das Funktionieren des Marktes insgesamt erleichtern oder erst ermöglichen und dafür eine Provision o.ä. erhalten (siehe dazu die Beiträge in Reichwald 2002). Beispiele sind Groß- und Einzelhändler, Makler oder Auktionshäuser. Typische Funktionen von Intermediären sind (vgl. Malone / Yates / Benjamin 1987, Buxmann / Gebauer 1997, Bailey / Bakos 1997):

- *Versorgung der Marktteilnehmer mit Informationen* über Waren und Marktteilnehmer, um Transaktionskosten einzusparen: Die Grundidee ist dabei, daß nicht jeder von m Anbietern jeden von n Nachfragern kontaktieren muß, um den geeignetsten Marktpartner zu finden (m*n Kontakte), sondern eine Stelle zentral die Informationen sammelt und an die Marktteilnehmer weitergibt (n+m Kontakte). Die Informationsfunktion kann auch einschließen, daß der Intermediär die Preisfestlegung unterstützt (z.B. Börse) oder als Makler bzw. Zwischenhändler auftritt.

- *Organisation der Zusammenstellung und Distribution* von Gütern und Bereitstellung der dafür notwendigen Infrastruktur (z.B. Markthalle): Eine Supermarktkette hat beispielsweise im wesentlichen die Funktion, die wichtigsten Güter des täglichen Bedarfs (Zusammenstellung) wohnortnah zum Mitnehmen bereitzustellen (Distribution).

- *Gewinnung des Vertrauens der Marktteilnehmer*, um darauf aufbauend als Qualitätssicherer zu fungieren oder die Kunden bei Kauf- oder Verkaufentscheidungen zu beraten: Intermediäre haben einen geringeren Anreiz, sich opportunistisch zu verhalten, da sie im allgemeinen häufiger Transaktionen durchführen und somit auf ihren Ruf bedacht sein müssen.

- *Übernahme zusätzlicher Leistungen* wie Zahlungsabwicklung, Finanzierung oder Risikoabsicherung.

Die Diskussion über die Auswirkungen der Elektronisierung von Märkten auf die Intermediäre beschränkte sich zunächst weitgehend auf die Informationsfunktion. Vielfach wurde argumentiert, daß durch die gesunkenen Kosten der Informationsbeschaffung Intermediäre tendenziell überflüssig würden, da Kunden direkt mit Produzenten interagieren könnten (*Disintermediation*) (vgl. Wigand / Crowston 1999). Das klassische Beispiel für die Potentiale dieser Entwicklung stammt aus dem Bereich der Bekleidungsindustrie (Benjamin / Wigand 1995). Abbildung 7-12 zeigt aggregierte Darstellungen einer industriellen Wertschöpfungskette für ein Hemd, die vom Hersteller über den Groß- und den Einzelhandel bis zum Endverbraucher reicht. Wertschöpfungskette 1 stellt die traditionelle Absatzform dar. Bei Zusammenfassung aller Mehrwerte zahlt der Kunde 52,72 $ pro Hemd. Der zweite Graph zeigt den gleichen Wertschöpfungsprozeß unter Umgehung des Großhändlers (möglich ist auch eine Disintermediation des Einzelhandels unter Beibehaltung des Großhandels; vgl. Evans / Wurster 1998). Es ergibt sich ein Preis von 41,34 $ für den Konsumenten. Das bedeutet eine Ersparnis von 28% gegenüber dem herkömmlichen Fall. Wenn sich unter Einsatz moderner Informations- und Kommunikationsmedien Möglichkeiten eröffnen, alle Zwischenstufen zu umgehen und in direkten Kontakt mit dem Endverbraucher zu treten, dann bedeutet dies noch deutlichere Effekte. Der Beschaffungspreis des Hemdes sinkt für den Endverbraucher auf 20,45 $ und damit um 62% gegenüber der traditionellen Vertriebsform. Allerdings wird der Hersteller natürlich bestrebt sein, die Differenz nicht vollständig an den Endverbraucher weiterzugeben. Wer am stärksten von den Einsparungen profitiert, hängt im wesentlichen vom Wettbewerb auf dem betroffenen elektronischen Markt ab (vgl. Kap. 7.3.2.2).

Es zeigt sich, daß trotz der ökonomischen Anreize die Disintermediation im Internet nicht so stark wie erwartet stattfindet (vgl. Bailey / Bakos 1997; Buxmann / Gebauer 1997). Für den bisher *geringen Disintermediationsgrad* lassen sich insbesondere folgende Gründe anführen (vgl. Picot / Bortenländer / Röhrl 1997):

Versicherungsfunktion der Intermediäre: Diese Funktion wird gut am Beispiel der Banken deutlich. Die spezifischen Kenntnisse über die besonderen Umstände von Ort und Zeit und das allgemeine Erfahrungswissen erlauben den Banken ein effizienteres Screening und Monitoring als Privatpersonen. Damit können sie Adverse-selection und Moralhazard-Probleme zu einem großen Teil überwinden. So läßt sich die Übernahme von Ausfallrisiken analytisch als Versicherungsleistung verstehen (vgl. Böhme 1997). Ähnliche Sicherungsleistungen übernimmt der Handel. Diese umfassen die Qualitätssicherung der Produkte, Beratungs- und Umtauschleistungen und sonstige Maßnahmen, die das Risiko des Kaufs reduzieren. Das Beispiel verdeutlicht, daß Intermediäre nicht nur über spezifisches Know-how über die Primärtransaktionen, die sich auf den Leistungsübergang und die Bekanntmachung der Produkte und Dienste beziehen, sondern auch über die indirekten unterstützenden Sekundärtransaktionen wie z.B. Finanztransaktionen, Versicherung oder Logistik verfügen (vgl. Himberger 1994) und bei der Bereitstellung dieser Leistungen Economies of Scale realisieren. Eine Disintermediation setzt damit eine Reorganisation der von den konventionellen Mittlern ausgeübten Funktionen und neue Institutionen voraus.

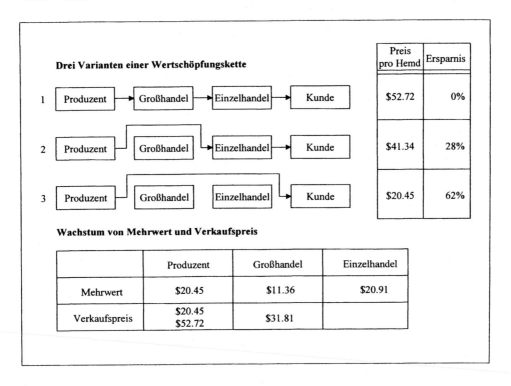

Abb. 7-12: Wertschöpfungskette in der Bekleidungsindustrie (in Anlehnung an Benjamin / Wigand 1995)

Marktmacht der Intermediäre: Ein weiterer Grund für den geringen Disintermediationsgrad liegt in der Marktmacht der konventionellen Mittler. Ein Beispiel dafür stellt S.W.I.F.T. dar, ein internationales Bankennetzwerk für den elektronischen Geldaustausch. Dieses Netzwerk ist nur für Banken zugänglich, denn diese wollen ihre Monopolposition als Koordinator des bargeldlosen Zahlungsverkehrs nicht verlieren (vgl. Picot / Bortenlänger / Röhrl 1997). Um auf die Dienste der Intermediäre verzichten zu können, müssen Nichtbanken in die Errichtung einer neuen Infrastruktur investieren.

Die Etablierung einer derartigen Infrastruktur kann ein langwieriger Prozeß sein, da einheitliche Standards geschaffen werden müssen, um die Vorteile eines Netzwerkes zu nutzen. So kann die Entstehung eines derartigen Systems an der kritischen Masse scheitern (vgl. Niggl 1994 zu den Problemen bei der Etablierung von Standards).

Kritische-Masse-Problem: Mit diesem Problem sind die Produzenten von Gütern und Diensten konfrontiert, die sich – ohne die Einschaltung von Intermediären – an den Nachfrager wenden. Denn die Attraktivität eines Marktes nimmt mit der Wahrscheinlichkeit des „Sich-Findens" und damit mit der Anzahl der Teilnehmer zu, d.h. jeder zusätzliche Teilnehmer erhöht den Nutzen der existierenden Teilnehmer (vgl. Economides 1994). Mittler agglomerieren Anbieter und Produkte und erhöhen damit die Attraktivität eines Marktes für die Nachfrager. Daher kann es ohne Intermediäre schwieriger sein, die kritische Masse an Teilnehmern zu erreichen und damit positive Netzexternalitäten zu nutzen. Intermediäre haben hier im wesentlichen die Funktion, die Aufmerksamkeit möglichst vieler Marktteilnehmer auf sich zu ziehen (vgl. Kap. 7.3.2.2).

Zusammenfassend läßt sich sagen, daß ein Wegfall von Intermediären auf breiter Front nicht zu erwarten ist, in elektronischen Märkten sich die *Rolle der Intermediäre* jedoch wandelt (vgl. z.B. Bailey / Bakos 1997):

- Bei der *Informationsfunktion* sind zwei gegenläufige Trends zu beobachten: Einerseits können Anbieter und Nachfrager durch die erleichterte Informationsbeschaffung im Internet leichter zueinander finden, womit Intermediation tendenziell überflüssig wird; andererseits steigt die Zahl potentieller Handelspartner durch die weltweite Vernetzung stark an, was den Marktüberblick schwerer und Intermediäre wichtiger macht. Je nach Markt kann es also einen zu- oder abnehmenden Bedarf nach Informationsintermediären geben: In Märkten, die durch eine große Anzahl von Nachfragern gekennzeichnet sind, die unregelmäßig Käufe tätigen, wie z.B. bei Konsumgütern wie Büchern, wird die Bedeutung von Intermediären eher zunehmen. In Märkten dagegen, die durch eine überschaubare Anzahl von Marktteilnehmern mit regelmäßigen Austauschbeziehungen charakterisiert sind, wie z.B. Zuliefermärkte großer Industrieunternehmen, führt die Elektronisierung tendenziell zu einer Substitution von Intermediären.

- Für die *Zusammenstellung von Leistungen* gilt ähnliches. Während für sporadische Käufe auf wenig transparenten Märkten der Bedarf nach Zusammenstellung weiterhin hoch sein kann, werden sich insbesondere im Business-to-Business-Bereich die Nachfrager selbst die gewünschten Leistungen zusammenstellen. Eine Bündelung kann jedoch auch darin begründet sein, daß der Verkauf von Leistungspaketen für Anbieter ein Mittel ist, höhere Zahlungsbereitschaften seitens der Kunden abzugrei-

fen (vgl. Kap. 7.3.2.1). Die Zusammenstellung auf elektronischen Märkten geschieht im allgemeinen aber nur logisch, während die physische Zusammenstellung
und Distribution (von Sachgütern) meist von klassischen Paket-Diensten übernommen wird (vgl. Kap. 7.2.2.3).

- Die *Vertrauensfunktion* gewinnt auf elektronischen Märkten stark an Bedeutung, da
  kein direkter persönlicher Kontakt mehr zwischen Anbieter und Nachfrager stattfindet und daher ein menschlicher Vertrauensaufbau sehr schwierig wird (vgl. Kap.
  7.3.1.2). Bekannte Marken, denen Kunden vertrauen und die für eine bestimmte
  Qualität und Vertrauenswürdigkeit stehen, werden im Web daher zu einem wichtigen Asset (Evans / Wurster 1998). Aber auch für die Abwicklung gewinnen Ver-
  trauensinstitutionen an Bedeutung, da Leistungsaustausche sowie Zahlungen über
  das Netz einer Absicherung bedürfen (trusted third parties; vgl. Kap. 7.2.2.3).

Zu beobachten ist im WWW auch eine *Spezialisierung* der Intermediationsfunktion.
Während ein klassischer Händler oft eine umfassende Breite von Leistungen von Infor-
mation über Beratung, Distribution bis zur Finanzierung anbietet, spezialisieren sich
Internet-Intermediäre meist auf die Unterstützung einzelner Phasen des marktlichen
Leistungsaustauschs. Sie betreiben beispielsweise elektronische Handelssysteme, unterstützen die Marktteilnehmer bei der Suche nach Partnern, bündeln Leistungen anderer
Anbieter oder sorgen für eine Qualitätskontrolle (vgl. Kap. 7.2.2). Zur Zusammenführung der spezialisierten Leistungen können zugleich die Möglichkeiten des Internet
zur Leistungsbündelung durch Bildung von telekooperativen Unternehmensnetzwerken
und virtuellen Unternehmen ausgenutzt werden (vgl. Teil 8).

Im Ergebnis kann also folgendes festgehalten werden: Es sind drei Formen der Veränderung der traditionellen Wertschöpfung des Handels bezüglich der Handelsstufen zu
beobachten. Disintermediation ist die Substitution bzw. das Aussterben von Zwischenhändlern. Dies trifft vor allem auf digitalisierbare Güter wie Software und Informationen zu, zunehmend aber auch auf andere Branchen, in denen sich Anbieter direkt an den
Kunden wenden. Als Transintermediation kann der Ersatz des Zwischenhandels durch
neue Intermediäre bezeichnet werden. Insbesondere im Bereich der Makler- und Ver-
mittlungsgeschäfte wie z.B. Immobilien-, Job- und Partnervermittlungen sind derartige
Veränderungen zu beobachten. Darüber hinaus drängen neue Intermediäre in den elektronischen Markt. Diese Entwicklung wird als Reintermediation oder Hypermediation
bezeichnet. Hier entstehen neue Arten des Zwischenhandels. Dabei handelt es sich
beispielsweise um Content Providing, Suchmaschinen, Portal und Community Anbieter.
Deren Aufgaben liegen im Informations-, Sicherheits- und Vermittlungsbereich. Insbesondere in diesem neuen Part der Intermediation werden Gewinne erwartet (vgl.
Schneider / Gerbert 1999; Albers / Peters 2000).

7.4 Die Rolle der Informations- und Kommunikationstechnik

Technologische Entwicklungen haben in den vergangenen Jahren revolutionäre Auswirkungen im Bereich der elektronischen Märkte gehabt. Es deutet sich an, daß diese stürmische Entwicklung noch weiter anhält. Lange Zeit haben elektronische Märkte ein Nischendasein geführt und waren nur für hochstandardisierte Güter im Business-to-Business-Bereich relevant (z.B. Wertpapiere, Flugtickets). Erst durch die Einführung des World Wide Web, das erstmals eine komfortable und multimediale Benutzeroberfläche zur Verfügung stellte, und durch die stärkere Verbreitung des Internet in Privathaushalten kam der Durchbruch im Business-to-Consumer-Bereich. Erstmals konnten auch Waren, die eine multimediale Darstellung erfordern, auf elektronischen Märkten beworben und verkauft werden. Neben dieser *konstituierenden* Rolle der modernen Informations- und Kommunikationstechnik für elektronische Märkte in der heutigen Form spielen neue technische Möglichkeiten auch für ihre *Entwicklungspotentiale* eine entscheidende Rolle. So entstehen zum Beispiel durch die weltweite Verfügbarkeit des Internet hochspezialisierte Märkte, die in lokalen oder regionalen Märkten an der fehlenden kritischen Masse gescheitert wären (Picot 1998a). Weiterhin läßt sich jetzt schon im Internet ein *Abschied vom klassischen Preisfindungsmodell* beobachten, in dem der Anbieter eine Ware zu einem Festpreis anbietet und die Nachfrager nur entscheiden können, ob sie zu diesem Preis kaufen oder verkaufen wollen (z.B. Supermarkt). Im WWW gewinnen zunehmend flexiblere Mechanismen wie Börsen und Auktionen an Bedeutung. Dies wird dadurch ermöglicht, daß die zum Teil sehr komplizierten Preisfindungsverfahren nun durch entsprechende Software kostengünstig durchgeführt und Marktteilnehmer über Informations- und Kommunikationsnetze direkt beteiligt werden können, ohne daß ihre physische Anwesenheit nötig ist. Aus ökonomischer Sicht bedeutet dies eine Effizienzverbesserung dieser Märkte.

Für die kommenden Jahre sind bereits technologische Entwicklungen absehbar, die starke Auswirkungen auf die Möglichkeiten elektronischer Märkte haben werden. Von zentraler Bedeutung ist die weitere Ausbreitung des Internet, die man sich insbesondere von der Einführung einfach zu bedienender Endgeräte verspricht. Interessant wird sein, ob es zu einer Konvergenz, nämlich zu einer Verschmelzung der Endgeräte kommt. Ähnlich wie bei den Telekommunikations- und Datennetzen ein Konvergenzphänomen zu beobachten ist, ist auch die Funktionalität der Endgeräte nicht mehr zwingend nur durch einen Dienst geprägt. Durch die Integration von Telephonie, dem Abruf von Texten, dem Absenden und Empfangen von Faxen und Rundfunk im Multimedia-PC zu empfangen, wird die Beschränkung der Funktionalität traditioneller Geräte aufgehoben. Ähnliche Entwicklungen lassen sich im TV aufzeigen. Hierbei ist insbesondere die

Entwicklung hin zum Web-TV zu beobachten. Einer Integration also von Internet und TV, deren Inhalte je nach Konzeptionierung via PC oder TV-Gerät mit Set-Top-Box interaktiv abrufbar sind. Dadurch ist eine Vergrößerung insbesondere von Business-to-Consumer-Märkten zu erwarten. Eine zunehmende Rolle v.a. im Business-to-Business-Bereich wird zukünftig das Web-EDI spielen. Im WWW ausgefüllte Bestellformulare werden automatisch in EDI- oder EDI/XML-Nachrichten (vgl. Teil 4) konvertiert und als solche beim Lieferanten weiterverarbeitet. Die weitere Vergrößerung der Bandbreiten der Übertragungsmedien wird die Darstellbarkeit von Produkten im WWW noch deutlich verbessern und es damit ermöglichen, immer mehr Güter und Dienstleistungen über die Netze anzubieten (vgl. Kap. 7.3.1). Insbesondere das *direkte Senden von Informationsprodukten* über das Internet und das Erbringen von Informationsdienstleistungen werden durch die flächendeckende Einführung von Videokommunikation einen Durchbruch erleben. Auf kürzere Sicht ist insbesondere die Durchsetzung von *Standards für den elektronischen Zahlungsverkehr* im Internet von entscheidender Bedeutung. Chipkarten- und E-Cash-Systeme unter Einsatz kryptographischer Verfahren könnten die unmittelbare und sichere Bezahlung von Leistungen ohne zusätzlichen Aufwand ermöglichen.

7.5   Schlußfolgerungen für das Management

Durch Fortschritte in der Informations- und Kommunikationstechnologie gewinnen elektronische Märkte an Bedeutung. Um die daraus resultierenden Herausforderungen bewältigen und die Chancen nutzen zu können, müssen Manager die neuen Regeln der Internet-Ökonomie verstehen und ihre Strategien an die veränderten Rahmenbedingungen anpassen. Die *Potentiale elektronischer Märkte* lassen sich nicht für alle Produkte und Dienstleistungen in gleichem Umfang realisieren. Entscheidend ist, ob sich *ein zusätzlicher Nutzen* für Anbieter und / oder Nachfrager im Vergleich zu traditionellen Märkten ergibt. Ausgangspunkt der Prüfung des Leistungsspektrums ist der gesamte Transaktionsprozeß, von der Informationssuche bis hin zur Abwicklung des Geschäfts. Von zentraler Bedeutung sind dabei die *Innovationspotentiale in der Informationsphase*.

Um auf elektronischen Märkten erfolgreich zu sein, muß es dem Anbieter gelingen, die für seine Kunden relevanten Informationen über seine Leistungen effektiv über die zugrundeliegende IuK-Infrastruktur zu kommunizieren. Der Anbieter muß prüfen, ob sich das eigene Leistungsspektrum eignet und wie die Informationen mediengerecht aufbereitet werden können. Durch die neuen weltumspannenden Kommunikationsnetze verlieren räumliche, zeitliche und soziodemographische Marktgrenzen an Bedeutung. Unternehmen haben so die Möglichkeit, in *neue Märkte* einzudringen, sehen sich jedoch auch in ihren angestammten Märkten durch neue Konkurrenten bedroht. Innovative Leistungen auf elektronischen Märkten ermöglichen *neue Geschäftsfelder*. Märkte, die bislang an der fehlenden kritischen Masse scheiterten, können erst durch die weltweite Vernetzung entstehen. Eine *Neubestimmung der eigenen Märkte und Wettbewerber* ist daher eine notwendige Voraussetzung für den Erfolg auf elektronischen Märkten. Der Online-Vertrieb erschließt den Unternehmen neue Potentiale beispielsweise in Hinblick auf Kostensenkung, Bequemlichkeit für den Kunden, Durchlaufzeiten und Kapitalbindung oder die Umgehung von Handelsstufen.

Viele Unternehmen, deren Vertrieb bisher über traditionelle Kanäle läuft, zögern mit dem Einstieg ins Online-Geschäft, da sie eine *Kannibalisierung* ihrer bisherigen, unter Umständen sehr profitablen oder mächtigen Vertriebswege befürchten. Dabei laufen sie jedoch Gefahr, von neuen Konkurrenten, die die Potentiale des Online-Vertriebs ausschöpfen, verdrängt zu werden. Eine *proaktive Strategie*, die die neuen Möglichkeiten offensiv nutzt, ist für den Erfolg auf elektronischen Märkten notwendig. Händler und andere Intermediäre müssen sich ihrer gewandelten Rolle bewußt werden. Durch die höhere Markttransparenz, die niedrigeren Kosten eines Anbieterwechsels („your competitor is just one mouseclick away") und den Wegfall der persönlichen Kundenansprache verschärft sich der Wettbewerb.

Erfolgreiche Akteure in diesem Umfeld nutzen die *Skalen- und Netzeffekte* elektronischer Märkte, die insbesondere für Informationsprodukte zu beobachten sind und auf andere elektronische Märkte übergreifen: Erfolgreich ist, wer in einem kurzen Zeitraum möglichst viel Aufmerksamkeit auf sich konzentrieren kann und eine kritische Masse an Kunden erreicht. Diese Ziele werden durch hohe Investitionen in die eigene Bekanntheit und eine aggressive Preispolitik – bis hin zum Verschenken von Produkten – verfolgt. Profite können erst anschließend aus der starken Marktposition gewonnen werden. *Vertrauen* zwischen den Marktpartnern bleibt wichtig.

Die *Bekanntheit* ist ein wichtiges Instrument, um die Unsicherheit von Kunden abzubauen und Vertrauen zu schaffen. Die Reputation muß das persönliche Verhältnis von Verkäufer zu Käufer so weit wie möglich ersetzen. Die Erwartungen der Kunden sind wichtig für die Verbreitung und den Erfolg neuer Produkte. Nur ein bekannter Anbieter kann diese Erwartungen beeinflussen. Hat ein Anbieter eine gute Position im Markt erst einmal erreicht gilt es, die Kunden zu halten und dabei die Erlöse zu optimieren. Auf elektronischen Märkten ist *Kreativität bei Erlösformen und Preisstrategien* gefragt: Preise und Produkte werden differenziert und individualisiert; der Schlüssel dazu sind Kundeninformationen.

Aufmerksamkeit wird zum knappen Gut, mit dem gehandelt werden kann. Elektronische Börsen und Auktionen lösen das tradierte Fixpreismodell des „Take-it-or-leave-it" ab. Viele der entstehenden elektronischen Märkte zeichnen sich durch besonders *intensiven Wettbewerb und sehr kurze Marktlebenszyklen* aus. Vorsprünge von Wettbewerbern sind in Winner-take-all-Märkten nur noch sehr schwer einzuholen. Für Unternehmen wird es daher immer wichtiger, entstehende Märkte frühzeitig zu identifizieren, zum richtigen Zeitpunkt einzusteigen und damit eine starke Marktposition zu erreichen. Innerhalb der bestehenden Wertschöpfungskette können in einigen Stufen durch den verschärften Wettbewerb die Gewinne erodieren. Um Kunden zu halten und neue zu gewinnen wird es jedoch oft nötig sein, auch in unprofitablen Geschäftsfeldern präsent zu bleiben und sich dem Wettbewerb zu stellen. Innovative Manager identifizieren die profitablen Stufen der Zukunft und dringen in neue Geschäftsfelder vor.

Teil 8

Die Überwindung von Standortgrenzen – Telekooperation und virtuelle Unternehmung

Fallbeispiel Teil 8: „The Worldwide Group": Ein Szenario für die Arbeitswelt der Zukunft?

In einem Szenario haben Jarvenpaa und Ives (1994) vor fast einem Jahrzehnt versucht, eine Vision der Arbeitswelt der Zukunft zu skizzieren. Ihr Ziel war, ein Gefühl für den möglichen Umgang mit Informationen unter veränderten technischen, organisatorischen, rechtlichen und sozialen Rahmenbedingungen zu vermitteln. Die beiden Autoren versetzen den Leser circa zehn Jahre in die Zukunft, um ihn einen Ausschnitt aus dem Arbeitsalltag von Tara Rodgers miterleben zu lassen. Rodgers arbeitet für die Unternehmensberatung „Worldwide Group" und ist für eine Marketing-Kampagne verantwortlich, die in weniger als 18 Stunden über die Bühne zu gehen hat. Die folgenden ausführlichen Ausschnitte aus der Fallstudie von Jarvenpaa und Ives sollen zum Nachdenken anregen, ob die hier skizzierte Zukunft, die zum Zeitpunkt der Drucklegung dieses Buches schon „heute" ist, tatsächlich sich so verwirklicht hat, und warum manche der hier geschilderten Entwicklungen noch keine Wirklichkeit sind.

Das Szenario unterstellt vor allem für den Bereich der informationsbezogenen Aktivitäten einen radikalen Wandel. Für den physischen Transport von Gütern und Personen hingegen werden nur bescheidene Fortschritte angenommen. Ein Transatlantik-Flug wird noch immer mindestens fünf Stunden in Anspruch nehmen. Getränke und Essen werden an Bord des Flugzeugs wie gewohnt serviert. Kommunikationssysteme werden Transportsysteme jedoch ergänzen und teilweise ersetzen, ohne dabei die Mobilität des Menschen zu reduzieren.

„As the pilot retracted the 787's landing gear, passenger Tara Rodgers linked her personal assistant to the onboard computer built into the armrest. Although this plane's systems were no longer state of the art, the display screen was larger and of higher resolution than that available on her assistant system. It also provided access to the airline's electronic amenities. She chose to tune into the airline's audio system, which provided capabilities similar to those engineered into her personal assistant – connection to the inflight entertainment, the ability to listen to ground control, as well as the special circuitry required to eliminate the plane's background noise. She touched an icon on the screen in front of her and called up the inflight service menu. She canceled dinner, and eliminated such nonessential messages from the flight personnel as the pilot's sightseeing instructions. She requested a glass of port for two hours later. She did not expect her electronic documents to attract the attention of the European Community's customs and immigration system, but she authorized the system to wake her if an onboard interview with immigration officials was requested. By speaking softly into a microphone plugged into the arm rest, she completed her custom's declaration electronic forms. The flight number, date, and trip duration had already been completed by the airline's computers. She wondered if the customs people knew, or even cared, about the massive knowledge base and expert systems that were contained in her personal assistant system or the wealth of information and tools that were immediately accessible using the worldwide data network to which her firm subscribed.

Rodgers barely noticed the selection of soft classical music that served as background to her audio system. Her personal profile, stored in her assistant – or was it the airline's frequent flyer database – had chosen the type of music and preset the volume based on her personal preferences. The personal profile would also suggest that her morning coffee be served with cream but no sugar. With the touch of another icon, Rodgers began to make arrangements for her brief stay in Oxford. This was a spur of the moment transatlantic crossing, so she had left with no hotel reservations. The electronic reservation agent her firm subscribed to had meanwhile booked her into the charming guest house she had been so delighted with during her last visit to Oxford. Using her travel agent's virtual reality simulator, she wandered into the rooms with open doors (available to be rented this evening) and selected one with lovely pink wallpaper, a canopied bed, and a view of one of the colleges. She then booked a car to pick her up at Heathrow and transport her to Oxford. She could have looked at a short video segment showing where to meet the cab. Closer to the time of arrival, she could even look at a prerecorded introduction to her driver or talk to him or her directly. Assuming on-time-arrival, which the onboard computer informed her was 95 percent likely, and normal early morning traffic, she would arrive in Oxford five hours before her meeting with Professor Fearl and the prospective customer. For the first two hours of the flight there was a great deal of work that needed to be completed. But first she called home to talk to her husband and proudly watched her littlest one take a few more faltering steps around the living room. (...)

With a touch she activated her electronic messaging system and listened again to the message from a senior partner of her consulting firm that had prompted this sudden trip to London. 'Tara, this morning I was forwarded from our London office a message that had come in from Professor Frank Fearl at Templeton College at Oxford. Fearl is a well known B-School academician with the ear of many of Europe's CEOs. Apparently over the years Fearl has worked closely with our U.K. and European offices on a number of projects that have proven mutually beneficial to us, Fearl, and clients. London believes that Fearl may have the inside track on a most promising opportunity, but we need to move quickly and decisively.'

'The prospective customer is Empire Software, a U.K.-headquartered firm that specializes in the production of integrated software systems for the international freight business. Sir Thomas Baker-Knight, CEO of Empire is in residence at Templeton College for three days attending a Managing Directors forum. Over coffee, Baker-Knight expressed a concern to Professor Fearl that his firm is not embracing the tumultuous advances in software engineering and that his management team is poorly prepared to respond to competitive threats from a variety of unexpected quarters. In an informal discussion, Baker-Knight expressed considerable interest in a tailor-made educational offering for the firm's top 100 employees. Fearl has set up a followup meeting with Baker-Knight for tomorrow afternoon at Templeton to explore this further. He thinks that with quick action, we might be able to land this without an arms-length call-for-proposal process. Fearl suggests a joint effort between Templeton and Worldwide, where we would use our contacts to supply expertise not available to Templeton. (...) I've checked your availability over the next two days and it appears that we can reassign most of your responsibilities to other associates. Hopefully, you can pick up the remainder from your airplane seat or hotel room. Your contact person in the U.K. is Jeremy Wainright, a partner in our London office. (...)'

Rodgers then listened to the forwarded messages from Professor Fearl and from Jeremy Wainwright in the London office. (...) While she waited, Rodgers prompted the assistant to identify an initial list of individuals who might add value to the program. Using just her firm's database, she checked on availability over the next six month and watched video clips of several professors working with an executive audience. She called one in Oregon who had worked with her and Baker-Knight years before. His enthusiasm for the planned program and obvious respect and fondness for Baker-Knight were so great that she asked him if she could use his automatically recorded remarks, and contagious smile, during her presentation tomorrow. Rodgers then contacted Cinko Kolors, a multimedia services company to which her firm often outsourced graphics work. Cinko Kolors front-ended for a variety of small, often one-person, graphics consultants that tended to work out of small towns, artists colonies, resort locations. These graphic artists provided multimedia artistic talent while Cinko Kolors marketed services, kept the artists' technology up to date, took care of the bookkeeping, and provided technical expertise and training. Inducements from the Singapore government, coupled with that island nation's superior information technology infrastructure, had led Cinko Kolors to establish their legal headquarters there.

Cinko Kolors ensured that the customers received worldwide presentation consistency, copyright clearences, a standard of quality, and onsite presentations equipment for the end user. Because of the lateness of the hour and short time horizon, Cinko's Kolors first offered Rodgers an artist on Kuai. Rodgers viewed several short segments of the artist's work and then, using Cinko Kolor's database, gained assurance of his ability to deliver in a timely fashion. From her own firm's files Rodgers retrieved and reviewed a previous project for which this same artist had received high marks. Satisfied, Rodgers forwarded logos from her own firm, as well as that of Empire along with names, titles, pictures of Templeton, pictures of Empire's corporate headquarters, and the information that would permit the artist to access the previous multimedia presentation. Cinko Kolors would collect, and share with the original multimedia design consultant, a standard fee if that presentation were modified for reuse. Through the next hour Rodgers and the multimedia artist discussed the initial storyboard for the ten-minute marketing presentation. Site venues, talent presentation clips, and segments from her would be forwarded to a companion multimedia artist in London who would complete the work. The final rough cut of the promotional piece would be available for Rodger's review upon arrival in Oxford. Cinko Kolors would ensure that presentation equipment was available both at her guest house and at Templeton. That would still leave several hours for final edits and perhaps even inputs from Fearl, Wainwright, the firm's European managing director, or the Japanese partner who had supervised the Tokyo project and was now cruising the Caribbean.

Rodgers wrote up a summary of her activities thus far and forwarded it and the various working documents and contact people to Wainright and The Worldwide Group's database. She also took the liberty of recording a 5:30 A.M. wakeup call for him. If the human resource profile on him was accurate, she could trust him to pick up the ball and move it forward while she caught a little sleep. She set a relative wakeup call for herself for 45 minutes before the plane touched down in London. Her personal profiler would ensure that a gentle voice would awake her with some sweet words of encouragement.

As the flight attendant arrived with the port wine, Rodgers reviewed the personal assistant's profile of Tom Baker-Knight. When she came to work for The Worldwide Group, the information in her old portable had been transferred to the assistant and, for all she knew, to the Group's central databanks. Although she had been far less experienced in those days, she had had the sense to record the wine Baker-Knight had ordered and so much enjoyed five years before. She forwarded the name and year to Wainright, who with his alleged penchant for detail, perhaps might be motivated to get an Oxford wine merchant to embellish the Templeton College wine cellar before tomorrow's meeting. Sipping her port with some satisfaction, she downloaded a short story into the audio system and reclined the seat" (Jarvenpaa / Ives 1994, S. 30-34).

Das Flugzeugbüro von Tara Rodgers und die verschiedenen Interaktionsmöglichkeiten illustrieren den Kern eines dynamischen Netzwerks: Global verteilte und sich ständig verändernde Wissensträger schließen sich zu einem einmaligen temporären Netzwerk zusammen, um eine bestimmte Aufgabenstellung zu lösen. Bestandteile dieses Netzwerks sind einzelne Wissensarbeiter, Arbeitsgruppen und ganze Organisationen. Jeder einzelne Wissensträger hat dabei seine eigene Kernkompetenz, die er zur ganzheitlichen Aufgabenerfüllung beisteuert. Mit dem Beispiel der „Worldwide Group" dennoch eine Organisationsform Kontur, die heute häufig als konturlos gepriesen wird: das „Global Web" (vgl. Reich 1996) oder die *virtuelle Organisation* (vgl. z.B. Davidow / Malone 1996 sowie Teil 4).

Das Szenario sollte einen Eindruck vermitteln, welche neuen Formen der Problem- und Aufgabenbewältigung sich auf Basis neuer Technologien in Zukunft ergeben können und in vieler Hinsicht ergeben werden. Doch wie arbeiten Menschen heute, im Jahre der Projektion des Szenarios? Welche Entwicklungen wurden schneller realisiert, und warum sind andere Entwicklungen heute immer noch Vision? Liegen die Ursachen dafür eher in einer zu langsamen technischen Entwicklung oder aber eher in organisatorischen Hürden? Welche Entwicklungen haben sich statt dessen abgezeichnet, die die Autoren der Fallstudie noch nicht berücksichtigt haben? In welchen Bereichen werden solche temporäre Netzwerke bereits verwirklicht? Und wie würde nach heutigem Wissen eine solche Vision für die nächsten 10 Jahre aussehen?

8.1   Der Grundgedanke verteilter Organisationen

Weite Teile der Wirtschaftspraxis widersprechen mehr und mehr dem in der Lehre vermittelten Bild der Unternehmung als ein integriertes, planvoll organisiertes, relativ stabiles Gebilde der Sachgüter- und Dienstleistungsproduktion: Strenge Hierarchien lösen sich zugunsten flacher, modularer Strukturen (Teil 5) auf. Traditionelle Unternehmensgrenzen verwischen in symbiotischen, netzwerkartigen Unternehmensverbindungen (Teil 6). Technische Infrastrukturen revolutionieren Märkte (Teil 7) durch die schrittweise Auflösung räumlicher und zeitlicher Gebundenheit. Der Aspekt der fortschreitenden Standortauflösung sowie deren Bedingungen und Implikationen für aktuelle und zukünftige Organisationsformen arbeitsteiliger Leistungserstellung stehen im Zentrum dieses Teils.

Die neuen grenzenlosen oder virtuellen Formen der Organisation sprengen klassische Unternehmensgrenzen nicht nur in räumlicher und zeitlicher, sondern auch in rechtlicher Hinsicht. Aufgabenbewältigung findet hier nicht in statischen, vordefinierten Strukturen statt. Es erfolgt vielmehr eine problembezogene, dynamische Verknüpfung realer Ressourcen zur Bewältigung spezifischer Aufgabenstellungen. Es handelt sich also um eine Organisationsform, die in Teilen, aber auch als Ganzes, flüchtig sein kann (sich also nach einer Problemlösung wieder völlig auflöst) oder aber durch dynamische Rekonfiguration in der Lage ist, sich hochgradig variablen Aufgabenstellungen flexibel anzupassen.

Die virtuelle Organisation ist damit eher „Spinnwebe" als Netzwerk. Sie bildet den Gegenpol zu Unternehmensformen mit eigentumsmäßig und vertragsmäßig relativ klar definierten Grenzen, einer stabilen Standortbindung, einer relativ dauerhaften Ressourcenzuordnung und geregelten Ablaufstrukturen. Im Sinne des Virtualitätsbegriffs der Philosophie des Aristoteles kann sie als reine Möglichkeitsform oder idealtypische

Zielvorstellung einer in jeglicher Hinsicht grenzenlosen Unternehmung verstanden werden (vgl. Legrand 1972, S. 269). Sie kann aber auch als eine Organisationsform interpretiert werden, die Virtualisierung im Sinne der Informatik als Konzept der Leistungssteigerung einsetzt und eine systematische und dynamische Zuordnung abstrakter Leistungsanforderungen zu konkreten Orten der Leistungserbringung realisiert (vgl. Mowshowitz 1991; Szyperski / Klein 1993). Unabhängig von der gewählten Sichtweise bilden jedoch Standortverteilung und Standortunabhängigkeit arbeitsteiliger Aufgabenbewältigung notwendige (wenn auch nicht hinreichende) Voraussetzungen auf dem Weg zur virtuellen Organisation. Im folgenden stehen daher zunächst grundsätzliche Aspekte der Standortauflösung sowie die Frage nach Triebkräften und Realisierungsformen standortverteilter Organisationen im allgemeinen im Vordergrund. Auf die virtuelle Unternehmung als Ergebnis telekooperativer Arbeitsformen wird anschließend eingegangen (siehe ausführlich Reichwald et al. 2000; Reichwald / Möslein 2000).

8.1.1 „Anytime / Anyplace": Vision der Auflösung von Raum und Zeit

Das Szenario der „Worldwide Group" konnte nur einen winzigen Ausschnitt möglicher zukünftiger Arbeitsformen skizzieren. Auch in Zukunft wird Arbeit nicht nur im Flugzeug, sondern auch an Schreibtischen, in Werkstätten oder auf Baustellen stattfinden. Träger relevanter, persönlicher und vertraulicher Information werden auch in Zukunft nicht Datenbanken, sondern in erster Linie Menschen sein. Die Tatsache, daß Aufgaben in immer größerem Maße standortverteilt und standortunabhängig bewältigt werden können, bedeutet darüber hinaus keinesfalls, daß diese Form der Aufgabenbewältigung auch stets eine dem Menschen angemessene, qualitativ geeignete und wirtschaftlich effiziente Organisationsform darstellt. Welche Organisationsform für eine effiziente Aufgabenbewältigung tatsächlich geeignet ist, hängt von den Charakteristika und dem Kontext der Aufgabe ab. Notwendig ist daher eine gedankliche Systematisierung der räumlichen und zeitlichen Optionen als Basis für Überlegungen zu ihrer organisatorischen Nutzung. Eine besonders einfache und zugleich anschaulich einprägsame Form der Systematisierung bietet die „Anytime / Anyplace-Matrix" (vgl. Teil 4 und Abb. 8-1).

Die zweidimensionale Unterscheidung nach Raum und Zeit – je nachdem, ob am gleichen Ort oder an verschiedenen Orten, zur gleichen Zeit (synchron) oder zu verschiedenen Zeitpunkten (asynchron) interagiert wird – führt zur Bildung von vier grundsätzlichen Situationstypen. Die Darstellung wurde schon frühzeitig mit der Zielsetzung eingeführt, in kurzer Zeit und auf einfache Weise ein grundlegendes Verständnis der neuen technischen Möglichkeiten vermitteln zu können (vgl. Bullen / Johansen 1988; Bullen / Bennett 1990; Johansen 1991). Heute sind Techniken und Anwendungssysteme verfügbar, die über die standortverteilte, stationäre Zusammenarbeit hinausgehend standortunabhängige, mobile Arbeitsformen unterstützen.

Was aber bedeutet nun die Option „Anytime / Anyplace" für die Organisation arbeitsteiliger Leistungserstellung? Jedenfalls nicht, daß es in Zukunft egal sein wird, unter welchen Raum-Zeit-Konstellationen Aufgabenbewältigung stattfindet. Organisatorische Gestaltungsregeln werden durch die neuen technischen Entwicklungen nicht außer Kraft gesetzt, es werden jedoch organisatorische Gestaltungsspielräume erweitert. Diese erweiterten Freiheitsgrade konfrontieren auch die Organisationslehre mit neuen Fragestellungen: Fragen der Aufgabenteilung, Koordination und Motivation der Beteiligten unter den Bedingungen der Standortverteilung und Standortunabhängigkeit.

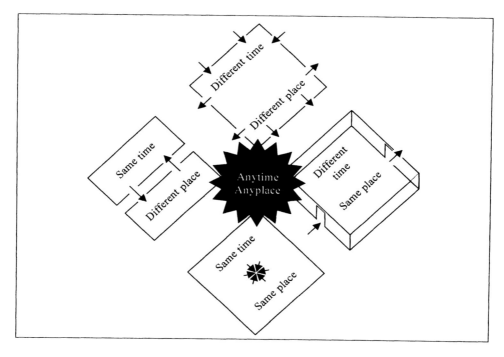

Abb. 8-1:   „Anytime / Anyplace-Matrix" (O'Hara-Devereaux / Johansen 1994, S. 199)

Organisation im Sinne von personeller Arbeitsteilung ist immer dann notwendig, wenn eine Aufgabe zu bewältigen ist, die nicht von einer Person in einem Schritt erledigt werden kann. Organisation bedeutet dann ein Zweifaches: Erstens die Aufgabe geeignet aufzuteilen, zweitens die resultierenden Einzelaktivitäten zusammenzuführen, also die Durchführung der Einzelaktivitäten zu koordinieren und für die Motivation bei der Aufgabenerfüllung zu sorgen. Damit ergibt sich Organisation als Wechselspiel von Aufgabenteilung, Koordination und Motivation (siehe Teil 2). Zur *Bewältigung der Sachaufgabe* tritt die *Bewältigung der Koordinations- und Motivationsaufgabe*. Neue IuK-Technik verändert nun sowohl die Möglichkeiten zur Bewältigung der Sachaufgabe

(IuK-Technik als *„Production technology"*, vgl. Malone 1988) als auch die Möglichkeiten zur Bewältigung der Koordinationsaufgabe (IuK-Technik als *„Coordination technology"*, vgl. Malone 1988) und die Möglichkeiten zur Gestaltung von Anreizsystemen (vgl. Picot / Ripperger / Wolff 1996). Sie entwickelt sich mehr und mehr zu einer Plattform für arbeitsteilige Aufgabenbewältigung (IuK-Technik als *„Mediating technology"*, vgl. Ciborra 1993). Vor diesem Hintergrund kann der Lösungsraum organisatorischer Gestaltungsalternativen nicht mehr unabhängig von der räumlichen und zeitlichen Handlungssituation diskutiert werden: Raum und Zeit müssen explizite Berücksichtigung finden.

Unterscheiden lassen sich dabei Möglichkeiten der Zusammenarbeit und Koordination *trotz* räumlicher und zeitlicher Verteilung der Beteiligten auf der einen Seite und Möglichkeiten räumlicher und zeitlicher Unabhängigkeit *trotz* gemeinschaftlicher Aufgabenbewältigung auf der anderen Seite (vgl. Kap. 8.1.2). Diese Unterscheidung erlaubt es, analytisch zwei grundsätzliche Fragestellungen zu isolieren: Bedingt im ersten Fall die gegebene Sachaufgabe eine bestimmte Standortverteilung (z.B. Erstellung qualitativ hochwertiger Übersetzungen durch Muttersprachler im Heimatland) bzw. räumliche Mobilität der Aufgabenträger (z.B. Jäger und Sammler, Karawanen, Kreuzzüge, Speditionen, Baustellen, ...), so stellt sich die Frage, wie unter den gegebenen Bedingungen der Standortverteilung bzw. Mobilität das Koordinationssystem adäquat zu gestalten ist. Erlauben andererseits die zu bewältigende Aufgabe und das verfügbare Koordinationssystem die Standortverteilung bzw. Standortunabhängigkeit der beteiligten Akteure (z.B. durch ein gemeinsames Wertesystem, eine gleichartige Ausbildung oder eine günstige Transport- bzw. Kommunikationsinfrastruktur), so stellt sich die Frage, welche Gestaltungsalternativen sich aus den Möglichkeiten des Koordinationssystems für eine verbesserte Aufgabenbewältigung ergeben. Keine dieser Fragen kann heute schon vollständig beantwortet werden. Verteilte Arbeits- und Organisationsformen eröffnen jedoch neue Herausforderungen und Möglichkeiten der Arbeitsgestaltung und Leistungskontrolle (vgl. Teil 9 sowie Reichwald et al. 2000).

8.1.2 Zur Standortproblematik in der betriebswirtschaftlichen Theorie

Die betriebswirtschaftliche Theorie betrachtet die Standortwahl traditionell als konstitutive Entscheidung, die der Gründungsphase eines Unternehmens zugeordnet wird und zusammen mit Entscheidungen über Rechtsformwahl, Organisationsstruktur und Unternehmenswachstum den langfristigen Handlungsrahmen für unternehmerische Leistungserstellungs- und -verwertungsprozesse bildet (vgl. z.B. Kappler / Rehkugler 1991; Steiner 1998). Aufbauend auf dem Grundmodell Alfred Webers (1909), der als einer der

Begründer der klassischen Standortlehre gilt, wurden vielfältige Standorttheorien entwickelt. Sie befassen sich im Kern mit der Analyse und Systematisierung von Einflußfaktoren auf die Standortentscheidung (sog. Standortfaktoren) und der Entwicklung von Entscheidungsmodellen zur Standortbestimmung. Unabhängig davon, ob sich die Betrachtung auf Fragen der gesamtwirtschaftlichen, betrieblichen oder innerbetrieblichen Standortproblematik konzentriert, ist das Ziel der Bemühungen in aller Regel die „Optimierung" des Standortes im Hinblick auf die als relevant identifizierten Standortfaktoren. Noch immer spielt dabei in der Theorie (oft im Gegensatz zur Wirtschaftspraxis) die Transportkostenminimierung die bei weitem bedeutendste Rolle. Ist die Entscheidung über den „optimalen" Standort einmal gefällt, so wird die räumliche Anordnung der Unternehmung von der betriebswirtschaftlichen Theorie im wesentlichen als Faktum und Rahmenbedingung hingenommen. Die Frage des Raumes spielte folglich für die traditionelle Organisations- und Führungslehre keine nennenswerte Rolle: Organisationstheorien geben heute keine Antwort auf die spezifischen Probleme der Koordination standortverteilter oder mobiler Aufgabenbewältigung. Ebenso vernachlässigen Führungstheorien in aller Regel Fragen nach der Führung „unsichtbarer" Mitarbeiter, die nicht am gleichen Ort und zur gleichen Zeit tätig werden wie ihre Vorgesetzten.

Nicht nur aus der Sicht aktueller Entwicklungstendenzen muß dieser Umgang mit den Dimensionen Raum und Zeit verwundern. Denn schon immer fand arbeitsteilige Problemlösung auch unter den Bedingungen räumlicher Verteilung und Mobilität statt, und schon immer haben Organisationen spezielle Techniken und Mechanismen ausgebildet und eingesetzt, um ihre arbeitsteiligen Aktivitäten unter diesen Bedingungen zu koordinieren. Allerdings geht es heute um ein grundlegend neues Phänomen: Neue Entwicklungen der Informations- und Kommunikationstechnik, insbesondere in den Bereichen verteilte Anwendungen, Computer Supported Cooperative Work (CSCW), weltweiter Ausbau der Telekommunikation, mobile Informations- und Kommunikationssysteme und Multimedia-Anwendungen, verbessern nicht nur die Möglichkeiten der Zusammenarbeit und Koordination trotz räumlicher und zeitlicher Verteilung der Beteiligten. Sie eröffnen umgekehrt in immer stärkerem Maße Möglichkeiten räumlicher und zeitlicher Unabhängigkeit trotz gemeinschaftlicher Aufgabenbewältigung.

Vor diesem Hintergrund verschiebt sich auch die betriebswirtschaftliche Fragestellung. Es kann nicht länger um eine (ohnehin vergebliche) Suche nach dem „one best place" betrieblicher Leistungserstellung gehen. Entscheidend ist es vielmehr, die aktuellen und zukünftigen Möglichkeiten standortverteilten und standortunabhängigen Arbeitens zu kennen und kritisch zu diskutieren, um so deren Nutzenpotentiale und Risiken für wirtschaftliche Problemlösungsprozesse einschätzen und auf die Bedürfnisse des Kunden abstimmen zu können (vgl. Picot 1985; Picot / Kreis 1997; Reichwald / Möslein 2000; Reichwald / Möslein / Piller 2000; Möslein 2001).

Räumliche Nähe der an der arbeitsteiligen Aufgabenerfüllung beteiligten Akteure ist das entscheidende Charakteristikum standortgebundener Organisationen im Unterschied zu standortverteilten bzw. standortunabhängigen Organisationsformen. Man weiß heute noch relativ wenig über die tatsächliche *Bedeutung räumlicher Nähe* bzw. ihres Wegfalls sowie die *Möglichkeiten ihrer Substitution* im Kontext betrieblicher Aufgabenbewältigung. Offensichtlich ist jedoch, daß das Problem räumlicher Distanz für diese Aufgaben in erster Linie ein Kommunikationsproblem ist. Bereits in Teil 3 wurde die räumliche Lage der Kommunikationspartner mit aufgabenbezogenen Anforderungen und der Wahl geeigneter Mittel in bezug gesetzt. Das Problem standortverteilter Organisationen besteht nun vor allem darin, daß bestimmte, v.a. unscharfe und komplexe Aufgabenstellungen tendenziell synchrone mündliche Kommunikationsmittel und räumliche Nähe der Kooperationspartner erfordern. Je besser es gelingt, trotz Medieneinsatz in Kommunikationsprozessen sowohl leistungsfähig Informationen auszutauschen als auch soziale Präsenz zu vermitteln, desto weniger wird das Problem räumlicher Distanz die standortverteilte Aufgabenbewältigung belasten.

Untersuchungen an 500 Wissenschaftlern und Ingenieuren aus dem industriellen F&E-Bereich zeigen, daß sich selbst bei einer Bündelung der Organisationsmitglieder an einem Standort tatsächliche soziale Präsenz und Face-to-face-Kommunikation nur in einem relativ engen Radius ergeben. Bereits bei Organisationsmitgliedern, die ihr Büro zwar auf dem gleichen Stockwerk, aber in unterschiedlichen Fluren hatten, wurde nur noch rund 1/5 der persönlichen Kommunikationsprozesse beobachtet wie bei Kollegen innerhalb eines Flurs. Bei einer Verteilung der Kollegen auf unterschiedliche Stockwerke ging der Anteil noch stärker zurück. Die räumliche Bündelung von Aufgabenträgern an zentralen Unternehmensstandorten kann somit der Notwendigkeit sozialer Präsenz auch nur in gewissen Grenzen Rechnung tragen (vgl. Kraut / Egido 1988).

Insbesondere bei einer großen Anzahl oder bei häufig wechselnden Kooperationspartnern müssen heute neue Lösungswege gefunden werden. Zwei Extrempunkte stecken den Lösungsraum ab: Problembezogene persönliche Zusammenkünfte der Kooperationspartner, die von allen Beteiligten erhöhte Mobilität fordern, konkurrieren mit mediengestützten Kooperationsprozessen. Ein erweitertes Leistungsspektrum technischer Kanäle im Hinblick auf die *Informationsreichhaltigkeit* bedingt eine verbesserte Erfüllung aufgabenbezogener Kommunikationsanforderungen (vgl. Teil 3 sowie die Übersichtsdarstellung zur Information Richness Theory in Markus 1994). So können mediengestützte Formen der Aufgabenbewältigung (telekooperative Arbeitsformen) schrittweise in Aufgabenbereiche vordringen, die traditionell der direkten Interaktion vorbehalten waren.

Bereits heute ist es möglich, sich in virtuellen Realitäten zu bewegen, Multimedia-kommunikation ermöglicht die Einberufung virtueller Konferenzen, und in der Produkt-entwicklung werden dem physischen Produkt virtuelle Prototypen vorgeschaltet. Die Schaffung virtueller Räume gemeinsamer Aufgabenbewältigung erlaubt für informa-tionsbezogene Aktivitäten tatsächlich in einem gewissen Rahmen die Substitution realer räumlicher Nähe. Die Zielvorstellung für eine tatsächlich produktive Aufgabenbewäl-tigung jedoch liegt mittelfristig wohl weniger in der Schaffung rein virtueller Realitäten als vielmehr in der mediengestützten Verknüpfung realer, aber standortverteilter Ar-beitsräume im Sinne einer *joint reality bzw. collaborative augmented reality* (vgl. z.B. Grenier / Metes 1992; Billinghurst / Wehhorst / Furness 1998).

8.1.3 Triebkräfte für die Überwindung von Standortgrenzen

Für die Behandlung möglicher Realisierungsformen standortverteilter Organisationen ist es hilfreich, sich zunächst mit den Triebkräften der Standortauflösung auseinanderzuset-zen. Die Rolle der Informations- und Kommunikationstechnik als Motor der skizzierten Entwicklungen wurde bereits mehrfach angesprochen. Doch die Schaffung neuer Tech-nik allein ist noch lange kein Garant für deren tatsächliche Nutzung. Immer wieder sind technische Innovationen aufgrund mangelnder marktlicher oder gesellschaftlicher Ak-zeptanz gescheitert oder wurden aufgrund der unzureichenden Quantifizierbarkeit ihres potentiellen Nutzens nicht aufgegriffen (vgl. Kap. 8.3.3 sowie Englberger 2000). Struk-turelle Entwicklungen ergeben sich somit stets aus einem Zusammenspiel vielfältiger Einflußfaktoren. Auch wenn man heute noch nicht in der Lage ist, dieses Zusammen-spiel vollständig zu erklären, so ist es dennoch sinnvoll, sich zumindest die Bedeutung von drei wesentlichen Einflußebenen vor Augen zu führen:

- die Ebene Markt und Unternehmensumwelt;
- die Ebene Wertschöpfung und Unternehmenserfolg;
- die Ebene Mensch und Arbeit.

Triebkräfte für die Standortauflösung auf der Ebene Markt und Unternehmensumwelt

Neue technische Möglichkeiten gelten allgemein als Auslöser für die Herausbildung verteilter Arbeits- und Organisationsformen (vgl. z.B. Grenier / Metes 1992; Allen / Scott Morton 1994; Reichwald et al. 2000). Als Einflußfaktoren haben dabei die Minia-turisierung der IuK-Technik durch fortschreitende Komponentenintegration im Bereich der Mikroprozessoren, der Kostenverfall im Bereich der Verarbeitungsleistung und der Informationsspeicherung sowie die steigenden Übertragungskapazitäten und fallenden

Nutzungskosten der Telekommunikationsnetze besondere Bedeutung. Neue IuK-Technik ermöglicht eine Standortauflösung. Aktuelle Rahmenbedingungen in Umwelt, Gesellschaft und Politik erfordern sie. Nur einige Beispiele seien zur Verdeutlichung herangezogen:

Ökologie und Verkehrspolitik: In ökologischer Hinsicht geht es heute um die Suche nach Konzepten für ein nachhaltiges Wirtschaften. Diese Nachhaltigkeit (*sustainability*) soll u.a. durch eine möglichst weitgehende Entmaterialisierung von Produkten und Prozessen erreicht werden. Zur Erreichung der angestrebten Entmaterialisierung werden heute große Hoffnungen in die Telekommunikation gesetzt: „It is difficult to think of tools that have intrinsically a lower *material* (including energy) *intensity per unit service – MIPS –* than telecommunication equipment" (Schmidt-Bleek 1994). Elektronische Datenübertragung anstelle des Versands von Papierdokumenten, die Erstellung virtueller anstelle realer Prototypen, Telecommuting anstelle realen Pendelverkehrs sind nur einige der möglichen Realisierungen.

Regional- und Strukturpolitik: Erklärte Zielsetzung heutiger Regional- und Strukturpolitik ist es, der fortschreitenden Polarisierung zwischen städtischen Ballungszentren und strukturschwachen Gebieten des ländlichen Raumes entgegenzuwirken. Durch eine gezielte Ausrichtung von Telekooperationsprojekten scheinen hier positive Effekte in mehrfacher Hinsicht erreichbar:

- Schaffung zusätzlicher, außerlandwirtschaftlicher Beschäftigungsmöglichkeiten vor allem für die junge Bevölkerung;
- Erhöhung der Einkommen und der Wirtschaftskraft der betroffenen Gebiete;
- Verminderung der Abwanderungstendenzen;
- Erhaltung des ländlichen Raumes als gleichwertiger und eigenständiger Lebensraum.

Mit dem „*White Paper*" (Dezember 1993, vgl. White Paper of Growth 1993), dem „*Bangemann Report*" (Mai 1994, vgl. Europäische Kommission 1994a) und dem Follow-up-Paper „*Communication of the Commission to the Council and European Parliament*" (Juli 1994, vgl. Europäische Kommission 1994b) wurden auf europäischer Ebene bereits frühzeitig deutliche Zeichen in Richtung räumlicher Dezentralisierung gesetzt. „Teleworking" ist einer der acht im „White Paper" formulierten strategischen Entwicklungspfade und gehört zu den „top ten priorities" der im „Bangemann Report" identifizierten Anwendungsfelder.

Triebkräfte für die Standortauflösung auf der Ebene Wertschöpfung und Unternehmenserfolg

Die Tendenz zur Standortauflösung wird durch eine Reihe *ökonomischer Antriebsfaktoren* forciert. Eine *verschärfte Ressourcenabhängigkeit* der Unternehmen insbesondere in bezug auf Know-how und Kapital begünstigt heute in steigendem Maße Tendenzen der Standortauflösung. So erfordert die Bewältigung immer komplexerer Aufgaben im globalen Wettbewerb beispielsweise eine möglichst optimale Kombination von Wissens- und Leistungsträgern. Wissen, Fähigkeiten und Fertigkeiten aber liegen weltweit nicht homogen verteilt vor, sondern sind unter historischen, kulturellen und strukturellen Bedingungen gewachsen. Plakativ gesprochen bedeutet dies: Es ist unwahrscheinlich, daß an einem zentralen Standort (z.B. München oder Stuttgart) die „besten" Karosseriedesigner auf die „innovativsten" Airbag-Entwickler und „geschicktesten" Fahrwerkskonstrukteure treffen und in ihrer Arbeit die „optimale" Managementunterstützung erhalten. Während im Bereich der Lieferantenauswahl *Global Sourcing* als gezielte weltweite Auswahl der geeignetsten Beschaffungsquelle heute bereits eine anerkannte Strategie darstellt, erfolgt die Personalauswahl noch immer vorrangig lokal orientiert, und für den Personaleinsatz gilt in aller Regel: Der Arbeitsplatz befindet sich am Standort des Unternehmens. Erst in einer standortverteilt bzw. standortunabhängig agierenden Unternehmung können heterogene Leistungsprofile auf überregionaler und internationaler Ebene gezielt kombiniert und genutzt werden (vgl. z.B. Simon / Bauer / Jägeler 1993).

Wie bereits mehrfach angesprochen, wird von Unternehmen heute eine *weitreichende Kundenorientierung* gefordert. Die verstärkte Erstellung kundenspezifischer Problemlösungen erfordert eine enge Integration der Kunden in den Leistungserstellungsprozeß. Der Kunde wird vom reinen Abnehmer über den Nutzer mit Nachkauforientierung zu einem in die Leistungserstellung integrierten „Prosumenten" (Toffler 1980; Reichwald / Piller 2002; Piller / Stotko 2002). Daraus ergibt sich der Anspruch, isolierte, nebeneinander stehende Wertschöpfungsprozesse miteinander zu verknüpfen. Hierzu bieten die neuen IuK-Technologien eine Reihe von Potentialen (siehe Teil 7). Die Kundenintegration kann durch Telekooperationen und verteilte Wertschöpfungsstrukturen unterstützt werden, wenn dadurch eine größere Nähe zum Kunden erzielt wird.

Die Wettbewerbsfähigkeit einer Unternehmung hängt in entscheidendem Maße davon ab, inwieweit es ihr gelingt, die Prozesse der Leistungserstellung wirtschaftlich zu gestalten. Eine Beeinflussung der Wirtschaftlichkeit durch organisatorisch-technische Gestaltungsmaßnahmen ist dabei aus ökonomischer Sicht vor allem in den vier Zieldimensionen *Kosten, Zeit, Qualität und Flexibilität* möglich (vgl. Reichwald / Höfer / Weichselbaumer 1996). Neue Organisationsentwürfe und Technikkonzepte, die deutliche positive Effekte in diesen Dimensionen versprechen, haben realistische Chancen auf

Einführung und Umsetzung. Ist zusätzlich ein positiver Einfluß auf die Humansituation der Mitarbeiter sowie eine Berücksichtigung unternehmensexterner Effekte gegeben, so haben sie Chancen auf Erfolg. Die Beurteilung einer potentiellen Zielerreichung kann hierbei natürlich nur subjektiv erfolgen und erfordert daher sinnvollerweise die Berücksichtigung unterschiedlicher Interessensgruppen. Eine Beurteilung aus Einzelsicht bleibt zwangsläufig unvollständig.

Zahlreiche Gründe sprechen für eine wirtschaftlich positive Bewertung organisatorisch-technischer Konzepte der Standortauflösung. Sie bilden die Triebkräfte für eine Einführung und Umsetzung telekooperativer Arbeitsformen. Nur einige seien im folgenden beispielhaft herausgegriffen:

Kostenfaktoren: Regionale und nationale Differenzen bei Löhnen und Gehältern (bzw. bei Personalkosten) sind häufig Ursachen für eine Standortverlagerung betrieblicher Aktivitäten. Ferner sprechen auch hohe Immobilienkosten in Ballungszentren für eine räumliche Dezentralisierung von Unternehmenseinheiten.

Zeitfaktoren: Die Ausnutzung unterschiedlicher Zeitzonen bzw. international unterschiedlicher Arbeitsrhythmen und Feiertagsregelungen durch Standortverteilung erlaubt eine zeitliche Straffung betrieblicher Prozesse (Beispiel: Eine geeignete Aufteilung bestimmter zeitkritischer Aktivitäten auf Projektpartner in Europa, Japan und USA erlaubt es, zumindest theoretisch die Projektdauer auf ein Drittel zu reduzieren).

Qualitätsfaktoren: Eine gezielte Nutzung nationaler Stärken erlaubt eine verbesserte Erreichung von Qualitätszielen (Beispiel: Software-Lokalisierung, also die Anpassung von Software auf Sprache und spezifische Anforderungen des jeweiligen Zielmarktes sowie die Übersetzung der zugehörigen Dokumentation, kann aus Qualitätsgründen in der Regel nur durch muttersprachliche Fachkräfte erfolgen).

Flexibilitätsfaktoren: Die wachsende Notwendigkeit, auf wechselnde Anforderungen flexibel reagieren zu können, macht es erforderlich, eigene Kapazitäts- und Leistungsgrenzen permanent an problemabhängige Anforderungen anzupassen. Mit der virtuellen Organisation als Ergebnis telekooperativer Arbeitsformen wird in Kapitel 8.2.2 eine Organisationsform vorgestellt, die dieser Forderung in besonderem Maße gerecht wird.

Triebkräfte für die Standortauflösung auf der Ebene Mensch und Arbeit

Zahlreiche Indikatoren deuten darauf hin, daß die westlichen Industrieländer seit den 1960er Jahren einem tiefgreifenden Wertewandel unterworfen sind (vgl. Klages 1984; Rosenstiel et al. 1993; für eine Übersichtsdarstellung vgl. Rosenstiel 2002). Dieser

Wandel grundlegender Wertorientierungen und Präferenzstrukturen in der Gesellschaft führt auch zu neuen Ansprüchen und Erwartungen in der Arbeitswelt. Gefragt sind Berufe und Arbeitsbedingungen, die den Menschen in die Lage versetzen, Berufs- und Privatleben besser in Einklang zu bringen und die ein hohes Maß an Selbständigkeit und Handlungsspielraum beinhalten. Anerkennung, vor allem in der jüngeren Arbeitnehmerschaft mit hoher Qualifikation und hohen Ansprüchen, Wertschätzung und persönliche Entfaltung in der Arbeit sind die wichtigsten Motivationsfaktoren.

Es wird für Unternehmen in Zukunft daher immer wichtiger, diese nachhaltigen Veränderungen und neuen Bedürfnisstrukturen zu reflektieren und in neuen Organisationsentwürfen zu berücksichtigen. Unternehmerische Ziele werden ohne eine Einbeziehung der Mitarbeiterziele immer weniger realisierbar. Von der konsequenten Entfaltung und Nutzung menschlicher Fähigkeiten und Kreativitätspotentiale sowie der Bereitstellung sinnvoller organisatorischer und technischer Rahmenbedingungen wird letztlich die Überlebensfähigkeit jedes einzelnen Unternehmens abhängen. Telekooperative Arbeits- und Organisationsformen kommen den neuen Wertvorstellungen in vieler Hinsicht entgegen. Sie erlauben es, Ziele des Individuums, wie z.B. Selbstbestimmung, Mobilität und Unabhängigkeit, zu einem Grundbaustein organisatorischer Gestaltungskonzepte zu machen (vgl. Reichwald et al. 1997).

8.2   Realisierungsformen verteilter Organisationen

8.2.1 Telekooperation als mediengestützte arbeitsteilige Leistungserstellung

Noch immer sind wir scheinbar gesicherten Erkenntnissen und Gestaltungsgrundsätzen der Vergangenheit viel zu stark verhaftet, um die Wirkungsbreite der Telekooperation adäquat zu erfassen. Um dennoch erfolgskritische Faktoren der Telekooperation aufspüren und behandeln zu können, hat sich die Unterscheidung von drei grundlegenden Dimensionen der Telekooperation als geeigneter Referenzrahmen erwiesen. Sie erlauben es, aus betriebswirtschaftlicher Sicht jeweils unterschiedliche Teilaspekte zu beleuchten und unterschiedliche Fragen zu stellen (vgl. Reichwald / Möslein 1996b; Reichwald et al. 2000). Abbildung 8-2 gibt einen Überblick über die im folgenden behandelten Dimensionen mediengestützter arbeitsteiliger Leistungserstellung, die verwendeten Definitionen und die betrachteten Aspekte.

Die *Telearbeits-Perspektive* befaßt sich mit der Gestaltung menschlicher Arbeit unter den Bedingungen räumlicher Verteilung und Mobilität. Im Zentrum stehen die folgenden Fragen: Welche Formen standortverteilten Arbeitens sind zu unterscheiden? Welche

Realisierungen wurden bislang erprobt? Welche Erfahrungen sind zu verzeichnen? Welche Antriebskräfte, aber auch Barrieren beeinflussen die zukünftige Entwicklung?

Die *Telemanagement-Perspektive* untersucht, wie eine solche verteilte Aufgabenerfüllung koordiniert werden kann. Dabei stehen die folgenden Problemfelder im Blickpunkt: Welche neuen Anforderungen ergeben sich für die Koordination in verteilten Strukturen? Wie verändern sich Führungsprozesse und die Arbeit im Management bei telekooperativen Arbeitsformen? Welche Optionen, aber auch Restriktionen resultieren für die Mitarbeiterführung in standortverteilten Organisationen?

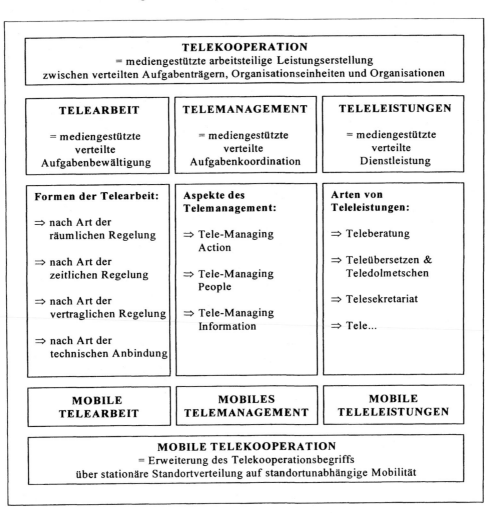

Abb. 8-2:   Dimensionen der Telekooperation (in Anlehnung an Reichwald et al. 2000)

Die *Teleleistungs-Perspektive* fragt nach den resultierenden Leistungen, ihrem Markt und ihren Abnehmern: Welche Leistungen sind geeignet, telekooperativ erbracht zu werden? Welche neuen Informationsprodukte und Dienstleistungen werden durch telekooperative Arbeits- und Organisationsformen erst ermöglicht? Welche Konsequenzen ergeben sich aus einem standortunabhängigen Leistungsangebot für den marktlichen Wettbewerb und die internationale Konkurrenzfähigkeit?

Über die vielfältigen möglichen Formen der Telekooperation wird heute oft spekuliert. Es sind Entwürfe für die Arbeitswelt der Zukunft in einer Zeit des Struktur- und Wertewandels mit neuen Chancen für unternehmerisches Handeln, für die Versorgung von Märkten, für Partnerschaften und neue Ideen von Dienstleistungen und Produktvermarktung. Es sind aber auch Entwürfe für ein neues Menschenbild in der Arbeitswelt von morgen. Der Arbeitsplatz in heimischer Umgebung, im wohnortnahen Telecenter oder der mobile Arbeitsplatz beim Kunden, im Hotel oder im Ferienhaus schaffen für den abhängig Beschäftigten neue Gestaltungsspielräume, Möglichkeiten der Selbstorganisation, der Arbeitszeitflexibilisierung und der Individualisierung, aber auch Risiken wie z.B. Ausgrenzung und Isolation.

Die Möglichkeiten mediengestützter arbeitsteiliger Leistungserstellung erlauben die Umgestaltung betrieblicher Wertschöpfungsketten, die Auflösung organisatorischer Standortbindung sowie die Dezentralisierung und Autonomisierung von Arbeitsstätten bis in den häuslichen Bereich. Diese Auflösungstendenzen sind bereits heute beobachtbar. An ihrem Ende steht die verteilte Organisation, die „entreprise délocalisée" (vgl. Benchimol 1994), der „Global Workspace" (vgl. O'Hara-Devereaux / Johansen 1994) oder die „Distributed Organization" (vgl. Grenier / Metes 1992). Mit der Vision „Anytime / Anyplace" wurde bereits ein erster Eindruck vermittelt, welche Auswirkungen sich für die Arbeitswelt der Zukunft ergeben können und welche Faktoren diese Entwicklungen auslösen bzw. vorantreiben. Nicht behandelt wurde bisher jedoch, wie konkrete Realisierungsformen dieser neuen Organisationsentwürfe aussehen und die vielfältigen, heute in der Literatur diskutierten und in der Praxis teilweise erprobten Realisierungsformen systematisiert und voneinander abgegrenzt werden können. Das in Abbildung 8-2 aufgezeigte Grundgerüst soll hierbei Hilfestellung bieten.

Während in standortgebundenen Organisationen die beteiligten Akteure bei der arbeitsteiligen Leistungserstellung vorrangig direkt kooperieren, findet standortverteilte und standortunabhängige (mobile) Aufgabenerfüllung auf der Basis intensiver Medienunterstützung statt. Mit dem Begriff der *Telekooperation* soll das Gesamtspektrum mediengestützter arbeitsteiliger Leistungserstellung bezeichnet werden. Bereits in Kapitel 8.1 wurde deutlich, daß arbeitsteilige Aufgabenbewältigung stets die Bewältigung sowohl einer Sachaufgabe als auch einer Koordinationsaufgabe bedeutet. Diese gedankliche

Unterscheidung spiegelt sich wider in der Unterscheidung von *Telearbeit* als mediengestützter verteilter Aufgabenbewältigung und *Telemanagement* als der mediengestützten verteilten Aufgabenkoordination. Da Telekooperation für eine Bewältigung informationsbezogener Aufgaben in Frage kommt, ist die resultierende Leistung stets Information. Das Produkt der Telekooperation ist die Diensterbringung. Sie wird mit dem Begriff der *Teleleistung* näher bezeichnet.

Die Differenzierung in Telearbeit, Telemanagement und Teleleistung liefert damit letztlich drei Sichten auf die Telekooperation. Diese Sichten erlauben es – wie eingangs dargelegt – jeweils unterschiedliche Teilaspekte der Telekooperation näher zu beleuchten. Dies soll in den folgenden Kapiteln geschehen.

8.2.1.1 Telearbeit im Spannungsfeld von Gruppenarbeit und autonomer Einzelarbeit

Telearbeit ist ein relativ junges, jedoch nicht mehr ganz neues Phänomen. Die 1962 gegründete englische FI Group, ein Software- und Beratungsunternehmen mit der expliziten Zielsetzung, Programmiererinnen Heimarbeit zu ermöglichen, wird heute als Vorläufer aktueller Praxisprojekte zur Telearbeit angesehen. Als Auslöser der wissenschaftlichen Diskussion gilt die vor dem Hintergrund der Ölkrise 1973 in den USA vorgenommene Untersuchung von Nilles et al. (1976): An praktischen Unternehmensbeispielen untersucht er die Möglichkeiten der Substitution von Pendelverkehr durch Datentransport und prägt mit seiner Arbeit den Begriff des *Telecommuting*. Noch heute ist dieser – mit dem englischen Begriff *Telework* inhaltlich weitgehend gleichbedeutende – Begriff in den USA vorherrschend. Den ersten Schritten in den 1970er Jahren folgten in den 1980er Jahren eine intensive wissenschaftliche Behandlung und euphorische Entwicklungsprognosen bei gleichzeitig verschwindend geringer praktischer Relevanz. Heute gewinnt das Phänomen Telearbeit in einer erweiterten Sicht, bei veränderter Technik und mit neuen Konzepten in Wirtschaft, Wissenschaft und Politik gleichermaßen neue Bedeutung. Nationale, europäische und internationale Initiativen und Kongresse verstärken die Entwicklung. Von der in den 1980er Jahren vorherrschenden engen Sichtweise von Telearbeit (stationäre Teleheimarbeit abhängig Beschäftigter) geht die Entwicklung heute zu einer weiten Begriffsfassung, (Einbeziehung selbständiger, alternierender oder mobiler Arbeitsformen), die Telearbeit in den Kontext allgemeiner telekooperativer Formen der Aufgabenbewältigung stellt. *Telearbeit* im Sinne mediengestützter verteilter Aufgabenbewältigung kennt vielfältige Ausprägungsformen und Arbeitsplatztypen. Inzwischen haben sich *vier Grundformen* verteilten Arbeitens herausgebildet, die als Grundformen räumlicher Dezentralisierung für Unternehmen neue Flexibilisierungspotentiale bieten (vgl. Abb. 8-3 sowie Reichwald et al. 2000):

Home-Based Telework umfaßt alle Formen der Telekooperation vom häuslichen Arbeitsplatz aus. Die Einführung von Telearbeit bei der Deutschen Telekom bildet hierfür ein anschauliches Beispiel (vgl. Deutsche Telekom 1998).

Center-Based Telework bezeichnet alle Formen der Bündelung von Telearbeitsplätzen in hierfür geschaffenen Telezentren (Telearbeitszentren, Teleservicezentren). Mit der Einrichtung von Telearbeitszentren wird primär die Zielsetzung verfolgt, ausgelagerte Arbeitsstätten von Unternehmen lokal zu bündeln. Die Einrichtung von Teleservicezentren hingegen zielt in erster Linie auf die Schaffung einer geeigneten Organisationsform zur kundenorientierten Erbringung von Teledienstleistungen. Hierbei steht die Leistungserbringung auf Basis elektronischer Medien für entfernte Auftraggeber durch eine selbständige Organisation im Zentrum des Interesses.

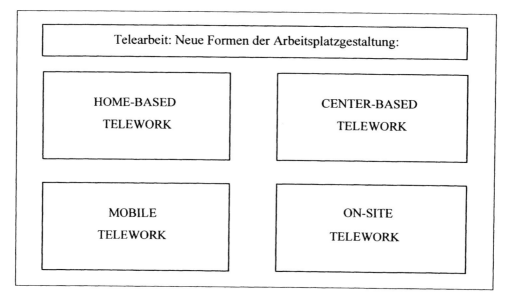

Abb. 8-3:   Vier Grundformen der räumlichen Flexibilisierung von Arbeitsstätten (Reichwald et al. 2000)

On-Site Telework bezeichnet Telearbeit am Standort des Kunden, des Lieferanten oder ganz allgemein am Standort des Wertschöpfungspartners. Für zahlreiche Berufszweige gehört es schon heute zur tagtäglichen Praxis, „vor Ort" zu arbeiten und dennoch über Telemedien mit der eigenen Organisation stets in enger Verbindung zu stehen. So befinden sich die physischen Arbeitsplätze von Unternehmensberatern ebenso wie die vieler Softwareentwickler oder Systemspezialisten jeweils projektbezogen am Kundenstandort (Customer-Site Based Telework).

Mobile Telework – also das ortsunabhängige Arbeiten an einem „mobilen Arbeitsplatz" – bildet die wohl am häufigsten anzutreffende, aber in der Regel am wenigsten berücksichtigte Form verteilten Arbeitens. Für das Management ebenso wie für Außendiensttätigkeiten in Industrie und Dienstleistung, aber auch für Handwerk und Bauwirtschaft ergeben sich durch den Einsatz mobiler Informations- und Kommunikationstechnologien (Mobilfunk, Mobile Computing) erhebliche Reorganisations- und Unterstützungspotentiale, die noch lange nicht ausgeschöpft sind.

Wenn bislang von Grundformen der Telearbeit die Rede war, so bezog sich die Unterscheidung zunächst ausschließlich auf unterschiedliche Richtungen einer räumlichen Flexibilisierung von Arbeitsstätten. Eine solche Differenzierung von Telearbeitsformen, die ausschließlich an Alternativen *räumlicher Dezentralisierung* ansetzt, reicht jedoch für sich alleine genommen noch nicht aus. Will man die Möglichkeiten telekooperativer Aufgabenbewältigung ausloten, muß neben dem *Arbeitsort* gleichermaßen die *Arbeitszeit*, die *Vertragsform* und die Art der *technischen Infrastruktur* Berücksichtigung finden (vgl. Abb. 8-4 sowie Reichwald et al. 2000).

Formen der Telearbeit	
Arbeitsort • Home-Based Telework • Center-Based Telework • On-Site Telework • Mobile Telework	**Arbeitszeit** • Vollzeit – Teilzeit • Festgelegt – Variabel • Synchron – Asynchron
Vertragliche Regelung • Tele-Arbeitnehmer • Tele-Unternehmer	**Technische Infrastruktur** • Offline-Telearbeit • Online-Telearbeit

Abb. 8-4:   Formen der Telearbeit (Reichwald et al. 2000)

Charakteristikum „Arbeitsort": Nach Art der *räumlichen Regelung* ist zu unterscheiden, ob der Arbeitsplatz zu Hause *(Home-Based Telework),* in wohnortnahen Telezentren *(Center-Based Telework),* „vor Ort" am Standort des Kunden oder Lieferanten *(On-Site Telework)* oder standortunabhängig *(Mobile Telework)* ist. Zwar hatte Olson bereits

Anfang der 1980er Jahre eine Unterscheidung derartiger Varianten der Telearbeit vorgeschlagen (vgl. Olson 1983), jedoch fand in der praktischen Realisierung lange Zeit nur die Extremform der (zumeist isolierten) Teleheimarbeit Berücksichtigung, bei der eine Komplettverlagerung des Arbeitsplatzes in den häuslichen Bereich vorgenommen wird. Inzwischen hat man die Vorteile erkannt, die gerade auch die anderen Telearbeitsformen mit sich bringen können. Bei einer praktischen Einführung jedoch sind alle skizzierten Arbeitsplatzmodelle der Telearbeit stets mit spezifischen Arbeitszeitmodellen, Vertragsformen und technischen Anbindungsformen verknüpft.

Charakteristikum „Arbeitszeit": In bezug auf die Arbeitszeit ist zu klären, ob eine Tätigkeit *vollständig* an einem dezentralen Telearbeitsplatz erbracht wird (also beispielsweise permanente Telearbeit in einem Satellitenbüro), in *variablen Formen* (beispielsweise in Form alternierender Teleheimarbeit, bei der ein Teil der Woche am häuslichen Arbeitsplatz, die restliche Zeit vor Ort in der Unternehmung verbracht wird) oder in *Formen freier Orts- und Zeitwahl.* Außerdem ist zu unterscheiden, ob für einen Telearbeiter feste Arbeitszeiten, Gleitzeitregelungen oder eine völlige Zeitsouveränität gilt.

Charakteristikum „Vertragsform": Diese Fragen sind eng mit dem rechtlichen Status des Telearbeiters verknüpft: Handelt es sich um einen Tele-*Arbeitnehmer*, der auf der Vertragsgrundlage eines festen Anstellungsvertrages beschäftigt ist, oder um eine selbständige Tätigkeit (Tele-*Unternehmer* bzw. Freelancer). Zwischen diesen beiden Extremformen liegt ein Spektrum möglicher Einbindungsformen. Die Wahlfreiheit zwischen diesen Vertragsformen wird durch das Arbeitsrecht auf Basis von Artikel 12 des Grundgesetzes eingeschränkt. Nach der Häufigkeit der heute in der Arbeitswelt vorhandenen Vertragsformen lassen sich verteilte Arbeitsformen im Rahmen eines Arbeitsverhältnisses, als selbständiger Unternehmer und als arbeitnehmerähnliche Person unterscheiden (vgl. z.B. Worch 1994; Collardin 1995).

Charakteristikum „Technische Infrastruktur": Der Einsatz informations- und kommunikationstechnischer Infrastrukturen ist ein konstituierendes Element der Telekooperation. Eine Einrichtung von Telearbeitsplätzen bedingt daher stets Entscheidungen über die Art der technischen Anbindung dieser dezentralen Arbeitsplätze. Grundsätzlich kann zwischen asynchronem *Offline-Arbeiten* und synchronem *Online-Arbeiten* unterschieden werden. Bei der Form des Offline-Arbeitens wird nur zu bestimmten Zeitpunkten eine Verbindung zu den Rechnern bzw. dem Rechnernetzwerk des Unternehmens aufgebaut. Zu bestimmten Synchronisationspunkten können so Abstimmung und Informationsaustausch erfolgen. Beim synchronen Online-Arbeiten besteht dagegen zwischen den Rechnern der verschiedenen Standorte eine permanente Verbindung. Dies ermöglicht eine synchrone Interaktion der kooperierenden Partner. Auch hier sind vielfältige Ausprägungen im Spektrum der Anbindungsformen denkbar und realisierbar.

Unter der Vielzahl möglicher Ausprägungsformen der Telearbeit gibt es keinen eindeutigen Favoriten. Telekooperation ergibt sich in der Praxis daher in aller Regel als Kombination unterschiedlicher Realisierungsformen. Je nach Aufgabe, Arbeitsphase oder konkreter Projektanforderung kann die eine oder andere räumliche, zeitliche, vertragliche oder technische Realisierungsform Vorteile bieten. Die jeweiligen Situationsbedingungen entscheiden damit über die Vorteilhaftigkeit der alternativen Arbeitsplatzformen der Telekooperation.

Einsatz- und Anwendungsbedingungen telekooperativer Arbeitsformen

Noch immer ist unklar, unter welchen Einsatz- und Anwendungsbedingungen welche Organisationsform der Telearbeit besonders geeignet ist. In der frühen Phase der Auseinandersetzung mit dieser Arbeitsform wurde Telearbeit vorrangig für einfache Unterstützungsaufgaben hoher Strukturiertheit und guter Abgrenzbarkeit empfohlen, die geringen Kommunikationsbedarf aufwiesen (z.B. Text- und Datenerfassung). Eine Studie des DGB kommt zu dem Ergebnis, daß sich die räumliche Verlagerung von Arbeitsplätzen aus der Unternehmung in den häuslichen Bereich vorrangig für Arbeiten anbietet, die einen hohen Autonomiegrad aufweisen, im dispositiven und kreativen Bereich angesiedelt sind, ergebnisorientiert bewertet werden können und somit eher dem Bereich von Berufen mit höherem Qualifikationsniveau zuzuordnen sind (vgl. Fischer / Späker / Weißbach 1993). Beide Empfehlungen beziehen sich nur auf den Extrembereich der Teleheimarbeit, doch bereits hier zeigen sich Widersprüchlichkeiten und offene Fragen.

Derartige Spannungsfelder ergeben sich für Gestaltungsempfehlungen in mehrfacher Hinsicht. So kollidiert die für telekooperative Arbeitsformen tendenziell notwendige Aufgabenzerlegung auf den ersten Blick mit arbeitsorganisatorischen Empfehlungen zur Aufgabenintegration (vgl. Picot / Reichwald 1987). Auch der aktuelle Trend zu einer möglichst flächendeckenden Einführung von Gruppenarbeitskonzepten scheint mit einer eher autonomieorientierten Einzelarbeit in telekooperativen Arbeitsarrangements kaum vereinbar (vgl. Ulich 1991). Ähnlich kontrovers sind heutige Lösungsansätze, die versuchen, diese Widersprüchlichkeiten aufzulösen und eine Realisierung möglicher Vorteile der Gruppenarbeit trotz räumlicher Dezentralisierung anstreben: Beim Konzept der *Gruppenarbeit in Satellitenbüros* (vgl. Ulich 2001) werden die Mitglieder einer Arbeitsgruppe in dezentralen Einheiten räumlich zusammengefaßt. Die Aufrechterhaltung direkter persönlicher Interaktion zwischen den Beteiligten steht hier im Vordergrund. Beim *Konzept virtueller Teams* (vgl. z.B. Savage 1997) hingegen wird die räumliche Entfernung der

Gruppenmitglieder als gegeben akzeptiert; Kooperationsbeziehungen sollen auf der Basis elektronischer Vernetzung unterstützt werden (vgl. z.B. Oberquelle 1991).

Bei der Diskussion dieser Spannungsfelder und der Suche nach Lösungswegen ist stets nach den Ausgestaltungsformen verteilten Arbeitens zu differenzieren und deren Einbindung in das umgebende Arbeitssystem zu berücksichtigen. Die Wahl einer spezifischen Gestaltungsform telekooperativer Aufgabenbewältigung kann sinnvollerweise nur im Kontext übergeordneter Aufgabenzusammenhänge erfolgen.

Zahllose Förderprojekte sind heute in allen Teilen der Triade zur Erprobung und Evaluierung dieser neuen Arbeitsformen im Gange – mit teilweise geringem, teilweise mittlerem, teilweise auch recht gutem Erfolg (vgl. Picot 1997a; Reichwald / Englberger 1998b; Reichwald / Englberger / Möslein 1998a, 1998b; Englberger 2000). Was bislang jedoch fehlt, ist eine durchschlagende Schubkraft – es fehlt die notwendige Verbreitung oder „kritische Masse", die telekooperative Arbeitsformen zu Selbstläufern werden läßt. Nur wenn in unmißverständlicher Transparenz der wettbewerbsstrategische Nutzen dieser Grundformen telekooperativer Arbeit für die Unternehmen nachweisbar wird, kann die notwendige Schubkraft erreicht werden (vgl. Reichwald / Möslein 2000).

Dazu aber bedarf es eines Übergangs von allzu eng arbeitsplatzorientierten Konzepten der Telearbeit hin zu ganzheitlichen, am Wertschöpfungsprozeß orientierten Flexibilisierungsansätzen räumlicher Dezentralisierung, welche die grundlegenden Konzepte der Telearbeit strategiebezogen nutzen. Erst in einem derart erweiterten Sinne bilden die neuen Möglichkeiten der räumlichen Dezentralisierung von Arbeitsstätten einen Grundbaustein für die Vernetzung von Wertschöpfungsstufen und Prozeßketten. So eröffnen die Flexibilisierungspotentiale der Telearbeit Wege zu neuen unternehmerischen Strukturen einer vernetzten Leistungserstellung in räumlich verteilten, vertrauensbasierten – nicht standortbasierten – Unternehmensformen (vgl. Reichwald et al. 2000).

8.2.1.2 Telemanagement im Spannungsfeld von Lokomotion und Kohäsion

Telekooperative Arbeitsformen stellen neue Anforderungen an die Koordination arbeitsteiliger Aufgabenerfüllung. Sie verändern Führungsprozesse und die Arbeit im Management in beträchtlichem Umfang, verlangen aber auch nach neuen Formen der Selbstabstimmung und Selbstkoordination der dislozierten Aufgabenträger. *Telemanagement* umfaßt als Oberbegriff für alle Formen *mediengestützter verteilter Aufgabenkoordination* sowohl Formen der Fremd- als auch der Selbstkoordination. Im folgenden steht die Betrachtung von Führungsprozessen im Vordergrund. Für Aspekte der Selbstorganisation und des Selbstmanagements sei auf Probst (1992) und die dort angegebene Literatur verwiesen. Neue Anforderungen an die Führung ergeben sich vor allem durch die organisationsübergreifende Vernetzung sowie die Dezentralisierung und Globalisierung der Unternehmen. Wie empirische Untersuchungen in transnationalen Unternehmen zeigen, sind Vernetzung, Dezentralisierung und Globalisierung gleichzeitig mit einer Intensivierung der Reisetätigkeiten und der verstärkten Anwendung von Telekommunikationsmedien im Führungsbereich verbunden (vgl. Bartlett / Goshal 1992; Pribilla / Reichwald / Goecke 1996; Reichwald / Möslein 2001). Es ist daher zu vermuten, daß auch in Zukunft mit zunehmender Verfügbarkeit mobiler Kommunikationsmedien die Reiseaktivitäten von Führungskräften nicht – wie vielfach angenommen – abnehmen, sondern im Gegenteil sogar zunehmen werden *(Telekommunikationsparadoxon)*.

Neue Anforderungen ergeben sich auch durch die Notwendigkeit der Führung „unsichtbarer Mitarbeiter". Wenn in telekooperativen Arbeitsarrangements Möglichkeiten der persönlichen Mitarbeiterkontrolle entfallen, scheitern Ansätze verhaltensorientierter Führung zwangsläufig. Dies muß jedoch keinen Nachteil darstellen: „Gibt man einmal die Idee auf, jemanden am Schreibtisch sehen zu müssen, dann hat man die Freiheit, auf die Leistung zu achten" (Collins 1986, S. 25). An die Stelle verhaltensorientierter Führung tritt bei dislozierter Aufgabenbewältigung die ergebnisorientierte Führung des *Management by Objectives* (vgl. Di Martino / Wirth 1990). Die Führung durch Zielvereinbarung, aber auch organisatorische Führungsmaßnahmen wie regelmäßige Mitarbeitergespräche, Qualifizierungsmaßnahmen oder die Festlegung von Aufstiegs- und Entwicklungsmöglichkeiten erlauben eine teilweise Substitution des direkten Führungsbedarfs. Inwieweit Mitarbeiterführung unter Verzicht auf direkte persönliche Führung gelingen kann, hängt dabei in entscheidendem Maße von der Vertrauensbasis zwischen Mitarbeitern und Vorgesetzten, der Motivationsstruktur der Mitarbeiter, der Mitarbeiterqualifikation sowie der Art der Aufgabenplanung und -strukturierung ab (vgl. Reichwald / Bastian 1999).

Wie empirische Untersuchungen über den Einfluß von Telemedien auf die Führungsprozesse zeigen, kann bisher keine technische Kommunikationsform die für die Motivation und Vertrauensbildung wichtige Face-to-face-Kommunikation ersetzen (vgl. Grote 1993). Daraus ergeben sich für die Mitarbeiterführung in standortverteilten Organisationen einschneidende Restriktionen. Sie können weitreichende Konsequenzen in bezug auf die organisatorischen Bedingungen haben, unter denen telekooperative Arbeitsformen effektiv und wirtschaftlich effizient sind. Die Frage nach der Unterstützbarkeit spezifischer Führungsaufgaben durch elektronische Medien gewinnt dadurch besondere Bedeutung.

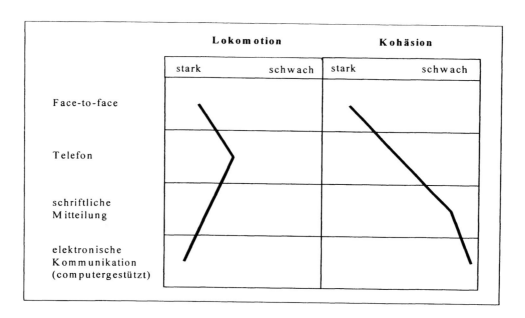

Abb. 8-5:   Auswirkungen elektronischer Kommunikation auf Führungsprozesse (in Anlehnung an Grote 1994)

Neben der sachbezogenen Beeinflussung aufgabenbezogener Gruppenaktivitäten (*Loko-motionsfunktion*) liegt ein wesentliches Element der Führungsaufgabe in der persönlichen Interaktion, d.h. im Aufbau und der Pflege persönlicher Beziehungen (*Kohäsions-funktion*). Je nach Wahl der Kommunikationsform ist die soziale Präsenz stärker oder schwächer ausgeprägt (vgl. Kiesler / Siegel / McGuire 1984). Die Einschränkung elektronischer Kommunikationsmedien im Hinblick auf die Vermittelbarkeit sozialer Präsenz fördert einen sachlichen Kommunikationsstil (vgl. Sorg / Zangl 1986). Elektronische Kommunikationsmedien werden daher nicht für alle Aufgaben im Führungsbereich als geeignet angesehen (vgl. Grote 1993): Während die Nutzung von Telekommunikationsmedien zur Kommunikation zwischen Führungskräften und ihren Mitarbeitern relativ gut geeignet ist, um die Aufgaben- und Zielorientierung von Gruppen (Lokomotion) zu unterstützen, erweisen sich computergestützte Kommunikationsformen wie E-Mail in empirischen Untersuchungen bislang als weniger geeignet, um soziale Beziehungen zwischen Gruppenmitgliedern und Führungskräften (Kohäsion) zu fördern (vgl. Abb. 8-5). Mit der Wahl der technischen Kommunikationsform können somit die inhaltlichen und aufgabenbezogenen wie auch die sozialen Beziehungen von Kommunikationspartnern beeinflußt werden. Entsprechend den empirischen Befunden, die darauf hindeuten, daß lokomotionsorientiertes Führungsverhalten mit der Leistung der Gruppe und kohäsionsorientierte Führungsmuster mit der Arbeitszufriedenheit der Gruppenmitglieder korreliert sind, lassen sich wichtige Rückschlüsse über den Einfluß der Kommunikationsmedien auf den Führungserfolg ziehen. Vielleicht verlangen neue Formen telekooperativer Aufgabenbewältigung aber auch ein neues Verständnis von Managern und Mitarbeitern (vgl. Teil 9), denn die Entwicklung des Managements von Organisationen und der Rolle des Managers in Organisationen ist unmittelbar an die Entwicklung der Organisationen selbst geknüpft. Aus der Tätigkeit des Managers hat sich erst im Zuge der Industrialisierung ein eigenständiges Berufsbild entwickelt. Dieses Bild hat sich mit dem Wandel der Organisationen in der Realität ebenso verändert wie in seiner Rezeption in der Managementforschung (vgl. z.B. Staehle 1994). In der klassischen Managementlehre Fayols (1916) und der darauf aufbauenden POSDCORB-Klassifikation grundlegender Managementfunktionen von Gulick / Urwick (1937) wurde die Rolle des Managers noch auf im wesentlichen administrative Grundfunktionen reduziert (POSDCORB steht für Planning, Organizing, Staffing, Directing, COordinating, Reporting, Budgeting).

Heute versucht Mintzberg (1994) mit seinem „Think-Link-Lead-Do"-Modell verschiedene Teilaspekte erfolgreichen Managements in einem ganzheitlichen Ansatz zu integrieren (siehe auch Mintzberg et al. 2002). Er bezeichnet drei Ebenen des Managements: *Managing Action, Managing People* und *Managing Information.* Diese drei Ebenen unterscheiden sich im Grad der Unmittelbarkeit der Einflußnahme: Ein Manager kann Handlungen direkt beeinflussen, er kann auf Handlung indirekt über die Einflußnahme auf Personen einwirken und er kann durch das Management von Information auf die Handlungen von Personen Einfluß nehmen. Wenn Telemanagement auf das Management von Information reduziert wird, gerät das Management als Ganzes in Gefahr; denn „to manage by information is to sit two steps removed from the purpose of managerial work" (Mintzberg 1994, S. 16).

8.2.1.3 Teleleistungen im Spannungsfeld von Kundennähe und Ressourcenabhängigkeit

Neue Organisationsformen ermöglichen neue Leistungen. Ebenso wie erst die Fertigungsorganisation tayloristischer Prägung (vgl. Taylor 1913) die kostengünstige Produktion von Massengütern ermöglicht hat, und ebenso wie modulare Fertigungskonzeptionen auf der Basis flexibler Fertigungssysteme eine Individualisierung dieser industriellen Massengüter erlauben („Mass Customization", vgl. Pine 1993; Piller 1998a, 2001), so bieten auch telekooperative Organisationsentwürfe auf der Basis einer leistungsfähigen Informations-Infrastruktur den Schlüssel zu einer neuen Produktklasse: den *Teleleistungen* (vgl. im folgenden Reichwald / Möslein 1997b, 1998; Reichwald et al. 2000).

Anwendungssegment	Teleleistungen
funktionsbezogene Teleleistungen	• Teleberatung • Telesekretariat • Teleübersetzen • Teledolmetschen ...
informatiknahe Teleleistungen	• Teleprogrammierung • Teleinstallation und -systempflege • Tele-Engineering • Teledatensicherung und -archivierung, ...
Teleleistungen der Informations- verarbeitung und Informations- vermittlung	• Electronic Banking • Electronic Brokerage • Elektronische Kataloge • Elektronische Bestell- und Liefersysteme, ...
Telelearning	alle Formen der mediengestützten Aus- und Weiterbil- dung und Qualifikation: • Teleunterricht • Televorlesung • Teleschulung, ...
Telemedizin	allgemein-medizinische und fachmedizinische Telebera- tung, -behandlung und -betreuung: • Telediagnostik • Tele-Sprechstunde • Medizinische Bildverarbeitung und Bildübertragung, ...
Teleüberwachung von Anlagen, Infrastruktureinrichtungen und Prozessen	Teleüberwachung von z.B.: Gebäuden, Aufzügen, Alarmanlagen, Klimaanlagen, Versorgungseinrichtungen, Transportwegen, Produktionsprozessen, ...
Teleleistungen für den privaten Endanwender	• Pay-TV • Video-on-demand • Teleshopping, ...

Abb. 8-6:   Die Produktlandschaft der Teleleistungen (in Anlehnung an Breton 1994b;
             Reichwald et al. 2000)

Teleleistungen sind Informationsprodukte, welche mit Hilfe der neuen Telemedien auch
über räumliche Entfernung hinweg angeboten, nachgefragt und ausgetauscht werden
können. Bislang konzentriert sich die öffentliche, die politische, aber auch die wissen-

schaftliche Diskussion meist auf Fragen der Ausgestaltung der technischen Basis-Infrastruktur. Zu den möglichen Produkten selbst, ihren Märkten und den Organisationsformen ihrer Erbringung liegen wenig fundierte Untersuchungen vor. Eine umfangreiche Studie im Auftrag der französischen Regierung analysiert Anwendungsfelder für Teleleistungen sowie Angebots- und Nachfragestrukturen für Frankreich und im internationalen Vergleich (vgl. Breton 1994b). Ausgewählte Ausschnitte sollen als Einführung in das Feld der Teleleistungen dienen.

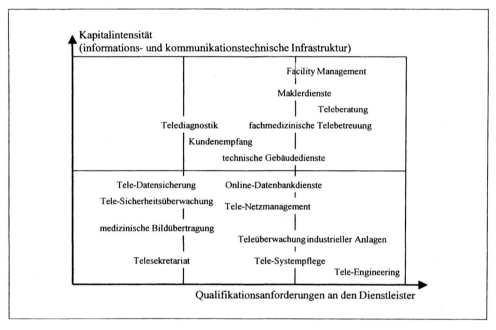

Abb. 8-7:   Kapital- und Qualifikationsintensität des Dienstangebots (in Anlehnung an Breton 1994b, S. 26)

Die Produktlandschaft der Teleleistungen wird in der Studie in sieben Anwendungssegmente strukturiert. Abbildung 8-6 zeigt die Anwendungssegmente und beispielhaft die jeweiligen Teleleistungen im Überblick. Die Bildung dieser Anwendungssegmente kann jedoch nur eine eindimensionale Grobklassifikation leisten. Eine qualitative Positionierung der identifizierten Teleleistungen bezüglich relevanter Beurteilungskriterien auf Angebots- und Nachfrageseite liefert ein detaillierteres Bild des Anwendungsfeldes. Die Abbildungen 8-7 und 8-8 zeigen die resultierenden Portfolio-Darstellungen. Sie bieten eine Systematisierung der Teleleistungen bezüglich *Kapital- und Qualifikationsintensität* der Diensterbringung für den Anbieter und der *Leistungstiefe* (Einzelschritt, Teilprozeß, Gesamtprozeß) des Dienstangebots und Spezifität der Dienstnachfrager.

Die Darstellungen verdeutlichen die enge Beziehung zwischen den Möglichkeiten
räumlicher Dezentralisierung einerseits und den Alternativen marktlicher Kooperationsformen andererseits. Die in den Abbildungen klassifizierten Teleleistungen können sich
je nach ihrem Leistungsumfang auf drei unterschiedliche Ebenen beziehen: die Ebene
des Aufgabenelements bzw. des Einzelschritts innerhalb eines übergeordneten Aufga-
benzusammenhangs, die Ebene der Teilaufgabe bzw. des Teilprozesses sowie die Ebene
des Gesamtprozesses (vgl. Abb. 8-8). Die Standortfrage sowie die Inanspruchnahme von
Teleleistungen sind daher unmittelbar mit dem Problem der Leistungstiefenoptimierung
verknüpft (vgl. Teil 2).

Abb. 8-8:   Leistungstiefe des Dienstangebots und Spezifität der Dienstabnehmer (in
             Anlehnung an Breton 1994b, S. 28)

Das aufgezeigte Spektrum möglicher Teleleistungen macht deutlich, daß die Potentiale
telekooperativer Aufgabenbewältigung weit über räumliche Dezentralisierungsmög-
lichkeiten betrieblicher Arbeitsstätten hinausgehen. Telekooperation erlaubt es grundsätzlich, alle Arten von Informationsprodukten in Form professionalisierter Dienstleistungen anzubieten. Dies hat weitreichende Konsequenzen auf Entscheidungen bezüglich
Eigenerstellung versus Fremdbezug von Informationsleistungen, Zentralisierung versus
Dezentralisierung der Leistungserbringung sowie internationaler Arbeitsteilung im
Bereich der Informationsproduktion.

In den Untersuchungen der französischen Studie werden als Teleleistungen nur Dienstleistungen betrachtet, die als Leistungsaustausch zwischen Unternehmen erbracht werden. Unternehmensintern im Rahmen von Arbeitsverhältnissen erbrachte Leistungen bleiben ausgeklammert. Diese Einschränkung in bezug auf den rechtlichen Status des Diensterbringers scheint unnötig eng und erinnert an die frühe Einschränkung des Telearbeitsbegriffs auf abhängig Beschäftigte. Die Annahme, daß eine verteilte Leistungserbringung tendenziell zu einer verstärkten Externalisierung bislang intern abgewickelter Büro- und Verwaltungstätigkeiten führen kann, erscheint jedoch plausibel. Bezüglich Potentialen und Risiken von Teleleistungen kommt die Studie (auf Basis der eingeschränkten Begriffsfassung) zu den folgenden Ergebnissen:

- Je höher die Bereitschaft zum Outsourcing auf der einen Seite und die Offenheit gegenüber neuer IuK-Technik auf der anderen Seite ist, desto höher ist das zu erwartende Entwicklungspotential für Teleleistungen.

- Je höher die Bereitschaft für Outsourcing auf der einen Seite und der Grad der Internationalisierung auf der anderen Seite ist, desto höher ist die Tendenz zu einer Standortverlagerung der Leistungserbringung ins Ausland.

Weltweit stellt bereits heute standortunabhängiges Arbeiten die populärste und verbreitetste Form telekooperativer Aufgabenbewältigung dar. Der Einsatz mobiler Informations- und Kommunikationstechnik erweitert die Möglichkeiten telekooperativer Arbeitsformen von der Standortverteilung in die Dimension der Standortunabhängigkeit. Telearbeit, Telemanagement und Teleleistung sind von dieser Öffnung in die Dimension der Mobilität gleichermaßen betroffen. Sie stellen die betriebswirtschaftliche Forschung und die betriebliche Praxis vor neue Aufgaben, eröffnen aber auch neue Chancen.

8.2.2 Virtuelle Unternehmung als Ergebnis telekooperativer Arbeitsformen

Neue Technologien erlauben die Auflösung räumlicher und zeitlicher Gebundenheit organisatorischer Arrangements. Was aber bedeutet diese Grenzauflösung für die Vorteilhaftigkeit verschiedener Institutionen? Werden klassische, standortgebundene Hierarchien nun standortverteilten „elektronischen Hierarchien" weichen (vgl. Malone 1990; Malone / Yates / Benjamin 1986)? Werden die Möglichkeiten der Standortverteilung den Trend zu einer teilweisen Auflösung von Hierarchien und der verstärkten Herausbildung kooperativer Strukturen zwischen Markt und Hierarchie fördern? Oder stellen hybride Kooperationsstrukturen letztlich doch nur temporäre Übergangsformen zwischen den zwei idealtypischen Formen Markt und Hierarchie dar? Aus institutionenökonomischer Sicht (vgl. Teil 2) wird sich für die arbeitsteilige Bewältigung von Aufgaben jeweils die Koordinationsform im Spektrum zwischen Markt und Hierarchie durchsetzen, die es erlaubt, die Gesamtkosten der Leistungserstellung (also die Summe aus Produktions- und Koordinationskosten) zu minimieren. Medienunterstützung bietet grundsätzlich bei allen Koordinationsformen arbeitsteiliger Leistungserstellung Ansatzpunkte für neue (telekooperative) Lösungen. Wie sich eine vermehrte Einführung telekooperativer Arbeitsformen jedoch langfristig auf die relative Vorteilhaftigkeit institutioneller Arrangements auswirken wird, ist erst in Ansätzen geklärt (vgl. z.B. Ciborra 1993; Picot / Ripperger / Wolff 1996; Picot 1999).

Eine Organisationsform gewinnt unter dem Einfluß zunehmender informations- und kommunikationstechnischer Vernetzung allerdings bereits heute in Theorie und Praxis mehr und mehr an Bedeutung: *die virtuelle Organisation* (vgl. Teil 4 sowie Davidow / Malone 1996; Ettighofer 1992; Szyperski / Klein 1993; Mertens 1994; Bleicher 1996b; Reichwald / Möslein 1996a; Picot / Reichwald 1999; Reichwald et al. 2000;). Sie ist das Ergebnis einer gezielten Ausnutzung neuer Möglichkeiten der Telekooperation und der geschickten Verknüpfung unterschiedlicher organisatorischer Gestaltungsstrategien und ermöglicht es somit, Effizienz- und Flexibilitätsziele gleichzeitig zu verwirklichen.

Interpretiert man „virtuell" im Sinne von „nicht real", so wird die Existenzberechtigung dieser Organisationsform aus ökonomischer Sicht zunächst nicht unmittelbar deutlich. Die virtuelle Unternehmung, verstanden als ein nach außen und innen „konturloses Gebilde" (vgl. Davidow / Malone 1996; Mertens 1994), ist höchstens anders als die klassische reale Unternehmung. Sie ist dadurch allein aber noch lange nicht besser. Sie ist sicher auch nicht das häufig prophezeite „Allheilmittel": „*The Virtual Corporation* will, we believe, for the first time tie all of these diverse innovations together into a single cohesive vision of the corporation of the twenty-first century. (...) the virtual corporation, that results from integrating these components is so extraordinarily adaptable and fast moving as to almost overnight leave traditionally organized competitors far behind" (Davidow / Malone 1996, S. 17; Hervorhebung im Original). Übertriebene Euphorie ist allerdings nicht angebracht: Es ist das Verdienst der Kontingenztheorie, deutlich gemacht zu haben, daß es den „one best way" organisatorischer Gestaltung nicht geben kann (vgl. z.B. Hill / Fehlbaum / Ulrich 1998; Kieser / Kubicek 1992; Kieser 1998; Picot 1999). Es sind also keine universellen organisatorischen Gestaltungsprinzipien ableitbar, wie dies teilweise in frühen organisationstheoretischen Ansätzen versucht wurde. Die betriebswirtschaftliche Organisationslehre konzentriert sich daher heute auf die Frage, unter welchen Bedingungen welche Formen organisatorischer Gestaltung beobachtbar (deskriptiver Ansatz) bzw. empfehlenswert (gestaltend-normativer Ansatz) sind. In der folgenden Auseinandersetzung mit dem Konzept der virtuellen Unternehmung steht der Gestaltungsaspekt im Vordergrund.

Virtuelle Unternehmen können als „Weiterentwicklung" hybrider Koordinationsformen im Spektrum zwischen Markt und Hierarchie auf der Basis veränderter rechtlicher und technologischer Rahmenbedingungen verstanden werden (vgl. Teil 2). Sie stellen arbeitsteilige Verflechtungen zwischen Unternehmen dar. Der Grundgedanke der Symbiose ist für ihre Existenz von vitaler Bedeutung. Teil 6 hat symbiotische Unternehmensnetzwerke als langfristig ausgerichtete Unternehmensverbindungen u.a. unter vertragstheoretischen Gesichtspunkten analysiert. Wo aber liegen die Unterschiede der behandelten Unternehmensnetzwerke zur virtuellen Unternehmung? Auch wenn eine eindeutige Grenzziehung kaum möglich ist, läßt sich die virtuelle Unternehmung dennoch über eigenständige Merkmale und Eigenschaften charakterisieren. Dazu sind im folgenden drei zentralen Fragestellungen zu diskutieren (vgl. Reichwald / Möslein 1996a; Reichwald et al. 2000):

- Auf welchen theoretischen Überlegungen fußt das Konzept der virtuellen Organisation?

- Was sind die idealtypischen Charakteristika und Realisierungsprinzipien der virtuellen Organisation?

- Welche Gestaltungsziele werden mit diesen Realisierungsprinzipien verfolgt, und unter welchen Anwendungsbedingungen erscheint ihr Einsatz sinnvoll?

8.2.2.1 Virtualisierung als Konzept zur Leistungssteigerung

Virtualisierung ist im Bereich der Informatik als Architekturkonzept in mehrfacher Hinsicht von Bedeutung (vgl. z.B. Jessen / Valk 1987; Jessen 1996; Siegert / Baumgarten 1998). Durch eine konzeptionelle Unterscheidung von physischen und logischen Rechnerkomponenten sollen Kapazitäts- und Flexibilitätsgrenzen der Hardware-Architektur überwunden werden. Das Konzept virtueller Systemkomponenten erlaubt es beispielsweise, gleichzeitig vielen „Kunden" eines Systems den Eindruck einer exklusiven Bedienung zu vermitteln. Der „Kunde" sieht nur das logische System. Wie seine Anforderungen letztlich durch eine dynamische Zuordnung von logischen auf reale Systemkomponenten erfüllt werden, bleibt ihm verborgen.

Das Konzept der Virtualisierung im Bereich der Speicherarchitektur von Computersystemen bildet das wohl am besten geeignete und meist zitierte Vorbild für die Architektur virtueller Organisationen. Ausgangspunkt für die Bildung eines virtuellen Speichers sind Zielkonflikte zwischen Geschwindigkeit, Kapazität und Kosten von Speichermedien. Schnelle Speichermedien sind teuer und können daher nur in geringer Kapazität vorgehalten werden. Langsame Speichermedien hingegen sind vergleichsweise kostengünstig. Sie stehen theoretisch in beliebigem Umfang zur Verfügung. Ist nun ein Auftrag zu erledigen, der eine rasche Bearbeitung trotz großen Kapazitätsbedarfs erfordert, so kann dieser Anforderung durch eine dynamische Zuordnung des logischen Gesamtspeichers auf den kleinen, aber schnellen realen Speicher Rechnung getragen werden.

Durch eine geschickte Kombination heterogener Komponenten mit unterschiedlichen Leistungsmerkmalen (Schnelligkeit, hohe Kapazität, niedrige Kosten) im Inneren des Systems können nach außen verschiedene Erscheinungsformen (Geschwindigkeit, Größe, Kostenführerschaft etc.) realisiert werden. Ohne daß jede einzelne Systemkomponente alle Anforderungen zugleich optimal erfüllen muß, können durch das Konzept der Virtualisierung selbst teilweise widersprüchliche Leistungsziele erfüllt werden. Die Funktionsfähigkeit dieses Konzeptes beruht auf der „Idee der Ausschnittsbildung". Sie stammt bereits aus den 1950er Jahren und besagt folgendes: Wird zu einem bestimmten Zeitpunkt (bzw. Zeitausschnitt) der Auftragsabwicklung stets nur ein bestimmter Ausschnitt der Welt – also des Gesamtspeichers – als Ressource tatsächlich benötigt, so kann durch eine Bildung jeweils geeigneter Ausschnitte der Welt und deren dynamische Ein- bzw. Auslagerung aus dem Kern des den Auftrag abwickelnden Systems die Ressourcenallokation aus Sicht des Systems optimiert werden.

Dieses technische Konzept zur Leistungssteigerung von Rechnerarchitekturen kann jedoch nur bedingt auf soziale Systeme und die Architektur von Unternehmensorganisationen übertragen werden. Und doch sind Analogien zu bereits heute beobachtbaren Realisierungen virtueller Organisationen unübersehbar. Ein Beispiel bildet ein Übersetzungsbüro, das mit anderen rechtlich und wirtschaftlich selbständigen Übersetzungsbüros und freiberuflichen Übersetzern weltweit „vernetzt" ist. Als offene Verbundorganisation bilden sie ein virtuelles Unternehmen, das weltweit agiert. Es kann Übersetzungsleistungen in (fast) jeder Sprache und (fast) jedem Fachgebiet durch qualifizierte Fachübersetzer anbieten. Jeder einzelne Auftrag nimmt dabei nur einen bestimmten Teilausschnitt des Gesamtverbundes in Anspruch. Dieser Ausschnitt ist die „Organisation", die sich auftragsbezogen konfiguriert und nach Beendigung der Auftragsausführung wieder auflöst. Jeder Akteur trägt sein spezifisches Leistungs- und Qualifikationsprofil zu dieser virtuellen Unternehmung bei. Er kann Mitglied unterschiedlicher, völlig unabhängiger, auch nebenläufig operierender „Organisationen" sein. Aufgabenbewältigung findet also nicht in statischen vordefinierten Strukturen statt, sondern als problembezogene, dynamische Verknüpfung realer Ressourcen zur Bewältigung konkreter Aufgabenstellungen (vgl. ausführlich Reichwald et al. 2000).

Ein virtuelles Unternehmen verfügt also in Analogie zum Virtualisierungskonzept der Speicherarchitektur über sehr viel mehr Kapazität, als es in seinem Kernbereich als rechtliche Unternehmenseinheit aufgrund der dort verfügbaren menschlichen, technischen, infrastrukturellen oder finanziellen Ressourcen besitzt. In einer virtuellen Unternehmung verlieren solche traditionellen Bedingungen der Leistungserstellung und mit ihnen traditionelle Unternehmensgrenzen an Bedeutung. Telemedien machen die Leistungserstellung weitgehend unabhängig von Raum und Zeit. So können räumliche Grenzen durch Vernetzungen mit Geschäftspartnern in allen Funktionsbereichen erweitert werden. Vernetzungen mit Zulieferern oder Kunden können die Entwicklerkapazität erweitern, Vernetzungen mit Marktpartnern das Produkt- und Dienstleistungsspektrum. Selbst Vernetzungen mit Wettbewerbern einer Branche sind von Interesse, wenn eine temporär erweiterte Produktionskapazität (z.B. für die Bewältigung eines Großauftrages wie den Bau eines Flughafens, der ein Einzelunternehmen überfordern würde) erforderlich ist. Eine Erweiterung zeitlicher Kapazitätsgrenzen erfolgt dann, wenn sich ein Unternehmen standortmäßig so verteilt, daß Zeitgrenzen überschritten werden. So kann ein weltweit agierendes Unternehmen auf der Basis von Telekommunikationstechnik Dienstleistungen wie Beratung, Störfall-Diagnosen oder Auskünfte über den Projektstand eines Auftrages rund um die Uhr anbieten, wenn die Anfrage eines Kunden jeweils an einen Standort weitergeleitet wird, der sich in Bereitschaft befindet. Der Kunde sieht nicht, an welchem konkreten Ort die Leistungserbringung stattfindet. Für international agierende Fluggesellschaften, für Sicherheitsdienste oder Kundendienste im High-Tech-Bereich ist diese Aufhebung der Zeitgrenzen schon heute Realität.

Virtuelle Unternehmen entstehen durch Vernetzung standortverteilter Organisationseinheiten, die an einem koordinierten arbeitsteiligen Wertschöpfungsprozeß beteiligt sind. Um professionelle Kerne scharen sich eine Vielzahl unterschiedlich organisierter Akteure, die selbst wiederum von einer Vielzahl von Kooperationsbeziehungen mit anderen Akteuren umgeben sind. Selbst der professionelle Kern kann aus Organisationseinheiten bestehen, die standortgebunden oder standortunabhängig sind. Virtuelle Organisationen bilden einen Gegenpol zu Unternehmensformen mit langfristig definierten Grenzen zwischen innen und außen, einer stabilen Standortbindung und einer relativ dauerhaften Ressourcenzuordnung. Durch die Auflösung von Orts- und Zeitgrenzen in Verbindung mit einer Lösung von klassischen Unternehmensgrenzen und -strukturen kann ein Unternehmen für den Markt mehr Leistungen erbringen, als es ihm aufgrund seiner unmittelbar verfügbaren Ressourcen möglich wäre. Tatsächlich jedoch kann das Konzept der virtuellen Unternehmung nur dann verwirklicht werden, wenn die notwendigen Ressourcen, insbesondere die Qualifikationen der menschlichen Aufgabenträger real zur Verfügung stehen. Für eine Behandlung der Möglichkeiten, aber auch der Bedingungen und Grenzen des Zugangs zu Qualifikation sei auf Teil 9 verwiesen.

8.2.2.2 Charakteristika und Prinzipien virtueller Organisationen

Idee und Zielsetzung der Virtualisierung als Architekturkonzept der Informatik wurden im letzten Kapitel grob umrissen und Analogien im Bereich der Unternehmensorganisation aufgezeigt: Virtualisierung scheint als Konzept zur Leistungssteigerung auch auf die Architektur von Organisationen gewinnbringend übertragbar zu sein. Die Implementierung eines Konzeptes verlangt jedoch stets nach Konkretisierung. Im Bereich der Speicherarchitektur der Informatik haben sich bereits vielfältige Gestaltungsstrategien für eine Umsetzung herausgebildet. Je nach Anforderungsprofil und Aufgabenstellung erweisen sie sich in der Praxis in unterschiedlichem Maße als vorteilhaft. Im Bereich der Unternehmensorganisation gibt es heute jedoch noch zu wenige Erkenntnisse, um fundiert über unterschiedliche Gestaltungsstrategien virtueller Unternehmen und deren Vorteilhaftigkeit zu diskutieren. Es scheint daher sinnvoller, charakteristische Merkmale und grundlegende Realisierungsprinzipien für die virtuelle Unternehmung herauszustellen (vgl. ausführlich Reichwald et al. 2000).

Charakteristika	Realisierungsprinzipien
• Modularität • Heterogenität • Räumliche und zeitliche Verteilt-heit	• Offen-Geschlossen-Prinzip • Komplementaritätsprinzip • Transparenzprinzip

Abb. 8-9:   Charakteristika und Realisierungsprinzipien virtueller Organisationen (Reichwald et al. 2000)

Die virtuelle Unternehmung stellt sich als dynamisches Netzwerk dar. Netzknoten können gleichermaßen durch einzelne Aufgabenträger, Organisationseinheiten oder Organisationen gebildet werden. Die Verknüpfungen zwischen den Netzknoten konfigurieren sich dynamisch und problembezogen. Die individuelle Aufgabe determiniert damit zu jedem Zeitpunkt die Struktur einer virtuellen Unternehmung. Trotz ihrer Flüchtigkeit ist diese Organisationsstruktur jedoch nicht konturlos, denn Leistungssteigerung durch Virtualisierung ist in einem System nur erzielbar, wenn die konstituierenden Komponenten bestimmten Grundanforderungen gerecht werden. Damit lassen sich für die virtuelle Unternehmung Charakteristika isolieren, die für eine Zielerreichung unabding-bar sind (siehe Abb. 8-9). Ihnen werden in einem zweiten Schritt bestimmte Realisierungsprinzipien zugeordnet.

Modularität: Die Grundbausteine der virtuellen Unternehmung sind modulare Einheiten, also relativ kleine, überschaubare Systeme mit dezentraler Entscheidungskompetenz und Ergebnisverantwortung (vgl. Teil 5). Während in Teil 5 die Modulbildung als unternehmensinternes Strukturierungskonzept eingeführt wurde, verlangt die virtuelle Unternehmung zu ihrer Realisierung jedoch auch nach „virtuellen Modulen", also Einheiten, die sich aus Aufgabenträgern zusammensetzen, die durchaus unterschiedlichen rechtlichen Institutionen angehören können. Ohne die Modularität der Komponenten, ihre innere Geschlossenheit und ihre äußere Offenheit über klare Schnittstellen ist die effiziente dynamische Rekonfiguration eines Systems nicht realisierbar.

Heterogenität: Die Grundbausteine der virtuellen Unternehmung weisen hinsichtlich ihrer Stärken und Kompetenzen unterschiedliche Leistungsprofile auf. Durch eine gezielte Beschränkung auf Kernkompetenzen schaffen sie die Voraussetzungen für den Aufbau eines symbiotischen Beziehungsgeflechts (vgl. Teil 6). Ohne die qualitative Unterschiedlichkeit der Komponenten beschränkt sich die dynamische Rekonfiguration des Systems auf eine rein quantitative Größenanpassung. Die Möglichkeiten einer Realisierung weitergehender Leistungsziele, beispielsweise in bezug auf Qualität und Flexibilität, gehen verloren. Damit wäre aber auch die Vorteilhaftigkeit gegenüber anderen Organisationsformen fraglich.

Räumlich/zeitliche Verteiltheit: Die Grundbausteine der virtuellen Unternehmung sind räumlich verteilt. Ihre Zugehörigkeit bzw. Nichtzugehörigkeit unterliegt dynamischer Rekonfiguration. Die Möglichkeiten telekooperativer Aufgabenbewältigung sind damit konstituierend für das Entstehen virtueller Unternehmen. Informations- und kommunikationstechnische Infrastrukturen definieren aber auch ihre Grenzen.

Die drei skizzierten Charakteristika virtueller Unternehmen sind unmittelbar mit grundlegenden Realisierungsprinzipien verknüpft, die das Wesen einer virtuellen Unternehmung ausmachen:

Das *Offen-Geschlossen-Prinzip* beruht auf der Modularität der virtuellen Unternehmung. Aufgrund dieses Aufbaus kann die virtuelle Unternehmung ein geschlossenes Auftreten am Markt bei gleichzeitig offenen, dynamischen Strukturen realisieren. Der Kunde erteilt seinen Auftrag einem Unternehmen seines Vertrauens, das auf seine speziellen Anforderungen optimal zugeschnitten zu sein scheint. Die für ihn sichtbare „Hülle" präsentiert sich als geschlossenes Ganzes. Die tatsächlich „maßgeschneiderte" Organisation zur Abwicklung des Auftrags strukturiert sich jedoch erst im Prozeß der Auftragsbewältigung. Die innere Struktur (der Inhalt der Hülle) bildet ein offenes System.

Das *Komplementaritätsprinzip* beruht auf der Heterogenität der die virtuelle Unternehmung konstituierenden Netzknoten. Die modularen Einheiten mit ihren unterschiedlichen Leistungsprofilen ergänzen sich durch komplementäre Kompetenzen im Sinne der symbiotischen Organisationskonfigurationen.

Das *Transparenzprinzip* betrifft die räumliche und zeitliche Verteilung der virtuellen Unternehmung. Transparenz eines Systems bedeutet in der Terminologie der Informatik, daß ein System als „black box" betrachtet werden kann. Der Benutzer spezifiziert nur seine Anforderungen an das System, um Systeminterna muß er sich nicht kümmern. Aus Sicht des Kunden erscheint die virtuelle Unternehmung als „black box", er sieht von außen nur die Hülle. Die Kenntnis des konkreten Ortes der Leistungserbringung ist für ihn irrelevant. Trotz bzw. gerade durch die permanente Rekonfiguration erscheint die Unternehmung aus Sicht des Kunden zu jedem Zeitpunkt wie speziell auf seine Bedürfnisse zugeschnitten.

Die skizzierten Charakteristika und Realisierungsprinzipien bleiben zunächst abstrakt. Am bereits erwähnten Beispiel des Übersetzungsbüros lassen sie sich jedoch leicht mit Leben füllen, und mit dem Szenario der „Worldwide Group" (vgl. Kap. 8.0) wurde bereits eine visionäre Form der virtuellen Unternehmung skizziert, in der sich alle diskutierten Eigenschaften wiederfinden. Die zugrundeliegenden Charakteristika und Realisierungsprinzipien erlauben es, vermeintlich virtuelle Unternehmen im Hinblick darauf zu beurteilen, inwieweit sie tatsächlich Virtualisierung als organisatorisches Konzept zur Leistungssteigerung einsetzen. Sie erlauben auch eine Gestaltung virtueller Unternehmen durch Rückgriff auf bereits bekannte Gestaltungsstrategien. Nicht zuletzt aber ermöglicht die Abgrenzung der Charakteristika einer virtuellen Unternehmung auch die Abgrenzung ihres Anwendungsbereichs. Die Frage, welche Gestaltungsziele mit den Realisierungsprinzipien verfolgt werden und unter welchen aufgabenbezogenen Anwendungsbedingungen ihr Einsatz sinnvoll erscheint, steht im Zentrum des folgenden Kapitels.

8.2.2.3 Perspektiven organisatorischer Gestaltung

Das Ziel, das mit der Virtualisierung von Organisationen verfolgt wird, lautet *Flexibilität*. Es bezeichnet die Fähigkeit einer Organisation, sich Veränderungen der Umweltbedingungen dynamisch anpassen zu können. Während organisatorische Stabilisierungsstrategien darauf abzielen, den von außen wirkenden Kräften innere Konstanz entgegenzusetzen, streben Flexibilisierungsstrategien nach aktiver Veränderungsverarbeitung und Anpaßbarkeit (vgl. Klimecki / Probst / Gmür 1993). Bei nur geringen Umweltänderungen bzw. bei einer niedrigen Variabilität der Anforderungen sind Stabilisierungsstrategien aus Effizienzgesichtspunkten in der Regel überlegen. Je turbulenter jedoch die Umwelt bzw.

je höher die Variabilität der zu erfüllenden Anforderungen ist, desto erfolgreicher ist eine Flexibilisierungsstrategie. Heute wird das Flexibilisierungspotential von Konzepten erkannt, die in der Organisationslehre lange als Beispiele für Ressourcenverschwendung und Ineffizienz galten (vgl. Staehle 1991): die Bildung von *Organizational Slack* (also eine Bereitstellung von mehr Anreizen als zur Zielerreichung minimal notwendig sind), der Aufbau von *Strukturredundanz* (also die bewußte Vorhaltung redundanter Strukturelemente, z.B. Stellen oder Abteilungen) oder das Zulassen *loser Kopplung* (also die Auflösung enger Abhängigkeiten zwischen Organisationseinheiten durch Einräumung von Handlungsspielräumen). Es handelt sich hierbei im wesentlichen um innerorganisatorische Konzepte zur Flexibilitätssteigerung (vgl. Reichwald / Behrbohm 1983; Kaluza / Blecker 1999). Die Organisation selbst besteht fort, ihr inneres Potential zur Verarbeitung von Veränderungen jedoch wird erhöht. Anders gelagert ist der Flexibilisierungsansatz der virtuellen Organisation. Er stellt die Dauerhaftigkeit der gesamten Organisationsstruktur in Frage: Virtuelle Organisationen konfigurieren sich aufgabenbezogen. Sie nutzen dazu das Flexibilisierungspotential der Informations- und Kommunikationstechnik. Lange Zeit erfolgte der Technikeinsatz in Unternehmen allein unter Rationalisierungsgesichtspunkten. Durch den Einsatz neuer Technik wurde zwar die Produktivität gesteigert, doch meist ging dies zu Lasten der Flexibilität. Produktivität und Flexibilität erwiesen sich als konkurrierende Zielsetzungen. Erst in jüngster Zeit erlaubt moderne IuK-Technik eine teilweise Rückgewinnung der verlorenen Flexibilität (vgl. Abb. 8-10). Ihr Einfluß auf die organisatorische Flexibilität ist enorm. Doch dieser Einfluß ist auch heute noch nicht zwingend positiv. Lucas / Olson (1994) betonen das dramatische Flexibilisierungspotential eines gezielten Einsatzes von IuK-Technik. Sie sehen Flexibilitätsverbesserungen in drei Hauptbereichen:

- Veränderung der räumlichen und zeitlichen Dimension der Aufgabenbewältigung;
- Erhöhung der Geschwindigkeit der Aufgabenbewältigung;
- Verbesserung der Reaktionszeit der Unternehmung auf Marktveränderungen.

Sie verweisen aber auch auf das *Flexibilitätsparadoxon* des Einsatzes von IuK-Technik. Dieses beruht auf der Unterscheidung zwischen organisatorischer und technischer Flexibilität. IuK-Technik kann zu einer Steigerung organisatorischer Flexibilität beitragen. Durch die inhärente Inflexibilität einer alternden technischen Infrastruktur kann sich dieser Beitrag jedoch im Laufe der Zeit in einen gegenteiligen Effekt der Starrheit und Inflexibilität für die Organisation wandeln. Abbildung 8-11 gibt eine Übersicht über die zu erwartenden positiven und negativen Flexibilitätseffekte erster und zweiter Ordnung. Wie versucht nun die virtuelle Organisation, Flexibilität zu erreichen? Jedenfalls nicht, indem sie allein auf das Flexibilisierungspotential einer technischen Infrastruktur setzen würde. Die Infrastruktur bildet nur die Basis, die es erlauben soll, bisherige organisatorische Spannungsfelder teilweise aufzulösen (vgl. Möslein 2001).

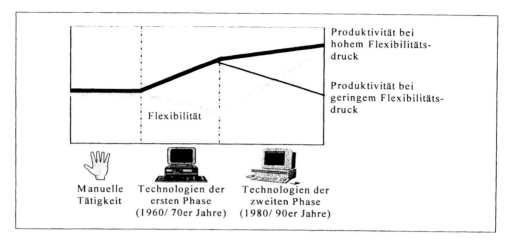

Abb. 8-10:   Die technische Entwicklung in der Arbeitswelt unter den Gesichtspunkten
von Flexibilität und Produktivität (in Anlehnung an Klimecki / Probst /
Gmür 1993)

„Virtuelle Größe" trotz *„realer Kleinheit"*: Größe wird heute von vielen Unternehmen
geradezu gefordert. Die Globalisierung wirtschaftlichen Handelns zwingt zur Größe;
Investitionen in Technologie und Innovation erfordern Größe. Wachstum und Größe
sind also durchaus erfolgsrelevant für das Bestehen einer Unternehmung am Markt und
im Wettbewerb. Andererseits gilt Größe heute fast schon als Synonym für Schwerfällig-
keit. Die mit der Größe verbundene Inflexibilität und Ineffizienz gilt es jedoch zu vermeiden. Bislang war vielen ökonomischen Bestrebungen, beispielsweise dem Erreichen
von Skalen- oder Verbundeffekten, nur durch reales Wachstum nachzukommen. Heute
zeichnet es sich jedoch ab, daß unter dem Einfluß der Informations- und Kommunikationstechnik nicht nur kleinere Unternehmen begünstigt werden (vgl. Scott Morton 1992;
Brynjolfsson et al. 1993), sie erhalten zusätzlich die Chance eines Aufbaus virtueller
Größe (vgl. Gurbaxani / Whang 1991). Das Offen-Geschlossen-Prinzip der virtuellen
Organisation und ihre Standortverteilung ermöglichen Größe im Auftreten am Markt.
Symbiotische Kooperationsstrukturen erlauben Größe im Hinblick auf eine Nutzung
gemeinsamer Ressourcen oder ein Vorhalten gemeinsamer Finanzmittel. Während Strategien vertikaler Integration immer häufiger mit Wettbewerbsnachteilen in Verbindung
gebracht werden und ein klarer Trend in Richtung Outsourcing und Downsizing (insgesamt also vertikaler Desintegration) zu beobachten ist, nutzen virtuelle Organisationen
durch eine Vernetzung unabhängiger Einheiten das Konzept virtueller Integration (vgl.
z.B. Voskamp / Wittke 1994) und bedienen sich durch eine Aufhebung formaler Grenzen zwischen Innen und Außen einer „Insiderization of Outsiders" (vgl. Peters 1994).

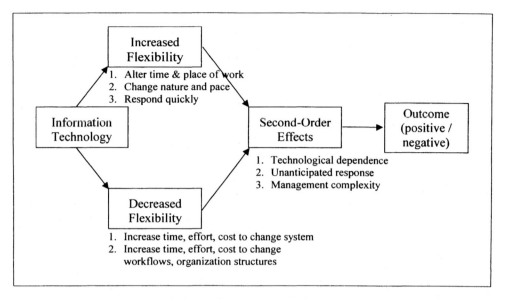

Abb. 8-11: Informationstechnik und organisatorische Flexibilität (in Anlehnung an Lucas / Olson 1994)

Zentralisierung trotz Dezentralisierung: Bei der Entscheidung zwischen Zentralisierung und Dezentralisierung stehen Organisationen vor der Gestaltungsfrage, welche Instrumente aus dem Kontinuum zwischen Markt und Hierarchie unter welchen Bedingungen für die Koordination wirtschaftlicher Aktivitäten einzusetzen sind (vgl. Picot / Neuburger 1997a; Picot 1999). Die völlige Zentralisation steht für die Entscheidung, alles selbst zu machen; die völlige Dezentralisierung bedeutet eine Übertragung aller Aufgaben an selbständige Unternehmer. In welchem Ausmaß soll sich ein Unternehmen nun zentraler (hierarchischer) oder dezentraler (marktlicher) Organisationsformen für die Bewältigung seiner Aufgaben bedienen? Antworten hierauf lassen sich nicht mit Hilfe eines Patentrezeptes finden. Es gibt kein „Entweder-Oder". Entscheidend ist, die geeignete, d.h. auf die Merkmale der zu lösenden Probleme zugeschnittene Mischung zwischen Dezentralisation und Zentralisation zu finden. Extrempositionen sind oft gefährlich. Eine vollständige Zentralisierung zerbricht an der Überforderung der Zentralinstanz. Analog kann eine dezentrale Lösung nicht funktionieren, wenn keine angemessenen zentralen Rahmenbedingungen und Infrastrukturen etc. existieren.

Generalisierung trotz Spezialisierung: Generalisierung verlangt sowohl für eine Unternehmensorganisation als auch für Organisationseinheiten und Individuen ein Vorhalten redundanter Ressourcen (vgl. Staehle 1991). Betrachtet man die Bewältigung einer Einzelaufgabe, so verursachen Generalisten zwangsläufig höhere Kosten und erzielen niedrigere Effizienz als ein auf diese Aufgabenstellung spezialisierter Akteur. Dieser Vorteil der Spezialisten verschwindet jedoch sofort, wenn man die Bewältigung von Aufgabenbündeln in einer dynamischen, unsicheren Umwelt betrachtet. Abbildung 8-12 verdeutlicht den Zusammenhang. Die „Fitneß-Vorteile" der Spezialisten (B) liegen in dem Intervall niedriger Umweltvariabilität (n,m), während außerhalb die Vorteile einer Generalisierung (A) zum Tragen kommen.

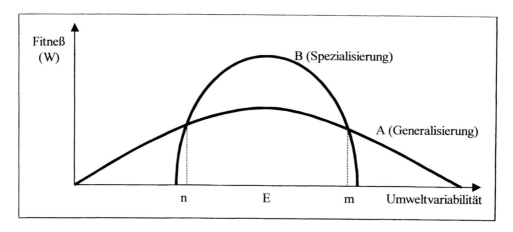

Abb. 8-12:   Generalisierung versus Spezialisierung (in Anlehnung an Hannan / Free-man 1977, S. 947, nach Staehle 1991, S. 341)

Virtuelle Organisationen können durch ihre Modularität und Heterogenität gleichzeitig eine Generalisierung im Auftreten nach außen (Leistungsangebot) und eine Ausnutzung von Kostenvorteilen durch Spezialisierung der Einzelkomponenten im Inneren erreichen (vgl. Reiß 1992b). Hier soll nochmals das Beispiel Übersetzungsdienst aufgegriffen werden, um die Strategie einer Generalisierung trotz Spezialisierung zu verdeutlichen: Jeder einzelne Übersetzer ist Spezialist für eine einzelne Sprachkombination und ein eng begrenztes Fach-gebiet. In der Kombination einer symbiotischen Vernetzung aber kann das virtuelle Unter-nehmen „Übersetzungsbüro" das gesamte Sprach- / Fachspektrum am Markt anbieten.

8.3 Erklärungsansätze für verteilte Organisationen

8.3.1 Virtualisierung aus wettbewerbsstrategischer Sicht

Die Verfolgung der aufgezeigten organisatorischen Gestaltungsziele erlaubt der virtuellen Organisation die Realisierung eines sehr hohen Flexibilitätsgrades. Wie sehen aber die Bedingungen aus, unter denen eine derartige Organisation sinnvollerweise eingesetzt werden kann? Nur wenn die mit der Virtualisierung verbundenen Leistungsmerkmale tatsächlich gefragt sind, wird sich die virtuelle Organisation als geeignete Organisationsform präsentieren können (vgl. Teil 5). Während bei stabilen Marktbedingungen und niedriger Produktkomplexität die klassische Hierarchie unter dem Gesichtspunkt ökonomischer Effizienz durchaus ihre Existenzberechtigung behält, stellen unsichere Märkte und komplexe Produktmerkmale andere Anforderungen. Unter Bedingungen zunehmender Produktkomplexität steigt tendenziell die Notwendigkeit nach modularen Organisationsstrukturen. Unter Bedingungen steigender Marktunsicherheit nimmt die Notwendigkeit nach organisatorischer Vernetzung zu (vgl. Teil 6). Ist nun eine Aufgabensituation zugleich durch hohe Produktkomplexität und hohe Marktunsicherheit gekennzeichnet, so erfordert dies die Bildung temporärer aufgabenbezogener Kooperationsstrukturen (zur Unsicherheitsbeherrschung), in denen sich komplementäre Kompetenzen möglichst gut ergänzen (zur Komplexitätsbeherrschung). Die virtuelle Organisation präsentiert sich somit als organisatorische Innovationsstrategie zur Beherrschung komplexer, hochgradig variabler Aufgabenstellungen bzw. für Aufgaben hoher Neuigkeit in einer unsicheren Umwelt (vgl. Reichwald / Möslein 2000).

Die Strategie der Virtualisierung vereinigt Aspekte der Auflösung von Unternehmensgrenzen im Inneren (Modularisierung) und im Außenverhältnis (Netzwerkbildung) der Unternehmung. Sie ist damit per se eine Organisationsform, die traditionelle Unternehmensgrenzen überschreitet. Sie erfordert aber in noch viel stärkerem Maße Regeln für die Koordination verteilter Zusammenarbeit: Technologien und Systeme der Telekooperation sind für sie konstituierendes Element. Aktuelle Ansätze der Organisationstheorie beschäftigen sich mit Teamstrukturen und Modularisierung, mit organisatorischen Netzwerkkonzepten und Symbiosen. Es werden organisatorische Lösungen gesucht, die auch in einer turbulenten Umwelt oder bei komplexen Anforderungen eine effiziente Koordination der Leistungserstellung ermöglichen. Letztlich bestimmt die Aufgabe, welcher Lösungsrahmen ökonomisch effizient ist. Aufgabenmerkmale geben Hinweise darauf, ob Organisationsstrategien der Modularisierung, der Netzwerkbildung oder der Virtualisierung vorzuziehen sind.

Die Virtualisierung als Organisationsstrategie fand sich in abstrahierter Extremform bereits im theoretischen Architekturkonzept organisatorischer Virtualisierung von Mowshowitz (1991). Besonders anschaulich aber wird sie unter dem Titel „L'Entreprise Virtuelle ou les Nouveaux Modes de Travail" („Die Virtuelle Unternehmung oder die neuen Arbeitsformen", Übers. der Verf.) in Ettighoffers (1992) Modell für die Arbeitswelt der Zukunft. Dieser praxisorientierte Entwurf zur virtuellen Unternehmung setzt sich auch kritisch mit Konzepten, Realisierungen und Entwicklungstendenzen verteilter Arbeitsformen auseinander. Eine Vielzahl von Praxisbeispielen und Praxiseinsichten zeigen Einsatzformen verteilter Arbeitsformen auf, sie zeigen aber stets auch Irrwege und Fehlschläge. Verteiltes Arbeiten ist dabei für Ettighoffer nicht – wie so oft – Selbstzweck, sondern eine organisatorische Notwendigkeit. Sie bildet die Basis für die Realisierung innovativer Organisationsstrategien (vgl. Eurotechnopolis Institut 1994).

Die virtuelle Unternehmung ist für Ettighoffer eine neue Form post-tayloristischer Unternehmensorganisation, die traditionelle Arbeits- und Organisationsformen jedoch nicht ersetzt, sondern in Koexistenz symbiotisch ergänzt und dadurch auch beeinflußt und verändert. Drei zentrale Besonderheiten der virtuellen Unternehmung stellt Ettighoffer (1992) dabei heraus:

- *„L'ubiquité"* – die Ortslosigkeit (oder Standortunabhängigkeit): Sie wird durch die technische Realisierbarkeit der Telepräsenz zunehmend ermöglicht und manifestiert sich konkret in den verbesserten Möglichkeiten der Nutzung externen Expertenwissens, der Nutzung entfernter Managementressourcen sowie der Realisierbarkeit maximaler Marktnähe.

- *„L'omniprésence"* – die Zeitunabhängigkeit: Sie wird durch neue Möglichkeiten der flexiblen Automatisierung, wie z.B. der automatischen Auftragsentgegennahme oder -weiterleitung zunehmend verbessert und resultiert konkret in einer intensiveren Nutzbarkeit der Anlagen (und einer somit verbesserten Kapitalproduktivität), einer Verbesserung von Servicequalität und -verfügbarkeit sowie einer zunehmend engeren Vernetzung zwischen Kunden und Lieferanten.

- *„Neuroconnexion"* – die Vernetzung von Wissensressourcen: Sie wird durch neue Informations- und Kommunikationstechnologien ermöglicht und äußert sich konkret in der zunehmenden Herausbildung von Spezialisten-Netzwerken.

Ettighoffers Entwurf macht deutlich, daß in der Kombination aus technischer und organisatorischer Virtualisierung für Unternehmen die eigentlichen ökonomischen Potentiale liegen. Wenn mit fortschreitender technologischer Entwicklung Raum und Zeit als Grenzen organisatorischer Gestaltbarkeit stetig an Bedeutung verlieren, dann verschiebt sich auch die Vorteilhaftigkeit alternativer Organisationsstrategien. Selbst komplexe

Koordinationsmechanismen sind dann mit vertretbarem Aufwand realisierbar. Netzwerke, in denen komplexe multilaterale Abstimmungsprozesse an die Stelle einfacher hierarchischer Anweisungs- und Kontrollmechanismen treten, gewinnen zunehmend an Bedeutung. Das Architekturkonzept der Virtualisierung wird so für Unternehmen zu einer tragfähigen Wettbewerbsstrategie (vgl. Möslein 2001).

Virtuelle Unternehmen entstehen also durch die aufgabenbezogene Vernetzung verteilter Organisationseinheiten, die an einem koordinierten arbeitsteiligen Wertschöpfungsprozeß beteiligt sind. Um professionelle Kerne scharen sich in Ad-hoc-Kooperationen eine Vielzahl unterschiedlich organisierter unternehmensinterner und -externer Akteure, die selbst wiederum von einer Vielzahl von Kooperationsbeziehungen mit anderen Akteuren umgeben sind. Selbst der professionelle Kern kann aus Organisationseinheiten bestehen, die raum-zeitlich gebunden oder unabhängig sind. Virtuelle Organisationen bilden somit eine Alternative zu bestehenden Unternehmensformen mit langfristig definierten Grenzen zwischen Innen und Außen, einer stabilen Standortbindung und einer relativ dauerhaften Ressourcenzuordnung. Durch die Auflösung von Orts- und Zeitgrenzen in Verbindung mit einer Lösung von klassischen Unternehmensgrenzen und -strukturen kann ein Unternehmen für den Markt mehr Leistungen erbringen, als es ihm aufgrund seiner unmittelbar verfügbaren Ressourcen möglich wäre (Reichwald / Möslein 1996a).

8.3.2 Virtualisierung aus institutionenökonomischer Sicht

Aus institutionenökonomischer Sicht sind im Rahmen der Virtualisierung zwei Fragen zu beantworten: Wie kann gewährleistet werden, daß in virtuellen Unternehmen für alle Partner Anreize wirken, ihre Entscheidungen effizient zu treffen, und unter welchen Bedingungen stellt die virtuelle Unternehmung überhaupt die effiziente Organisationsform dar. Virtuelle Organisationsformen sind nur dann tragfähig, wenn sie mit motivierten und qualifizierten Akteuren ausgestattet sind. Dabei stellen sich an die Führungskräfte virtueller Unternehmen vor allem Anforderungen wie

- der Aufbau von Vertrauen;
- Kooperations- und Beziehungsorientierung;
- Mitarbeiterorientierung;
- Kundenorientierung.

Die geringe vertragliche Sicherheit, ein unter Umständen häufiger Partnerwechsel, die Koordination standortverteilter Module sowie die Verschiebung und Überwindung von räumlichen sowie organisatorischen Grenzen erweitert bzw. schafft neue Handlungsspielräume, in denen das Verhalten der Mitarbeiter und Kooperationspartner nicht mehr allein durch konventionelle (hierarchische) Kontrollmaßnahmen mit persönlicher Präsenz oder durch vollständige Verträge in Märkten in die gewünschte Richtung gesteuert werden kann. Der Aufbau von konsequenten Vertrauensbeziehungen ist hierbei notwendig. Erforderlich sind ferner Institutionen, die die Funktionsfähigkeit des Vertrauensmechanismus gewährleisten (vgl. Ripperger 1998).

Die flexible Einbeziehung von internen und externen Partner und Modulen, der rasche Wandel der Konfiguration der Zusammenarbeit der Virtualisierungspartner sowie die möglicherweise damit einhergehende schnelle Auflösung der virtuellen Unternehmung erfordern schließlich eine stärkere Kooperations- und Beziehungsorientierung der Führungskräfte (vgl. auch Kap. 8.3.3). Während auf der Ebene des statischen Netzwerkes Beziehungspflege und Beziehungsmanagement im Vordergrund stehen, geht es auf der Ebene des dynamischen Netzwerkes mehr um ein konkretes Konfigurations- und Schnittstellenmanagement im operativen Prozeß. Auch intrinsische und extrinsische Anreize müssen so beschaffen sein, daß sie die Mitarbeiter zu guten Leistungen motivieren. Dabei gilt es, den positiven Zusammenhang zwischen Mitarbeiterzufriedenheit und Kundenorientierung zu berücksichtigen (vgl. Heskett et al. 1997; Picot / Neuburger 1998a; Kreis-Engelhardt 1999).

Im Rahmen eines institutionenökonomischen Gesamtkonzepts lassen sich virtuelle Unternehmen als effiziente Organisationsform erklären (vgl. Picot / Neuburger 1998a). Die Effizienz wird dabei durch den Einsatz komplementärer Vertragselemente bestimmt. Dies können insbesondere die Zuweisung von lang- und kurzfristigen Residualrechten an die Vertragspartner, die Schaffung und Nutzung von internem und externem Wettbewerb, die Zuweisung von Kontrollrechten an den Virtualisierungs-Initiator, die gegenseitige Kontrolle der Virtualisierungs-Partner durch mögliche implementierte Virtualisierungsvereinigungen und beiderseitige spezifische Investitionen sein, wie sie auch zum Teil für Telearbeitsbeziehungen eingesetzt werden (vgl. Kreis-Engelhardt 1999). Die Form der Virtualisierung wird gegenüber anderen Organisationsformen dann gewählt, wenn sehr spezifische Tätigkeiten selten ausgeführt werden, da dem Virtualisierungs-Initiator (Prinzipal) entweder das notwendige Know-how nicht zur Verfügung steht oder die interne Abwicklung nicht effizient wäre. Der Virtualisierungs-Partner (Agent) dagegen verfügt über gerade dieses spezifische Know-how zur richtigen Zeit am richtigen Ort und in gewünschtem Umfang bzw. kann die Leistung effizienter erstellen.

Die Virtualisierung bietet Unternehmen die Chance, effizient auf sich schnell ändernde Marktbedingungen zu reagieren. Dabei existieren Spielräume für die Entwicklung und Anwendung einer Vielzahl neuer Organisationsideen. Der Wettbewerb zwischen verschiedenen Organisationsformen zwingt dabei jede dieser Organisationsformen zu

Höchstleistungen sowie zu einer effizienzorientierten Weiterentwicklung der Anreize der Virtualisierungspartner. Die Organisationen werden dadurch leistungsfähiger, als wenn sie nur jeweils unter ihresgleichen konkurrierten (vgl. Picot / Wolff 1995) – vorausgesetzt, die Kommunikation und Koordination zwischen den beteiligten Akteuren verläuft effektiv.

8.3.3 Virtualisierung aus kommunikationstheoretischer Sicht

Trotz der Vielfalt aktueller Konzepte und Realisierungen virtueller Unternehmen besteht in einem Punkt weitgehend Konsens: Virtuelle Organisationen stellen besondere Anforderungen an die *Kommunikation* (vgl. Teil 3). Da die Partner in den meisten Fällen nicht ständig zusammen sind, ist eine enge und gleichzeitig flexible Kommunikationsanbindung unabdingbar. Diese dient nicht allein dazu, neue Ideen auszutauschen, Feedback zu geben oder sich abzustimmen, sondern soll auch einfach und schnell den Zugang zu gemeinschaftlichen Datenbeständen und Projektunterlagen ermöglichen. Die ökonomische Realisierbarkeit virtueller Unternehmen erfordert daher eine besonders flexible Kommunikationsinfrastruktur, die die Kooperationspartner durch individuell zugeschnittene, schnell konfigurierbare und dennoch transparente Kommunikationsdienste. Sie bilden das Nervensystem virtueller Unternehmen.

Organisation und Kommunikation sind untrennbar miteinander verbunden. Kommunikation in und zwischen Organisation hat viele Formen: Zum Informationsaustausch zwischen Aufgabenträgern bedient sie sich formaler und informaler Kanäle, sie richtet sich nach der Aufgabe, nach den Strukturen und den Rahmenbedingungen des Wirtschaftens. Die Medienunterstützung von Kommunikationsprozessen in Organisationen betrifft damit die Wurzel von Arbeitsteilung und Koordination in Unternehmen und Märkten. Daher wird im folgenden der Blick auf zentrale Erkenntnisse der Kommunikationsforschung gerichtet, um die Regeln menschlicher Kommunikation als Schlüsselfaktor für die Arbeitswelt der Zukunft besser zu verstehen (vgl. Reichwald 1993; Möslein 1998; Picot 1999; Reichwald et al. 2000).

Kommunikation ist essentieller Bestandteil des menschlichen Daseins und bildet die Voraussetzung für das Funktionieren von Arbeitsteilung und Koordination in Unternehmen und Märkten. Die menschliche Kommunikation ist daher auch der Schlüsselfaktor für die Virtualisierung. Erkenntnisse der Kommunikationsforschung bilden das Rüstzeug für ein besseres Verstehen virtueller Unternehmensstrukturen – für das Erkennen ihrer Vorzüge, aber auch für das Erkennen ihrer Fallstricke. Der Kommunikationsbegriff wird in den Wissenschaften unterschiedlich weit gefaßt (vgl. Teil 3). In der Nachrichtentechnik wird der Vorgang des Transportes von Informationen, das Codieren, die physikalische Übertragung und das Decodieren einer Information mit dem Begriff Kommunikation verbunden. Ausgeklammert bleiben Aspekte des Verstehens, Interpretierens und der Bedeutungszuordnung, die sich bei kommunizierenden Menschen vollziehen. Der Verständigungsaspekt der Kommunikation bildet dagegen den Mittelpunkt der sozialwissenschaftlichen Betrachtung. In der Betriebswirtschaftslehre steht die Beziehung zwischen Kommunikation und Aufgabenerfüllung im Vordergrund: Es geht um den Aspekt der Verständigung der Menschen beim Vollzug ihrer Aufgaben.

Die Virtualisierung hat Auswirkungen auf die Unternehmensführung und verändert auch die Arbeit im Management. Während klassische hierarchische Organisationsformen überwiegend mit zentralistisch-direktiven Führungsmechanismen verbunden sind, stellen die neuen Organisationsformen der Virtualisierung spezifische neue Anforderungen an das Führungsverhalten. Die Befunde aus Fallstudienuntersuchungen (vgl. Pribilla / Reichwald / Goecke 1996) geben Anlaß zu der Vermutung, daß sich aufgrund der Veränderungen der marktrelevanten und organisatorischen Rahmenbedingungen sowie des globalen Wettbewerbs neue und zum Teil schwer vereinbare Anforderungen an die Arbeit von Managern ergeben. Hierzu gehören zum einen der zunehmende Bedarf an intensiver Kommunikation mit einer wachsenden Zahl von geographisch verteilten Partnern, zum anderen die Notwendigkeit, unter wachsendem Zeitdruck immer komplexerer Entscheidungen treffen zu müssen. Insofern spitzt sich die Arbeitssituation von Führungskräften in bezug auf ihre Belastung und Beanspruchung zu.

Hinweise darauf, daß sich die Situation des Managers in der obersten Führungsebene durch Hektik, ein steigendes Aktivitätsvolumen und Unterbrechungen kontinuierlich verschärft, liefern auch die Studien von Schreyögg / Hübl (1992). Global agierende Manager stecken häufig in der Zeitfalle. Zeichen sind der wachsende Zeitdruck, ein hohes Aufgabenvolumen, schnelles Reagieren in kritischen Situationen und der Zwang zu Beziehungspflege, innerer Führung und externem Networking. Diese Manager haben heute ein Aktivitätsniveau zu absolvieren, das sich im Vergleich zur Situation vor 25 Jahren fast verdoppelt hat. Die Telemedien sind Mitverursacher dieses zunehmenden Zeitdrucks, andererseits wirkt die aufgabengerechte Mediennutzung auch als Problemlöser. Sie schafft Freiräume für ein besseres Zeitmanagement, für Abschirmung und für eine Belastungsreduzierung.

Kommunikation und Kooperation sind eng miteinander verknüpft. Aus der Managementforschung ist bekannt, in welch enges Netz von Kooperationen Führungskräfte in der Regel eingebunden sind. Ob es um Informationsbeschaffung geht, um Entscheidungsprozesse, um Planungsveränderungen – was auch immer die den Aktivitäten zugrundeliegende Aufgabe verlangt –, Führungskräfte stimmen sich ab, delegieren, lassen sich zuarbeiten und sind dabei von den Beiträgen ihrer Kooperationspartner abhängig. Haupthindernis für eine ungestörte Kooperation und Kommunikation im Innenverhältnis ist die mit der Abwesenheit vom Arbeitsplatz verbundene Nicht-Erreichbarkeit des Managers. Über Telemedien kann der Informationsfluß zwischen Führungskräften und ihrem unmittelbaren Arbeitsumfeld (Sekretariat, persönliche Mitarbeiter, interne Partner) während der Zeit dieser kommunikationsbedingten Abwesenheit vom Arbeitsplatz aufrechterhalten und neu organisiert werden. Die Vermutung liegt auf der Hand, daß hier die wesentlichen Innovationen für die Arbeit der obersten Führungskräfte ansetzen, die mit dem Einsatz der modernen Telemedien erreicht werden können.

Die Kosten der Koordination und Führung in virtuellen Organisationen sind eng mit der Überwindung von Grenzen und Barrieren des Telemanagements verbunden. Kosten der Kommunikation entstehen vor allem durch Face-to-face-Kontakte mit entfernten Partnern. Betrachtet man das hohe Reiseaufkommen von Führungskräften, das für persönliche Besprechungen und Sitzungen entsteht, so liegen die entstehenden Kosten vor allem im Bereich der Personal-, Reise- und Opportunitätskosten. Während die Nutzung der Telemedien zur Kommunikation zwischen Führungskräften und Mitarbeitern relativ gut geeignet ist, die Koordinationskosten bei der Aufgabenunterstützung zu senken (Lokomotionsfunktion der Führung), erweisen sich die Medien bislang als wenig geeignet, soziale Beziehungen zu fördern (Kohäsionsfunktion der Führung; vgl. Kap. 8.2.1.2). Je wichtiger der Aufbau und die Pflege von Beziehungsaspekten in Interaktionsprozessen ist (Mitarbeiterbeziehung, Kundenbeziehung), desto effizienter und kostengünstiger ist die Face-to-face-Kommunikation. Je stärker die reine Vermittlung von Inhalten Führungsprozesse prägt (z.B. Dokumentenabstimmung), desto leichter gelingt die Kostenreduzierung durch den Einsatz von Telemedien auch über räumliche Distanzen (vgl. Reichwald et al. 2000).

8.3.4 Grenzen telekooperativer und virtueller Organisationsformen

An die Darstellung der Gestaltungsformen telekooperativer und virtueller Organisationsformen schließt sich nun die Frage an, welche der Grundformen räumlicher Flexibilisierung sich leichter, welche sich schwerer realisieren lassen, welche Formen für Unternehmen strategische Vorteile versprechen oder den Ansprüchen und Erwartungen der Mitarbeiter an die Arbeitswelt am ehesten entgegen kommen, welche Formen ökologische oder verkehrspolitische Problemlösungen anbieten oder gar die Erreichung regional- oder strukturpolitischer Zielsetzungen unterstützen (vgl. Reichwald et al. 2000; Englberger 2000). Die Umsetzungsbarrieren für telekooperative Arbeitsformen sind dort am geringsten einzuschätzen, wo die Telekooperation unmittelbar mit der wettbewerbsstrategischen Ausrichtung eines Unternehmens korrespondiert, Kundennähe, Kundenbindung, Flexibilität und Wirtschaftlichkeit gefördert sowie die Einbindung und Erreichbarkeit von Geschäfts- und Kooperationspartnern verbessert wird. Mobile Telearbeit oder die Telearbeit „vor Ort" am Standort des Kunden, Lieferanten oder Wertschöpfungspartners bilden daher als Arbeitsform Selbstläufer. Für diese Formen gibt es kaum gezielte Erprobungen oder Erhebungen. Die Verbreitung erfolgt ohne großes Aufsehen, ohne geförderte Pilotierung oder wissenschaftliche Begleitung, jedoch mit augenscheinlichem Erfolg und großer Vehemenz.

Telekooperative Arbeitsformen stehen hohen Umsetzungsbarrieren gegenüber, wenn zwar auf der einen Seite Vorteile für den einzelnen Mitarbeiter oder die Gesellschaft als ganzes resultieren, diese aber auf der anderen Seite keine rechen- und bewertbaren Wirtschaftlichkeitsvorteile für die Unternehmung vorweisen. Die Telearbeit zu Hause oder die Arbeit im wohnort- oder kundennahen Telecenter sind heute von diesen Barrieren der fehlenden Nachweisbarkeit eines kostenrechnerischen Nutzens für die Unternehmung betroffen. Diese Formen bilden keine Selbstläufer. In der betrieblichen Praxis sind sie – zumindest in Deutschland – noch immer recht selten anzutreffen. Die Gründe sind vielfältig. Teils wird spekuliert, teils können Erklärungen nur theoretisch abgegeben werden. Die besten Belege finden sich dort, wo Telearbeit in Pilot-Projekten „praktiziert" wird. In einer Expertenrunde des Bundesministers für Bildung, Wissenschaft, Forschung und Technologie zum Thema „Barrieren für die Telearbeit in Deutschland" wurde im Ergebnis folgendes festgestellt (vgl. Witte 1996):

- Telearbeit (im Sinne von heimbasierter bzw. centerbasierter Telearbeit) wird heute in Deutschland überwiegend nur von Unternehmen und Behörden mit Sonderinteressen durchgeführt.

- Der Nachweis eines betriebswirtschaftlichen Nutzens der Telearbeit ist für die Unternehmen nur schwer zu ermitteln.

- Erhebungen bei Teleworkern in Deutschland wie auch in den USA und anderen europäischen Industrieländern belegen: Trotz eines hohen individuellen Nutzens reduziert eine große Mehrheit der Telearbeiter ihre Arbeit am dislozierten Arbeitsplatz zu Hause oder im Telecenter auf maximal 2 Tage pro Woche (alternierende Telearbeit).

- Kleine und mittelständische Unternehmen beteiligen sich kaum an neuen Arbeitsformen und Formen der vernetzten Leistungserstellung.

- Telecenter gibt es in Deutschland kaum, obwohl diese Konzepte der Telearbeit in Großbritannien und USA derzeit erfolgreiche Entwicklungen nehmen und vor allem bedeutende Arbeitsmarkteffekte (innovative Dienstleistungen, Gründereffekte) aufweisen.

Auch die virtuelle Organisation setzt sich über viele Grenzen hinweg: über festgelegte Grenzen von Raum und Zeit der Aufgabenbewältigung, über Grenzen eines rechtlich definierten Innen und Außen der Organisation oder über relativ dauerhafte vertragliche Grenzen einer Zugehörigkeit oder Nichtzugehörigkeit der Organisationsteilnehmer. Doch auch dieser Organisationsform sind selbstverständlich Grenzen gesetzt. Es sind zum einen die Grenzen der technischen Infrastruktur; sie bildet das Nervensystem der Unternehmung und entscheidet über Möglichkeiten der Teilnahme (vgl. Jarvenpaa / Ives 1994). Es sind aber auch Grenzen, die der Funktionsfähigkeit von Institutionen durch menschliche Verhaltensmuster gesetzt werden. Die in Teil 2 und 3 erarbeiteten theoretischen Grundlagen zur Rolle der Information für Märkte und Unternehmen sowie die gewonnen Einsichten in Verständigung und Informationsverhalten erlauben es, Spannungsfelder und Widersprüchlichkeiten in bezug auf die „Grenzenlosigkeit" virtueller Unternehmen aufzudecken. Nur einige seien hier angerissen (vgl. auch Reiß 1996; Reichwald 1997a; Picot 1998a; Englberger 2000; Reichwald et al. 2000).

- Verbesserte Unterstützungsmöglichkeiten ökonomischer Aktivitäten mittels *moderner Informationssysteme* gelten als Hoffnungsträger für eine Erweiterung menschlicher Leistungsgrenzen. Sie sollen der begrenzten menschlichen Informationsverarbeitungskapazität (vgl. Teil 3) durch eine möglichst „grenzenlose" Verfügbarkeit von Information entgegenwirken. Wenn beispielsweise Ausschreibungen zu geringen Kosten und fast ohne Zeitverzögerung erfolgen können oder wenn potentielle Teilnehmer einer virtuellen Organisation ihr Leistungsangebot weltweit online zur Verfügung stellen können, dann sinken die Reibungsverluste der Informationssuche, -verarbeitung und -vermittlung bei der Anbahnung und Vereinbarung ökonomischer Transaktionen erheblich. Die Grenzen eines dynamischen Aufbaus geeigneter organisatorischer Arrangements liegen dann weniger in den Kosten dieses Aufbaus, sondern vielmehr in der Qualität der zugrundeliegenden elektronisch verfügbaren Information. Die Bereitschaft, Informationen allgemein zur Verfügung zu stellen, und die Bereitschaft, diese Informationen auch zu nutzen, bestimmen dann über die Praktikabilität einer virtuellen Organisation. Doch: „No technology has yet been invented that can convince unwilling managers to share information or even to use it" (Davenport / Eccles / Prusak 1992, S. 56; nach Jarvenpaa / Ives 1994). Einerseits also gilt eine möglichst allgemeine Verfügbarkeit von Information als Bedingung für die Praktikabilität virtueller Organisationen, andererseits hat aber die Marktprozeßtheorie gerade auf das allgegenwärtige Bestehen von Informationslücken und Informationsasymmetrien und deren notwendige Funktion als Triebfeder unternehmerischen Handelns aufmerksam gemacht (vgl. Teil 2). Was sind die Konsequenzen für die virtuelle Unternehmung als Institution zur Abwicklung ökonomischer Aktivitäten?

- *Vertrauen* gilt als entscheidender Koordinationsmechanismus virtueller Organisationen (vgl. z.B. Handy 1995). Opportunistisches menschliches Verhalten aber, also eine Verfolgung von Eigeninteressen auch auf Kosten Dritter, begründet Risiken. Wie sich das opportunistische Ausnutzen von Informationsasymmetrien als Delegationsrisiko auch auf die Auftraggeber-Auftragnehmer-Beziehung virtueller Organisationen auswirken kann, läßt sich mit Hilfe der Principal-Agent-Theorie treffend beschreiben. Das Absicherungsbedürfnis von Kooperationspartnern ist umso höher, je höher die Verhaltensunsicherheit, je größer das Verlustpotential und je komplexer und strategisch bedeutsamer die zu erbringende Leistung ist. Traditionell erfolgt eine Befriedigung von Absicherungsinteressen über Vertragsabschlüsse (vgl. Teil 2). Die virtuelle Organisation jedoch verzichtet zur Gewährleistung ihres dynamischen Charakters weitgehend auf eine explizite vertragliche Absicherung. Vertrauen ist ihr konstituierendes Element (vgl. z.B. Luhmann 1994, 2000; Fukuyama 1995; Kramer / Tyler 1996; Ripperger 1997). Doch blindes Vertrauen ist bestenfalls Indikator für Dummheit. Die Kurzfristigkeit und Dynamik der virtuellen Organisation auf Basis von Vertrauen verlangt nach langfristig stabilen, informellen Vertrauensbeziehungen, nach allgemein akzeptierten Reputationen, nach verläßlichen Zertifizierungen oder „Spielregeln". Erst die langfristige Stabilität der Spielregeln gewährleistet die Flexibilität der Organisation (vgl. Bonus 1998).

In virtuellen Organisationen geht es also um eine kooperative Problemlösung zwischen nur lose verbundenen Kooperationspartnern. Die Strukturen, in denen diese Kooperationsbeziehungen stattfinden, konfigurieren sich dynamisch und haben nur temporären Bestand. Wie kann eine geeignete Informationsversorgung für solche Organisationen aussehen und welche Anreizprobleme sind zu berücksichtigen? Wie sind Handlungs- und Verfügungsrechte in derartigen Strukturen verteilt und wie erfolgt ihre Zuschreibung? Wenn die Handlungsbereitschaft der Akteure − wie es die Property-Rights-Theorie lehrt − von der individuellen Nutzbarkeit der Handlungsfolgen bestimmt wird, dann spielt die Sicherung und Durchsetzbarkeit von Property-Rights eine vitale Rolle für das Funktionieren virtueller Organisationen. Wie kann den Grundproblemen der Principal-Agent-Beziehung zwischen Auftraggeber und Auftragnehmer (Hidden characteristics, Hidden action, Hidden intention) in dieser Organisationsform wirkungsvoll begegnet werden? Wie sind die Vertragsbeziehungen zu gestalten, so daß Verhaltensfreiräume für flexibles Handeln eröffnet, die Gefahr eines opportunistischen Ausnützens dieser Freiräume aber zugleich eingedämmt werden kann (zu den Problemen unvollständiger bzw. impliziter Verträge vgl. Teil 2)?

Abschließende Antworten auf diese Fragen können nicht gegeben werden. Die angerissenen Problemkomplexe aber machen bereits eines deutlich: Die Grenzen der virtuellen Unternehmung als vermeintlich „grenzenloser" Organisationsform liegen nicht allein im Bereich der technischen Machbarkeit. Adäquate informations- und kommunikationstechnische Infrastrukturen sind eine zwar notwendige, nicht aber hinreichende Bedingung für die erfolgreiche Realisierung dieser innovativen Organisationsstrategie.

8.3.5 Rahmenbedingungen für eine globale Verteiltheit von Organisationen

Arbeit in einer Informationsgesellschaft, in der jeder weltweit praktisch ohne Zeitverzögerung Informationen aus Datenbanken und Wissensbasen abrufen und austauschen kann, verlangt nach neuen Rahmenbedingungen. Schon heute kollidieren die bereits in Ansätzen realisierten neuen Arbeitsformen in vieler Hinsicht mit Rechtsnormen, die unter anderen Rahmenbedingungen entstanden, heute aber einer Weiterentwicklung und Ergänzung bedürfen. Die Probleme sind vielfältig und äußern sich häufig in Details. So erfordert beispielsweise die Versendung eines Buches im interkontinentalen Warenverkehr eine Berücksichtigung der vorgeschriebenen Zollformalitäten. Die Versendung der gleichen Information (des Buchinhaltes) über elektronischen Datenaustausch erfolgt praktisch ohne Zeitverzögerung und ohne jegliche zusätzliche Formalitäten. In einer Zeit, in der die entscheidenden Ressourcen einer Unternehmung mehr und mehr in ihrer Informations- und Wissensbasis sowie im verfügbaren Humankapital gesehen werden, weisen die Bilanzen der Unternehmen weiterhin die klassischen Positionen des Anlage- und Umlaufvermögens aus. In der Finanzbuchhaltung werden Waren- und Geldströme verbucht, die Informationsflüsse in und zwischen Unternehmen finden dagegen keine Berücksichtigung. Vor allem im Dienstleistungssektor gilt bereits heute Information vielfach als Produktionsfaktor Nummer 1 (vgl. Picot 1997b), doch ihre Qualität ist schwer meßbar, ihr Wert kaum bestimmbar und ihr Schutz kann meist nicht gewährleistet werden. Wenn Information für die Unternehmung der Zukunft tatsächlich die Bedeutung hat, die ihr heute zugesprochen wird, welche Bedeutung haben dann zukünftig weite Bereiche dessen, womit sich betriebswirtschaftliche Theorie und betriebliche Praxis heute befassen?

Seit die in der G8-Gruppe vereinigten größten westlichen Industriestaaten sich im Februar 1995 für eine rasche weltweite Liberalisierung der Telekommunikationsmärkte ausgesprochen haben, wird die Realisierung einer *globalen Informations-Infrastruktur* (GII) als Voraussetzung für die Entwicklung der seit langem prophezeiten Informationsgesellschaft nicht mehr als pure Vision angesehen. Doch sind zahlreiche Hemmnisse auf dem Weg in das Informationszeitalter zu überwinden: Die bislang unzureichende technische Infrastruktur ist auszubauen, Hindernisse durch geltende ordnungspolitische und regulatorische Rahmenbedingungen auszuräumen, international unterschiedliche Schwerpunktsetzungen zu diskutieren (unterschiedliche Sprechweisen sind symptomatisch für differierende Ansätze: Europa spricht von der „Informationsgesellschaft", die USA vom „Information Highway"), Gefahren sind zu berücksichtigen und Ängste auszuräumen. Das Fortschreiten der Entwicklung ist unvermeidlich, die Art des Fortschritts aber ist gestaltbar.

Das Industriezeitalter hat neue Rahmenbedingungen geprägt, aber auch erforderlich gemacht. Ebenso verlangt die Arbeitswelt im Informationszeitalter nach einem neuen Bedingungsrahmen. Schon heute sind deutliche Defizite vor allem in rechtlicher Hinsicht evident. Im Arbeitsrecht, Steuerrecht, Wettbewerbsrecht oder Gesellschaftsrecht, aber auch im Bereich der Wirtschaftspolitik sind Erweiterungen und Anpassungen notwendig. Doch diese Anpassungsprobleme sind nicht mehr länger auf die nationale Ebene beschränkt. Die internationale Vielfalt der Rechtssysteme beeinflußt Fragen der Standortverteilung und Kooperationsentscheidungen der Unternehmen in erheblichem Umfang. Auf europäischer Ebene sind intensive Harmonisierungsbestrebungen im Gange. Ob die herrschende internationale Rechtsvielfalt jedoch letztlich einen Vor- oder Nachteil für Unternehmen, Verbraucher, Arbeitnehmer, aber auch für Umwelt und Gesellschaft als Ganzes darstellt, ist aus heutiger Sicht unsicher.

8.4   Die Rolle der Informations- und Kommunikations-technik

Eine funktionierende Zusammenarbeit über Standortgrenzen hinweg erfordert geeignete informations- und kommunikationstechnische Infrastrukturen, denn die Überwindung der Grenzen von Raum und Zeit ist in erster Linie ein Kommunikationsproblem. Jüngste technische Entwicklungen helfen in vielen Bereichen, dieses Kommunikationsproblem zu entschärfen und verbessern so die Zusammenarbeit räumlich entfernter Kooperationspartner (vgl. z.B. Reichwald / Englberger 1998a). Wenn beispielsweise der Rat von Spezialisten benötigt wird, die nicht vor Ort verfügbar sind (TeleConsulting), so sind die Ausdrucks- und Darstellungsmöglichkeiten bei einer reinen Sprachkommunikation über Telefon relativ begrenzt. Zusätzliche Videokanäle oder die Integration unterschiedlicher Medien (Text, Daten, Sprache, Stand- und Bewegtbild) in multimedialen Anwendungen auf Basis breitbandiger Vernetzung versprechen hier deutliche Verbesserungen.

Im Rahmen des BERKOM-Projekts (1986-1991) erfolgten umfangreiche empirische Untersuchungen zur Abschätzung der Marktpotentiale einer zukünftigen Nutzung digitaler Breitbandnetze (vgl. Kanzow 1991; Bierhals / Nippa / Seetzen 1991; Reichwald

1991a). Dabei haben sich auf Basis von etwa tausend Anwendungsfällen acht generelle Anwendungstypen von IuK-Technik herauskristallisiert, denen sich aus kommunikationstheoretischen Überlegungen sechs grundlegende Strukturtypen zuordnen lassen. Abbildung 8-13 zeigt diese sechs Grundtypen im Überblick, deren Potentiale und Anwendungsschwerpunkte im folgenden beschrieben werden (vgl. Reichwald 1991a).

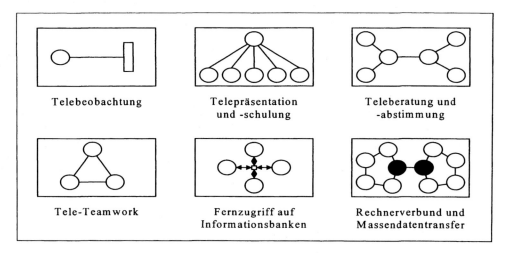

Abb. 8-13:   Grundtypen des Einsatzes von Breitband-Anwendungen (in Anlehnung an Bierhals / Nippa / Seetzen 1991; Reichwald 1991a)

Telebeobachtung: Die Telebeobachtung ermöglicht die Steuerung, Regelung und Kontrolle von Vorgängen und Prozessen ohne physische Gegenwart am Ort des Ereignisses. Bestimmte Probleme können somit standortunabhängig rund um die Uhr analysiert und gelöst werden.

Telepräsentation und -schulung: Telepräsentation und Teleschulung beinhaltet die multimediale Informationsvermittlung von einem Informationszentrum an viele Kommunikationspartner. Auf Basis leistungsfähiger Netzinfrastrukturen wird hier die interaktive Kommunikation der Teilnehmer z.B. in Form einer gemeinsamen Bearbeitung von Dokumenten mit paralleler Sprach- und Videokommunikation ermöglicht. Dies eröffnet neue Möglichkeiten für das Angebot von Seminar- und Weiterbildungsveranstaltungen und erlaubt es, vorhandenes Wissenspotential unabhängig von Zeit und Ort zielgerecht beim Mitarbeiter oder Kunden zum Einsatz zu bringen.

Teleberatung und -abstimmung: Teleberatung und Teleabstimmung beinhaltet die standortunabhängige Kommunikation zwischen einigen wenigen, oft auch nur zwei Gesprächspartnern. Sie kann insbesondere durch schnelle Zugriffsmöglichkeiten auf multimediale Dokumente und eine einfache Kontaktaufnahme mit unternehmensinternen Informationsträgern unterstützt werden. Die standortunabhängige Verfügbarkeit von Dokumenten sowie Möglichkeiten der Rücksprache und des Informationsabrufs sind hier die kritischen Anwendungsfunktionen, die es auf Basis informations- und kommunikationstechnischer Infrastrukturen zu unterstützen gilt.

Tele-Teamwork: Tele-Teamwork erschließt neue Formen der Zusammenarbeit von Arbeitsgruppen an geographisch verteilten Orten. Im Unterschied zur Teleberatung und Teleabstimmung sind beim Tele-Teamwork in der Regel mehrere Gesprächspartner beteiligt. Die Möglichkeiten einer interaktiven Multimediakommunikation eröffnen hier Spielräume für spontane Reaktionen und die direkte Umsetzung neuer Ideen. Tele-Teamwork verspricht daher vor allem im Zusammenhang mit der Bildung fach- und unternehmensübergreifender Kooperationen und Allianzen eine erhöhte Flexibilität, eine schnellere Reaktionsfähigkeit und eine verbesserte Effizienz.

Fernzugriff auf Informationsbanken (Volldokumente): Im Mittelpunkt der Trends zur Globalisierung der Geschäftsbeziehungen (z.B. weltweite Forschung und Entwicklung, internationale Finanzmärkte), zur Produktindividualisierung (individueller Zuschnitt von Produkt und produktbegleitendem Service) und der Bewältigung der Qualifikationsanforderungen im Weiterbildungssektor stehen gemeinsame Informationsbasen. Erst Infrastrukturen ausreichender Bandbreite erlauben es, multimediale Dokumente integriert zu archivieren und bedarfsorientiert von entfernten Standorten abzurufen. Solche „Wissenspools" bilden auch den Ausgangspunkt für die Herausbildung eigenständiger Informationsmärkte (vgl. Teil 7). Multimediale Information kann dann als eigenständige Dienstleistung angeboten werden und unterliegt aufgrund von Angebot und Nachfrage einer ständigen quantitativen und qualitativen Weiterentwicklung.

Rechnerverbund und Massendatentransfer: Die Herausbildung standortübergreifender Rechnerverbünde erlaubt die Nutzung entfernter Rechnerkapazitäten (beispielsweise von Hochleistungs- oder Spezialrechnern). Eine derartige Nutzung entfernter Kapazitäten ist immer dann besonders wichtig, wenn es um Anwendungen mit extremen Leistungsanforderungen geht, für die vor Ort keine ausreichende Kapazität vorgehalten werden kann.

Die skizzierten Anwendungsfelder leistungsfähiger informations- und kommunikationstechnischer Infrastrukturen dürfen aber über eines nicht hinwegtäuschen: Einerseits gelten neueste Technologien als Motor der Entwicklung. Videokonferenzsysteme, Groupware- und Workflow-Technologien, Multimedia-Anwendungen auf der Basis leistungsfähiger Weitverkehrsnetze, Mobilkommunikation und Mobile Computing bilden die infrastrukturelle Basis für innovative Telekooperationskonzepte. Andererseits ist der erfolgreiche praktische Einsatz derartiger Systeme noch immer eng begrenzt. Ihre Anwendungsfelder befinden sich bis heute primär im Bereich der Hochtechnologie-Branchen (beispielsweise in der Multimedia-Branche) bzw. in stark technisch geprägten Bereichen der Forschung und Entwicklung (vgl. Reichwald 1991b; Reichwald et al. 2000). Real stattfindende (und funktionierende) Telekooperation in anderen Bereichen von Industrie und Dienstleistung begnügt sich in weiten Bereichen noch immer mit Individualanwendungen sowie einer Kommunikation über Telefon, Fax und E-Mail (vgl. IDATE 1994). Diese bislang isolierten „Technologie-Bausteine" aber wachsen schrittweise zu integrierten Unterstützungssystemen zusammen.

8.5 Schlußfolgerungen für das Management

Neue Entwicklungen der Informations- und Kommunikationstechnik helfen, traditionelle Grenzen von Raum und Zeit zu überwinden. Sie erlauben, erleichtern und fördern eine Herausbildung verteilter Arbeits- und Organisationsformen. Standortverteilung per se impliziert jedoch noch keinen Wettbewerbsvorteil für die Unternehmung. Erst Standortverteilung bzw. Standortunabhängigkeit als Ergebnis eines gezielten Raum- / Zeit-Managements zur Nutzung von Standortvorteilen sowie als Antwort auf neue Anforderungen in einer von zunehmender Komplexität und Dynamik geprägten Umwelt erlaubt eine Realisierung nachhaltiger Vorteile im globalen Wettbewerb.

Auflösung der Wertschöpfungskette und Standortverteilung

Mit der Standortverteilung einer Unternehmung sind Verbund- und Kompetenzvorteile realisierbar. Bereits eingangs (vgl. Kap. 8.1.3) wurde darauf verwiesen, daß Wissen, Fähigkeiten und Fertigkeiten global heterogen verteilt vorliegen. Durch eine gezielte Kombination regional und national unterschiedlicher Stärken läßt sich die Leistungsfähigkeit der Gesamtorganisation verbessern. Griese (1992) verweist auf die organisatorischen Möglichkeiten, die sich aus globalen Informations- und Kommunikationssystemen für weltweit tätige Unternehmen und Unternehmensnetzwerke ergeben. Für ihn ist der Übergang vom „realen" zum „virtuellen" Unternehmen mit einer systematischen Auflösung der Wertschöpfungskette verbunden: „Real ist die Wertkette nicht in jedem Land abgedeckt, sowohl innerhalb des Unternehmens als auch aus der Sicht von Kunden und Lieferanten ist das Unternehmen mit der gesamten Wertkette 'virtuell' präsent" (Griese 1992, S. 170; vgl. auch Griese 1993; Mertens 1994). Abbildung 8-14 zeigt die schematische Vorstellung dieser Standortauflösung der Wertschöpfungskette.

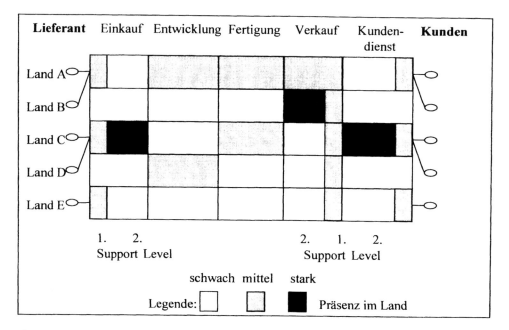

Abb. 8-14:   Schematische Auflösung der Wertschöpfungskette (Griese 1992, S. 171)

Ähnlich gelagert sind die Überlegungen von Simon / Bauer / Jägeler (1993) zu einer gezielten Nutzung der Heterogenität europäischer Managementstärken. Nicht in einer Suche nach Gemeinsamkeiten, sondern gerade in der Herausarbeitung der Unterschiede und ihrer Nutzung sehen sie Vorteile für europäische Unternehmen: „Eine störungsfreie Bündelung etwa von französischer Kommunikationsstärke, deutschem Organisationstalent und italienischer Flexibilität bzw. Improvisationsbegabung öffnet eine europäische Perspektive, die im globalen Markt der Triade einen fast unschlagbaren Wettbewerbsvorteil bilden kann.

Voraussetzung dafür wäre aber nicht nur gegenseitiges Verständnis und Toleranz, sondern auch eine hohe Sensibilität für kulturelle und strukturelle Wechselbeziehungen sowie für die eigenen Stärken und Schwächen" (Simon / Bauer / Jägeler 1993, S. 119). Ihre Analyse von Managementkulturen, -strukturen und Erfolgsfaktoren in Deutschland, England, Frankreich, Italien und Spanien führt zur Modellvorstellung eines europaweit standortverteilten Unternehmens, „in dem alle Funktionen und Positionen entsprechend den länderspezifischen Stärken besetzt sind". Abbildung 8-15 zeigt das Denkmodell eines solchen idealtypischen „europäischen Unternehmens".

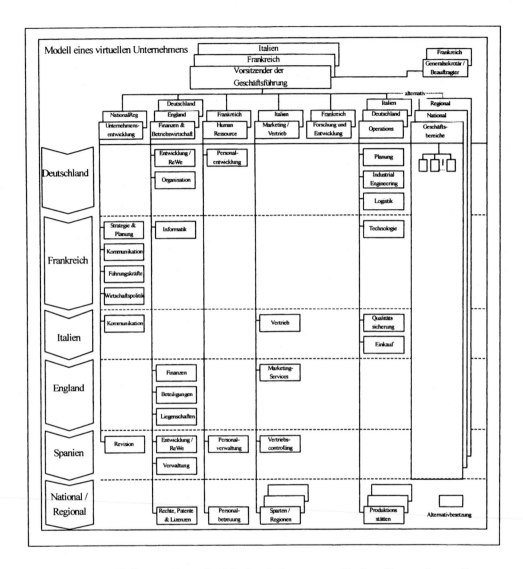

Abb. 8-15:   Modellvorstellung des idealtypischen „europäischen Unternehmens"
             (in Anlehnung an Simon / Bauer / Jägeler 1993, S. 262; Reichwald / Mös-
             lein 2002)

Die virtuelle Unternehmung: auf dem Weg zur kognitiven Arbeitsteilung

Mit der virtuellen Organisation wurde bereits ein konsequent kompetenz- und aufgabenorientierter Ansatz zur Organisationsgestaltung dargestellt: Statische Zuständigkeits-
abgrenzungen und relativ dauerhafte Zuordnungen von Kompetenz und Verantwortung

werden zugunsten einer dynamischen, anforderungsspezifischen Kompetenz-Allokation aufgegeben. Damit aber weicht eine abstrakte Zuordnung von Aufgabenpaketen zu vordefinierten Stellen einer konkreten Kombination von Problemlösungskompetenzen.

Moati / Mouhoud (1994) sehen darin einen grundlegenden Wandel im Prinzip der Arbeitsteilung in und zwischen Unternehmen: weg von einer technisch orientierten Logik der Arbeitsteilung hin zu Formen kompetenz- und qualifikationsorientierter Arbeitsteilung. Ihre zentrale These lautet: *„Le principe de la division du travail serait ainsi en train de glisser d'une logique technique et de rendement à une logique de compétence et d'apprentissage.* On passerait ainsi *d'une division technique à une division cognitive du travail"* (Moati / Mouhoud 1994, S. 52: „Das Prinzip der Arbeitsteilung ist im Begriff, sich von einer technisch geprägten Rationalität zu einer kompetenzbezogenen Rationalität zu wandeln. Das bedeutet den Übergang von Formen technischer Arbeitsteilung zu Formen kognitiver Arbeitsteilung", Übersetzung des Verf.). Stark verkürzt läßt sich ihre Argumentation wie folgt nachzeichnen: Information als Produktionsfaktor hat keinen intrinsischen Wert. Der Wert entsteht erst durch die Transformation in Wissen und der Anwendung dieses Wissens in der Unternehmung. Diese Wissenstransformation und -anwendung erfordert Kompetenz. Die Explosion in Volumen und Verbreitung von Daten, Information und Wissen zwingt zu einer immer stärkeren Spezialisierung der einzelnen Kompetenz- und Wissensträger und führt so zu einem organisatorischen Dilemma: Einerseits erfordern die Rahmenbedingungen heute tendenziell ganzheitliche Ansätze der Aufgabenbewältigung, andererseits ist zur Beherrschung der wachsenden Aufgabenkomplexität eine immer stärkere Spezialisierung („hyperspécialisation") notwendig. Dies bleibt nicht ohne Folgen für die Unternehmung. Sie wandelt sich vom klassischen Ort generischer Faktorkombination („l'entreprise facteur") zu einem Ort konkreter Kompetenzallokation („l'entreprise compétence"): Die Dekomposition des Leistungserstellungsprozesses (Arbeitsteilung) erfolgt nicht mehr wie im tayloristischen Modell als Sequentialisierung von Arbeitsschritten, sondern vielmehr nach Kompetenz- und Wissensblöcken. Die resultierende Form der Arbeitsteilung bezeichnen Moati / Mouhoud (1994) als *kognitive Arbeitsteilung.* Sie entspricht weitgehend der vorindustriellen Arbeitsteilung in handwerklichen Produktionsstrukturen.

Die Möglichkeiten der Gestaltung der Leistungstiefe werden durch die Bedingungen der erzielbaren Kompetenz- und Wissenstiefe der Unternehmung beschränkt. Die Knowhow-Barrieren im Modell der Leistungstiefenoptimierung (vgl. Picot 1991b) verhindern zunehmend eine Internalisierung selbst spezifischer und strategisch bedeutsamer Leistungen. Denn wenn Spezifität der Leistung mehr und mehr mit einer hohen Spezialisierung des notwendigen Wissens (bei gleichzeitig stark veränderlichen Anforderungen) einhergeht, scheitert eine Internalisierung zunehmend an den prohibitiven Kosten der Wissensinternalisierung: „Ainsi bien souvent, le problème n'est pas de savoir s'il est plus économique de faire ou de faire faire, mais simplement de faire faire parce qu'on ne sait pas faire" (Moati / Mouhoud 1994, S. 60: „Oft besteht das Problem gar nicht darin, herauszufinden, ob es wirtschaftlicher ist, Aufgaben selbst zu erledigen oder erledigen zu lassen. Man muß sie einfach erledigen lassen, weil man sie nicht selbst erledigen kann", Übersetzung des Verf.).

Die Überlegungen zur kognitiven Arbeitsteilung passen in natürlicher Weise zum Vorgehen bei der Aufgabenverteilung in virtuellen Organisationen: Aufgabenverteilung erfolgt dort als dynamische Zerteilung, Aufteilung und Zuteilung (vgl. Reiß 1992a) von Problemen auf hoch spezialisierte Problemlöser. Die Überlegungen zur Wissenstiefe einer Unternehmung machen die Aufgabenbereiche deutlich, für die der virtuellen Organisation ihre spezifische Existenzberechtigung zukommt: Für Aufgaben hoher Spezifität und strategischer Bedeutung, deren Internalisierung an Barrieren des Know-hows scheitert, eignet sich das unter Kapitel 8.2.2 skizzierte Konzept der virtuellen Organisation.

Zur Verdeutlichung soll ein letztes Mal auf das Beispiel des Übersetzungsdienstes zurückgegriffen werden. Betrachtet wird die spezielle Aufgabenstellung der Softwarelokalisierung, also der Anpassung und Übersetzung von Software und zugehöriger Dokumentation für bestimmte Zielmärkte. Ein US-amerikanischer Softwareproduzent steht vor der Entscheidung über Eigenfertigung oder Fremdvergabe der Lokalisierungsleistung für den europäischen Markt. Die Softwareprodukte sollen jeweils möglichst rasch nach einer Markteinführung im US-Markt auch auf den einzelnen europäischen Märkten verfügbar sein. Dies macht eine Lokalisierung Hand in Hand mit der Erstellung der Ausgangsprodukte erforderlich. Bereits der hohe Interdependenzgrad zwischen den Teilaufgaben spricht aus klassischer Sicht für eine interne Abwicklung. Hinzu kommt die hohe Spezifität des erforderlichen Wissens sowie die hohe strategische Bedeutung der Vorabversionen des Softwareprodukts (sie enthalten das wettbewerbsrelevante Wissen der Unternehmung). Dennoch scheitert eine Internalisierung an den Know-how-Barrieren. Nur ausgewählte Spezialisten, die zum einen im jeweiligen Zielmarkt zu Hause sind und zum anderen mit allen Details des Produkts und notwendigen Vorkenntnissen vertraut sind, können die Aufgabe in der notwendigen Qualität erfüllen. Die Problematik verschärft sich mit zunehmendem Leistungsumfang und steigender Komplexität der angebotenen Softwareprodukte (z.B. Lokalisierung von Multimedia-Enzyklopädien). Eine virtuelle Einbindung der notwendigen Kompetenzträger ist hier die geeignete Abwicklungsform.

Realitätsnahe Prämissen für realitätsgerechte Gestaltungsstrategien

Noch immer ist das betriebswirtschaftliche Denken von Prämissen geprägt, die in einer anderen Zeit und unter anderen Rahmenbedingungen entstanden sind und dort ihre Berechtigung hatten. Ihre Berechtigung besteht für Aufgabenbereiche fort, in denen auch heute noch relativ stabile Umweltbedingungen vorherrschen, die von niedriger Veränderlichkeit und hohem Wiederholungsgrad, also den charakteristischen Rahmenbedingungen der Massenproduktion gekennzeichnet sind. Lutz (1996) faßt die in einer solchen Umwelt leistungsfähigen Gestaltungsstrategien in sechs Prinzipien zusammen (vgl. auch Reichwald / Möslein 1995; siehe auch Teil 1):

- Prinzip der maximalen Durchplanung betrieblicher Abläufe;
- Prinzip einer klaren Abgrenzung von Ressorts, fachlichen Zuständigkeiten und hierarchischen Verantwortlichkeiten;
- Prinzip der Präferenz unternehmensinterner Lösungen;
- Prinzip einer maximalen Nutzung des Serieneffekts;
- Prinzip der Marktbehauptung durch inkrementelle Produktinnovation;
- Primat arbeitssparender Investitionen.

Die diesen Prinzipien zugrundeliegenden Prämissen verlieren jedoch für immer mehr Bereiche wirtschaftlichen Handelns ihre Gültigkeit. Sich ändernde Bedingungen verlangen nach neuen Prämissen. Neue Prämissen aber stellen die herrschenden Prinzipien in Frage und verlangen nach einer Überprüfung eines auf diesen Prinzipien aufbauenden Denkgebäudes. Bislang ist offen, wie geeignete Annahmen für eine von Turbulenz und Veränderlichkeit geprägte Unternehmensumwelt aussehen und welche Auswirkungen sich aus einem geänderten Annahmensystem für betriebswirtschaftliche Erklärungs- und Gestaltungsansätze ergeben können. Entwicklungsansätze einer neuen betriebswirtschaftlichen Methodik, die den veränderten Rahmenbedingungen Rechnung trägt, sind erkennbar, befinden sich jedoch überwiegend im Stadium der Erprobung (vgl. Reichwald / Englberger / Möslein 1998b). Der Ansatz der *„Simultaneous Distributed Work"* (SDW) von Grenier / Metes (1992) kann als Beispiel und Anregung für neue Konzepte und Experimente dienen. Vier (unkonventionelle) Annahmen über die Realität liegen diesem Ansatz für eine standortverteilte Zusammenarbeit zugrunde:

- Change is constant.
- All work is distributed.
- Knowledge is the critical resource.
- There will never be enough time.

Die virtuelle Organisation soll als Versuch gewertet werden, diese Annahmen als Bedingungen der Realität zu akzeptieren und unter ihnen Organisation neu zu gestalten.

Für die Neuorientierung in einer veränderten Unternehmensumwelt bieten telekooperative Arbeitsformen interessante Ansatzpunkte. Zwar können die Möglichkeiten der Telekooperation auch zur Unterstützung der klassischen Unternehmensführungsprinzipien Einsatz finden. Ihr Wirkungsbereich bleibt dann jedoch eng begrenzt auf weitgehend stabile Aufgabenstellungen von hohem Wiederholungsgrad. Dieses Einsatzmuster entspricht dem der klassischen Rationalisierung. Erst wenn telekooperative Arbeitsformen im Kontext organisatorischer Innovationsstrategien zur Anwendung kommen, lassen sich weitergehende Nutzenpotentiale realisieren. Telekooperations-Systeme erlauben es dann, die Fähigkeit von Organisationen zur Kooperation nach innen und außen zu verbessern und Organisationen zu einer schnellen und permanenten Marktorientierung zu befähigen (vgl. Abb. 1-2). Virtualisierung als Strategie organisatorischer Innovation auf Basis der Telekooperation bietet hierfür insbesondere unter den Bedingungen hoher Produktkomplexität und unsicherer Märkte die Strategie der Wahl (vgl. Abb. 5-16).

Teil 9

Der Mensch in der grenzenlosen Unternehmung –
Neue Anforderungen an Mitarbeiter und Manager

Fallbeispiel Teil 9: ShareNet – ein Netzwerk zum globalen Wissenstransfer

Kuala Lumpur, Freitag Nachmittag. Auf Martin Wong warten zwei Wochen harter Arbeit. Als Manager von Siemens Information & Communications Networks (ICN) Malaysia ist er für das Telekommunikationsgeschäft mit Malaysia Telecom, einen der wichtigsten asiatischen Kunden von Siemens, verantwortlich. Er muß Malaysia Telecom innerhalb von nur zwei Wochen ein Angebot für eine komplexe Voice-over-IP (VoIP) Netzwerklösung vorlegen, obwohl es für seinen Geschäftsbereich die erste Bewerbung für ein derartiges Projekt ist. Früher wäre diese Aufgabe innerhalb der gegebenen Zeit nicht zu realisieren gewesen. Es hätte mehrere Wochen, wenn nicht sogar Monate in Anspruch genommen, die zahlreichen und vielfältigen Fragestellungen (technische und funktionale Lösungskomponenten, Kundennutzen, Kosten etc.) zu beantworten. Für Martin Wong sind die Antworten dagegen schnell und einfach zu finden: Über *Share-Net*, ein über das Intranet zugängliches, globales Wissenstransfer-Netzwerk von Siemens ICN, kann er nach vergleichbaren Projekten suchen, die entsprechenden Projektbeschreibungen einsehen und, nicht zuletzt, kompetente Ansprechpartner ausfindig machen. Dies ermöglicht es, bereits bestehende Erfahrungen und Lösungen wieder zu verwenden und sich auf ihre Kernkompetenz, die Entwicklung von strategischen Lösungen zusammen mit dem Kunden, zu konzentrieren (vgl. Gibbert et al. 2002).

Für Vertriebsmitarbeiter wie Martin Wong hatten die sich ändernden Spielregeln im Telekommunikationsmarkt tiefgreifende Einflüsse auf seine Arbeitsweise. Anstatt des reinen Produktwissens war nun vielfältiges, aus internen und externen Quellen stammendes Know-how und vor allem Lösungskompetenz im Team gefragt. Die Erfüllung dieser neuen, anspruchsvollen Consulting-Rolle erforderte innovative Konzepte, damit sich das relevante Know-how schnell genug im Unternehmen verbreiten konnte, um mit der dynamischen Marktentwicklung Schritt zu halten. Zur Unterstützung der Vertriebsmitarbeiter bei ihren neuen Aufgaben wurde Anfang 1999 das ShareNet-Projekt ins Leben gerufen. ShareNet basiert auf der Grundidee, das von den ICN-Mitarbeitern weltweit kreierte und bei ihnen verteilte Wissen für die globale Wiederverwendung zur Verfügung zu stellen. Ziel ist es, den durch die Transformation von Siemens ICN vom Produktlieferanten zum globalen Lösungsanbieter bedingten Herausforderungen zu begegnen und dabei einen signifikanten Geschäftsbeitrag zu generieren. Durch die lokale Wiederverwendung globaler „Best Practices" und den Aufbau einer globalen Lösungs-Kompetenz sollen durch ShareNet Zeit- und Kosteneinsparungen erreicht, und neue Geschäftsmöglichkeiten geschaffen werden. Voraussetzung für ein Konzept zur globalen Verwendung von lokal generiertem Wissen ist nicht nur die Fähigkeit, explizites Wissen zu transferieren (in Form einer Wissensdatenbank), sondern auch tazites

Wissen weiterzuleiten (personalisierter Wissenstransfer). ShareNet stellt Methoden für den kodifizierten und personalisierten Wissenstransfer zur Verfügung und koordiniert und motiviert deren Nutzung. Ziel war dabei weniger die Schaffung einer reinen „Dokumentenablage", sondern vielmehr die eines sozialen Netzwerks, bei dem der Mensch und nicht die Technik im Mittelpunkt steht. Beim *kodifizierten Wissenstransfer* mit Hilfe einer Wissensdatenbank werden neben den wesentlichen Basisinformationen des erfassten Vertriebsprojekts (Name des Projekts, Ort etc.) vor allem Angaben über das geschäftliche Umfeld (Markt, Kunde, Wettbewerber, Komplementäranbieter etc.) sowie über technische (z.B. relevante Technologien) und funktionale (z.B. Finanzierungskonzepte zum Revenue Sharing) Lösungskomponenten erfasst. Das transferierte Wissen basiert dabei grundsätzlich auf den Erfahrungen der Vertriebsmitarbeiter. Darüber hinaus stehen verschiedene Methoden für den *personalisierten Wissenstransfer* zur Verfügung. Falls ein Anwender schnell die Hilfe eines Experten für die Lösung eines bestimmten Problems benötigt, so kann er auf der ShareNet Website ein „Urgent Request" an die anderen Mitglieder der ShareNet Community richten. Zur Diskussion über relevante Themen können die Mitglieder Diskussionsgruppen (z.B. VoIP) verwenden. News-Gruppen erlauben die Weitergabe wichtiger Informationen (z.B. Neuigkeiten im Markt). Unter Verwendung der Kontaktinformationen können die Mitglieder der ShareNet Community auch direkt – über Telefon, persönliche Treffen, Videokonferenzen etc. – untereinander Kontakt aufnehmen. Nach Schätzungen der ShareNet Manager wird über 50 Prozent des transferierten Wissens unter Verwendung personalisierter Verfahren transferiert (vgl. Thiel 2002).

Für Martin Wong und die anderen über 17.000 registrierten Benutzer generiert die ShareNet Wissensdatenbank und der personalisierte Wissenstransfer vielfältigen Nutzen: (1) Die Wiederverwendung bereitgestellter Lösungen, Business Cases etc. erfordert lediglich eine Anpassung, nicht jedoch die zeitintensive Eigenerstellung. (2) Das in ShareNet erfasste detaillierte Wissen über erfolgreiche Projekte erlaubt für den eigenen Markt innovative Vorgehensweisen und ermöglicht so höhere Umsätze. (3) Durch die Bereitstellung von relevantem Wissen über neue Projekte und das geschäftliche Umfeld bleibt der Mitarbeiter „up-to-date" und kann seine vertriebliche Kompetenz ausbauen.

Kuala Lumpur, 2 Wochen später. Martin Wong schaut entspannt aus dem Fenster. Die vergangen zwei Wochen waren zwar extrem anstrengend, aber dank der Unterstützung von ShareNet Mitgliedern aus der ganzen Welt konnte er Malaysia Telecom ein Angebot unterbreiten, das die Konkurrenz aus dem Rennen werfen dürfte. Aber jetzt hatte er sich erstmal ein Wochenende Erholung verdient.

9.1   Der Mensch in der grenzenlosen Unternehmung

Das in der einleitenden Fallstudie geschilderte zeigt, daß die Überwindung von techni-schen, organisatorischen, rechtlichen, marktlichen und räumlichen Grenzen der Unter-nehmung (vgl. Teile 4 bis 8) ganz erhebliche Auswirkungen auf die Arbeitswelt von Managern und Mitarbeitern mit sich bringt. Einerseits resultieren aus dem Wandel neue Anforderungen hinsichtlich der Kompetenzen, Fähigkeiten und Qualifikationen, ande-rerseits entstehen neue Möglichkeiten zur Entfaltung von Persönlichkeits-, Leistungs- und Verantwortungspotentialen in der Arbeit.

Neue Unternehmenskonzepte wie z.B. modularisierte, vernetzte oder virtuelle Struktu-ren implizieren einen Paradigmenwechsel bezüglich des Menschenbildes (vgl. Hesch 1997): In den neuen Formen der Arbeitsstrukturierung spielt der Mensch in seiner Ganzheitlichkeit und mit all seinen Potentialen eine entscheidende Rolle. Die ver-änderten Wettbewerbsverhältnisse zum einen und neue Formen der Arbeitsstrukturie-rung zum anderen leisten einen entscheidenden Beitrag zur Wiederentdeckung des Menschen als primäre Ressource in der grenzenlosen Unternehmung.

9.1.1 Die Bedeutung des Menschen im Wandel der Wettbewerbsbedingungen

Die Verschärfung der Wettbewerbssituation der Unternehmen verschiebt die strate-gischen Potentiale zur Erzielung von Wettbewerbsvorteilen von traditionellen Faktoren wie Produkt- und Prozeßtechnologie, Economies of Scale, finanzielle Ressourcen oder geschützte bzw. regulierte Märkte zunehmend in Richtung des Faktors Mensch bzw. der Humanressourcen (vgl. Schreyögg 1993; Pfeffer 1994; Backes-Gellner/ Lazear / Wolff 2001). Dies hat vor allem zwei Gründe: Erstens entwickeln sich qualifizierte und inno-vative Mitarbeiter zum Engpaßfaktor für einen erfolgreichen organisatorischen Wandel. Wie in der Praxis vielfach zu beobachten ist, stellen die Menschen selbst häufig die größte Barriere für Reorganisationen dar. Ängste vor Versagen, Desorientierung und drohenden Machtverlusten führen dazu, daß erhebliche Widerstände gegen Veränderun-gen aufgebaut werden. Organisatorischer Wandel kann nur in dem Maße gelingen, in dem Mitarbeiter vorhanden sind, die den Wandel tragen und vorantreiben. Unternehmen sind unter den gegebenen Rahmenbedingungen mehr denn je auf die Kreativität und Innovationskraft ihrer Mitarbeiter angewiesen. Der Aufbau entsprechender Humanres-sourcen wird damit zu einem entscheidenden Erfolgsfaktor im Wettbewerb und stellt neue Herausforderung an Führungskräfte und Personalentwicklung.

Zweitens steigt die Bedeutung des Menschen in der Beziehung zu Kunden und Märkten. Unter dem gegebenen Wettbewerbsdruck wird die langfristige Kundenbeziehung und Kundenbindung zu einem zentralen Ziel jedes Unternehmens. Der Unternehmenserfolg hängt in vielen Branchen von der Fähigkeit ab, zusätzlichen Kundennutzen durch individuelle, speziell auf die Bedürfnisse des einzelnen Kunden abgestimmte Produkte und Problemlösungen zu schaffen. Keine Ressource hat eine derart zentrale Bedeutung beim Aufbau von Kundenbeziehungen und bei der Lösung komplexer Kundenprobleme wie der Mensch. Neuere Ergebnisse der Forschung unterstreichen dies (vgl. Reichwald / Bauer / Lohse 1999; Reichwald / Bastian / Lohse 2000). Die Flexibilität, mit der z.B. ein Verkäufer auf Kundenwünsche eingehen kann, die damit verbundene Problemlösungskompetenz sowie der Aufbau sind von Vertrauen und persönlichen Verpflichtungen innerhalb einer Geschäftsbeziehung noch nicht ausreichend durch technische Systeme abbildbar sind. Ebenso gilt dies auch für die Befriedigung sozialer Bedürfnisse und den informalen Austausch zwischen Kunde und Verkäufer, bei dem, wie sonst kaum möglich, auch latente Kundenbedürfnisse aufgedeckt und direkt oder indirekt in Kaufentscheidungen überführt werden können. Vor allem aber beim entscheidenden Schritt vom zufriedenen Kunden zur langfristigen Kundenbindung und Kundenloyalität spielt die persönliche Beziehung von Anbieter und Kunde heute noch und auch in Zukunft eine wesentliche Rolle. Wenn die kommunikativen Möglichkeiten und die Flexibilität automatisierter Plattformen an ihre Grenzen stoßen, bleibt den Unternehmen nur der Mensch und die persönliche Beratung als Differenzierungsmerkmal (vgl. Reichwald / Bauer / Lohse 1999; Piller 2001).

Zunehmend wird also erkannt, daß im Menschen ein schwer zu imitierendes, strategisch wichtiges Wettbewerbspotential liegt. Damit rücken neue Wege zum effektiveren Einsatz des Humankapitals ins Zentrum des Interesses (vgl. z.B. v. Rosenstiel 2002; Macharzina 1999; Manz / Sims 1993). Der Mitarbeiter wird vom Kostenfaktor, den es zu reduzieren gilt, zur pfleglich zu behandelnden Investition (vgl. Manz / Sims 1993; Reichwald 1992b). Unter diesem Aspekt müssen traditionelle Rollenverteilungen zwischen Mitarbeiter und Manager überprüft und angepaßt werden. Der Mitarbeiter wird von der ausführenden Kraft zum Hauptakteur, der eigenständig Entscheidungen treffen und Verantwortung übernehmen muß. Die Aufgabe der Führungskraft verlagert sich von anweisenden und steuernden Tätigkeiten hin zu Unterstützung und Coaching des Mitarbeiters.

9.1.2 Neue Modelle der Arbeitsstrukturierung in der grenzenlosen Unternehmung

Die veränderten Wettbewerbsbedingungen und die Entwicklung der IuK-Technologien haben neue Organisationsstrategien wie Modularisierung, Netzwerkbildung und Virtualisierung möglich und notwendig gemacht (vgl. Teile 5, 6 und 8). Auf der Ebene der Arbeitsorganisation haben diese neuen Organisationsmodelle tiefgreifende Auswirkung: Neue Modelle der Arbeitsstrukturierung lösen die hierarchieorientierten, stark gegliederten Organisationskonzepte ab. Im Rahmen der Neugestaltung der Wertschöpfungskette grenzenloser Unternehmen lassen sich vor allem drei typische Arbeitsformen unterscheiden, die für eine künftige effektive Arbeitsgestaltung handlungsweisend sind. Diese sind Teamkonzepte, Networking und Telekooperation.

Teamkonzepte

Konzepte der Modularisierung beinhalten eine Restrukturierung in kleine, überschaubare Einheiten mit dezentraler Entscheidungskompetenz und eigener Ergebnisverantwortlichkeit (vgl. Teil 5). Die zugrundeliegenden Aufgaben sind durch eine hohe Komplexität bei eher geringer Veränderlichkeit gekennzeichnet. Für derartige Aufgaben, die beispielsweise bei der Herstellung komplexer, hochwertiger Produkte oder bei hoch-innovativen, zeitkritischen Prozessen mit starkem Marktbezug und Flexibilitätsbedarf auftreten, ist das spontane und direkte Eintreten in Kommunikationsbeziehungen erforderlich (vgl. Picot / Reichwald 1991; Lawler 1992). Weiterhin verlangt ihre Erfüllung Interpretations- und Gestaltungsspielräume, die durch eine Zusammenfassung von Aufgabeninhalten zu einer ganzheitlichen Aufgabenstruktur (vertikale Aufgabenintegration) sowie eine weitgehende Übertragung von Handlungsspielraum und Entscheidungsbefugnis geschaffen werden. Durch die größeren Einflußmöglichkeiten der Mitarbeiter auf die Arbeit und die Arbeitsergebnisse wird zusätzlich ihre Motivation gefördert (vgl. Reichwald / Nippa 1989; Manz / Sims 1993; Rothhaar 2001). Teamstrukturen eignen sich aufgrund ihrer spezifischen Eigenschaften besonders für diesen Aufgabentyp.

Generell werden Teams in der Literatur sehr unterschiedlich definiert (vgl. z.B. Boyett / Conn 1992; Lawler 1992; Manz / Sims 1993; Parker 1994; Staehle 1994). Die diversen Definitionen lassen sich auf einige wesentliche Kerncharakteristika zurückführen, die durch den Definitionsansatz von Katzenbach / Smith (1994) wiedergegeben werden können. Teams sind demnach gekennzeichnet durch:

- eine gemeinsame Aufgabe und Zielsetzung;
- die gegenseitige Ergänzung der Problemlösungs- und Entscheidungsfähigkeiten sowie der fachlichen und methodischen Qualifikationen der einzelnen Teammitglieder;
- die Übertragung der Verantwortung auf die Gruppe statt auf einzelne Personen;
- die Herausbildung eines gegenseitigen Verantwortungsgefühls;

- Gruppenkohäsion und Teamgeist sowie relativ intensive wechselseitige Beziehungen und häufige Interaktion im Team;
- größere Einflußmöglichkeiten jedes Teammitgliedes auf gemeinsame Entscheidungen und gemeinsame Ergebnisse der Gruppe;
- eine ganzheitliche Aufgabenstellung und Ausstattung mit entsprechenden Ressourcen zur Aufgabenerfüllung sowie die ganzheitliche Verantwortung für die zu erstellenden Produkte / Dienstleistungen;
- die flache Hierarchie im Team;
- Leiter, die vom Team gewählt werden und dem Rotationsprinzip unterliegen, koordinieren die Teams, moderieren Meetings und betreuen die Mitglieder.

Diese umfangreichen Voraussetzungen für die Existenz eines Teams machen deutlich, daß in der Praxis nicht jede aufgabenorientierte Zusammenfassung von Mitarbeitern automatisch als echtes Team bezeichnet werden kann. Vielfach ist zu beobachten, daß der Teamgedanke ein Lippenbekenntnis bleibt oder andere der genannten Anforderungen nicht erfüllt werden. Das Leistungssteigerungspotential, das man vielfach Teamstrukturen zuschreibt, bleibt in diesen Fällen zum Teil unausgeschöpft.

Teams können nach Parker entlang der drei Dimensionen Zweck, Dauer und Mitgliedschaft kategorisiert werden. Die heute in der unternehmerischen Praxis am häufigsten auftretenden Arten von Teams sind (vgl. Parker 1994):

- *Functional Teams:* Diese bestehen aus einem Vorgesetzten und seinen direkten Untergebenen und bilden die klassische Teamform in der modernen Geschäftswelt. So können beispielsweise alle Entwicklungsingenieure eines Unternehmens im Rahmen eines Functional Teams zusammengefaßt werden. Der Zweck stimmt häufig mit der zu erfüllenden Funktion der Mitglieder im Unternehmen überein. Functional Teams sind in den meisten Fällen dauerhaft und finden sich zum Teil auch in hierarchischen Organisationsformen auf relativ stabilen Märkten.

- *Cross-functional Teams:* Hierunter sind Teams zu verstehen, die das Wissen verschiedener Mitarbeiter aus unterschiedlichen Abteilungen und Wissensgebieten nutzen. Klassisches Beispiel sind Produktentwicklungsteams in Unternehmen, die auf sich schnell verändernden Märkten, wie beispielsweise dem Computer- bzw. Telekommunikationsmarkt, agieren. Ihre Bestandsdauer kann unterschiedlich sein.

- *Self-directed Teams:* Im wesentlichen können hierunter Teams gefaßt werden, die für einen kompletten Geschäftsprozeß verantwortlich sind, der ein Produkt bzw. eine Dienstleistung an einen unternehmensinternen bzw. unternehmensexternen Kunden liefert. Die Teammitglieder verbessern ihre Arbeitsprozesse kontinuierlich, lösen auftretende Probleme selbständig und planen bzw. kontrollieren ihre Arbeit. Die

Bestandsdauer hängt u.a. von der Branche und von der Veränderlichkeit des Wettbewerbsumfeldes ab.

Die Einführung von Teams und die damit verbundene Einbindung der Mitarbeiter in Entscheidungs- und Verantwortungsprozesse kann den Unternehmen die Möglichkeit eröffnen, die Produktivität und Qualität der betrieblichen Wertschöpfungsprozesse zu steigern. Durch Team-Konzepte wird die für neue Unternehmensstrukturen notwendige Flexibilität und Autonomie der Mitarbeiter an ihrem Arbeitsplatz gefördert. Dadurch sind bessere Entfaltungsmöglichkeiten für das kreative Potential der Mitarbeiter gegeben (vgl. Pinchot / Pinchot 1993). Arbeitsstrukturierungsformen wie *job enlargement, job enrichment* und *job rotation* (vgl. Kap. 9.5.4.) finden in Teams gute Einsatzvoraussetzungen. Außerdem tragen sie dazu bei, daß Monotonie abgebaut wird und bei den Mitarbeitern das Verantwortungsgefühl untereinander und für die gesamten Prozesse wächst (vgl. Gottschall 1994).

Der Praxiserfolg von Team-Konzepten ist an eine Reihe von Bedingungen geknüpft. Als wichtige Voraussetzungen können die Akzeptanz und Unterstützung von Teamkonzepten durch das Management, teamorientierte Informationssysteme sowie Anpassung der Entlohnungs- und Anreizsysteme zur verstärkten Honorierung von Teamarbeit und kooperativ erbrachten Leistungen genannt werden. Zudem ergeben sich in Teamstrukturen neue Rollen für Mitarbeiter und Manager, die bestimmte Qualifikationsanforderungen an ihre Mitarbeiter stellen (vgl. Kap. 9.2). Daher sind vielfach umfassende Teambildungsmaßnahmen und Training der Team-Fähigkeiten erforderlich. Geduld und realistische Erwartungen bezüglich der Teameinführung verringern die Gefahr von Enttäuschung und Resignation, denn die Überwindung von Widerständen und Bildung von leistungsfähigen Teams stellt einen zeitaufwendigen Prozeß dar. Die im Rahmen der Einführung von Team-Konzepten notwendigen Veränderungen verlaufen evolutionär. Zeitspannen von bis zu zehn Jahren sind dabei nicht ungewöhnlich (vgl. Manz / Sims 1993). Diese Bedingungen verdeutlichen zugleich die Komplexität, die mit der Einführung von Teamorganisationen verbunden ist.

Networking

Aus den Auflösungstendenzen der Unternehmung ergibt sich eine weitere neue Form der Arbeitsstrukturierung, die mit Networking bezeichnet werden soll. Netzwerke als intermediäre Koordinationsform zwischen Markt und Hierarchie zeichnen sich vor allem durch komplexe, eher kooperative als kompetitive und relativ stabile Beziehungen zwischen Organisationen und Organisationseinheiten aus (vgl. Sydow 1995). Es ergeben sich vielfältige Formen von Netzwerken zwischen Wettbewerbern, Kunden, Lieferanten sowie ausländischen Unternehmen, um Leistungstiefe zu optimieren bzw. fehlende Ressourcen zu überbrücken. Dabei handelt es sich jeweils um interorganisatorische Verflechtungen, die spezifische Anforderungen vor allem an das Management stellen. Das Networking hat damit zum einen den Auf- und Ausbau von Beziehungen zu Kooperationspartnern zum Inhalt, zum anderen umfaßt es die arbeitsteilige Leistungserstellung und Koordination mit unabhängigen unternehmensexternen Partnern. Die hier anfallende Bewältigung von meist relativ komplexen Einzelfall- und Projektaufgaben erfordert den raschen Zugriff auf umfangreiche Informationsmengen und die ungestörte, gezielte Kommunikation mit hochqualifizierten und häufig wechselnden Kommunikationspartnern (vgl. Bellmann / Wittmann 1991). Darüber hinaus sollen unter Networking auch alle Aspekte der Koordination autonomer Teams eines Unternehmens subsumiert werden (vgl. Teil 5). Autonome Teams arbeiten prinzipiell in Form eines Netzwerkes zusammen und bedürfen eines hohen Maßes an Abstimmung.

Telekooperation

Die dritte neue Arbeitsform kann unter den Begriffen der Telekooperation zusammengefaßt werden (vgl. Teil 8 sowie Reichwald et al. 2000). In Netzwerken und virtuellen Unternehmen muß arbeitsteilige Leistungserstellung zwischen Aufgabenträgern bzw. Organisationseinheiten stattfinden, die räumlich bzw. zeitlich verteilt sind. Dadurch wird die Unterstützung der Leistungserstellung, Koordination und Kommunikation durch Telemedien notwendig. Telekooperation bietet sich vor allem für Arbeiten an, die einen hohen Autonomiegrad aufweisen, sowohl in dispositiven als auch in kreativen Bereichen angesiedelt sind, ergebnisorientiert bewertet werden können und eher im Bereich von Berufen mit höherem Qualifikationsniveau angesiedelt sind (vgl. Reichwald et al. 2000). Die Vorteile räumlich verteilter Standorte können flexibel genutzt werden, falls die sozialen Beziehungen zwischen den Beteiligten relativ unproblematisch sind, der Informationsbedarf gut planbar eine weitgehend eigenständige Aufgabenbewältigung möglich ist (vgl. Bellmann / Wittmann 1991).

Die Organisationsstrategien in der grenzenlosen Unternehmung und die resultierenden neuen Arbeitsformen führen dazu, daß sich Anforderungen an Mitarbeiter und Manager ändern und neue Rollen definiert werden müssen. Diese werden in den folgenden Abschnitten vorgestellt.

9.2 Die neue Rolle von Kunden, Mitarbeitern und Managern in der grenzenlosen Unternehmung

9.2.1 Die neue Rolle des Kunden

Wenn die Grenzen der Unternehmung zu ihrer Umwelt, zu Zuliefer- und Absatzmärkten verschwimmen, muß auch die Rolle des Kunden neu definiert werden. Verschärfte Wettbewerbsverhältnisse sowie die Möglichkeiten der IuK-Technologien und neuer Medien erfordern es, den Einzelkunden mit seinen individuellen Bedürfnissen und Wünschen zu berücksichtigen und Absatzmärkte weniger als anonyme, weitgehend homogene, sondern allenfalls segmentierte Masse zu begreifen. Ansätze wie Mass Customization (vgl. z.B. Piller 1998a, 2001) oder Beziehungs- oder Relationship-Marketing (vgl. z.B. Bruhn / Bunge 1994; Backhaus 1997; Reichwald / Piller 2002a, Reichwald / Piller 2002b) zeigen hierzu Möglichkeiten auf. Darüber hinaus kreiert die Zerlegung der Unternehmung in kleine, weitgehend autonome Einheiten, die Vernetzung zwischen Unternehmen und die Virtualisierung eine neue Spezies von Kunden: den internen Kunden. Es entstehen neue Kunden-Lieferanten-Beziehungen, wenn Leistungen von verschiedenen Einheiten gemeinsam erstellt und Teilleistungen eines Bereichs über Schnittstellen an andere Bereiche weitergegeben werden.

Der Kunde ist vielfältiger und spezifischer geworden: Hinter „dem Kunden" kann sich der Endverbraucher, der Wertschöpfungspartner in Netzwerken, der Vertriebspartner im Handel oder das in der Prozeßkette folgende Modul verbergen. Allen Erscheinungsformen ist gemeinsam, daß der Kunde immer weiter in die Wertschöpfungsprozesse der Unternehmen integriert wird und sich vom „Fremdkörper" zum Partner entwickelt, denn Kundenbindung ist gerade in Situationen verschärfter Konkurrenz besonders vorteilhaft. Durch langfristige Beziehungen zwischen Partnern und dem daraus resultierenden Vertrauen können zum einen Transaktionskosten auf beiden Seiten gesenkt werden. Zum anderen zeigt die Erfahrung vieler Unternehmen, daß die Gewinnung neuer Kunden wesentlich zeitaufwendiger und kostspieliger ist als die Pflege und der Ausbau bestehender Kundenbeziehungen. Zur Individualisierung von Produkten und Leistungen sowie zur Bündelung von Lösungen hinsichtlich der spezifischen Kundenanforderungen ist eine intensive Kommunikation und Kooperation mit dem Kunden eine notwendige Voraussetzung. So gelangen Kundeninformationen einer neuen Qualität ins Unternehmen, die Treiber für Innovation und für den Wandel des Leistungsspektrums sind. Der Kunde rückt ins Zentrum der Bemühungen der Unternehmen. Die Binnen-orientierung früherer Jahrzehnte wird zunehmend von einer verstärkten Außen- bzw. Kundenorientierung abgelöst (Bauer 2000).

9.2.2 Die neue Rolle des Mitarbeiters

Aus den neuen Organisationsstrategien und Arbeitsformen ergibt sich eine veränderte Rolle für den Mitarbeiter. Grundsätzlich zeichnen sich neue Arbeitsformen durch eine zunehmende Integration managementbezogener und ausführender Arbeit aus. Damit verschieben sich Entscheidungskompetenz und Verantwortung von den Managern zu den Mitarbeitern: Wenn das Management beispielsweise einem Team die Verantwortung für einen vollständigen Unternehmensprozeß überträgt, müssen die Teammitglieder auch bevollmächtigt sein, die bei der Erledigung dieser Aufgaben anfallenden Entscheidungen zu treffen (vgl. Hammer / Champy 1995). Dies kann nicht zuletzt deshalb sinnvoll sein, weil die Mitarbeiter häufig durch ihre Kunden- und Prozeßnähe über ein großes Wissenspotential bzgl. der Optimierung von Arbeitsprozessen und der Erfüllung von Kundenwünschen verfügen (vgl. Hoffman 1994). In gleichem Maße, in dem die Bedeutung des autoritären und anweisenden Managements abnimmt, wird auch die traditionelle Managementkontrolle von der Selbstkontrolle der Mitarbeiter abgelöst (vgl. Büssing 1988). Diese Prozesse haben zur Folge, daß die Mitarbeiter mit mehr Macht ausgestattet werden. Man spricht hier auch von *Empowerment* (d.h. Bevollmächtigung bzw. Ermächtigung) der Mitarbeiter. Den Mitarbeitern wird das Vertrauen entgegengebracht, daß sie ihre Arbeit im Sinne der Unternehmensziele ausführen, und damit das Gefühl vermittelt, daß ihr Einsatz, ihre Kompetenz und Kreativität maßgeblich für den Erfolg des Unternehmens sind (vgl. Boyett / Conn 1992; Pinchot / Pinchot 1993; Rosenstiel / Regnet / Domsch 1998). Die Rollen, die der „empowerte" Mitarbeiter in neuen Unternehmenskonzepten einnimmt, sind in Abbildung 9-1 dargestellt und werden im folgenden näher beschrieben.

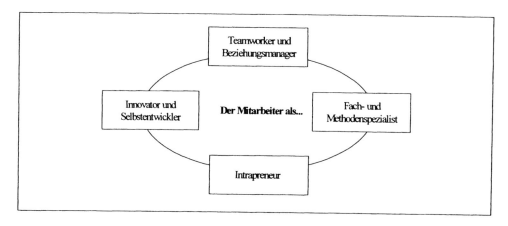

Abb. 9-1:   Neue Rollen für den Mitarbeiter

9.2.2.1 Der Mitarbeiter als Teamworker und Beziehungsmanager

Die wohl wichtigste Anforderung, die aus dem Wandel vom klassisch hierarchischen Unternehmen hin zu neuen Unternehmenskonzepten resultiert, besteht in der erhöhten Notwendigkeit der Kooperation und in der gestiegenen Bedeutung von Beziehungen. War vormals der Mitarbeiter für einen kleinen begrenzten Aufgabenbereich verantwortlich, den er gut überblicken und isoliert bearbeiten konnte, führen die Komplexität und Integration von Aufgaben und Prozessen, die Anforderung der Marktnähe und Flexibilität sowie die Veränderlichkeit von Aufgaben durch die immer individueller werdenden Kundenwünsche dazu, daß Aufgaben nur noch von Teams bzw. in Kooperation erfüllt werden können. Netzwerke und Telekooperation bauen auf erfolgreicher Kooperation und Beziehungsmanagement auf, die z. T. über räumliche und zeitliche Grenzen hinweg realisiert werden müssen. Kooperation ist darüber hinaus eine wesentliche Voraussetzung für Strategien der Kundenbindung und Kundenintegration (Reichwald / Piller 2002).

Was charakterisiert den neuen Mitarbeiter, der als Teamworker und Beziehungsmanager tätig ist? Zunächst zeichnet er sich durch seine Sozialkompetenz aus. Sozialkompetenz umfaßt die Verfügbarkeit und angemessene Anwendung von aktionalen, kognitiven und emotionalen Verhaltensweisen zur effektiven sozialen Interaktion (vgl. Döpfner 1989). Dazu gehört z.B. die Kommunikationsfähigkeit: Der Mitarbeiter kann eigene Gedanken, Wünsche und Ziele anderen verständlich machen, sich aber im Gegenzug auch auf die Gedanken, Wünsche und Ziele des Interaktionspartners einlassen. Er ist ein guter Zuhörer. Darüber hinaus gelingt es ihm, mit Kooperationspartnern, Teammitgliedern und Kunden eine geeignete Beziehungsbasis aufzubauen, die die Arbeit auf der Sachebene erleichtert. Hierbei hilft es ihm, sich offen, kommunikativ und vertrauensvoll zu verhalten. Das bedeutet auch, daß er sich Konflikten stellt und versucht, sie konstruktiv zu lösen.

Der Mitarbeiter hat gelernt, die Persönlichkeit seines jeweiliges Gegenübers zu respektieren. Er ist bereit, seinen Kooperationspartnern ggf. Schutz und Unterstützung zu bieten, und ordnet seine eigenen Ziele denen des Teams unter. Die gemeinsame Verantwortung des Teams sowie die gemeinsamen Ziele, Werte und Normen werden von ihm getragen und aktiv gelebt (vgl. Kets de Vries 1999). Diese Grundhaltungen helfen ihm auch bei der Zusammenarbeit mit externen Partnern im Rahmen von Netzwerken und virtuellen Unternehmen.

9.2.2.2   Der Mitarbeiter als Intrapreneur

Ein Mitarbeiter, der sich aus der Rolle des reinen Befehlsempfängers entfernt und eigene
Entscheidungen im Sinne des Unternehmens trifft, muß in besonderer Weise bereit sein,
Verantwortung zu übernehmen sowie seine Beiträge zum Markterfolg des Unternehmens
zu erkennen, ohne dabei angeleitet zu werden. Insbesondere kommen auf die Mitarbeiter
in nicht-hierarchischen Teams Management- und Leitungsverantwortung bezüglich Problemlösung, Planung, Budgetierung, Personaleinstellung, Teamdisziplin, Bewertung und
Leistungskontrolle zu, die sich aus der vertikalen Aufgabenintegration ergeben. Der
„empowerte" Mitarbeiter handelt wesentlich selbstbestimmter, ist sich seiner Bedeutung
für das Unternehmen bewußt und fühlt sich kompetent, Entscheidungen im Sinne des
Unternehmens zu treffen (vgl. Quinn / Spreitzer 1997). Im Rahmen von Netzwerkbeziehungen kommuniziert der Mitarbeiter Anforderungen und Wünsche, holt Leistungsrück-
meldungen ein und verhandelt beiderseitig akzeptable Qualitätsstandards für die jeweiligen Leistungen (vgl. Orsburn et al. 1990). Er macht sich aber häufig auch zum Anwalt des
Kunden gegenüber internen Bereichen des Unternehmens, wenn es darum geht, individuelle Kundenbedürfnisse schnell und flexibel zu befriedigen. Bei der Ausübung seiner
ganzheitlichen Tätigkeiten stößt er immer wieder auf neue Entwicklungsmöglichkeiten
und Geschäftschancen, die er im Team bespricht und dann an geeignete Stellen in der
Organisation weiterleitet. Er ist am Erfolg der gesamten Organisation bzw. des Teams
interessiert. Er ist ein Unternehmer im Unternehmen – ein Intrapreneur.

9.2.2.3   Der Mitarbeiter als Fach- und Methodenspezialist

Der Mitarbeiter kann seine Intrapreneurrolle nur ausfüllen, wenn er über notwendige
Qualifikationen in Bezug auf kompetente Kundenberatung, richtige Entscheidungen und
die adäquate Einschätzung von Chancen und Risiken verfügt. Hierzu ist zum einen ein
vertieftes Spezialwissen erforderlich, zum anderen der Überblick über das eigene Fach-
gebiet hinaus. Innerhalb des Teams sollten sich die Spezialisierungen der Einzelnen
sinnvoll ergänzen. Kann der Mitarbeiter Kompetenzanforderungen nicht abdecken,
greift er auf fundierte Methoden zurück, um sich dem Problem zu nähern, oder er weiß,
an welchen Stellen in der Organisation er sich Wissen und Unterstützung beschaffen
kann. Im Rahmen seiner Methodenkompetenz besitzt er vor allem die Fähigkeit zur
systematischen Identifikation von Problemen und Chancen, zur Bewertung von Alternativen und zur fundierten Entscheidung auf dieser Basis. Den Kunden berät er mit höchster Fach- und Beratungskompetenz und großer Dienstleistungsorientierung. Darüber
hinaus weist der Mitarbeiter Fähigkeiten zum Selbstmanagement, zur Eigenmotivation
und Selbstdisziplin verbunden mit der Fähigkeit zur Selbstkontrolle auf. Neben dem
Umgang mit neuen IuK-Techniken beherrscht er im Rahmen der rollierenden Teamlei-
tertätigkeit die Präsentation und Moderation von Teamsitzungen.

9.2.2.4   Der Mitarbeiter als Innovator und Selbstentwickler

Letztlich zeichnet den Mitarbeiter in der grenzenlosen Unternehmung die Bereitschaft zu Innovation und Wandel aus. Er ist begierig, Neues zu erforschen und auszuprobieren, zu experimentieren und sich dadurch weiterzuentwickeln. Sein Fachwissen muß er ohnehin ständig auf dem Laufenden halten, denn die Technologiezyklen verkürzen sich zusehends. Gegenüber neuen Technologien ist er aufgeschlossen und lernbereit. Er versucht, in Veränderungen zuerst das Positive zu sehen. Seine eigenen Fähigkeiten und Fertigkeiten versucht er kontinuierlich zu vervollkommnen, in dem er sich selbst beobachtet, sein Handeln reflektiert und von anderen Kritik und Anregungen dankbar annimmt und umsetzt. Aber auch für das Team und die Prozesse fühlt sich der innovative Mitarbeiter verantwortlich. Er regt im Team kontinuierliche Verbesserungsprozesse an und gibt sich nie mit dem Bestehenden zufrieden. Die Entwicklung und das Neue stellen für ihn die größten Herausforderungen dar.

9.2.2.5   Fazit

Auf den ersten Blick wird durch die Anforderungen an den Mitarbeiter der Zukunft das Bild eines Übermenschen gezeichnet. Drumm (1996) spricht angesichts des Menschenbilds des hochmotivierten, sich freiwillig weiterbildenden, eigenverantwortlich und unternehmerisch handelnden Mitarbeiters gar von „Organisationsentwürfen für Erzengel" (Drumm 1996, S. 18). Doch auf den zweiten Blick ist der Kern der neuen Rolle des Mitarbeiters durchaus realistisch: Sie ist vor allem durch die Zunahme der Anforderungen im Bereich Entscheidungs- und Verantwortungsfähigkeit für vollständige, kundenorientierte Prozesse sowie Team-, Kommunikations- und Innovationsfähigkeit gekennzeichnet (vgl. z.B. Murphy / O´Leary 1994). Es läßt sich ein eindeutiger Trend zur Höherqualifizierung der Mitarbeiter erkennen. Der Bedarf an ungelernten bzw. niedrig qualifizierten Mitarbeitern dürfte im Rahmen der Realisierung neuer Unternehmenskonzepte immer stärker abnehmen. Die nunmehr aufgewertete Arbeit ersetzt zunehmend einfache bzw. nicht qualifizierte Arbeit, die auf formalisierten Routineprozessen beruht. Die betriebliche Praxis zeigt, daß diese neuen Rollen noch nicht umfassend gelebt werden, d.h. daß viele Mitarbeiter nicht voll in Entscheidungs- und Verantwortungsprozesse bezüglich ihrer Arbeit einbezogen werden und daß ein „Empowerment" nur in Ansätzen praktiziert wird. Die Potentiale von Teamkonzepten zur besseren Ausschöpfung der Leistungsfähigkeit der Mitarbeiter werden ebenfalls nur ungenügend genutzt. Der Anteil der in Teamkonzepte gemäß dem hier skizzierten Verständnis eingebundenen Mitarbeiter ist noch relativ gering. Zwischen der theoretischen Idealvorstellung und der Realität klafft eine erhebliche Lücke. Dies liegt zum Teil daran, daß sich auch für das Management neue Rollen ergeben, die noch zu wenig ausgefüllt werden und denen ganz erhebliche Akzeptanzbarrieren gegenüberstehen, wie der folgende Abschnitt zeigt.

9.2.3 Die neue Rolle des Managers

Flachere Organisationen und die im Rahmen von Teamkonzepten erfolgende Aufgaben-integration führen zu einer verstärkten Verlagerung von Verantwortung, Handlungs- und Entscheidungsspielraum auf die Mitarbeiter. In gleichem Maße werden die Führungs-kräfte von ihren traditionellen Managementaufgaben entlastet. Es stellt sich die Frage, was für den Manager in neuen Unternehmenskonzepten an Aufgaben verbleibt. Schließ-lich könnte man zu der Vermutung gelangen, die Rollen von Mitarbeitern und Managern würden sich weiter annähern oder gar ineinander aufgehen. Die Rolle des Managers in neuen Unternehmenskonzepten wird jedoch nicht redundant, sondern es ergibt sich eine eklatante Verschiebung der Aufgabenschwerpunkte. Nicht mehr Anweisung, Kontrolle und Entscheidung beherrschen die Tätigkeit des Managers, sondern in erheblichem Maße die persönliche Führung und Unterstützung der „empowerten" Mitarbeiter, das Networking und Beziehungsmanagement nach außen, der Entwurf von Visionen und die Umsetzung von Veränderungen sowie die Architektur und das Design des Unterneh-mens und seiner Potentiale (vgl. Abb. 9-2).

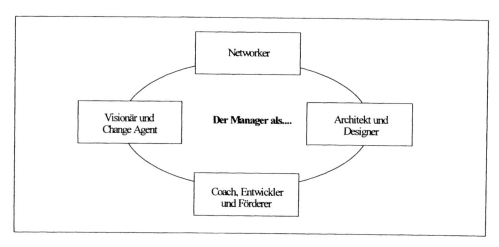

Abb. 9-2: Neue Rollen für den Manager

9.2.3.1   Der Manager als Coach, Entwickler und Förderer

In vielen traditionellen Organisationen gilt das ungeschriebene Gesetz, daß Vorgesetzte nur nebenbei führen und sich primär um wichtige Sachaufgaben, Meinungsbildung und Entscheidungen kümmern müssen, die den Mitarbeitern nicht übergeben werden können (vgl. Kunz 1999). Mitarbeiterführung ist häufig Nebensache.

In neuen Unternehmenskonzepten übernehmen dagegen Vorgesetzte und Führungskräfte nicht mehr in erster Linie Sachaufgaben und sind in das operative Geschäft eingebunden, sondern sie sollen zuvorderst „führen" und „fördern" – sie werden zum Dienstleister für ihre Mitarbeiter. Wenn Managementaufgaben auf einzelne Mitarbeiter und Teams verlagert werden, besteht die Aufgabe des Managers darin, dafür zu sorgen, daß die jeweiligen Mitarbeiter und Teams ihre Aufgaben bestmöglich erfüllen können. Der Manager – dem die Ergebnisverantwortung für seinen Bereich schließlich weiterhin obliegt – muß seine Mannschaft „fit" für die täglichen Aufgaben und Herausforderungen machen. Das Bild des Coaches ist entsprechend aus dem Leistungssportbereich entlehnt, um zu symbolisieren, daß es sich in Coachingbeziehungen um eine professionelle Arbeitsteilung handelt: Der Coach ist für die Fitneß und Leistungsfähigkeit des Mitarbeiters verantwortlich, der dann mit dieser Leistungsfähigkeit ins Feld geht und erfolgreich agiert (vgl. Bauer 1995; Cranwell-Ward / Bacon / Mackie 2002). Denn vielfach haftet der Tatsache, daß Mitarbeiter oder auch Führungskräfte sich helfen lassen müssen, im Berufsleben der negative Beigeschmack der „Hilflosigkeit" und „Schwäche" an, der mit dem Bild des Coaching überwunden werden soll.

Was zeichnet nun den Manager als Coach, Entwickler und Förderer aus? Der Coach-Rolle der Führungskraft liegt zunächst eine völlig andere Einstellung dem Mitarbeiter gegenüber zugrunde: Dem Mitarbeiter wird Spezialistentum und Kompetenz für seine Aufgaben zugebilligt, seine Persönlichkeit wird akzeptiert, Führungskraft und Mitarbeiter befinden sich auf einer Ebene. Der Führungskraft obliegt es, den Mitarbeiter bei der Entscheidungsfindung zu beraten, Wege und Alternativen aufzuzeigen, Probleme zu besprechen und dessen Fähigkeiten zu entwickeln. Dabei stellt sich der Coach flexibel auf jeden einzelnen Mitarbeiter ein und richtet sich nach deren individuellen Informationsbedürfnissen und Problemen (vgl. Bauer 1995; Schreyögg 1996; Buckingham/Coffman 1999; Whitmore 2002).

Die Koordination erfolgt zunehmend über Techniken des *Management by Objectives*, Management durch Zielvereinbarung (vgl. z.B. Latham / Locke 1995). Der Manager nimmt sich Zeit für Beurteilungs- und Zielgespräche, vereinbart Jahresziele partnerschaftlich und nimmt die Einwände oder Anregungen des Mitarbeiters ernst. Die Ziele sollten dabei ebenso herausfordernd wie erreichbar sein (vgl. Kunz 1999). Neben quantitative Ziele treten zunehmend auch individuelle qualitative Ziele, die sich auf die Entwicklung von persönlichen Fähigkeiten beziehen oder auf die spezifische Arbeitssituation des einzelnen abgestimmt sind. Ziel ist es, den Mitarbeiter zum dauerhaften Erfolg zu führen, den er sich selbst zuschreiben kann. Insbesondere bei der Führung verteilt arbeitender Mitarbeiter, die ohnehin nicht bei ihrer Arbeit beobachtet werden können, bieten Techniken der Zielvereinbarung einen gangbaren Weg (Sachenbacher 2000).

Gerade auch Teams und Arbeitsgruppen bedürfen der Unterstützung und des Coaching durch die der Führungskraft (vgl. z.B. Manz / Sims 1995; Holling / Lammers 1995). Jedes Team durchläuft unterschiedliche Phasen in seiner Entwicklung, die jeweils spezifische Probleme aufwerfen. Die Führungskraft kann in den Anfangsphasen Orientierung geben, im Laufe der Entwicklung Konflikte aufdecken und konstruktiv lösen helfen sowie in der Reifephase dafür sorgen, daß negative Gruppenphänomene – in der Organisationspsychologie mit *group think* bezeichnet (vgl. z.B. Moorhead / Neck 1995) – vermieden werden. Ziel ist es auch hier, das Team dahingehend zu entwickeln, daß es seine Aufgaben zunehmend autonom und kompetent erledigen kann.

Um die Rolle des Coaches, Förderers und Entwicklers ausfüllen zu können, muß die Führungskraft vor allem über soziale Fähigkeiten verfügen. Goleman (1999) subsumiert die „weichen" Fähigkeiten wie Sozialkompetenz, Selbstreflexion, Selbstkontrolle, Motivation und Empathie unter dem Begriff *„emotionale Intelligenz"*. Nach seinen Untersuchungen entwickeln sie sich zunehmend zur notwendige Bedingung für Führungserfolg. Darüber hinaus beherrscht die Führungskraft Techniken der non-direktiven Gesprächsführung und verfügt über profunde Kenntnisse über die kognitiven und verhaltensorientierten Aspekte der Motivation und deren Einsatz zur Verhaltensänderung der Mitarbeiter (vgl. Kap. 9.3.2.2).

Das Ausfüllen einer Rolle, die sich vom aufgabenorientierten Entscheider und Macher hin zum Beziehungsspezialisten und Coach entwickelt, kostet viel Zeit und Mühe und bereitet in der Praxis vielen Führungskräften Probleme. Es fehlen häufig nicht nur die fachlichen Kompetenzen im Bereich der Mitarbeiterführung (Gesprächsführung, psychologische Kenntnisse, Zielvereinbarungstechniken), sondern vielfach auch die Bereitschaft zum Wandel.

9.2.3.2   Der Manager als Architekt und Designer

Senge (1990b) verdeutlicht in einer Metapher anschaulich, wie die Rolle des Managers als Architekt und Designer zu verstehen ist. Er vergleicht den Manager mit dem Konstrukteur eines Schiffes – und nicht, wie man vielleicht erwarten könnte, mit einem Kapitän, Navigator oder Steuermann. Denn welchen Sinn hätte es, wenn der Kapitän befehlen würde, das Schiff um 30 Grad backbord zu drehen, wenn der Konstrukteur ein Ruder eingebaut hat, mit dem eine solche Wende nicht zu bewerkstelligen ist? Letztlich stellt der Konstrukteur die Weichen für das Vermögen des Schiffes – der Kapitän kann später lediglich von den Gegebenheiten ausgehen, vor denen er steht.

Senge deutet damit an, daß sich Manager zunehmend mit dem Design und der Architektur ihrer Unternehmung befassen müssen. Das Management trägt die Verantwortung dafür, daß die Prozesse so konzipiert sind, daß die Mitarbeiter die erforderlichen Aufgaben erfüllen können, daß Prozesse erfolgreich koordiniert und entsprechende Anreizsysteme (d.h. Leistungsbewertungs- und Vergütungssysteme) zur Motivation der Mitarbeiter geschaffen werden (vgl. Hammer / Champy 1995). Die Designaufgabe umfaßt aber ebenso die Einflußnahme auf immaterielle Komponenten und die heimlichen Gesetze im Unternehmen – die *Unternehmenskultur*.

Zum einen ist hierzu zu bemerken, daß die Unternehmenskultur ein System aus Werten und Normen darstellt, die sich durch soziale Interaktion in einem dauerhaften Prozeß herausbildet und ständig verändert (vgl. Schein 1992). Aufgrund der Komplexität dieses Prozesses wird die planmäßige Veränderung und Einflußnahme auf die Unternehmenskultur häufig sehr skeptisch beurteilt (vgl. z.B. Schreyögg 1992). In jedem Fall stellt das Design der Unternehmenskultur eine subtile Aufgabe dar. Es besteht jedoch inzwischen Einigkeit darüber, daß Manager und ihr Handeln einen spürbaren Einfluß auf die Kultur haben, auch wenn keine eindeutigen Ursache-Wirkungs-Beziehungen und damit keine allgemeingültigen Handlungsempfehlungen gegeben werden können. Ebers bezeichnet die Unternehmenskultur beispielsweise als das „geronnene Ergebnis von Führungsinteraktionen" (vgl. Ebers 1995).

Zum anderen kann man natürlich nicht davon ausgehen, daß es eine Idealkultur im Sinne eines one-best-way gäbe (vgl. Schein 1991). Dennoch können bestimmte Grundeinstellungen und Werte angedeutet werden, die in neuen Unternehmenskonzepten förderlich sind. Dies sind vor allem Vertrauen und Offenheit, Anerkennung und Fairneß, Kommunikation und Kooperation sowie Lernen und Innovation.

In jedem Fall muß sich der Manager als Designer zunehmend mit den informalen Spielregeln, den vorhandenen Werten und Normen – also mit der Unternehmenskultur – auseinandersetzen. Die Sensibilisierung hierfür ist eine wichtige Voraussetzung für die spätere Einflußnahme. Der Manager kann Einfluß durch sein eigenes Handeln und die von ihm vorgelebten Werte ausüben, durch organisatorische Regelungen und den Einsatz vielfältiger Symbole (vgl. v. Rosenstiel 1998) oder Artefakte (vgl. Schein 1995). In jedem Unternehmen und jeder Unternehmenskultur können jedoch Symbole unterschiedlich ausgelegt werden – es hängt also vom Geschick und dem Fingerspitzengefühl des Managers ab, ob er die richtigen Instrumente für seine Ziele einsetzt. Im Gegensatz zu der bisherigen Managerarbeit, die eher durch Kontrolle und das Ringen um (kurzfristigen) Ruhm gekennzeichnet war, zeigen sich die Resultate dieser Designaufgabe erst nach und nach. Diese Art der Führung läuft sanft und verdeckt ab – stellt aber laut Mintzberg (1999) eine sinnvolle Art dar, „empowerte" Mitarbeiter zu führen.

9.2.3.3   Der Manager als Networker

Der Manager in seiner Rolle als Networker übernimmt im Rahmen der Führung dezentraler Netzwerkstrukturen vor allem sogenannte „boundary spanning"-Aufgaben (vgl. Sydow 1992b). Diese dienen dazu, die Kluft zwischen den Netzwerkpartnern auszufüllen und ‚Brücken' zu bauen, die das Netzwerk zusammenhalten. Der Manager als Networker sucht Informationen innerhalb und außerhalb des Netzwerkes und gibt sie weiter, er repräsentiert bei Bedarf die Netzwerkunternehmen nach außen, er handelt Verträge aus und überwacht ihre Einhaltung. Er koordiniert die Aufgabenerfüllung in den Netzwerk-Teams und -Unternehmen und coacht Mitarbeiter, die ihrerseits mit „boundary spanning"-Aufgaben betraut sind.

Die Wahrnehmung dieser und anderer Aufgaben erfolgt vor allem durch die Entwicklung und Unterhaltung personaler Netzwerke, die die Grenzen der einzelnen institutionalisierten Netzwerkunternehmen überschreiten (vgl. Sydow 1992b). Die Bedeutung informaler Kommunikation und Koordination erlangt im Rahmen des Networking eine besondere Bedeutung. Die Stabilisierung von Interorganisationsbeziehungen durch das Ausbalancieren divergenter, sich häufig wandelnder Interessen in Netzwerken und das Schaffen einer Vertrauensbasis stellt zusätzlich besondere Anforderungen an das Management. Dabei müssen auch Verhandlungen über die Definition der Grenzen der Netzwerkunternehmen und somit auch der innerhalb eines Unternehmens auszuführenden Arbeit einbezogen werden. Zudem können hier Strategien anders als in hierarchischen Strukturen nicht mehr über Weisungen durchgesetzt werden, sondern müssen wegen der relativen Autonomie der Netzwerkunternehmen über Konsensfindungsprozesse implementiert werden (vgl. Sydow 1992b).

Damit werden für den Manager als Networker Fähigkeiten des Verhandelns, der Konfliktlösung und der Konsensbildung zentral. Hierfür sind vor allem Sozialkompetenz, Integrationsfähigkeit und kognitive Fähigkeiten, wie z.B. schnelle Auffassungsgabe und Erkennen wesentlicher Zusammenhänge, von Bedeutung. Diese Anforderungen können auch mit den Ergebnissen der neueren Managementforschung belegt werden (vgl. z.B. Mintzberg 1994; Reichwald / Goecke 1995; Neuberger 2002).

9.2.3.4   Der Manager als Visionär und Change Agent

Schließlich kommt dem Manager als Visionär und Change Agent die wichtige Funktion zu, Entwicklungen in der Umwelt zu erkennen, Visionen zu entwickeln und diese in Strategien zu übersetzen (vgl. Hinterhuber / Krauthammer 2001; Bartlett / Goshal 1998). Visionen geben Orientierung und vermitteln Sinn. Aus einer Vision leitet der

Manager die Kernaufgabe des Unternehmens ab, entwickelt Kernkompetenzen und bestimmt Kernprodukte (vgl. Bradford / Cohen 1998; Hinterhuber / Krauthammer 2001). Der Manager als Visionär versteht es, die Mitarbeiter in den Bann seiner Visionen zu reißen, ihnen dadurch Sinn zu geben und sie zu begeistern. Seine Kommunikationsfähigkeiten sind sehr ausgeprägt, schwierige Sachverhalte reduziert er durch den Einsatz von Metaphern, Symbolen und Bildern auf das Wesentliche und macht sie so für jeden Mitarbeiter verständlich. Er lebt seine Visionen und die daraus ableitbaren Strategien selbst vor und versteht es, die volle Unterstützung der Mitarbeiter (*Commitment*) zu gewinnen.

Darüber hinaus fungiert der Manager in Veränderungsprozessen als sogenannter „*Change Agent*". Er versteht die menschlichen Widerstände gegen Veränderungen und hat die Fähigkeit, diese Widerstände durch Kommunikation (vgl. Kap. 9.3.1.2) und Begeisterung zu brechen. Darüber hinaus kennt er die Erfolgsfaktoren bei der Realisierung von Veränderungsprozessen und bindet die entsprechenden Anspruchsgruppen (Stakeholder) ein (Picot / Freudenberg / Gaßner 1999). Auch für diese Aufgaben werden für den Manager neben analytischen Fähigkeiten vor allem Kreativität und vernetztes Denken, aber auch Sozialkompetenz bzw. emotionale Intelligenz zu wichtigen Voraussetzungen.

9.2.3.5   Fazit

Zusammenfassend läßt sich festhalten: Die neue Rolle der Manager verschiebt sich von den Sachaufgaben und operativen Entscheidungen hin zur persönlichen Mitarbeiterführung einerseits und zu strategischen Aufgaben andererseits. Vor allem im Rahmen der Mitarbeiterführung müssen sich Manager neuer Prinzipien und Instrumente bedienen. Coaching und Entwicklung der Mitarbeiter lösen Aufgabenzuweisung und Kontrolle ab. Integrierende Tätigkeiten, die Aufrechterhaltung von Beziehungen und Vertrauensbildung werden in neuen Unternehmenskonzepten, die sich insbesondere durch Verteiltheit und Dezentralisierung auszeichnen, zu zentralen Aufgaben.

9.3 Kommunikation, organisatorischer Wandel und Implikationen für den Menschen

In den vorangegangenen Kapiteln wurde deutlich, daß sich die Rollen von Mitarbeitern und Managern im Rahmen neuer Organisationsstrategien tiefgreifend wandeln müssen, damit die neuen Organisationsformen ihre positiven Wirkungen auf Effektivität und Effizienz entfalten können. Wie kam es jedoch zu diesem Wandel der Rollen?

Die Entdeckung der Ressource Mensch vollzog sich historisch in einem über Jahrzehnte andauernden Prozeß, in dem unterschiedliche Faktoren ihren Einfluß auf die Bedeutung des Menschen für die Unternehmung ausübten. In der betriebswirtschaftlichen Theorie und Praxis wandelten sich die Menschenbilder, die die implizite Basis für die Gestaltung von Organisation und Führung bilden. Der Wandel der Werte in unserer Gesellschaft trug seinen Teil bei, ebenso wie die aus der Umwelt resultierende Anforderung kontinuierlichen Wandels sowie die Erkenntnis, daß dieser in Unternehmen nur über die Kommunikation vollzogen werden kann. Schließlich wurde klar, daß verteilte Unternehmensstrukturen nur dann funktionieren können, wenn der Unternehmenskultur und den gemeinsamen Werten und Normen besondere Bedeutung beigemessen wird (Kap. 9.3.1). Aber auch im Bereich der Theorien finden sich Ansätze, die zur Erklärung des Rollenwandels in der grenzenlosen Unternehmung beitragen können (Kap. 9.3.2).

9.3.1 Die Wiederentdeckung der Ressource Mensch

9.3.1.1   Menschenbilder und Organisation

Menschenbilder sind generelle Annahmen über das Wesen des Menschen, seine Motive und Ziele. Sie liegen betriebswirtschaftlichen Konzepten zugrunde, die Bereiche berühren, in denen der Mensch eine Rolle spielt. So werden auch in Ansätzen der Organisationstheorie unterschiedliche Menschenbilder zugrundegelegt, die sie in nicht unerheblichem Maße prägen.

Der „Homo oeconomicus"

Die Betriebswirtschaftslehre wurde zu Beginn dieses Jahrhunderts sehr stark von den Ideen des Scientific Management geprägt, das von Frederick W. Taylor begründet wurde (vgl. Taylor 1913). Taylor nahm an, daß die Arbeitnehmer nach möglichst hohen Löhnen trachteten, während der Arbeitgeber danach strebe, mit möglichst geringen Kosten zu produzieren. Implizit ging Taylor davon aus, daß der arbeitende Mensch ein

Einkommensmaximierer sei. Diese Annahme findet sich im Menschenbild der Nationalökonomie des 18. Jahrhunderts wieder, dem sogenannten *Homo oeconomicus* (vgl. Smith 1776). Ausgehend von diesem Menschenbild schlug Taylor die Einführung eines neuen, auf wissenschaftlichen Grundsätzen basierenden Fabrikmanagements (scientific management) vor, dessen Ziel eine Produktivitätssteigerung durch Optimierung fertigungstechnischer Abläufe war (vgl. Reichwald / Hesch 1993; Hesch 1997 sowie Kap. 5.2.2). Die industrielle Leistungserstellung sollte damit sowohl für die Arbeitgeber als auch für die Arbeitnehmer profitabler gemacht werden. Dabei orientierte er sich am Prinzip der strikten Trennung von leitender und ausführender Arbeit sowie deren räumliche Trennung. Weiterhin entwickelte er eine Methodik der Arbeitszerlegung in möglichst kleine Teilaufgaben im Bereich der ausführenden Arbeit, die es ihm erlaubte, jeden Teilschritt ‚wissenschaftlich' zu analysieren, zu optimieren und genaue Bewegungsvorschriften dafür festzulegen (vgl. Taylor 1913). Die Anwendung dieser Vorschriften sollte zu einer Reduzierung der Anforderungen an den ausführend arbeitenden Menschen und gleichzeitig in einer quantitativ höheren Arbeitsleistung resultieren. Taylors ingenieurwissenschaftlich geprägte Auffassung von menschlicher Arbeit führte jedoch dazu, daß der Mensch in gleicher Weise in fertigungstechnische Abläufe eingeplant wurde, wie jeder andere Produktionsfaktor auch. Letztendlich wurde der arbeitende Mensch also als maschinenähnlich funktionierender Mechanismus angesehen. Taylors Prinzipien wurden von Henry Ford auf eine neue industrielle Produktionstechnik übertragen, die sich durch weitgehend mechanisierte Massenproduktion nach dem Fließprinzip auszeichnete. Im sogenannten Fordismus tritt an die Stelle der zuvor notwendigen Koordination der Arbeiter durch die Vorgesetzten im wesentlichen die Zwangskoordination durch das technische Fördersystem, das Fließband. Damit war die Basis für die fortschreitende Automation mit ihrer konsequenten Ent-Persönlichung und Versachlichung der Arbeit gelegt (vgl. Hill / Fehlbaum / Ulrich 1994).

Der soziale Mensch

Aufgrund der in den 1920er und 1930er Jahren zunehmenden Kritik am tayloristischen Konzept formierte sich in der amerikanischen Betriebspsychologie und -soziologie die sogenannte Human Relations-Bewegung. Sie hat ihren Ursprung in den durch Mayo und seine Mitarbeiter in den Hawthorne-Werken der Western Electric Company in Chicago durchgeführten und berühmt gewordenen Untersuchungen (*Hawthorne-Experimente*, vgl. Roethlisberger / Dickson 1939; Mayo 1949).

Ziel dieser Untersuchungen war die Analyse des Einflusses technischer Arbeitsbedingungen auf die betriebliche Produktivität. So wurden beispielsweise die Auswirkungen von Faktoren wie Belüftung und Beleuchtung auf die Arbeitsleistung von Industriearbeitern untersucht. Interessanterweise ergab sich dabei, daß die alleinige Betrachtung der Beziehung zwischen technischen Arbeitsbedingungen und Arbeitsproduktivität nicht genügte, um menschliches Arbeitsverhalten ausreichend zu erklären. Vielmehr wurde die *Bedeutung sozialer Beziehungen* zwischen den Mitarbeitern für deren Arbeitsleistung erkannt sowie das Phänomen der informellen Gruppe und deren Bedeutung für die Funktionsfähigkeit von Organisationen entdeckt. Informelle Gruppen entstehen parallel zur formal festgelegten Gruppenstruktur und funktionieren nach eigenen sozialen Regeln und Normen, deren Einfluß auf das individuelle Leistungsverhalten größer sein kann als beispielsweise in Aussicht gestellte Lohnsteigerungen. Allein die Durchführung einer empirischen Untersuchung und die Hervorhebung einer ausgewählten Gruppe für diese Untersuchung beeinflußten das Arbeitsergebnis (Sozialeffekt oder auch Hawthorne-Effekt).

Diese Ergebnisse widersprachen den Annahmen Taylors über den Arbeiter als Einkommensmaximierer und rückten vor allem die sozialen und psychologischen Bedingungen, unter denen die Menschen arbeiten, in den Vordergrund. Sie führten zu einer Revidierung des bisherigen Menschenbildes. So wurde der arbeitende Mensch nicht mehr als ausschließlich sachrationales, allein durch monetäre Anreize motivierbares und isoliert handelndes Individuum gesehen, sondern vielmehr als soziales Wesen, dessen Verhalten sich maßgeblich nach seiner Zugehörigkeit zu Arbeitsgruppen und den innerhalb dieser Gruppen bestehenden sozialen Regeln und Normen richtet (vgl. Wunderer / Grunwald 1980).

Der nach Selbstverwirklichung strebende Mensch

In späteren Forschungsarbeiten im Bereich der Organisations- und Arbeitspsychologie wurde ein weiterer wichtiger Einflußfaktor auf die Mitarbeitermotivation entdeckt, der sich weniger auf die Randbedingungen der Arbeit wie Bezahlung oder soziale Beziehungen bezieht, sondern vielmehr die inhaltliche Gestaltung der auszuführenden Arbeit betont. Die Schlüsselrolle, die die Arbeitsstrukturierung im Hinblick auf die Motivation spielt, belegen z.B. die Ergebnisse einer Studie, in der 1000 Beschäftigte gebeten wurden, zehn Faktoren, die in engem Zusammenhang mit der Ausübung ihrer Tätigkeit stehen (wie z.B. Entlohnung, Arbeitsplatzsicherheit), in eine Rangfolge zu bringen. Interessante Arbeitsinhalte nahmen in der Liste mit den Ergebnissen einen der obersten Ränge ein (vgl. Kenneth 1987). Die Arbeiten von Maslow (vgl. Kap. 9.3.2.2) gehen darüber hinaus von einer hierarchischen Anordnung von Bedürfnissen aus, wobei es eine Klasse von Defizitmotiven wie physiologische Bedürfnisse, Bedürfnisse nach Sicherheit, sozialem Kontakt und Anerkennung gibt, sowie eine Klasse von Wachstumsmotiven wie das Bedürfnis nach Selbstverwirklichung, das bei zunehmender Befriedigung nicht abnimmt, sondern wächst (vgl. Abb. 9-5). Resultat ist ein Bedürfnis nach Sinn und Bedeutung der Tätigkeit sowie nach motivierenden und interessanten Arbeitsinhalten.

Basierend auf diesem Menschenbild stellte sich für die Organisationsforschung die Frage, wie motivierende bzw. interessante Arbeitsinhalte auszusehen haben. Einen Systematisierungsansatz bietet das Modell des Handlungsspielraums (vgl. Ulich / Groskurth / Bruggemann 1973 sowie Abb. 5-9), das eine horizontale Dimension (Tätigkeitsspielraum als Ausmaß der Verschiedenheit der auszuführenden Tätigkeiten) und eine vertikale Dimension (Entscheidungs- und Kontrollspielraum, der durch den Umfang von Planungs- und Kontrollbefugnissen und den Freiraum für autonomes Handeln gekennzeichnet ist) beinhaltet. Anhand dieser beiden Dimensionen wurden verschiedene Möglichkeiten zur Gestaltung motivationsfördernder Arbeitsaufgaben abgeleitet:

Job enlargement zielt auf eine horizontale Zusammenfassung von strukturell gleichartigen oder ähnlichen Arbeitsverrichtungen an einem Arbeitsplatz ab. Eine motivierende Wirkung verspricht man sich durch die inhaltlich anspruchsvollere und abwechslungsreichere Arbeit. Der Tätigkeitsspielraum wird dadurch vergrößert, der Entscheidungs- und Kontrollspielraum bleibt von dieser Arbeitsgestaltungsmaßnahme jedoch unberührt.

Durch einen geplanten Arbeitsplatzwechsel im Rahmen der *Job rotation* soll der durch starke vertikale Arbeitsteilung eingeschränkte Tätigkeitsspielraum durch Wechsel mit anderen Tätigkeiten vergrößert werden. Diese Form der Arbeitsstrukturierung soll durch Aufgaben- und Beanspruchungswechsel, d.h. durch eine Vergrößerung des Tätigkeitsspielraums, motivierend wirken. Die betrieblichen Abläufe werden durch häufige Wechsel für den Einzelnen klarer, und die Mitarbeiter werden eher an die Übernahme von Verantwortung herangeführt. Wird zwischen Arbeitsplätzen mit strukturell verschiedenen Tätigkeiten gewechselt, kommt die Möglichkeit der fachlichen Qualifizierung als weiterer Motivationsaspekt hinzu.

Job enrichment ist auf eine strukturelle Änderung von Arbeitsinhalten ausgerichtet. Durch das Zusammenfassen dispositiv-planender, ausführender und kontrollierender Arbeitsinhalte wird mit dem Tätigkeitsspielraum auch der Entscheidungs- und Kontrollspielraum ausgeweitet. Job enrichment wird häufig mit Gruppenarbeit kombiniert, wobei die Gruppenmitglieder die Arbeitseinteilung selbst disponieren und schließlich ihr Arbeitsergebnis selbst kontrollieren können. Basierend auf diesen generellen Möglichkeiten bei der Arbeitsgestaltung für einzelne Arbeitsplätze wurden auch konkrete Gestaltungsoptionen für Umstrukturierungsmaßnahmen bei Gruppenarbeit entwickelt (vgl. Robbins 1994). Es entstanden die Konzepte der integrierten bzw. autonomen Arbeitsgruppen, bei denen einer Arbeitsgruppe nicht nur eine Einzelaufgabe, sondern ein ganzes Aufgabenpaket zur Bearbeitung übertragen wird. Die Gruppe entscheidet darüber, welches Gruppenmitglied welche Aufgabe in welcher Form wahrnimmt. Im Rahmen von *integrierten* Arbeitsgruppen kommt das Prinzip der Job rotation zur Anwendung. Spezifisch für integrierte Gruppen ist die Position eines „Supervisors", der die Aufgaben vorgibt und die Gruppenaktivitäten überwacht. Von *autonomen* Gruppen spricht man dagegen, wenn innerhalb der Gruppe Job enrichment praktiziert wird, d.h. der Arbeitsgruppe ein bestimmtes Ziel vorgegeben wird, und diese dann vollkommen autonom darüber entscheidet, wie dieses Ziel erreicht werden kann. Bei dieser Form der Gruppenarbeit entfällt die Rolle des „Supervisors" häufig ganz oder ist zumindest von untergeordneter Bedeutung. Zusätzlich zu den Motivationsaspekten der Job-Konzepte soll durch Gruppenarbeit den Bedürfnissen nach sozialen Kontakten bei der Arbeit Rechnung getragen werden (vgl. Kap. 9.1.2). Diesem Ansatz liegt die Annahme zugrunde, daß Menschen nach Persönlichkeitsentfaltung und Selbstverwirklichung streben, diese aber erst durch kommunikative Selbstbestimmung mit sozialer Verantwortung und Verpflichtung möglich werden (vgl. Oechsler 1997).

Der komplexe Mensch

Neben den bereits erklärten Menschenbildern in der Betriebswirtschaftslehre wird von Schein (1980) ein weiteres Menschenbild vorgeschlagen, der sogenannte *komplexe Mensch.* In gewisser Weise spiegelt dieses Menschenbild eine situationstheoretische Sichtweise auf den Menschen wider, denn Schein geht davon aus, daß der Mensch in Abhängigkeit von Situationsfaktoren wie Persönlichkeit, Lebenssituation, Arbeitssituation u.ä. nicht nur *ein* dominierendes Bedürfnis hat, sondern unterschiedliche Motive für das Handeln ausschlaggebend sein können. Diese Motive verändern sich im Zeitablauf. Der Mitarbeiter wird als wandlungs- und lernfähiges Wesen gesehen. Für Führung und Organisation bedeutet dies, daß erst auf Basis einer Analyse von Situation und Motivlage des einzelnen Mitarbeiters eine sinnvolle Gestaltung der Arbeitsorganisation und ihrer Rahmenbedingungen stattfinden kann. Einen „one-best-way" von Organisation und Motivation gibt es nicht, sondern nur die Empfehlung, die Gestaltung flexibel auf die Anforderungen von Mitarbeitern und Umwelt abzustimmen. Die Zusammenfassung der Menschenbilder in Abbildung 9-3 zeigt, daß die überwiegend technisch ausgerichtete Sichtweise der Betriebswirtschaftslehre von einer konsequent sozialwissenschaftlichen Orientierung abgelöst wird. Der Mensch und dessen Verhalten rücken zunehmend in den Mittelpunkt der betriebswirtschaftlichen Betrachtung (vgl. Reichwald / Hesch 1993). Aus dem Wandel des Menschenbildes erklärt sich ein Stück weit auch der Wandel der Rollen von Mitarbeitern und Führungskräften. Rückt man davon ab, die Motive des Mitarbeiters auf wenige Bedürfnisdimensionen zu reduzieren, ergeben sich automatisch Implikationen für die Arbeitsstrukturierung und die Rollenzuweisung. Mitarbeiter übernehmen ganzheitlichere Arbeitsaufgaben, planen, steuern und koordinieren ihre Prozesse selbst und übernehmen vielfältige Rollen. Die Führungskraft sorgt für optimale Rahmenbedingungen der Aufgabenerfüllung, analysiert im Einzelfall die Motivlage der Mitarbeiter, stimmt Anreize darauf ab, fördert die persönliche Weiterentwicklung des einzelnen und setzt Mitarbeiter gemäß ihren Fähigkeiten und Motivationen an geeigneter Stelle im Unternehmen ein.

Menschenbild	Annahmen
Homo oeconomicus	• Mitarbeiter als rationaler Einkommensmaximierer • Mitarbeiter ist passiv und muß von der Organisation manipuliert, motiviert und kontrolliert werden • Mensch als „Produktionsfaktor"
Sozialer Mensch	• Mitarbeiter ist durch soziale Bedürfnisse motiviert • Mitarbeiter orientiert sich an sozialen Normen mehr als an Anreizen und Kontrollen der Vorgesetzten • Arbeitsproduktivität kann durch die Erfüllung sozialer Bedürfnisse gesteigert werden
Nach Selbstverwirklichung strebender Mensch	• menschliche Bedürfnisse sind hierarchisch angeordnet • Mensch strebt bei Erfüllung der hierarchisch untergeordneten Bedürfnisse nach Autonomie und bevorzugt Selbstmotivation und Selbstkontrolle
Der komplexe Mensch	• Mitarbeiter ist wandlungs- und lernfähig • Motive und Bedürfnispräferenzen wandeln sich • in unterschiedlichen Systemen werden unterschiedliche Motive bedeutsam (Annahme der Situationstheorie)

Abb. 9-3: Menschenbilder in der Betriebswirtschaftslehre (in Anlehnung an Schein 1980)

9.3.1.2   Werte im Wandel und Cultural Change

Die Menschenbilder allein erklären den Rollenwandel von Mitarbeitern und Managern nicht. Ebenso gehen vom Wandel gesellschaftlicher und unternehmensbezogener Werte und Normen viele Einflüsse aus. *Gesellschaftliche Werte* als Ausdruck dessen, was eine Gesellschaft als wünschenswert erachtet, unterliegen einem Wandel. Dies bedeutet vor allem, daß Werte ihr relatives Gewicht zueinander verändern (vgl. v. Rosenstiel 1994). Seit Beginn der 1970er Jahre vollzog sich ein Trend von materiellen hin zu immateriellen Werten, der in der heutigen Zeit einen Zustand der Balance erreicht hat. In der Arbeitswelt halten sich mittlerweile die Wichtigkeit von Werten wie Pflichterfüllung und Fleiß und von Werten wie Lebensgenuß und Freizeit die Waage (vgl. Opaschowski 1997). Eine Generation von Mitarbeitern reift heran, die mit Zeit, Geld, Bildung und Wohlstand aufgewachsen ist und wesentlich höhere Ansprüche an die Arbeit hinsichtlich Qualität und Kreativität stellt. Als neue Werte rücken vor allem die Selbständigkeit in der Arbeit sowie die Möglichkeit, eigene berufliche Vorstellungen und Ziele zu verwirklichen, in den Mittelpunkt. Als Leistungsmotive gewinnen Spaß, Sinnhaftigkeit und Zeit gegenüber Geld und Status an Bedeutung. Diese gesellschaftlichen Werte wirken sich auch auf die *Werte im Subsystem Unternehmung* aus. Der Generationswechsel macht sich hier durch eine Abwendung von Werten wie Gehorsam und Unterordnung und eine Hinwendung zu Eigenverantwortlichkeit, Kreativität und Initiative bemerkbar (vgl. Opaschowski 1997).

Dieser Wertewandel stellt einen wesentlichen Einflußfaktor für die gesellschaftspolitische Humanisierungsdebatte der 1970er Jahre dar. Ausdruck des Wertewandels ist neben der immer stärker werdenden Kritik an tayloristischen Arbeitsstrukturen vor allem die auf einer zunehmenden Sättigung materieller Bedürfnisse beruhende Suche nach höherer Lebens- und Arbeitsqualität. Zugrunde liegt die generelle Forderung nach Selbstverwirklichung des Menschen in der Arbeitswelt (vgl. Kreikebaum / Herbert 1988). Eine wesentliche Basis der Humanisierungsdebatte bilden die Folgerungen zur praktischen Gestaltung menschengerechter Arbeitsstrukturen, die sich aus der Zwei-Faktoren-Theorie Herzbergs (vgl. Kap. 9.3.2.2) und der Betonung des Arbeitsinhalts sowie der Arbeitsstrukturen als wichtigste Motivationsquellen ergeben. Durch die Anwendung neuer Arbeitsstrukturierungsprinzipien wie Job rotation (Aufgabenwechsel), Job enlargement (Aufgabenerweiterung), Job enrichment (Aufgabenbereicherung) oder der Bildung teilautonomer Arbeitsgruppen (vgl. Kap. 9.3.1.1) soll eine Ausweitung des Handlungsspielraums für den arbeitenden Menschen erreicht und somit die tayloristische Spezialisierung eingeschränkt sowie die Persönlichkeitsentwicklung und Qualifizierung der Mitarbeiter gefördert werden (vgl. z.B. Ulich / Groskurth / Bruggemann 1973; Gaugler / Kolb / Ling 1977; Ulich 2001). Die Humanisierungsdebatte wurde auch in der deutschsprachigen Betriebswirtschaftslehre von zahlreichen Vertretern der personalwirtschaftlichen Richtung aufgegriffen und in konkrete Empfehlungen hinsichtlich der Arbeitsstrukturen umgesetzt (vgl. z.B. Gaugler / Kolb / Ling 1977; Bartölke et al. 1978; Marr / Stitzel 1979; Drumm 1995; v. Eckardstein 1989).

Die Erkenntnis, daß ohne die Beachtung und Förderung des „subjektiven Wohl-befindens" der Mitarbeiter keine echte Identifikation und Motivation in den Unter-nehmen der Zukunft stattfinden kann (vgl. v. Rosenstiel 1994), hat sich weitgehend durchgesetzt. Die Trendforschung zeigt, daß Mitarbeiter neue Rollen einnehmen, Ver-antwortung tragen und selbständige Entscheidungen treffen *wollen* (vgl. Opaschowski 1997). Als eines der wichtigsten Bedürfnisse kann jedoch die Sehnsucht nach Sinn im eigenen Tun und in der Arbeit aufgefaßt werden. Sinn ergibt sich aus dem Erkennen von Gesamtzusammenhängen, aus dem Erkennen der Bedeutung des eigenen Tuns und aus dem *Warum* des Tuns. Aus dieser Suche des Mitarbeiters nach Sinn ergibt sich u.a. die neue Rollen des Managers als Visionär und Change Manager (vgl. Kap. 9.2.3.4). Eine neue Aufgabendimension gewinnt an Bedeutung: die Stiftung von Sinn, das Zur-Geltung-Bringen von Bedeutungen und Zielen, die symbolische Führung. Die Kommu-nikation stellt den Schlüssel hierzu dar.

9.3.1.3   Organisatorischer Wandel als Kommunikationsprozeß

Im Laufe der Zeit kristallisierte sich eine neue Sichtweise des Organisierens heraus. Zwar verstehen auch heute noch viele Autoren Organisieren als Instrumentarium zur Steuerung der Aktivitäten der Mitarbeiter oder auch als System von Regelungen, um das Verhalten der Mitglieder auf ein übergeordnetes Gesamtziel hin auszurichten (vgl. Frese 2000). Andere Autoren gelangen heute zu der Auffassung, daß Organisation vor allem in den Köpfen der Mitarbeiter verankert ist und Reorganisation in erster Linie durch Kommunikation bewerkstelligt werden kann (vgl. Kieser et al. 1998).

Hinter der Sicht des Organisierens als Aufstellen von Regelungen steckt die Annahme, daß die Mitarbeiter diesen Regelungen ohne weiteres folgen und auch das Verstehen der Regelungen kein Problem darstellt. Viele gescheiterte Reorganisationsprojekte in der Praxis zeigen jedoch, daß formale organisatorische Regelungen und Regeländerungen nicht eins zu eins im gewünschten Mitarbeiterhandeln münden. Wandel scheitert nicht an den formalen Konzepten neuer Organisationen, sondern am Verstehen und Akzeptie-ren neuer Strukturen. Denn tatsächlich orientiert sich das Handeln des Einzelnen nicht ungefiltert an den formalen Regelungen, sondern an den Interpretationen dieser Rege-lungen (vgl. Wollnik 1992). Formale Regelungen sind niemals so vollständig, daß sie keine Interpretationsspielräume zuließen. In Wirklichkeit können die Interpretationen ein- und derselben Tatsache sehr unterschiedlich ausfallen (vgl. Kieser et al. 1998). Das liegt vor allem daran, daß Regelungen und Regeländerungen an den vorhandenen mentalen Theorien und Modellen gespiegelt und vor dem Hintergrund von Erfahrungen und Erwartungen der Mitarbeiter interpretiert werden, die individuell unterschiedlich sein können. Implizite Theorien und mentale Modelle entstehen automatisch in den Köpfen der Organisationsmitglieder, denn sie ermöglichen es, Ereignisse und Situationen in der Organisation zu verstehen und einzuordnen, und sie bieten Orientierung für ein angemessenes Handeln (vgl. Kieser et al. 1998).

Damit in Organisationen trotz der individuellen Interpretationen ein abgestimmtes Handeln erfolgen kann, müssen sich Mitarbeiter durch Kommunikation über ihre jeweiligen Interpretationen verständigen. Vorgesetzte wiederholen beispielsweise mehrfach bestimmte Regeln, bringen den einen oder anderen Aspekt besonders zur Geltung, geben Feedback auf erfolgtes Handeln und ermöglichen so ein Annähern der Interpretationen der einzelnen Mitarbeiter (vgl. Kieser et al. 1998). Auch untereinander handeln Mitglieder der Organisation ständig gemeinsame Interpretationen und Bedeutungen aus. Die Kommunikation ist hierzu der Schlüsselfaktor (vgl. Abb. 9-4).

Abb. 9-4:   Kommunikation zur Interpretation von Regeln – die Organisation findet im Kopf statt (Kieser et al. 1998)

Weiterhin kann man davon ausgehen, daß ein Großteil der Regelungen einer Organisation ungeschrieben in den Köpfen der Mitarbeiter existiert und sich dort ständig fortentwickelt. Nur der kleinste Teil des Sets an Regelungen ist formal und geschrieben – formale Organisationsstrukturen sagen nur sehr wenig über die tatsächlich gelebten Regelungen aus. Für erfolgreichen organisatorischen Wandel ergibt sich hieraus die Schlußfolgerung, daß Reorganisation nicht nur die Neukonzeption von Strukturen bedeutet, sondern die eigentliche Schwierigkeit darin besteht, neue Regeln in den Köpfen der Mitarbeiter erfolgreich zu verankern, d.h. alte mentale Modelle und Verhaltensregeln durch neue zu ersetzen. Das zentrale Instrument hierzu ist die Kommunikation. Denn wenn bestehende Organisationsstrukturen durch Kommunikation sozial konstruiert und aufrecht erhalten werden, so müssen Versuche zur Änderung des Verhaltens von Mitarbeitern darauf abstellen, eingefahrene Denkmuster durch Kommunikation zu durchbrechen und zu verändern (vgl. Kieser et al. 1998). Kommunikation muß inszeniert werden und sich rhetorischer Hilfsmittel bedienen, die dies erleichtern. Metaphern und Geschichten, Visionen und Leitbilder stellen wirkungsvolle Werkzeuge hierfür dar, die der Manager als Visionär und Change Agent geschickt einsetzt. Die symbolische Führung gewinnt an Bedeutung und bewirkt ihrerseits das neue Bild von der Rolle des Managers als Kommunikationsspezialist im organisatorischen Wandel.

9.3.1.4   Neue Unternehmensstrukturen und Wertemanagement

Neben den in den Köpfen der Mitarbeiter vorhandenen Verhaltensregeln existieren im Gedächtnis der Organisation tieferliegende, grundsätzliche Werte und Normen, die den Kern der Unternehmenskultur bilden. Diese Werte und Normen entfalten in erheblichem Maße Koordinationswirkung, denn sie bieten dem einzelnen auch in Entscheidungssituation Orientierung, die unstrukturiert und neu sind. Insbesondere vor dem Hintergrund komplexer, veränderlicher Aufgaben können keine Regelungen für den Einzelfall aufgestellt werden. Wertebasierte Orientierungshilfen gewinnen an Bedeutung, denn sie vermögen in flexibler Weise, das Handeln der Mitarbeiter aufeinander abzustimmen. Damit diese koordinierende Wirkung möglich wird, muß Klarheit über Inhalt und Auslegung der Werte und Normen bestehen, d.h. sie müssen von den Organisationsmitgliedern geteilt werden. Dieser Zustand wird erreicht, indem Werte und Normen in fortwährenden Kommunikations- und Interaktionsprozessen ausgehandelt werden. Was aber, wenn die Möglichkeiten der Kommunikation und Interaktion Beschränkungen unterliegen? Dies ist gerade in neuen Organisationskonzepten der Fall, mit denen eine Auflösung der Unternehmung in räumlicher und zeitlicher Hinsicht einhergeht.

Die Ergebnisse der Forschung zu verteilten Arbeits- und Organisationsformen belegen, daß durch die Verlagerung von Arbeitsplätzen aus dem Unternehmen die informale Kommunikation, die soziale Integration und die Zusammenarbeit in Mitleidenschaft gezogen werden können (vgl. Reichwald / Bastian 1999a, 1999b). Dadurch, daß Mitarbeiter nicht mehr in vollem Umfang vor Ort im Unternehmen präsent sind und den Kontakt nur über Medien, nicht aber über häufige Face-to-face-Kommunikation aufrechterhalten können, besteht die Gefahr, daß die Integrations- und Koordinationswirkung von gemeinsamen Werten und Normen sinkt. Das Modell der aufgabenorientierten Medienwahl (vgl. Picot / Reichwald 1987; Reichwald 1999; Möslein 1999) und auch die Media Richness

Theorie (vgl. Daft / Lengel 1994) deuten darauf hin, daß die mediengestützte Kommunikation nur bedingt geeignet ist, die Vermittlung von Bedeutung, Sinn, Werten und Normen als komplexe Kommunikationsaufgaben zu unterstützen. Gerade in verteilten Organisationen muß daher die Face-to-face-Kommunikation und das ganzheitliche Erleben der Unternehmenskultur ihren Platz haben. Zu denken ist hier an regelmäßige Meetings trotz räumlicher Distanzen, Gemeinschaftsaktivitäten außerhalb der eigentlichen Aufgaben, gemeinsame Personalentwicklungs- bzw. Teambildungsmaßnahmen sowie Events und Festivitäten, die ganzheitliches Erleben ermöglichen und sich nachhaltig einprägen.

Führungskräfte müssen in verteilten Arbeits- und Organisationsformen ihre Aufmerksamkeit verstärkt dem „Wertemanagement" zuwenden und dafür Sorge tragen, daß genügend Möglichkeiten der Kommunikation und Interaktion bestehen bleiben. Mehr noch als in der hierarchischen Organisation sind symbolische Handlungen und Kommunikation erforderlich, um den Zusammenhalt des Unternehmens zu gewährleisten. In Netzwerkstrukturen und virtuellen Unternehmen ist man zudem mit wechselnden Kooperationspartnern konfrontiert, so daß wiederholt Interpretationen angeglichen und gemeinsame Werte wie Vertrauen, Zuverlässigkeit und Fairneß etabliert werden müssen. Dies erfordert wiederholte kommunikative Leistungen von Mitarbeitern und Managern.

9.3.2 Erklärungsansätze für den Rollenwandel

Neben den Entwicklungen im Umfeld von Unternehmen – dem Wandel des Menschenbilds in Organisationen, dem Wandel gesellschaftlicher Werte, der neuen Bedeutung von Kommunikation und Werten – können auch theoretische Ansätze zur Erklärung der besonderen Bedeutung des Menschen und des Wandels seiner Rollen herangezogen werden. Sowohl institutionenökonomische Erklärungsansätze als auch Theorien aus der Motivations-, Verhaltens- und Kommunikationsforschung halten spannende Erkenntnisse bereit.

9.3.2.1   Institutionenökonomische Erklärungsansätze

Die Erklärung neuer Organisationskonzepte mit Hilfe intstitutionenökonomischer Ansätze ist bereits in den einleitenden Kapiteln deutlich geworden (vgl. Teil 2). Durch den Einsatz neuer IuK-Technologien in Wertschöpfungsprozessen können Kosten der Information und Kommunikation gesenkt werden. Dadurch werden bei gleicher Spezifität der Aufgaben tendenziell marktlichere Koordinationsformen möglich (vgl. Teil 6). Netzwerke, Kooperationsgeflechte, virtuelle Strukturen, aber auch modularisierte Unternehmen als Koordinationsformen zwischen Unternehmen und Märkten bilden sich heraus. In verteilten Strukturen nimmt gleichzeitig die Relevanz des Principal-Agent-Problems (vgl. Kap. 2.3.4) zu. Denn mit dem Abbau von Hierarchien und der Verringerung hierarchischer Kontroll- und Überwachungsinstrumente bei gleichzeitig verstärkter Delegation und der Erweiterung von Handlungsspielräumen entsteht ein Vakuum zwischen den begrenzten Möglichkeiten der Kontrolle und den erweiterten Handlungsspielräumen der Agenten (vgl. Ripperger 1997). Mitarbeiter sind „unsichtbar", Kooperationspartner räumlich verteilt und häufig nur über Medien erreichbar. Die Gelegenheiten, die sich Mitarbeitern und Kooperationspartnern zur opportunistischen Ausnutzung von Informationsvorsprüngen bieten, nehmen zu. Darüber hinaus steigen durch die räumliche Verteiltheit die Kosten für ein Monitoring, also die Überwachung und Kontrolle. An anderen Stellen wird klassische Kontrolle sogar gänzlich unmöglich.

Techniken der ergebnisorientierten Führung wie z.B. Management by Objectives stellen einen Ansatz dar (vgl. Kap. 9.2.3.1 und Teil 10), der den Vorteil der Praktikabilität in verteilten Organisationen aufweist. Eine geeignete Gestaltung von Anreiz- und Entlohnungssystemen, die Ziele des Mitarbeiters bzw. Kooperationspartners und des Unternehmens in Einklang bringen soll, kann ebenfalls helfen, die Gefahr des *moral hazard* zu verringern. Führungskräfte müssen hierzu zum einen Techniken der Zielvereinbarung beherrschen und zum anderen in der Lage sein, die Ziele des Mitarbeiters richtig einzuschätzen und Anreizsysteme hierauf abzustimmen (vgl. Kap. 9.2.3.1). Dennoch können derartige Systeme an sich niemals vollständig sein. Sie müssen durch neue Beziehungsgrundlagen und Führungsmechanismen wie z.B. Vertrauen und implizte Verträge ergänzt werden.

Vertrauen bildet die Basis und notwendige Voraussetzung für die Existenz neuer Organisationsformen (vgl. z.B. Powell 1996, Picot / Dietl / Franck 2002) – diese Erkenntnis hat sich weitgehend unter den Vertretern der Institutionenökonomik durchgesetzt. Denn überall dort, wo umfassende Kontrolle nicht länger möglich oder zu teuer wäre, bildet Vertrauen eine Alternative. Das wesentliche Kennzeichen von Vertrauen besteht darin, daß von einem Akteur freiwillig eine riskante Vorleistung erbracht wird, ohne daß er explizite vertragliche Sicherungs- und Kontrollmaßnahmen gegen opportunistisches Verhalten einsetzt (vgl. Ripperger 1997). Ein Manager vertraut z.B. seinem Mitarbeiter eine nicht-öffentliche Information an, die für dessen Arbeit wichtig sein könnte. Natürlich steckt dahinter die Erwartung, daß sein Gegenüber ebenfalls freiwillig auf opportunistisches Verhalten verzichtet, also die Information nicht ohne sein Wissen weitergibt, obwohl ihm dies gegenüber anderen Vorteile verschaffen könnte. Durch Vertrauen werden Komplexität und Unsicherheit verringert, indem die Möglichkeit opportunistischen Verhaltens des Agenten ex ante ausgeklammert wird.

Es liegt auf der Hand, daß durch diese Verfahrensweise zum einen der Arbeitsablauf verbessert werden kann (der Mitarbeiter kann auf Basis der Information vermutlich bessere Entscheidungen treffen), zum anderen reduzieren sich die Transaktionskosten (der Manager bedient sich keiner Sanktionsmechanismen und kontrolliert nicht, ob die Information weitergegeben wurde). Forschungsergebnisse bestätigen diesen Befund (Frank 1988; Jones 1995) und weitere positive Vertrauenswirkungen: Vertrauen erleichtert Kooperationen (Mayer / Davis / Schoorman 1995; Smith et al. 1995), fördert behutsame und effiziente Austauschprozesse mit den Märkten (Arrow 1974, Smith 1981) und verbessert die Fähigkeiten der Anpassung an Veränderungen und Wandel (Korsgaard / Schweiger / Sapienza 1995; McAllister 1995). Natürlich kann Vertrauen nicht uneingeschränkt empfohlen werden, denn damit würden sich Unternehmen hohen Risiken aussetzen. Aber gerade in dauerhaften Beziehungen, die durch wiederholte Interaktionen und gegenseitige Abhängigkeit gekennzeichnet sind, kann gegenseitiges Vertrauen Effizienzvorteile bei geringem Vertrauensrisiko bringen, denn Vertrauensbrüche werden erschwert bzw. sind sanktionierbar (vgl. Sjurts 1998). Für Netzwerke, strategische Allianzen und virtuelle Unternehmen treffen diese Voraussetzungen häufig zu. Aus der Vorteilhaftigkeit des Vertrauens als Beziehungsbasis resultieren gleichzeitig die neuen Rollen und Anforderungen an Mitarbeiter und Manager. Die Fähigkeiten, selbst Vertrauen zu zeigen und Vertrauensbeziehungen aufzubauen, werden zentral.

In dem Maße, wie exakte Vorgaben und formale Kontrollmöglichkeiten unmöglich bzw. ineffizient werden, rückt darüber hinaus die Bedeutung von impliziten Verträgen zwischen Managern und Mitarbeitern bzw. mit Kooperationspartnern in den Mittelpunkt des Interesses. Während explizite Verträge auf möglichst exakt fixierten Vereinbarungen beruhen, bestehen implizite (relationale) Verträge aus nicht-formalisierten Erwartungen von Leistung und Gegenleistung in den Köpfen der Beteiligten, die sich vor und während der Vertragsbeziehung entwickeln. So können erhöhter Einsatz über die expliziten Arbeitsverträge hinaus, Loyalität zum Unternehmen oder andere schwer formalisierbare Leistungsdimensionen Bestandteile des impliziten Vertrags mit dem Mitarbeiter sein. Jedoch wird der Mitarbeiter seinerseits eine Erwartung von der Gegenleistung aufbauen. Ein Mitarbeiter, von dem voller Einsatz für die Unternehmung verlangt wird, wird zu seiner Verpflichtung stehen, solange sein Vertragspartner den impliziten Vertrag nicht verletzt. Wird z.B. sein Einsatz von der Führungskraft nicht anerkannt oder zeigt der Vorgesetzte selbst mangelnden Einsatz, wird der Mitarbeiter sich langfristig nicht mehr an seinen impliziten Vertrag gebunden fühlen.

Aus der Bedeutung impliziter Verträge ergeben sich Implikationen für die neue Rolle der Manager und Mitarbeiter. Es wird erneut deutlich, daß Manager mehr denn je Loyalität und Commitment vorleben müssen, um Verpflichtung zu erzeugen und Dimensionen impliziter Verträge zur Geltung zu bringen. Ebenfalls wird die Rolle der Kommunikation bei der Verständigung über implizite Verträge bewußt. Ein Großteil der Aspekte der neuen Rolle des Mitarbeiters, wie z.B. unternehmerisches Denken, Übernahme von Verantwortung und persönliche Weiterentwicklung, sind schwer zu formalisieren und damit Gegenstand impliziter Verträge. Wirksam werden diese Verträge jedoch erst, wenn auch die Führungskraft sich ihrerseits auf ihre neuen Rollen einläßt. Dazu gehört die Auseinandersetzung mit den ungeschriebenen Gesetzen der Unternehmung und der Unternehmenskultur, das Vorleben von Leistungsstandards, die Entwicklung von Visionen, die Stiftung von Sinn sowie das Coaching, die Förderung und die partnerschaftliche Beratung des einzelnen Mitarbeiters (vgl. Kap. 9.2.3).

9.3.2.2   Motivationstheoretische Erklärungsansätze

Nicht nur aus den Überlegungen auf Basis der Principal-Agent-Theorie ergeben sich Erklärungen für den Rollenwandel von Mitarbeitern und Managern, sondern auch die Ergebnisse der Motivationsforschung bestätigen deren Vorteilhaftigkeit. Motivationstheorien versuchen, das Zustandekommen menschlichen Handelns zu erklären. Dabei geht es – je nach Theorieansatz – um die Richtung, Intensität und Dauerhaftigkeit des Aufbaus, der Aufrechterhaltung und des Abbaus von Verhalten (vgl. Staehle 1994). Für das Management und insbesondere die persönliche Führung sind Motivationstheorien von vitalem Interesse, da sich in ihnen Anhaltspunkte zur zielorientierten bzw. leistungssteigernden Verhaltensbeeinflussung finden lassen.

Generell lassen sich motivationstheoretische Ansätze in Inhalts- und Prozeßtheorien untergliedern. Inhaltstheorien versuchen zu ergründen, *was* im Menschen Verhalten erzeugt und aufrechterhält. Als bekannte inhaltstheoretische Ansätze gelten vor allem die Bedürfnishierarchie von Maslow sowie die Zwei-Faktoren-Theorie von Herzberg. Prozeßtheorien beschäftigen sich dagegen mit dem *wie* des Zustandekommens von Verhalten, also mit den Prozessen, die vor, während und nach der Entstehung von Verhalten ablaufen. Hierzu werden die Ansätze von Vroom und Porter / Lawler kurz erläutert. Aber auch gleichheits- und attributionstheoretische Modelle werden üblicherweise den Prozeßtheorien zugeordnet. Hierzu werden die Ansätze von Adams und Weiner vorgestellt.

Die Bedürfnishierarchie von Maslow

Den wohl bekanntesten inhaltstheoretischen Ansatz bildet die Bedürfnishierarchie von Maslow (1954), der die Struktur und Dynamik menschlicher Bedürfnisse als Motivations- und Verhaltensursache erklärt und das Streben nach Selbstverwirklichung als oberste Zielvorstellung formuliert (vgl. Abb. 9-5).

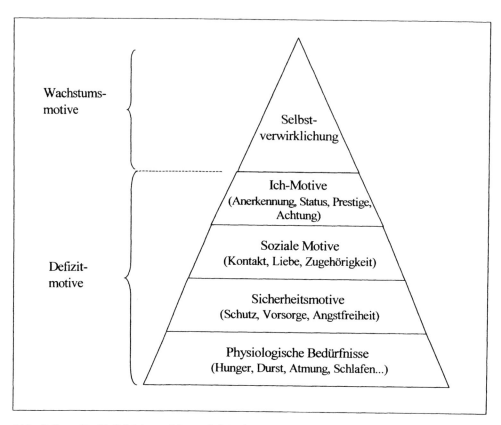

Abb. 9-5:   Bedürfnishierarchie nach Maslow (Maslow 1954)

Die fünf Hauptbedürfnisklassen der Hierarchie sind nach ihrer relativen Dringlichkeit aufsteigend geordnet. Maslow geht davon aus, daß die Bedürfnisse höherer Bedürfnisklassen erst dann Einfluß auf das menschliche Verhalten haben, wenn die Bedürfnisse niedrigerer Ordnung erfüllt sind (vgl. Maslow 1954). Darüber hinaus sind Selbstverwirklichungsmotive nach Maslow im Gegensatz zu den Motiven niedrigerer Ordnung nicht stillbar (Wachstumsmotive). Werden sie befriedigt, wachsen sie noch weiter, während physiologische Bedürfnisse beispielsweise aus Defiziten (Hunger, Durst etc.) resultieren und nach Befriedigung abklingen.

Die Bedürfnishierarchie von Maslow ist ein gedanklich systematisierender Erklärungsansatz, der keinen Anspruch auf empirische Gültigkeit erhebt. Er entfaltet jedoch in vielen Bereichen eine empirische Plausibilität. So führte beispielsweise der zunehmende Wohlstand nach dem zweiten Weltkrieg zu einer Veränderung in der Motivationsstruktur vieler Arbeitnehmer. Die Bedeutung von Anerkennungs- und Statusbedürf-

nissen sowie von Bedürfnissen nach Persönlichkeitsentfaltung, schöpferischer Betäti-
gung, Verantwortungsübernahme und Teilnahme am Entscheidungsprozeß stieg an.
Ähnlich wie das Scientific Management mit der Verlagerung der als dominant empfun-
denen materiellen Bedürfnisse in den sozialen Bereich überholt worden war, wurde das
Human-Relations-Konzept überholt, seit die genannten höheren Bedürfnisstrukturen
dominierten (vgl. Hill / Fehlbaum / Ulrich 1994).

Die Zwei-Faktoren-Theorie von Herzberg

Einen weiteren inhaltstheoretischen Erklärungsansatz der Motivation liefert die Zwei-
Faktoren-Theorie der Arbeitszufriedenheit von Herzberg. Diese geht aufgrund empirischer Befunde davon aus, daß es zwei Gruppen von Faktoren der Arbeitszufriedenheit
gibt (vgl. Herzberg / Mausner / Snyderman 1959; Herzberg 1968):

- *Motivatoren* sind Faktoren, die Zufriedenheit herstellen können. Sie betreffen nach den
  empirischen Untersuchungen Herzbergs vor allem den Arbeitsinhalt selbst, wie z.B.
  Leistung, Anerkennung, interessante Arbeitsinhalte, Verantwortung und Aufstieg.

- *Hygienefaktoren* verhindern Unzufriedenheit, stellen aber keine Zufriedenheit her.
  Sie beziehen sich vor allem auf die Randbedingungen der Arbeit, wie z.B. Unternehmenspolitik, Arbeitsbedingungen, Entlohnung und soziale Beziehungen.

Herzberg stellt die Bedeutung des Arbeitsinhalts als Haupteinflußfaktor für die Arbeitszufriedenheit und damit die Motivation heraus und geht wie Maslow davon aus, daß
menschliches Handeln wesentlich vom Streben nach Selbstverwirklichung bestimmt
wird. Als Schlußfolgerungen für die Führung entwickelt Herzberg aus seinen empirischen Erkenntnissen einen Kanon von Empfehlungen. So rät er, die negative Ausgestaltung der Hygienefaktoren zu vermeiden und sich voll auf die Motivatoren zu konzentrieren (vgl. Staehle 1994). Menschen mit Geld motivieren zu wollen, wäre nach der
Herzberg'schen Theorie beispielsweise der falsche Ansatz. Motivation könne einzig und
allein durch Faktoren in der Arbeit selbst, also durch Motivatoren, erreicht werden.

Die VIE-Modelle von Vroom und Porter / Lawler

Vroom (1964) lieferte durch seine „Valenz-Instrumentalitäts-Erwartungs-Theorie" einen
komplexeren Ansatz zur Erklärung des Arbeitsverhaltens. Seine Theorie macht Aussagen über die kognitiven Prozesse im Individuum, die zur Motivation führen, und gilt
als das Grundmodell der neueren Prozeßtheorien der Motivation. Vrooms Modell beruht
auf der Annahme, daß Individuen Ziele verfolgen und diesen Wertschätzungen (*Valenzen*) zumessen. Unterschiedliche Handlungsergebnisse und Belohnungen können indivi-

duell als unterschiedlich attraktiv wahrgenommen werden. Bei der Auswahl einer Handlung werden die vorhandenen Handlungsalternativen (Wege) mit Wahrscheinlichkeiten dafür belegt, daß das Ziel mit ihnen erreicht werden kann (*Instrumentalität*). Schließlich schätzen Individuen ihre eigenen Fähigkeiten ein, die Wege erfolgreich zu gehen, also die Handlungsalternativen erfolgreich durchführen zu können (*Erwartung*) (vgl. z.B. Staehle 1994; Kupsch / Marr 1991). Die Entscheidung für eine Handlungsalternative ergibt sich aus der Stärke von Valenzen, Instrumentalität und Erwartung.

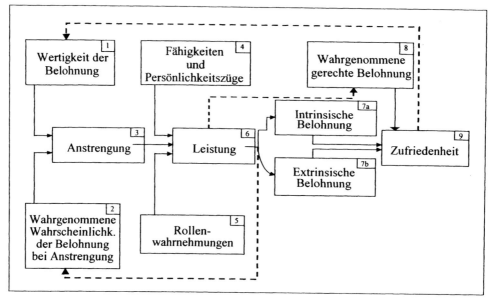

Abb. 9-6:   Motivationsmodell von Porter / Lawler (1968)

Porter / Lawler (1968) stellten den kognitiven Prozeß der Entstehung des Handelns ähnlich dar (vgl. Abb. 9-6). Sie übernehmen Elemente des Vroom'schen Ansatzes – Wertigkeiten, Wahrscheinlichkeiten der Belohnung und Einschätzung der eigenen Fähigkeiten, zeigen darüber hinaus weitere Einflußfaktoren auf und berücksichtigen eine Rückkopplung der Ergebnisse bzw. deren Einfluß auf die Zufriedenheit und auf zukünftiges Handeln.

Für die Führung lassen diese Erwartungs-Valenz-Theorien folgende Schlußfolgerungen zu: Im Hinblick auf die leistungssteigernde Beeinflussung des Mitarbeiterverhaltens kann der Manager versuchen, Valenzen der Ziele zu ändern, die Instrumentalitäten der Wege zur Geltung zu bringen, durch Qualifizierung und Information die wahrgenommene Wahrscheinlichkeit der erfolgreichen Umsetzung von Handlungen zu steigern oder die erwarteten Belohnungen auf das Handeln folgen zu lassen (vgl. v. Rosenstiel 1998). Es bestätigt sich hier die neue Rolle des Managers als Analyst, Coach und Berater, als Spezialist für Motivation und Mitarbeiterführung.

Die Equity-Theory von Adams

Neben den sehr umfassenden Erwartungs-Valenz-Modellen zeigt der gleichheitstheoretische Ansatz von Adams (1965), die sog. *Equity-Theorie*, eine weitere Perspektive menschlichen Handelns in Organisationen. Adams geht von einem generellen Bedürfnis des Individuums nach Gleichgewicht aus. Die Wahrnehmung von Ungleichheiten setzt motivationales Potential frei, das auf die Reduzierung der Abweichungen vom Gleichgewicht gerichtet ist (vgl. Staehle 1994). In Arbeitsorganisationen entsteht demnach ein Empfinden von Ungerechtigkeit, wenn die erbrachte Leistung und die dafür empfangenen Belohnungen im Bewußtsein des Organisationsmitglieds nicht in einem angemessenen Verhältnis zueinander stehen bzw. das eigene Input-Output-Verhältnis verglichen zu anderen Personen in der gleichen oder ähnlichen Arbeitssituation als ungerecht empfunden wird. Menschen versuchen dieses Ungleichgewicht auszugleichen, indem sie ihre Inputs (Aufwände) oder Outputs (Erträge) anpassen. Empfindet z.B. ein Mitarbeiter, daß er im Vergleich zur Leistung eines Kollegen unterbezahlt ist, ist die Gefahr groß, daß er seine Leistung reduziert. Auch das Verhältnis von Managern und Mitarbeitern kann als Austauschprozeß gedeutet werden, in dem jeweils eigene Inputs und empfangene Outputs in einem ausgeglichenen Verhältnis stehen müssen (vgl. z.B. Graen 1976). Insbesondere für die Gestaltung von Anreizsystemen und leistungsabhängiger Entlohnung leisten gleichheitstheoretische Modelle einen wichtigen Beitrag, sie lassen aber ebenso Schlüsse für die Gestaltung der Beziehung zwischen Manager und Mitarbeiter zu.

Attributionstheoretische Erklärungsansätze

In jüngerer Zeit haben Attributionstheorien besondere Beachtung bei der Erklärung der Leistungsmotivation erfahren (vgl. z.B. Weiner 1994). Grundlegende Annahme der Attributionstheorie ist, daß Menschen versuchen, die Ursachen für Ereignisse zu ergründen. Das Zuweisen von Ursachen zu beobachtbaren Ereignissen oder Wirkungen (Attribution) stellt ein Grundbedürfnis dar, denn es ist die Basis für späteres Handeln. So kann zum Beispiel der Erfolg einer Handlung den eigenen Fähigkeiten und / oder Anstrengungen (interne Attribution) oder aber dem Zufall, der geringen Aufgabenschwierigkeit oder anderen externen Faktoren (externe Attribution) als Ursache zugewiesen werden. Späteres Handeln ist davon abhängig, ob Erfolg oder Mißerfolg durch früheres Verhalten auf interne oder externe Faktoren zurückgeführt wurde. Es ist zu beobachten, daß stark leistungsmotivierte Menschen Erfolg und Mißerfolg tendenziell eher den eigenen Fähigkeiten zuweisen, während weniger leistungsorientierte tendenziell eher externe Attributionen vornehmen, d.h. Mißerfolg auf Umstände in der Umwelt zurückführen. Aber nicht nur den eigenen Leistungen werden Ursachen zugeschrieben, sondern auch den Erfolgen und Mißerfolgen anderer. So zeigen Forschungsergebnisse, daß beispielsweise Mitarbeiter und ihre Vorgesetzten häufig gegenläufige Attributionen für das Leistungsergebnis des Mitarbeiters vornehmen: Während der Mitarbeiter Erfolge sich selbst und Mißerfolge der Umwelt zuschreibt, ist es beim Manager umgekehrt. Dies kann Spannungen auslösen, die dem partnerschaftlichen Verhältnis von Manager und Mitarbeiter im Wege stehen. Divergierende Attributionen sollten daher vermieden werden.

Dies kann durch vertiefte Informationen des Managers über die Person des Mitarbeiters, die Aufgabe und die situativen Bedingungen erreicht werden. Green / Mitchell (1979) gehen von der Annahme aus, daß eine geringe ‚psychologische Distanz' zum Mitarbeiter die Realitätsnähe der Attributionen erhöht. Dies unterstreicht die neue Rolle der Führungskraft als Coach und Berater, die mit einer intensiven Auseinandersetzung mit der Person des Mitarbeiters verbunden ist. In seiner Rolle als Coach kann der Manager darüber hinaus versuchen, durch Kommunikation Einfluß auf hemmende Attributionen des Mitarbeiters zu nehmen, die der Leistung im Wege stehen. Neue Organisationskonzepte, die mit einem hohen Maß an Delegation, mit Verantwortungsverlagerung auf den Mitarbeiter und der Vergrößerung der Handlungsspielräume verbunden sind, erschweren darüber hinaus unberechtigte externe Attributionen des Mitarbeitererfolgs für den Manager und unberechtigte externe Attributionen des Mißerfolgs für den Mitarbeiter.

9.3.2.3   Verhaltenswissenschaftliche Erklärungsansätze

Einen Einblick in die Erklärung der neuen Rollen geben darüber hinaus verhaltenswissenschaftlich orientierte Ansätze der Führung. Sie machen grundlegende Aussagen über das Verhalten von Führungskräften und Geführten im Kontext kooperativer Aufgabenerfüllung. Eine Richtung der verhaltenswissenschaftlichen Führungsforschung befaßt sich vor allem mit *Führungsstilen*. Als Führungsstil bezeichnet man ein langfristig relativ stabiles, situationsinvariantes Verhaltensmuster des Führers (vgl. Neuberger 1977), das durch persönliche Grundeinstellungen der Führungskraft gegenüber dem Mitarbeiter geprägt wird. Tannenbaum / Schmidt (1958) entwickelten im Rahmen von empirischen Beobachtungen ein Kontinuum zwischen autoritären und kooperativen bzw. delegativen Führungsstilen (vgl. Abb. 9-7). In Abhängigkeit von den spezifischen Charakteristika der Führungskraft, der Mitarbeiter und der Situation läßt sich so laut den Autoren der ‚richtige', situationsgerechte Führungsstil bestimmen. Einen einzig richtigen Führungsstil könne es nicht geben, allein die Flexibilität, situative Einflußfaktoren realisitisch einzuschätzen und sich mit seinem Führungsverhalten entsprechend darauf einzustellen, sei der Schlüssel zum Führungserfolg (vgl. Staehle 1994).

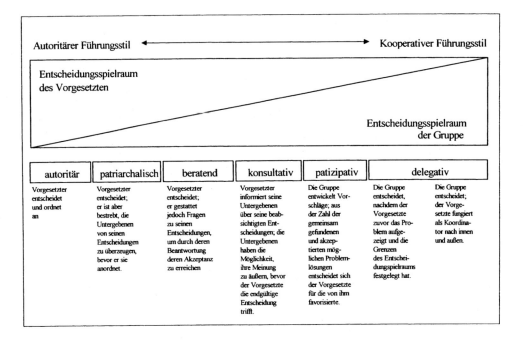

autoritär	patriarchalisch	beratend	konsultativ	patizipativ	delegativ	
Vorgesetzter entscheidet und ordnet an	Vorgesetzter entscheidet; er ist aber bestrebt, die Untergebenen von seinen Entscheidungen zu überzeugen, bevor er sie anordnet.	Vorgesetzter entscheidet; er gestattet jedoch Fragen zu seinen Entscheidungen, um durch deren Beantwortung deren Akzeptanz zu erreichen	Vorgesetzter informiert seine Untergebenen über seine beabsichtigten Entscheidungen; die Untergebenen haben die Möglichkeit, ihre Meinung zu äußern, bevor der Vorgesetzte die endgültige Entscheidung trifft.	Die Gruppe entwickelt Vorschläge; aus der Zahl der gemeinsam gefundenen und akzeptierten möglichen Problemlösungen entscheidet sich der Vorgesetzte für die von ihm favorisierte.	Die Gruppe entscheidet, nachdem der Vorgesetzte zuvor das Problem aufgezeigt und die Grenzen des Entscheidungsspielraums festgelegt hat.	Die Gruppe entscheidet; der Vorgesetzte fungiert als Koordinator nach innen und außen.

Abb. 9-7:   Autoritärer und kooperativer Führungsstil (Tannenbaum / Schmidt 1958)

Die sog. Ohio-Studien (seit 1945), die Michigan-Studien (seit 1947) und die Group-Dynamics-Studien (1960) isolierten auf der Suche nach Führungsstilkategorien in ihren empirischen Untersuchungen im wesentlichen zwei charakteristische Merkmale des Führungsverhaltens, die sich als „Mitarbeiterorientierung" und „Aufgabenorientierung" des Vorgesetzten zusammenfassen lassen (vgl. Staehle 1994; Goecke 1997). *Mitarbeiterorientierung* bezeichnet dabei ein Führungsverhalten, das die zwischenmenschlichen Beziehungen bei der Aufgabenerfüllung besonders berücksichtigt. Der Mitarbeiter wird mit seinen individuellen Bedürfnissen und Zielen ernst genommen, und seine persönliche Entwicklung wird gefördert. Aufgabenorientierung bedeutet dagegen, daß die Leistungsaspekte der Aufgabe besonders betont werden. Der Mitarbeiter wird dabei von der Führungskraft in erster Linie als Mittel zur Erreichung des Organisationszwecks gesehen.

Neben der Beschreibung von grundlegenden Dimensionen des Führungsverhaltens stand darüber hinaus vor allem die Fragestellung nach der Gestaltung der Führung im Vordergrund. Blake / Mouton konstatieren in ihrer Urfassung des Managerial Grid (vgl. Abb. 9-8), daß sich das optimale Führungsverhalten durch hohe Aufgaben- und Beziehungsorientierung auszeichne (vgl. Blake / Mouton 1968). Diese Position eines one-best-way des Führungsverhaltens wurde später von Blake / Mouton (1985) selbst sowie von

Reddin (1977) und Hersey / Blanchard (2001) relativiert, die die Effizienz eines Führungsstil in Abhängigkeit von der Situation sehen.

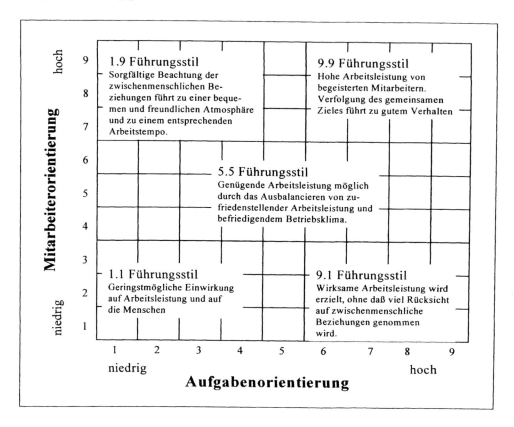

Abb. 9-8:   Das Managerial Grid (Blake / Mouton 1968)

Cartwright / Zander (1968) interpretierten im Rahmen der Group Dynamics Studien die
Führungsdimensionen normativ als *Funktionen* der Führung. Lukasczyk prägte 1960
erstmalig die Bezeichnungen „Lokomotionsfunktion" als die Gewährleistung der Zielerreichung und „Kohäsionsfunktion" als Aufrechterhaltung des Gruppenzusammenhalts
(vgl. Lukasczyk 1960). Diese Bezeichnungen sind in späteren Untersuchungen zur
Führungsforschung, z.B. bei Grote (1994), aufgegriffen worden.

Die neuen Arbeits- und Organisationsformen beeinflussen das Führungsverhalten bzw.
die Aufgabenschwerpunkte der Führung. In verteilten Strukturen sind veränderte Infor-
mations-, Kommunikations- und Führungsprozesse zur Sicherstellung der Aufgabenerfüllung notwendig. Es wird gefordert, Entscheidungskompetenz in die verteilten Einhei-

ten zu verlagern, Handlungsspielräume zu erweitern und die Autonomie der verteilten Einheiten bzw. Mitarbeiter zu fördern (vgl. Boyett / Conn 1992). Unter solchen Rahmenbedingungen werden rein autoritäre Führungsstile zunehmend problematisch, kooperatives Führungsverhalten verspricht dagegen mehr Erfolg.

Dadurch, daß Führungskräfte tendenziell von aufgabenbezogenen Tätigkeiten entlastet werden, verschiebt sich ihr Aufgabenschwerpunkt zu beziehungszentrierten Aufgaben. Aber auch die Auswirkungen verteilter Organisationsstrukturen wie z.B. die Telearbeit machen dies unmittelbar notwendig: Befragungen von Telearbeitern ergaben, daß sich verteilt arbeitende Mitarbeiter häufig in geringerem Maße in Teamentscheidungen einbringen konnten, daß eine Verschlechterung des Kooperationsklimas wahrgenommen wurde und daß soziale Kontakte deutlich abnahmen (vgl. Reichwald / Bastian 1999a, 1999b). Durch verteiltes Arbeiten scheint die Gefahr des Verlustes von Kohäsionseffekten gegeben zu sein – ein Phänomen, das vergleichbar mit den von Nerdinger / v. Rosenstiel (1996) im Rahmen der Dezentralisierungsdiskussion genannten „zentrifugalen Kräften der Dezentralisierung" ist. Entsprechend steht die Führung in verteilten Strukturen vor allem vor der Herausforderung, den Zusammenhalt, die Kohäsion innerhalb von Arbeitsgruppen und innerhalb der Gesamtorganisation, aber auch im Rahmen von interorganisationalen Kooperationen zu gewährleisten – eine Aufgabe, die im Einklang mit der dargestellten neuen Rolle der Führungskraft steht.

9.3.2.4   Kommunikationstheoretische Erklärungsansätze

In den neuen Rollen von Mitarbeitern und Managern spielt die Kommunikation eine entscheidende Rolle. Empirische Untersuchungen zur Kommunikation von Führungskräften ergaben, daß Manager bis zu 90% ihrer Arbeitszeit für Kommunikationsaktivitäten aufwenden (vgl. Pribilla / Reichwald / Goecke 1996). Auch für Mitarbeiter in verteilten Organisationen nehmen Kommunikationsanteile in der Arbeit zu, wenn man neue Formen der Arbeitsstrukturierung wie Teamarbeit und Networking betrachtet. Zur Erklärung hierfür lassen sich Ansätze der Kommunikationstheorie heranziehen (vgl. Möslein 2000).

Geht man beispielsweise davon aus, daß beobachtbare Fakten in der Umwelt niemals ungefiltert aufgenommen und in menschliches Handeln übersetzt werden, sondern von jedem Individuum zunächst interpretiert und an vorhandenen Erfahrungen und bestehenden mentalen Regeln und Richtlinien gespiegelt werden, wird die Bedeutung der Kommunikation evident. Nach dieser Grundannahme, die auf den radikalen Konstruktivismus zurückgeht, existieren keine objektiven Abbilder der Wirklichkeit in den Köpfen der Menschen, sondern lediglich interpretierte, die mehr oder weniger gut für den Alltag geeignet sind (vgl. Kieser et al. 1998; Weick 1985; Wollnik 1992). Beobachtbaren Tatbeständen in der Umwelt wie z.B. formalen Organisationsstrukturen können potentiell sehr unterschiedliche Abbilder in den Köpfen der Organisationsmitglieder gegenüberstehen und zu möglicherweise gegensätzlichen Handlungsschlußfolgerungen führen. Damit in einer Organisation dennoch abgestimmtes Handeln möglich wird, ist Kommunikation notwendig. Denn durch Kommunikation handeln die Organisationsmitglieder eine gemeinsame Deutung der Tatbestände aus – sie konstruieren gemeinsam ihre Wirklichkeit.

Insbesondere wenn es darum geht, komplexe und stark veränderliche Aufgaben arbeitsteilig zu bewältigen, können geteilte Grundannahmen und Spielregeln den Abstimmungsaufwand zwischen den Organisationsmitgliedern verringern und die Aufgabenerfüllung erleichtern bzw. beschleunigen. Der Teamarbeit werden u. a. deshalb leistungsförderliche Eigenschaften zugeschrieben, weil sie die Kommunikation zwischen den Teammitgliedern und damit die Entwicklung gemeinsamer mentaler Strukturen forciert. Aber auch die Führungskraft als Coach, die ihre Mitarbeiter entwickeln, beraten und unterstützen will, muß darauf bedacht sein, ihre Interpretation der Dinge mit denen der Mitarbeiter abzustimmen. Wie schon in Kapitel 9.3.1.3 angedeutet, wird die Kommunikation zum entscheidenden Faktor, wenn es darum geht, organisatorischen Wandel zu initiieren und die mentalen Strukturen zu verändern – eine Aufgabe, die der Führungskraft als Change Agent in besonderem Maße zufällt.

Gemäß dem *pragmatischen Kommunikationsansatz* von Watzlawick et al. (1990) hat jede Kommunikation neben einem Inhalts- auch einen Beziehungsaspekt (vgl. auch Teil 3). Der Inhaltsaspekt betrifft die Übermittlung von Fakten, der Beziehungsaspekt hingegen betrifft das zwischenmenschliche Verhältnis zwischen den Kommunikationspartnern und liefert damit einen Ausgangspunkt für die Interpretation des reinen Inhalts. Je unproblematischer die Beziehungen zwischen den Kommunikationspartnern sind, desto leichter können Sachinformationen ausgetauscht werden. Eine gute Beziehungsbasis ist also gerade vor dem Hintergrund komplexer und variabler werdender Aufgaben und Sachinformationen ein wichtiger Ausgangspunkt für die Leistungserstellung, die darüber hinaus immer häufiger räumlich und zeitlich verteilt erfolgt. Hieraus erklärt sich die Rolle des Managers als Networker und die des Mitarbeiters als Beziehungsmanagers, die im wesentlichen darin besteht, diese so wichtige Beziehungsbasis über Kommunikation aufzubauen.

Media Choice Theorien bestätigen vor allem die besondere Rolle der persönlichen Kommunikation in neuen Unternehmenskonzepten. Das Modell der aufgabenorientierten Wahl von Kommunikationsmedien (vgl. Reichwald 1999) empfiehlt für komplexe Kommunikationsaufgaben vor allem mündliche und synchrone Kommunikationsmittel und weist auf die besondere Bedeutung von räumlicher Nähe zwischen den Kommunikationspartnern hin. In eine ähnliche Richtung weist die Media Richness Theorie (vgl. Daft / Lengel 1984; Rice 1992). Sie geht davon aus, daß Kommunikationsmedien unterschiedlich ‚reichhaltig' sein können. Die Reichhaltigkeit wird bestimmt durch Faktoren wie Rückkopplungsmöglichkeiten, Anzahl der eingesetzten Kanäle, persönliche bzw. unpersönliche Kontakte oder Art und Vielfalt der sprachlichen Möglichkeiten (z.B. Körpersprache). Daft / Lengel (1984) ordnen der Face-to-face-Kommunikation die höchste Reichhaltigkeit zu. Mit Hilfe des Konzepts der Informationsreichhaltigkeit entsteht ein Modell der effektiven Kommunikation in Abhängigkeit von der Komplexität der Kommunikationsaufgabe. Für komplexe Aufgaben werden auch hier reichhaltige Kommunikationsmittel empfohlen. Eine empirische Untersuchung von Grote (1994) zeigt darüber hinaus, daß Kommunikation über elektronische Medien nur sehr bedingt geeignet ist, die Kohäsionsfunktion der Führung – also den Aufbau von Beziehungen und Zusammengehörigkeit – zu unterstützen.

Geht man davon aus, daß gerade die Aufgaben der Manager in der grenzenlosen Unternehmung immer komplexer werden, erklärt sich aus diesen Modellen die große Bedeutung der persönlichen Kommunikation. Natürlich existieren auch weiterhin Sachaufgaben, die hoch strukturiert und wenig komplex sind und daher auch mit weniger reichhaltigen Kommunikationskanälen auskommen. Aber gerade die neuen Aufgabenschwerpunkte des Aufbaus von Beziehungen, des Networking, der Initiierung von Wandel und der intensiven Betreuung und Förderung des einzelnen Mitarbeiters sind durch eine hohe Komplexität gekennzeichnet und lassen die persönliche Kommunikation in den Mittelpunkt treten.

9.4 Bewältigung der Anforderungen an den Menschen in der Organisation der Zukunft

9.4.1 Qualifikation und Personalentwicklung

Vor dem Hintergrund gewandelter Rollen und erhöhter Anforderungen an Manager und Mitarbeiter und angesichts deutlicher Widerstände und Barrieren in der Praxis werden Qualifizierung und Personalentwicklung in den Unternehmen zu Schlüsselfaktoren für erfolgreichen Wandel und die Übernahme neuer Rollen.

Unter Qualifikation wird die Gesamtheit von Befähigungen eines Mitarbeiters verstanden, den momentanen und zukünftigen beruflichen Anforderungen zu entsprechen. Neben der Fachkompetenz wird den sozialen Fähigkeiten und der Kreativität eine gehobene Bedeutung für die erfolgreiche Implementierung und Realisierung der neuen Organisationskonzepte zugesprochen, wobei die Bedeutung der fachlichen Fähigkeiten zugunsten der beiden anderen Teilqualifikationen abnimmt (vgl. Höfer 1997). Begründet wird diese Verschiebung damit, daß soziale Kompetenz und Kreativität zeitlich weitaus weniger anfällig sind als die fachliche Wissensbasis, die aufgrund des technologischen Fortschritts immer schneller veraltet (vgl. z.B. Lawler 1994; Underwood 1993). Dies impliziert jedoch nicht, daß das Erlernen von fachlichen Fähigkeiten und Fertigkeiten entbehrlich würde. Nach wie vor wird es auch in Zukunft unabdingbar sein, fachliches Wissen und handwerkliches Können zu vermitteln und zu erlernen (vgl. Pawlowsky 1992). Neue Anreizsysteme schaffen die Grundlage für die zielgerichtete Vermittlung neuen Wissens und kontinuierliche Weiterqualifikation der Mitarbeiter (siehe Kap. 10.5.2).

9.4.1.1   Vermittlung von sozialen Fähigkeiten

„Soziale Kompetenz", „soziale Fähigkeiten" oder auch „soziale Intelligenz" umfaßt Fähigkeiten, die dazu beitragen, ein optimales Funktionieren von Gruppen sicherzustellen. Dazu gehören im weitesten Sinne die Kommunikationsfähigkeit (sprechen und zuhören können) sowie Fähigkeiten, auf andere einzugehen, seine eigenen Gedanken und Gefühle verständlich mitzuteilen, offen und direkt zu kommunizieren, Feedback geben zu können, authentisch zu sein oder durch eigenes Verhalten nicht konfliktverschärfend zu wirken (vgl. v. Rosenstiel / Regnet / Domsch 1998). Diese Fähigkeiten tragen dazu bei, daß der sinnvolle Umgang mit anderen (Kollegen, Kunden, Vorgesetzte, Unterstellte, etc.) sowie die Einordnung in einen sozialen Kontext gelingen bzw. erleichtert werden.

Die Praxis kennt unterschiedliche Methoden zur Vermittlung von Sozialkompetenz, die je nach Autor in verschiedenen Schemata systematisiert werden (vgl. z.B. Conradi 1983; Thom 1987; Neuberger 1994). Im folgenden soll der Einteilung von v. Rosenstiel (1992) gefolgt werden, der sich stark an Neuberger orientiert. Er unterscheidet die Maßnahmen zur Vermittlung von Sozialkompetenz in inhalts- und prozeßorientierte Aktionen. Abbildung 9-9 zeigt eine Zusammenfassung möglicher inhalts- und prozeßorientierter Qualifizierungsmaßnahmen zur Vermittlung von Sozialkompetenz.

Inhaltsorientierte Qualifizierungsmaßnahmen (Qualifizierung durch Vermittlung fachlicher Inhalte ohne aktive Teilnehmerbeteiligung), wie z.B. Vorträge oder Wissensvermittlung im Unterrichtsstil, sind nur bedingt zur Entwicklung sozialer Kompetenz geeignet. Lediglich in Verbindung mit geeigneter Visualisierung (z.B. Videofilm über richtiges und falsches Sozialverhalten) erscheint diese Form der Wissensvermittlung angebracht.

Maßnahmen	Beispiele
Inhaltsorientierte Maßnahmen	• Vortrag • Videofilm
Prozeßorientierte Maßnahmen	*Nicht-strukturale Maßnahmen:* • Lehrgespräche, Podiumsdiskussion • Rollenspiele • Fallstudien • Unternehmensplanspiele • Gruppendynamische Trainings • Teambildung *Strukturale Maßnahmen:* • Qualitätszirkel • Projektarbeit • Netzwerkbildung • Lerngemeinschaften • Kollegiale Supervision

Abb. 9-9:   Maßnahmen zur Vermittlung von Sozialkompetenz

Bei Anwendung einer *prozeßorientierten Vorgehensweise* (die Teilnehmer sind in den Prozeß der Fähigkeitsvermittlung aktiv eingebunden) kann die Aktivierung der Teilnehmer sehr unterschiedlich erfolgen. Prozeßorientierte Maßnahmen werden in nicht-strukturale und strukturale Maßnahmen unterschieden. Im ersten Fall wird Sozialkompetenz ohne, im zweiten Fall in Verbindung mit organisatorischen Veränderungen vermittelt. Letzterer Version wird eine nachhaltigere Wirkung zugeschrieben, da sie langfristiger angelegt ist.

Nicht-strukturale Maßnahmen

Lehrgespräche oder *Plenumdiskussionen* im Rahmen von Seminarveranstaltungen, bei denen die Teilnehmer ihre eigenen Erfahrungen einbringen und ihre Probleme der Sicht von Kollegen gegenüberstellen können, stellen die einfachste nicht-strukturale Variante zur Vermittlung von Sozialkompetenz dar. Im Vergleich dazu sind *Rollenspiele* durch eine stärkere Instrumentalisierung gekennzeichnet. Sie bieten die Möglichkeit, mit Hilfe bereitgestellten Materials oder auf Basis von Informationen, die aus der eigenen aktuellen Problemsituation generiert wurden, adäquates Verhalten und / oder alternative Verhaltensweisen zu erproben. Den Rollenspielern wird dabei Feedback durch andere Seminarteilnehmer oder durch den Trainer gegeben. Eine mögliche Variante wäre, daß der Trainer oder ein geübter Schauspieler die Rolle des Gegenübers der zu trainierenden Person übernehmen.

Bei der Bearbeitung von *Fallstudien* sind die Vorgaben in der Regel komplexer (vgl. Domsch / Regnet / v. Rosenstiel 2001). Hier soll theoretisches Wissen mit Hilfe konkreter Probleme aus der Praxis in das Alltagshandeln übertragen werden. Komplexe Fallstudien mit Computerunterstützung können zu mehrtägigen *Unternehmensplanspielen* werden. Durch Vorgaben werden den Teilnehmern bestimmte Rollen zugewiesen. Das Computerprogramm gibt Rückkopplung über die Konsequenzen der von Einzelnen oder von Gruppen getroffenen Entscheidungen. Für die Teilnehmer besteht die zusätzliche Möglichkeit, durch geschulte Beobachter ein differenziertes Feedback über ihr Verhalten während des Spiels zu bekommen. Darüber hinaus geben Unternehmensplanspiele auch die Gelegenheit, an gruppendynamischen Prozessen teilzunehmen. Diese Prozesse können allerdings auch isoliert von Rollenvorgaben im Rahmen von klassischen gruppendynamischen Trainings geübt werden.

Bei *gruppendynamischen Trainings* treffen sich ca. zwölf Personen für mehrere Tage. Als Arbeitsregel gilt, daß nur über das gesprochen werden darf, was sich während des Trainings ereignet. Ein Hauptmerkmal des klassischen gruppendynamischen Trainings besteht in dem kaum gefilterten Feedback durch andere Teilnehmer (vgl. Gebert 1972). Der Transfer der in solchen Trainings erlangten Erkenntnisse und Einsichten in die betriebliche Praxis gestaltet sich jedoch oft relativ schwierig, da es dem Einzelnen in der Regel schwer fällt, die Erfahrungen unmittelbar auf den betrieblichen Alltag zu übertragen. Aus diesem Grund wird in der Praxis vorzugsweise mit ähnlichen Methoden in real existierenden betrieblichen Gruppen gearbeitet. Bei diesen sogenannten Teamentwicklungstrainings ist die Einführung sehr spezifischer Regeln und eine stark steuernde und interpretierende Funktion des Trainers unerläßlich.

Im Rahmen der Teambildung, aber auch bei der Intergruppenarbeit, kann die Methode der *Rollenklärung* bzw. die des *Rollenverhandelns* eingesetzt werden. Ziel dieser Methode ist es, daß sich jeder Teilnehmer unter Anleitung eines Prozeßberaters seiner Rolle innerhalb des sozialen Kontextes bewußt wird, indem er seine Rolleninterpretation mit einem anderen Organisationsmitglied, mit dem er kooperieren soll, jedoch im Konflikt liegt, aushandelt.

Strukturale Maßnahmen

Ein *Qualitätszirkel* ist eine auf Dauer angelegte Gesprächsgruppe, in der sich eine begrenzte Anzahl von Arbeitnehmern eines Bereichs in regelmäßigen Abständen freiwillig während oder außerhalb der Arbeitszeit trifft, um unter Anleitung eines geschulten Moderators mit Hilfe spezieller Problemlösungsmcthoden Verbesserungsvorschläge zu erarbeiten (vgl. v. Rosenstiel 1992; Zink / Ritter 1992). Ähnlichen Qualifizierungscharakter haben beispielsweise auch Maßnahmen wie Lernstatt, Werkstattzirkel, Problemlösegruppen, Werkstattforen oder Vorschlagsgruppen. Der Einsatz von Qualitätszirkeln ist allerdings auch mit möglichen Problemen behaftet: „Die Verwirklichung der erarbeiteten Lösungen dauert meist zu lang, das Engagement höherer Vorgesetzter und von Stäben läßt meist zu wünschen übrig, was nachvollziehbar ist, da die Projektarbeit in ihre angestammte Zuständigkeit eingreift. Weil Qualitätszirkel nicht von professionellen Experten geleitet werden und viele Mitglieder nicht in aktiver Mitarbeit geübt sind, sind sie vor allem Veranstaltungen des Lernens durch Tun: Im Prozeß des gemeinsamen Problemlösens werden jene Kompetenzen entwickelt, die zur effektiven Bewältigung der Aufgabe an sich vorausgesetzt werden" (vgl. Neuberger 1994).

Die *Projektarbeit* ist vor allem auf Sachziele ausgerichtet. Hierbei sollen verschiedene Spezialisten in einem begrenzten Zeitraum koordiniert eine Aufgabe bewältigen. Ein gewisses Maß an sozialer Kompetenz ist hierfür Voraussetzung, sie wird durch diese Maßnahmen aber auch verbessert (vgl. v. Rosenstiel 1992). Es gibt unterschiedliche Ausprägungsformen der Projektarbeit, je nachdem, ob sie durch eine stabsartige Stelle organisiert wird, ob sie in einem festen Projektteam stattfindet oder in Matrixorganisationen abläuft (vgl. Neuberger 1994). Da die Projektarbeit zeitlich befristet ist und jeweils neue Gruppen zusammengestellt werden, überwiegt in der Regel die Entwicklung individueller sozialer Fähigkeiten (wie z.B. Flexibilität, Überzeugungskraft, soziale Anpassung). Erst in zweiter Linie kommt es zu einer Weiterentwicklung sozialer Beziehungen.

Personelle, intraorganisationale *Netzwerkbildung* beruht auf der Tatsache, daß in jeder Unternehmung interpersonelle Beziehungen von großer Bedeutung sind. Hauptziel der Netzwerkbildung ist die Lösung von Konflikten zwischen Abteilungen oder Bereichen. Netzwerkbildung kann auf vielerlei Weise gefördert werden (vgl. Neuberger 1994). Grundidee des *Multiplikatorenkonzeptes* ist es beispielsweise, qualifizierte interne Spezialisten für die Schulungsarbeit einzusetzen, um kompetentes Fachwissen mit der Kenntnis konkreter Anwendungsprobleme zu verbinden. Vorteil dieser „Multiplikatoren" gegenüber externen Beratern ist zudem, daß sie die formellen und informellen Regeln des Unternehmens kennen und somit kaum Abwehrreaktionen hervorrufen.

Lerngemeinschaften stellen eine Form der Selbstentwicklung dar. Mitarbeiter, die sich in die gleiche Materie oder neue Verfahren einarbeiten wollen, teilen diese Aufgabe untereinander auf. Resultat sind eine Reduzierung des Aufwands für den jeweiligen Mitarbeiter und die Berücksichtigung der konkreten Situation sowie der speziellen Lerninhalte und -barrieren der einzelnen Beteiligten. In Lerngemeinschaften lassen sich auch soziale Fähigkeiten erlernen.

Bei der *kollegialen Supervision* treffen sich die Mitarbeiter, um miteinander praktische Probleme zu diskutieren und von den unterschiedlichen Erfahrungen und Sichtweisen der Teilnehmer, zu profitieren. Nach dem Vortragen eines aktuellen Fallbeispiels durch einen Teilnehmer verhelfen die anderen durch Rückfragen und Rückmeldungen zur Ausleuchtung der verschiedenen Facetten des Falls, schlagen Eingriffsmöglichkeiten vor und berichten über eigene ähnlich gelagerte Probleme sowie deren Lösungen und Folgen. Entscheidend für den Erfolg der kollegialen Supervision ist das Gesprächsklima, das von Vertrauen, gegenseitiger Akzeptanz und Hilfsbereitschaft geprägt sein sollte.

9.4.1.2   Qualifizierung zu Innovation und Kreativität

Die Kreativität und Innovationskraft der Mitarbeiter wird immer mehr zum entscheidenden Erfolgsfaktor. Die Befähigung zur Wahrnehmung unternehmensrelevanter Chancen sowie die Innovationsfähigkeit zur Hervorbringung neuer Produkte, Verfahren, Methoden, Konzepte oder Strategien gewinnen an Bedeutung. Ebenso wichtig ist ein Management, das die Innovationsprozesse in geeigneter Weise steuert und unterstützt, ohne die Kreativität der Mitarbeiter einzuschränken (vgl. z.B. Brockhoff 1996; Staudt 1986; Rogers 1995).

Wichtige, auf den Mitarbeiter bezogene Bestimmungsgrößen für den Erfolg eines Innovationsprozesses sind die *Fähigkeit (Kreativität)* und der *Wille (Innovationsbereitschaft)* zur Erbringung innovativer Leistungen. Während die Innovationsbereitschaft über ein innovationsförderliches betriebliches Anreizsystem beeinflußt werden kann, ist bei der Kreativität ein Mix aus personellen und organisatorischen Maßnahmen notwendig (vgl. Corsten 1989). Einen Ansatz zur Kreativitätsförderung, der personelle und organisatorische Einflußgrößen miteinander kombiniert, hat Schlicksupp (1992) entwickelt. Für ihn bestehen die Fähigkeiten zu kreativem Verhalten bzw. zu kreativen Schaffensprozessen im wesentlichen aus drei elementaren Komponenten (siehe auch Abb. 9-10). Diese sind (vgl. Schlicksupp 1992):

- *Verfügbares Wissen:* Ein wesentliches Merkmal schöpferischer Prozesse besteht in der Reorganisation bereits bekannter Wissenselemente. Denn über je mehr (und verschiedenartiges) Wissen ein Mensch verfügen kann, um so vielfältiger und umfangreicher ist die Zahl der von ihm hergestellten (innovativen) Denkverbindungen.

- *Mechanismen der Wissensverarbeitung:* Hierunter sind die benutzten Denkprinzipien, Denkmethoden und Freiheitsgrade des Denkens (z.B. Assoziationsbereitschaft, Denken in Analogien, Dekomponierung von Komplexitäten) zu subsumieren.

Gestaltungs-elemente des Unternehmens — Komponeneten der Kreativität	Wissen	Denk-regeln	Psychol. Antriebe
Aufbauorganisation	1		
Ablauforganisation	2		11
Standardisierung	3		
Arbeitsteilung	4		12
Führungsverhalten	5	8	13
Personalentwicklung	6	9	14
Informations- und Kommunikationsbeziehung	7	10	15

Beispiele für kreativitätsfördernde Maßnahmen

1 Matrixorganisation
2 Projektmanagement
3 Minimierung der bürokratischen Abläufe
4 Job Rotation
5 Weitergabe grundlegender Informationen an Mitarbeiter (Ausweitung des Blicks auf das Unternehmensganze)
6 Angebot an Fort- und Weiterbildungsmöglichkeiten
7 Freier Zugang zu relevanten Informationen; offene Kommunikation
8 Ermutigung zu unkonventionellem Denken; Offenheit gegenüber Neuerungen

9 Kreativitätstraining
10 Kooperatives, vorurteilsfreies Zusammenwirken; Moderatives Training
11 Autonomie in der Sachbearbeitung
12 Delegation von Verantwortung
13 Mitarbeiterorientierte Führung
14 Beförderungsrichtlinien, die sich z.B. auch an sozialen Fähigkeiten und Einstellungen orientieren; Verhaltenstraining
15 Durchlässigkeit der Organisation für neue Ideen

Abb. 9-10:   Unternehmensinterne Kreativitätsförderung im Hinblick auf wesentliche Komponenten der Entfaltung von Kreativität (in Anlehnung an Schlicksupp 1992)

• Die *Psychodynamische Antriebskräfte* fungieren als Auslösefunktion kreativen Denkens. Sie sind zwar einerseits in der kreativen Person selbst (wie z.B. Neugier-verhalten, Wunsch nach Selbstverwirklichung) verwurzelt, stehen andererseits aber in enger Wechselwirkung mit von außen kommenden Einflüssen (z.B. Anerkennung, Rollenzuweisung).

Aus diesen Gründen kann Kreativitätsentwicklung nur bedingt isoliert am Individuum erfolgen, sondern betrifft ebenso die Gestaltung der Umweltbereiche, mit denen das Individuum in Beziehung steht. Deshalb sollte die Erschließung kreativer Reserven im Unternehmen parallel auf drei Ziele gerichtet sein: Zunächst geht es um die *Bereitstellung des notwendigen Wissens für kreative Leistungen*. Dies kann beispielsweise durch Organisation von Kontakten und Informationsaustausch innerhalb des Unternehmens, durch Förderung von Querbeziehungen im Unternehmen (z.B. Einrichtung von Querschnittsfunktionen oder „vermaschten Arbeitsgruppen") durch Team- und Projektarbeit oder Job rotation erreicht werden. Zweites Ziel ist die *Schaffung von Umweltbedingungen, die zu Kreativität anregen*. Hierunter können Delegation, mitarbeiterorientierte Führung, umfangreiche Weitergabe relevanter Informationen an die Mitarbeiter sowie Beförderungsrichtlinien oder Betonung der Teamorientierung gefaßt werden. Drittens ist die *kreative Wissensverarbeitung* zu fördern. Dies kann beispielsweise durch eine Pro-jektbearbeitung in interdisziplinären Teams, ein betriebliches Vorschlagswesen oder die Einrichtung von Stäben mit der Aufgabe, methodische Innovationshilfen für alle Unter-nehmensbereiche zu stellen, forciert werden.

9.4.2 Das Konzept des organisationalen Lernens

Mit der ganzheitlichen Bewältigung von Anforderungen in Organisationen über das individuelle Lernen hinaus beschäftigt sich das Konzept des organisationalen Lernens. Entscheidend dabei ist, daß nicht nur einzelne Organisationsmitglieder lernen, sondern die Organisation als Ganzes in die Lage versetzt wird, die neuen Umweltbedingungen zu antizipieren. Organisationales Lernen ist ein Weg, überkommene Organisationsstruk-turen aufzubrechen und in Richtung neuer Organisationsformen zu entwickeln bzw. die existierenden neuen Organisationsformen den sich wandelnden Umweltbedingungen anzupassen.

9.4.2.1 Der Zusammenhang zwischen individuellem und organisationalem Lernen

Unterschiedliche Disziplinen beschäftigen sich mit dem Thema des organisationalen Lernens, fokussieren dabei aber auf verschiedene Aspekte. So untersucht z.B. die Psy-chologie eher individuelle Lernprozesse, während in der Systemtheorie Systeme wie z.B. Organisationen in ihrer Gesamtheit betrachtet werden. Diese beiden Gegenpole verdeutlichen gleichzeitig auch den Kernpunkt aller Diskussionen um das Thema organisationales Lernen: Was unterscheidet organisationales von individuellem Lernen? Die Tatsache, daß Individuen lernen können, ist unbestritten. Schwieriger wird es, wenn es um die Lernfähigkeit von Organisationen als Ganzes geht. Denn immer handelt (und lernt) eine Organisation durch ihre Mitglieder. Die Gesamtleistung einer Organisation hängt daher sowohl von den Lernfähigkeiten ihrer Mitglieder als auch von der Art ihrer organisationalen Verknüpfung ab (vgl. Reber 1992).

Probst / Büchel (1997) verdeutlichen diesen Sachverhalt beispielhaft anhand der von Organisationsmitgliedern unabhängigen Aufzeichnung von Wissen: Wenn in einem Unternehmen ein Angestellter in der Lohn- und Gehaltsabrechnung am Monatsende eine Gehaltsabrechnung nach bestimmten, vom Management festgelegten Richtlinien bearbeitet, ist es möglich, daß er über ein Versuchs- und Irrtums-Vorgehen zu einer optimierten Vorgehensweise gelangt. Wird diese neue Vorgehensweise registriert und festgelegt, so ist die Organisation zu neuem Wissen gelangt, das unabhängig von einem einzelnen Organisationsmitglied existiert.

Individuelles Lernen ist die Voraussetzung dafür, daß Organisationen lernen. Die Aufzeichnung von Wissen macht den Betrieb dann jedoch in gewisser Weise unabhängig vom individuellen Wissen einzelner Mitarbeiter (vgl. Matsuda 1993). Durch die Speicherung von individuellem Wissen in organisationalen Wissens-Systemen werden Handlungskompetenzen sukzessive abstrahiert und im organisatorischen System implementiert. Unternehmen haben zwar kein Gehirn zur Wissensspeicherung, verfügen jedoch über Speicher-Systeme wie z.B. Leitlinien, Arbeitsanweisungen, Mythen oder Kultur (vgl. Pawlowsky 1992). Einzelne Personen können ein Unternehmen verlassen. Unternehmenspolitische Leitlinien, Führungsgrundsätze, Ziele, Werthaltungen, Normen sowie Kenntnisse über spezifische Abläufe überdauern jedoch in den meisten Fällen den personellen Wechsel.

Was genau unterscheidet nun individuelles von organisationalem Lernen? Was charakterisiert den Übergang von der einen Lernebene auf die andere und wie kann er vorgenommen werden? Zur verständlicheren Aufarbeitung dieser Frage soll zunächst eine kurze Definition von individuellem Lernen gegeben werden, um darauf aufbauend die Unterschiede zum organisationalen Lernen besser verdeutlichen zu können. Bower / Hilgard definieren individuelles Lernen als „ ... eine Veränderung im Verhalten oder im Verhaltenspotential ... hinsichtlich einer bestimmten Situation, die auf wiederholte Erfahrungen ... in dieser Situation zurückgeht, vorausgesetzt daß diese Verhaltensänderung nicht auf angeborene Reaktionstendenzen, Reifung oder vorübergehende Zustände zurückgeführt werden kann" (Bower / Hilgard, 1983, S. 31). Dieser Lernbegriff impliziert individuelle Rationalität, Gebundenheit an persönliche Erfahrungen, Verknüpfung mit der individuellen Bedürfnis- und Motivlage sowie Interessen und Werthaltungen, Schwierigkeiten des Lerngegenstandes sowie Manifestation in vielen Verhaltensänderungen.

Organisationales Lernen beruht dagegen auf kollektiver Rationalität und einem kollektiven Bezugsrahmen. Es stehen also nicht individuelle Motive, Bedürfnisse oder Werthaltungen im Vordergrund, sondern überpersönliche Erfahrungswelten, kollektiv verbindliche Entscheidungsverfahren, eine normative Ordnung und die Einigung in Mehrheitsentscheidungen. Im Rahmen des organisationalen Lernens findet nicht nur eine Anpassung der Organisation an sich ändernde Umweltkonstellationen, sondern auch an sich ändernde innerorganisatorische Bedingungen wie Motive, Bedürfnisse, Interessen, Ziele, Werte und Normen der Organisationsmitglieder statt. Im Gegensatz zum individuellen Lernen findet also organisationales Lernen in der gemeinsam geteilten Wirklichkeit statt, die sich aus den Bedürfnissen, Motiven, Werthaltungen und Normen mehrerer Organisationsmitglieder zusammensetzt (vgl. Probst / Büchel 1997). Auf die Frage, wie man von einer Lernebene zu der nächsten gelangt, d.h. wie eine Brücke zwischen beiden geschlagen werden kann, nennen Klimecki / Probst / Eberl (1994) drei Transformationsbedingungen:

- die *Kommunikation*, da ohne sie weder das individuelle Wissen der Organisation zugänglich gemacht noch kollektive Argumentations- oder Organisationsprozesse angestoßen werden können;

- die *Transparenz* hinsichtlich Verlauf und Ergebnis von Kommunikationsprozessen, die durch Speichermedien für Wissensbestände und symbolische Werte, wie z.B. Leitideen in Form von Führungsgrundsätzen, Leitbildern, Geschichten oder anderen Formen der Symbolik, hergestellt wird;

- die *Integration* der kollektiven Aushandlungsprozesse in das gesamte System.

9.4.2.2   Handlungstheorien als Erklärungshilfe organisationalen Lernens

Jedes Individuum besitzt auf individueller wie auch auf organisationaler Ebene einen Vorrat an Wissen und Handlungsmöglichkeiten. Diese implizite *Handlungstheorie*, die den Bezugsrahmen für Handlungen im System darstellt, ermöglicht es dem Individuum, im beruflichen Kontext zu lernen. Der Begriff der Handlungstheorien („theories of actions") wurde erstmals von Argyris (1964) verwendet, der damit das Reservoir organisationalen Wissens bezeichnete. Handlungstheorien umfassen Erwartungen über Konsequenzen bestimmter Verhaltensweisen unter spezifischen Bedingungen. Sie beinhalten

Strategien, Leitbilder, Ziele, Kulturen und Strukturen und stellen den Bezugsrahmen der Organisation im Hinblick auf ihre Kontinuität und die für ihren Bestand essentiellen Eigenschaften dar. 1978 nahmen Argyris / Schön eine Unterteilung dieser organisatorischen Wissensbasis vor (vgl. Argyris / Schön 1978; Probst / Büchel 1997). Handlungstheorien können als „espoused-theories" (offizielle Handlungstheorien) oder als „theories-in-use" (Gebrauchstheorien) angewendet werden:

- *Offizielle Handlungstheorien* bilden den Rahmen der Organisation, der das von allen Beteiligten mitgetragene Bild des Unternehmens bestimmt. Sie finden ihren Ausdruck in Leitbildern, Strategien, Zielsetzungen, Werten, Normen und Strukturen des jeweiligen Unternehmens.

- Gebrauchstheorien entstehen durch das Teilen von individuellen und kollektiven Erfahrungen und deren Wechselwirkungen sowie durch die Gegenüberstellung dieser Erfahrungen und des institutionellen Bezugsrahmens.

Offizielle Handlungstheorien und Gebrauchstheorien innerhalb der Organisation müssen nicht unbedingt übereinstimmen. Diese Inkompatibilität, die oft nicht aufgedeckt wird, weil Gebrauchstheorien nicht explizit zum Ausdruck gebracht werden oder weil die Organisation vielleicht über mehr Wissen verfügt als ihr bewußt ist, bildet den Ausgangspunkt organisationalen Lernens. Denn die kognitive Auseinandersetzung bzw. Aufdeckung der angewandten organisationalen Handlungstheorie ist Auslöser organisationaler Lernprozesse (vgl. Ulrich 1993).

9.4.2.3   Wie geht organisationales Lernen vor sich?

Lernen zielt immer auf eine Veränderung von Wissen. Argyris / Schön (1978) nennen folgende drei Möglichkeiten, wie Wissen verändert wird, d.h. Lernen stattfinden kann (siehe auch Schanz 1994):

- *Anpassungslernen („Single-loop-learning")* manifestiert sich durch Reaktion der Organisationsmitglieder auf interne oder externe Veränderungen (vgl. Hedberg 1981). Fehler in der Gebrauchstheorie werden aufgedeckt und so zu korrigieren versucht, daß die wesentlichen Charakteristika der offiziellen Handlungstheorie beibehalten werden. Lediglich Strukturen und Abläufe werden optimiert, die Normen und Zielsetzungen der Organisation werden nicht in Frage gestellt.

- *Veränderungslernen („Double-loop-learning")* wird notwendig, wenn Umweltbeobachtungen eine Modifikation der offiziellen Handlungstheorie verlangen, also eine Veränderung des Kontextes stattgefunden hat. Auf dieser Ebene des organisationalen Lernens finden eine Konfrontation von organisationalen Hypothesen, Normen und Handlungsanweisungen mit Beobachtungen der Umwelt und eine Rückkopplung dieser Beobachtungen in den Bezugsrahmen (Wissens-System) von Organisationen statt (vgl. Pawlowsky 1992). Das Ergebnis eines solchen Rückkopplungsprozesses kann z.B. in der Verfolgung einer neuen Strategie oder in einer Veränderung des organisationalen Normensystems bestehen. Dementsprechend manifestiert sich Single-loop-learning in einem reaktiven, inkrementalen Wandel, während Double-loop-learning einem proaktiven radikalen Wandel entspricht (vgl. Ulrich 1993). Voraussetzung für solche Umorientierungen ist die Fähigkeit zum organisationalen „Verlernen" und zur Implementierung neuer Verhaltensmuster (vgl. Hedberg 1981).

- Beim *Problemlösungslernen* (vgl. Pawlowsky 1992), von Argyris / Schön als *„Deutero learning"* bezeichnet, wird die Verbesserung der Lernfähigkeit einer Organisation selbst zum Gegenstand des Lernprozesses. Dieser Lerntyp eignet sich zur Sicherstellung von Kreativität, Innovations- und Wandlungsfähigkeit. Der Prozeß des „Lernens zu lernen" basiert auf der Erkenntnis über den Vorgang des Anpassungs- und des Veränderungslernens.

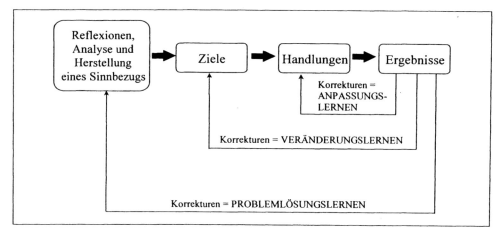

Abb. 9-11:   Arten des Lernens (in Anlehnung an Probst / Büchel 1997)

Senge (1990a) benennt drei andere Stufen des Lernens: „practice learning", „principle learning" und „essence learning". Die höchste Ebene („essence learning") beinhaltet ein ganzheitliches Verständnis der Verfahren (practices), der Prinzipien (principles) und der Systemzusammenhänge. Die hinter den Verfahren und Prinzipien liegende Bedeutung wird erkannt. Es sind damit nicht mehr nur die Normen und Regeln der Organisation, die das Verhalten bestimmen, sondern auch das Verständnis und die Einsicht in den Sinn der Organisation (vgl. Senge 1990a). Die genannten Beispiele sind nur zwei der in der Literatur vorhandenen Untergliederungsmöglichkeiten, die einen Ausschnitt der auf diesem Gebiet herrschenden Vielfalt aufzeigen sollen. Trotz der vielen unterschiedlichen Definitionen, die auf dem Gebiet des organisationalen Lernen anzutreffen sind, lassen sich einige gemeinsame Merkmale ableiten. Dieses Verständnis von organisationalem Lernen wird auch den folgenden Ausführungen zugrundegelegt. Organisationales Lernen ist so nach Pawlowsky (1992) ein Prozeß, der:

- eine Veränderung des Bezugsrahmens (Wissensbasis) der Organisation beinhaltet;
- im Wechselspiel zwischen Individuum und Organisation abläuft;
- in Interaktion mit der internen und / oder externen Umwelt stattfindet;
- durch Bezugnahme auf existierende Handlungstheorien in der Organisation erfolgt;
- zu einer Anpassung der internen an die externe Umwelt und / oder zu erhöhter Problemlösefähigkeit des Systems beitragen soll.

9.4.2.4 Ansatzpunkte zur Förderung organisationalen Lernens

Im folgenden soll die Frage behandelt werden, durch welche Maßnahmen organisationales Lernen gefördert werden kann. Solche Maßnahmen gehen in der Regel von mehreren Ansatzpunkten aus. Als Beispiel für eine Systematisierung soll das „Magische Viereck" von Probst / Büchel (1997) herangezogen werden (vgl. Abb. 9-12), das die vier Gestaltungsbereiche Strategie-, Struktur-, Kultur-, und Personalentwicklung unterscheidet.

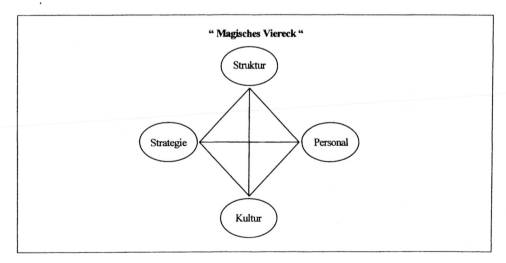

Abb. 9-12:   Ansatzpunkte für die Förderung organisationalen Lernens (Probst / Büchel 1997)

Als Beispiele für Fördermaßnahmen im Bereich der *Strategieentwicklung* werden computergestützte Unternehmensplanspiele genannt, die die Simulation kompletter Geschäftsprozesse ermöglichen; außerdem die Szenariotechnik zur partizipativen Abschätzung zukünftiger Entwicklungen innerhalb und außerhalb des Unternehmens; schließlich das strategische Controlling. Dieses zielt besonders auf die herausragende Rolle des Feedbacks zur Überprüfung eines Prozesses und zur nachträglichen Korrektur von Handlungen, Maßnahmen, Verhaltensweisen oder Zielsetzungen durch Informationsrückkopplung ab. Dabei ist es entscheidend, daß auch untere Ebenen innerhalb der Unternehmung in stärkerem Maße in die Strategiebildung einbezogen werden. Dies kann z.B. durch Moderation und Strukturierung ermergenter Strategiebildungsprozesse durch das Management geschehen (vgl. Ulrich 1993). Ist dies nicht möglich, sollten zumindest die durch das Management entworfenen Strategien auf allen Ebenen des Unternehmens transparent gemacht werden. Im Bereich der *Strukturentwicklung* wird vor allem die Vorteilhaftigkeit der drei Organisationsformen Projektorganisation, Netzwerkorganisation und Kooperation für das Konzept des organisationalen Lernens betont. Diese besteht darin, daß stets mehrere Organisationsmitglieder unterschiedlicher Hierarchieebenen und Fachbereiche zusammenarbeiten. Es werden Querverbindungen geschaffen, um Raum für Innovation und Kreativität entstehen zu lassen, indem Probleme bearbeitet, Chancen erkannt, Aufgaben ganzheitlich gelöst werden und Mitarbeiter an den Entscheidungen partizipieren können (vgl. Kap. 9.2; Reichwald / Koller 1996a).

Im Rahmen der *Kulturentwicklung* gehen Probst / Büchel besonders auf den Prozeß der Leitbildentwicklung als Bezugsrahmen für das Selbstverständnis und das Verhalten der Organisationsmitglieder sowie auf die Bildung von Kommunikationsforen für die Entwicklung von Codes zur Hinterfragung bestehender Werte und Normen ein. Offene vertikale und horizontale Informationsflüsse tragen ebenfalls zu einer positiven Lernkultur im Unternehmen bei. Ferner werden inner- und außerbetriebliche Imageanalysen zur Positionierung, Hinterfragung und frühzeitigen Erfassung von Veränderungen sowie zur Einleitung von Korrekturmaßnahmen genannt. Den vierten „Eckpunkt" des magischen Vierecks von Fördermaßnahmen organisationalen Lernens stellt die *Personalentwicklung* dar. Hier stehen insbesondere Konzepte der partizipativen, gruppenorientierten Lerngestaltung im Vordergrund. Eine besonders förderliche Wirkung wird lernpartnerschaftlichen Beziehungen (wie z.B. Coaching, Mentoring, personale Entwicklungsallianzen), arbeitsplatznahen Interventionen (wie z.B. Rotationsprinzip, Projektarbeiten, betriebliches Vorschlagswesen) und Kreativitätstechniken (z.B. Mindmapping) zugeschrieben. Während lernpartnerschaftliche Beziehungen und Kreativitätstechniken hauptsächlich zur Hinterfragung von Werten und Normen angewendet werden, zielen arbeitsplatznahe Interventionen hauptsächlich auf eine Integration von Lernen und Arbeiten ab.

9.4.2.5 Anforderungen an den Menschen im Rahmen des organisationalen Lernens

In unmittelbarer Verbindung mit der Auslegungsvielfalt des Begriffs organisationales Lernen steht ein weiterer Grund, warum in der Praxis bisher so wenige Konzepte organisationalen Lernens umgesetzt wurden. Die mangelnde Umsetzung liegt sicherlich auch zu einem gewissen Teil in den bisher falsch verstandenen neuen Rollen der Mitarbeiter und Manager begründet (vgl. Senge 1990b), da die Lernfähigkeit einer Organisation stark vom individuellen Verhalten ihrer Mitglieder abhängt. Nur wenn die Individuen lernen, findet auch ein weitergehendes Lernen der gesamten Organisation statt. Senge (1990a) nennt fünf Disziplinen, deren Kombination zu organisationalen Lernen führen kann: Selbstmotivierung („Personal Mastery"), Hinterfragen mentaler Modelle („Mental Models"), Antizipation einer gemeinsamen Vision („Shared Vision"), Lernen im Team („Team Learning") und das Systemdenken („System Thinking"). Diese fünf Komponenten einer lernenden Organisation werden im folgenden erläutert.

Selbstmotivierung

Mit „personal mastery" ist nicht die Erlangung von Macht über Personen oder Dinge gemeint, sondern vielmehr eine bestimmte Art von Fähigkeit, die sinnvollerweise mit dem deutschen Begriff der Selbstmotivierung übersetzt werden kann. Personen, bei denen die Fähigkeit der Selbstmotivierung stark ausgeprägt ist, sind in der Lage, die Resultate, die von ihnen verlangt werden, gleichmäßig über die Zeit hinweg zu erzielen. Dies gelingt ihnen, indem sie lebenslanges Lernen praktizieren. Die Fähigkeit des „personal mastery" besteht aus folgenden Teilfähigkeiten:

- permanentes Klären der eigenen Ziele und Überprüfung ihrer Erreichung;
- Bündelung der eigenen Energien;
- Entwicklung von Geduld;
- objektive Sicht der Dinge.

Nur wenige Unternehmen investieren jedoch in die Entwicklung solcher Fähigkeiten bei ihren Mitarbeitern. In der Regel treten hochmotivierte, mit hoher Fachkompetenz ausgestattete Mitarbeiter in das Unternehmen ein. Im Laufe der Zeit kristallisieren sich dann zwei Arten von Mitarbeitern heraus: Die einen steigen die Karriereleiter schnell hinauf, während die anderen ihre Zeit absitzen und ihr Hauptaugenmerk oft auf Dinge außerhalb ihrer Arbeitstätigkeit richten. Sie verlieren ihre Bindung an das Unternehmen, sehen nicht mehr den tieferen Sinn in ihren Aufgaben und bringen ihrer Tätigkeitsausübung nicht mehr die gleiche Begeisterung entgegen wie zu Beginn ihrer Karriere (vgl. Senge 1990a).

Hinterfragen mentaler Modelle

Mentale Modelle sind tiefverwurzelte Annahmen, Verallgemeinerungen oder Bilder, die einen Einfluß darauf haben, wie Menschen die Welt sehen und auf sie reagieren. Der Mensch bringt Beobachtungen in Verbindung mit seinen mentalen Modellen und schließt daraus auf (nicht beobachtbare) Tatbestände, vielleicht weil diese Tatbestände in früheren Situationen immer in dieser Form eingetreten sind und in seinen mentalen Modellen daher so abgespeichert wurden. Aufgrund vorhandener mentaler Modelle werden Ergebnisse vorweggenommen, von denen gar nicht feststeht, daß sie auch in dieser Form eintreten werden. Nicht reflektierte mentale Modelle sind auch im beruflichen Alltag nicht zu unterschätzen. So kann z.B. die Erschließung neuer Märkte oder die Einführung neuer Organisationsformen an den implizit vorhandenen mentalen Modellen der Mitarbeiter scheitern. Je mehr Organisationsmitglieder solche mentalen Modelle teilen, umso mehr wird organisationales Lernen behindert. Zur Problematisierung und Überwindung hemmender mentaler Modelle schlägt Senge vor, daß Organisationsmitglieder im ersten Schritt ihre eigenen mentalen Modelle ausfindig machen, sie an die Oberfläche bringen und einem prüfenden Blick aussetzen müssen. Dies setzt die Fähigkeit voraus, lernfördernde Gespräche zu führen. Dabei muß die Balance zwischen Anklage („Das ist falsch") und Verteidigung („Ich habe dies getan, weil ...") gefunden werden. Die Mitarbeiter müssen ihr eigenes Denken darlegen können und sich hinsichtlich des Einflusses anderer öffnen. Sie sollten also nicht an ihren mentalen Modellen festhalten, sondern diese durch Bewußtmachung über deren Existenz und durch Nachdenken über deren Richtigkeit gegebenenfalls revidieren können.

Antizipation einer gemeinsamen Vision

Es gilt als anerkannter Tatbestand, daß Unternehmen vor allem dann Erfolg haben, wenn Ziele, Werte und Normen existieren, mit deren Hilfe die Tätigkeiten der einzelnen Mitarbeiter auf ein gemeinsames Ziel hin gelenkt werden können und die von allen Mitarbeitern gleichermaßen anerkannt bzw. verfolgt werden. Senge (1990b) sieht in solchen *Visionen* einen wesentlichen Ansatzpunkt zur Beeinflussung organisationalen Lernens. Seiner Meinung nach lernen die Menschen nicht, weil es ihnen vorgeschrieben wird, sondern weil eine gemeinsame Vision im Unternehmen existiert, an der sie ihr freiwilliges Lernen ausrichten können. Eine unternehmensspezifische Vision gibt den Mitarbeitern eine gemeinsame Identität und ein Gefühl der Zugehörigkeit. Die Schwierigkeit beim Aufbau solcher Visionen besteht darin, die Ziele, Werte und Normen der einzelnen Organisationsmitglieder in eine von allen geteilte, unternehmensumfassende Vision zu übertragen. Hierfür gibt es keine allgemeinen Rezepte, sondern nur ein situationsspezifisch auszugestaltendes Bündel von Prinzipien und Anleitungen (vgl. Senge 1994). Damit diese Vision auch von allen Mitarbeitern getragen wird, sollte deren Erarbeitung partizipativ erfolgen, d.h. jeder Mitarbeiter sollte eingeladen werden, sich am Auffinden von in der Zukunft relevanten Visionen zu beteiligen.

Lernen im Team

Jede Organisation zerfällt in Untergruppen bzw. Teams, die aufgrund gemeinsam genutzter Techniken und einer spezifischen Art des Lernens eigene Ziele, Werte und Normen besitzen und sich dadurch von anderen Gruppen in der Unternehmung abgrenzen. Damit eine Unternehmung lernen kann, muß eine Koordination aller Untergruppen stattfinden (vgl. Schein 1992). Als Hilfsmittel zur Unterstützung eines erfolgreichen Lernens in und zwischen Gruppen nennt Schein (1992) den Dialog. Er geht davon aus, daß organisatorische Effektivität stark von der Kommunikation über die Gruppengrenzen hinweg abhängt und der Dialog daher das am besten geeignete Koordinationsinstrument darstellt. Ziel ist es, Probleme zu lösen und einen Konsens bezüglich konfliktärer Lösungsalternativen zu finden. Der Dialog ermöglicht es den Gruppenmitgliedern, die Interaktionsmuster, insbesondere auch defensive Verhaltensweisen in und zwischen Gruppen, zu erkennen. Gerade die Muster der Defensive sind oft tief verwurzelt und zeigen sich in der Art und Weise, wie zusammengearbeitet wird. Erkennt man diese defensiven Muster nicht, unterlaufen sie das Lernen, bringt man sie dagegen an die Oberfläche, können sie dabei helfen, Lernprozesse sogar noch zu beschleunigen. Dies geschieht in der Regel in Gruppensitzungen, an denen – je nach Problemschwerpunkt – alle Mitglieder einer Gruppe oder Mitglieder verschiedener Gruppen teilnehmen.

Systemdenken

Die Disziplin des Systemdenkens integriert die bisher beschriebenen vier Komponenten einer lernenden Organisation. Den Begriff Systemdenken verdeutlicht Senge (1990a) an folgendem Beispiel: Wenn Wolkenmassen aufziehen und sich der Himmel verdunkelt, wissen wir, daß es bald regnen wird. Wir wissen auch, daß nach dem Gewitter der Regen in das Grundwasser sickert und der Himmel bis zum nächsten Tag wieder aufklaren wird. All diese Ereignisse finden zeitlich und räumlich versetzt statt, dennoch sind sie alle durch das gleiche Muster miteinander verbunden. Jedes Ereignis hat einen Einfluß auf den Rest – ein Einfluß, der unserem Blick in der Regel verborgen bleibt. Man kann das System „Gewitter" nur verstehen, wenn man das ganze System betrachtet und nicht nur einen einzelnen Teil des Musters.

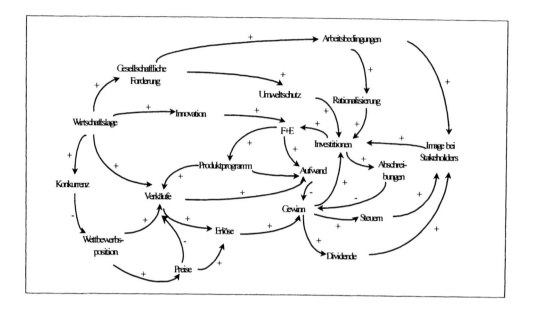

Abb. 9-13: Die Unternehmung als schematisches Netzwerk mit positiven und negativen Kreisläufen (in Anlehnung an Probst / Gomez 1991)

Abbildung 9-13 zeigt die Darstellung eines Unternehmens als vernetztes System. Aufgrund der hier gut sichtbaren Komplexität ist es nicht ungewöhnlich, daß die Ergebnisse solcher Systeme nicht immer den vorherigen Planungen entsprechen, da es sehr schwierig erscheint, die einzelnen Kreisläufe und darüber hinaus ihr Zusammenspiel im voraus abzuschätzen. Bezogen auf das einzelne Unternehmen bedeutet dies, daß es oft Jahre dauert, bis die einzelnen Strukturbestandteile des Unternehmens so zusammenarbeiten, daß wechselseitig bestehende Verbundeffekte vollkommen ausgenutzt werden können.

Da der einzelne Mitarbeiter selbst Teil dieses Systems ist, ist es für ihn sehr schwer, das System als Ganzes zu erkennen. Der Mensch nimmt in der Regel nur „Schnappschüsse" isolierter Teile des Gesamtsystems wahr. Um in Zukunft erfolgreich arbeiten zu können, muß jedoch jeder Mitarbeiter in die Lage versetzt werden, in vernetzten Zusammenhängen zu denken, d.h. die einzelnen Elemente (Mitarbeiter, Arbeitsgruppen, Abteilungen) und die Wirkungen zwischen diesen Elementen des Systems „Unternehmen" zu erkennen. Er muß abschätzen können, welche Auswirkungen seine Handlungen auf die Mitarbeiter haben, die seinem Arbeitsplatz vor- und nachgelagert sind und seine Handlungen daran ausrichten (vgl. Senge 1990a).

9.5 Die Bedeutung der IuK-Technik für die neue Rolle des Menschen in der grenzenlosen Unternehmung

Auch die neuen IuK-Technologien haben ihren Beitrag zur Herausbildung neuer Rollen des Menschen im Unternehmen geleistet. Gleichzeitig bieten sie Potentiale, Mitarbeiter und Manager bei der Qualifikation zu neuen Rollen sinnvoll zu unterstützen. Erst die heutigen Möglichkeiten zur Datenintegration können organisatorische Konzepte, die von einer funktionalen Arbeitsteilung zu einer Vorgangs- und Prozeßintegration führen, wirkungsvoll unterstützen und erlauben eine Aufgabenintegration sowohl in horizontaler Richtung (Integration unterschiedlicher Tätigkeitsarten auf der Ausführungsebene) als auch in vertikaler Richtung (Einbeziehung von Planungs-, Entscheidungs- und Kontrollaufgaben). Dabei greifen alle Systeme auf eine einheitliche, integrierte Datenbasis zu, wodurch die gemeinsame Nutzung derselben Daten durch mehrere betriebliche Funktionen möglich wird (vgl. Picot / Reichwald 1991). Die prozeßorientierte Verflechtung von Arbeitsabläufen über gemeinsame Daten erfordert eine umfassende Zusammenarbeit der Funktionsbereiche und führt zu einer integrierten Betrachtung betrieblicher Funktionen. Darüber hinaus ist eine vertikale Aufgabenintegration eng verbunden mit organisatorischer Dezentralisierung im Sinne einer Zunahme an Entscheidungs-, Mitwirkungs- und Informationsrechten. Damit führt eine Aufgabenintegration in vertikaler Richtung zu flacheren Organisationsstrukturen.

Auch die während der 1980er Jahre aufkommenden computergestützten Produktionsplanungs- und -steuerungssysteme (PPS) in der industriellen Fertigung sowie Konzepte einer prozeßbegleitenden Qualitätssicherung und die auf breiter Basis einsetzende Betrachtung der Unternehmung als prozeßorientierte Wertschöpfungskette führten zu einer Abkehr von dem tayloristischen Gedanken einer Teilung von leitender und ausführender Arbeit in der industriellen Leistungserstellung und eröffneten weitere Optionen zur Reintegration arbeitsteiliger Prozesse.

Organisationale Lern- und Entwicklungsprozesse können aber vor allem mit IuK-Technologien gefördert und hinterlegt werden. Im Mittelpunkt des Interesses steht dabei die Kombination der Technologien, die der Unterstützung von individuellem und Gruppenlernen sowie Problemlösungsaktivitäten dienen. Ein Bestandteil der Umsetzung ist der Aufbau einer geeigneten technologischen Architektur. Dies umfasst die Anwenderbetreuung, integrierte technologische Netze und sogenannte „information tools", die den Zugang zu und den Austausch von Informationen ermöglichen sollen. Darunter fallen auch elektronische Werkzeuge und fortgeschrittene Lernmethoden, wie z.B. Computerkonferenzen, Simulationsprogramme oder DV-Werkzeuge zur computerunterstützten Zusammenarbeit. Ziel ist die Schaffung sogenannter „knowledge freeways" (vgl. Marquardt / Reynolds 1994). Abzugrenzen sind diese Formen des Tele-learning bzw. E-Learning gegenüber dem technikunterstützten Lernen – dem Computer Based Training (CBT). Bei CBT handelt es sich in der Regel um kommerzielle Lernprogramme, bei deren Nutzung der Lernende keine Möglichkeit hat, mit anderen „Mitlernern" oder mit einem Lehrer interaktiv in Verbindung zu treten.

Auch die Technik der künstlichen Intelligenz kann im Bereich des Lernens eingesetzt werden. Sie versucht die Denkprozesse des menschlichen Gehirns nachzubilden. Mit Hilfe der künstlichen Intelligenz können potentielle Nutzer (Lernende) überwacht, angeleitet und gecoacht werden. Zudem können die Instruktionen entsprechend der Antworten des Lernenden modifiziert werden. Das System der künstlichen Intelligenz paßt sich dem Lernstil jedes Nutzers individuell an, eventuell benötigte Hilfe ist also immer nutzerorientiert. Auf diese Weise wird Weiterbildung interessanter, anwendbarer und motivierender, da nur die Informationen geliefert werden, die der Nutzer auch wirklich benötigt. Information ist für den organisationalen Lernprozeß essenziell. In Organisationen können Informationen erworben, verteilt, mit einer Bedeutung versehen, gespeichert oder wieder aufgefunden werden (vgl. Marquardt / Reynolds 1994). Damit Organisationen effektiv und effizient lernen, sollten diese Arten des Umgangs mit Information systematisch miteinander in Verbindung gebracht werden.

Der Einsatz von IuK-Technik im Rahmen von Trainingsaktivitäten wird in den nächsten Jahren voraussichtlich weiter ansteigen. Zur Veranschaulichung der Einsatzmöglichkeiten von IuK-Technik zur Unterstützung von organisationalen Lernprozessen soll im folgenden, stellvertretend für zahlreiche andere Entwicklungen in diesem Bereich, ein Lösungsansatz vorgestellt werden, der den Aufbau eines organisationalen Gedächtnisses für im Unternehmen immer wieder gestellte Fragen und die zugehörige Antworten zum Ziel hat. Das am MIT entwickelte Anwendungssystem mit dem Namen „Answer Garden" (vgl. Ackerman 1992, 1994) soll dazu beitragen, das Informationssuchverhalten in einer Organisation zu ändern, ein organisationales Gedächtnis aufzubauen sowie die Koordination und das Management der intellektuellen Fähigkeiten innerhalb des Unternehmens zu verbessern. „Answer Garden" bietet mit Hilfe eines sich verzweigenden Netzwerkes von Diagnosefragen insbesondere Unterstützung bei der Suche und beim Wiederauffinden von Informationen.

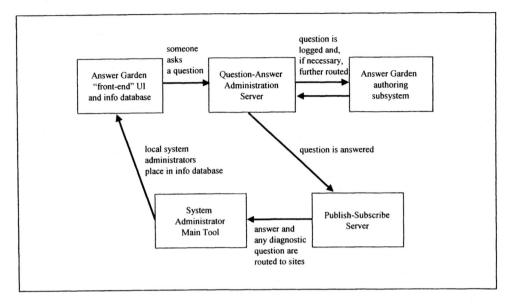

Abb. 9-14:   Bearbeitungsablauf einer Anfrage (Ackerman 1992)

Wenn die vom Nutzer benötigte Antwort in der Datenbank nicht vorhanden ist, leitet das Anwendungssystem die Frage automatisch an den für diesen Bereich zuständigen menschlichen Experten weiter und übermittelt dem Nutzer die entsprechende Antwort, sobald der Experte sie über das Netzwerk in die Datenbank eingegeben hat. Abbildung 9-14 zeigt den Bearbeitungsablauf einer Anfrage.

Die hier referierten Beispiele können nur Blickpunkte aus dem Gebiet des „Teletraining" bzw. E-Learning darstellen. Die Entwicklungstendenzen in diesem Bereich lassen sich mit ihrer Hilfe jedoch wie folgt verdeutlichen: Es sind Bestrebungen vorhanden, neue integrierte Technologien sowohl zur Unterstützung der individuellen als auch der organisationalen Lernprozesse verstärkt einzusetzen, wobei der Schwerpunkt zur Zeit noch auf den individuellen Lernprozessen liegt (vgl. auch Beck / Bendel / Stoller-Schai 2001)

9.6   Schlußfolgerungen für das Management

Die Ausführungen in Teil 9 haben gezeigt, daß sich in verteilten Arbeits- und Organisationsmodellen, Netzwerken und virtuellen Unternehmen neue Rollen für Mitarbeiter und Manager ergeben, deren Erfüllung eine wichtige Voraussetzung für das Funktionieren dieser neuen Organisationskonzepte darstellt. In Kapitel 9.3 wurde die neuen Rollen aus unterschiedlichen theoretischen Perspektiven beleuchtet und begründet.

Neue Rollen und Anforderungen an den Mitarbeiter

Mit der *ganzheitlichen Aufgabenabwicklung* ist eine weitgehende Übertragung von Handlungsautonomie und Entscheidungsbefugnis an Mitarbeiter und Mitarbeiterteams verbunden. Die Mitarbeiter erhalten mehr Gestaltungsfreiräume, haben erweiterte Einflußmöglichkeiten auf ihre Arbeit und tragen eine größere Verantwortung für die Arbeitsergebnisse. Insgesamt führen diese Prozesse zum sogenannten *„Empowerment".* Neue Rollenaspekte für den Mitarbeiter sind Teamarbeit und Beziehungsmanagement, Fach- und Methodenwissen, unternehmerisches Denken und Handeln sowie Lernen und Weiterentwicklung. Diese Rollenvielfalt führt zu *neuen Anforderungen an die Mitarbeiter.* Diese betreffen die Bereiche erweiterter Fach- und Methodenkompetenz, aber vor allem Sozialkompetenz, Kreativität, Innovationsfähigkeit und die Fähigkeit zum Selbstmanagement. Die neuen Anforderungen gehen damit weit über traditionelle Qualifikationsmuster hinaus. Ein Trend zur *Höherqualifizierung der Mitarbeiter* zeichnet sich unverkennbar ab. Dies bedeutet aber auch, daß der Bedarf an ungelernten bzw. niedrig qualifizierten Mitarbeitern immer stärker abnehmen wird.

Neue Rollen und Anforderungen an den Manager

Aufgrund des „Empowerments" der Mitarbeiter verändern sich auch die *Aufgaben der Manager* in erheblichem Maße. Nicht mehr Anweisung, Kontrolle und Entscheidung beherrschen seine Tätigkeit, sondern die persönliche Führung und Unterstützung der „empowerten" Mitarbeiter und Teams, das Networking und Beziehungsmanagement nach außen, der Entwurf von Visionen und die Umsetzung von Veränderungen sowie die Architektur und das Design des Unternehmens und seiner Potentiale. Die beziehungsorientierten Aspekte der Führungsaufgabe treten stärker in den Vordergrund.

Die sich aus diesen neuen Formen der Personalführung ergebenden *Anforderungen an die Manager* erstrecken sich im wesentlichen auf die Bereiche sozialer und kommunikativer Fähigkeiten, Integrationsfähigkeit, Verhandlungsgeschick und Fähigkeiten zur Vertrauensbildung. Die Entwicklung und Ausschöpfung der Mitarbeiterpotentiale hängt letztlich in entscheidendem Maße von den Fähigkeiten des Managements ab. Die neuen Formen der Personalführung werden damit zu einem wesentlichen *Leitbild neuer Innovationsstrategien.*

Neue Formen der Qualifikation

Die neuen Anforderungen an Mitarbeiter und Manager, deren Schwerpunkt neben der Fachkompetenz verstärkt auf den sozialen Fähigkeiten und der Kreativität liegt, bedingen auch neue Formen der Qualifikation. Die *Entwicklung von Kreativität* kann nur bedingt isoliert am Individuum erfolgen. Sie betrifft auch die Gestaltung der unternehmerischen Rahmenbedingungen wie beispielsweise die Bereitstellung des notwendigen Wissens für kreative Leistungen und die Förderung kreativer Wissensverarbeitung im Rahmen des betrieblichen Vorschlagswesens oder durch Freiräume zur Ideengenerierung.

Organisationales Lernen als Konzept zur Bewältigung der Veränderungsprozesse

Für die Entwicklung des Unternehmens in Richtung auf die neuen Organisationsformen bietet sich das Konzept des organisationalen Lernens an. Damit sollen *tradierte Organisationsstrukturen aufgebrochen* und eine Anpassung der Organisation sowohl an sich ändernde Wettbewerbsbedingungen als auch an neue innerorganisatorische Bedingungen wie beispielsweise veränderte Bedürfnisse und Werte der Organisationsmitglieder erreicht werden. Organisationales Lernen vollzieht sich vor allem durch die *Aufzeichnung von Wissen*, womit der Betrieb vom individuellen Wissen einzelner Mitarbeiter unabhängig wird. Wesentliche *Wissensbasis* des Unternehmens sind beispielsweise gemeinsam getragene Strategien, Leitbilder, Ziele sowie insgesamt die Unternehmenskultur. Diese Faktoren überdauern zumeist personelle Wechsel und stellen sowohl den Bezugsrahmen für individuelle Handlungen im Unternehmen als auch für das individuelle Lernen des Menschen im beruflichen Kontext dar.

Eine Organisation lernt und handelt letztlich immer durch ihre Mitarbeiter. Nur wenn diese lernen, findet auch ein weitergehendes Lernen der gesamten Organisation statt. Dabei wird es immer wichtiger, *in vernetzten Zusammenhängen zu denken*, d.h. die einzelnen Elemente des Systems „Unternehmen" (z.B. Mitarbeiter, Teams, Netzwerke) und ihre Wechselwirkungen zu erkennen. Die Mitarbeiter müssen abschätzen können, welche Auswirkungen ihre Handlungen auf andere Mitarbeiter im Wertschöpfungsprozeß haben und ihre Handlungen daran orientieren.

Teil 10

Controlling in der grenzenlosen Unternehmung –
Strategien und Steuerungssysteme

Fallbeispiel Teil 10: Die Virtuelle Fabrik Nordwestschweiz / Mittelland

Das nachfolgende Beispiel soll verdeutlichen, welche Herausforderungen sich für das Controlling im grenzenlosen Unternehmen stellen. Hierfür wird zunächst die *Virtuelle Fabrik Nordwestschweiz/Mittelland* (VFN) als eine Form eines Unternehmensnetzwerks vorgestellt und anschließend die dort eingesetzten Controlling-Instrumente sowohl auf auftragsbezogener, als auch auftragsübergreifender Ebene dargestellt (vgl. Hess 2002).

Das VFN-Netzwerk ist ein Unternehmensnetzwerk, in dem kleinere und mittlere Industrieunternehmen mit jeweils zehn bis 300 Mitarbeitern organisiert sind. Zweck dieses Zusammenschlusses ist die kundenorientierte Bereitstellung komplexer Gesamtlösungen und -leistungen aus den Bereichen Anlagen-, Apparate-, Maschinen-, Werkzeug- und Formenbau sowie Handling und Automation. Für die meisten Verbundunternehmen sind Kapazitäts- und/oder Kompetenzengpässe der Grund für die Teilnahme im VFN-Netzwerk. Die Partnerunternehmen erhoffen sich dank der im Verbund verfügbaren Ressourcen eine schnellere und flexiblere Anpassung an sich ändernde Marktbedingungen, um damit Wettbewerbsvorteile erlangen zu können. Ein weiteres Motiv für die Teilnahme besteht in der Realisierung von Investitions- und Kostenvorteilen durch gemeinsame Beschaffung und Risikoteilung.

Die Virtuelle Fabrik wurde im Jahr 1995 mit Unterstützung des Instituts für Technologiemanagement der Universität St. Gallen gegründet. Im Jahr 2000 arbeiteten rund 30 Unternehmen aus dem Schweizer Mittelland als gleichberechtigte Partner im Netzwerk mit, deren Kompetenzen sich zum Teil überschneiden. Bis zum Sommer 2000 wurden rund 200 Aufträge mit einem Gesamtvolumen von ca. 13 Mio. SFR über das VFN-Netzwerk abgewickelt, worin auch ein Großauftrag mit einem Volumen von 2,7 Mio. SFR enthalten ist. Die Partner realisieren nur bis zu 20 % ihres Umsatzes über das Netzwerk. Innerhalb des Netzwerkes werden verschiedene Rollen abgegrenzt: Broker und Coach teilen sich die auftragsübergreifenden Aktivitäten des Netzwerkes, die unabhängig von Kundenaufträgen anfallen. Während der Broker für die Außenkontakte mit Schwerpunkt Marketing zuständig ist, liegt die Weiterentwicklung von Partnerpool und Infrastruktur in der Verantwortung des Coach. Broker und Auftragsmanager planen gemeinsam einen Auftrag. Die Verantwortung für die Ausführung geht dann an den Auftragsmanager alleine über, der in der Regel auch als Vertragspartner gegenüber dem Kunden auftritt. Häufig wird die Rolle des Auftragsmanagers von dem Unternehmen mit dem größten Anteil am Auftragsvolumen übernommen. Ein Auditor fungiert als Revisor innerhalb des Netzwerkes. Die Spitze des Netzwerkes bildet ein fünfköpfiges Steuerungsgremium mit Vertretern der Partnerunternehmen. Jedes der fünf Mitglieder dieses Gremiums hat einen funktionalen Arbeitsschwerpunkt. Akquirierte Aufträge werden in Teilaufgaben zerlegt und über das Intranet netzwerkintern mit über 20 Attributen zu qualitativen, zeitlichen und logistischen Anforderungen des Kunden ausgeschrieben. Ausgehend von den in einer Kompetenzdatenbank hinterlegten Informationen spricht der Auftragsmanager besonders geeignete Partnerunternehmen gezielt per E-Mail an. Die sich anschließende Vergabeentscheidung orientiert sich an den vorgeschlagenen Preisen der bietenden Unternehmen. Im Rahmen des *auftragsbezogenen Controlling* kalkuliert jedes Verbundunternehmen die von ihm zu erbringenden bzw. bereits erbrachten Teilleistungen nach eigenen Vorstellungen. Dies gilt uneingeschränkt und damit sowohl für die Gestaltung von Gewinnzuschlägen und Abschreibungssätzen als auch für die Festlegung des Umfangs der angesetzten Kosten. So bringen die Partner je nach Auftragslage variable und/oder fixe Kosten in die Kalkulation der Teilleistung ein. Bemühungen zur Standardisierung finden sich bisher noch nicht. Mittlerweile wurde vom Netzwerk eine Arbeitsgruppe eingesetzt, um dieses Thema systematisch aufzuarbeiten.

Die auf dem skizzierten Weg definierten Kosten für Teilleistungen werden im Sinne einer „Additionskalkulation" aggregiert. Der Partner mit dem größten Anteil an der Gesamtleistung verhandelt dann im Auftrag aller Partner mit dem Kunden den endgültigen Preis. Gelegentlich werden ihm dabei von den einzelnen Partnern Preisuntergrenzen vorgegeben. Für auftragsübergreifende Aktivitäten zahlt jedes Partnerunternehmen einen jährlich zu entrichtenden Pauschalbetrag, der zwischen 2.000 SFR für Unternehmen mit bis zu fünf Mitarbeitern und 10.000 SFR bei Unternehmen mit mehr als 100 Mitarbeitern liegt. Beim Eintritt in das Netzwerk ist dieser Betrag ebenfalls zu entrichten. Spezifische Aktivitäten wie z. B. der gemeinsame Auftritt auf einer Messe werden durch Sonderumlagen kostenorientiert verrechnet. Ebenfalls spezifisch vergütet wird die Akquisition eines Auftrags. Hierfür erhält der Akquisiteur zurzeit 3 % des Auftragsvolumens als Sondervergütung.

Im Jahr 2000 wurde das Thema *Erfolgscontrolling auf auftragsübergreifender Ebene* erstmals aufgegriffen. Jedes Partnerunternehmen war aufgerufen, die wichtigsten drei bis fünf mit dem Engagement im Netzwerk verbundenen Ziele zu benennen und mit Priorität, Messkriterium und Termin zu beschreiben. Die genaue Auswertung dieser Daten und die Ableitung von Konsequenzen stehen noch aus. Angestrebt ist, als Ergebnis dieser Aktion drei bis fünf Netzwerkziele zu definieren, die Anhaltspunkte für die strategische Ausrichtung des Netzwerkes geben sollen. Auch ist beabsichtigt, eine derartige Untersuchung regelmäßig durchzuführen. Grundsatzfragen der strategischen Positionierung sollen zukünftig im jährlichen Zyklus überprüft werden. Ebenfalls vorgesehen ist, die Ergebnisse dieser Analyse in einem Geschäftsplan festzuhalten, dessen Einhaltung kontinuierlich nachgeprüft wird. Ergänzend wurden in jüngerer Zeit spezifische

Arbeitsgruppen eingesetzt, die sich mit der Abstimmung von Marketing, Produktion und anderen Gebieten beschäftigen sollen. Die Ergebnisse dieser Arbeitsgruppen stehen noch aus. Die Auswahl neuer Partnerunternehmen für den Pool wird bisher in kleinen Teilen durch Instrumente unterstützt. Potenzielle Partner bewerben sich schriftlich bei der VFN, wobei sie das Ziel ihrer Mitarbeit konkret beschreiben müssen. Dieser formellen Bewerbung geht in der Regel ein Kontakt mit einem der Netzwerkpartner voraus. Der Netzwerkcoach führt ein Interview mit dem Kandidaten und charakterisiert ihn anhand eines vordefinierten, im Standardfall acht Seiten umfassenden Kriterienkatalogs. Mit Hilfe dieses Kriterienkataloges werden die gesammelten Informationen zu einem Profil des Kandidaten verdichtet. Hält der Netzwerkcoach den potenziellen Partner für geeignet, wird dieser zu einem Partnertreffen eingeladen, bei dem über die Aufnahme ins Netzwerk entschieden wird.

10.1 Strategische Herausforderungen für grenzenlose Unternehmen

Grenzenlose Unternehmen entstehen durch den aufgaben- bzw. problembezogenen Verbund verschiedener Unternehmen, Unternehmenseinheiten oder Arbeitsplätzen, die oft an verschiedenen Standorten angesiedelt sind, unterschiedliche rechtliche Konstellationen besitzen und zu verschiedenen Zeiten tätig sind. Dadurch lösen sich zeitliche, räumliche, hierarchiebedingte, rechtliche und wirtschaftliche Grenzen auf. Im Laufe der bisherigen Ausführungen wurde deutlich, daß ...

- die Potentiale der Informations- und Kommunikationstechnik einerseits diese Entwicklung unterstützen, andererseits für das Funktionieren grenzenloser Unternehmen eine unabdingbare Voraussetzung sind (Teil 4),
- sich verschiedene konkrete Organisationsformen hinter dem Konzept grenzenloser Unternehmen verbergen (Teil 5-8) und
- dabei neue personelle und mitarbeiterbezogene Ansprüche zu berücksichtigen sind (Teil 9).

In diesem Kapitel stehen Konsequenzen für die Führung grenzenloser Unternehmen im Mittelpunkt. Dabei geht es weniger um die Ansprüche an das Management eines modernen Unternehmens, wie sie in Kapitel 9.2.3 diskutiert wurden, sondern vielmehr um konkrete Instrumente eines managementorientierten Controlling zur Unterstützung der Führung grenzenloser Unternehmen. Controlling sei dabei als Steuerung und Kontrolle verstanden. Während die Führung Ziele, Strategien und Organisationsstrukturen vorgibt, ist es die Aufgabe des Controlling als integrale Funktion des Führungsprozesses (vgl. Picot / Böhme 1999), den laufenden Prozeß zu steuern. Hierfür stehen bestimmte Instrumente und Methoden zur Verfügung. Bevor in den nachfolgenden Abschnitten gezeigt wird, welche Methoden des Controlling den neuen Anforderungen gerecht werden, soll zunächst das geänderte Strategieverständnis und die Gestaltung der Unternehmensstrategien diskutiert werden. Sie bilden den Ausgangs- und Orientierungspunkt.

Unternehmensstrategien dienen in erster Linie dem Aufbau von unternehmerischen Erfolgspotentialen, der Erzielung von Wettbewerbsvorteilen und der Verbesserung der Wettbewerbssituation. Ziel ist die Erlangung eines einmaligen (relativen) Positionsvorteils im Vergleich zur Konkurrenz. Ein solcher Wettbewerbsvorteil soll dem Angebot der Wettbewerber derart überlegen sein, daß er einen reaktionsfreien, d.h. quasi-monopolistischen Gestaltungsspielraum begründet, der von einer geringen Nachfrageelastizität geprägt ist (vgl. Corsten 1998). Um eine solche Position zu erreichen, trifft ein Unternehmen aufbauend auf die Analyse der Wettbewerbsstruktur eine Entscheidung über sein Verhalten am Markt, das sich nach Porter in einer der drei *generischen Wettbewerbsstrategien* Kostenführerschaft, Differenzierungsstrategie und Fokussierung auf Schwerpunkte konkretisiert (vgl. Porter 1980, 1996; Fleck 1995). Jede Strategie fordert dabei andere (interne) Aktivitäten sowie eine abgestimmte Koordination der externen Schnittstellen, was Porter mit Hilfe des Konzepts der Wertkette erläutert. Erfolgsunterschiede zwischen den Firmen einer Branche sind so auf die richtige Einschätzung der eigenen Stellung im Branchenwettbewerb und die daraus abgeleitete adäquate Reaktion innerhalb einer herrschenden Marktstruktur zurückzuführen. Ein Wettbewerbsvorteil muß sich auf ein für den Kunden wichtiges Leistungsmerkmal beziehen, von den Kunden tatsächlich wahrgenommen werden und eine gewisse Dauerhaftigkeit besitzen (vgl. Simon 1988). Als Bedingung einer solchen Position betonen so gut wie alle in den letzten Jahren populär gewordenen Managementansätze (Total Quality Management, Benchmarking, Time-based Competition, Outsourcing, Reengineering, Change Management) die Bedeutung von *Produktivität, Qualität* und *Geschwindigkeit*. Aber diese *operationale Effektivität* (vgl. Porter 1996) bildet für den andauernden Erfolg eines Unternehmens nur eine notwendige, aber keine hinreichende Bedingung. Operationale Effektivität bedeutet, *vergleichbare* Aktivitäten besser als die Wettbewerber auszuführen, d.h. die eingesetzten Produktionsfaktoren besser zu nutzen, indem beispielsweise Produktionsfehler reduziert werden oder der Entwicklungsprozeß beschleunigt wird (Etablieren von „best practices"). Die überlegene Position japanischer Unternehmen in den 1980er Jahren, die aufgrund großer Produktivitätsvorteile preiswerte Produkte mit hoher Qualität anbieten konnten, lag genau hier begründet. Heute sollen auch in westlichen Unternehmen von den Japanern erlernte Prinzipien wie Kaizen, kontinuierliches Verbesserungswesen, Change Management und das sogenannte lernende Unternehmen für eine ständige Verbesserung der operationalen Effektivität im Sinne von neuen „best practices" sorgen – die allerdings aufgrund der steigenden Bedeutung des Benchmarking in der Praxis wieder schnell zum Branchenstandard werden.

Um eine wirklich einmalige Position im Wettbewerb zu erlangen, muß ein Unternehmen neue Aktivitäten im Vergleich zu seinen Mitbewerbern beherrschen: „Competitive
strategy is about being different" (Porter 1996, S. 64). Allerdings ist eine einzigartige
strategische Position aufgrund einer innovativen Kombination von Wertaktivitäten nicht
ausreichend, wenn sie leicht von einem Wettbewerber imitiert werden kann. Porter (1996)
nennt so drei Bedingungen, die zu dauerhaften Wettbewerbsvorteilen führen sollen (siehe
auch Milgrom / Roberts 1995; Piller 2001):

- Erstens ist eine *einmalige Positionierung des Unternehmens* durch ein im Vergleich
  zu allen Konkurrenten verschiedenes Set an Aktivitäten notwendig.

- Zweite Bedingung ist die *Schaffung von Komplementaritäten* zwischen den einzelnen Aktivitäten. Nur wenn zwischen ihnen ein enger „Fit" besteht und diese aufeinander abgestimmt sind, wird eine strategische Wettbewerbsposition erreicht. Dabei
  kommt es vor allem auf die Kreation eigener, innovativer Verbindungen an. Allein
  generische Verbindungen, die für viele Unternehmen zutreffen, sind nicht ausreichend.

- Die dritte Bedingung ist die *Beherrschung der Konflikte* (Trade-offs) zwischen den
  Aktivitäten eines Unternehmens. Trade-offs entstehen beispielsweise durch Inkon-
  sistenzen im Image, durch Eigenschaften der angewandten Prozeßtechnologien oder
  durch technische Abhängigkeiten. Ein Unternehmen muß sich der herrschenden
  Trade-offs im Wettbewerb bewußt sein. Strategische Entscheidungen müssen Akti-
  vitätenbündel auswählen, die bestehende Trade-offs berücksichtigen und es dabei in
  höherem Maße als die Konzepte der Wettbewerber ermöglichen, die konfliktionären
  Ziele miteinander zu kombinieren. Es geht jedoch nicht darum, die Zielkonflikte abzubauen (denn die beste Beherrschung dieser Konflikte sichert den Wettbewerbsvorteil): „The essence of strategy is choosing what not to do" (Porter 1996, S. 70).

Diese drei Aspekte sind nach Porter wettbewerbsstrategisch entscheidend, um eine einmalig überlegene Position zu erlangen. Daraus folgt aber auch: Die Orientierung an den „best
practices" bestimmter Prozesse ist für das Bestehen in einem Markt zwar von hoher Bedeutung, da diese für die nötige Effizienz sorgen. Entscheidend für eine dauerhaft überlegene Wettbewerbsposition aber sind der kontinuierliche Ausbau des Fits zwischen den
eigenen Aktivitäten und die Konzentration auf die Beherrschung ihrer Trade-offs. Manager, die operationale Effizienz mit strategischer Ausrichtung verwechseln, erlangen lediglich einen temporären Wettbewerbsvorteil, der aber bald wieder in den Zustand einer
„Muß-Bedingung" überführt wird, da die Wettbewerber aufgeholt haben.

Welche Auswirkungen ergeben sich nun aus diesen Ansprüchen an die Gestaltung der Wettbewerbsstrategie durch die zunehmende Vernetzung und Modularisierung von Unternehmen? Bislang orientierte sich die Wettbewerbsstrategie an einem strategischen Dreieck, das die Leistung des eigenen Unternehmens zu der Leistung der Konkurrenten aus der vergleichenden Sicht der Kunden ins Verhältnis setzt. Doch betrachtet man das Konzept grenzenloser Unternehmen, geht es heute viel mehr darum, daß ein einzelnes Unternehmen mit seinen jeweiligen Kernkompetenzen sich mit anderen Partnern zu einer Verbindung zusammenschließt, um ein kundenorientiertes Bündel von Leistungen – erstellt von den jeweiligen Partnern – wettbewerbsgerecht am Markt anzubieten (Blecker 1999). Je mehr sich einzelne Unternehmen zur Erstellung einer komplexen, kundenbezogenen Leistung zusammenschließen, desto mehr bezieht sich die Nutzenbeurteilung durch den Kunden nicht mehr auf die einzelnen Teilleistungen, sondern auf das Gesamtergebnis. Damit wandelt sich der Wettbewerb zwischen einzelnen Unternehmen zu einem Wettbewerb zwischen Unternehmensverbünden. Dies hat nachhaltige Auswirkungen auf das Strategieverständnis und fordert eine Modifikation und Erweiterung der bekannten wettbewerbsstrategischen Ansätze. Als neue wettbewerbsstrategische Aufgaben kommen hinzu:

- *Definition der Kernkompetenzen und Kernprozesse:* Steht bei grenzenlosen Unternehmen die Wertschöpfung von Leistungsbündeln und komplexen Systemen im Mittelpunkt der Betrachtung, wird es für jedes beteiligte Unternehmen wichtiger, seine Kernkompetenzen und -prozesse zu definieren und die Unternehmensaktivitäten genau hierauf zu konzentrieren (vgl. Prahalad / Hamel 1990). Wichtig ist dabei vor allem, daß die definierten Kernkompetenzen auch als solche vermarktbar sind und als einmalig empfunden werden. Zu ihrer Definition sind die oben genannten drei Bedingungen an einen dauerhaften Wettbewerbsvorteil zielführend (einmalige Positionierung, Schaffung von Komplementaritäten, Etablierung und Beherrschung der Trade-offs). Jeder einzelne Partner muß nicht nur für die Einmaligkeit der eigenen Kompetenzen im Vergleich zu den anderen Angehörigen des Netzwerkes als auch außenstehenden Anbietern sorgen. Wichtig ist vor allem der kontinuierliche Ausbau des „Fits" der eigenen Unternehmensaktivitäten mit den Aktivitäten des Gesamtverbunds (Schaffung von Komplementaritäten).

- *Schaffung eines einmaligen Kooperationsnetzwerkes:* Konzentration auf Kernkompetenzen und Spezialisierung führen in Konsequenz zur Notwendigkeit einer verstärkten Zusammenarbeit mit Dritten. Damit erlangen die Schnittstellen zwischen den einzelnen Unternehmen besondere Bedeutung. Schnittstellen können einerseits Probleme bergen (Informationsverzögerung, -verzerrung, -verlust), andererseits aber auch Quelle eines Wettbewerbsvorteils sein. Ihre zielführende Gestaltung und Abstimmung wird zu einem entscheidenden Merkmal der Wettbewerbsstärke eines Unternehmensverbundes. Nicht derjenige Verbund erlangt einen Vorteil gegenüber anderen, der sich durch die Exzellenz seiner Einzelleistungen auszeichnet, sondern jener, dem die Kombination der Einzelleistungen zu einem einmaligen, genau den Abnehmerbedürfnissen entsprechenden Leistungsbündel am besten gelingt. Es kann deshalb nicht das Ziel sein, sämtliche Schnittstellen abzubauen: Sollen die Vorteile gebündelter Kernkompetenzen und fachlicher Spezialisierung genutzt werden, ist die Differenzierung einer Organisationsstruktur in spezialisierte Teilbereiche und damit auch die Herausbildung von Schnittstellen zwischen diesen Bereichen unumgänglich.

Vor allem ist die Koordination dieser Schnittstellen zu gestalten. Auch hier stellen sich neue Ansprüche an die Formulierung einer Wettbewerbsstrategie und daraus abgeleitet an entsprechende Führungsinstrumente eines managementorientierten Controlling. Unternehmerische Fähigkeiten wie Kooperationsorientierung oder Beziehungsmanagement sowie die Fähigkeit, entsprechend der Kundenwünsche flexibel die jeweils geeigneten Partner zusammenzustellen und mit ihnen u.U. auf mehreren Ebenen zusammenzuarbeiten, spielen nicht nur eine größere Rolle als beim klassischen hierarchisch-orientierten Unternehmen, sondern begründen vielmehr erst den einmaligen Wettbewerbsvorteil eines solchen Unternehmensverbundes.

- *Forcierung der Kunden- und Marktorientierung:* Die Notwendigkeit einer verstärkten Zusammenarbeit betrifft auch die Kundenseite. Um flexibel auf Kundenwünsche eingehen und die gewünschten Leistungsbündel konfigurieren zu können, müssen Kundenprobleme und -wünsche frühzeitig erkannt und ermittelt werden. Für die kundenspezifische Entwicklung konkreter Problemlösungen sind dann weniger die vorhandenen Ressourcen bzw. Personal- und Maschinenkapazitäten relevant als vielmehr der Kunde mit seiner Fragestellung. Hinzu tritt eine neue Ebene der Kunden- und Marktorientierung: Bislang mußten die einzelnen Unternehmen jeweils externe Kunden befriedigen. Zusätzlich existieren aber nun „netzwerkinterne" Kunden, d.h. die anderen Unternehmen (Module) des Netzwerkes. Gibt es mehrere Anbieter für eine bestimmte Leistungskomponente innerhalb der potentiellen Netzwerkunternehmen, konkurrieren diese um einen (internen) Auftrag und müssen ihre wettbewerbsstrategischen Aktivitäten nicht nur auf den Endkunden ausrichten, sondern auch auf den Netzwerkkoordinator. Gleiches gilt bei modularen Strukturen innerhalb eines Unternehmens, wo einzelne Profit-Center häufig mit externen Anbietern um die Erstellung bestimmter Leistungen für andere Module des Unternehmens konkurrieren. Damit entsteht eine neue Ebene der Kundenorientierung. Eine Unternehmenseinheit bzw. ein Netzwerkunternehmen erlangt in dieser Situation einen herausragenden Wettbewerbsvorteil, wenn nicht nur seine Leistungen entsprechend der klassischen Wettbewerbstheorie besonders kostengünstig oder differenziert (qualitativ hochwertig, innovationsführend etc.) sind, sondern vielmehr besondere Komplementaritäten zu den anderen Leistungen im Netzwerk aufweisen. Die Module, die den größten Fit ihrer Leistungen mit den anderen Netzwerkaktivitäten aufweisen, und dabei zur Schaffung einer einmaligen Position des gesamten Leistungsbündels beitragen, sind wettbewerbsstrategisch besonders erfolgreich. Auch hier zeigt sich, daß wettbewerbsstrategisches Handeln mehr als die Ausrichtung an „best practices" ist.

- *Förderung von Unternehmertum und Innovationsfähigkeit:* Eng damit verbunden ist die Notwendigkeit, Unternehmertum und Innovationsfähigkeit zu fördern. In Teil 2 wurde Unternehmertum als kreativer Brückenschlag zwischen Informationssphären (Informationen über Beschaffungs- und Absatzmärkte) definiert. Dies ist gerade bei grenzenlosen Unternehmen relevant. Sie müssen wissen, welche Ressourcen im Wertschöpfungsnetz zur Verfügung stehen. Nur so können sie i.S. des unternehmerischen Brückenschlages neuartige Lösungen wie beispielsweise innovative Konfigurationen von Leistungen bewerkstelligen und zur Verfügung stellen. Damit dies gelingt, müssen die jeweils auf ihre Kernkompetenzen oder -prozesse spezialisierten Unternehmenseinheiten die Kundenprobleme kennen und sich entsprechend weiterentwickeln. Unternehmerisches Denken und Innovationsfähigkeit ist daher auf allen Ebenen und bei allen beteiligten Einheiten zu fördern. Grundlage hierfür sind ein funktionsfähiges Wissens- und Informationsmanagement im ganzen Unternehmensnetzwerk.

Die Realisierung dieser Erfolgsfaktoren führt auch dazu, daß die klassische strategische Entscheidung zwischen Kostenführerschaft und Differenzierung entsprechend Porters Alternativhypothese in grenzenlosen Unternehmen nicht mehr unbedingt erforderlich ist. Nach der Alternativhypothese muß ein Unternehmen für jede Produktgruppe einen eindeutigen strategischen Schwerpunkt verfolgen: „Ein Unternehmen, das jeden Strategietyp verfolgt, aber keinen verwirklichen kann, bleibt zwischen den Stühlen sitzen. Es verfügt über keinen Wettbewerbvorteil. Diese strategische Lage führt in aller Regel zu unterdurchschnittlicher Leistung." (Porter 1992, S. 38). Porter begründet die Alternativhypothese mit verschiedenen Widersprüchen zwischen Kostenführerschaft und Differenzierung (vgl. Porter 1992; Fleck 1995; Proff / Proff 1997): So beruht der Widerspruch zum einen auf den unterschiedlichen Marktanteilserfordernissen der Strategien, der mit dem klassischen Trade-off zwischen Variantenvielfalt (Flexibilität) und Produktionskosten (Produktivität) begründet wird *(Konvexitätsprinzip).* Zum anderen können eindeutig positionierte Unternehmen ihre interne Koordination effizienter ausrichten, die ab einem bestimmten Punkt von Zielkonflikten bestimmt ist. Bei einer Mischstrategie stößt das Unternehmen stets auf einen Wettbewerber, der in einer Wertaktivität überlegen ist, da er sich ganz auf dieses Ziel konzentriert *(Konsistenzprinzip).* Das Handeln muß sich in allen Punkten (Ressourcen, Organisationsstrukturen, Anreizsysteme,

Funktionalstrategien) auf die jeweilige gewählte Strategie konzentrieren, um eine Spitzenstellung zu erreichen. Diese Alternativhypothese ist jedoch in letzter Zeit einer zunehmenden Kritik ausgesetzt (vgl. Corsten / Will 1995; Fleck 1995; Kaluza / Kremminer 1997; Piller 1998a, 1998b). Unter den heutigen Wettbewerbsbedingungen (vgl. Teil 1) bringt eine Positionierung am Markt auf nur *einer* generischen Strategieoption deutliche Risiken mit sich. Viele Branchen befinden sich in einer fortgeschrittenen Phase ihres Lebenszyklus und besitzen folglich ähnliche Kostenstrukturen. Wenn Erfahrungskurveneffekte nur noch marginal greifen können, fehlen signifikante neue Kostensenkungspotentiale. Einer reinen Strategie der Kostenführerschaft ist damit in vielen Fällen die Erfolgsgrundlage entzogen, denn sie garantiert nur dann überdurchschnittliche Gewinne, wenn es nur einen eindeutigen Kostenführer gibt. Bei einer reinen Differenzierung wird dagegen heute oft der zusätzlich angebotene Nutzen von den Nachfragern nicht mehr honoriert. Auch können Maßnahmen der Wettbewerber die Bereitschaft der Nachfrager senken, für eine zusätzliche Differenzierung höhere Preise zu entrichten. Gleichzeitig steigen die Ansprüche der Abnehmer in vielen Branchen. Das weltweite Angebot an Problemlösungen und der durch die neuen IuK-Technologien erleichterte Zugang über elektronische Märkte führen zu selektiveren Einkaufsentscheidungen. Die Preis-Leistungs-Relation verschiebt sich insofern, als daß die Abnehmer auch bei einem günstigen Absatzpreis relativ hohe Ansprüche bezüglich Qualität, Service, Paßgenauigkeit oder Funktionalität stellen oder umgekehrt bei einer ausgeprägten Differenzierung des Produkts gewisse Mindestanforderungen an dessen Preisgestaltung haben. Ein Unternehmen muß sich deshalb ständig an die geänderten Kundenwünsche in beiden Dimensionen anpassen.

Neben einer Reihe von Potentialen durch neue IuK- und Produktionstechnologien (vgl. Piller 2001) unterstützen und ermöglichen gerade grenzenlose, modulare Unternehmensstrukturen die Überwindung der Alternativhypothese. Bedenkt man, daß die Größe des Marktes das Ausmaß der Spezialisierung bestimmt, eröffnet die Vernetzung mit globalen, weltweit agierenden Wertschöpfungspartnern neue Spezialisierungschancen. Gleichzeitig erlauben eine verstärkte Kundenorientierung in Verbindung mit einer fallweisen Vernetzung spezialisierter Anbieter die flexible Konfiguration differenzierter, kundenindividueller Marktleistungen. Auf Grund der Spezialisierung lassen sich diese Marktleistungen zugleich kostengünstig erstellen. Somit ist bei grenzenlosen Unternehmen eine Verbindung der bislang als konträr angesehenen Grundstrategien Kostenführerschaft (i.S. von Spezialisierung) und Differenzierung (i.S. von kundenorientierte Konfiguration) möglich, ja sogar durch das Konzept der kundenorientierten Vernetzung spezialisierter Unternehmenseinheiten vorgegeben. Der Arbeitskreis Organisation der Schmalenbach-Gesellschaft (1996) sieht so die „*These der neuen Zielharmonie*" als zentrales Element neuer Organisationskonzepte, das den organisatorischen Gestaltungsspielraum nachhaltig erweitert. Traditionell konfliktionäre Ziele lassen sich heute gleichzeitig mit einem höheren Realisationsgrad erreichen. In der Folge verschieben Unternehmen durch moderne Restrukturierungsansätze die Grenzen bestehender Zielkonflikte immer weiter, indem integrierte, kundenorientierte Prozesse gebildet werden, die von relativ kleinen, überschaubaren Einheiten (Prozeßmodulen) vollzogen und untereinander durch dezentrale, nicht-hierarchische Koordinationsformen abgestimmt werden.

In diesem Sinne erweitern die Prinzipien des grenzenlosen Unternehmens den wettbewerbsstrategischen Handlungsspielraum. Im Gegensatz zur Alternativhypothese fordert die *Simultaneitätshypothese* die *gleichzeitige* Realisation von Kostenführerschaft und Differenzierung als erfolgversprechenden Weg zum Aufbau eines dauerhaften Wettbewerbsvorteils (vgl. Fleck 1995; Picot / Scheuble 1999a; Piller 2001). Grenzenlose Unternehmen müssen sowohl die Konzentration auf Kernkompetenzen als auch die Bildung von Allianzen und Partnerschaften als strategisches Element begreifen und als Gesamtstrategie umsetzen. Aufgabe der Unternehmensführung ist es, die Ansprüche zu konkretisieren und alle Unternehmensaktivitäten auf die wettbewerbsstrategischen Ziele auszurichten. Dazu ist die Abstimmung der einzelnen Leistungsträger des Unternehmens erforderlich. Dies ist Aufgabe einer modernen Controllingkonzeption. Die hierbei zu lösenden Aufgaben und entsprechende Methoden stehen im Zentrum der folgenden Ausführungen.

10.2 Herausforderungen für das Controlling im grenzenlosen Unternehmen

Controlling als wesentlicher Bestandteil von Unternehmensführungskonzepten hat eine vergleichsweise junge Tradition. Wenngleich eine eigenständige Disziplin „Controlling" anfangs mit Skepsis betrachtet und nur zögernd akzeptiert wurde, ist heute eine intensive Auseinandersetzung mit dem Thema Controlling zu beobachten. Dies zeigt sich einerseits in einer stetig wachsenden Zahl sowohl theoriegeleiteter als auch anwendungsnaher Veröffentlichungen. Andererseits ist auch in der unternehmerischen Praxis eine immer stärkere institutionelle Verankerung des Controlling zu beobachten, z.B. in Form eigener Controller-Stellen und -Abteilungen oder eigenständiger Vorstandsressorts (vgl. Kieser / Hegele 1998; Weber / Kosmider 1991). Dennoch erfreuen sich Controller im Unternehmen nicht immer großer Beliebtheit: Abfällige Bezeichnungen wie „Schnüffler" oder „Erbsenzähler" lassen vermuten, daß das Controlling seine Aufgaben im Unternehmen nicht immer im Sinne der Unternehmensziele und zur Zufriedenheit aller Mitarbeiter erledigt. Ein Blick auf die Entwicklungsgeschichte des Controlling und seine Funktions- und Aufgabenschwerpunkte hilft, die häufig zu beobachtenden Probleme, Konflikte und Unzufriedenheiten im Zusammenhang mit dem Controlling genauer zu analysieren (vgl. Lingnau 1998).

- Den Ausgangspunkt der Controlling-Entwicklung bildete das betriebliche Rechnungswesen. In den frühen rechnungswesenorientierten Ansätzen wird das Controlling als operativ ausgerichtetes Instrument gesehen, das mit Hilfe von Daten des Rechnungswesens die laufende Steuerung im Unternehmen unterstützt.

- Mit der weitgehenden Etablierung des Controlling in der Unternehmenspraxis ist teilweise ein Verständniswandel hin zu informationsorientierten Controlling-Ansätzen zu beobachten. Hierbei wird die Abstimmung von Informationsbedarf und Informationsbeschaffung als Hauptaufgabe gesehen. Diese Sicht setzt auf den rechnungswesenorientierten Ansätzen auf, erweitern diese jedoch in Richtung einer ganzheitlichen Informationswirtschaft, insbesondere im Hinblick auf eine zunehmende Unterstützung durch die IuK-Technik.

- Unter dem Einfluß einer zunehmenden theoretischen Aufarbeitung wandelt sich das Controlling-Verständnis – vor allem auch im Bereich der betriebswirtschaftlichen Forschung – erneut zu einem *managementorientierten Controlling*, das eine eigenständige Position im Führungssystem besitzt. Diese Sichtweise beruht vor allem darauf, daß besonders im Rahmen innovativer Arbeits- und Organisationsformen die Menge und die Komplexität der Führungsaufgaben in der Regel die Kapazitäten eines mehr oder weniger monolithischen, zentralen Führungssystems oder gar eines einzelnen, „patriarchalischen" Führers übersteigen (vgl. zur beschränkten Informationsverarbeitungsfähigkeit Teil 3). Daher ist es erforderlich, das Führungssystem in mehr oder weniger eigenständige Teilsysteme aufzuteilen, wodurch ein Bedarf nach deren wechselseitiger Koordination entsteht.

Die Sichtweise der managementorientierten Ansätze bildet die Grundlage für die Entwicklung der heute in der Controlling-Literatur vorherrschend vertretenen *koordinationsorientierten Controlling-Konzeption*. In diesen Ansätzen wird die Koordination spezialisierter Führungsteilsysteme als zentrale Funktion des Controlling gesehen (vgl. z.B. Weber 2002; Küpper 2001). „Bei ihr handelt es sich um eine eigenständige Problemstellung, deren Gewicht zugenommen hat. Insofern erscheint es ... gerechtfertigt, für diese Funktion einen speziellen und neuen Begriff einzuführen. Wenn Controlling mehr als eine neue Bezeichnung für bekannte Aspekte oder Bereiche der Führung sein soll, liegt diese Problemstellung in der Koordination des Führungssystems, weil diese Funktion erst durch den systematischen Ausbau eines gegliederten Führungssystems entsteht und Gewicht erhält" (Küpper 2001, S. 19). Dem Controlling wird somit gegenüber anderen Konzeptionen eine größere Bedeutung beigemessen und ein größeres Aufgaben- und Instrumentenspektrum unterstellt.

Von den Vertretern der koordinationsorientierten Controlling-Konzeption werden unterschiedliche Möglichkeiten ihrer konkreten Ausgestaltung vorgeschlagen. Teilweise wird Controlling als System zur „Führung des Führungssystems" gedeutet (vgl. zu dieser

„Metaführung" Stoffel 1995; kritisch siehe Horváth 2002). Auch findet sich die Interpretation des *Controlling als Management-Service-Funktion.* Hier steht vor allem die Kompetenz des Controlling im Vordergrund, das Management bei der Entwicklung, der Auswahl und dem Einsatz geeigneter Methoden der Steuerung und Koordination zu unterstützen und damit „Führungshilfe" zu leisten (vgl. Küpper 2001). Diese Sichtweise bildet die Grundlage der folgenden Ausführungen.

Controlling wird hier im Sinne der koordinations- und serviceorientierten Konzeption als *laufende, prozeßbegleitende Steuerung und Koordination der im Unternehmen ablaufenden Wertschöpfungsprozesse* verstanden (vgl. Picot 1997; Picot / Reichwald 1999). Diese Sichtweise erscheint im Kontext der hier diskutierten Arbeits- und Organisationsformen wesentlich zweckmäßiger als die eines letztlich hierarchieorientierten Metaführungssystems.

In der Praxis ist dieser Schritt zum koordinations- und serviceorientieren Controlling vielfach noch nicht vollzogen. Controlling wird auch heute noch mit einem ausdifferenzierten und zentral abgewickelten betrieblichen Rechnungswesen gleichgesetzt. Diese Sicht wird jedoch immer weniger den Anforderungen an eine umfassende Steuerung und Koordination der Wertschöpfungsprozesse gerecht und führt letztlich zu Defiziten in der Effektivität und Effizienz des Controlling. In diesem Kontext bestehen vor allem zwei Problemfelder (vgl. Reichwald / Koller 1996; Kinkel 1997):

- *Ausrichtung des traditionellen Controlling an der Kostenrechnung:* Häufig wird eine starke Orientierung des Controlling am betrieblichen Rechnungswesen und insbesondere an der Kosten- und Erlösrechnung beklagt. Dies hat eine *kurzfristige, operative Sicht* sowie eine starke *Fokussierung auf den Produktionsbereich* zur Folge. Aufgabe wird die mehr oder minder präzise vergangenheitsorientierte Erfassung der angefallenen Kosten, jedoch nicht ihre proaktive Beeinflussung und Steuerung. Die Effektivität eines derart verstandenen Controlling ist fragwürdig: Ein Großteil der Kosten wird bereits in vorgelagerten Bereichen wie F&E, Konstruktion oder Design determiniert und ist zu späteren Zeitpunkten kaum noch beeinflußbar. Ferner fallen Kosten in immer größerem Ausmaß in indirekten, produktionsfernen Bereichen an (vgl. Johnson / Kaplan 1991). In der Praxis äußern sich diese Probleme in intransparenten Kostenstrukturen mit weitgehend undifferenzierten Gemeinkostenzuschlagssätzen, die die Höhe der Zuschlagsbasis – also die direkten Produktionskosten einer Leistungseinheit – nicht selten um ein Mehrfaches übersteigen. Hinzu kommt die ausschließlich *monetäre Ausrichtung* dieses Controlling-Verständnisses. Auch wenn ein hoch ausdifferenziertes Instrumentarium zur Erfassung und Verrechnung unterschiedlicher Kosten- und Erlösarten zur Verfügung steht, finden nichtmonetäre Größen wie Zeit, Qualität, Flexibilität oder die Humansituation meist keinen Eingang in das Controlling-System. Gerade diese Faktoren sind aber nicht nur für eine länger-fristige und ganzheitliche Bewertung von Restrukturierungsmaßnahmen im Unter-nehmen von größter Bedeutung (vgl. Reichwald / Höfer / Weichselbaumer 1996), sondern bilden auch die Grundlage einer hybriden Wettbewerbsstrategie, die sich nicht nur durch eine günstige Kostenposition auszeichnet.

- *Ausrichtung des traditionellen Controlling auf hierarchische Strukturen:* Das Cont-rolling wurde bereits früh als wirkungsvolles Instrument zur Steuerung und Kontrolle in streng hierarchischen, tayloristisch gestalteten Großunternehmen mit Massenpro-duktion entwickelt. Die Folgen sind bis heute spürbar: „By 1925 virtually all man-agement accounting practices used today had been developed ... At that point the pace of innovation seemed to stop" (Johnson / Kaplan 1991, S. 12). Während zur damaligen Zeit aufgrund der wenig veränderlichen und hoch strukturierten Aufga-benstellungen ein zentralisiertes und stark standardisiertes Controlling-System zweckmäßig war, wird heute vielfach eine zu hohe *Zentralität und Statik* des Cont-rolling kritisiert. In einer dynamischen Umwelt kann dies zu suboptimalen Entschei-dungen aufgrund einer zu hoher Sachferne und einer zu geringen fallspezifischen Flexibilität führen. Ferner besteht die Gefahr einer geringen Akzeptanz des Control-ling im Unternehmen aufgrund des Erscheinungsbildes eines omnipräsenten und un-persönlichen Überwachungssystems.

In hierarchischen Strukturen hat sich das traditionelle Controlling als rein unterneh-mensinternes Steuerungs- und Kontrollsystem etabliert. Diese starke *Innenorientierung* wirkt sich jedoch nachteilig auf eine verstärkte Marktorientierung aus. Längerfristige Entscheidungen über Unternehmenskonfiguration und Unternehmensgrenzen (z.B. hinsichtlich der Leistungstiefe und des Auf- oder Abbaus von Fixkostenbereichen) werden vom traditionellen Controlling allenfalls durch die Bereitstellung kurzfristiger Kostenvergleichsdaten unterstützt, während unternehmensstrategische Argumente weit-gehend unberücksichtigt bleiben. Besonders augenfällig werden die Defizite des traditi-onellen Controlling in Verbindung mit der Implementierung neuer Arbeits- und Organi-sationsformen der unternehmensinternen Modularisierung und der unternehmensüber-greifenden Vernetzung (vgl. Teile 5 und 6), mit der Tendenz zur zunehmenden Ver-marktlichung von Leistungsbeziehungen (vgl. Teil 7) und mit dem Trend zur Virtuali-sierung von Wertschöpfungsprozessen (vgl. Teil 8). In diesen Formen erweist sich das traditionelle Controlling als „Produkt der Arbeitsteilung in hierarchischen Organisati-onsstrukturen" (Horváth 1995, S. 261) häufig eher als Innovationsbremse denn als wirkungsvoller Service für das Management. Es bestehen also noch erhebliche Diskre-panzen zwischen dem Leistungsprofil des traditionellen Controlling und den Anfor-derungen, die eine grenzenlose Unternehmung an die Steuerung und Koordination ihrer Wertschöpfungsprozesse stellt. Deshalb soll im folgenden diskutiert werden, wie ein effektives und effizientes Controlling in der grenzenlosen Unternehmung aussehen kann und welche Funktionen und Tools dafür zur Verfügung stehen. Die Ideen basieren auf dem koordinationsorientierten, managementnahen Controllingverständnis. In den nachfolgenden Abschnitten sollen für die einzelnen Führungsteilsysteme ausgewählte Funktionen eines Controlling innerhalb von grenzenlosen Unternehmen vorgestellt werden. Dabei werden originäre Controllingbereiche, die keine Spezifika für grenzenlose Unternehmen aufweisen (z.B. Abweichungs-, Gap- oder Portfolioanalysen), nicht näher behandelt. Vielmehr wird der Fokus auf Besonderheiten in Unternehmensnetzwerken gelegt. Den Hauptteil der Ausführungen bilden dabei die konkreten Steuerungssysteme des Controlling, die im Mittelpunkt von Kapitel 10.5 stehen. Zuvor sollen jedoch noch die Schnittstellenkoordination als wesentliche Aufgabe (Kap. 10.3) und das Verhältnis von direkter zu indirekter Führung als zentrales Spannungsfeld (Kap. 10.4) des Controlling im grenzenlosen Unternehmen genauer betrachtet werden.

10.3 Schnittstellenkoordination im grenzenlosen Unternehmen

Schnittstellen entstehen im Unternehmen immer dann, wenn zwischen Organisationseinheiten mit eigenen Entscheidungsrechten Interdependenzen bestehen und daraus ein wechselseitiger Abstimmungsbedarf erwächst. An ihnen vollzieht sich die Gesamtkoordination eines Unternehmens oder Netzwerks mit spezialisierten Teilbereichen. Gleichzeitig können Schnittstellen aber auch Probleme bergen: Informationen müssen über sie transportiert und dafür unter Umständen auch transformiert werden (z.B. in andere Datenformate oder Medien). Dies verursacht nicht nur Transaktionskosten, sondern birgt auch die Gefahr der Informationsverzögerung und -verzerrung oder gar eines Informationsverlustes (vgl. Horváth 1991). Ein wesentliches Ziel neuer Organisationsstrategien wie Modularisierung, Vernetzung oder Virtualisierung ist es, solche Schnittstellenprobleme so weit wie möglich zu vermeiden. Während in tayloristisch-hierarchischen Strukturen zwangsläufig zahlreiche Schnittstellen zwischen den hoch spezialisierten Funktionsbereichen sowie zwischen Führungs- und Ausführungsebenen entstehen, versuchen die neuen Konzepte, durch eine weitgehende objektorientierte Integration von Aufgaben und den Abbau hierarchischer Über- und Unterordnungsverhältnisse Schnittstellen exakter zu definieren und ihre Zahl zu reduzieren. Allerdings kann es prinzipiell nie gelingen, sämtliche Schnittstellen abzubauen: Sollen die Vorteile gebündelter Kernkompetenzen und fachlicher Spezialisierung genutzt werden, ist die Differenzierung einer Organisationsstruktur in spezialisierte Teilbereiche und damit auch die Herausbildung von Schnittstellen zwischen diesen Bereichen unumgänglich.

Um die Risiken solcher Schnittstellen zu minimieren, werden heute Ansätze eines gezielten *Schnittstellen-Management und -Controlling* diskutiert. Aus Sicht der grenzenlosen Unternehmung bezieht sich das Schnittstellen-Management dabei vor allem auf
zwei Bereiche: Im Rahmen eines *Konfigurationsmanagement* gilt es, geeignete organisatorische Einheiten für eine Kooperation zu identifizieren und zu einem Leistungsverbund zusammenzuschließen. Das *prozeßorientierte Schnittstellenmanagement* sorgt
anschließend für die möglichst reibungslos laufende Zusammenarbeit des Verbundes.

10.3.1 Koordination der Konfiguration

Wichtige Voraussetzung für die Schaffung effizienter Schnittstellen ist die Auswahl
geeigneter Partner, die kooperativ die Leistungserstellung vollziehen. Bei diesen Partnern kann es sich um unternehmensinterne Einheiten, aber auch um selbständige Einzel-
akteure oder ganze Unternehmen handeln. Die *Konfiguration*, also die zielgerichtete
Kombination dieser Partner, muß dabei sowohl den Kriterien der System- als auch der
Sozialintegration genügen: Die Potentiale der Partner müssen sowohl im Hinblick auf
die Fähigkeiten zur Erfüllung der notwendigen (Teil-) Aufgaben als auch auf die soziale
Kompatibilität und Verträglichkeit mit den Kooperationspartnern abgestimmt werden.
Dazu erweist sich ein stufenweises Vorgehen als sinnvoll (vgl. Steinle / Kraege 1998;
Picot / Reichwald 1999).

Strategische Initiierung und Partnersuche und -bewertung

Die ersten Stufen der Konfiguration vollziehen sich unabhängig von einem konkreten
Kundenauftrag und dienen zur Bereitstellung der grundsätzlichen Potentiale. Bereits in
den Kapiteln 5.2, 6.2, 7.2. und 8.2. wurden Triebkräfte vorgestellt, welche eine Herausbildung neuer Kooperationsformen forcieren. Vor der eigentlichen Realisierung solcher
Kooperationen ist in der Phase der *strategischen Initiierung* eine grundlegende Konzeption für die spätere Zusammenarbeit zu entwickeln. Dafür ist die Ausprägung der koope-
rationsrelevanten Triebkräfte im konkreten Fall zu prüfen, z.B. im Rahmen einer *Wett-
bewerbsanalyse*, die eine generelle Umweltanalyse sowie eine spezifische Branchenana-
lyse umfaßt. Ferner ist es erforderlich, die *zukünftige Entwicklung* solcher Kräfte zu
prognostizieren. Dies kann beispielsweise durch Verfahren der Szenariotechnik, der
Lebenszyklusanalyse oder durch Expertenbefragungen nach dem Prinzip der Delphi-
Methode erfolgen (vgl. Zäpfel 1989). Aus diesen Daten gilt es dann, die für die Zukunft
oder für die Abwicklung einer bestimmten Aufgabe bedeutenden Kompetenzen und
Ressourcen abzuleiten. Die so gewonnenen Informationen bilden die Grundlage für die
Phase der *Partnersuche und -bewertung* (vgl. Hess et al. 2001). Die identifizierten
notwendigen Kompetenzen und Ressourcen werden mit dem tatsächlich vorhandenen
Potential der möglichen Kooperationspartner abgeglichen. Hierbei gilt es insbesondere,

die Kernkompetenzen möglicher Partner zu identifizieren. Die Methoden zur Erhebung der für eine umfassende Beurteilung möglicher Kooperationspartner nötigen Daten reichen von Analysen der erstellten Leistungen, Befragungen von Referenzkunden, Audits und Benchmarking-Analysen bis hin zu Interviews mit Schlüsselpersonen (vgl. Eickhoff 1998). Von großer Bedeutung für die Gewinnung relevanter Daten bei der Partnersuche und -bewertung sind ferner Erfahrungen, die in früheren Kooperationen gewonnen wurden. Gerade bei der Konfiguration kurzfristiger Kooperationsbeziehungen – wie im Extremfall der virtuellen Organisation – ist es von großem Vorteil, wenn die Rekrutierung aus einem „Pool" bewährter Partner möglich ist. Denkbar ist in diesem Zusammenhang eine regelrechte „Währung" in Form allgemein zugänglicher und transparenter Kompetenz- und Vertrauensbewertungen, die in vergangenen Kooperationen gesammelt wurden und die Reputation möglicher Kooperationspartner nachweisen (vgl. Picot 1999).

Kooperationsentscheidung und -einrichtung

Bei Eingang eines konkreten Kundenauftrags bzw. bei Aufdeckung einer konkreten Marktchance (Angebotserstellung, Beteiligung an Ausschreibung) werden aus der Gesamtheit möglicher Kooperationspartner, die in der Phase der Partnersuche und -bewertung analysiert wurden, die am besten geeigneten Partner ausgewählt und zu einem kooperativen Verbund zusammengeschlossen. Traditionell dominieren in diesem Schritt monetär ausgerichtete Verfahren wie die Kosten-Nutzen-Analyse oder Methoden der Investitionsrechnung. Allerdings setzt sich mehr und mehr die Erkenntnis durch, daß eine Kooperationsentscheidung auf rein monetärer Basis – z.B. anhand der geforderten (Verrechnungs-)Preise für die Teilleistungen – an Bedeutung verliert. Wichtiger erscheinen dagegen Faktoren wie Anpassungsfähigkeit und Zukunftssicherheit der Leistungserbringung (Servicegrad) sowie die Bereitschaft zur flexiblen, gemeinschaftlichen Ressourcennutzung (vgl. Wildemann 1997). Eine weitere wichtige Aufgabe in der Stufe der Kooperationsentscheidung und -einrichtung ist die Abschätzung des aus der Zusammenarbeit resultierenden Gesamtnutzens und dessen Aufteilung auf die beteiligten Partner. „Bei der Berechnung der Kooperationsvor- und -nachteile ist es wichtig, daß der „Ermittlungsschlüssel" nachvollziehbar und flexibel auf alternative Umfeldbedingungen umsetzbar ist. Durch die analytische Dekomposition des Gesamtnutzens in seine Bestandteile und Einflußgrößen ist auch die Grundvoraussetzung für eine zielorientierte Gestaltung und Durchführung gelegt" (Steinle / Kraege 1998).

10.3.2 Prozeßorientiertes Schnittstellenmanagement

Im Rahmen des Konfigurationsmanagement werden die an einem Leistungsverbund beteiligten Partner und ihre spezifischen Leistungsbeiträge bestimmt. Die Steuerung der laufenden Informations- und Leistungsflüsse zwischen den Partnern ist dagegen Aufgabe eines prozeßorientierten Schnittstellenmanagement. Dieses hat dafür zu sorgen, daß der aus den Interdependenzen zwischen den Partnern resultierende Informationsbedarf identifiziert wird und die relevanten Informationen einerseits mit möglichst geringen Verzerrungen, Verzögerungen und Verlusten, andererseits aber auch mit möglichst geringem Aufwand ausgetauscht werden. Nach Frese (1995) kann ein Schnittstellen-Management zu diesem Zweck zwei theoretische (Extrem-)Strategien verfolgen:

- Im einen Fall wird auf eine *wechselseitige Abstimmung* von Interdependenzen ganz *verzichtet*. Die daraus entstehenden Autonomiekosten (Opportunitätskosten eines suboptimalen Gesamtergebnisses) werden im Hinblick auf die eingesparten Abstimmungskosten in Kauf genommen. Schnittstellen haben dabei lediglich die Funktion, einseitig die von einer Einheit determinierten Rahmenbedingungen der davon betroffenen Einheit zu übermitteln. Beispielsweise kann eine Beschaffungsabteilung autonom ein optimales Beschaffungsprogramm realisieren und die daraus resultierende Verfügbarkeit von Materialien dem Produktionsbereich als einzuhaltende Rahmenbedingung lediglich mitteilen, ohne daß diese darauf Einfluß nehmen kann. Diese Strategie erscheint allenfalls gangbar, wenn einerseits die Leistungsbeziehungen so wenig komplex sind, daß die Auswirkungen von Entscheidungen auf andere Bereiche transparent werden und andererseits auch Anreize bestehen, negative Auswirkungen außerhalb des eigenen Bereiches zu vermeiden.

- Im anderen Fall wird versucht, die Interdependenzen und damit auch die Schnittstellen zwischen zwei kooperierenden Partnern völlig aufzuheben, indem Entscheidungen *bereichsübergreifend* (z.B. in einer zentralen Planungsabteilung) *betrachtet* und *gelöst* werden. Im oben genannten Beispiel wäre dazu eine simultane Beschaffungs- und Produktionsplanung erforderlich. Prinzipiell werden mit dieser Strategie jedoch die Vorteile einer Autonomisierung von Teilbereichen und einer Dezentralisierung von Entscheidungskompetenzen zunichte gemacht. Die hohe Komplexität und geringe Flexibilität bereits einfacher integrierter Planungsmodelle zeigt, daß dieses Vorgehen allenfalls in sehr begrenzten Ausnahmefällen möglich erscheint (z.B. simultane Beschaffungs- und Produktionsplanung für einen wichtigen Sonderauftrag).

In einem realen Unternehmen erscheint keine der beiden dargestellten Strategien in ihrer extremen Ausprägung umsetzbar. Ein realistisches Schnittstellenmanagement muß in der Regel einen Mittelweg zwischen der bloßen Übermittlung bereits fixierter Daten und dem Versuch finden, totale Transparenz und vollständige Abstimmung der Einheiten zu erreichen. Die erste Alternative würde zwar eine völlige Entscheidungsautonomie der einzelnen Bereiche begründen, führte jedoch in der Gesamtsicht zu suboptimalen Lösungen. Die zweite Alternative führt dagegen in der Theorie zu optimalen Entscheidungen, zieht jedoch in der Praxis eine kaum mehr beherrschbare Entscheidungskomplexität und entsprechend inflexible Entscheidungsprozesse nach sich. Der Schlüssel für ein effizientes prozeßorientiertes Schnittstellenmanagement liegt daher in der Bestimmung des richtigen Grades an Informationsaustausch. Einen Ansatz hierfür liefern Baldwin / Clark (1998), die zwei Klassen von Informationen differenzieren:

- *Verborgene Informationen* umfassen in erster Linie die interne Prozeßabwicklung eines Teilbereiches. Sie beeinflussen den Gesamtverbund nicht und sind daher außerhalb der eigenen Einheit nicht relevant. Sie können im Rahmen eines Selbst-Controlling ohne externen Abstimmungsbedarf direkt „vor Ort" verarbeitet werden.

- *Offene Informationen* betreffen die übergeordnete Zielsetzungen des gesamten Leistungsverbundes. Sie müssen für alle Partner transparent sein. Ihre Verarbeitung und ihr Austausch sollte zur Gewährleistung der Konsistenz über eine zentrale Instanz (z.B. hierarchisch übergeordnete Controlling-Stelle oder Koordinations-ausschuß) gesteuert werden. Dieses „Fremd-Controlling" darf jedoch die Autonomie der Partner nicht unnötig beeinträchtigen und ist auf das notwendige Mindestmaß zu beschränken.

Ein großes Potential im Hinblick auf die Transparentmachung offener Informationen wird – zumindest in bezug auf Kostenziele – der *Prozeßkostenrechnung* zugeschrieben (vgl. Mayer 1991). Ausgangspunkt für die Entwicklung dieses Instruments war die Feststellung, daß mit der Zunahme „fertigungsferner" Gemeinkostenbereiche in Unternehmen mit den herkömmlichen, kostenstellen- und damit bereichsorientierten Rechnungssystemen in immer geringerem Maße eine verursachungsgerechte Verrechnung auf die Produkte möglich ist. Undifferenzierte Gemeinkostenzuschläge von mehreren Hundert Prozent auf die direkt zurechenbaren Produkteinzelkosten lassen Struktur und Entstehungsursachen von Gemeinkosten weitgehend im Dunkeln. In der Prozeßkostenrechnung wird dagegen versucht, stellenübergreifende Prozesse zu definieren und – durch Aggregation der einzelnen, in den Bereichen anfallenden Teilprozesse – mit Kosten zu bewerten (Prozeßkostensätze). Dabei werden explizit auch Gemeinkostenbereiche einbezogen (z.B. Kosten in den Bereichen Verwaltung, Beschaffung, Vertrieb, Service etc.). Je nach Inanspruchnahme solcher Prozesse können die Prozeßkostensätze dem Produkt zugerechnet werden.

Dieses Vorgehen kann ein prozeßorientiertes Schnittstellenmanagement wirkungsvoll unterstützen (vgl. Mayer 1991): Bereits die Implementierung eines Prozeßkostenrechnungssystems zwingt zur gegenseitigen Abstimmung. Bei der Identifizierung der bereichsübergreifenden Prozesse müssen alle beteiligten Einheiten kooperativ den Prozeßaufbau, die Wechselwirkungen der einzelnen Teilprozesse und die entsprechenden

Kostensätze bestimmen. Dadurch wird Transparenz hergestellt und die Optimierung von Prozeßschnittstellen gefördert. In der Anwendung macht die Prozeßkostenrechnung deutlich, welche kostenmäßigen Konsequenzen Bereichsentscheidungen auf andere Einheiten haben. Beispielsweise wird bereits im F&E-Bereich transparent, welche Auswirkungen die Einführung neuer Produktvarianten oder die Verwendung von Sonderbauteilen auf Bereiche wie Produktion oder Lagerhaltung hat.

Eine wichtige Ergänzung findet die Prozeßkostenrechnung in der *Zielkostenrechnung* (Target Costing). Sie wandelt den traditionellen Kostenrechnungsschwerpunkt der (nachträglichen) Verrechnung angefallener Kosten zu einer proaktiven Kostenbeeinflussung in Richtung eines vom Absatzmarkt vorgegebenen Kostenziels. Dies ist vor allem für den langfristigen Bestand in wettbewerbsintensiven Käufermärkten von Bedeutung. „Grundfrage des Target Costing ist nicht 'Was wird uns ein Produkt kosten?', sondern 'Was darf uns ein Produkt kosten?' Target Costing ist deshalb ein streng marktorientiertes Kostenmanagement, das die kostenorientierte Koordination aller Unternehmensbereiche ... sicherstellt" (Seidenschwarz 1991, S. 193). Das prozeßorientierte Schnittstellenmanagement wird in diesem Fall vor allem durch den Zwang zur gemeinsamen Ausrichtung aller Einheiten auf das zu erreichende Ziel – nämlich die Einhaltung der durch die Kunden determinierten Zielkosten – unterstützt.

10.4 Das Spannungsfeld zwischen direkter und indirekter Führung

Ein zentrales Spannungsfeld einer modernen Controlling-Konzeption für das grenzenlose Unternehmen ist der Gegensatz zwischen direkter und indirekter Führung. Beide Führungskonzeptionen werden durch die neuen IuK-technischen wie organisatorischen Innovationen gleichermaßen unterstützt, so daß in einem Unternehmen eine bewußte Lösung dieses Spannungsfelds angestrebt werden muß. Denn auf der einen Seite eröffnen IuK-Techniken neue Potentiale für die direkte Überwachung und Steuerung von Leistungsprozessen bei vergleichsweise geringen Überwachungskosten.

So ermöglichen technische Überwachungssysteme die personenbezogene Steuerung und Kontrolle von Aufgabenträgern an unterschiedlichen Standorten. Traditionelle hierarchische Koordinationsmechanismen lassen sich quasi durch IuK-Techniken substituieren. Auf der anderen Seite sind IuK-Techniken aber auch dafür verantwortlich, daß im Zusammenhang mit neuen Organisationsstrukturen wie der internen und externen Modularisierung, unternehmensübergreifenden Netzwerken oder Formen der Telearbeit und Telekooperation Potentiale zur Reintegration von Leistungsprozessen entstehen. Damit existieren neue dezentrale Handlungsspielräume. Ein großer Teil der Koordinationsaufgaben kann direkt von den Aufgabenträgern bewältigt werden.

Für die Führung grenzenloser Unternehmen bildet sich hier ein Spannungsfeld: Einerseits ermöglichen IuK-Techniken Methoden der direkten Überwachung, andererseits sind gerade in grenzenlosen Unternehmen Methoden der indirekten Führung notwendig, um die erforderliche Selbstkoordination der Aufgabenträger zu unterstützen. Eine wichtige Herausforderung für Führungskräfte besteht daher darin, indirekte Führungsmethoden mit direkten Überwachungssystemen in Abhängigkeit der zugrundeliegenden Aufgaben, Anreizsysteme, Persönlichkeiten und Unternehmenskultur human und gleichzeitig effizienzorientiert zu integrieren. Konkrete Handlungsempfehlungen gibt diesbezüglich z.B. die Principal-Agent-Theorie (vgl. Kap. 2.3.4), die in Abhängigkeit der Beeinflußbarkeit der Ereignisse durch den Agenten einerseits und der Beobachtbarkeit der Handlungen des Agenten durch den Principal andererseits situationsspezifische Controllingstrategien vorschlägt (vgl. Abb. 10-1).

10.4.1 Möglichkeiten der direkten Führung

In hierarchischen Unternehmen erfolgt die Koordination im wesentlichen über eine explizite Verhaltenssteuerung der Aufgabenträger in Richtung eines „Idealverhaltens", das eine optimale Aufgabenerfüllung gewährleisten soll. Diese Verhaltenssteuerung kann durch persönliche Anweisung und Überwachung, durch produktionstechnische „Zwangskoordination" wie beispielsweise im Taylorismus und Fordismus (vgl. Kap. 9.3) und durch eine unpersönliche bürokratische Steuerung und Kontrolle erfolgen (vgl. Sandner 1988).

Voraussetzung für das Funktionieren dieser auch heute noch verbreiteten Mechanismen ist jedoch die Möglichkeit einer laufenden Verhaltensüberwachung, der Befolgung einer Anweisung, Ausführung bestimmter Tätigkeiten am Fließband, Einhaltung von Dienstvorschriften und Verfahrensrichtlinien etc.: „Despite the development of global organization, remote work technologies, and telecommunication-based coordination, management practice remains tradition-bound. It relies on two forms of control: rules and visual observation of the work process. Rules tell workers what to do and observations confirm how well they do it" (Kugelmass 1995, S. 6).

	Beobachtbarkeit der Handlungen des Agenten durch den Principal	
	tendenziell hoch	tendenziell gering
(1) Direkte Führung	**(2) Indirekte Führung**

| Beeinflußbarkeit der Ergebnisse durch den Agenten | tendenziell hoch | **(1)   Direkte Führung**

Controlling des Agenten durch den Principal | **(2)   Indirekte Führung**

Self-Controlling des Agenten Führung über Zielvereinbarung, Anreizsysteme und Reputation |
| | tendenziell gering | **(3)   Zentrale Überwachung Schwerpunkt Prozeß**

Controlling durch den Principal, unterstützt durch Stäbe | **(4)   Zentrale Überwachung Schwerpunkt Ergebnis**

Controlling durch den Principal, unterstützt durch Stäbe |

Abb. 10-1: Controllingstrategien der Principal-Agent-Theorie (Picot / Böhme 1999, S. 7)

In grenzenlosen Unternehmen nehmen die Möglichkeiten einer direkten Verhaltensbeobachtung und -überwachung aufgrund einer höheren Autonomie und / oder einer räumlichen Verteilung der Aufgabenträger zunächst deutlich ab. Jedoch eröffnen sich heute eine Fülle von Möglichkeiten, die eingeschränkte direkte Verhaltensüberwachung mittels Einsatz von IuK-Technik zu substituieren (vgl. Sewell 1998). Aus rein technischer Sicht sind dabei zahlreiche Ansatzpunkte denkbar, so z.B.

- die Erfassung von Log-in-Zeiten, die Messung der Betriebszeiten von Hardware-Komponenten oder die Messung der Zeit, die für eine bestimmte Leistung benötigt wird (z.B. Dauer eines Kundenkontaktes im Telefonvertrieb oder benötigte Zeit zur Erfassung eines Datensatzes);

- die Messung der Häufigkeit von Tastaturanschlägen oder die Überwachung der Arbeitstätigkeit über Videosysteme;

- die Überwachung des aufgabenbezogenen Informationsflusses, z.B. über die Erfassung des Nutzungsverhaltens von E-Mail oder WWW;

- die systematische, automatisierte Speicherung und Auswertung der gewonnenen verhaltensbezogenen Daten und die Erstellung von Nutzungs- und Leistungsprofilen.

Solche Ansätze der Verhaltensüberwachung von Aufgabenträgern beruhen auf der Annahme, daß von der Beobachtbarkeit bestimmter Aktivitäten auf den Umfang und die Qualität der Aufgabenerfüllung geschlossen werden kann. Solche Schlüsse sind jedoch problematisch (vgl. Becker 1998). So wird die Überwachung aus Erfassungsgründen häufig auf eine oder wenige, technisch leicht erfaßbare Teilgebiete beschränkt, die im

Idealfall ein bestimmtes Norm-Verhaltensprofil ergeben. Besonders für stark informationsbasierte Tätigkeiten mit kreativen Komponenten („knowledge working") ist jedoch kein derartiges Normverhalten ableitbar.

Auch aus Sicht der Mitarbeiter ist eine intensive elektronische Überwachung – aus ethisch-moralischen wie auch aus motivationalen Gesichtspunkten – nicht akzeptabel. Besonders negativ ist die empfundene Einschränkung der Handlungsfreiheit der überwachten Mitarbeiter zu bewerten. Im Extremfall reduziert sich der wahrgenommene Handlungsspielraum auf den durch die Überwachungstechnik determinierenden Prozeßablauf (vgl. Bogard 1996). Eine Verletzung des Selbstwertgefühls und der Privatsphäre der Mitarbeiter wird Demotivation und Reaktanz hervorrufen und Vertrauensverhältnisse nachhaltig schädigen (vgl. Thieme 1982). Wenn überhaupt, dürfte eine direkte, verhaltensorientierte Überwachung von Leistungserstellungsprozessen mittels IuK-Technik nur bei wohlstrukturierten und wenig komplexen Aufgaben mit eindeutigem Zusammenhang zwischen Input und Output sinnvoll sein. Insofern entspricht die klassische Unternehmenshierarchie tayloristischer Prägung mit einer weitestgehenden Arbeitszerlegung und formalisierten Kooperationsbeziehungen diesem Verfahren am ehesten. Jede elektronische Überwachung verspielt jedoch die Chance, die neue Technik in bezug auf organisatorische Innovationen und damit auf eine nachhaltige Anpassung an die neuen Wettbewerbsbedingungen zu nutzen.

10.4.2 Methoden und Instrumente der indirekten Führung

Innovative Organisationsstrategien wie Modularisierung, Vernetzung und Virtualisierung erfordern Methoden der Führung, die den Charakteristika dieser Formen gerecht werden: Einerseits dürfen die durch eine stärkere Dezentralisierung und Autonomisierung der Kooperationspartner geschaffenen Nutzenpotentiale nicht wieder eingeschränkt werden. Andererseits besteht eine wesentliche Aufgabe der Führung darin, über die Bereitstellung eines einheitlichen Koordinationsrahmens einer unkontrollierten und dysfunktionalen Auflösung von Wertschöpfungsstrukturen entgegenzuwirken (vgl. Reichwald / Koller 1996), um so für das gesamte Netzwerk einen einmaligen, aufeinander abgestimmten „Fit" der einzelnen Aktivitäten zu schaffen, der die Grundlage einer überragenden Wettbewerbssituation darstellt. Im folgenden sollen Instrumente der indirekten Führung und des Controlling dargestellt werden, die diesen Anforderungen gerecht werden können, indem sie diese Rahmenfunktion erfüllen und damit eine übergreifende Koordination und Steuerung von Wertschöpfungsprozessen gewährleisten können (vgl. zum folgenden auch Küpper 2001).

Abbildung 10-2 zeigt eine Übersicht der zentralen Instrumente eines koordinationsbezogenen Controlling. Während die zentralistischen Führungssysteme weitgehend auf der Strategie einer direkten Verhaltensüberwachung basieren und zu den Methoden der direkten Führung zuzuordnen sind, bilden Budgetierungs-, Ziel- und Verrechnungs- und Lenkungspreissysteme Ansatzpunkte für eine nicht-hierarchische, indirekte Koordination gleichgestellter Kooperationspartner, wenn sie zusätzlich um die Bewertung weiterer qualitativer Faktoren ergänzt werden (vgl. Kap. 10.3.1).

	Zentralistische Führungssysteme	Budgetierungssysteme	Zielsysteme	Verrechnungs- und Lenkungspreissysteme
Delegationsgrad				
Wechselseitigkeit der Planungsfolge				
Kooperationsgrad des Führungsstils				
Segmentierung der Unternehmensrechnung				

Abb. 10-2: Controllingmethoden zur Abstimmung der Leistungsprozesse (in Anlehnung an Küpper 2001)

Die mit dem Übergang von zentralistischen Führungssystemen zu einer indirekten Führung zunehmend nicht-hierarchische Abstimmung zwischen gleichrangigen Partnern drückt sich in einer zunehmenden Entscheidungsdelegation, einer verstärkt wechselseitigen Planung, aber auch in der zunehmenden Notwendigkeit eines kooperativen Führungsstiles aus. Die verhaltensorientierte Überwachung der direkten Führung weicht einer verstärkten Ergebnisorientierung: Während in zentralistischen Führungssystemen die Koordination der Leistungserstellung über eine direkte Verhaltensbeeinflussung durch den unmittelbaren Vorgesetzten erfolgt, bilden in Budgetierungs-, Kennzahlen-, Ziel- und Verrechnungspreissystemen nur noch wenige hoch aggregierte Ergebnisgrößen den Steuerungsmaßstab für eine Organisationseinheit (vgl. zu Aufbau und Funktionsweise dieser Instrumente Kap. 10.5.1). Durch diese Fokussierung auf Ergebnisse gewinnen die dezentralen Einheiten die geforderten Entscheidungs- und Handlungsspielräume hinsichtlich der Gestaltung ihrer Leistungsprozesse. Allerdings erhöhen diese Freiräume auch die Gefahr eines opportunistischen, nicht unternehmenszielkonformen Mißbrauchs. Defizite bestehen auf mehreren Ebenen (vgl. Pfohl / Stölzle 1997):

- Beim Einsatz von *Budgetierungssystemen* versuchen Bereiche unter Umständen, über den Aufbau von Budgetreserven (Budgetary slack) die Budgeteinhaltung zu erleichtern. Beim Aushandeln und Festlegen der Budgets werden dazu beispielsweise Informationen gezielt gefiltert oder verzerrt, z.B. hinsichtlich der Aufgabenschwierigkeit oder der Rahmenbedingungen, oder es werden unternehmenspolitische Prozesse angestoßen, z.B. durch Nutzung persönlicher Kontakte. Besonders „erfolgversprechend" erscheinen solche sogenannten „Budget games" bei stark vernetzten und unsicheren Leistungsprozessen (Non-seperability-Problem).

- Beim Einsatz von *Kennzahlen- und Zielsystemen* besteht durch die verdichtete und vereinfachte Abbildung unternehmensrelevanter Sachverhalte die Gefahr, daß – besonders wenn an das Kennzahlensystem ein entsprechendes Anreizsystem gekoppelt ist – die Aufgabenträger ihr Leistungsverhalten einseitig auf die Optimierung von Kennzahlen ausrichten und darüber die eigentlichen Unternehmensziele aus den Augen verlieren (z.B. kurzfristige Gewinnoptimierung zu Lasten langfristig notwendiger Investitionen, bereichsegoistisches Verhalten, Überbetonung quantitativer Ziele etc.). Vor allem sehr komplexe Leistungsstrukturen können durch Kennzahlen oft nur rudimentär abgebildet werden.

- Beim Einsatz von *Verrechnungs- und Lenkungspreissystemen* können insbesondere bei hoch spezifischen Leistungen einseitige Abhängigkeiten opportunistisch ausgenützt und beispielsweise überhöhte Preisforderungen gestellt werden. Dies kann zu einem Ausweichen der abhängigen Bereiche auf die Eigenerstellung solcher Leistungen führen (vgl. Reichwald / Koller 1996). Diese Zersplitterung der Leistungserstellung ist jedoch aus Sicht des Gesamtunternehmens nicht wünschenswert.

Das Controlling gerät angesichts dieser Beispiele in ein *Dilemma*: Einerseits ist im Falle spezifischer, komplexer, unsicherer und vernetzter Leistungen – wie sie für die hier zugrundegelegten neuen Organisationsformen charakteristisch sind – der Verzicht auf detaillierte Verhaltenssteuerung, die Erhaltung dezentraler Freiräume und die stärkere Ergebnisorientierung unerläßlich, um Kreativität, Motivation und Selbstkoordinationsfähigkeit der dezentralen Einheiten voll zu nutzen. Andererseits werden dadurch aber auch Spielräume für dysfunktionales, opportunistisches Verhalten eröffnet, die mittels bloßer Ergebniskontrolle nicht vollständig behoben werden können. Im Falle spezifischer, komplexer, unsicherer und vernetzter Leistungen ist der „registrierbare Output kein geeigneter Indikator für die Leistungsbewertung" (Rößl 1996, S. 319) und kann damit auch nicht als alleinige Grundlage für die Steuerung und Koordination der zugrundeliegenden Leistungsprozesse dienen.

Der Versuch, opportunismusgefährdete Verhaltensspielräume zu eliminieren, führt jedoch wiederum zu verstärkten Methoden der Überwachung oder zu einem übermächtigen, zentralen Controlling und damit sicherlich nicht aus dem oben genannten Dilemma zwischen Zentralität und Starrheit einerseits und Mißbrauch von Freiräumen andererseits heraus. Daher erscheint es vielversprechender, vorhandene Spielräume zu belassen und opportunistische Verhaltensneigungen erst gar nicht entstehen zu lassen.

Hier setzen Management- und Führungstheorien an, die bereits früh erkannten, daß sich eine erfolgreiche Koordination von Leistungserstellungsprozessen auf zwei Säulen stützt (vgl. z.B. Blake / Mouton 1968). Zum einen hat eine *aufgabenorientierte Führung* die Funktion, den Leistungserstellungsprozeß zielorientiert und sachlogisch zu koordinieren. Auf der anderen Seite muß aber auch eine *mitarbeiterorientierte Führung* dafür sorgen, daß ein von allen getragener Konsens über das gemeinsame Handeln gefunden und allgemein akzeptiert wird. Dies wird auch von zahlreichen neuen Ansätzen der Betriebswirtschaftslehre betont wie z.B. die Errichtung von Vertrauensorganisationen (Bleicher 1985), die Herausbildung positiver Unternehmenskulturen (Schein 1995), die wechselseitige Selbstverpflichtung von Mitarbeitern (vgl. Rößl 1996) oder deren Sozialisation durch Maßnahmen des organisationalen Lernens (vgl. Kap. 9.4.2). All diesen Ansätzen ist gemeinsam, daß sie über die Herstellung oder Verstärkung gemeinsam getragener Normen, Werte und Motive eine Angleichung zwischen Unternehmenszielen und individuellen Zielen und damit eine Verringerung der Opportunismusneigung herbeiführen sollen.

Ziel eines Controlling grenzenloser Unternehmen kann daher nicht mehr die möglichst lückenlose Erfassung und Auswertung aller verfügbaren Informationen sein. Vielmehr ist ein relativ einfach strukturiertes, transparentes Controlling-System zu entwickeln, das einen Rahmen zur Verfügung stellt, der genug Freiräume für eine dezentrale Selbstkoordination der Einheiten beläßt. Dieser relativ lockere Rahmen, der durchaus mit Hilfe von Instrumenten wie Budgetierungssystemen, Kennzahlen- und Zielsystemen oder Verrechnungs- und Lenkungspreissystemen aufgebaut werden kann, bedarf der Ergänzung durch Maßnahmen der Sozialintegration, die ein opportunistisches Ausnützen vorhandener Freiräume verhindern. Gerade diese mitarbeiter- und partnerbezogene Führung bedeutet für ein modernes Controlling einen grundsätzlichen Rollen- und Aufgabenwandel, dessen Umsetzung heute in vielen Unternehmen erst am Anfang steht.

10.5 Systeme des Controlling

Nachdem in den vorangehenden Kapiteln dieses Teils die Spannungsfelder und daraus resultierenden Ansprüche an eine moderne Controllingkonzeption für die grenzenlose Unternehmung aufgezeigt wurde, werden im folgenden nun konkrete Steuerungssysteme vorgestellt. Im einzelnen handelt es sich dabei um:

- finanzwirtschaftliche Steuerungsinstrumente (Kap. 10.5.1);
- personelle Steuerungsinstrumente (Kap. 10.5.2);
- Instrumente und Methoden des Informations- und Wissensmanagements (Kap. 10.5.3);
- übergreifende Steuerungssysteme zur Integration der verschiedenen Planungs- und Führungsebenen (Kap. 10.5.4).

10.5.1 Finanzwirtschaftliche Steuerungsinstrumente

Eines der wesentlichen Ziele des Controlling im grenzenlosen Unternehmen ist die Koordination der einzelnen Unternehmensbereiche. Als typische Form eines grenzenlosen Unternehmens, die auch in der Praxis weite Verbreitung hat, kann die Geschäftsbereichsorganisation angesehen werden. Ihr ökonomischer Erfolg hängt im wesentlichen davon ab, inwieweit es gelingt, die richtigen Geschäftsbereiche abzugrenzen, geeignete Beurteilungskriterien für die Geschäftsbereichsleitung zu definieren und die Lieferungen und Leistungen zwischen den Geschäftsbereichen effizient zu verrechnen (vgl. Picot / Dietl / Franck 2002). Während der erste Punkt der Abgrenzung der Geschäftsbereiche in Kapitel 10.3.1 behandelt wurde, stehen die beiden anderen Punkte im Mittelpunkt der folgenden Ausführungen. Die Betrachtung von Geschäftsbereichen kann dabei auch auf andere modulare Einheiten übertragen werden.

Die Beurteilung der Geschäftsbereichsleitung (Profit-Center, Unternehmenssegment, Unternehmensmodul) verfolgt das Ziel, die Handlungsspielräume der Geschäftsbereichsleitung im Sinne des Gesamtunternehmens zu koordinieren. Um die im Rahmen der Principal-Agent-Beziehung zwischen Unternehmens- (Principal) und Geschäftsbereichsleitung (Agent) auftretende Moral-Hazard-Gefahr (vgl. Teil 2) einzugrenzen, wird meist eine Ergebnisbeteiligung des Agenten angestrebt. Voraussetzung hierzu ist die Festlegung des Geschäftsbereichsergebnisses. Dieses wird oft anhand klassischer Kriterien beurteilt, z.B. anhand der mit herkömmlichen Verfahren ermittelten Kosten des Geschäftsbereichs, seines Gewinns, seiner Gesamtkapital- (ROI) oder Eigenkapitalrendite (ROE). Entsprechend des Gedankens der Marktorientierung auf der einen und der Notwendigkeit zur Koordination aller Geschäftsbereiche hinsichtlich der übergeordne-

ten Gesamtunternehmensziele auf der anderen Seite finden jedoch zunehmend marktwertorientierte Beurteilungskriterien Anwendung. Diese beurteilen die Leistung eines
Geschäftsbereichs anhand seines Beitrags zur Veränderung des Marktwertes des Gesamtunternehmens (vgl. Picot / Dietl / Franck 2002). Beispiele solcher Maßzahlen, die
im folgenden noch näher betrachtet werden, sind der Market Value Added (MVA) für
börsennotierte Unternehmen bzw. Geschäftsbereiche oder der ökonomische Mehrwert
(Economic Value Added, EVA).

Bedingung für die Auswahl eines geeigneten Beurteilungskriteriums ist stets das Ausmaß der Entscheidungsdelegation von der Unternehmensleitung an die Geschäftsbereichsleitung. Nur solche Kriterien dürfen zur Beurteilung herangezogen werden, die
auch im Einfluß- und Entscheidungsbereich der betrachteten Einheit liegen. Ein Cost-
Center kann beispielsweise nicht anhand seines Gewinnbeitrags gemessen werden,
wenn es allein die Kostenverantwortung trägt. In einem solchen Fall bedient sich ein
führungsorientiertes Controlling meist der Vorgabe von Budgets.

10.5.1.1 Budgetierungssysteme

Ein Budget stellt eine in Geldeinheiten bewertete Plangröße dar (z.B. Umsatz-, Ausga-
ben- oder Kostenbudgets). Diese Plangröße wird einer organisatorischen Einheit (z.B.
einer einzelnen Stelle, einem Modul oder einem Partner innerhalb eines Unternehmensnetzwerkes) für eine festgelegte Periode (häufig ein Jahr oder kürzer) verbindlich vorgegeben. Der organisatorischen Einheit wird so die Verantwortung übertragen, das
Budget über die Periode einzuhalten. Budgetierungssysteme kommen im grenzenlosen
Unternehmen vor allem dann zum Einsatz, wenn eine Einheit (Geschäftsbereich, Unternehmensmodul) lediglich die Kostenverantwortung trägt, jedoch keine Ergebnisverantwortung hat. Hier wird die Geschäftsbereichsleitung vor allem daran gemessen, ob es
ihr gelingt, bestimmte Kostenbudgets einzuhalten. Treten Budgetüberschreitungen auf,
kommt es zu Sanktionen, während Budgetunterschreitungen belohnt werden. Ähnlich
lassen sich auch Profit-Center durch Gewinnvorgaben (Gewinnbudgets) führen.

Eine Budgetierung bestimmt lediglich den Handlungsrahmen für die einzelnen Bereiche. Innerhalb dieses Rahmens besteht weitgehende Handlungsfreiheit hinsichtlich der
Realisierung konkreter Maßnahmen. Im Vergleich zu zentralistischen Führungssystemen, die stärker auf das Verhalten der Aufgabenträger fokussieren, zeichnen Budgetierungssysteme daher eine stärkere Bereichs- und Ergebnisorientierung aus (vgl. Eichenseher 1997) und kommen damit einer Modularisierung der Unternehmensstrukturen entgegen. In diesem Zusammenhang wirken Budgetierungssysteme auf zwei Ebenen koor-
dinierend: Zum einen wird die Führung von einer komplexen detaillierten Maßnahmen-

planung entlastet. Ihr Aufgabenschwerpunkt liegt auf der Planung und Vorgabe aggregierter Budgets. Durch die Abstimmung der Budgets für die einzelnen Verantwortungsbereiche kann deren wechselseitiges Zusammenwirken gesteuert (*Allokationsfunktion*) und anhand des Vergleichs von Budget-Plangrößen und tatsächlich realisierter Ist-Größen überwacht werden (*Kontrollfunktion*). Zum anderen eröffnet der erweiterte Handlungsspielraum den Verantwortungsbereichen Chancen für die Entwicklung von Eigeninitiative durch eine eigenverantwortliche Planung, Steuerung, Kontrolle und Koordination der Aufgabenerfüllung in Form eines Selbst-Controlling (*Motivationsfunktion*).

Jedoch weisen Budgetierungssysteme nach wie vor einen gewissen hierarchischen Charakter auf, da trotz einer relativ großen Handlungsautonomie der Verantwortungsbereiche die Entscheidung über Höhe und Verteilung von Budgets in der Regel durch übergeordnete Instanzen und nicht durch eine wechselseitige, gleichrangige Abstimmung erfolgt. Ob eine Führung von Geschäftsbereichen durch Budgetvorgaben Effizienzvor- oder -nachteile mit sich bringt, hängt in erster Line davon ab, ob es gelingt, geeignete Budgetvorgaben zu finden. Eine gut strukturierte, standardisierte Aufgabenstellung mit relativ eindeutigen Input-Output-Beziehungen erlaubt die Nutzung von Produktions- und Kostenfunktionen zur quantitativen Herleitung von Budgets. Solche *problemorientierten Techniken* der Budgetvorgabe lassen sich vor allem durch die Methoden der Plankostenrechnung unterstützen. Im Falle unstrukturierter und wenig standardisierbarer Leistungsprozesse sind diese Ansätze dagegen aufgrund der unklaren Input-Output-Beziehungen kaum nutzbar. In *verfahrensorientierten Techniken* der Budgetvorgabe wird daher die Input- oder die Output-Seite isoliert betrachtet. Hierzu zählen inputorientierte wertanalytische Verfahren oder die in der Praxis oft vorherrschende Technik der Orientierung an den Vorjahresdaten (Fortschreibungsbudgetierung). Bei letzterer werden jedoch langfristig unerwünschte Handlungsanreize geschaffen. Ein Unterschreiten des Budgets in diesem Jahr führt zwar zunächst zu einer Belohnung. Da die Bereichsleitung jedoch eine Anpassung des Budgets im nächsten Jahr und eine damit verbundene Reduktion des Handlungsspielraums antizipiert, wird sie versuchen, die Vorgaben lediglich möglichst genau zu erfüllen, nicht aber zu unterschreiten.

10.5.1.2 Marktwertorientierte Kennzahlen

Ein Controlling mittels Ergebnisbeteiligung soll die Nachteile der Budgetierung überwinden und der Delegation von Entscheidungsrechten genüge tragen. Zur Bestimmung des Bereichsergebnisses kommen verschiedene Kennzahlen zum Einsatz. *Kennzahlen* bilden allgemein quantitativ meßbare unternehmensrelevante Sachverhalte als Zahlengrößen ab. Dabei werden meist Sachverhalte und deren wechselseitige Zusammenhänge in verdichteter und vereinfachter Form wiedergegeben (vgl. Reichmann 1997). Kennzahlen können sowohl absolute Größen sein (z.B. Bilanzsumme, time-to-market) als auch Verhältnisgrößen, bei denen zwei Größen miteinander in Beziehung gesetzt werden (z.B. Gewinn / Eigenkapital, ROE).

Als reines *Informationsinstrument* bilden Kennzahlen reale Sachverhalte ab und versorgen so die Aufgabenträger mit relevanten Informationen. Im Kontext nicht-hierarchischer Abstimmungsprozesse ist jedoch vor allem ihre Verwendung als *Steuerungs- und Koordinationsinstrument* von Bedeutung. Hierbei erfüllt eine Kennzahl eine zweifache Funktion. Zum einen bildet sie eine Zielgröße in Form eines Soll-Wertes ab und besitzt somit eine Vorgabe- und Maßstabsfunktion. Zum anderen quantifiziert sie ex post einen realen Sachverhalt im Unternehmen. Der laufende Vergleich zwischen Soll-Kennzahl und realisierter Ist-Kennzahl dient einer zielgerichteten Steuerung und Kontrolle dieses Sachverhaltes. Durch ein abgestimmtes Kennzahlen- und Zielsystem kann eine umfassende Koordination der Wertschöpfungsprozesse im Unternehmen erreicht werden. Im Unterschied zu Budgetierungssystemen erfolgt die Koordination mittels Kennzahlen- und Zielsystemen jedoch nicht durch eine Begrenzung der Rahmenbedingungen, sondern durch die Vorgabe konkreter Ziele, die unmittelbar auf die organisatorischen Einheiten und deren Aufgaben bezogen sind.

Bei vielen Unternehmen stehen auch heute noch *bilanziell orientierte Steuerungsgrößen* im Vordergrund. So steuert DaimlerChrysler die industriellen Geschäftsbereiche nach dem Return on Net Assets (RONA). Er wird als Quotient aus dem Betriebsergebnis vor Steuern (Operating Profit nach US-GAAP) und den Net Assets (aus der Bilanz entnommen) gebildet und soll laut Vorgabe der Unternehmensleitung mindestens 15,5% betragen (vgl. Ballwieser 2000). Diese bilanziell orientierten Größen – wie auch der ROI (Return on Investment) oder ROE (Return on Equity) – werden aber aufgrund ihrer fehlenden Marktsicht und vergangenheitsorientierten Sicht zunehmend kritisch betrachtet (vgl. z.B. Rappaport 1986; Günther et al. 2000).

Deshalb sollen *marktwertorientierte Kennzahlen* die Entscheidungen der Geschäftsbereiche hinsichtlich ihrer Auswirkung auf den Marktwert des Gesamtunternehmens besser beurteilen. Eine solche wertorientierte Unternehmensführung ist zwar keine neue Idee (vgl. hierzu Ballwieser 2000), wurde jedoch mit dem Buch von Rappaport (1986) zum *Shareholder Value* wieder aktuell. Rappaport plädiert gegen die Verwendung vergangenheitsorientierter buchmäßiger Kennziffern und für die Verwendung des *Discounted Cash Flow* (DCF), der dem aus der Investitionstheorie bekannten Kapitalwert entspricht. Der DCF ist als Barwert von Zahlungen an die Eigentümer eine Vermögensgröße, die für Controllingzwecke in Unternehmen ohne Agency-Probleme gut geeignet ist. Im dezentralen, grenzenlosen Unternehmen ergeben sich aber bei seiner Verwendung Anreiz- und Abstimmungsprobleme: Zentrale und Einheiten können unterschiedliche Zinsfüße und Planungshorizonte für das gleiche Projekt verwenden. Auch ist die nachprüfbare Ermittlung des DCF nicht gesichert, da in ihn erwartungsmäßige Größen eingehen. In diesem Zusammenhang müssen bei DCF-Veränderungen die Ereignisse, die vom Management vertretbar sind, von jenen getrennt werden, die die Bereichsleitung nicht vertreten kann. Hierzu existieren jedoch keine verläßliche Methoden (Ballwieser 2000). Deshalb werden alternative Ansätze – der Market Value Added und der Economic Value Added – diskutiert (vgl. auch Picot / Böhme 1999).

Market Value Added (MVA): Der Wert eines Unternehmens bemißt sich in einer marktwertorientierten Sicht nach den diskontierten zukünftigen Zahlungsüberschüssen, die das Unternehmen für seine Eigentümer generiert. Hierzu dient in erster Linie der Börsenkapitalwert (Aktienkurs x Anzahl ausgegebener Aktien). Da der Aktienwert die Zahlungsbereitschaft aller Kapitalmarktteilnehmer widerspiegelt, kann er das sonst auftretende Problem einer Prognose des zukünftigen Marktwertes, der durch die gegenwärtige Geschäftstätigkeit verursacht wird, umgehen. Die Zahlungsbereitschaft der Marktteilnehmer (Aktionäre und Anteilskaufwillige) orientiert sich am Gegenwartswert der zukünftigen Dividendenzahlungen, Kurssteigerungen und Kapitalrückzahlungen sowie am unternehmerischen Risiko. Als Kennziffer einer derart marktwertbezogenen Beurteilung börsennotierter Unternehmen bzw. Geschäftsbereiche wird der *Market Value Added* (MVA) herangezogen, der das Zukunftspotential abbilden soll. Er berechnet sich als Differenz des Marktwertes eines Unternehmens (Bereichs) zum eingesetzten Kapital (vgl. Picot / Dietl / Franck 2002). Weist ein Unternehmen beispielsweise im betrachteten Jahr einen gesamten Marktwert von 15 Mio. Euro auf, und haben Investoren insgesamt 9 Mio. Euro Kapital zur Verfügung gestellt, dann hat das Unternehmen einen MVA von 6 Mio. Euro. Das Unternehmen hat damit ein Investment von 1 Euro eines Kapitalgebers in einen Wert von 1,66 Euro überführt. In einem grenzenlosen Unternehmen kann das Konzept der Unternehmensbewertung über den MVA auf die Bewertung einzelner Geschäftsbereiche übertragen werden. Der MVA eines Geschäftsbereichs dient dann als Steuerungs- und Bewertungsgröße im Rahmen eines führungsorientierten Controlling. Allerdings ergibt sich dabei oft – z.B. im Profit-Center-Konzept – die Problematik, daß eine theoretisch fundierte Marktwertbestimmung eines Geschäftsbereichs nur möglich ist, wenn diese eine rechtlich selbständige Einheit bildet, deren Marktwert am Kapitalmarkt validiert wird. Dies wird nur in wenigen Unternehmen der Fall sein.

Economic Value Added (EVA): Da in vielen Unternehmen die Vorausaussetzung einer Börsennotierung der einzelnen zu koordinierenden Geschäftsbereiche nicht gegeben ist, muß auf andere Kennzahlen zurückgegriffen werden. Hierzu wurden von verschiedenen Beratungs- und Wirtschaftsprüfungsgesellschaften konkurrierende Kennzahlen entwickelt (vgl. zum in der Beratungspraxis herrschenden „metric war" Myers 1996). Am verbreitetsten ist dabei – nicht nur in der US-amerikanischen Unternehmenspraxis – der sogenannte ökonomische Mehrwert (*Economic Value Added*, EVA) der Beratung *Stern Steward* (Steward 1991; vgl. auch Fisher 1999; Young 1999; Günther et al. 2000). Der EVA-Ansatz gehört zu den residualgrößenorientierten Kennzahlen, mit denen die Differenz zwischen einer Gewinngröße (oder Cash-Flow-Größe) und den Kapitalkosten analysiert wird. Der EVA ergibt sich aus dem Nettobetriebsergebnis nach Steuern abzüglich den Kapitalkosten. Das geschäftsbereichsspezifische Risiko wird dabei über die Kapitalkosten berücksichtigt. Dahinter steht die Annahme, daß risikoreiche Geschäftstätigkeit vom Kapitalmarkt nur mit entsprechenden Aufschlägen finanziert wird. Die Berücksichtigung der Kapitalkosten erweitert den EVA auch zu seinem Vorläufer, dem schon lange diskutierten Residualeinkommen.

Einfach ausgedrückt entspricht der EVA dem Nettogewinn nach Steuern abzüglich des Gewinns, der zur Rechtfertigung des mit der Geschäftstätigkeit verbundenen Risikos (im Vergleich z.B. zur Anlage der investierten Mittel am Kapitalmarkt) mindestens erwirtschaftet werden soll. Ein Unternehmen habe z.B. mit einem Kapitalstock von einer Mio. Euro ein Geschäftsgebäude und Maschinen im Wert von 800 000 Euro erworben (200 000 Euro wurden als Barreserve zurückgehalten). Im betrachteten Geschäftsjahr wurde damit ein Umsatz von 500 000 Euro erwirtschaftet, dabei fielen Kosten von 300 000 Euro an. Der sich so ergebende Gewinn vor Steuern von 200 000 Euro wird mit 40% Steuern belegt, so daß sich ein Nettogewinn nach Steuern von 120 000 Euro ergibt. Der EVA wird nun berechnet, indem zunächst die Zinszahlungen für die eine Mio. Euro abgezogen werden, beispielsweise 4% (40 000 Euro). Hinzu kommt allerdings ein zusätzlicher Prozentsatz, der die Risiken berücksichtigt, die mit der betrachteten Geschäftstätigkeit verbunden sind (beispielsweise 6%). Werden deshalb insgesamt 10% an Kapitalkosten berücksichtigt, ergibt sich letztendlich ein EVA von 20 000 Euro (120 000 Euro nach Steuern abzgl. Kapitalkosten von 100 000 Euro).

Die Berechnung des EVA ist bei Zugrundelegung der US-amerikanischen Rechnungslegungsvorschriften anhand des Netto-Betriebsergebnisses der Gewinn- und Verlustrechnung ohne weiteren Aufwand möglich. Im deutschsprachigen System müssen dagegen erst Anpassungsrechnungen vorgenommen werden, da hier z.B. keine Aktivierung der Forschungs- und Entwicklungskosten vorgesehen ist (vgl. genauer z.B. Young 1999). Zur Bestimmung des geschäftsbereichsbezogenen Betriebsergebnisses müssen bei einer modularen Unternehmensstruktur auch die internen Leistungsbeziehungen berücksichtigt werden. Hierzu finden meist Verrechnungspreissysteme Anwendung, die im nächsten Abschnitt näher betrachtet werden.

Vorteilhaft am Controlling nicht börsennotierter Geschäftsbereiche mit Hilfe des EVA ist die Schaffung eines Verantwortungsbewußtseins für strategische Investitionen. Problematisch ist jedoch, daß der EVA vergangenheitsorientiert ist und keine expliziten Zukunftswerte zum Ausdruck bringen kann (vgl. für eine weiterführende kritische Betrachtung Ballwieser 2000, S. 163 f.). Auch existiert keine einheitliche Methodik zur Berechung des EVA, da Kapitalkosten, Risikobewertung sowie vor allem die notwendigen Anpassungsrechnungen unterschiedlichen Rechnungslegungsnormen der Unternehmen folgen können. Hier sind in den Unternehmen bzw. Geschäftsbereichen spezifisch zu nutzende Spielräume vorhanden. Auch wird neben den Problemen der inhaltlichen Abgrenzung häufig die Einperiodigkeit und die deshalb eingeschränkte periodenübergreifende Steuerungsperspektive kritisiert (vgl. Fischer 1999).

Inzwischen mehren sich die Stimmen, daß auch marktwertorientierte Kennzahlen nicht unbedingt allein zur Ergebnisermittlung genügen. Insbesondere die zunehmende Bedeutung immaterieller Ressourcen in modernen Unternehmen verlangt nach einer Neuorientierung bzw. Erweiterung der kapitalorientierten Bewertungsansätze. So sind bei Startup-Unternehmen und innovativen Technologiefirmen mit hohen Wachstumspotentialen verstärkt mitarbeiterbezogene Ansätze zu finden. Ähnlich wie die Arbeiten von Porter in den 1980er Jahren mit der Wertkette die strategische Bedeutung von Prozessen herausstellten, aber im Controlling keine Aussagen gemacht werden konnten, was die Prozesse denn kosten, fehlen heute für Investitionen in den Aufbau von Geschäftsbeziehungen, Netzwerke oder Managementkompetenz geeignete monetäre Abbildungen (vgl. Bausch / Kaufmann 2000).

Unter dem Oberbegriff des „Intellectual Capitals" werden deshalb die Ressourcen zusammengefaßt, die für die nachhaltige Wertschaffung im Unternehmen benötigt werden (vgl. Fischer 1999; Mourtisen 1998; Deking 2002). Der intellektuelle Unternehmenswert setzt sich dabei aus dem Wert des Humankapitals, den Werten von Kundenbeziehungen und dem Wert aller übrigen prozeß- und innovationsbezogenen Organisationskompetenzen zusammen. Zur Wertsteigerung sind die Bestandteile des intellektuellen Unternehmenswerts mittels nicht-finanzieller Kennzahlen zielkonform zu beeinflussen. So wären z.B. für das Humankapital die Mitarbeiterzufriedenheit, Krankheitstage oder das Fluktuationsverhalten eine geeignete Größen, für das Kundenkapital die Kundenzufriedenheit oder der Anteil von Stammkunden. Ziel des Controlling muß es sein, letztlich einen *Return on Intangibles* zu ermitteln, der dann wiederum nach seinen Einflußgrößen aufgespalten werden kann. Investitionen in immaterielle Ressourcen können als Optionskäufe interpretiert werden, mit der Folge, daß unternehmenswert- und kapitalmarktorientierte Größen durch den Wert von Realoptionen und Aussagen über Realoptionsportfolios im Sinne eines „Unternehmens als Vorrat von Handlungsoptionen" treffen zu können. Zur Umsetzung dieser Forderungen ist beispielsweise mit dem Balanced-Scorecard-Konzept (vgl. Kap. 10.5.4) ein Ansatz entstanden, der monetäre mit nicht-monetären Kennziffern systematisch miteinander verbindet.

10.5.1.3   Verrechnungs- und Lenkungspreissysteme

In den beiden letzten Abschnitten stand die Koordination der einzelnen Geschäftsbereiche aus Sicht der Gesamtunternehmung im Vordergrund. Eine weitere wichtige Aufgabe im grenzenlosen Unternehmen ist das Controlling der gegenseitigen Leistungsbeziehungen zwischen den Geschäftsbereichen und / oder Zentralabteilungen. Dabei sollen die einzelnen Einheiten mit möglichst wenig dirigistischem Eingriff entsprechend der übergeordneten Unternehmensziele gesteuert werden. Im betrachteten Kontext nichthierarchischer Abstimmungsformen ist dabei vor allem die koordinierende Wirkung von *Verrechnungs- und Lenkungspreissystemen* von Bedeutung. Verrechnungs- und Lenkungspreise sind Preise, die von einem Unternehmen für den internen Austausch von Leistungen festgelegt werden. Damit wird versucht, den marktlichen Koordinationsmechanismus zwischen selbständigen Wirtschaftssubjekten auch für den Leistungsaustausch zwischen mehr oder weniger selbständigen Einheiten innerhalb eines Unternehmens zu nutzen. Als Knappheitsindikatoren tragen Verrechnungspreise dazu bei, die vorhandenen Ressourcen ihrer nutzenbringendsten Verwendung zuzuführen. Sie finden darüber hinaus auch zur Bestimmung des Geschäftsbereichserfolgs Einsatz (Erfolgsermittlungsfunktion) – Grundlage zur Bestimmung der wertorientierten Kennzahlen.

Als Maßstab für die Höhe der Verrechnungs- und Lenkungspreise bieten sich in Abhängigkeit von den Verrechnungszielen und der Bewertungssituation unterschiedliche Wertansätze an, die in Abbildung 10-3 übersichtsartig dargestellt sind (vgl. Ewert / Wagenhofer 2000). Bei einer *marktorientierten Herleitung* richtet sich der Preis einer internen Leistung nach externen Marktpreisen (vgl. Hess 2000). Dies ist allerdings nur möglich, wenn außerhalb des Unternehmens oder Netzwerkes auch eine gleichartige Leistung (sowohl hinsichtlich unmittelbarer Produkteigenschaften als auch hinsichtlich Bezugsfristen, verfügbarer Mengen, längerfristiger Versorgungssicherheit etc.) existiert und gehandelt wird. Da aus transaktionskostenspezifischer Sicht aber gerade jene hochspezifische Leistungen im Unternehmen vollzogen werden, für die kein externer Markt vorhanden ist, ist häufig eine Orientierung an Marktpreisen nicht möglich und es kommt zu einer *kostenorientierte Herleitung* des Verrechnungspreises. Während aus kurzfristiger Perspektive lediglich die Grenzkosten (variablen Kosten) angesetzt werden, sind bei einer längerfristigen Perspektive auch Fixkostenanteile (vollkostenorientierte Preise) und eventuell Gewinnzuschläge (Cost-plus-Ansätze) zu berücksichtigen. In beiden Fällen ist zu unterscheiden, ob betriebliche Engpässe (Kapazitätsengpässe) die Ermittlung von Verrechnungs- und Lenkungspreisen beeinflussen. Falls eine (knappe) Leistung alternativ für mehrere Verwendungszwecke eingesetzt werden kann, sind für die Preisfestsetzung bei einem Leistungsaustausch die Opportunitätskosten anstelle der variablen Kosten dieser Leistung maßgeblich. Diese entsprechen dem bewerteten Nutzen, den die zu verrechnende Leistung in der bestmöglichen alternativen Verwendung erbracht hätte (vgl. Picot / Dietl / Franck 2002).

Wertansätze für Verrechnungspreise	**externer Markt vor- handen**	**kein externer Markt vorhanden**	
		keine unternehmensin- ternen Engpässe	**unternehmensinterne Engpässe**
Lenkungsfunktion	*Marktpreis*	kurzfristige Disposition: *Grenzkosten* langfristige Disposition: *Vollkosten*	kurzfristige Disposition: *Opportunitätskosten* langfristige Disposition: *Vollkosten*
Erfolgsermittlungs- funktion	*Marktpreis*	*simulierte Marktpreise* (Vollkosten + angemesse- ner Anteil an der Nettowertschöpfung)	*simulierte Marktpreise* (Vollkosten + angemes- sener Anteil an der Nettowertschöpfung)

Abb. 10-3: Wertansätze für Verrechnungspreise in Abhängigkeit von Verrechnungs- ziel und Bewertungssituation (Picot / Dietl / Franck 2002)

Jedoch gestaltet sich in der Praxis die Umsetzung der theoretisch fundierten Wertansät- ze oft schwierig. Erforderlich ist eine detaillierte Kenntnis der Kostenstruktur sowie im Falle von Engpässen der Wertschöpfungsstruktur. Der leistende Geschäftsbereich wird meist versuchen, einen möglichst hohen Verrechnungspreis zu erzielen und so seine Kostenstruktur tendenziell ungünstiger darstellen. Deshalb werden unternehmensinterne Verrechnungs- und Lenkungspreise oft zentral von einer *übergeordneten Instanz festge- legt*. Dem gegenüber steht das völlig *freie Aushandeln* der Preise zwischen gleich- gestellten Einheiten, das aber oft zu einem transaktionskostenintensiven Streit um die Nettowertschöpfung auszuarten droht. Als Zwischenlösung bietet es sich an, die Preis- findung zunächst auf dem Verhandlungsweg zu betreiben, aber bei Gefahr unvorteilhaf- ter Gesamtlösungen (z.B. aufgrund von Opportunismus oder beschränkter Rationalität der Verhandlungspartner) eine übergeordnete Zentrale einzuschalten bzw. durch diese bereits im Vorfeld den Verhandlungsspielraum der beteiligten Einheiten zu beschrän- ken. Letzteres kann durch die Vorgabe von Richtlinien im Hinblick auf die Preisermitt- lung oder durch die Festlegung von Preisober- und -untergrenzen geschehen.

Insgesamt klingt eine Koordination durch Verrechnungspreise auf den ersten Blick „verlockend, weil die Gruppen weitgehend autonom sind und doch ihre Leistungen attraktiv gestalten müssen, um sie auf einem internen Markt erfolgreich anbieten zu können. Dies fördert unternehmerisches, erfolgsbezogenes Denken und Handeln der

Mitarbeiter" (Reichwald / Koller 1996, S. 118). Allerdings darf bei der Anwendung von Lenkungspreisen nie vergessen werden, daß eine optimale Funktionsfähigkeit dieses auf dem marktlichen Koordinationsprinzip beruhenden Instrumentes auch an die Bedingungen eines vollkommenen Marktes geknüpft ist (vgl. zur „invisible hand" des Marktes Teil 2). Diese sind jedoch innerhalb eines Unternehmens und oft auch eines langfristig etablierten Unternehmensnetzwerkes meist nicht gegeben. An dieser Stelle ist die Selbstorganisation des internen Marktes durch ein zielführendes Eingreifen der Unternehmensführung zu ergänzen (vgl. Koch 1997). Dies ist Aufgabe der im folgenden betrachteten personellen Steuerungsinstrumente.

10.5.2   Personelle Steuerungsinstrumente

10.5.2.1   Gestaltung von Anreizsystemen und Personalenwicklung

Die bislang dargestellten Aufgaben und Methoden des Controlling in neuen Organisationsformen bezogen sich auf die gegenseitige Abstimmung der einzelnen internen und externen Module. Die hierzu notwendigen Steuerungs- und Koordinationsaufgaben sollten durch die Bereitstellung geeigneter Unterstützungssysteme bewältigt werden. Diese Aufgaben ergänzt ein Controlling auf Mitarbeiterebene. Sein Ziel ist es, bei den Mitarbeitern die Motivation für einen sinnvollen Umgang mit den Controllingmaßnahmen der ersten Ebene zu schaffen. Eine zentrale Rolle spielt in diesem Zusammenhang die Bereitstellung geeigneter *Anreize*. Die folgende Diskussion argumentiert auf der Ebene des einzelnen Mitarbeiters. Wichtig ist jedoch auch die Schaffung von Anreizen auf der Ebene eines Moduls, um dieses zu einem Verhalten anzuleiten, das dauerhafte Wettbewerbsvorteile des Gesamtunternehmens bzw. Netzwerks begründen kann. Hier ist eine Übertragung der im folgenden vorgestellten Anreize nötig.

Anreize sind notwendig, um Handlungen auszulösen. Dazu muß jedoch bereits eine latente Handlungsbereitschaft vorhanden sein, die wiederum durch die Motive einer handelnden Person bestimmt wird. Arbeitende Menschen tragen eine Vielzahl von Motiven in sich, von denen allerdings nur ein Teil durch Anreize aktivierbar ist, um eine konkrete Handlung auszuführen. Die Summe aller durch Anreize aktivierten Motive ist die *Motivation*. Unter der Arbeitsmotivation versteht man so sämtliche in der Arbeitssituationen aktivierten Motive (vgl. Oechsler 1997). Jedoch können nicht nur Motive und Anreize aus der Arbeitssituation relevant sein. Diese werden durch Motive aus anderen Bereichen (Familie, Freizeit etc.) ergänzt (vgl. Lawler 1994). Im folgenden sollen aber nur Motive betrachtet werden, die durch die Organisation beeinflußt werden können. Hierzu dienen *monetäre* (z.B. Festvergütung, Erfolgsbeteiligung, betriebliche Sozialleistungen etc.) und *nichtmonetäre Anreize* (z.B. Arbeitsinhalt, Qualifikationsmöglichkeiten, Aufstiegschancen, Arbeitsplatzgestaltung, Arbeitszeit- und Pausenregelungen etc.). Als traditionelle Vergütungsformen können grob Zeitlohn, Akkordlohn und Prämienlohn unterschieden werden (vgl. Hentze 1995). Beim *Zeitlohn* wird für eine Zeiteinheit, in der für das Unternehmen Leistungen erbracht werden, ein bestimmter Lohnsatz festgelegt. Im Gegensatz dazu handelt es sich beim Akkord- und Prämienlohn um leistungsbezogene Vergütungsformen. Der *Akkordlohn* wird als fester Geldwert für eine Leistungseinheit gezahlt, ohne daß die tatsächlich benötigte Arbeitszeit berücksichtigt wird. Die Höhe der Vergütung entwickelt sich damit proportional zur erstellten Menge an Leistungseinheiten. Der *Prämienlohn* setzt sich aus einem Grundlohn (z.B. Tariflohn) und einer Prämie zusammen, deren Höhe von einer vom Mitarbeiter beeinflußbaren Mehrleistung abhängt. Prämien können z.B. als Mengenleistungs-, Qualitäts-, Ersparnis- und Nutzungsgradprämien gewährt werden. Diese Prämienarten können auch in Kombination sowie als Einzel- oder Gruppenprämie angewendet werden.

Diese traditionellen Vergütungsarten orientieren sich an einer streng hierarchischen Organisationsstruktur. Die Einordnung jedes Arbeitsplatzes in das Lohngefüge des Unternehmens geschieht über die sogenannte *Arbeitsplatzbewertung*, mit der die Anforderungen eines Arbeitsplatzes im Verhältnis zu anderen Arbeitsplätzen nach einem einheitlichen Maßstab bestimmt werden. Dabei werden durch verschiedene Methoden zunächst die Anforderungen ermittelt und entsprechend ihrer Wichtigkeit für die optimale Erfüllung der gesamten Arbeitsaufgabe gewichtet. Ergebnis ist eine Stellenbeschreibung, mit deren Hilfe eine eindeutige Einordnung des jeweiligen Arbeitsplatzes in das bestehende Stellengefüge des Unternehmens stattfinden soll. „ ... through a series of subjective decisions, an organization can translate the tasks that it asks individuals to perform into an 'objective' quantified result and a pay level ... " (Lawler 1992, S. 145). Die Aussagefähigkeit dieser Vorgehensweise ist jedoch kritisch zu beurteilen. Die komplizierten Rechenoperationen vermitteln häufig nur eine Scheinobjektivität der Arbeitsbewertung. Weitere Nachteile sind die fehlende Marktorientierung, die Inflexibilität der Mitarbeiter bei Umstrukturierungen, die ausschließlich hierarchieorientierte Karriereplanung sowie die Tendenz zum Aufbau von „Fürstentümern". Hinzu kommt der hohe Aufwand der Arbeitsbewertung, der bei modularen Organisationsformen, bei denen ständig eine aufgabenbezogene Rekonfiguration des Organisationsgefüges erfolgt, nicht mehr tragbar ist. Auch wird der ständig steigenden Bedeutung des Faktors „Wissen" für den Unternehmenserfolg nicht Rechnung getragen. In der Folge wird im Zusammenhang mit der Implementierung neuer Organisationsformen die Notwendigkeit neuer Vergütungskonzepte diskutiert: Zum einen kann sich die Vergütungshöhe an der Qualifikation der Mitarbeiter orientieren, zum anderen kann eine stärkere Angleichung von Mitarbeiter- und Unternehmensinteressen über erfolgs- und wertorientierte Vergütungsformen erfolgen.

Qualifikationsbasierte Vergütung

Die *qualifikationsbasierte Vergütung* (vgl. z.B. Orsburn u.a. 1990; Boyett / Conn 1992; Lawler 1992) beruht auf dem Prinzip, Mitarbeiter unabhängig von der momentan tatsächlich ausgeführten Arbeitstätigkeit nach dem Potential ihrer Qualifikationen und Fähigkeiten zu vergüten. Die Implementierung eines solchen Vergütungssystems im Unternehmen erfolgt in der Regel stufenweise (vgl. Lawler 1992):

- Zunächst werden die für die Leistungserstellung notwendigen Aufgaben identifiziert und die dafür notwendigen Qualifikationen ermittelt. Gleichzeitig wird mit Hilfe geeigneter Tests das Vorhandensein solcher Fähigkeiten bei den Mitarbeitern festgestellt.
- Anschließend werden Anzahl und Art der Fähigkeiten, die sich die Mitarbeiter aneignen sollten, spezifiziert. Hierdurch wird die Struktur des späteren Vergütungssystems festgelegt. Zugleich sind die Qualifikationsanforderungen mit der Organisationsform, der Geschäftsstrategie und den Kernkompetenzen des Unternehmens abzugleichen.
- Den Mitarbeitern wird mitgeteilt, welche Fähigkeiten sie sich für die Erfüllung ihrer Arbeitsaufgabe noch aneignen müssen und wie diese Fähigkeiten ihre Vergütung beeinflussen.

Die Anwendung einer qualifikationsbasierten Vergütung schließt die obengenannten traditionellen Vergütungsformen nicht aus, sondern basiert im Gegenteil meist auf einem Prämienlohnsystemen, bei dem die Prämie teils von der Qualifikation und teils von der erbrachten Leistung des einzelnen Mitarbeiters oder einer Gruppe abhängig gemacht wird (vgl. z.B. Boyett / Conn 1992). Der große Vorteil der qualifikationsbasierten Vergütung liegt in der Möglichkeit, Mitarbeiter über eine in Aussicht gestellte höhere Vergütung zum Erlernen unterschiedlicher Fähigkeiten zu motivieren. Dies ist wichtig, da der zukünftige Erfolg vieler Unternehmen in immer stärkeren Maße von der Vielfalt der Fähigkeiten ihrer Mitglieder abhängt. Allerdings sind mit der Einführung eines solchen Vergütungssystems auch einige Nachteile verbunden. Da für jeden Mitarbeiter die Möglichkeit der permanenten Weiterbildung gegeben sein muß, ist mit hohem Investitionsaufwand in diesem Bereich zu rechnen. Ferner muß sich das Unternehmen auf eine anfängliche Minderleistung nach Weiterbildungsmaßnahmen einstellen. Auch ist die Handhabung dieses Vergütungssystems recht komplex, da sich die Vergütung der Mitarbeiter in relativ kurzen Abständen – immer beim Erlernen einer neuen Qualifikation – ändern kann. Schließlich muß die Möglichkeit einkalkuliert werden, daß ein Mitarbeiter alle verfügbaren Qualifikationspotentiale ausgeschöpft hat und dadurch keine weiteren Anreize mehr hat, was zu Frustration führen kann.

Erfolgs- und wertorientierte Vergütung

Eine rein qualifikationsorientierte Vergütung schafft noch keinen Anreiz für ein markt- und kundengerechtes Verhalten der Mitarbeiter. Dieses wurde aber zu Beginn dieses Kapitels als wesentlicher Erfolgsfaktor eines dauerhaften Wettbewerbsvorteils identifiziert. Ein modernes Vergütungssystem muß auch hier die richtigen Anreize schaffen. Diese Aufgabe stellt sich insbesondere bei der Festlegung einer angemessenen Vergütungshöhe für die Mitglieder der Unternehmensführung. Einerseits bietet eine reine „Alimentierung" über Zeitlöhne nur wenig unmittelbare Leistungsanreize. Andererseits ist es aufgrund der Aufgabenvielfalt und -komplexität im Führungsbereich (vgl. Pribilla / Reichwald / Goecke 1996) sehr problematisch, geeignete direkte Bezugsgrößen (Leistungseinheiten) für eine leistungsorientierte Vergütung zu finden. Auch die qualifikationsbasierte Vergütung stößt hier an ihre Grenzen: Die Vielfalt der für eine erfolgreiche Führung notwendigen Schlüsselqualifikationen (vgl. Kap. 9.2) sind kaum im einem formalen System abbildbar. Auch kann das Vorhandensein sogenannter „soft skills" einer Person nur unzureichend gemessen und quantifiziert werden. Einen möglichen Ausweg zeigt die Principal-Agent-Theorie: Die Vergütung von Führungskräften – und im verstärkten Maße auch der anderen Mitarbeiter – schafft dann die gewünschte Anreizwirkung und so ein unternehmenszielkonformes Handeln, wenn sie an den Erfolg des Unternehmens gekoppelt ist und damit eine Interessenangleichung zwischen Unternehmen und Mitarbeitern bewirkt. Dazu wird ein Teil der Vergütung variabel in Abhängigkeit unternehmerischer Erfolgsgrößen gewährt.

Werden hierzu relativ kurzfristige Größen wie der Periodengewinn oder -umsatz gewählt, kann ein direkter Zusammenhang zwischen Handlungen und Wirkungen hergestellt werden. Entsprechend den Gedanken der marktwertorientierten Unternehmensführung finden heute die finanzwirtschaftlichen Kennzahlen MVA und EVA (vgl. Kap. 10.5.1.2) als Bemessungsgrundlage Eingang in Anreizsysteme (vgl. für eine Diskussion Fischer 1999). Gerade das EVA-Konzept ermöglicht es, den Wertbeitrag einzelner Bereiche oder Projekte zu messen, um so Entscheidungen im Bewertungszeitpunkt zu fundieren (z.B. die Höhe einer Prämienzahlung). EVA verbindet die kapitalmarktorientierte Sicht mit der internen Sicht des Unternehmens und ist deshalb für eine shareholder-value-bezogene Unternehmensführung gut geeignet.

Jedoch treten bei dem heute immer rascheren personellen Wechsel von Führungspositionen Probleme einer kurzfristigen Optimierung zu Lasten strategischer Ziele auf. Deshalb werden im Führungsbereich vielfach langfristig orientierte Anreizsysteme („long term incentives") favorisiert. Die Interessenangleichung erfolgt dabei in der Regel durch eine Beteiligung am Kapitalstock des Unternehmens, was bei börsenkapitalisierten Unternehmen letztlich eine *Orientierung der Vergütung am Marktwert* des Unternehmens und an dessen langfristigem Erfolg bewirkt. „Eine höhere Identifikation mit dem Unternehmen, mehr Motivation zur Verantwortungsübernahme, ein höheres Kostenbewußtsein und eine bessere Einsicht in unternehmerische Zusammenhänge sind wesentliche Effekte, die eine Kapital- und Erfolgsbeteiligung erhoffen lassen" (Koller 1998, S. 91).

Realisiert werden solche wertorientierten Vergütungskonzepte meist in Form von *Aktienoptionsplänen* („stock option plans"). Anstelle einer direkten Auszahlung werden dem Mitarbeiter Optionsrechte auf eine bestimmte Anzahl von Aktien des Unternehmens gewährt. Diese Aktienoptionen berechtigen während einer festgelegten Zeitspanne (in der Regel langfristig, bis zu 15 Jahren) zum Erwerb der Aktien zu einem festgelegten Bezugspreis. Damit werden die Empfänger der Optionen zu (potentiellen) Eigenkapitalgebern des Unternehmens. Es ist zu erwarten, daß sie ihr Handeln verstärkt auf die langfristige Steigerung des Ertrags- und Marktwertes eines Unternehmens ausrichten, da damit eine Wertsteigerung der Optionen verbunden ist. Eine Variante der Aktienoptionspläne stellen Systeme dar, die Optionsrechte nur unter der Voraussetzung gewähren, daß über einen längeren Zeitraum bestimmte Zielgrößen (z.B. Wachstumsziele) erreicht werden („performance share plans", vgl. Becker 1990). Die Wirksamkeit von Aktienoptionsplänen ist umstritten. Vor allem zwei Kritikpunkte sprechen gegen die Erzeugung geeigneter Anreizwirkungen (vgl. Winter 1998): Die Aktienkurse, die den Wert der Optionen und damit die Anreizhöhe determinieren, hängen stark von externen, makroökonomischen Entwicklungen ab (z.B. Branchenkonjunktur, politische Entwicklungen, spekulative Einflüsse etc.), die von den Anreizempfängern nicht beeinflußt werden können. So kann im ungünstigsten Fall trotz eines hohen persönlichen Einsatzes eine entsprechende Belohnung völlig ausbleiben. Zum Ausgleich dieser externen Einflüsse wurden verfeinerte Verfahren zur Bestimmung des Bezugspreises entwickelt. In sogenannten „*Market indexed stock option plans*" (MISOP) wird versucht, externe Einflüsse aus den Kursschwankungen der Aktie herauszurechnen. Dies ist zwar trotz hohem Aufwand nicht immer exakt möglich, bietet jedoch häufig zumindest eine zufriedenstellende Annäherung. Ein weiteres Problem ist, daß der Aktienkurs als hoch aggregierte Gesamtbewertung eines Unternehmens kaum die individuellen Leistungsbeiträge der einzelner Mitarbeiter widerspiegelt. So kann eine Führungskraft davon profitieren, daß andere gute Leistungen erbringen, während die eigene Leistung auch anderen zugute kommt. Damit wird kein ausreichendes Leistungsniveau sichergestellt. „Das Free-Rider-Problem gegenüber den Aktionären wird lediglich um ein Free-Rider-Problem gegenüber Kollegen ergänzt" (Winter 1998, S. 1129). Deshalb sollte ein solches System nicht isoliert angewandt werden, sondern ist um stärker individualisierte Anreizsysteme zu ergänzen.

Controlling zwischen Individualisierung und Transparenz

Menschen tragen eine Vielzahl von Motiven in sich. Entsprechend müssen sich Anreiz-systeme aus mehreren Komponenten zusammensetzen. Das Controlling hat in seiner Eigenschaft als Instanz zur laufenden Steuerung und Koordination der Wertschöpfungs-prozesse im Unternehmen maßgeblichen Einfluß auf die Entwicklung, Abstimmung und den „Betrieb" seines solchen Anreizsystems. Dabei ist zwei Anforderungen zu genügen (vgl. Weber 2002):

- Die Wirkung von Anreizen hängt einerseits davon ab, inwieweit durch sie die Motive eines Mitarbeiters angesprochen werden, also welche Valenz diese Anreize für ihn besitzen. Je flexibler und mehrdimensionaler ein Anreizsystem gestaltet ist, desto größer ist die Chance, die spezifischen Motive eines Individuums zu treffen. Eine hohe *Individualität* erhöht damit die Wirksamkeit eines Anreizsystems. Im Idealfall gilt: „Anreizsysteme sind immer Maßanzüge" (Koch 1997, S. 314).

- Andererseits muß das Anreizsystem für die Mitarbeiter möglichst transparent sein. Sowohl Art und Höhe möglicher Anreize als auch die Zusammenhänge zwischen Handlung und Anreizgewährung (Instrumentalität) sollten deutlich erkennbar sein. Eine solchermaßen hohe *Transparenz* ist jedoch nur bei Anreizsystemen geringer Komplexität gewährleistet. „Die begrenzte Informationsverarbeitungsfähigkeit von Menschen ... setzt vergleichsweise enge Grenzen für Zahl und Zusammenwirken von einzelnen Anreizen" (Weber 2002, S. 260).

Damit offenbart sich für das Controlling ein Dilemma zwischen den Anforderungen Individualität und Transparenz. Einerseits müssen gerade in neuen Organisationsformen individuelle Unterschiede von Mitarbeitern berücksichtigt werden, um vorhandene Humanressourcen voll erschließen zu können. Dies erfordert von den Gestaltern eines Anreizsystems ein hohes Maß an Flexibilisierung und Individualisierung. Andererseits wird das System dadurch zwangsläufig komplexer und damit tendenziell intransparent. Ein wenig transparentes Anreizsystem läuft jedoch Gefahr, von den Mitarbeitern nicht akzeptiert zu werden, dem Gerechtigkeitsempfinden entgegenzulaufen und an Wirk-samkeit zu verlieren. Aufgabe des Controlling ist es in diesem Zusammenhang, die Struktur des Anreizsystems zwischen diesen beiden Extrempolen zu gestalten und einen sinnvollen Mittelweg zwischen Individualität und Transparenz zu finden.

10.5.2.2 Die Rolle von Vertrauen

In seiner traditionellen Ausrichtung wird das Controlling häufig als eine Hauptquelle von Mißtrauen im Unternehmen gesehen. Ursache sind die Fremdkontroll-Zentrierung des Controlling, ein überkommenes Menschenbild, das die Tätigkeit des Controllers dominiert, sowie eine deutliche Disparität zwischen der Informationsmacht und der Verantwortung des Controlling (vgl. Krystek / Redel / Reppegather 1997). Jedoch unterliegt das Controlling im Kontext neuer Organisationsformen einem erheblichen Funktions- und Bedeutungswandel. Die Unterstützung der indirekten Führung, die Koordination von Schnittstellen und die Bereitstellung geeigneter Anreizsysteme läßt die im traditionellen Controlling stark betonte und offenbar mißtrauensfördernde Funktion der „harten" Kontrolle immer mehr in den Hintergrund zugunsten einer proaktiven Gestaltung und Steuerung von Wertschöpfungsprozessen treten.

Kann das Controlling aber ganz auf Kontrolle verzichten? In jüngerer Zeit wird vielfach die Rolle von *Vertrauen als Kontrollsubstitut* diskutiert, insbesondere im Zusammenhang mit neuen Organisationsformen mit re-integrierten Aufgaben, dezentralisierten Strukturen und einer hohen Autonomie der Leistungsträger, für die traditionelle Formen der Kontrolle weniger geeignet sind. Der *Aufbau von Vertrauensbeziehungen* (vgl. Ripperger 1998 sowie Kap. 3.6) scheint ein wichtiges Element zur Bewältigung von Komplexität und Unsicherheit zu sein: In Vertrauensbeziehungen sind Handlungsalternativen mit einseitigem Nutzengewinn auf Kosten des Vertrauenden ausgeschlossen, da dies eine in der Regel nicht gewünschte unmittelbare Beendigung der Vertrauensbeziehung zur Folge hätte.

Die aus einer hohen Komplexität und Unsicherheit resultierenden Gefahren unvollständiger Information und schlechter Absicherung gegen opportunistisches Handeln werden durch das Vertrauen auf ein wohlwollendes Handeln des Kooperationspartners kompensiert (vgl. Sjurts 1998). Die hieraus folgende Reduktion „möglicher" Handlungsalternativen führt zu einer Senkung der Entscheidungskomplexität. Vertrauen stellt damit „ ... nicht nur eine kosteneffiziente Form der Handhabung von Austauschbeziehungen dar, sondern ist für komplexe Transaktionen, die nicht durch 'hard contracting' gesteuert werden können, auch die einzig mögliche Koordinationsform ..." (Rößl 1996, S. 326).

Damit kann der Aufbau von Vertrauen die Koordination der Wertschöpfungsprozesse in neuen Organisationsstrukturen effektiv unterstützen (vgl. auch Kap. 3.6). Jedoch ist gerade der Aufbau von Vertrauen in der Regel ein längerfristiger und stark an persönliche Beziehungen zwischen Individuen gebundener Prozeß. Hier zeigt sich eine paradoxe Situation: Je dynamischer und kurzfristiger Kooperationen abgewickelt werden, desto eher versagen herkömmliche Kontrollmechanismen und desto stärker ist eine Absicherung durch Vertrauen erforderlich. Gleichzeitig besteht jedoch gerade in solchen Strukturen aufgrund des raschen Wechsels von Interaktionspartnern immer weniger die Chance, langfristig Vertrauen aufzubauen (vgl. Sydow 1996, Reichwald et al. 2000).

Für den Extremfall eines virtuellen Unternehmens argumentiert Handy (1995): „Para-doxically, the more virtual an organization becomes, the more its people need to meet in person." Sydow (1996) spricht in diesem Zusammenhang deshalb von einem Vertrau-ensdilemma. Auch hier ergibt sich ein weiteres Spannungsfeld für das Controlling im grenzenlosen Unternehmen.

10.5.3 Informations- und Wissensmanagement

10.5.3.1 Informationsmanagement zwischen Zentralisierung und Dezentralisierung

Im Zusammenhang mit Vernetzung, Virtualisierung und der Herausbildung grenzenlo-ser Unternehmen spielen zwei weitere Steuerungsinstrumente eine zunehmend wichtige Rolle: Informationsmanagement und Wissensmanagement. Beide Ansätze hängen eng miteinander zusammen, basieren aber auf unterschiedlichen Konzepten und verfolgen eigene Ziele, die sich auf die unterschiedliche Bedeutung von Information und Wissen zurückführen lassen. Versteht man Information als *bedeutungstragende Zeichen, die zum Erreichen einer Zielsetzung benötigt werden,* besteht die Aufgabe des Informati-onsmanagements in der effizienten und effektiven Versorgung sämtlicher Organisati-onseinheiten mit den jeweils notwendigen Informationen.

In Kapitel 4 wurde gezeigt, in welche Ebenen mit welchen Aufgaben sich das Informa-tionsmanagement weiter differenzieren läßt. Informationen bilden die Basis für das Wissensmanagement. Wissen kann verstanden werden als die *Vernetzung von Informa-tionen, welche es dem Träger ermöglichen, Handlungsvermögen aufzubauen und Aktio-nen in Gang zu setzen.* Das Wissen kann z.B. über Datenbanken explizit verfügbar sein oder sich implizit in den Köpfen der Mitarbeiter verbergen (vgl. auch Teil 3). Aufgabe des Wissensmanagement ist die Erfassung, Systematisierung und Pflege dieses Wissens. Beide Konzepte spielen in grenzenlosen Unternehmen eine zunehmend wichtige Rolle und sollen daher im folgenden näher thematisiert werden. Ausgehend von einer ganz-heitlichen Wertschöpfungskette basiert das grenzenlose Unternehmen auf der Bildung prozeßorientierter Einheiten, die entweder als interne Module (Kap. 5), in Kooperation mit externen Partnern (Kap. 6) oder über (elektronische) Märkte (Kap. 7) abgewickelt werden. Wesentliche Prinzipien sind die Modularisierung, die Konzentration auf Kern-kompetenzen bzw. Kernprozesse und die Einbindung der übrigen Kompetenzen durch Kooperationen. Eine effiziente Abstimmung zwischen den Modulen kann nur gelingen, wenn der zugrundeliegende Informationsfluß reibungslos funktioniert. Dies gilt insbe-sondere dann, wenn die Module an unterschiedlichen Standorten oder mobil agieren (vgl. Teil 8).

Basis für die organisatorische Vernetzung und die damit einhergehende Bildung grenzenloser Unternehmen ist die informations- und kommunikationstechnische Vernetzung („the network is the factory"). Damit erweitert sich das Aufgabenfeld des Informationsmanagement (Teil 4). Neben der Versorgung der internen Aufgabenträger und Organisationseinheiten mit den notwendigen Informationen ist insbesondere die Realisierung des erforderlichen Informations- und Kommunikationsflusses zwischen allen beteiligten internen und externen Modulen eine wichtige Aufgabe des Informationsmanagements grenzenloser Unternehmen.

In der Folge erhöht sich die Komplexität des Informationsmanagements. Mit der zunehmenden Verlagerung der Aufgaben auf den zwischenbetrieblichen Bereich müssen unterschiedliche Prozesse, Systeme, Standards, Anwendungen und u.U. auch Techniken berücksichtigt werden. Die Komplexität des Informationsmanagements steigt weiterhin bei der Berücksichtigung des Phasenmodells, das häufig grenzenlosen oder virtuellen Unternehmen zugrundegelegt wird (z.B. Mertens / Griese / Ehrenberg 1998). Danach basieren virtuelle Unternehmen auf mehreren Phasen(Konfiguration, Steuerung und Auflösung), die jeweils unterschiedliche Anforderungen an das zugrundeliegende Informationsmanagement stellen.

Je nach Lebensphase müssen verschiedene unterstützende Informations- und Kommunikationssysteme zur Verfügung stehen. Daneben gibt es Instrumente für phasenübergreifende Aufgaben wie Kommunikationssysteme, Dokumenten- und Work-Flow-managementsysteme sowie Projektmanagementsysteme (vgl. zum Überblick Abb. 10-4). Bei der konkreten Umsetzung dieser phasenbezogenen Gestaltung des Informationsmanagements stellt sich jedoch die Frage, wer die Verantwortung für das Informationsmanagement übernimmt und z.B. bestimmt,

- welche *konkreten Informations- und Kommunikationssysteme* zum Einsatz kommen,

- wie die *Schnittstellen* zwischen den Systemen definiert werden und

- welche *konkreten Daten und Datentypen* ausgetauscht werden.

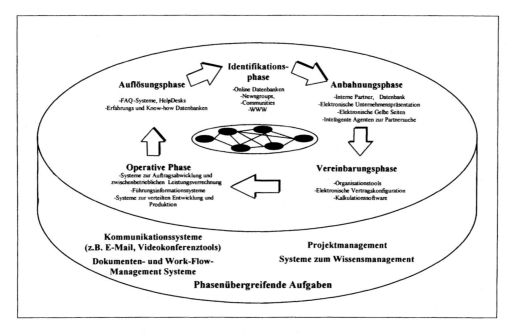

Abb. 10-4: Informations- und Kommunikationssysteme für virtuelle Unternehmen (Mertens / Griese / Ehrenberg 1998, S. 54)

Die Zuordnung der Verantwortung für das Informationsmanagement als Steuerungsinstrument ist bei grenzenlosen (virtuellen) Unternehmen deutlich schwieriger und komplexer als beim hierarchischen Unternehmen. Das Informationsmanagement wandelt sich zunehmend zu einem Koordinationsinstrument, das divergierende Interessen zu berücksichtigen hat und dennoch eine reibungs- und schnittstellenfreie informations- und kommunikationstechnische Infrastruktur realisieren muß. Damit wird das Informationsmanagement im Sinne einer Koordination der effizienten und effektiven Versorgung sämtlicher Organisationseinheiten mit den jeweils notwendigen Informationen zu einer wesentlichen Aufgabe des Controlling grenzenloser Unternehmen. Die zentrale Frage dabei ist, welche Aufgaben des Informationsmanagements (vgl. Kap. 6.3) durch eine zentrale, übergeordnete Einheit abzuwickeln sind und welche dezentral in den einzelnen Einheiten verantwortet werden können.

Werden sämtliche Aufgaben des Informationsmanagements zentral bestimmt und vorgegeben, liegt die Verantwortung für die Realisierung einer funktionierenden Infrastruktur bei einem (zentralen) Modul. Damit ist nicht nur die Konsistenz der übertragenen Informationen einfacher sicherzustellen, sondern es existiert auch eine Gesamtsicht aller Informationsverbindungen des Netzwerkes. Auch bietet die zentrale Lösung eher die

Möglichkeit einer flexiblen Einbindung neuer Partner in die Problemlösung. Problematisch wird diese Lösung jedoch, wenn ein Verbund rechtlich selbständiger Unternehmen – wie im typischen virtuellen Unternehmen – mit eigenen Prozessen, IuK-Systemen und Lösungen abgestimmt werden soll. Die einzelnen Unternehmen reagieren nur ungern auf zentrale Vorgaben. Dieses Problem zeigt sich auch bei Großkonzernen mit vielen Landesgesellschaften. Hier ist es in der Praxis immer wieder sehr problematisch, dezentralen Regionalgesellschaften mit gewachsenen Strukturen bestimmte Prozesse und Verfahren vorzuschreiben. Ursache sind die Kosten, die für die einzelnen Gesellschaften entstehen, wenn sie bewährte Systeme und Ablaufstrukturen aufgeben sollen. Dies betrifft nicht nur die Ebene der IuK-technischen Infrastrukturen, sondern auch die organisatorische Anpassung der Organisation und der Prozesse. Ein weiteres Problem ist die Frage, welches Modul die Aufgabe übernimmt, zentrale Vorgaben zu bestimmen. Bei einer dezentralen Lösung dagegen ist jedes Modul für seine Aufgaben des Informationsmanagements selbst verantwortlich und entscheidet, welche Informations- und Kommunikationssysteme zur Anwendung kommen. Vorteil ist vor allem die Abnahme des zentralen Koordinationsaufwandes. Jedoch können so eher Schnittstellenprobleme auftreten, da nun eine reibungslose Kommunikation nicht mehr gewährleistet ist. Dies ist beispielsweise dann der Fall, wenn zwei Unternehmen unterschiedliche Enterprise Resource Planning (ERP)-Systeme verwenden, die nicht miteinander kommunizieren und somit keine Daten austauschen können. Hieran scheiterten in der Vergangenheit und scheitern auch heute noch viele interorganisationale Kooperationen, da die Verwendung unterschiedlicher Informationssysteme zu hohe Transaktionskosten mit sich führt (vgl. Thome 1998, 1999).

Sinnvoll erscheint daher eine Kombination aus zentraler und dezentraler Lösung. Prinzipiell ist jede Einheit für ihre Informationsaufgaben selbst verantwortlich und entscheidet, welche Anwendungen, Systeme, Verfahren zur Anwendung kommen und wie die internen Informationsflüsse zu gestalten sind. Ein zentrales Informationsmanagement gewährleistet aber durch gewisse Rahmenvorgaben den Informationsfluß zwischen den Einheiten. Zu diesen Rahmenvorgaben gehören z.B. die Verantwortung und Pflege des zugrundeliegenden Netzwerkes, die Vorgabe von Schnittstellen und Standards zur Datenübertragung der zwischen den Einheiten auszutauschenden Daten sowie die Vorgabe von Services für einen schnellen und unproblematischen Informationszugang und Kommunikationsfluß. Hintergrund dieser Lösung ist eine gedankliche Teilung der Aufgaben des Informationsmanagements in solche, die den übergreifenden Informationsfluß betreffen, und solche, die innerhalb eines Moduls abgewickelt werden. Das zentrale Informationsmanagement muß sich dabei vor allem um die zugrundeliegende Infrastruktur und die Definition von „Steckdosen" für eine problemlose Einbindung kümmern. Typische „Steckdosen" wären beispielsweise Electronic Data Interchange (EDI)-Standards. Sämtliche Aufgaben des Informationsmanagements, die rein die dezentralen Einheiten betreffen, können auf diese verlegt werden.

Eine weitere koordinierende Fragestellung ist die Zuordnung der Aufgaben eines zentralen Informationsmanagements auf einen bestimmten Aufgabenträger. Dabei kann es sich um ein Modul der Netzwerkunternehmen handeln oder um ein rechtlich selbständiges Unternehmen. Neben der Möglichkeit, daß ein zentrales Modul mit der Kernkompetenz ‚Informationsmanagement' bei der Konfiguration des Netzwerk als verantwortliche Einheit in den Verbund einfügt wird, könnte auch ein Broker bzw. die Einheit, die das grenzenlose Unternehmen konfiguriert hat, zentrale Vorgaben für das Informationsmanagement machen. Das Aufgabenspektrum dieser Einheit weitet sich damit aus: Sie ist nicht nur verantwortlich für die Schnittstelle zum Kunden und die Konfiguration der notwendigen Module, sondern auch für das Informationsmanagement. Eine dritte Lösung ist die Einschaltung externer Dienstleister, die sich auf die Abwicklung des Informationsmanagements zwischen Einheiten eines Netzwerks spezialisiert haben. Dies könnte z.B. ein Service Provider sein, der im Rahmen eines Web-EDI-Systems die Übersetzung der Daten zwischen einer klassischen EDI-Lösung und einem nur über einen WWW-Browser angeschlossenen weiteren Partner übernimmt.

10.5.3.2 Aufbau eines inner- und zwischenbetrieblichen Wissensmanagementsystems

Ein reibungsloser Informationsfluß ist lediglich die Grundlage für eine effiziente Zusammenarbeit. Der entscheidende Erfolgsfaktor des grenzenlosen Unternehmens ist das Wissen. In klassischen Industrie- und Fabrikstrukturen galten als Erfolgsfaktoren Potentialfaktoren wie Gebäude, Maschinen, Produktionsanlagen, Fuhrparks etc. Menschliche Arbeit wurde mit physischem Kapital kombiniert. Dieses Bild hat sich mittlerweile geändert. Entscheidend wird immer mehr die problemorientierte Kombination von Know-how und Kompetenzen. Vor dem Hintergrund des Wissens über Kundenprobleme einerseits und des Wissens über vorhandene Ressourcen andererseits müssen grenzenlose Unternehmen in der Lage sein, das richtige Rezept für die Kombination zu finden. Produkte und Leistungen als Endprodukte werden immer wissensintensiver.

Ein gutes Beispiel hierfür sind Textilunternehmen. Ihre Leistung besteht heute immer mehr darin, Wissen über die Kundenbedürfnisse in das Design der Produkte zu überführen und den Produktionsprozeß, an dem oft unterschiedliche (externe) Produktionsstätten beteiligt sind, möglichst effizient zu steuern (vgl. Grandke 1999). Daher ist es gerade in grenzenlosen Unternehmen unerläßlich, das vorhandene und notwendige Wissen zu erfassen, zu systematisieren, verfügbar zu machen und zu pflegen. Für dieses Wissensmanagement schlägt die Literatur unterschiedliche Konzepte vor.

Wissensmanagement kann als Prozeß unterschiedlicher Phasen aufgefaßt werden, der von der Wissensidentifizierung über die Wissensstrukturierung bis hin zum Wissensabbau reicht und um Regelungen für Wissenszugang, -pflege und -schutz ergänzt wird (vgl. z.B. Probst / Rau / Romhardt 1999). Da es sich bei grenzenlosen Unternehmen definitionsgemäß um flexible Organisationsformen handelt, die in unterschiedlichen und wechselnden Konstellationen auftreten, lassen sich diese Phasen nicht so ohne weiteres übertragen. Ein anderer Ansatz löst sich deshalb von diesem Prozeßdenken und behandelt die Aufgaben des Wissensmanagements auf drei Stufen (vgl. Abb. 10-5): Gestaltung der Fachkompetenzen, Gestaltung der internen und der externen Strukturen zur Verbesserung des inner- und zwischenbetrieblichen Wissenstransfers (vgl. Picot / Scheuble 1999b). Damit wird die Aufgabe in den Mittelpunkt der Betrachtung gestellt, für deren Bewältigung die entsprechenden Kompetenzen zu suchen und entsprechende Strukturen zu gestalten sind.

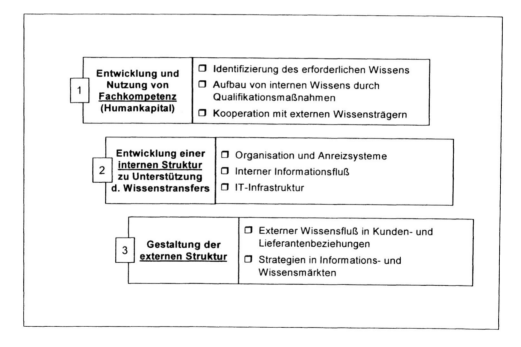

Abb.: 10-5:   Stufenkonzept des Wissensmanagement (nach Picot / Scheuble 1999b)

Auf der Stufe der *Entwicklung, Nutzung und Pflege der Kompetenzen* (Stufe 1 in Abb. 10-5) geht es in der Phase der Konfiguration um die Definition der für die Aufgabenstellung notwendigen Kompetenzen (Wissensidentifizierung) sowie die Frage, wo welche internen und externen Kompetenzen verfügbar sind und wie diese durch Kooperationen mit externen bzw. entsprechende Qualifikationsmaßnahmen von internen Mitarbeitern erworben werden können (Wissenserwerb). Während der Steuerung der grenzenlosen Unternehmung ist ein effizienter Wissensaustausch aller beteiligten Unternehmenseinheiten zur Weiterentwicklung der vorhandenen Kompetenzen zu realisieren und der Zugriff auf notwendiges internes und externes Wissen sicherzustellen (Wissensverteilung und Wissensnutzung). In der Phase der Auflösung der grenzenlosen Unternehmung müssen vorhandene Erfahrungen und Ergebnisse gespeichert und im Sinne einer Weiterentwicklung der Kompetenzen weiterverarbeitet werden (Wissensbewahrung). Im Rahmen der *Gestaltung der internen Strukturen* (Stufe 2 des Wissensmanagement-Konzepts) sind Infrastrukturen und Regeln zur Verfügung zu stellen, mit deren Hilfe das notwendige Wissen identifiziert, repräsentiert, kommuniziert und transferiert werden kann. Hierbei steht der Einsatz von IuK-Technologien wie standardisierte Datenbanken, Work-Flow-Systeme oder Intranets im Mittelpunkt (vgl. Mertens / Faisst 1997). So kann in der Phase der Konfiguration eine gut gepflegte Partner-Datenbank helfen, die notwendigen Kompetenzen und Partner zu finden. Die Steuerungsphase unterstützen z.B. Telekooperationssysteme.

Bei der Gestaltung der *externen Wissensstrukturen* (Stufe 3) ist vor dem Hintergrund der zugrundeliegenden Aufgaben und der vorhandenen Kompetenzen zu überlegen, welche externen Wissensquellen notwendig sind und wie diese Wissensquellen optimal einbezogen werden können. Im Grunde lassen sich die im Zusammenhang mit internen Strukturen erwähnten Maßnahmen auch auf diese Stufe übertragen, da bei grenzenlosen Unternehmen die Differenzierung in interne und externe Strukturen oft recht schwierig ist. Aus der Perspektive einzelner Unternehmen handelt es sich beispielsweise bei einer Lieferanten-Beziehung um eine externe Beziehung, aus der Perspektive des grenzenlosen Unternehmens um eine interne Perspektive. Eine Ausnahme macht allerdings der Kunde, der eine wichtige externe Quelle darstellt. Während der Konfiguration müssen seine Bedürfnisse identifiziert und in eine Problemlösung überführt werden, während der Steuerung muß er frühzeitig in die Lösung integriert werden; in der Trennungsphase ist ein Kundenservice auch nach der Auflösung sicherzustellen. Die konkrete Gestaltung der internen und externen Strukturen hängt letztlich davon ab, ob tazites (implizites) oder explizites Wissen zugrunde liegt (vgl. Teil 3 sowie Scheuble 1998). Explizites Wissen ist leicht kommunizierbar und zeigt sich beispielsweise in Form von Bauplänen, Fachinformationen oder Berichten. Implizites Wissen ist dagegen subjektiv, erfahrungsgebunden und nur schwer artikulierbar. Beide Wissenskomponenten besitzen zur Steuerung des grenzenlosen Unternehmens eine wichtige Rolle. Infrastrukturen für das Wissensmanagement müssen daher beide Wissenskategorien berücksichtigen. Da implizites Wissen per definitionem nicht verbalisierbar und kodifizierbar ist, kann es auch nur in begrenztem Umfang in technischen Systemen angelegt und repräsentiert werden. Deshalb ist zu prüfen, wann Face-to-face- und wann telekommunikativ unterstützte Kommunikation vorzuziehen ist, ob und inwieweit das Wissen bestimmter Experten kodifizierbar ist, oder ob der Einsatz sog. Wissensbroker sinnvoll ist. Diese sind für die Vermittlung des relevanten Wissensangebotes verantwortlich und übernehmen oft die Aufbereitung und Aktualisierung der Inhalte von Wissensdatenbanken.

10.5.4   Übergreifende Steuerungssysteme

Im folgenden sollen neue Ansätze vorgestellt werden, die auf den vorherigen Ausführungen aufbauen und den Anforderungen an ein modernes Controlling im grenzenlosen Unternehmen eher genügen als viele der in der Praxis noch verwendeten Instrumente. Das klassische Controlling ist vorwiegend zahlenorientiert, qualitative Aspekte einer betrieblichen Steuerung der Unternehmung finden sich kaum. Eine ausdrückliche Einbeziehung der Markt- und Kundensicht, z.B. durch die Berücksichtigung von Kundenzufriedenheitswerten, erfolgt nur in den seltensten Fällen. Viele der gängigen Controlling-Konzeptionen sind zudem funktionalorientiert angelegt, wobei die Produktivitätsprozesse in der Fertigung im Mittelpunkt stehen. Damit können Prozesse, die vornehmlich auf persönlicher Leistungserbringung beruhen, wie z.B. die Dienstleistungserstellung, schlechter gesteuert und unterstützt werden. Controlling wird heute eher als ein zentralgesteuertes Instrumentarium der Planung und Steuerung eingesetzt, das aber modernen Organisationsformen, insbesondere der grenzenlosen Unternehmung, nicht mehr gerecht wird.

Nötig sind Methoden und Konzepte, die eine dezentrale Koordination unterstützen und Verbund- und Netzeffekte mit in das Kalkül einbeziehen. Die einzelnen Mitarbeiter sollten stärker in den Steuerungs- und Planungsprozeß eingebunden werden, denn oft sind die in den dezentralen Organisationseinheiten arbeitenden Mitarbeiter die eigentlichen Wissensträger. Nur so können sie ihren neuen Rollen als Intrapreneur und Innovator (siehe Teil 9) gerecht werden. Auch das Management muß durch entsprechende Controllinginstrumente bei der persönlichen Führung und Unterstützung der „empowerten" Mitarbeiter, beim Networking und Beziehungsmanagement nach außen, beim Veränderungsmanagement und bei Architektur und Design des Unternehmens und seiner Potentiale unterstützt werden. Deshalb müssen moderne Controlling-Methoden für das grenzenlose Unternehmen ganzheitlich und integrativ sein. Dies schließt eine mehrdimensionale Zielverfolgung, die explizite Aufnahme von qualitativen Aspekten und Kennzahlen (insbesondere die Kunden- und Marktperspektive) und eine stärkere Integration der verschiedenen Funktionsbereiche mit ein. Um die neue Sichtweise des Controlling zu verdeutlichen, werden im folgenden zwei Konzepte dargestellt, die dem Gedanken eines integrierten Controlling gerecht werden. Es handelt sich dabei um das Konzept der *Erweiterten Wirtschaftlichkeit* sowie um das Konzept der *Balanced Scorecard*.

10.5.4.1 Konzept der Erweiterten Wirtschaftlichkeit

Das Konzept der Erweiterten Wirtschaftlichkeit wurde ursprünglich entwickelt, um Reorganisationsmaßnahmen im Informations- und Kommunikationstechnikumfeld zu bewerten (vgl. Reichwald / Höfer / Weichselbaumer 1996; siehe auch Kap. 4.3.6). Es stellt aber auch ein allgemeines Controllinginstrument dar, um ex-ante wie ex post Investitionsprojekte zu bewerten und eine fundierte Entscheidungshilfe für das Management zu liefern. Hierunter fällt auch die Bewertung von Kooperationsvorhaben oder der Aufbau einer grenzenlosen Unternehmung.

Bei der Steuerung und Bewertung von solchen Vorhaben läßt sich für die betriebliche Praxis heute wieder eine generelle Tendenz zur „Flucht in die Zahlen" konstatieren. Ein Grund dafür wird in der neuen Verfügbarkeit der Zahlen dank moderner IuK-Technologien gesehen. Die Produktion, Verteilung und Verwertung von Zahlen hat in den letzten Jahren im Zusammenhang mit DV-gestützten Bewertungsverfahren im Controlling explosionsartig zugenommen. Viele Erfahrungen zeigen aber auch, daß die Beschränkung auf rein quantitative monetäre Größen zur Unterstützung von Steuerungsentscheidungen große Gefahren der Fehlsteuerung in sich birgt. Das Konzept der Erweiterten Wirtschaftlichkeit versucht, diese „Zahlengläubigkeit" zu überwinden und geht davon aus, daß Wirtschaftlichkeit nicht nur in monetären Input-Output-Verhältnissen auszudrücken ist (vgl. Reichwald / Höfer / Weichselbaumer 1996).

Ein Vorläufer des Konzepts ist das Drei Stufen-Verfahren zur Arbeitssystembewertung nach Zangemeister (1993). Neben den direkt erfaßbaren, monetären Kosten- und Erlösgrößen sollen auch die sich indirekt ableitbaren und qualitativen Aspekte einbezogen werden. Hierzu gehören beispielsweise die Qualität, Flexibilität oder auch die Arbeitsplatzsituation der einzelnen Mitarbeiter (vgl. Abb. 10-6). All diese Größen wirken sich auf die langfristige Wettbewerbsfähigkeit eines Unternehmens aus, konkretisiert durch zentrale Erfolgsfaktoren wie die Kunden- und Mitarbeiterzufriedenheit und die gesellschaftliche Akzeptanz.

Das Konzept der Erweiterten Wirtschaftlichkeit greift diese umfassende Zielbewertung auf und bietet eine weitergehende Strukturierung an. Zentraler Punkt ist die Berücksichtigung verschiedener Perspektiven, um der Komplexität des Entscheidungsfeldes Rechnung zu tragen. Jede durch einzelne Entscheidungen ausgelöste Veränderung im Unternehmen ist von verschiedenen Standpunkten aus zu bewerten (Mehr-Ebenen-Betrachtung) und zu vergleichen. Je nach Sichtweise, die ein Betrachter einnimmt, dominieren bei der Bewertung unterschiedliche Zielkategorien (vgl. Abb. 10-7).

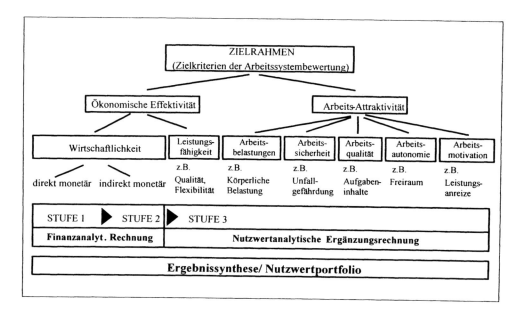

Abb. 10-6:   Drei Stufen-Verfahren zur Arbeitssystembewertung (in Anlehnung an Zangemeister 1993)

Aus Mitarbeitersicht werden vorwiegend Humanziele betrachtet, z.B. Ziele, die sich unmittelbar auf die Zufriedenheit der Mitarbeiter auswirken. Dazu gehört u.a. das Ausmaß der Entscheidungsspielräume des Einzelnen oder die kreative Zusammenarbeit im Team. Aus Unternehmenssicht stehen dagegen häufig Produktivitätskennzahlen im Vordergrund, z.B. die Zeit, die ein Vertriebsteam zur Bearbeitung eines bestimmten Kundensegments benötigt, oder die Kosten, die dem Unternehmen durch sämtliche Marketingaktivitäten entstehen. Die dritte Ebene bewertet externe Effekte, die aus der gesellschaftlichen Perspektive zu berücksichtigen sind. Diese spielen heutzutage in der Unternehmenspraxis meistens eine eher untergeordnete Rolle. Umweltschäden, verursacht beispielsweise durch Gütertransporte, werden nur dann in den Entscheidungsprozeß von Unternehmen miteinbezogen, wenn dadurch Kosten entstehen.

Die Erfahrung zeigt, daß entscheidungsrelevante Informationen zwar im Unternehmen vorhanden, aber nicht in angemessener Form an Ort und Stelle verfügbar sind. Träger dieser im Unternehmen verteilten Informationen sind Mitarbeiter in verschiedenen Funktionsbereichen und auf verschiedenen Hierarchieebenen. Für die Bewertung von Handlungsalternativen zur Entscheidungsfindung ist daher die Einbeziehung von Wissensträgern aus allen Ebenen vorgesehen. In einem moderierten Gruppenprozeß werden Alternativen aus Sicht aller Beteiligten hinsichtlich ihrer positiven und negativen Auswirkungen bewertet. In bestimmten Entscheidungssituationen kann es darüber hinaus erforderlich sein, zusätzliche Informationen zu generieren und einer sogenannten Bewertungsgruppe zur Verfügung zu stellen. Dies können im Unternehmen vorhandene Informationen sein, etwa Daten aus der Produktion oder der Entwicklungsabteilung, aber auch speziell für die Bewertungssituation gewonnene Informationen, z.B. durch eine Kundenbefragung. Für bestimmte Fragestellungen sind aber auch Kunden und Lieferanten direkt mit in den Prozeß einzubinden.

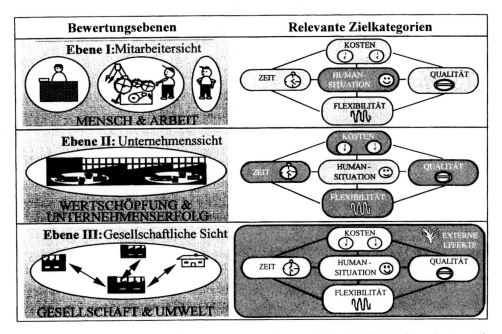

Abb. 10-7: Mehr-Ebenen-Modell der Erweiterten Wirtschaftlichkeitsrechnung (in Anlehnung an Reichwald / Höfer / Weichselbaumer 1996)

Der Bewertungsprozeß wird in den moderierten Sitzungen mehrstufig gestaltet (vgl. Abb. 10-8): Zunächst ist eine umfassende individuelle Zielsystematik zu generieren, angefangen von globalen Zielen für die einzelnen Ebenen bis hin zu konkreten Unterzielen. Ein Kriterienkatalog, der eine Vielzahl von Anhaltspunkten für die Zielbildung liefert, unterstützt diesen Prozeßschritt. Diese Unterziele werden dann durch unternehmensspezifische Meßgrößen operationalisiert und meßbar gemacht. In mehreren „Learning Loops" sind die einzelnen Ziele und Maßgrößen nach Interdependenzen, Redundanzen und Lücken zu überprüfen und gegebenenfalls anzupassen. Nach der Zieldefinition werden entsprechende Lösungsmaßnahmen erarbeitet. Die generierten Maßnahmen werden wiederum auf ihre gegenseitige Verträglichkeit geprüft und zu einem Maßnahmenbündel zusammengefaßt. In einem abschließenden Nutzwertverfahren bzw. Scoring-Modell bewerten alle beteiligten Entscheidungsträger die Erfüllbarkeit der gesetzten Ziele durch die erarbeiteten Maßnahmenpakete. Mit Hilfe dieses Gruppenprozesses können unterschiedliche Lösungsalternativen nach ihrem unternehmensspezifischen Nutzenpotential gegenübergestellt werden. Das Management erhält somit eine fundierte Entscheidungsgrundlage, die aufgrund der Beteilung aller betroffenen Mitarbeiter auch konsensfähig sein sollte.

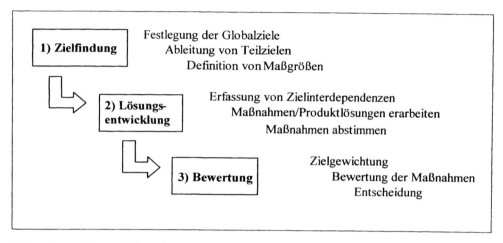

Abb. 10-8:   Phasenablauf der Erweiterten Wirtschaftlichkeitsbetrachtung

Beim Konzept der Erweiterten Wirtschaftlichkeit handelt es sich um ein integriertes Controllingkonzept, welches den um strategische und qualitative Aspekte erweiterten Wirtschaftlichkeitsgedanken mit einbezieht und damit die kurzfristig-quantitative Sicht des klassischen Controlling überwindet. Nun können auch Entscheidungen unterstützt werden, bei denen die relevanten Informationen nicht an einer Stelle verfügbar, sondern im gesamten Unternehmen verteilt sind. Auch wird der Tatsache Rechnung getragen, daß Entscheidungssituationen niemals gleich sind, sondern die Vorgehensweise auf verschiedene Bewertungssituationen zugeschnitten werden muß (vgl. Reichwald / Bauer / Weichselbaumer 1997).

Diese Vorteile können abschließend anhand der Grundprinzipien des Konzepts der Erweiterten Wirtschaftlichkeit zusammenfassend dargestellt werden (vgl. Deking / Meier 2000). Alle der im folgenden genannten Prinzipien weisen dabei einen engen Bezug zu den verschiedenen Charakteristika der grenzenlosen Unternehmung auf, wie sie in den vorangehenden Teilen dargestellt wurden.

- *Strategieorientierung:* Das Konzept der Erweiterten Wirtschaftlichkeit berücksichtigt nicht nur Input-Output-Verhältnisse, sondern auch diejenigen Größen, die zum quantitativen Ergebnis führen. Treiber der Kundenzufriedenheit, die heute Bestandteil vieler Marketingstrategien sind, wie z.B. Flexibilität, Zeit und Qualität, werden explizit in die Bewertung miteinbezogen. Damit wird der neuen Rolle des internen und externen Kunden als Folge der Marktorientierung Rechnung getragen.

- *Beteiligungsorientierung:* Die Vorteile einer beteiligungsorientierten Planung, Steuerung und Kontrolle liegen in der Transparenz und Akzeptanz getroffener Entscheidungen. Die Mitarbeiter werden in die Verantwortung genommen und können gleichzeitig das dezentrale Wissen mit in den Entscheidungsprozeß einbringen. Zugleich werden so auch die Grundlagen einer ergebnisorientierten Vergütung gelegt und ein „Management by objectives" unterstützt.

- *Berücksichtigung von Vernetzung und Verbundeffekten:* Jede Tätigkeit eines Mitarbeiters in einzelnen Funktionsbereichen hat Verbundwirkungen auf vor- oder nachgelagerte Wertschöpfungsprozesse innerhalb und außerhalb des Unternehmens. Diese Verbundwirkungen werden durch die Erweiterte Wirtschaftlichkeitsbetrachtung aufgedeckt und berücksichtigt. Ebenso können auch die Verflechtungen mit den anderen Partnern des Unternehmensverbundes abgebildet werden.

- *Humanzielorientierung:* Psychologische Erkenntnisse belegen, daß dem Menschen über den Arbeitsinhalt die Möglichkeit zur Selbstentfaltung und Wertschätzung durch andere gegeben werden kann. Dies bedeutet, daß die individuellen Ziele mit den Zielen der Unternehmung in Übereinstimmung gebracht werden können. Aus diesem Grund ist die Methode nicht technikzentriert, sondern humanzentriert gestaltet.

- *Instrumentelle Unterstützung für Bewertungsprozesse in autonomen Gruppenorganisationen:* Problematisch bei der Koordination der verteilten Organisationen sind die relativ dezentralen und modularen Strukturen in den Unternehmenseinheiten. Aus diesem Grund wird eine instrumentelle Unterstützung in bezug auf das sogenannte "self-controlling" gefordert. Die Erweiterte Wirtschaftlichkeitsbetrachtung bietet, unterstützt durch moderne Informations- und Kommunikationstechniken, einerseits gute Voraussetzungen zur Einbeziehung auch verteilter Einheiten in übergreifende Entscheidungen und stellt andererseits ein Instrument dar, das auch innerhalb verteilter Einheiten zur Entscheidungsunterstützung eingesetzt werden kann.

10.5.4.2 Konzept der Balanced Scorecard

Während die Erweiterte Wirtschaftlichkeitsbetrachtung in erster Linie für die einmalige Betrachtung von Reorganisationsprozessen bzw. in Einzelfällen auch als Methode für die Projektüberwachung Anwendung findet, stellt eine Balanced Scorcard ein kontinuierliches, umfassendes Instrument zur Steuerung ganzer Unternehmen bzw. Unternehmenseinheiten dar (vgl. Kaplan / Norton 1997). Ansatzpunkt ist ein weit verbreitetes Problem: Die Steuerungssysteme in den Unternehmen sind oft vergangenheitsorientiert, auf eine einseitige Betrachtung der finanziellen Perspektive fokussiert und über die Unternehmensbereiche hinweg nicht einheitlich. So wurden durch das Controlling bislang z.B. kaum die Aufgaben des Vertriebs mit denen der Produktion oder des Einkaufs abgestimmt (vgl. Deking 2002). Um diese Lücke zu überwinden und ein integriertes, an der Unternehmensstrategie orientiertes Controllingkonzept anwenden zu können, wird in letzter Zeit von immer mehr Unternehmen auf die *Balanced Scorecard* zurückgegriffen. Besonders in den USA hat sich dieses zentrale Steuerungsinstrument stark verbreitet. Bereits 60% der Fortune-1000 Unternehmen arbeiten oder experimentieren bereits damit (vgl. Weber / Schäffer 1998). Die Bandbreite der Anwender reicht von mittelständischen Unternehmen über große Konzerne bis hin zu staatlichen Institutionen.

Die Balanced Scorecard stellt ein ganzheitliches Kennzahlen- und Meßsystem dar, in dem die Unternehmensstrategie heruntergebrochen und abgebildet wird („performance measurement system" nach Kaplan / Norton 1997). Die Grundidee besteht darin, die Vision und Strategie eines Unternehmens durch qualitative und quantitative Ziele zu operationalisieren und diese dann in Meßgrößen umzusetzen. Das Management wird verpflichtet, konkrete strategische Zielvorgaben zu erarbeiten und im gesamten Unternehmen abzustimmen. Dabei soll eine intensive Einbeziehung der Mitarbeiter aus den einzelnen Funktionsbereichen und Unternehmensebenen in die Konzeption und Implementierung des Systems eine besondere Identifikation mit den Zielen des Unternehmens erreichen (vgl. Butler / Letza / Neale 1997). Damit wird das Konzept nicht nur der neuen Rolle der Mitarbeiter der grenzenlosen Unternehmung gerecht, sondern berücksichtigt auch explizit die strategische Ausrichtung eines führungsorientierten Controllings (siehe Kap. 10.1).

Der Kern des Balanced-Scorecard-Konzepts besteht in der Abbildung der Strategie anhand von vier verschiedenen Perspektiven, für die in Abbildung 10-9 beispielhaft einzelne Unternehmensziele genannt sind:

- Innerhalb der *finanziellen Perspektive* zeigt sich, ob die Strategie und deren operationale Umsetzung eines Unternehmens letztendlich auch wirtschaftlichen Erfolg hat. Als Zielgrößen sind hier vor allem Renditekennziffern und Marktwertsteigerungen zu nennen. Die weiteren Kennzahlen und Ziele der anderen Perspektiven münden in die Finanzkennzahlen. Die Finanzen sind somit die Endglieder der Ursache-Wirkungsbeziehungen der Balanced Scorecard.

- Die *Lern- und Entwicklungsperspektive* fokussiert auf die Analyse der Infrastruktur einer Unternehmung in den Bereichen Informationssysteme, Personalqualifizierung oder auch Innovationsmanagement. In vielen Praxisfällen werden innerhalb dieser Perspektive auch Mitarbeiterzufriedenheitswerte betrachtet.

- Die *Perspektive der internen Prozesse* umfaßt Grundlagen für die Erreichung der Ziele der anderen Perspektiven. Wie effizient arbeitet das Unternehmen? Wie gut wird die Strategieumsetzung durch die Organisation unterstützt? Antworten auf solche Fragen sollen Meßgrößen wie Entwicklungs-, Durchlauf- oder Bearbeitungszeiten liefern.

- Eine hohe Bedeutung in dem Konzept erfährt die *Kundenperspektive*. Diese Sichtweise fokussiert sehr stark auf alle Customer Interaction Bereiche und steht in einem engen Verhältnis zum in vielen Unternehmen schon etablierten Marketing-Controlling. Typische Größen sind Kundenzufriedenheitswerte oder Marktanteilsgrößen. Ein Unternehmen, das konsequent mit einer Balanced Scorecard arbeitet, setzt sich automatisch mit dem Thema Kundenorientierung auseinander.

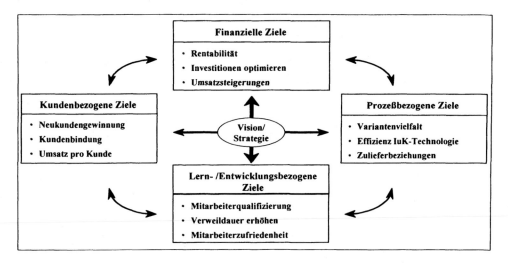

Abb. 10-9: Die vier Perspektiven der Balanced Scorecard (die genannten Konkretisierungen sind beispielhaft zu verstehen)

Inhalte der Balanced Scorecard bzw. der verschiedenen Ebenen sind neben den einzelnen Zielen die entsprechenden Kennzahlen, Vorgaben (Budgets) und konkrete, geplante Aktionen. Die einzelnen Perspektiven sollten aber nicht als die alleingültigen angesehen werden, sondern sind explizit auf das jeweilige Unternehmen gemäß seiner Strategie zuzuschneiden. So verwenden manche Unternehmen fünf anstatt der üblichen vier Bereiche.

Analog zu ihrer Firmenphilosophie stellen diese Unternehmen den Personalaspekt noch
deutlicher heraus und bilden eine eigene Mitarbeiterperspektive (vgl. Ewing 1995, Seidenschwarz 1999a). Insgesamt wird mit Hilfe der verschiedenen Perspektiven eine Abkehr
von der Betrachtung rein finanzieller Steuerungsgrößen erreicht. Vielmehr werden Größen
erfaßt, welche die Treiber für finanzielle Ergebnisse eines Unternehmens sind. Die Balanced Scorecard ist somit in bezug auf Ergebniskennzahlen und Leistungstreiber ausgeglichen. Wichtig ist in allen vier Betrachtungsebenen die Verwendung geeigneter Outputgrö-
ßen. So ist z.B. die Zahl der besuchten Seminare eines Vertriebsmitarbeiters wenig aussa-
gefähig. Erst verbesserte Kundenzufriedenheitswerte oder Cross-Selling-Raten sind als
Output seines Wissenszuwachs oder der Verbesserung seiner Verkaufsfähigkeiten relevante Meßgrößen (vgl. Deking 2002).

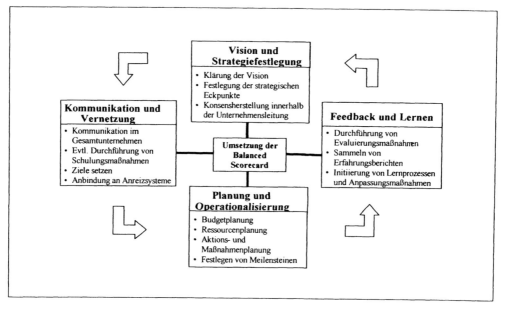

Abb. 10-10: Implementierungsprozeß einer Balanced Scorecard

Wie wird nun das Konzept der Balanced Scorecard in einem Unternehmen implementiert? Eine Übersicht über den *Implementierungs- und Kommunikationsprozeß* gibt
Abbildung 10-10 (vgl. Kaplan / Norton 1996). Startpunkt der Einführung einer Balanced
Scorecard ist die Geschäftsleitung, die mit Unterstützung eines Projektteams (oft ergänzt um externe Berater) die Verantwortung trägt. Der erste Schritt ist die Bestimmung
der strategischen Ausrichtung in einem möglichst genauen Spezifikationsgrad (*Visio-
neering*). Dazu bedarf es einer Konsensfindung innerhalb der Unternehmensleitung und
der Festlegung der wichtigsten strategischen Eckpunkte (vgl. Lazere 1998).

Im nächsten Schritt ist eine *unternehmensweite Kommunikation* der beschlossenen Ausrichtung und eine abteilungs- oder funktionsbereichsbezogene Erarbeitung von konkreten, operationalen Zielen durch das Projektteam gemeinsam mit den betroffenen Mitarbeitern erforderlich. In vielen Unternehmen ist das Problem anzutreffen, daß die Mitarbeiter die Unternehmensstrategie nicht verstehen oder kennen. Nach einer Studie der Unternehmensberatung Renaissance Worldwide verstehen in den USA nur 71%, in Großbritannien nur 59% der Führungskräfte die Vision des Unternehmens. Beim mittleren Management sinkt die Quote auf 40%, bei den „normalen Mitarbeitern" auf 10% (vgl. Gentia 1998). Zur Überwindung dieser „vision barrier" sind Schulungsmaßnahmen notwendig, um den einzelnen Mitarbeitern die Neueinführung näher vertraut zu machen. Den erstellten Zielen sind *Verantwortliche* zuzuweisen, und die zu erarbeitenden Leistungskennzahlen müssen mit dem bestehenden bzw. anzupassenden Anreizsystem verbunden werden, um einerseits deren Bedeutung zu betonen und andererseits Anreize für die Mitarbeiter zu setzen. Anschließend können aus den Anforderungen der Ziele geeignete Maßnahmen generiert werden, wie z.B. die Bestimmung von Budgets, Vorgabewerten oder die Verteilung von Ressourcen.

Mit Hilfe von *Feedbackprozessen*, in denen die konzeptionelle Gesamtsicht überdacht wird, erfolgt eine Rückkopplung der getroffenen Beschlüsse und Aktionen. Im Gegensatz zu normalen Feedbackprozessen geschieht dieser nicht nur auf operativer, sondern auch auf strategischer Ebene. Die Balanced Scorecard ist als dynamisches Instrumentarium konzipiert. Durch das Feedback der Mitarbeiter und die laufenden Erfahrungsberichte entstehen Schleifen, die ein kontinuierliches Lernen ermöglichen. Hier ist auch das oberste Management zu ständiger Selbstreflexion aufgefordert, um notwendige Strategieänderungen zu erkennen und einzuleiten.

Dieser Prozeß kann noch weiter institutionalisiert werden, indem zur Erhebung kritischer (positiver wie negativer) Anregungen der betroffenen Mitarbeiter über die Methode der *Critical Incident Technique* abgefragt werden. Genauso können mit Hilfe dieser Methode auch Werte für die Mitarbeiter- und Kundenzufriedenheit erhoben werden. Die schon 1954 von Flanagan entwickelte Methode weist den Vorteil auf, daß konkrete Vorfälle und die Denkweisen der Mitarbeiter und Kunden widergespiegelt und auf einer qualitativen Basis die aussagekräftigsten Erkenntnisse gewonnen werden (vgl. Flanagan 1954). Nachteilig ist dabei allerdings der hohe Auswertungsaufwand. Moderne IuK-Techniken können in Zukunft die Auswertung unterstützen und effizienter machen. Dies gilt auch für den Erhebungsprozeß, der heute in einigen Unternehmen schon per E-Mail durchgeführt wird. Besonders für verteilte Organisationen erleichtert die elektronische Form erheblich die Durchführung (vgl. zu dieser weiterentwickelten Variante Englberger 2000).

Eine unternehmensweite Wirkung der Balanced Scorecard wird dadurch erreicht, daß nicht nur eine Scorecard für die Gesamtunternehmung entworfen wird, sondern auch daraus abgeleitete „Unter-Scorecards" für die einzelnen Geschäftseinheiten bzw. Stellen (vgl. Horstmann 1999). Manche Unternehmen brechen die Scorecards bis auf einzelne Mitarbeiter herunter. In jeder einzelnen Scorecard werden entsprechend dem jeweiligen Aufgabenbereich die wichtigsten 10 bis 20 Größen zur Messung und Steuerung der gewünschten Unternehmenstätigkeiten aufgestellt. Dies ermöglicht eine genaue Verantwortungszuweisung, einen hohen Operationalisierungsgrad und eine hohe Identifikation der Mitarbeiter mit dem System.

Über dieses System ist gewährleistet, daß für die einzelnen Funktionsbereiche genau diejenigen Leistungskennzahlen herangezogen werden, die für die Steuerung und Kontrolle eines Bereichs relevant sind. Die Scorecards sind untereinander vernetzt und bauen aufeinander auf, was durch eine top-down Implementierung erreicht wird. Es wäre kontraproduktiv, wenn alle Scorecards unabhängig voneinander wären, da sonst die Strategieorientierung nicht gewährleistet wäre. Vielmehr wird durch die Vernetzung ein kontinuierlicher Kommunikations- und Lernprozeß in horizontaler und vertikaler Richtung gefördert. Die Mitarbeiter erkennen, daß ihr Handeln und ihr Erfolg sehr stark von anderen Abteilungen beeinflußt werden. Bereichsegoismen werden zurückgeschraubt, da die Mitarbeiter auch am Beitrag für das Gesamtunternehmen gemessen werden. Für einen Vertriebsmitarbeiter werden z.B. Anreize gesetzt, mit anderen Stellen wie der F&E-Abteilung oder Fertigungsbereichen zusammenzuarbeiten. Die Balanced Scorecard stellt somit eine gute Basis dar, um die variable Entlohnung von leitenden Mitarbeitern nicht nur an finanzielle Größen wie den Umsatz zu koppeln. Eine beispielhafte Umsetzung einer Balanced Scorecard demonstriert Abbildung 10-11.

Das Beispiel zeigt, wie die Balanced Scorecard auf ein Unternehmen zugeschnitten werden kann. Herauszuheben sind vor allem die Wirkungszusammenhänge zwischen den einzelnen Größen. Qualitative Größen werden mit quantitativen in Beziehung gesetzt und über operationalisierbare Werte abgebildet und gemessen. Die kausalen Zusammenhänge müssen so präzise wie möglich ermittelt werden. Sie verdeutlichen den Mitarbeitern, wie wichtig eine Zusammenarbeit im Gesamtunternehmen ist. Die Vernetzung der Scorecards kann durch Berücksichtigung von Größen verbessert werden, die eine Schnittstellenfunktion zu vor- oder nachgelagerten Scorecards einnehmen.

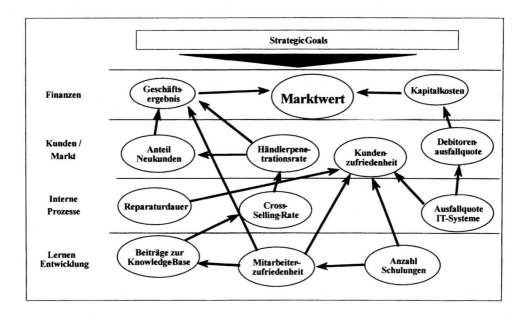

Abb. 10-11: Beispiel einer Balanced Scorecard und ihre Wirkungszusammenhänge

10.5.4.3   Würdigung der Ansätze

Insgesamt wurden mit den dargestellten Ansätzen Möglichkeiten aufgezeigt, die dem geforderten ganzheitlichen Controllinggedanken Rechnung tragen. Sowohl das Konzept der Erweiterten Wirtschaftlichkeit als auch die Balanced Scorecard können zentrale Controllinginstrumente einer grenzenlosen Unternehmung sein und einen Beitrag zur Gesamtkoordination des Unternehmens liefern. Beide Ansätze sind output- bzw. marktorientiert und stellen den Wert, den ein Unternehmen auf den verschiedensten Ebenen für seine internen wie externen Kunden schafft, als Steuerungsgröße in den Mittelpunkt der Betrachtung. Beide Konzepte unterstützen zudem die organisationale Modularisierung der Wertschöpfungsprozesse, wie sie dem Konzept des grenzenlosen Unternehmens zugrunde liegt, da sie eine kooperative Aufgabenerfüllung abbilden und bewerten können. Dennoch gibt es zwischen diesen Instrumenten zentrale Unterschiede. Die Anwendung der Erweiterten Wirtschaftlichkeitsbetrachtung kann als ein entscheidungsunterstützendes, proaktives Bewertungsverfahren betrachtet werden, das zur Alternativenauswahl herangezogen wird. Aufgrund des hohen Aufwands ist sie vor allem bei strategischen Entscheidungen in speziellen Einzelfällen vorteilhaft. Die Balanced Scorecard dagegen, die zwar ebenso einen immensen Implementierungsaufwand erfordert, ist als kontinuierliches Steuerungs- und Kontrollinstrument anzusehen, das seinen Einsatzbereich bei strategischen und auch operativen Controllingaufgaben hat. Die Verfahren schließen sich nicht gegenseitig aus, sondern können sich ergänzen. So liegt bei der Implementierung einer Balanced Scorecard implizit der Gedanke einer Erweiterten Wirtschaftlichkeitsbetrachtung zugrunde (Deking 2002). Beide Verfahren wiederum sind durch die in den Kapiteln 10.5.1 bis 10.5.3 vorgestellten spezialisierten Controllinginstrumente zu ergänzen.

Die Implementierung der vorgestellten Konzepte ist in der Praxis nicht immer unproblematisch. Besonders der hohe Aufwand wird den Initiatoren immer wieder entgegengehalten. So wird nicht jedes Entscheidungsproblem mit Hilfe eines vollständigen Ablaufprozesses der Erweiterten Wirtschaftlichkeitsbetrachtung angegangen – der aufwendige Gruppenprozeß ist nur bei größeren Investitionsvorhaben zu rechtfertigen. Ebenso wird der Aufwand für die Einführung einer Balanced Scorecard häufig unterschätzt. Besonders bei einer Einführung über die Grenzen einer Unternehmenseinheit hinaus (z.B. Implementierung innerhalb des unternehmenseigenen Call Center) muß schnell mit einer Einführungszeit von einem Jahr und mehr gerechnet werden. Auch bleiben in der ursprünglichen Konzeption genaue Vorgehensweisen zur Ziel- und Willensbildung – einem zentralen Erfolgsfaktor der Balanced Scorecard – im Dunkeln (vgl. Weber / Schäffer 1998). Es bleibt offen, wie Mitarbeiter reagieren, wenn vorgegebene Strategien häufig in Frage gestellt werden, oder ungerichtete Kontrollelemente durch gruppendynamische Prozesse auftreten. Ebenso fehlt in der strategischen Betrachtung die Beobachtung der Konkurrenz, deren Handlungsweisen erhebliche Auswirkungen auf das Handeln der Unternehmung haben dürften. Einer der Hauptkritikpunkte ist das Fehlen eines methodischen Vorgehens für die Herleitung der „richtigen" Ziele und Meßgrößen aus den strategischen Vorgaben. Es bleibt somit den Unternehmen überlassen, die entsprechenden Instrumente und Prozesse zu entwickeln, um die gewünschten Kennzahlen zu generieren.

Der Erfolg ganzheitlicher Controllingkonzepte hängt insbesondere von der Umsetzung und der täglichen Nutzung ab (vgl. Mountfield / Schalch 1998). Häufige Fehler bzw. in der Praxis schwer lösbare Probleme bei der Implementierung sind fehlende Verbindungen der Strategie mit eindeutigen Leistungstreibern. Auch die vollständige und valide Abbildung von Ursache-Wirkungsbeziehungen – also der Kennzahlen untereinander – erfolgt häufig intuitiv und bleibt so fehleranfällig. Wenig chancenreich werden diese Konzepte auch sein, wenn sie zu wenig auf das Unternehmen zugeschnitten oder zu stark auf das Top-Management ausgerichtet sind. Die Balanced Scorecard wie auch die Erweiterte Wirtschaftlichkeitsrechnung sind keine Allheilmittel. Sie sind aber von ihrer grundsätzlichen Konzeption her gut geeignet, strategisches Denken und Handeln in allen Unternehmensbereichen zu fördern und die neuen Prinzipien erfolgreichen Wirtschaftens im Informationszeitalter, die die grenzenlose Unternehmung kennzeichnen, in einer modernen Controllingkonzeption abzubilden.

10.6 Schlußfolgerungen für das Management

In einer zunehmend digitalisierten und vernetzten Welt muß das Management umdenken und sein Augenmerk auf veränderte Erfolgsfaktoren, Strategien und Steuerungssysteme legen. Dies heißt allerdings nicht, daß herkömmliche Instrumente, die sich in klassischen Unternehmen bewährt haben, keine Bedeutung mehr haben. Es wird immer Umweltbedingungen geben, in denen klassische Unternehmen mit ihren Führungsinstrumenten eine effiziente organisatorische Lösung darstellen. Jedoch verlangen die neuen Wettbewerbsbedingungen immer öfter eine Anpassung und Neugestaltung herkömmlicher und auch bewährter Strukturen und Prozesse. Die neuen Informations- und Kommunikationstechnologien bieten in vielen Fällen die Grundlage für innovative organisatorische Strukturen. Sie haben jedoch bei aller Leistungsfähigkeit nur den Charakter eines Werkzeugs. Im Mittelpunkt steht auch im grenzenlosen Unternehmen der arbeitende, entscheidende, netzwerkende, vertrauende und motivierte, aber auch opportunistische Mensch. Er bildet stärker denn je zuvor den entscheidenden Faktor erfolgreichen unternehmerischen Handelns. Und deshalb gibt es keine vorgefertigten organisatorischen „best practice" Lösungen. Nur Kreativität, Einmaligkeit und Originalität schaffen dauerhafte Wettbewerbsvorteile. Das vorliegende Buch konnte hierzu Anhaltspunkte geben. Die Umsetzung ist jedem Manager und Mitarbeiter selbst überlassen.

Grenzenlose Unternehmen basieren auf anderen Konzepten und Erfolgsfaktoren als klassische Unternehmen. Dies hat unweigerlich Auswirkungen auf strategische Erfolgsfaktoren und die Ausgestaltung wichtiger Führungssysteme. Aus wettbewerbsstrategischer Sicht ist vor allem entscheidend, daß sich das Management auf bestimmte Kernkompetenzen konzentriert, die Kooperationsfähigkeit mit anderen Partnern als Quelle von Wettbewerbsvorteilen nutzt und Faktoren wie Markt- und Kundenorientierung sowie Unternehmertum fördert. Ziel ist dabei immer mehr die Umsetzung hybrider Wettbewerbsstrategien, die den herkömmlichen vermeintlichen Widerspruch zwischen Kostenführerschaft und Differenzierung überwinden und die gleichzeitige Realisation von Kostenführerschaft und Differenzierung als erfolgversprechenden Weg zum Aufbau eines dauerhaften Wettbewerbsvorteils beschreiten. Dazu müssen Führungsinstrumente wie das Controlling und Informationsmanagement stärker koordinationsorientiert gestalten werden. Dies heißt, im Controlling Methoden der direkten und indirekten Führung zu integrieren und ein Wissensmanagement aufzubauen, das den Aufbau von Kompetenzen und der internen sowie der zwischenbetrieblichen Wissensstrukturen in den Mittelpunkt stellt.

Literaturverzeichnis

Achleitner, A.-K. / Thommen, J.-P. (2001): Allgemeine Betriebswirtschaftslehre: Umfassende Einführung aus managementorientierter Sicht, 3. Aufl., Wiesbaden: Gabler, 2001.

Ackerman, M. S. (1992): Answer Garden: A Tool for Growing Organizational Memory, MIT Working Paper, Cambridge, MA, 1992.

Ackerman, M. S. (1994): Answer Garden and the Organization of Expertise, MIT Working Paper, Cambridge, MA, 1994.

Adams, J. S. (1965): Inequity in social exchange, in: Berkowitz, L. (Hrsg.): Advances in experimental social psychology, Vol. 2, New York, NY: Academic Press, 1965, S. 267-299.

Adstead, S. / McGarvey, P. (1997): Convergence in Europe. The New Media Value Chain, London: Financial Times Management Report, 1997.

Akerlof, G. A. (1970): The Market for 'Lemons': Quality Uncertainty and the Market Mechanism, Quarterly Journal of Economics, Vol. 84, Nr. 3, 1970, S. 488-500.

Albach, H. (1969): Informationswert, in: Grochla, E. (Hrsg.): Handwörterbuch der Organisation, Stuttgart: Schäffer-Poeschel, 1969, S. 720-727.

Albach, H. (1980): Vertrauen in der ökonomischen Theorie, in: Zeitschrift für die gesamte Staatswissenschaft, Nr. 1, 1980, S. 2-11.

Albers, S. (1999): Was verkauft sich im Internet? - Produkte und Inhalte, in: Albers, S. et al (Hrsg.), eCommerce. Einstieg, Strategie und Umsetzung im Unternehmen, Frankfurt/Main: FAZ-Institut, 1999, S. 21-34.

Albers, S. / Peters, K. (2000): Wertschöpfungsstrukturen und Electronic Commerce - die Wertschöpfungskette des Handels im Zeichen des Internet, in: Wamser C. (Hrsg.): Electronic Commerce, Verlag Vahlen: München, 2000, S. 185-196.

Albers, S. / Clement, M. / Peters, K. / Skiera, B. (Hrsg., 2000): eCommerce. Einstieg, Strategie und Umsetzung im Unternehmen, 2. Aufl., Frankfurt/Main: FAZ-Institut, 2000.

Albers, S. et al. (2001): Produkte und Inhalte, in: Albers, S. / Clement, P. / Peters, K. (Hrsg.): Marketing mit interaktiven Medien. Strategien zum Markterfolg, 3. Aufl., Frankfurt/Main: IMK, 2001, 267-282.

Albers, S. / Panten, G. / Schäfers, B. (2002): Die eCommerce-Gewinner. Wie Unternehmen im Web profitabel wurden - 10 Erfolgsgeschichten aus erster Hand, Frankfurt/Main: FAZ-Institut, 2002.

Alchian, A. A. / Demsetz, H. (1972): Production, Information Costs and Economic Organization, American Economic Review, Vol. 62, Nr. 5, 1972, S. 777-795.

Aldrich, H. E. (1972): Technology and Organization Structure: A Reexamination of the Findings of the Aston Group, in: Administrative Science Quarterly, Nr. 17, 1972, S. 26-43.

Allen, T. J. / Scott Morton, M. S. (Hrsg., 1994): Information Technology and the Corporation of the 1990s, New York, NY: Oxford University Press, 1994.

ANSI / SPARC (1975): Study Group on Data Base Management Systems: Interim Report, FDT 7:2, New York, NY: ACM, 1975.

Aoki, M. / Gustafson, B. / Williamson, O.E. (Hrsg., 1990): The Firm as a Nexus of Treaties, Swedish Collegium for Advanced Study in the Social Sciences series, Newbury Park, CA: Sage, 1990.

Applegate, L.M / Holsapple, C.W. / Kalakota, R. / Radermacher, F.J. / Whinston, A.B. (1996): Electronic Commerce: Building Blocks of New Business Opportunity, in: Journal of Organizational Computing an Electronic Commerce, Vol 6, Nr. 1, 1996, S. 1-10.

Arbeitskreis Organisation der Schmalenbach-Gesellschaft (1996): Organisation im Umbruch, in: Zeitschrift für betriebswirtschaftliche Forschung, Nr. 6, 1996, S. 621-665.

Argyris, C. (1964): Integrating the Individual and the Organization, New York, NY: Wiley & Sons, 1964.

Argyris, C. / Schön, D. A. (1978): Organizational Learning: A Theory of Action Perspective, Reading, MA: Addison-Wesley, 1978.

Armstrong, A. / Hagel, J. (1996): The Real Value of On-Line Communities, in: The McKinsey Quarterly, Nr. 3, 1995, S. 127-141.

Arrow, K. J. (1962): Economic Welfare and the Allocation of Ressources for Invention, in: Nelson, R. Richard (Hrsg.): The Rate and Direction of Inventive Actitvity: Economic and Social Factors, New York, NY: Princeton University Press, 1962, S. 609-625.

Arrow, K. J. (1974): The Limits of Organization, New York, NY: Norton, 1974.

Austin, J. L. (1989): Zur Theorie der Sprechakte, 2. Aufl., Stuttgart: Reclam, 1989.

Axelrod, R. (1997): The Evolution of Cooperation, New York, NY: Basic Books, 1997.

Backes-Gellner, U. / Lazear, E. / Wolff, B. (2001): Personalökonomik. Fortgeschrittene Anwendungen für das Management, Stuttgart: Schäffer-Poeschel, 2001.

Backhaus, K. (1997): Relationship Marketing – Ein neues Paradigma im Marketing?, in: Bruhn, M. / Steffenhagen, H. (Hrsg.): Marktorientierte Unternehmensführung, Wiesbaden: Gabler, 1997, S. 19-35.

Baier, A. (1986): Trust and antitrust, in: Ethics, Vol. 96, 1986, S. 231-260.

Bailey, J.P. / Bakos, Y. (1997): An Exploratory Study of the Emerging Role of Electronic Intermediaries, in: International Journal of Electronic Commerce, Vol. 1, Nr. 3, Spring 1997, S. 7-20.

Bakos, Y. (1991): A Strategic Analysis of Electronic Marketplaces, in: MIS Quarterly, Vol. 15, Nr. 3, September 1991, S. 295-310.

Bakos, Y. (1998): The Emerging Role of Electronic Marketplaces on the Internet, in: Communications of the ACM, August 1998, Vol. 41, Nr. 8, S. 35-42.

Bakos, Y. / Brynjolfsson, E. (1999): Bundling Information Goods: Pricing, Profits and Efficiency, Working Paper Series, MIT Sloan School of Management, 1999.

Baldwin, C. Y. / Clark, K. B. (1998): Modularisierung: Ein Konzept wird universell, in: Harvard Business Manager, Nr. 2, 1998, S. 39-48.

Ballwieser, W. (2000): Wertorientierte Unternehmensführung, in: Zeitschrift für betriebswirtschaftliche Forschung, Nr. 3, 2000, S. 160-166.

Bamford, R. S. / Burgelman, R. A. (1997): Netscape Communications Corporation in 1997, Stanford Graduate School of Business Case SM-42, Stanford, CA: Stanford Graduate School of Business, 1997.

Bangemann, M. (1995): Europas Weg in die Informationsgesellschaft, Eröffnungsrede auf dem 13. Weltkongreß der International Federation for Information Processing am 29. August 1994 in Hamburg, in: Informatik Spektrum, Nr. 1, 1995, S. 1-3.

Barber, B. (1983): The logic and limits of trust, New Brunswick, NJ: Rutgers University Press, 1983.

Barley, S. (1986): Technology as an Occasion for Structuring: Evidence from Observation of CT Scanners and the Social Order of Radiology Departments, in: Administrative Science Quarterly, Vol. 31, 1986, S. 78-108.

Barley, S. (1990): The Alignment of Technology and Structure Through Roles and Networks, in: Administrative Science Quarterly, Vol. 35, 1990, S. 61-103.

Bartlett, C. A. / Goshal, S. (1992): What is a Global Manager?, in: Harvard Business Review, September / October 1992, S. 124-132.

Bartlett, C. A. / Goshal. S. (1998): Wie sich die Rolle des Managers verändert, in: Harvard Business Manager, Nr. 6, 1998, S. 79-90.

Bartölke, K. / Kappler, E. / Laske, S. / Nieder, P. (Hrsg., 1978): Arbeitsqualität in Organisationen, Wiesbaden: Gabler, 1978.

Bauer, F. L. / Wössner, H. (1981): Algorithmische Sprache und Programmentwicklung, Berlin u.a.: Springer, 1981.

Bauer, R. (1995): Coaching, in: Kieser, A. / Reber, G. / Wunderer, R. (Hrsg.): Handwörterbuch der Führung, 2. Aufl., Stuttgart: Schäffer-Poeschel, 1995, Sp. 200-211.

Baumgarten, B. (1996): Petri-Netze: Grundlagen und Anwendungen, 2. Aufl., Mannheim u.a.: BI Wissenschaftsverlag, 1996.

Baumgarten, U. (2002): Technische Infrastruktur für das Mobile Business, in: Reichwald, R. (Hrsg.): Mobile Kommunikation – Wertschöpfung, Technologien, neue Dienste, Wiesbaden: Gabler, 2002, 101-112.

Baur, C. (1990): Make-or-Buy-Entscheidungen in einem Unternehmen der Automobilindustrie – Empirische Analyse und Gestaltung der Fertigungstiefe aus transaktionskostentheoretischer Sicht, München: VVF, 1990.

Bausch, A. / Kaufmann, L. (2000): Innovationen im Controlling am Beispiel der Entwicklung monetärer Kennzahlensysteme, in: Controlling, Nr. 3, 2000, S. 121-128.

Beam, C. / Segev, A. (1997): Automated Negotiations: A Survey of the State of the Art, CMIT Working Paper 97-WP-1022, May, 1997.

Beam, C. / Segev, A. (1998): Auctions on the Internet: A Field Study, CMIT Working Paper 98-WP-1032, May, 1998.

Beck, A. / Bendel, O. / Stoller-Schai, D. (2001): E-Learning im Unternehmen: Grundlagen – Strategien – Methoden – Technologien, Zürich: Orell Füssli, 2001

Becker, F. G. (1990): Anreizsysteme für Führungskräfte – Möglichkeiten zur strategisch-orientierten Steuerung des Managements, Stuttgart: Schäffer-Poeschel, 1990.

Becker, F. G. (1998): Grundlagen betrieblicher Leistungsbeurteilungen. Leistungsverständnis und -prinzip, Beurteilungsproblematik und Verfahrensprobleme, 3. Aufl., Stuttgart: Schäffer-Poeschel, 1998.

Becker, J. (1995): Der große Kabelsalat, in: Zeitmagazin, Nr. 10, 3. März 1995, S. 20-22.

Beckurts K. H. / Reichwald, R. (1984): Kooperation im Management mit integrierter Bürotechnik, München: CW-Publikationen, 1984.

Bellmann, K. / Wittmann, E. (1991): Modelle der organisatorischen Arbeitsstrukturierung: Ökonomische und humane Effekte, in: Bullinger, H.-J. (Hrsg.): Handbuch des Informationsmanagements im Unternehmen, Bd. 1, München: Beck, 1991, S. 487-515.

Benchimol, G. (1994): L'Entreprise Délocalisée, Paris: Editions Hermès, Collection Systèmes d'information, 1994.

Benjamin, R. / Wigand, R. T. (1995): Electronic Markets and Virtual Value Chains on the Information Superhighway, in: Sloan Management Review, Winter 1995, S. 62-72.

Bennis, W. (1993): Beyond Bureaucracy: Essays on the Development and Evolution of Human Organization, San Francisco, CA: Jossey-Bass, 1993.

Berger, P. L. / Luckmann, T. (1967): The Social Construction of Reality, New York, NY: Doubleday, 1967.

Bernstein, L. (1990), The choice between public and private law: the diamond industry's preference for extra-legal contracts and a private law system of dispute resolution, Discussion Paper Nr. 72 of the Program in Law and Economics, Harvard Law School, Boston, MA: Harvard University, 1990.

Besen, S. M. / Saloner, G. (1988): Compatibility Standards and the Market for Telecommunications Services, Rand Corporation Paper P-7393, Management in the 1990s, Sloan School of Management, Cambridge: Massachusetts Institute of Technology, 1988.

Besen, S. M. / Saloner, G. (1989): The Economics of Telecommunications Standards, in: Crandall, R. W. / Flamm, K. (Hrsg.): Changing the Rules: Technological Change, International Competition, and Regulation in Communications, Washington, DC: Brookings Institution, 1989, S. 177-220.

Beuermann, G. (1992): Zentralisation und Dezentralisation, in: Frese, E. (Hrsg.): Handwörterbuch der Organisation, 3. Aufl., Stuttgart: Schäffer-Poeschel, 1992, Sp. 2611-2625.

Bichler, M. / Segev, A. (1998): A Brokerage Framework for Internet Commerce, CMIT Working Paper 98-WP-1031, Berkeley 1998.

Bieberbach, F. (2001): Die optimale Größe und Struktur von Unternehmen: der Einfluss von Informations- und Kommunikationstechnik, Wiesbaden: Gabler, 2001.

Bieberbach, F. / Hermann, M. (1999): Die Substitution von Dienstleistungen durch Informationsprodukte auf elektronischen Märkten; in: Scheer, A.-W. / Nüttgens, M. (Hrsg.) Electronic Business Engineering - 4. Internationale Tagung Wirtschaftsinformatik 1999, Heidelberg 1999.

Bierhals, R. / Nippa, M. / Seetzen, J. (1991): Marktpotential für die zukünftige Nutzung digitaler Breitbandnetze, in: Ricke, H. / Kanzow, J. (Hrsg.): BERKOM: Breitbandkommunikation im Glasfasernetz. Übersicht und Zusammenfassung 1986-91, Heidelberg: R.V. Decker, 1991, S. 39-50.

Billinghurst, M. / Weghorst, S. / Furness, T. (1998): Shared Space: an augumented reality approach for computer supported cooperative work. Virtual Reality: research development and application, 1998.

Bittl, A. (1997): Vertrauen durch kommunikationsintendiertes Handeln: eine grundlagentheoretische Diskussion in der Betriebswirtschaftslehre mit Gestaltungsempfehlungen für die Versicherungswirtschaft. Wiesbaden: Gabler, 1997.

Bjørn-Andersen, N. / Eason, K. / Robey, D. (1986): Managing Computer Impact, Norwood, NJ: Ablex Publ., 1986.

Blake, R. R. / Mouton, J. S. (1968): Verhaltenspsychologie im Betrieb, dt. Übersetzung von Blake / Mouton: The Managerial Grid, Houston, TX: Gulf, 1964, Düsseldorf u.a.: Econ, 1968.

Blake, R. R. / Mouton, J. S. (1985): The Managerial Grid III, 3. Aufl., Houston, TX: Gulf, 1985.

Blankart, C. B. / Knieps, G. (1995): Kommunikationsgüter ökonomisch betrachtet, in: Homo Oeconomicus, Nr. 3, 1995, S. 449-464.

Blau, P. / McHugh-Falbe, C. / McKinley, W. / Phelps, T. (1976): Technology and Organization in Manufacturing, in: Administrative Science Quarterly, Nr. 21, 1976, S. 20-40.

Blecker, J. (1999): Unternehmen ohne Grenzen – Konzepte, Strategien und Gestaltungs-empfehlungen für das strategische Management, Wiesbaden: Gabler, 1999.

Bleicher, K. (1985): Meilensteine auf dem Weg zur Vertrauensorganisation, in: Texis, Nr. 4, 1985, S. 2-7.

Bleicher, K. (1992): Der Strategie-, Struktur- und Kulturfit Strategischer Allianzen als Erfolgs-faktor, in: Bronder, C. / Pritzl, R. (Hrsg.): Wegweiser für strategische Allianzen: Meilen- und Stolpersteine bei Kooperationen, Frankfurt/Main: Campus, 1992, S. 267-292.

Bleicher, K. (1995): Vertrauen als kritischer Faktor einer Bewältigung des Wandels, in: Zeitschrift für Organisation Nr. 6, 1995, S. 390-395.

Bleicher, K. (1996): Der Weg zum virtuellen Unternehmen, in: Office Management, Nr. 1-2, 1996, S. 10-15.

Blohm, H. / Lüder, K. (1995): Investition, Schwachstellen im Investitionsbereich des Industrie-betriebes und Wege zu ihrer Beseitigung, 8. Aufl., München: Vahlen, 1995.

Böcking, S. (1997): Die Zukunft des Internet – Fakten und Visionen, in: Vernetzte Systeme – Vernetzte Welt, Nymphenburger Gespräche vom 25.6.1997, S. 4-26.

Bode, A. (Hrsg., 1990): RISC-Architekturen, 2. Aufl., Mannheim u.a.: BI Wissenschaftsverlag, 1990.

Bode, J. (1997): Der Informationsbegriff in der Betriebswirtschaftslehre, in: Schmalenbachs Zeitschrift für betriebswirtschaftliche Forschung, 49. Jg., Nr. 5, 1997, S. 449-468.

Bode, J. (1993): Betriebliche Produktion von Information, Wiesbaden: DUV, 1993.

Boehm, B. (1988): Software Engineering Economics, Englewood Cliffs, NJ: Prentice Hall, 1988.

Bogard, W. (1996): The Simulation of Surveillance: Hypercontrol in Telematic Societies, Cambridge, MA: Cambridge University Press, 1996.

Böhm-Bawerk, E. v. (1909): Kapital und Kapitalzins (I): Positive Theorie des Kapitales, 3. Aufl., Innsbruck: Wagner'sche Universitätsbuchhandlung, 1909.

Böhme, M. (1997): Die Zukunft der Universalbank, Wiesbaden: Gabler, 1997.

Bonus, H. (1998): Die Langsamkeit von Spielregeln, in: Backhaus, K. / Bonus, H. (Hrsg.): Die Beschleunigungsfalle oder der Triumph der Schildkröte, 3. Aufl., Stuttgart: Schäffer-Poeschel, 1998, S. 1-18.

Börger E. (1992): Berechenbarkeit, Komplexität, Logik: Algorithmen, Sprachen und Kalküle unter besonderer Berücksichtigung ihrer Komplexität, 3. Aufl., Braunschweig u.a.: Vieweg, 1992.

Borghoff, U. M. / Schlichter, J. H. (1998): Rechnergestützte Gruppenarbeit. Eine Einführung in Verteilte Anwendungen, 2. Aufl., Berlin u.a.: Springer, 1998.

Borghoff, U. M. / Schlichter, J. H. (2000): Computer-Supported Cooperative Work. Introduction to Distributed Applications, Berlin u.a.: Springer, 2000.

Bornschein-Grass, C. (1995): Groupware und computergestützte Zusammenarbeit, Wiesbaden: Gabler, 1995.

Bower, G. H. / Hilgard, E. R. (1983): Theorien des Lernens, 2 Bde., Stuttgart: Klett-Cotta, 1983.

Boyett, J. H. / Conn, H. P.(1992): Workplace 2000: The Revolution Reshaping American Business, New York, NY: Penguin, 1992.

Bradford, D.L. / Cohen, A.R. (1998): Power up – Transforming organizations through shered leadership, New York u.a.: Wiley, 1998

Breton, Th. (1994a): Le Télétravail en France. Situation actuelle, perspectives de développement et aspects juridiques, Rapport au ministre d'État, ministre de l'Intérieur et de l'Aménagement du territoire et au ministre des Entreprises et du Développement économique, Paris: La documentation Française, 1994.

Breton, Th. (1994b): Les Téléservices en France. Quels marchés pour les autoroutes de l'information?, Rapport au ministre d'État, ministre de l'Intérieur et de l'Aménagement du territoire et au ministre des Entreprises et du Développement économique, Paris: La documentation Française, 1994.

Brockhoff, K. (1989): Schnittstellenmanagement, Stuttgart: Schäffer-Poeschel, 1989.

Brockhoff, K. (Hrsg.,1996): Management von Innovation, Wiesbaden: Gabler, 1996.

Bronder, C. (1993): Kooperationsmanagement: Unternehmensdynamik durch Strategische Allianzen, Frankfurt/Main u.a.: Campus, 1993.

Bruhn, M. / Bunge, B. (1994): Beziehungsmarketing – Neuorientierung für Marketingwissenschaft und -praxis?, in: Bruhn, M. / Meffert, H. / Wehrle, F. (Hrsg.): Marktorientierte Unternehmensführung im Umbruch. Effizienz und Flexibilität als Herausforderungen des Marketing, Stuttgart: Schäffer-Poeschel, 1994, S. 41-84.

Brynjolfsson, E. (1993): The Productivity Paradox of Information Technology, in: Communications of the ACM, Vol. 36, Nr. 12, 1993, S. 67-77.

Brynjolfsson, E. / Hitt, L. (1993): New Evidence on the Returns to Information Systems; Center for Coordination Science, Sloan School of Management, CCS Working Paper No. 162, Cambridge, MA: MIT, 1993.

Brynjolfsson, E. / Hitt, L. (1995a): Information Technology as a Factor of Production: The Role of Differences Among Firms, in: Economics of Innovation New Technology, Nr. 3-4, 1995, S. 183-195.

Brynjolfsson, E. / Hitt, L. (1995b): The Productive Keep Producing – Successful companies support good business plans with the right information technologies, in: Information-Week, 1995, S. 38-43.

Brynjolfsson, E. / Hitt, L. (1998): Beyond the Productivity Paradox, in: Communications of the ACM, Vol. 41, 1998.

Brynjolfsson, E. / Kahin, B. (Hrsg., 2000): Understanding the digital economy: Data, tools, and research. Cambridge, MA: The MIT Press, 2000.

Büchs, M. J. (1991): Zwischen Markt und Hierarchie: Kooperationen als alternative Koordinationsform, in: Zeitschrift für Betriebswirtschaft, Ergänzungsheft 1, 1991, S. 1-38.

Bues, M. (1994): Offene Systeme. Strategien, Konzepte und Techniken für das Informationsmanagement, Berlin u.a.: Springer, 1994.

Buckingham, M. / Coffman, C. (1999): First, break all the rules, New York: Simon & Schuster, 1999.

Bühner, R. (1987): Management-Holding, in: Die Betriebswirtschaft, Nr. 1, 1987, S. 40-49.

Bühner, R. (1993): Die schlanke Management-Holding, in: Zeitschrift Führung + Organisation, Nr. 1, 1993, S. 9-19.

Bullen, C. V. / Bennett, J. L. (1990): Groupware in Practice: An Interpretation of Work Experience, Center for Information Systems Research Working Paper No. 205, 1990.

Bullen, C. V. / Johansen, R. R. (1988): Groupware: A Key to Managing Business Teams?, Center for Information Systems Research, Sloan School of Management, Working Paper CISR No. 169, Cambridge, MA: MIT, 1988.

Bullinger, H.-J. (Hrsg., 1991): Handbuch des Informationsmanagements im Unternehmen, 2 Bde., München: Beck, 1991.

Bullinger, H.-J. / Seidel, U. A. (1992): Neuorientierung im Produktionsmanagement, in: Fortschrittliche Betriebsführung und Industrial Engineering, Nr. 4, 1992, S. 150-156.

Bungert, W. / Heß, H. (1995): Objektorientierte Geschäftsprozeßmodellierung, in: Information Management, Nr. 1, 1995, S. 52-63.

Burke, R. (1998): Real Shopping in a Virtual Store; in: Bradley, S. / Nolan, R.L. (Hrsg.): Sense & Respond – Capturing Value in the Network Era, Boston: Harvard Business School Press 1998, S. 245-260.

Burr, W. (1995): Netzwettbewerb in der Telekommunikation. Chancen und Risiken aus Sicht der ökonomischen Theorie, Wiesbaden: Gabler, 1995.

Burr, W. / Kreis-Engelhardt, B. (1999): Telearbeit und organisatorischer Wandel in Versicherungsunternehmen, Karlsruhe: VVW, 1999.

Business Week (1998): Cyberspace Winners: How they did it, Business Week, June 22, 1998.

Büssing, A. (1988): Kontrollmotivation und Tätigkeit, Universität Osnabrück, 1988.

Butler, A. / Letza, S. R. / Neale, B. (1997): Linking the Balanced Scorecard to Strategy, in: Long Range Planning, Nr. 2, 1997, S. 242-253.

Buxmann, P. (1996): Standardisierung betrieblicher Informationssysteme, Wiesbaden: Gabler, 1996.

Buxmann, P. / Gebauer, J. (1997): Internet-based Intermediaries – The Case of the Real Estate Market, in: Proceedings of the 6th European Conference on Information Systems (ECIS'98), Aix-en-Provence, France, June 1998.

Buxmann, P. / Weitzel, T. / König, W. (1999): Auswirkung alternativer Koordinationsmechanismen auf die Auswahl von Kommunikationsstandards, in: Zeitschrift für Betriebswirtschaft, Ergänzungsheft 2, 1999, S. 133-151.

Cartwright, D. / Zander, A. (1968): Group Dynamics: Research and Theory, 3. Aufl., New York, NY: Harper & Row, 1968.

Casson, M. (1982): The Entrepreneur: An Economic Theory, Totowa, NJ: Barnes & Nobles, 1982.

Casson, M. (1987): Entrepreneur, in: Eatwell, J. / Milgate, M. / Newman, P. (Hrsg.): The New Palgrave: A Dictionary of Economics (II), London u.a.: MacMillan Press, 1987, S. 151-153.

Chandler, A. D. (1962): Strategy and Structure, Cambridge, MA: MIT, 1962.

Chandler, A. D. (1977): The Visible Hand, Cambridge, MA: Belknap, 1977.

Chen, P. (1976): The Entity Relationship Model – Towards A Unified View of Data, in: ACM Transactions on Database Systems, Nr. 1, 1976, S. 9-36.

Cheung, St. N. S. (1983): The Contractual Nature of the Firm, Journal of Law and Economics, Vol. 26, Nr. 1, 1983, S. 1-21.

Child, J. (1972): Organizational Structure, Environment and Performance: The Role of Strategic Choice, in: Sociology, Nr. 6, 1972, S. 1-22.

Choi, S.-Y. / Stahl, D.O. / Whinston, A.B. (1997): The Economics of Electronic Commerce – The Essential Economics of Doing Business in the Electronic Marketplace, New York u.a.: Macmillan, 1997.

Ciborra, C. U. (1987): Reframing the Role of Computers in Organizations – The Transaction Cost Approach, in: Office Technology and People, Nr. 1, 1987, S. 17-38.

Ciborra, C. U. (1993): Teams, Markets and Systems. Business Innovation and Information Technology, Cambridge, MA: Cambridge University Press, 1993.

Ciborra, C. U. (1994): The Grassroots of IT and Strategy, in: Ciborra, C. U. / Jelassi, T. (Hrsg.): Strategic Information Systems: A European Perspective, Chichester: Wiley, 1994, S. 3-24.

Coad, P. / Yourdon, E. (1991): Object-Oriented Analysis, Englewood Cliffs, NJ: Yourdon Press, 1991.

Coase, R. H. (1937): The Nature of the Firm, in: Economica, Vol. 4, Nr. 16, 1937, S. 386-405.

Coase, R. H. (1960): The Problem of Social Cost, in: Journal of Law and Economics, Vol. 3, Nr. 1, 1960, S. 1-44.

Codd, E. F. (1970): A Relational Model of Data for Large Shared Data Banks, in: Communications of the ACM, Vol. 13, Nr. 6, 1970, S. 377-387.

Cohen, D. I. (1991): Introduction to Computer Theory, New York, NY: Wiley, 1991.

Cohen, D. / Prusak, L. (2001): In Good Company. How Social Capital Makes Organizations Work, Boston, MA: Harvard Business School Press, 2001.

Coleman, J. S. (1990): Foundations of Social Theory, Cambridge, MA: Belknap Press, 1990.

Collardin, M. (1995): Aktuelle Rechtsfragen der Telearbeit, Berlin: E. Schmidt, 1995.

Collins, E. G. (1986): Eine Firma ohne Büro. Steve Shirley im Gespräch mit Eliza E.G. Collins, in: Harvard Manager, Nr. 3, 1986, S. 23-26.

Collis, D. J. / Bane, P. W. / Bradley, S. P. (1997): Winners and Losers: Industry Structure in the Converging World of Telecommunications, Computing, and Entertainment, in: Yoffie, D. B. (Hrsg.): Competing in the Age of Digital Convergence, Boston, MA: Harvard Business School, 1997.

Conradi, W. (1983): Personalentwicklung, Stuttgart: Enke, 1983.

Corsten, H. (1989): Überlegungen zu einem Innovationsmanagement, in: Corsten, H. (Hrsg.): Die Gestaltung von Innovationsprozessen: Hindernisse und Erfolgsfaktoren im Organisations-, Finanz- und Informationsbereich, Berlin: E. Schmidt, 1989, S. 1-56.

Corsten, H. (1998): Grundlagen der Wettbewerbsstrategie, Stuttgart u.a: Teubner, 1998.

Corsten, H. / Will, T. (1995): Das Konzept generischer Wettbewerbsstrategien, in: Hans Corsten (Hrsg.): Produktion als Wettbewerbsfaktor, Wiesbaden: Gabler, 1995, S. 119-129.

Crowston, K. / Sawyer, S. / Wigand, R. T. (2001): Investigating the interplay between structure and technology in the real estate industry, in: Information, Technology and People, Vol. 14, Nr. 2, 2001, S. 163-183.

Crowston, K. / Wigand, R. T. (1999): Real estate war in cyberspace: An emerging electronic market?, in: International Journal of Electronic Markets, Vol. 9, Nr. 1-2, 1999, S. 1-8.

Cranwell-Ward, J. / Bacon, A. / Mackie, R. (2002): Inspiring Leadership – Staying afloat in turbulent times, London et al.: Thomson Learning 2002.

Creed, D. W. E. / Miles, R. E. (1996): Trust in organizations: A conceptual framework linking organizational forms, managerial philosophies, and the opportunity costs of control, in: Kramer, R. M. / Tyler, T. R. (Hrsg.): Trust in organizations: frontiers of theory and research, Thousand Oaks, CA: Sage, 1996, S. 16-38.

Cusumano, M. A. / Yoffie, D. B. (1998): Competing on Internet Time: Lessons from Netscape and Its Battle with Microsoft, New York, NY: Free Press, 1998.

Daft, R. L. / Lengel, R. H. (1984): Information Richness: A New Approach to Managerial Behavior and Organization Design, in: Staw, B. M. / Cummings, L. L. (Hrsg.): Research in Organizational Behavior, Nr. 6, 1984, S. 191-233.

Daft, R. L. / Lengel, R. H. (1986): Organizational Information Requirements, Media Richness and Structural Design, in: Management Science, Nr. 5, 1986, S. 554-571.

Daft, R. L. / Lengel, R. H. / Trevino, L. K. (1987): Message Equivocality, Media Selection and Manager Performance: Implications for Information Systems, in: MIS Quarterly, Vol. 11, 1987, S. 355-366.

Dahl, O. J. / Myrhaug, B. / Nygaard, K. (1970): Simula 67: Common Base Language, Publication NS 22, Oslo: Norsk Regnesentral, 1970.

Darby, M.R. / Karny, E. (1973): Free Competition and the Optimal Degree of Fraud, in: The Journal of Law and Economics, Vol. 16, S. 67-88.

Date, C. J. (1999): An Introduction to Database Systems, Bd. 1, 7. Aufl., Reading, MA: Addison-Wesley, 1999.

Davenport, T. H. (1993): Process Innovation – Reengineering Work through Information Technology, Boston, MA: Harvard Business School, 1993.

Davenport, T. H. (1998): Putting the Enterprise into the Enterprise System, in: Harvard Business Review, July-August 1998, S. 121-119.

Davenport, T. H. / Eccles, R. G. / Prusak, L. (1992): Information Politics, in: Sloan Management Review, Fall 1992, S. 53-65.

Davidow, W. H. / Malone, M. S. (1993): Das virtuelle Unternehmen, Frankfurt/Main u.a.: Campus, 1993.

Davidow, W. H. / Malone, M. S. (1996): The Virtual Corporation. Structuring and Revitalizing the Corporation for the 21st Century, 2. Aufl., New York, NY: Harper Collins, 1996.

Davis, F. D. (1989): Perceived Usefulness, Perceived Ease of Use, and User Acceptance of Information Technology, in: MIS Quarterly, Nr. 13, 1989, S. 319-339.

Davis, L. E. / Taylor, J. C. (1986): Technology, Organization and Job Structure, in: Dubin, R. (Hrsg.): Handbook of Work, Organization and Society, Chicago, IL: Rand McNally, 1986, S. 379-419.

Deking, I. (2002): Management des Intellectual Capital: Auf dem Weg zur strategiefokussierten Wissensorganisation, Dissertation, München: Technische Universität München, 2002.

Deking, I. / Meier, R. (2000): Vertriebscontrolling – Grundlagen für ein innovatives, anwenderorientiertes Verständnis, in: Reichwald, R. / Bullinger, H.-J. (Hrsg.): Vertriebsmanagement: Organisation, Technologieeinsatz, Personal, Stuttgart: Schäffer-Poeschel, 2000, S. 250-267.

Delphi (1998): Studie zur Globalen Entwicklung von Wissenschaft und Technik, Frauenhofer-Institut für Systemtechnik und Innovationsforschung im Auftrag des Bundesministeriums für Bildung, Wissenschaft, Forschung und Technologie, Karlsruhe: FSI Verlag, 1998.

DeMarco, T. (1978): Structured Analysis and System Specification, Englewood Cliffs, NJ: Prentice Hall, 1978.

Demsetz, H. (1988): The Theory of the Firm Revisited, Journal of Law, Economics and Organization, Vol. 4, Nr. 1, 1988, S. 141-161.

Denic eG (2002): Wachstum DE-Domains, elektronisch veröffentlicht: http://www.denic.de/ DENICdb/stats/domains_simple.html, Version vom 21.8.2002.

Derlien, H.-U. (1992): Bürokratie, in: Frese, E. (Hrsg.): Handwörterbuch der Organisation, 3. Aufl., Stuttgart: Schäffer-Poeschel, 1992, Sp. 2024-2039.

DeSanctis, G. / Gallupe, B. (1985): Group Decision Support System: A New Frontier, in: Data Base, Nr. 2, 1985, S. 3-10.

Deutsch, M. (1960a): The effect of motivational orientation upon trust and suspicion, in: Human Relations, Vol. 13, 1960, S. 123-139.

Deutsch, M. (1960b): Trust, trustworthiness and the Scale, in: Journal of Abnormal and Social Psychology, Vol. 61, 1960, S. 138-140.

Deutsch, M. (1976): Konfliktregelung: konstruktive und destruktive Prozesse, München u.a.: Reinhardt, 1976.

Deutsche Telekom (1998): Grundlagen und Erfahrungen für die Einführung von Telearbeit – Das Pilotprojekt der Deutschen Telekom AG, Bonn 1998.

Di Martino, V. / Wirth L. (1990): Telework: An Overview. International Telework Report, Part I, Genf: International Labour Office, 1990.

Diebold, J. (1994): Wohin führt die Informationsgesellschaft?, in: Der GMD-Spiegel, Nr. 4, 1994, S. 27-35.

Diesler, P. (1998): Büro der Zukunft: Der unsichtbare Schreibtisch, in: CHIP, Nr. 3, 1998, S. 212.

Dietl, H. (1993): Institutionen und Zeit, Tübingen: Mohr, 1993.

Dietl, H. (1995): Institutionelle Koordination spezialisierungsbedingter wirtschaftlicher Abhängigkeit, in: Zeitschrift für Betriebswirtschaft, Nr. 6, 1995, S. 569-585.

Dietrich, A. (2001): Selbstorganisation: Management aus ganzheitlicher Perspektive, Wiesbaden 2001.

Domsch, M. / Regnet, E. / Rosenstiel, L. v. (Hrsg., 2001): Führung von Mitarbeitern. Fallstudien zum Personalmanagement, 2. Aufl., Stuttgart: Schäffer-Poeschel, 2001.

Döpfner, M. (1989): Soziale Informationsverarbeitung – ein Beitrag zur Differenzierung sozialer Inkompetenzen, in: Zeitschrift für pädagogische Psychologie, Nr. 3, 1989, S. 1-8.

Dörner, D. (1989): Die Logik des Mißlingens. Strategisches Denken in komplexen Situationen, Reinbek bei Hamburg: Rohwolt, 1989.

Drucker, P. (1990): The Emerging Theory of Manufacturing, in: Harvard Business Review, May-June 1990, S. 94-102.

Drumm, H. J. (1995): Personalwirtschaftslehre, 3. Aufl., Berlin u.a.: Springer, 1995.

Drumm, H. J. (1996): Das Paradigma der Neuen Dezentralisation, in: Die Betriebswirtschaft, Nr. 1, 1996, S. 7-20.

Duelli, H. / Pernsteiner, P. (1992): Alles über Mobilfunk: Dienste, Anwendungen, Kosten, Nutzen, 2. Aufl., München: Franzis, 1992.

Dunnette, M. D. (Hrsg., 1976): Handbook of industrial and organizational psychology, Chicago, IL: Rand MacNally, 1976.

Ebers, M. (1995): Organisationskultur und Führung, in: Kieser, A. / Reber, G. / Wunderer, R. (Hrsg.): Handwörterbuch der Führung, 2. Aufl., Stuttgart: Schäffer-Poeschel, 1995, Sp. 1664-1682.

Eckardstein, D. v. (1989): Betriebliche Personalpolitik. Überblick über die Grundfragen der Personalpolitik, 4. Aufl., München: Vahlen, 1989.

Eco, U. (1977): Einführung in die Semiotik, München: Fink, 1977.

Eeles, P. / Sims, O. (1998): Building Business Objects, New York, NY: Wiley, 1998.

Ehrlenspiel, K. / Ambrosy, S. / Aßmann, G. (1995): Integrierter Konstruktionsarbeitsplatz, in: Zeitschrift für wirtschaftliche Fertigung und Automatisierung, Nr. 9, 1995, S. 410-413.

Eichenseher, E. (1997): Dezentralisierung des Controlling, Frankfurt/Main u.a.: Lang, 1997.

Eickhoff, M. (1998): Controlling in der „grenzenlosen" Unternehmung, in: Steinle, C. / Eggers, B. / Lawa, D. (Hrsg.): Zukunftsgerichtetes Controlling, 3. Aufl., Wiesbaden: Gabler, 1998, S. 123-137.

Endenburg, G. (1994): Soziokratie – Königsweg zwischen Diktatur und Demokratie, in: Fuchs, J. (Hrsg.): Das biokybernetische Modell: Unternehmen als Organismen, 2. Aufl., Wiesbaden: Gabler, 1994, S. 135-149.

Engeler, E. / Läuchli, P. (1988): Berechnungstheorie für Informatiker, Stuttgart: Teubner, 1988.

Englberger, H. (2000): Kommunikation von Innovationsbarrieren in telekooperativen Reorganisationsprozessen, Wiesbaden: Gabler, 2000.

Enquete-Kommission „Zukunft der Medien in Wirtschaft und Gesellschaft" (1998): Sicherheit und Schutz im Netz, Schriftenreihe „Enquete-Komission: Zukunft der Medien – Deutschlands Weg in die Informationsgesellschaft", Band 7, Bonn: Deutscher Bundestag / Zeitungs-Verlag Service, 1998.

Ettighofer, D. (1992): L'Entreprise Virtuelle ou Les Nouveaux Modes de Travail, Paris: Editions Odile Jacob, 1992.

Europäische Kommission (Hrsg., 1994a): Europe and the global information society, Recommendations to the European Council, Brüssel, 1994.

Europäische Kommission (Hrsg., 1994b): Europas Weg in die Informationsgesellschaft, Mitteilung der Kommission an den Rat und das Europäische Parlament sowie an den Wirtschafts- und Sozialausschuß und den Ausschuß der Regionen vom 19.07.1994, Brüssel, 1994.

Eurotechnopolis Institut (Hrsg., 1994): Le Bureau du Futur. Les centres d'affaires et de services partagés, Paris: Dunod, 1994.

Evans, P. B. / Wurster, T. S. (1997): Strategy and the New Economics of Information, in: Harvard Business Review, September-October 1997, S. 71-82.

Eveland, J. D. (1986): Diffusion, Technology, Transfer, and Implementation, in: Knowledge, Creation, Diffusion, Utilization, Nr. 2, 1988, S. 303-322.

Ewert, R. / Wagenhofer, A. (2000): Interne Unternehmensrechnung, 4. Aufl., Berlin u.a.: Springer, 2000.

Ewing, P. (1995): The Balanced Scorecard at ABB Schweden – a Management System in a „Lean Enterprise", Proceedings of the EAA-conference, Birmingham, 1995.

Fandel, G. / Hegener, C. (2001): Multimedia in der Lehre: Entwicklungen und Wirtschaftlichkeitsaspekte, in: Zeitschrift für Betriebswirtschaft, Ergänzungsheft Nr. 3/2001, S. 111-133.

Fama, E. F. (1980): Agency Problems and the Theory of the Firm, in: Journal of Political Economy, Vol. 88, Nr. 2, 1980, S. 288-307.

Farrell, J. / Saloner, G. (1986): Standardization and Variety, in: Economics Letters, Vol. 20, Nr. 1, 1986, S. 71-74.

Fayol, H. (1916): Administration Industrielle et Générale, Paris, 1916.

Feldman, M. S. / March, J. G. (1981): Information in Organizations as Signal and Symbol, in: Administrative Science Quarterly, Nr. 26, 1981, S. 171-186.

Ferstl, O. K. / Sinz, E. J. (1990): Objektmodellierung betrieblicher Informationssysteme im Semantischen Objektmodell (SOM), in: Wirtschaftsinformatik, Nr. 6, 1990, S. 566-581.

Ferstl, O. K. / Sinz, E. J. (1991): Ein Vorgehensmodell zur Objektmodellierung betrieblicher Informationssysteme im Semantischen Objektmodell (SOM), in: Wirtschaftsinformatik, Nr. 6, 1991, S. 477-491.

Fischer, T. M. (1999): Economic Value Added – Informationen aus der externen Rechnungslegung zur internen Unternehmenssteuerung?, Arbeitspapier Nr. 27 der Handelshochschule Leipzig, Leipzig, 1999.

Fischer, U. / Späker, G. / Weißbach, H.-J. (1993): Neue Entwicklungen bei der sozialen Gestaltung von Telearbeit, in: Informationen zur Technologiepolitik und zur Humanisierung der Arbeit, Nr. 18, Düsseldorf, August 1993.

Flanagan, J. (1954): The Critical Incident Technique, in: Psychological Bulletin, Nr. 4, 1954, S. 327-358.

Fleck, A. (1995): Hybride Wettbewerbsstrategien, Wiesbaden: Gabler, 1995.

Flichey, P. (1994): TELE – Geschichte der modernen Kommunikation, Frankfurt/Main u.a.: Campus, 1994.

Foss, N.J. (2001): Selective Intervention and Internal Hydrids: Interpreting and Learning from the Rise and Decline of the Oticon Spaghetti Organization, DRUID Working Paper No. 01-16, Frederiksberg, DK: Department of Industrial Economics and Strategy, Copenhagen Business School, 2001.

Fowler, M. (1999): UML Distilled, Second Edition: A Brief Guide to the Standard Object Modelling Language, Reading, MA: Addison-Wesley, 1999.

Franck, G. (1998): Ökonomie der Aufmerksamkeit, München: Hanser, 1998.

Frank, R. H. (1988): Passions within reason: The strategic role of emotions, New York, NY: Norton, 1988.

Frazier, D. / Herbst, K. (1994): Get Ready to Profit from the InfoBahn, in: Datamation, 15. Mai 1994, S. 50-56.

Frese, E. (1989): Organisationstheoretische Anmerkungen zur Diskussion um „CIM-fähige" Unternehmungen, in: Wildemann, H. (Hrsg.): Gestaltung CIM-fähiger Unternehmen, München: gfmt, 1989, S. 161-184.

Frese, E. (1993): Geschäftssegmentierung als organisatorisches Konzept: Zur Leitbildfunktion mittelständischer Strukturen für Großunternehmungen, in: Zeitschrift für betriebswirtschaftliche Forschung, Nr. 12, 1993, S. 999-1024.

Frese, E. (1995): Profit Center: Motivation durch internen Marktdruck, in: Reichwald, R. / Wildemann, H. (Hrsg.): Kreative Unternehmen – Spitzenleistungen durch Produkt- und Prozeßinnovation, Stuttgart: Schäffer-Poeschel, 1995, S. 77-93.

Frese, E. (2000): Grundlagen der Organisation, 8. Aufl., Wiesbaden: Gabler, 2000.

Frese, E. / Noetel, W. (1990): Kundenorientierte Organisationsstrukturen in Produktion und Vertrieb – Konzeption und ausgewählte Ergebnisse einer empirischen Untersuchung, in: Zahn, E. (Hrsg.): Organisationsstrategie und Produktion, München: gfmt, 1990, S. 15-58.

Frey, B.S. / Osterloh, M. (Hrsg., 2000): Managing Motivation - Wie Sie die neue Motivationsforschung für Ihr Unternehmen nutzen können, Wiesbaden: Gabler, 2000, (Kap. 9).

Frieling, E. (1992): Veränderte Produktionskonzepte durch „Lean Production", in: Reichwald, R. (Hrsg.): Marktnahe Produktion, Wiesbaden: Gabler, 1992, S. 165-177.

Fromm, H. (1992): Das Management von Zeit und Variabilität in Geschäftsprozessen, in: CIM Management, Nr. 5, 1992, S. 7-14.

Fukuyama, F. (1995): Trust: The Social Virtues and the Creation of Prosperity, New York, NY: The Free Press, 1995.

Furubotn, E. G. / Pejovich, S. (1974): Introduction: The New Property Rights Literature, in: Furubotn, E. G. / Pejovich, S. (Hrsg.): The Economics of Property Rights, Cambridge, MA: Ballinger, 1974, S. 1-9.

Gable, R. A. (1993): Inbound Call Centers: Design, Implementation, and Management, Boston u.a.: Artech House, 1993.

Gaiser, B. (1993): Schnittstellencontrolling bei der Produktentwicklung, München: Vahlen, 1993.

Gaitanides, M. (1983): Prozeßorganisation: Entwicklung, Ansätze und Programme prozeßorientierter Organisationsgestaltung, München: Vahlen, 1983.

Gaitanides, M. (1996): Prozeßorganisation, in: Kern, W. / Schröder, H.-H. / Weber. J. (Hrsg.): Handwörterbuch der Produktionswirtschaft, 2. Aufl., Stuttgart 1996, Sp. 1682-1696.

Gallie, W. B. (1952): Price and Pragmatism, Harmondsworth: Penguin Books, 1952.

Gambetta, D. (1988): Can we trust trust?, in: Gambetta, D. (Hrsg.): Trust: making and breaking cooperative relations, New York, NY: Blackwell, 1988, S. 213-237.

Gates, B. / Myhrvold, N. / Rinearson, P. (1997): Der Weg nach vorn: Die Zukunft der Informationsgesellschaft, München: Heyne, 1997.

Gaugler, E. / Kolb, M. / Ling, B. (1977): Humanisierung der Arbeitswelt und Produktivität, 2. Aufl., Ludwigshafen: Kiehl, 1977.

Gebauer, J. (1996): Informationstechnische Unterstützung von Transaktionen: eine Analyse aus ökonomischer Sicht, Wiesbaden: DUV/Gabler, 1996.

Gebert, D. (1972): Gruppendynamik in der betrieblichen Führungsschulung, Berlin: Duncker & Humblot, 1972.

Geihs, K. (1995): Client / Server-Systeme: Grundlagen und Architekturen, Bonn: International Thomson Publishing, 1995.

Gemünden, H. G. / Ritter, T. (1998): Die netzwerkende Unternehmung: Organisationale Voraussetzungen netzwerkkompetenter Unternehmen, in: Zeitschrift Führung und Organisation, 67. Jg., Nr. 5, 1998, S. 260-265.

Gentia Software (1998): White Paper, Boston 1998, elektronisch veröffentlicht. http://www.gentia.com, Version vom 10.12.1998.

Gerpott, T.J. (1993): Integrationsgestaltung und Erfolg von Unternehmensakquisitionen, Stuttgart: Schäffer-Poeschel, 1993.

Gerpott, T.J. / Böhm, S. (2000): Modulare Unternehmen, in: Nagel, K. / Erben, R. / Piller, F.T. (Hrsg.): Produktionswirtschaft 2000 – Perspektiven für die Fabrik der Zukunft, Wiesbaden: Gabler, 1999, S. 151-174.

Gerpott, T.J. / Thomas, S.E. (2002): Organisationsveränderungen durch Mobile Business, in: Reichwald, R. (Hrsg.): Mobile Kommunikation – Wertschöpfung, Technologien, neue Dienste, Wiesbaden: Gabler, 2002, S. 37-54.

Gerpott, T.J. / Winzer, P. (2000): Simultaneous Engineering: kritische Analyse eines Planungs- und Organisationsansatzes zur Erfolgsverbesserung industrieller Produktinnovationen, in: Goetze, U. (Hrsg.): Management und Zeit, Heidelberg: Physica-Verlag, 2000, S. 244-265.

Gerybadze, A. (1995): Strategic Alliance and Process Redesign, Berlin u.a.: de Gruyter, 1995.

Gibbert, M. / Jenzowsky, S. / Jonczyk, C. / Thiel, M. / Völpel S. (2002): ShareNet – the next generation of Knowledge Management, in: Davenport, T.H. / Probst, G. (Hrsg.): Knowledge Management Case Book, 2. Aufl., Erlangen: Publicis Corporate Publ., 2002, S. 22-39.

Giddens, A. (1979): Central Problems in Social Theory: Action, Structure and Contradiction in Social Analysis, Berkeley, CA: University of California, 1979.

Giddens, A. (1984): The Constitution of Society: Outline of the Theory of Structure, Berkeley, CA: University of California, 1984.

GMD – Forschungszentrum Informationstechnik (1998): AMBIENTE activity: i-LAND, elektronisch veröffentlicht: http://www.darmstadt.gmd.de/ambiente/i-land.html, Version vom 09.07.1998.

Goecke, R. (1997): Kommunikation von Führungskräften: Fallstudien zur Medienanwendung im oberen Management, Wiesbaden: Gabler, 1997.

Goldberg, A. / Robson, D. (1989): Smalltalk-80: The Language, Reading, MA: Addison-Wesley, 1989.

Goldhaber, M.H. (1997): Attention Shoppers!, in: Wired Magazine, December 1997.

Goleman, D. (1999): Emotionale Intelligenz – zum Führen unerläßlich, in: Harvard Business Manager, Nr. 3, 1999, S. 27-36.

Gomez, P. / Zimmermann, T. (1999): Unternehmensorganisation: Profile, Dynamik, Methodik, 4. Aufl., Frankfurt/Main u.a.: Campus, 1999.

Google Inc. (2001): Google Offers Immediate Access to 3 Billion Web Documents, elektronisch veröffentlicht: http://www.google.com/press/pressrel/3billion.html, Version vom 21.8.2002.

Göpfert, J. (1998): Modulare Produktentwicklung: Zur gemeinsamen Gestaltung von Technik und Organisation, Wiesbaden: Gabler, 1998

Götzer, K.G. (1997): Workflow: Unternehmenserfolg durch effiziente Arbeitsabläufe: Technik, Einsatz, Fallstudien, 2. Aufl., München 1997.

Gottschall, D. (1994): Sand im Betriebe, in: Manager Magazin, Nr. 12, 1994, S. 234-247.

Gouldner, A. W. (1960): The norm of reciprocity, in: American Sociological Review, Vol. 25, 1960, S. 161-78.

Graen, G. B. (1976): Role making processes within complex organizations, in: Dunnette, M. D. (Hrsg.): Handbook of industrial and organizational psychology, Chicago, IL: Rand MacNally, 1976, S. 1201-1245.

Graham, J. (2000): Object Oriented Methods, 3. Aufl., Workingham u.a.: Addison-Wesley, 2000.

Grandke, S. (1999): Strategische Netzwerke in der Textilindustrie, Wiesbaden: Gabler, 1999.

Green, S. G. / Mitchell, T. R. (1979): Attributional processes of leaders in leader-member interaction, in: Organizational Behavior and Human Performance, Vol. 23, 1979, S. 429-458.

Greenstein S. / Khanna T. (1997): What does Industry Convergence mean?, in: Yoffie, D. B. (Hrsg.): Competing in the Age of Digital Convergence, Boston, MA: Harvard Business School, 1997.

Greif, A. (1989): Reputation and coalitions in medieval trade: Evidence on the Maghribi traders, in: Journal of Economic History, Vol. 49, 1989, S. 857–882.

Grenier, R. / Metes, G. (1992): Enterprise Networking: Working Together Apart, Bedford, MA: Digital Press, 1992.

Griese, J. (1992): Auswirkungen globaler Informations- und Kommunikationssysteme auf die Organisation weltweit tätiger Unternehmen, in: Staehle, W. H. v. / Conrad, P. (Hrsg.): Managementforschung 2, Berlin u.a.: de Gruyter, 1992, S. 163-175.

Griese, J. (1993): Informations- und Kommunikationssysteme in international tätigen Unternehmen, in: Management & Computer, Nr. 1, 1993, S. 283-288.

Grindley, P. (1995): Standards, Strategy, and Policy: Cases and Stories, New York u.a.: Oxford University, 1995.

Groenke, L. (1985): Der Normenausschuß Informationsverarbeitungssysteme (NI) und seine Aufgaben: Verbindlichkeit und Durchsetzbarkeit von Normen, in: Angewandte Informatik, Nr. 6, 1985, S. 247.

Grote, G. (1993): Schneller, besser, anders kommunizieren?, Stuttgart: Teubner, 1993.

Grote, G. (1994): Auswirkungen elektronischer Kommunikation auf Führungsprozesse, in: Zeitschrift für Arbeits- und Organisationspsychologie, Nr. 12, 1994, S. 71-75.

Grudin, J. (1991): The convergence of two disciplines, in: Proceedings of the ACM SIGCHI Conference on Human Factors in Computing Systems, New Orleans, LA: April 28 - May 2, 1991, ACM, S. 91-97.

Gründler, A. (1997): Computer und Produktivität – Das Produktivitätsparadoxon der Informationstechnologie, Wiesbaden: Gabler, 1997.

Grüninger, C. (1996): Computergestützte Gruppenarbeit im Büro. Entwicklung, Nutzung, Bewertung, Frankfurt/Main: Campus 1996.

Gulick, L. H. / Urwick, L. F. (Hrsg., 1937): Papers on the Science of Administration, New York, NY: Institute of Public Administration, 1937.

Günther, T. et al. (2000): Gewinn- versus unternehmenswertbasierte Performancemaße: Eine empirische Untersuchung auf Basis der Korrelation von Kapitalmarktrenditen, Teil I, in: Controlling, Nr. 2, 2000, S. 69-75.

Gurbaxani, V. / Whang, S. (1991): The Impact of Information Systems on Organizations and Markets, in: Communications of the ACM, Nr. 1, 1991, S. 59-73.

Gutenberg, E. (1965): Grundlagen der Betriebswirtschaftslehre (I): Die Produktion, 11. Aufl., Berlin u.a.: Springer, 1965.

Güth, W. (1996): Theorie der Marktwirtschaft, 2. Aufl., Berlin u.a.: Springer, 1996.

Habermas, J. (1976): Was heißt Universalpragmatik?, in: Apel, K.-O. (Hrsg.): Sprachpragmatik und Philosophie, Frankfurt/Main: Suhrkamp, 1976, S. 174-272.

Habermas, J. (1981): Theorie des kommunikativen Handelns, Bd. 1: Zur Kritik der funktionalistischen Vernunft, Frankfurt/Main: Suhrkamp, 1981.

Habermas, J. (1984): Vorstudien und Ergänzungen zur Theorie des kommunikativen Handelns, Frankfurt/Main: Suhrkamp, 1984.

Hackman, J. R. (1969): Nature of Task as a Determiner of Job Behaviour, in: Personell Psychology, 1969, S. 435-444.

Haeckel, S. / Nolan, R. (1993): Managing by wire, in: Harvard Business Review, Vol. 71, September-October, 1993, S. 122-132.

Hagel, J. (1996): Spider versus spider, in: The McKinsey Quarterly, Nr. 1, S. 4-19.

Hagel, J. / Armstrong, A. (1997): Net Gain, Boston: Harvard Business School Press, 1997.

Hagström, P. (1995a): Oticon A/S: „Cogitate Incognito" [„Think the Unthinkable"; Otticon A/S Company Motto], Harvard Business School Case No. 9-195-140, Boston, MA: Harvard Business School Publishing, 1995.

Hagström, P. (1995b): Oticon A/S: Project 330, Harvard Business School Case No. 9-195-141, Boston, MA: Harvard Business School Publishing, 1995.

Hahn, D. (2001): PuK, Controllingkonzepte, 6. Aufl., Wiesbaden: Gabler, 2001.

Hamm, S. (1998a): Jim Clark is off and running again, in: Business Week (European Edition) 19.10.1998, S. 80.

Hamm, S. (1998b): The Education of Marc Andreessen, in: Business Week, 13.04.1998, S. 84-92.

Hammer, M. / Champy, J. (1993): Reengineering the Corporation: A Manifesto for Business Revolution, New York, NY: Harper Collins, 1993.

Hammer, M. / Champy, J. (1995): Business Reengineering, 5. Aufl., Frankfurt/Main u.a.: Campus, 1995.

Hampe, F. / Schwabe, G. (2002): Mobile Customer Relationship Management, in: Reichwald, R. (Hrsg.): Mobile Kommunikation – Wertschöpfung, Technologien, neue Dienste, Wiesbaden: Gabler, 2002, S. 301-316.

Hampe, J. F. / Schönert, S. (1997): Computer Telephony Integration, in: Wirtschaftsinformatik, Nr. 3, 1997, S. 269-278.

Handy, C. (1995): Trust and the Virtual Organization, in: Harvard Business Review, May-June 1995, S. 40-50.

Hanker, J. (1990): Die strategische Bedeutung der Informatik für Organisationen: Industrieökonomische Grundlagen des Strategischen Informatikmanagements, Stuttgart: Teubner, 1990.

Hannan, M. T. / Freeman, J. (1977): The population ecology of organizations, in: American Journal of Sociology, Vol. 82, 1977, S. 929-964.

Harrington, J. (1991): Business Process Improvement: The Breakthrough Strategy for Total Quality, Productivity and Competitiveness, New York, NY: McGraw-Hill, 1991.

Hartzheim, (1990): EDI-Anwendungspraxis: Elektronischer Datenaustausch in der Automobilindustrie – EDI in einem multinationalen Konzern: Ford of Europe, in: EWI (Hrsg.): Electronic Data Interchange, EDI 90, München: Gugath, 1990.

Hasenkamp, U. / Kirn, S. / Syring, M. (1994): CSCW – Computer Supported Cooperative Work, Bonn u.a.: Addison-Wessley, 1994.

Hass, B. H. (2002): Geschäftsmodelle von Medienunternehmen: Ökonomische Grundlagen und Veränderungen durch neue Informations- und Kommunikationstechnik, Wiesbaden: Gabler, 2002.

Hauschild, J. / Gemünden, H.G. (Hrsg., 1999): Promotoren – Champions der Innovation, 2. Aufl., Wiesbaden: Gabler, 1999.

Hayek, F. A. v. (1945): The Use of Knowledge in Society, in: American Economic Review, Vol. 35, Nr. 4, 1945, S. 519-530.

Hayek, F. A. v. (1994): Der Wettbewerb als Entdeckungsverfahren, in: Hayek, F. A. von (Hrsg.): Freiburger Studien: Gesammelte Aufsätze von Hayek, F. A. v., 2. Aufl., Tübingen: Mohr, 1994 [1. Aufl.: 1968], S. 249-265.

Hedberg, B. (1981): How Organizations Learn and Unlearn, in: Nyström, P. C. / Starbuck, W. H. (Hrsg.): Handbook of Organizational Design, Vol. 1: Adapting Organizations to their Environments, New York, NY: Oxford University Press, 1981, S. 3-27.

Heinen, E. (1986): Menschliche Arbeit aus betriebswirtschaftlicher Sicht, in: Schubert, V. (Hrsg.): Der Mensch und seine Arbeit, St. Ottilien: EOS, 1986, S. 307-329.

Henderson-Sellers, B. / Edwards, J. M. (1990): The Object-Oriented Systems Life Cycle, in: Communications of the ACM, Nr. 9, 1990, S. 142-159.

Hennessy, J. L. / Patterson, D. A. (1994): Rechnerarchitektur: Analyse, Entwurf, Implementierung, Bewertung, Braunschweig u.a.: Vieweg, 1994.

Hentze, J. (1995): Personalwirtschaftslehre 2, 6. Aufl., Bern u.a.: UTB, 1995.

Hermann, M. (2002): Vom Broadcast zum Personalcast: Ökonomische Potenziale der Individualisierung audiovisueller Medienprodukte, Wiesbaden: DUV/Gabler, 2002.

Hermann, M. / Bieberbach, F. (1999): Das Internet als strategische Herausforderung für Informationsdienstleister, in: Information Management & Consulting, 14. Jg., Nr. 3, 1999, S. 69-73.

Hersey, P. / Blanchard, K. H. (2001): Management of organizational behavior, 8. Aufl., Engelwood Cliffs, NJ: Prentice-Hall, 2001.

Herstatt, C. (1999): Theorie und Praxis der frühen Phasen des Innovationsprozesses, in: io-Management, 68. Jg., Nr. 10, 1999, S. 80-91.

Herzberg, F. (1968): One more time: How Do You Motivate Employees?, in: Harvard Business Review, Nr. 1, 1968, S. 53-62.

Herzberg, F. / Mausner, B. / Snyderman, B. (1959): The Motivation to Work, 2. Aufl., New York, NY: Wiley, 1959.

Hesch, G. (1997): Das Menschenbild neuer Organisationsformen: Mitarbeiter und Manager im Unternehmen der Zukunft, Wiesbaden: Gabler, 1997.

Heskett, J. / Sasser, E. / Schlesubger, L. (1997): The Service Profit Chain. How leading companies link profit and growth to loyalty satisfaction and value, New York: Free, 1997.

Hess, T. (2002): Netzwerkcontrolling: Instrumente und ihre Werkzeugunterstützung, Wiesbaden: Gabler, 2002.

Hess, T. / Schumann, M. (2000): Durch elektronische Märkte zu marktorientierten Verrechnungspreisen?, in: Controlling 12 (2000) 11, S. 557 - 562.

Hess, T. / Wohlgemuth, O. / Schlembach, H.-G. (2001): Bewertung von Unternehmensnetzwerken - Methodik und erste Erfahrungen aus einem Pilotprojekt, in: Zeitschrift Führung + Organisation, 70. Jg., Nr. 2, 2001, S. 68 - 74.

Hesse, W. / Merbeth, G. / Frölich, R. (1992): Software-Entwicklung: Vorgehensmodelle, Projektführung, Produktverwaltung, München u.a.: Oldenbourg, 1992.

Hickson, D. / Pugh, D. S. / Pheysey, D. (1969): Operations Technology and Organization Structure, in: Administrative Science Quarterly, Nr. 14, 1969, S. 378-397.

Hill, W. / Fehlbaum, R. / Ulrich, P. (1994): Organisationslehre, Bd. 2, 5. Aufl., Bern u.a.: Haupt, 1994.

Hill, W. / Fehlbaum, R. / Ulrich, P. (1998): Organisationslehre, Bd. 1, 5. Aufl., Bern u.a.: Haupt, 1998.

Hilpert, W. (1993): Workflow Management im Office-Bereich mit verteilten Dokumentendatenbanken, in: Nastansky, L. (Hrsg.): Workgroup Computing, Hamburg: Steuer- und Wirtschaftsverlag, 1993.

Himberger, A. (1994): Der Elektronische Markt als Koordinationssystem Dissertation, Hochschule St. Gallen, 1994.

Hinterhuber, H. H. / Krauthammer, E. (2001): Leadership – mehr als Management, 3. Aufl., Wiesbaden: Gabler 2001.

Hippel, E. v. (1988): The Sources of Innovation, New York, NY: University Press, 1988.

Hippel, E. v. / Tyre, M. J. (1997): The Situated Nature of Adaptive Learning in Organizations, in: Organization science, Vol. 8, Nr. 1, S. 71-83.

Höfer, C. (1997): Betriebswirtschaftliche Bewertung von Qualifizierungsinvestitionen: Auswirkungen auf die langfristigen Unternehmensziele, Wiesbaden: Gabler, 1997.

Hoffman, G. M. (1994): Technology Payoff: How to Profit with Empowered Workers in the Information Age, New York, NY: Irwin Publ., 1994.

Holler, M. (1983): Collective Action, Rational Man and Economic Reasoning, in: Quality and Quantity, Vol. 17, Nr. 2, 1983, S. 163-177.

Holling, H. / Lammers, F. (1995): Beeinflussung von Gruppenprozessen als Führungsaufgabe, in: Kieser, A. / Reber, G. / Wunderer, R. (Hrsg.): Handwörterbuch der Führung, 2. Aufl., Stuttgart: Schäffer-Poeschel, 1995, Sp. 129-137.

Hopcroft, J. E. / Ullman, J. D. (1979): Introduction to Automata Theory, Languages and Computation, Reading, MA: Addison-Wesley, 1979.

Hopcroft, J. E. / Ullman, J. D. (2000): Einführung in die Automatentheorie, Formale Sprachen und Komplexitätstheorie, 4. Aufl., München: Oldenbourg 2000.

Horstmann, W. (1999): Der Balanced Scorecard-Ansatz als Instrument der Umsetzung von Unternehmensstrategien, in: Controlling, Nr. 4 / 5, 1999, S. 193-199.

Horváth, P. (1991): Schnittstellenüberwindung durch das Controlling, in: Horváth, P. (Hrsg.): Synergien durch Schnittstellen-Controlling, Stuttgart: Schäffer-Poeschel, 1991, S. 1-23.

Horváth, P. (1995): Selbstorganisation und Controlling, in: Krystek, U. / Link, J. (Hrsg.): Führungskräfte und Führungserfolg. Neue Herausforderungen für das strategische Management, Wiesbaden: Gabler, 1995, S. 255-267.

Horváth, P. (2002): Controlling, 8. Aufl., München: Vahlen, 2002.

Hrubi, F. R. (1988): Kommunikationsmanagement, in: Hofmann, M. / Rosenstiel, L. v. (Hrsg.): Funktionale Managementlehre, Berlin u.a.: Springer, 1988, S. 59-94.

Hwang, K. / Briggs, F. A. (1985): Computer Architecture and Parallel Processing, New York, NY: McGraw-Hill, 1985.

IDATE (1994): European Telecommunications Handbook for Teleworkers, A study for the Commission of the European Union, ed. by ExperTeam TeleCom Dortmund and IDATE Montpellier, 1994.

Imai, K. / Itami, H. (1984): Interpenetration of Organization and Market, in: International Journal of Industrial Organization, Nr. 4, 1984, S. 285-310.

Jablonski, S. (1991): Konzepte der verteilten Datenverwaltung, in: Handbuch der modernen Datenverarbeitung, Nr. 157, 1991, S. 1-21.

Jablonski, S. / Böhm, M. / Schulze, W. (1997): Workflow Management: Entwicklung von Anwendungen und Systemen, Heidelberg, 1997.

James, W. (1962): The Principles of Psychology, New York, NY: Dover, 1962.

Janis, I. L. (1982): Groupthink. Psychological studies of policy decisions and fiascoes, Boston, MY: Houghton Mifflin, 1982

Jarillo, J. C. (1988): On Strategic Networks, in: Strategic Management Journal, Vol. 9, 1988, S. 31-41.

Jarillo, J. C. (1993): Strategic Networks: Creating the borderless organization, Oxford: Butterworth-Heinemann, 1993.

Jaros-Sturhahn, A. / Löffler, P. (1995): Das Internet als Werkzeug zur Deckung des betrieblichen Informationsbedarfs, in: Information Management, Nr. 1, 1995, S. 6-13.

Jarvenpaa, S. L. / Ives, B. (1994): The Global Network Organization of the Future: Information Management Opportunities and Challenges, in: Journal of Management Information Systems, Nr. 4, 1994, S. 25-57.

Jensen, M. C. / Meckling, W. H. (1976): Theory of the Firm: Managerial Behavior, Agency Costs and Ownership Structure, in: Journal of Financial Economics, Vol. 3, Nr. 4, 1976, S. 305-360.

Jessen, E. (1996): Die Entwicklung des virtuellen Speichers, in: Informatik Spektrum, Nr. 4, 1996, S. 216-219.

Jessen, E. / Valk, R. (1987): Rechensysteme: Grundlagen der Modellbildung, Berlin u.a.: Springer, 1987.

Johansen, R. (1991): Teams for Tomorrow, in: Proc. 24th Annual Hawai International Conference on Systems Sciences, Los Alamitos: IEEE Computer Society Press, 1991, S. 520-534.

Johnson, H. T. / Kaplan, R. S. (1991): Relevance Lost. The Rise and Fall of Management Accounting, Boston, MA: Harvard Business School, 1991.

Jones, T. M. (1995): Instrumental stakeholder theory: A synthesis of ethics and economics, in: Academy of Management Review, Vol. 20, 1995, S. 404-437.

Jost, P.-J. (Hrsg., 2001a): Die Prinzipal-Agenten-Theorie in der Betriebswirtschaftslehre, Schäffer-Poeschel: Stuttgart, 2001.

Jost, P.-J. (Hrsg., 2001b): Der Transaktionskostenansatz in der Betriebswirtschaftslehre, Schäffer-Poeschel: Stuttgart, 2001.

Kaluza, B. / Blecker, Th. (1999): Dynamische Produktdifferenzierungsstrategie und Produktionsnetzwerke, in: Nagel, K. / Erben, R. / Piller, F.T. (Hrsg.): Produktionswirtschaft 2000 – Perspektiven für die Fabrik der Zukunft, Wiesbaden: Gabler, 1999, S. 265-280.

Kaluza, B. / Blecker, Th. (Hrsg., 2000): Produktions- und Logistikmanagement in Virtuellen Unternehmen und Unternehmensnetzwerken, Stuttgart: Springer, 2000.

Kaluza, B. / Blecker, Th. (2001a): Produktionsplanung und –steuerung in der Unternehmung ohne Grenzen, in: Bellmann, K. (Hrsg.): Kooperations- und Netzwerkmanagement, Berlin: Duncker & Humblot, 2001, S. 83-110.

Kaluza, B. / Blecker, Th. (2001b): Produzieren in vernetzten Unternehmen, in: Industriemanagement, Nr. 5, 2001, S. 49-52.

Kaluza, B. / Kremminer, J. (1997): Dynamisches Supply Management und Dynamische Produktdifferenzierungsstrategie, in: Kaluza, B. / Trefz, J. (Hrsg.): Herausforderung Materialwirtschaft, Hamburg: Steuer- und Wirtschaftsverlag, 1997, S. 5-53.

Kanzow, J. (1991): BERKOM-Breitbandkommunikation im Glasfasernetz, in: Ricke, H. / Kanzow, J. (Hrsg.): BERKOM: Breitbandkommunikation im Glasfasernetz. Übersicht und Zusammenfassung 1986-91, Heidelberg: Decker, 1991, S. 1-9.

Kao, J. (1996): Oticon (A), Harvard Business School Case No. 9-395-140, Boston, MA: Harvard Business School Publishing, 1995

Kaplan, R. S. / Norton, D. P. (1996): Using the Balanced Scorecard as a Strategic Management System, in: Harvard Business Review, January-February 1996, S. 75-85.

Kaplan, R. S. / Norton, D. P. (1997): Balanced Scorecard. Strategien erfolgreich umsetzen, Stuttgart: Schäffer-Poeschel, 1997.

Kappich, L. (1989): Theorie der internationalen Unternehmungstätigkeit, München: VVF, 1989.

Kappler, E. / Rehkugler, H. (1991): Konstitutive Entscheidungen, in: Heinen, E. (Hrsg.): Industriebetriebslehre, Entscheidungen im Industriebetrieb, 9. Aufl., Wiesbaden: Gabler, 1991, S. 73-240.

Katz, M. L. / Shapiro, C. (1985): Network Externalities, Competition and Compatibility, in: American Economic Review, Vol. 75, Nr. 3, 1985, S. 424-440.

Katzenbach, J. R. / Smith, D. K. (1994): The Wisdom of Teams, New York, NY: Harper Business, 1994.

Kaulmann, T. (1987): Property rights und Unternehmungstheorie: Stand und Weiterentwicklung der empirischen Forschung, München: Florentz, 1987.

Keen, P. G. / Scott Morton, M. S. (1978): Decision Support Systems: An Organizational Perspective, Reading, MA: Addison-Wesley, 1978.

Keller, E. (1992): Management in fremden Kulturen, Stuttgart: Haupt, 1982.

Kelly, K. (1997): New Rules for the New Economy, in: Wired, Vol 5, Nr. 9, 1997, http://www.wired.com/wired/5.09/newrules.html.

Kenneth, A. K. (1987): What Motivates Employees? Workers and Supervisors Give Different Answers, in: Business Horizones, Nr. 9/10, 1987, S. 58-65.

Kets de Vries, M. F. R. (1999): High-Performance Teams: Lessons from the Pygmies, in: Organizational Dynamics, Winter 1999, S. 66-77.

Kieser, A. (Hrsg., 1999): Organisationstheorien, 3. Aufl., Stuttgart u.a.: Kohlhammer, 1999.

Kieser, A. / Hegele, C. (1998): Die Veränderung des Controlling und das Controlling der Veränderung – aus organisationswissenschaftlicher Sicht, in: krp – Kostenrechnungspraxis, Sonderheft Nr. 1, 1998, S. 12 – 14.

Kieser, A. / Hegele, C. / Klimmer, M. (1998): Kommunikation im organisatorischen Wandel, Stuttgart: Schäffer-Poeschel, 1998.

Kieser, A. / Kubicek, H. (1992): Organisation, 3. Aufl., Berlin u.a.: de Gruyter, 1992.

Kiesler, S. / Siegel, J. / McGuire, T. W. (1984): Social psychological aspects of computer-mediated communication, in: American Psychologist, Nr. 39, 1984, S. 1123-1134.

Kilian, W. / Picot, A. / Neuburger, R. / Niggl, J. / Scholtes, K.-L. / Seiler, W. (1994): Electronic Data Interchange (EDI) aus ökonomischer und juristischer Sicht, Baden-Baden: Nomos, 1994.

Kilian-Momm, A. (1989): Dezentralisierung von Büroarbeitsplätzen mit neuen Informations- und Kommunikationstechniken, München: VVF, 1989.

Kinkel, S. (1997): Controlling – Kontrollinstrument oder Hilfsmittel zur Selbststeuerung, in: Lay, G. / Mies, C. (Hrsg.): Erfolgreich Reorganisieren. Unternehmenskonzepte aus der Praxis, Berlin u.a.: Springer, 1997, S. 235-261.

Kirsch, W. (1992): Kommunikatives Handeln, Autopoiese, Rationalität: Sondierungen zu einer evolutionären Führungslehre, Herrsching: Kirsch, 1992.

Kirsch, W. / Klein, H. K. (1977): Management-Informationssysteme, Bd. 2: Auf dem Weg zu einem neuen Taylorismus?, Stuttgart: Kohlhammer, 1977.

Kirzner, I. M. (1973): Competition and Entrepreneurship, Chicago, IL: University of Chicago, 1973.

Kirzner, I. M. (1978): Wettbewerb und Unternehmertum [Competition and Entrepreneurship, 1973], Tübingen: Mohr, 1978.

Kirzner, I. M. (1979): Knowing about Knowledge: A Subjectivist View of the Role of Information, in: Kirzner, I. M. (Hrsg.): Perception, Opportunity and Profit, Chicago, IL: University of Chicago, 1979, S. 137-153.

Klages, H. (1984): Wertorientierungen im Wandel. Rückblick, Gegenwartsanalyse, Prognosen, Frankfurt/Main u.a.: Campus, 1984.

Klein, B. / Crawford, R. G. / Alchian, A. A. (1978): Vertical Integration, Appropriable Rents, and the Competitive Contracting Process, in: Journal of Law and Economics, Vol. 21, Nr. 2, 1978, S. 297-326.

Klein, S. (1994): Virtuelle Organisation, in: Wirtschaftswissenschaftliches Studium, Nr. 6, 1994, S. 309-311.

Klein, S. / Gogolin, M. / Dziuk, M. (2002): Elektronische Märkte im Überblick, in: Heilmann, Heidi (Hrsg.): Elektronische Marktplätze, Heidelberg: dpunkt-Verlag, 2002, S. 7-19.

Kleinaltenkamp, M. (1993): Standardisierung und Marktprozeß: Entwicklungen und Auswirkungen im CIM-Bereich, Wiesbaden: Gabler, 1992.

Klimecki, R. / Probst, G. J. / Eberl, P. (1994): Entwicklungsorientiertes Management, Stuttgart: Schäffer-Poeschel, 1994.

Klimecki, R. / Probst, G. J. / Gmür, M. (1993): Flexibilisierungsmanagement, Bern: Schweizerische Volksbank, 1993.

Kling, R. / Iacono, S. (1984): Computing as an Occasion for Social Control, in: Journal of Social Issues, Nr. 40, 1984, S. 77-96.

Klingenberg, H. / Kränzle, H.-P. (1983): Kommunikationstechnik und Nutzerverhalten: Forschungsprojekt Bürokommunikation, München: CW-Publikationen, 1983.

Klotz, K. / Müller, P. (1998): Digital Signieren: Ein Kapitel für sich, in: CHIP, Nr. 3, 1998, S. 218.

Knoop, C.-I / Appelgate, L.M. (1997): Colliers International Property Consultants: Managing a Virtual Organization, Harvard Business School Case 9-396-080, Cambridge: Harvard Business School Publishing, 1997.

Knuth, D. E. (1997): The Art of Computer Programming, Vol. 1: Fundamental Algorithms, 3. Aufl., Reading, MA: Addison-Wesley, 1997.

Knuth, D. E. (1998): The Art of Computer Programming, Vol. 2: Seminumerical Algorithms, 3. Aufl., Reading, MA: Addison-Wesley, 1998.

Knyphausen-Aufseß, D. v. (1999): Theoretische Perspektiven der Entwicklung von Regionalnetzwerken, in: Zeitschrift für Betriebswirtschaft, Nr. 5/6, 2000, S. 593-616.

Koch, H.-D. (1997): Informations- und Controlling-Strukturen in dezentralisierten Unternehmen, in: Picot, A. (Hrsg.): Information als Wettbewerbsfaktor. Kongreß-Dokumentation 50. Deutscher Betriebswirtschafter-Tag 1996, Stuttgart: Schäffer-Poeschel, 1997, S. 303-314.

Koch, M. / Möslein, K. / Wagner, M. (2000): Vertrauen und Reputation in Online-Anwendungen und virtuellen Gemeinschaften, Tagungsbeitrag zur GeNeMe 2000 (Gemeinschaften in Neuen Medien), Dresden 5./6. Oktober 2000.

Koerber, E. v. (1993): Geschäftssegmentierung und Matrixstruktur im internationalen Großunternehmen – Das Beispiel ABB, in: Zeitschrift für betriebswirtschaftliche Forschung, Nr. 12, 1993, S. 1060-1077.

Koller, H. (1994): Die Integration von Textverarbeitung und Datenverarbeitung: Analyse des Bedarfs und seiner Determinanten aus betriebswirtschaftlicher Sicht, Wiesbaden: Gabler, 1994.

Koller, H. (1997): Probleme und Ausgestaltung der Unternehmensdezentralisierung, in: Lutz, B. (Hrsg.): Ergebnisse des Expertenkreises „Zukunftsstrategien", Band IV, Frankfurt/Main u.a.: Campus, 1997.

Korb, J.C. (2000): Kaufprozesse im Electronic Commerce: Einflüsse veränderter Kundenbedürfnisse auf die Gestaltung, Wiesbaden: DUV/Gabler, 2000.

Korsgaard, M. / Schweiger, D. / Sapienza, H. (1995): Building commitment, attachment and trust in strategic decision-making teams: The role of procedural justice, in: Academy of Management Journal, Vol. 38, 1995, S. 60-84.

Kosiol, E. (1968): Einführung in die Betriebswirtschaftslehre: Die Unternehmung als wirtschaftliches Aktionszentrum, Wiesbaden: Gabler, 1968.

Krähenmann, N. (1994): Ökonomische Gestaltungsanforderungen für die Entwicklung elektronischer Märkte, Hochschule St. Gallen, 1994.

Krallmann, H. / Klotz, M. (1994): Grafisches Organisationswerkzeug zur Unternehmensmodellierung, in: Office Management, Nr. 5, 1994, S. 34-36.

Kramer, R. M. / Tyler, T. R (Hrsg., 1996): Trust in Organizations: Frontiers of strategy and research, Thousand Oaks, CA: Sage, 1996.

Kraut, R. / Egido, C. (1988): Patterns of Contact and Communication in Scientific Research Collaboration, in: Proceedings of the Conference on Computer-Supported Cooperative Work, 1988, New York, NY: ACM, 1988, S. 1-12.

Krcmar, H. (1992): Computer Aided Team – Ein Überblick, in: Information Management, Nr. 1, 1992, S. 6-9.

Krcmar, H. (2002): Informationsmanagement, 2. Aufl., Heidelberg u.a.: Springer, 2002.

Krcmar, H. / Lewe, H. (1992): GroupSystems: Aufbau und Auswirkungen, in: Information Management, Nr. 1, 1992, S. 32-41.

Kredel, L. (1988): Wirtschaftlichkeit von Bürokommunikationssystemen, Berlin u.a.: Springer, 1988.

Kreikebaum, K. / Herbert, K.-J. (1988): Humanisierung der Arbeit, Wiesbaden: Gabler, 1988.

Kreis-Engelhardt, B. (1999): Kundenorientierung durch Telearbeit – Potentiale und Gestaltungsempfehlungen am Beispiel finanzdienstleistungsorientierter Unternehmen, Wiesbaden: Gabler, 1999.

Kreps, D. M. (1990): A Course in Microeconmic Theory, New York, NY u.a.: Harvester Wheatsheaf, 1990.

Krüger, W. / Pfeiffer, P. (1988): Strategische Ausrichtung, organisatorische Gestaltung und Auswirkungen des Informations-Management, in: Information Management, Nr. 3, 1988, S. 6-15.

Krystek, U. / Redel, W. / Reppegather, S. (1997): Grundzüge virtueller Organisationen. Elemente und Erfolgsfaktoren, Chancen und Risiken, Wiesbaden: Gabler, 1997.

Kubicek, H. (1990): Was bringt uns die Telekommunikation? ISDN – 66 kritische Antworten, Frankfurt/Main: Campus, 1990.

Kubicek, H. (1992): Die Organisationslücke beim elektronischen Austausch von Geschäftsdokumenten (EDI) zwischen Organisationen, Vortrag auf dem 16. Workshop der Wissenschaftlichen Kommission „Organisation" im Verband der Hochschullehrer für Betriebswirtschaft „Ökonomische Theorien der interorganisationalen Beziehungen", 2.-4. 4. 1992.

Kugelmass, J. (1995): Telecommuting. A Manager's Guide to Flexible Work Arrangements, New York, NY: Lexington, 1995.

Kühl, S. (1998): Wenn die Affen den Zoo regieren: Die Tücken der flachen Hierarchie, 5. Aufl., Frankfurt/Main u.a.: Campus, 1998.

Kuhlen, R. (1995): Informationsmarkt: Chancen und Risiken der Kommerzialisierung von Wissen, Konstanz: UKV, 1995.

Kuhlmann, T. / Lischke, C. / Oehlmann, R. / Thoben, K.-D. (1993): Concurrent Engineering in der Unikatfertigung, in: CIM Management, Nr. 2, 1993, S. 10-16.

Kunz, G. (1999): Ziele partnerschaftlich vereinbaren – ein Weg zum Erfolg, in: Harvard Business Manager, Nr. 2, 1999, S. 79-88.

Kunz, H. (1985): Marktsystem und Information: „Konstitutionelle Unwissenheit" als Quelle von „Ordnung", Tübingen: Mohr, 1983.

Küpper, H.-U. (2001): Controlling: Konzeption, Aufgaben und Instrumente, 3. Aufl., Stuttgart: Schäffer-Poeschel, 2001.

Küpper, H.-U. / Mellwig, W. / Moxter, A. / Ordelheide, D. (1990): Unternehmensführung und Controlling, Wiesbaden: Gabler, 1990.

Kupsch, P. U. / Marr, R. (1991): Personalwirtschaft, in: Heinen, E. (Hrsg.): Industriebetriebslehre: Entscheidungen im Industriebetrieb, 9. Aufl., Wiesbaden: Gabler, 1991, S. 729-894.

Kyas, O. (1993): ATM Netzwerke. Aufbau – Funktionen – Performance, Bergheim: Datacom, 1993.

Lange, K. (1990): Chancen und Risiken der Mobilfunktechnologien, Diskussionsbeitrag Nr. 60, Wissenschaftliches Institut für Kommunikationsdienste, Bad Honnef: WIK, 1990.

Laske, S. / Weiskopf, R. (1992): Hierarchie, in: Frese, E. (Hrsg.): Handwörterbuch der Organisation, 3. Aufl., Stuttgart: Schäffer-Poeschel, 1992, Sp. 791-807.

Latham, G. P. / Locke, E. A. (1995): Zielsetzung als Führungsaufgabe, in: Kieser, A. / Reber, G. / Wunderer, R. (Hrsg.): Handwörterbuch der Führung, 2. Aufl., Stuttgart: Schäffer-Poeschel, 1995, Sp. 2222-2234.

Laux, Helmut (1998): Entscheidungstheorie, 4. Aufl., Berlin u.a.: Springer, 1998.

Lawler, E. E. (1992): The Ultimative Advantage: Creating the High-Involvement Organization, New York, NY: Jossey-Bass, 1992.

Lawler, E. E. (1994): Motivation in Work Organizations, New York, NY: Jossey-Bass, 1994.

Lazere, C. (1998): All together now, in: Chief Financial Officer, Nr. 2, 1998.

Legrand, G. (1972): Dictionnaire de Philosophie, Paris u.a.: Bordas, 1972.

Leimeister, J.M. / Klein, A. / Krcmar, H. (2002): Mobile virtuelle Communities – Chancen und Herausforderungen des Community-Engineerings im Gesundheitsbereich, in: Reichwald, R. (Hrsg.): Mobile Kommunikation – Wertschöpfung, Technologien, neue Dienste, Wiesbaden: Gabler, 2002, S. 507-520.

Liebowitz, J. (1988): Introduction to Expert Systems, Santa Cruz, CA: Mitchell Publishing, 1988.

Liessmann, K. (1990): Joint Venture erfolgreich organisieren und managen: Neue Märkte durch strategische Kooperation, München: WRS, 1990.

Likert, R. (1961): New Patterns of Management, New York, NY u.a.: McGraw-Hill, 1961.

Lingen, T. v. (1993): Marktgleichgewicht oder Marktprozeß: Perspektiven der Mikroökonomie, Wiesbaden: Gabler, 1993.

Lingnau, V. (1998): Geschichte des Controlling, in: Wirtschaftswissenschaftliches Studium, Nr. 6, 1998, S. 274-281.

Loose, A. / Sydow, J. (1994): Vertrauen und Ökonomie in Netzwerkbeziehungen – Strukturationstheoretische Betrachtungen, in: Sydow, J. / Windeler A. (Hrsg.): Management Interorganisationaler Beziehungen: Vertrauen, Kontrolle und Informationstechnik, Opladen: Westdeutscher Verlag, 1994, S. 160-193.

Looss, W. (1991): Coaching für Manager: Konfliktbewältigung unter vier Augen, Landsberg u.a.: Moderne Industrie, 1991.

Lucas, H. C. / Olson, M. (1994): The Impact of Information Technology on Organizational Flexibility, in: Journal of Organizational Computing, Nr. 2, 1994, S. 155-176.

Luce, R. D. / Raiffa, H. (1957): Games and Decisions: Introduction and Critical Survey, New York. NY u.a.: Wiley, 1957.

Luhmann, N. (1986): Organisation, in: Küpper, W. / Ortmann, G. (Hrsg.): Mikropolitik. Rationalität, Macht und Spiele in Organisationen, Opladen: Westdeutscher Verlag, 1986, S. 165-185.

Luhmann, N. (1988): Familiarity, confidence, trust: Problems and alternatives, in: Gambetta, D. (Hrsg.): Trust: making and breaking cooperative relations, New York, NY: Blackwell, 1988, S. 94-107.

Luhmann, N. (2000): Vertrauen: Ein Mechanismus der Reduktion sozialer Komplexität, 4. Aufl., Stuttgart: Enke, 2000.

Luhmann, N. (1994): Die Wirtschaft der Gesellschaft, Frankfurt/Main: Suhrkamp, 1994.

Lukasczyk, K. (1960): Zur Theorie der Führerrolle, in: Psychologische Rundschau, 1960, S. 179-188.

Lütge, G. (1995): Starker Glaube, schwache Fakten, in: Die Zeit, Nr. 13, 24. März 1995, S. 41-42.

Lutz, B. (1996): Einleitung, in: Lutz, B. / Hartmann, M. / Hirsch-Kreinsen, H. (Hrsg.): Produzieren im 21. Jahrhundert. Herausforderungen für die deutsche Industrie, Frankfurt/Main u.a.: Campus, 1996, S. 9-43.

Lutz, W.-G. (1997): Das objektorientierte Paradigma – Organisationstheoretische Perspektiven der datenzentrierten Modellierung von Software, Wiesbaden: Gabler, 1997.

Maaß, S. (1991): Computergestützte Kommunikation und Kooperation, in: Oberquelle, H. (Hrsg.): Kooperative Arbeit und Computerunterstützung: Stand und Perspektiven, Göttingen: Verlag für allgemeine Psychologie, 1991, S. 11-35.

Macharzina, K. (1999): Unternehmensführung: Das internationale Managementwissen, 3. Aufl., Wiesbaden: Gabler, 1999.

MacNeil, I. R. (1978): Contracts: Adjustment of Long-Term Economic Relations under Classical, Neoclassical, and Relational Contract Law, in: Northwestern University Law Review, Vol. 72, Nr. 6, 1978, S. 854-905.

Maier, M. (1990): Theoretischer Bezugsrahmen und Methoden zur Gestaltung computergestützter Informationssysteme, München: VVF, 1990.

Malone, T. W. (1988): What is coordination theory?, CISR Working Paper No. 182, Sloan Working Paper No. 2051-88, Cambridge, MA: MIT, 1988.

Malone, T. W. (1990): Organizing Information Processing Systems: Parallels Between Human Organizations and Computer Systems, in: Zachary, W. / Robertson, S. / Black, J. (Hrsg.): Cognition, Computation and Cooperation, Norwood: Ablex Publ., 1990, S. 56-83.

Malone, T. W. / Yates, J. A. / Benjamin, R. I. (1986): Electronic Markets and Electronic Hierarchies, CISR Workingpaper No. 137, Sloan Workingpaper No. 1770-86, Cambridge, MA: MIT, April 1986.

Malone, T. W. / Yates, J. A. / Benjamin, R. I. (1987): Electronic Markets and Electronic Hierarchies, Communications of the ACM, Vol. 30, Nr. 6, 1987, S. 484-497.

Malone, T. W. / Yates, J. A. / Benjamin, R. I. (1989): The Logic of Electronic Markets, in: Harvard Business Review, Nr. 3, 1989, S. 166-172.

Mandrioli, D. / Meyer, B. (Hrsg, 1992): Advances in Objectoriented Software Engineering, New York, NY u.a.: Prentice Hall, 1992.

Manz, C. C. / Sims, H. P. (1993): Business without Bosses: How Self-Managing Teams Are Building High Performing Companies, New York, NY u.a.: Wiley, 1993.

Manz, C. C. / Sims, H. P. (1995): Selbststeuernde Gruppen, Führung in, in: Kieser, A. / Reber, G. / Wunderer, R. (Hrsg.): Handwörterbuch der Führung, 2. Aufl., Stuttgart: Schäffer-Poeschel, 1995, Sp. 1873-1894.

March, J. G. / Simon, H. A. (1958): Organizations, New York, NY u.a.: Wiley, 1958.

Margherio, L. et al. (1998): The Emerging Digital Economy, US Department of Commerce, Washington, 1998.

Markus, M. L. (1983): Power, Politics, and MIS Implementation, in: Communications of the ACM, Nr. 26, 1983, S. 430-444.

Markus, M. L. (1994): Electronic Mail as the Medium of Managerial Choice, in: Organization Science, Nr. 4, November 1994, S. 502-527.

Marquardt, M. / Reynolds, A. (1994): The Global Learning Organization: Gaining Competitive Advantage through Continuous Learning, New York, NY: Irwin Publ., 1994.

Marr, R. / Stitzel, M. (1979): Personalwirtschaft: ein konfliktorientierter Ansatz, München: Moderne Industrie, 1979.

Marschak, J. (1954): Towards and Economic Theory of Organization and Information, in: Thrall, R. M. / Coombs, C. H. / Davis, R. L. (Hrsg.): Decision Processes, New York, NY: Wiley, 1954, S. 187-220.

Maslow, A. H. (1954): Motivation and Personality, New York, NY u.a.: Harper, 1954.

Mathews, J. (1994): The Governance of Inter-Organisational Networks, in: Corporate Governance, Nr. 1, 1994, S. 14-19.

Matsuda, T. (1993): „Organizational Intelligence" als Prozeß und als Produkt, in: t+m, Nr. 1, 1993, S. 12-17.

Matthews, R. C. O. (1986): The Economics of Institutions and the Sources of Growth, in: Economic Journal, Vol. 96, Nr. 4, 1986, S. 903-918.

Maturana, R. H. / Varela, F. J. (1987): Der Baum der Erkenntnis, Bern u.a.: Scherz, 1987.

Mayer, R. (1991): Die Prozeßkostenrechnung als Instrument des Schnittstellenmanagement, in: Horváth, P. (Hrsg.): Synergien durch Schnittstellen-Controlling, Stuttgart: Schäffer-Poeschel, 1991, S. 211-227.

Mayer, R. C. / Davis, J. H. / Schoorman, F. D. (1995): An integrative model of organizational trust, in: Academy of Management Review, Vol. 20, 1995, S. 709 – 734.

Mayo, E. (1949): Probleme industrieller Arbeitsbedingungen, Frankfurt/Main: Frankfurter Hefte, 1949.

McAllister, D. J. (1995): Affect- and cognition-based trust as foundation for interpersonal cooperation in organizations, in: Academy of Management Journal, Vol. 38, 1995, S. 24-59.

McDermid, J. / Rook, P. (1991): Software development process models, in: McDermid, J. (Hrsg.): Software Engineer's Reference Book, Oxford: Butterworth-Heinemann, 1991.

McKnight, L.W. / Bailey, J.P. (1997): Internet Economics, Cambridge / London: MIT Press, 1997.

Medina-Mora, R. / Winograd, T. / Flores, R. / Flores, F. (1992): The Action Workflow Approach to Workflow Management Technology, in: CSCW 92: Sharing Perspectives. ACM Conference on Computer-Supported Cooperative Work, Toronto: ACM Press, 1992, S. 281-288.

Mehrabian, A. (1971): Silent Messages, Belmont, CA: Wadsworth, 1971.

Menger, C. (1923 [1871]): Grundsätze der Volkswirtschaftslehre, 2. Aufl., Wien u.a.: Hölder-Pichler-Tempsky, 1923.

Mertens, P. (1994): Virtuelle Unternehmen, in: Wirtschaftsinformatik, Nr. 2, 1994, S. 169-172.

Mertens, P. (2001): Integrierte Informationsverarbeitung, Bd. 1: Administrations- und Dispositionssysteme in der Industrie, 13. Aufl., Wiesbaden: Gabler, 2001.

Mertens, P. / Bodendorf, F. / König, W. / Picot, A. / Schumann, M. (2001): Grundzüge der Wirtschaftsinformatik, 7. Aufl., Berlin u.a.: Springer, 2001.

Mertens, P. / Faisst, W. (1997): Virtuelle Unternehmen. Idee, Informationsverarbeitung, Illusion, 18. Saarbrücker Arbeitstag für Industrie, Dienstleistung und Verwaltung, Heidelberg: Springer, 1997.

Mertens, P. / Griese, J. (2000): Integrierte Informationsverarbeitung, Bd. 2: Planungs- und Kontrollsysteme in der Industrie, 8. Aufl., Wiesbaden: Gabler, 2000.

Mertens, P. / Griese, J. / Ehrenberg, D. (1998): Virtuelle Unternehmen und Informationsverarbeitung, Berlin: Springer, 1998.

Meyer, A. / Davidson, H. (2001): Offensives Marketing: Gewinnen mit POISE, München: Haufe, 2001.

Meyer, B. (1989): Reusability: The Case For Object-Oriented Design: The Road To Eiffel, in: Structured Programming, Nr. 1, 1989, S. 19-39.

Meyer, B. (1990): Objektorientierte Softwareentwicklung, München u.a.: Hanser, 1990.

Meyer, B. (1992): Eiffel: The Language, New York, NY u.a.: Prentice Hall, 1992.

Michie, D. (1980): Knowledge-Based Systems, University of Illinois at Urbana-Champaign, Report 80-1001, Urbana-Champaign, IL: University of Illinois, 1980.

Milgrom, P. / Roberts, J. (1992): Economics, Organization and Management, Englewood Cliffs, NJ: Prentice Hall, 1992.

Milgrom, P. / Roberts, J. (1995): Complementarities and fit – strategy, structure, and organizational change in manufacturing, in: Journal of Accounting and Economics, Nr. 2, 1995, S. 179-208.

Mintzberg, H. (1973): The Nature of Managerial Work, Englewood Cliffs, NJ: Prentice Hall, 1973.

Mintzberg, H. (1994): Rounding out the Manager's Job, in: Sloan Management Review, Nr. 1, 1994, S. 11-26.

Mintzberg, H. (1999): Profis bedürfen sanfter Führung, in: Harvard Business Manager, Nr. 3, 1999, S. 9-16.

Mintzberg, H. et al. (2002): The Strategy Process, Englewood Cliffs, NJ: Prentice Hall, 2002.

Mises, L. v. (1949): Human action: A Treatise on Economics, London u.a.: William Hodge, 1949.

Mizuno, S. (1988): Company Wide Total Quality Control, Tokio: Asian Productivity Organization, 1988.

Moati, P. / Mouhoud, E. M. (1994): Information et organisation de la production: vers une division cognitive du travail, in: Economie Appliquée, Nr. 1, 1994, S. 47-73.

Monopolkommission (1991): Wettbewerbspolitik oder Industriepolitik, Hauptgutachten 1990 / 1991, Baden-Baden: Nomos, 1991.

Moorhead, G. / Neck, C. P. (1995): Groupthink und Führung, in: Kieser, A. / Reber, G. / Wunderer, R. (Hrsg.): Handwörterbuch der Führung, 2. Aufl., Stuttgart: Schäffer-Poeschel, 1995, Sp. 1130-1138.

Moser, P. K. / Nat van der, A. (Hrsg., 1995): Human Knowledge: Classical and Contemporary Approaches, 2. Aufl., New York, NY u.a.: Oxford University, 1995.

Möslein, K. (1999): Medientheorien – Perspektiven der Medienwahl und Medienwirkung im Überblick, Arbeitsberichte des Lehrstuhls für Allgemeine und Industrielle Betriebswirtschaftslehre, Band 10, München: Technische Universität München, 1999.

Möslein, K. (2000): Bilder in Organisationen. Wandel, Wissen und Visualisierung, Wiesbaden: Gabler/DUV, 2000.

Möslein, K. (2001a): The Location Problem in Electronic Business: Evidence from Exploratory Research, in: Sprague, R.H. Jr. (Hrsg.): Proceedings of the 34th Annual Hawaii International Conference on Systems Sciences, HICSS-34, January 3-6, 2001, Maui, Hawaii, Los Alamitos: IEEE Press, 2001.

Möslein, K. (2001b): Die virtuelle Organisation: Von der Idee zur Wettbewerbsstrategie, in: Wulf, V. / Rittenbruch, M. / Rohde, M. (Hrsg.): Auf dem Weg zur Virtuellen Organisation, Physica: Heidelberg, 2001, S. 13-31.

Mountfield, A. / Schalch, O. (1998): Konzeption von Balanced Scorecards und Umsetzung in ein Management-Informationssystem mit dem SAP Business Information Warehouse, in: Controlling, Nr. 5, 1998, S. 316-322.

Mourtisen, J. (1998): Driving Growth – Economic Value Added versus Intellectual Capital, in: Management Accounting Research, Vol. 9, 1998, S. 461-482.

Mowshowitz, A. (1991): Virtual Feudalism: A Vision of Political Organization in the Information Age, Deelstudie in het kader van NOTA – Project Democratie en Informatiesamenleving, Amsterdam, 1991.

Müller-Böling, D. / Ramme I. (1990): Informations- und Kommunikationstechniken für Führungskräfte: Top Manager zwischen Technikeuphorie und Tastaturphobie, München u.a.: Oldenbourg, 1990.

Müller-Stewens, G. / Pautzke, G. (1991): Führungskräfteentwicklung und organisatorisches Lernen, in: Sattelberger, T. (Hrsg.): Die lernende Organisation, Konzepte für eine neue Qualität der Unternehmensentwicklung, Wiesbaden: Gabler, 1991, S. 183-205.

Murphy, C. / O'Leary, T. (1994): Review Essay: Empowered Selves, in: Accounting Management and Information Technologies, Nr. 2, 1994, S. 107-115.

Myers, R. (1996): Metric Wars, in: CFO, Nr. 10, 1996, S. 41-48.

Nagel, K. (1991): Nutzen der Informationsverarbeitung. Methoden zur Bewertung von strategischen Wettbewerbsvorteilen, Produktivitätsverbesserungen und Kosteneinsparungen, 2. Aufl., München u.a.: Oldenbourg, 1991.

Nastansky, L. (Hrsg., 1992): Workgroup Computing, Hamburg: Steuer- und Wirtschaftsverlag, 1992.

Nelson, P. (1970): Information and Consumer Behavior, in: The Journal of Political Economy, Vol. 78, S. 311-329.

Nelson, R. R. / Winter, S. (1982): An Evolutionary Theory of Economic Change, Cambridge, MA: Cambridge University, 1982.

Nerdinger, F. / v. Rosenstiel, L. (1996): Führung und Personalwirtschaft bei dezentralisierten Kompetenzen, in: Lutz, B. / Hartmann, M. / Hirsch-Kreinsen, H. (Hrsg.): Produzieren im 21. Jahrhundert, Frankfurt/Main u.a.: Campus, 1996, S. 295-323.

NetNames International Ltd. (2002): Domainstats.com – your complete domain name resource, elektronisch veröffentlicht: http://www.domainstats.com/, Version vom 21.8.2002.

Neuberger, O. (1977): Organisation und Führung, Stuttgart: Enke, 1977.

Neuberger, O. (1985): Miteinander arbeiten – miteinander reden!, 6. Aufl., München: Bayerisches Staatsministerium für Arbeit und Sozialordnung, 1985.

Neuberger, O. (1994): Personalentwicklung, 2. Aufl., Stuttgart: Enke, 1994.

Neuberger, O. (2002): Führen und führen lassen: Ansätze, Ergebnisse und Kritik der Führungsforschung, 6. Aufl., Stuttgart: Lucius & Lucius, 2002.

Neuburger, R. (1994): Electronic Data Interchange – Einsatzmöglichkeiten und ökonomische Auswirkungen, Wiesbaden: Gabler, 1994.

Neuburger, R. (1999): Die EDI-Mauern fallen, in: Computerwoche Spezial – Netze mit Nutzen, Nr. 1, 1999, S. 40-43.

Nieschlag, R. / Dichtl, E. / Hörschgen, H. (1997): Marketing, 18. Auflage, Berlin: Duncker und Humblot, 1997.

Niggl, J. (1994): Die Entstehung von Electronic Data Interchange Standards, Wiesbaden: Gabler, 1994.

Nilles, J. M. (1998): Managing Telework – Strategies for Managing the Virtual Workforce, New York, NY: Wiley, 1998.

Nilles, J. M. / Carlson, F. R. / Gray, P. / Hanneman, G. J. (1976): The Telecommunications – Transportation Trade off, New York, NY: Wiley, 1976.

Nippa, M. (1995): Anforderungen an das Management prozeßorientierter Unternehmen, in: Nippa, M. / Picot, A. (Hrsg.): Prozeßmanagement und Reengineering. Die Praxis im deutschsprachigen Raum, Frankfurt/Main u.a.: Campus, 1995, S. 39-77.

Nippa, M. / Reichwald, R. (1990): Theoretische Grundüberlegungen zur Verkürzung der Durchlaufzeit in der industriellen Entwicklung, in: Reichwald, R. / Schmelzer, H. J. (Hrsg.): Durchlaufzeiten in der Entwicklung, München u.a.: Oldenbourg, 1990, S. 65-114.

Nonaka, I. / Takeuchi, H. (1985): The Knowledge-Creating Company – How Japans Companies Create the Dynamics of Innovation, New York, NY u.a.: Oxford University, 1985.

Nua Internet Surveys (2000): Nua Internet How Many Online, elektronisch veröffentlicht: http://www.nua.ie/surveys/how_many_online/, Version vom 06.02.2000.

O'Hara-Devereaux, M. / Johansen, R. (1994): Global Work. Bridging Distance, Culture and Time, San Francisco, CA: Jossey-Bass, 1994.

O'Reilly, C. A. (1983): The Use of Information in Organizational Decision Making: A Model and some Propositions, in: Research in Organizational Behavior, Nr. 5, 1983, S. 103-139.

Oberquelle, H. (Hrsg., 1991): Kooperative Arbeit und Computerunterstützung. Stand und Perspektiven, Stuttgart: Verlag für Angewandte Psychologie, 1991.

Ochsenbauer, C. (1989): Organisatorische Alternativen zur Hierarchie, München: GBI, 1989.

OECD (1998): Electronic Commerce: Prices and Consumer Issues for three Products: Books, Compact Disks, and Software; Organisation for Economic Co-operation and Development, DSTI/ICCP/IE(98)4/FINAL, Paris, 1998.

Oechsler, W.A. (1997): Personal und Arbeit: Einführung in die Personalwirtschaftslehre, 6. Aufl., München u.a.: Oldenbourg, 1997.

Oess, A. (1994): Total Quality Management, 3. Aufl., Wiesbaden: Gabler, 1994.

Oestereich, B. (1998): Objektorientierte Softwareentwicklung: Analyse und Design mit der Unified Modeling Language, 4. Aufl., München: Oldenbourg, 1998.

Olson, M. H. (1983): Remote Office Work: Changing Work Patterns in Space and Time, in: Communications of the ACM, Vol. 26, Nr. 3, 1983, S. 182-187.

OMG (1992): The Common Object Request Broker: Architecture and Specification, OMG Document Number 91-12-01, Framingham: OMG, 1992.

OMG Common Facilities RFP-4 (1996): Common Business Objects and Business Object Facility, OMG Document 96-01-04, Framingham: OMG, 1996.

Opaschowski, H. W. (1997): Deutschland 2010. Wie wir morgen leben – Voraussagen der Wissenschaft zur Zukunft unserer Gesellschaft, Hamburg: British American Tobacco 1997.

Oram, A. (Hrsg., 2001): Peer-to-peer: Harnessing the power of disruptive technologies. Sebastopol, CA: O'Reilly, 2001.

Orlikowski, W. J. (1992): The Duality of Technology: Rethinking the Concept of Technology in Organizations, in: Organization Science, Nr. 3, 1992, S. 398-427.

Orsburn, J. D. / Moran, L. / Musselwhite, E. / Zenger, J. (1990): Self-Directed Work Teams: The New American Challenge, New York, NY: Irwin, 1990.

Osten, H. v. d. (1989): Technologie-Transaktionen: Die Akquisition von technologischer Kompetenz durch Unternehmen, Göttingen: Vandenhoeck & Ruprecht, 1989.

Österle, H. (1995a): Business Engineering. Prozeß- und Systementwicklung, Bd. 1: Entwurfsmethoden, Berlin u.a.: Springer, 1995.

Österle, H. (1995b): Business in the Information Age. Heading for New Processes, Berlin u.a.: Springer, 1995.

Osterloh, M. / Frey, B. S. / Benz, M. (2001): Grenzen variabler Leistungslöhne: Die Rolle intrinsischer Motivation, in: Jost, P.-J. (Hrsg.): Die Prinzipal-Agenten-Theorie in der Betriebswirtschaftslehre, Schäffer-Poeschel: Stuttgart 2001, S. 561-579.

Osterloh, M. / Wübker, S. (1999): Wettbewerbsfähiger durch Prozess- und Wissensmanagement. Mit Chancengleichheit auf Erfolgskurs, Wiesbaden: Gabler, 1999.

Ottmann, T. / Widmayer, P. (1996): Algorithmen und Datenstrukturen, 3. Aufl., Mannheim u.a.: BI Wissenschaftsverlag, 1996.

Ouchi, W.G. (1980): Markets, Bureaucracies and Clans, in: Administrative Science Quarterly, Nr. 25, 1980, S 129-141.

Palermo, A. / McCready, S. (1992): Workflow Software: A Primer, in: Coleman, D. (Hrsg.): Groupware '92, San Mateo, CA: Morgan Kaufmann, 1992.

Parker, G.M. (1994): Cross-Functional Teams, San Francisco, CA: Jossey-Bass, 1994.

Pawlowsky, P. (1992): Betriebliche Qualifikationsstrategien und organisationales Lernen, in: Staehle, W. H. / Conrad, P. (Hrsg.): Managementforschung 2, Berlin u.a.: de Gruyter, 1992, S. 177-237.

Perridon, L. / Steiner, M. (2002): Finanzwirtschaft der Unternehmung, 11. Aufl., München: Vahlen, 2002.

Perrow, C. (1967): A Framework for the Comparative Analysis of Organizations, in: American Sociological Review, Nr. 32, 1967, S. 194-208.

Perrow, Ch. B. (1970): Organizational analysis: a sociological view, London: Travistock, 1970.

Petermann, F. (1996): Psychologie des Vertrauens, 3. Aufl., Göttingen u.a.: Hogrefe, 1996.

Peters, T. J. (1993): Jenseits der Hierarchien, Düsseldorf u.a.: Econ, 1993.

Peters, T. J. (1994): Liberation Management, New York, NY: Fawcett Columbine, 1994.

Peters, T. J. / Waterman, R. H. (1984): Auf der Suche nach Spitzenleistungen: Was man von den bestgeführten US-Unternehmen lernen kann, Landsberg am Lech: Moderne Industrie, 1984.

Pethig, R. (1997): Information als Wirtschaftsgut aus wirtschaftswissenschaftlicher Sicht, in: Fiedler, H. / Ullrich, H. (Hrsg.): Information als Wirtschaftsgut: Management und Rechtsgestaltung, Köln: Schmidt, 1997, S. 1-28.

Pfeffer, J. (1994): Competitive Advantage Through People: Unleashing the Power of the Workforce, Boston, MA.: Harvard Business School Press, 1994.

Pfefferkorn, P. (1991): Das „Soziokratie-Modell" – Eine Renaissance des „Linking Pin-Modells"?, Rotterdam: Soziokratisch Centrum, 1991.

Pfeiffer, W. / Weiß, E. (1994): Lean Management: Grundlagen der Führung und Organisation industrieller Unternehmen, 2. Aufl., Berlin: E. Schmidt, 1994.

Pfohl, H.-C. / Stölzle, W.: (1997): Planung und Kontrolle. Konzeption, Gestaltung, Implementierung, 2. Aufl., München: Vahlen, 1997.

Picot, A. (1979a): Rationalisierung im Verwaltungsbereich als betriebswirtschaftliches Problem, in: Zeitschrift für Betriebswirtschaft, Nr. 12, 1979, S. 1145-1165.

Picot, A. (1979b): Organisationsprinzipien, in: Wirtschaftswissenschaftliches Studium, Nr. 8, 1979, S. 480-485.

Picot, A. (1981): Der Beitrag der Theorie der Verfügungsrechte zur ökonomischen Analyse von Unternehmensverfassungen, in: Bohr, K. u.a. (Hrsg.): Unternehmensverfassung als Problem der Betriebswirtschaftslehre, Berlin: Schmidt, 1981, S. 153-197.

Picot, A. (1982): Transaktionskostenansatz in der Organisationstheorie: Stand der Diskussion und Aussagewert, in: Die Betriebswirtschaft, Nr. 2, 1982, S. 267-284.

Picot, A. (1985): Integrierte Telekommunikation und Dezentralisierung in der Wirtschaft, in: Kaiser, W. (Hrsg.): Integrierte Telekommunikation, Berlin u.a.: Springer, 1985, S. 484-498.

Picot, A. (1989a): Der Produktionsfaktor Information in der Unternehmensführung, in: Thexis, Nr. 4, 1989, S. 3-9.

Picot, A. (1989b): Zur Bedeutung allgemeiner Theorieansätze für die betriebswirtschaftliche Information und Kommunikation: Der Beitrag der Transaktionskosten- und Principal-Agent-Theorie, in: Kirsch, W. / Picot, A. (Hrsg.): Die Betriebswirtschaftslehre im Spannungsfeld zwischen Generalisierung und Spezialisierung, Wiesbaden: Gabler, 1989, S. 361-379.

Picot, A. (1990): Organisation von Informationssystemen und Controlling, in: Controlling, Nr. 6, 1990, S. 296-305.

Picot, A. (1991a): Ökonomische Theorien der Organisation – Ein Überblick über neuere Ansätze und deren betriebswirtschaftliches Anwendungspotential, in: Ordelheide, D. / Rudolph, B. / Büsselmann, E. (Hrsg.): Betriebswirtschaftslehre und ökonomische Theorie, Stuttgart: Schäffer-Poeschel, 1991, S. 143-170.

Picot, A. (1991b): Ein neuer Ansatz zur Gestaltung der Leistungstiefe, in: Zeitschrift für betriebswirtschaftliche Forschung, Nr. 4, 1991, S. 336-357.

Picot, A. (1991c): Subsidiaritätsprinzip und ökonomische Theorie der Organisation, in: Faller, P. / Witt, D. (Hrsg.): Erwerbsprinzip und Dienstprinzip in öffentlicher Wirtschaft und Verkehrswirtschaft, Festschrift für K. Oettle, Baden-Baden: Nomos, 1991, S. 102-116.

Picot, A. (1993a): Organisation, in: Bitz, M. / Dellmann, K. / Domsch, M. / Egner, H. (Hrsg.): Vahlens Kompendium der Betriebswirtschaftslehre, Bd. 2, 3. Aufl., München: Vahlen, 1993, S. 101-174.

Picot, A. (1993b): Organisationsstrukturen der Wirtschaft und ihre Anforderungen an die Informations- und Kommunikationstechnik, in: Scheer, A.-W. (Hrsg.): Handbuch Informationsmanagement: Aufgaben – Konzepte – Praxislösungen, Wiesbaden: Gabler, 1993, S. 49-68.

Picot, A. (1993c): Contingencies for the Emergence of Efficient Symbiotic Arrangements, in: Journal of Institutional and Theoretical Economics, Nr. 4, 1993, S. 731-740.

Picot, A. (Hrsg., 1997a): Telekooperation und virtuelle Unternehmen – Auf dem Weg zu neuen Arbeitsformen, Heidelberg: Decker, 1997.

Picot, A. (1997b): Information als Wettbewerbsfaktor – Veränderungen in Organisation und Controlling, in: Picot, A. (Hrsg.): Information als Wettbewerbsfaktor, Stuttgart: Schäffer-Poeschel, 1997, S. 175-199.

Picot, A. (1998a): Auf dem Weg zur grenzenlosen Unternehmung?, in: Becker, M. / Kloock, J. / Schmidt, R. / Wäscher, G. (Hrsg.): Unternehmen im Wandel und Umbruch, Tagungsband zur wissenschaftlichen Jahrestagung 1997 des Verbandes der Hochschullehrer für Betriebswirtschaft, Stuttgart: Schäffer-Poeschel, 1998, S. 25-49.

Picot, A. (1998b): Zusammenhänge zwischen Innovation und Marktentwicklung durch Telekommunikation, in: Picot, A. (Hrsg.): Telekommunikation im Spannungsfeld von Innovation, Wettbewerb und Regulierung, Heidelberg: Hüthig, 1998, S. 77-98.

Picot, A. (1998c): Die Transformation wirtschaftlicher Aktivität unter dem Einfluß der Informations- und Kommunikationstechnik, Freiberger Arbeitspapier 98 (2), Freiberg: Technische Universität Freiberg, 1998.

Picot, A. (1999): Organisation, in: Bitz, M. / Dellmann, K. / Domsch, M. / Wagner, F. (Hrsg.): Vahlens Kompendium der Betriebswirtschaftslehre, Bd. 2, 4. Aufl., München: Vahlen, 1999, S. 107-180.

Picot, A. / Böhme, M. (1999): Controlling in dezentralen Unternehmensstrukturen, München: Vahlen, 1999.

Picot, A. / Bortenlänger, C. / Röhrl, H. (1995): The Automation of Capital Markets, in: The Journal of Computer-Mediated Communication, URL: http://www.ascusc.org/jcmc/vol1/issue3/picot.html Heft 3, 1995

Picot, A. / Bortenlänger, C. / Röhrl, H. (1996): Börsen im Wandel: Der Einfluß von Informationstechnik und Wettbewerb auf die Organisation von Wertpapiermärkten, Frankfurt/Main: Fritz Knapp Verlag, 1996.

Picot, A. / Bortenlänger, C. / Röhrl, H. (1997): Organization of Electronic Markets: Contributions from the New Institutional Economics, in: The Information Society, Nr. 13, 1997, S. 107-123.

Picot, A. / Dietl, H. / Franck, E. (2002): Organisation: Eine ökonomische Perspektive, 3. Aufl., Stuttgart: Schäffer-Poeschel 2002.

Picot, A. / Franck, E. (1988): Die Planung der Unternehmensressource Information (I), in: Das Wirtschaftsstudium, Nr. 10, 1988, S. 544-549.

Picot, A. / Franck, E. (1995): Prozeßorganisation. Eine Bewertung der neuen Ansätze aus Sicht der Organisationslehre, in: Picot, A. / Nippa, M. (Hrsg.): Prozeßmanagement und Reengineering. Die Praxis im deutschsprachigen Raum, Frankfurt/Main u.a.: Campus, 1995, S. 13-38.

Picot, A. / Freudenberg, H. (1997): Neue organisatorische Ansätze zum Umgang mit Komplexität, in: Adam, D. (Hrsg.): Komplexitätsmanagement. Schriften zur Unternehmensführung, Wiesbaden: Gabler, 1997.

Picot, A. / Freudenberg, H. / Gaßner, W. (1999): Management von Reorganisationen: Maßschneidern als Konzept für den Wandel, Wiesbaden: Gabler, 1999.

Picot, A. / Gründler, A. (1995): Deutsche Dienstleister scheinen von IT nur wenig zu profitieren, in: Computerwoche, Nr. 10, 1995, S. 10-11.

Picot, A. / Hass, B.H. (2002): „Digitale Organisation", in: Spoun, S. / Wunderlich, W. (Hrsg.): Medienkultur im digitalen Wandel, Bern: Paul Haupt, 2002, S. 143 – 166.

Picot, A. / Kreis, B. (1997): Chancen für Organisatoren der Kundenorientierung – Telearbeit bei Finanzdienstleistern, in: Office Management, Nr. 3, 1997, S. 40-45.

Picot, A. / Neuburger, R. (1997a): Der Beitrag virtueller Unternehmen zur Marktorientierung, in: Bruhn M. / Steffenhagen, H. (Hrsg.): Marktorientierte Unternehmensführung – Reflexionen, Denkanstöße, Perspektiven, Wiesbaden: Gabler, 1997, S. 119-140.

Picot, A. / Neuburger, R. (1997b): Application Potentials of Multimedia Services in the Firm, in: Elixmann, D. / Kürble, P. (Hrsg.): Multimedia – Potentials and Challenges from an Economic Perspective, Bad Honnef: WIK, 1997.

Picot, A. / Neuburger, R. (1998a): Virtuelle Organisationsformen im Dienstleistungssektor, in: Bruhn, M. / Meffert, H. (Hrsg.): Handbuch Dienstleistungsmanagement, Wiesbaden: Gabler, 1998, S. 513-533.

Picot, A. / Neuburger, R. (1998b): Virtuelle Organisationsformen, in: Spoun, S. et al. (Hrsg.): Universität und Praxis, Zürich: Verlag neue Züricher Zeitung, 1998, S. 449-468.

Picot, A. / Neuburger, R. (2000): Iuk-Technik und das Firmenkundengeschäft, Köln: Bank-Verlag, 2000.

Picot, A. / Neuburger, R. (2002): Mobile Business – Erfolgsfaktoren und Voraussetzungen, in: Reichwald, R. (Hrsg.): Mobile Kommunikation – Wertschöpfung, Technologien, neue Dienste, Wiesbaden: Gabler, 2002, S. 55-70.

Picot, A. / Neuburger, R. / Niggl, J. (1991): Ökonomische Perspektiven eines „Electronic Data Interchange", in: Information Management, Nr. 2, 1991, S. 22-29.

Picot, A. / Neuburger, R. / Niggl, J. (1994): Wirtschaftliche Potentiale von EDI – Praxiserfahrungen und Perspektiven, in: x-change, Nr. 2, 1994, S. 32-35.

Picot, A. / Neuburger, R. / Niggl, J. (1995): Ausbreitung und Auswirkungen von Electronic Data Interchange – Empirische Ergebnisse aus der deutschen Automobil- und Transportbranche, in: Schreyögg, G. / Sydow, J. (Hrsg.): Managementforschung 5, Berlin u.a.: de Gruyter, 1995, S. 47-106.

Picot, A. / Reichwald, R. (1987): Bürokommunikation. Leitsätze für den Anwender, 3. Aufl., Hallbergmoos: CW-Publikationen, 1987.

Picot, A. / Reichwald, R. (1991): Informationswirtschaft, in: Heinen, E. (Hrsg.): Industriebetriebslehre: Entscheidungen im Industriebetrieb, 9. Aufl., Wiesbaden: Gabler, 1991, S. 241-393.

Picot, A. / Reichwald, R. (1994): Auflösung der Unternehmung? Vom Einfluß der IuK-Technik auf Organisationsstrukturen und Kooperationsformen, in: Zeitschrift für Betriebswirtschaft, Nr. 5, 1994, S. 547-570.

Picot, A. / Reichwald, R. (1999): Führung in virtuellen Organisationsformen, in: Nagel, K. / Erben, R. / Piller, F.T. (Hrsg.): Produktionswirtschaft 2000 – Perspektiven für die Fabrik der Zukunft, Wiesbaden: Gabler, 1999, S. 129-149.

Picot, A. / Reichwald, R. / Behrbohm, P. (1985): Menschengerechte Arbeitsplätze sind wirtschaftlich!, Das Vier-Ebenen-Modell der Wirtschaftlichkeitsbeurteilung, Eschborn: RKW, 1985.

Picot, A. / Reichwald, R. / Nippa, M. (1988): Zur Bedeutung der Entwicklungsaufgabe für die Entwicklungszeit – Ansätze für die Entwicklungszeitgestaltung, in: Brockhoff, K. / Picot, A. / Urban, C. (Hrsg.): Zeitmanagement in Forschung und Entwicklung, ZfbF-Sonderheft Nr. 23, 1988, S. 112-137.

Picot, A. / Ripperger, T. / Wolff, B. (1996): The Fading Boundaries of the Firm: The Role of Information and Communication Technology, in: Journal of Institutional and Theoretical Economics (JITE), Vol. 152, Nr. 1, 1996, S. 65-79.

Picot, A. / Scheuble, S. (1999a): Hybride Wettbewerbsstrategien in der Informations- und Netzökonomie, in: Welge, M. / Al-Laham, A. / Kajüter, P. (Hrsg.): Praxis des strategischen Managements, Wiesbaden: Gabler, 1999, S. 239-257.

Picot, A. / Scheuble, S. (1999b): Die Rolle des Wissensmanagements in erfolgreichen Unternehmen, in: Mandl, H. / Reinmann-Rothmeier, G. (Hrsg.) Wissensmanagement: Informationszuwachs – Wissensschwund?, München u.a.: Oldenbourg,1999, S. 19-37.

Picot, A. / Schneider, D. (1988): Unternehmerisches Innovationsverhalten, Verfügungsrechte und Transaktionskosten, in: Budäus, D. / Gerum, E. / Zimmermann, G. (Hrsg.): Betriebswirtschaftslehre und Theorie der Verfügungsrechte, Wiesbaden: Gabler, 1988, S. 91-118.

Picot, A. / Sennewald, N. (1997): Die Internet-Technologie als betriebswirtschaftliches Informations- und Kommunikationsmedium, in: Reichmann, T. (Hrsg.): Handbuch Globale Datennetze, München: Vahlen, 1997.

Picot, A. / Wolff, B. (1995): Franchising als effiziente Vertriebsform, in: Kaas, K. P. (Hrsg.): Marketing und Neue Institutionenlehre, ZfbF-Sonderheft Nr. 35, 1995, S. 223-243.

Picot, A. / Wolff, B. (1997): Informationsökonomik, in: Gabler's Wirtschaftslexikon, Wiesbaden: Gabler, 1997, Sp. 1870-1878.

Piller, F.T. (1998a): Kundenindividuelle Massenproduktion, München: Hanser, 1998.

Piller, F.T. (1998b): Mit Mass Customization zu echtem Beziehungsmanagement, in: Harvard Business Manager, Nr. 6, 1998, S. 103-107.

Piller, F.T. (1998c): Das Produktivitätsparadoxon der Informationstechnik aus betriebswirtschaftlicher Sicht, in: Wirtschaftspolitische Blätter, Nr. 6, 1998, S. 635-645.

Piller, F.T. (2001): Mass Customization: Ein Wettbewerbskonzept für das Informationszeitalter, 2. Aufl., Wiesbaden: Gabler/DUV, 2001.

Piller, F.T. / Stotko, C. (2002): Der Kunde als Wertschöpfungspartner: Vom Co-Produzenten zum Co-Entwickler, Düsseldorf: Symposion, 2002.

Pinchot, G. / Pinchot, E. (1993): The End of Bureaucracy and the Rise of the Intelligent Organization, San Francisco, CA: Berrett-Koehler, 1993.

Pine, B. J. (1993): Mass Customization. The New Frontier in Business Competition, Boston, MA: Harvard Business School, 1993.

Plinke, W. (1999): Grundlagen des Marktprozesses, in: Kleinaltenkamp, M. / Plinke, W. (Hrsg.): Technischer Vertrieb: Grundlagen des Business-to-Business Marketing, 2. Aufl., Berlin u.a.: Springer, 1999, S. 3-99.

Polanyi, M. (1962): Personal Knowledge: Towards a Post-Critical Philosophy, 2. Aufl., New York, NY: Harper Row, 1962.

Polanyi, M. (1985): Implizites Wissen, Frankfurt/Main: Suhrkamp, 1985.

Pomberger, G. / Blaschek, G. (1993): Grundlagen des Software Engineering – Prototyping und objektorientierte Software-Entwicklung, München: Hanser, 1993.

PonTell, S. / Gray, P. / Markus, M. L. / Westfall, R. D. (1996): The Demand for Telecommuting, in: Proceedings of the Telecommuting 1996 Conference, Jacksonville, Florida, 25.-26. April 1996.

Porter, L. W. / Lawler III, E. E. (1968): Managerial attitudes and performance, Homewood, IL: Irwin, 1968.

Porter, M. E. (1990): The competitive Advantage of Nations, New York, NY: Free Press, 1990.

Porter, M. E. (1992): Wettbewerbsvorteile, 3. Aufl., Frankfurt/Main u.a.: Campus, 1992.

Porter, M. E. (1996): What is strategy?, in: Harvard Business Review, November-December 1996, S. 61-78.

Porter, M. E. (1999): Wettbewerbsstrategie, 10. Aufl., Frankfurt/Main u.a.: Campus, 1999.

Porter, M. E. (2001a): Strategy and the Internet, Harvard Business Review, March 2001, S. 63-78.

Porter, M. E. (2001b): Regions and the New Economics of Competition, in: Scott, A. J. (Hrsg.): Global City-Regions, Oxford: Oxford University Press, 2001.

Porter, M. E. / Fuller, M. B. (1989): Koalitionen und globale Strategien, in: Porter, M. E. (Hrsg.): Globaler Wettbewerb: Strategien der neuen Internationalisierung, Wiesbaden: Gabler, 1989.

Porter, M. E. / Millar, V. E. (1985): How Information Gives You Competitive Advantage, in: Harvard Business Review, July / Aug. 1985, S. 149-160.

Powell, W. W. (1996): Trust-based forms of governance, in: Kramer, R. M. / Tyler, T. R. (Hrsg.): Trust in organizations: Frontiers of strategy and research, Thousand Oaks, CA: Sage, 1996, S. 51-67.

Prahalad, C. K. / Hamel, G. (1990): The Core Competence of the Corporation, in: Harvard Business Review, May / June 1990, S. 79-91.

Pribilla, P. / Reichwald, R. / Goecke, R. (1996): Telekommunikation im Management, Stuttgart: Schäffer-Poeschel, 1996.

Probst, G. / Raub, S. / Romhardt, K. (1999): Wissen managen – Wie Unternehmen ihre wertvollste Ressource optimal nutzen, 3. Aufl., Wiesbaden: Gabler, 1999.

Probst, G. J. (1992): Selbstorganisation, in: Frese, E. (Hrsg.): Handwörterbuch der Organisation, 3. Aufl., Stuttgart: Schäffer-Poeschel, 1992, Sp. 2255-2269.

Probst, G. J. / Büchel, B. (1997): Organisationales Lernen: Wettbewerbsvorteil der Zukunft, 2. Aufl., Wiesbaden: Gabler, 1997.

Probst, G. J. / Gomez P. (1991): Die Methodik des vernetzten Denkens zur Lösung komplexer Probleme, in: Probst, G. J. / Gomez, P. (Hrsg.): Vernetztes Denken: ganzheitliches Führen in der Praxis, 2. Aufl., Wiesbaden: Gabler, 1991, S. 3-20.

Proff, H. / Proff, H. (1997): Möglichkeiten und Grenzen hybrider Strategien – dargestellt am Beispiel der deutschen Automobilindustrie, in: Die Betriebswirtschaft, Nr. 6, 1997, S. 796-809.

Quinn, R. E. / Spreitzer, G. M. (1997): The Road to Empowerment: Seven Questions Every Leader Should Consider, in: Organizational Dynamics, Autumn 1997, S. 37-49.

Quittner, J. / Slatalla, M. (1998): Speeding the Net: The Inside Story of Netscape and How It Challenged Microsoft, New York, NY: Atlantic Monthly, 1998.

Rappaport, A. (1986): Creating Shareholder Value, New York, NY: Free Press, 1986.

Rawolle, J. / Kirchfeld, S. / Hess, T. (2002): Zur Integration mobiler und stationärer Online-Dienste der Medienindustrie, in: Reichwald, R. (Hrsg.): Mobile Kommunikation – Wertschöpfung, Technologien, neue Dienste, Wiesbaden: Gabler, 2002, S. 335-352.

Rayport, J.F. / Sviokla J.J. (1994): Manging in the Marketspace, in: Harvard Business Review November-December 1994, S. 141-150.

Reber, G. (1992): Lernen, organisationales, in: Frese, E. (Hrsg.): Handwörterbuch der Organisation, 3. Aufl., Stuttgart: Schäffer-Poeschel, 1992, Sp. 1240-1256.

Reddin, W. J. (1977): Das 3-D-Programm zur Leistungssteigerung des Managements, München: Hanser, 1977.

Reich, R. B. (1991): Die neue Weltwirtschaft – Das Ende der nationalen Ökonomie, Frankfurt/Main: Fischer, 1996.

Reichmann, T. (1995): Controlling mit Kennzahlen und Managementberichten, 4. Aufl., München: Vahlen, 1995.

Reichwald, R. (1977): Arbeit als Produktionsfaktor, München u.a.: Reinhardt, 1977.

Reichwald, R. (1984): Produktivitätsbeziehungen in der Unternehmensverwaltung – Grundüberlegungen zur Modellierung und Gestaltung der Büroarbeit unter dem Einfluß neuer Informationstechnologien, in: Pack, L. / Börner, D. (Hrsg.): Betriebswirtschaftliche Entscheidungen bei Stagnation, Wiesbaden: Gabler, 1984, S. 197-213.

Reichwald, R. (1991a): Management-Report: Vermittelnde Breitbandkommunikation zur langfristigen Sicherung des Unternehmenserfolges, in: Ricke, H. / Kanzow, J. (Hrsg.): BERKOM: Breitbandkommunikation im Glasfasernetz. Übersicht und Zusammenfassung 1986-91, Heidelberg: Decker, 1991, S. 13-39.

Reichwald, R. (1991b): Innovative Anwendungen neuer Telekommunikationsformen in der industriellen Forschung und Entwicklung, in: Heinrich, L. J. / Pomberger, G. / Schauer, R. (Hrsg.): Die Informationswirtschaft im Unternehmen, Universität Linz, 1991, S. 253-280.

Reichwald, R. (Hrsg., 1992a): Marktnahe Produktion, Wiesbaden: Gabler, 1992.

Reichwald, R. (1992b): Die Wiederentdeckung der menschlichen Arbeit als primärer Produktionsfaktor für eine marktnahe Produktion, in: Reichwald, R. (Hrsg.): Marktnahe Produktion, Wiesbaden: Gabler, 1992, S. 3-18.

Reichwald, R. (1993a): Die Wirtschaftlichkeit im Spannungsfeld von betriebswirtschaftlicher Theorie und Praxis, Arbeitsbericht des Lehrstuhls für Allgemeine und Industrielle Betriebswirtschaftslehre, Bd. 1, München: Technische Universität München, 1993.

Reichwald, R. (1993b): Der Mensch als Mittelpunkt einer ganzheitlichen Produktion. Innovative Organisationskonzepte aus betriebswirtschaftlicher Perspektive, Arbeitsbericht des Lehrstuhls für Allgemeine und Industrielle Betriebswirtschaftslehre, Bd. 2, München: Technische Universität München, 1993.

Reichwald, R. (1997a): Neue Arbeitsformen in der vernetzten Unternehmung: Flexibilität und Controlling, in: Picot, A. (Hrsg.): Information als Wettbewerbsfaktor, Stuttgart: Schäffer-Poeschel, 1997, S. 233-263.

Reichwald, R. (1997b): Ganzheitliche Unternehmensführung und Medieneinsatz im Top-Management. Ergebnisse aus einer empirischen Untersuchung, in: Seghezzi, H. D. (Hrsg.): Ganzheitliche Unternehmensführung, Stuttgart: Schäffer-Poeschel, 1997, S. 271-325.

Reichwald, R. (1999): Informationsmanagement, in: Bitz, M. / Dellmann, K. / Domsch, M. / Egner, H. (Hrsg.): Vahlens Kompendium der Betriebswirtschaftslehre, Bd. 2, 4. Aufl., München: Vahlen, 1999, S. 221-288.

Reichwald, R. (Hrsg., 2002): Mobile Kommunikation – Wertschöpfung, Technologien, neue Dienste, Wiesbaden: Gabler, 2002.

Reichwald, R. et al. (1999): SOHO (Small Office/Home Office) - Haushalte als Anbieter und Nachfrager von integrierten Dienstleistungen, in: PEM 13: Dienstleistungen als Chance: Entwicklungspfade für die Beschäftigung, Göttingen, 1999, S. 298 -361.

Reichwald, R. / Bastian, C. (1999a): Führung in verteilten Arbeits- und Organisationsformen, in: Egger, A. / Grün, O. / Moser, R. (Hrsg.): Managementinstrumente und Konzepte: Entstehung, Verbreitung und Bedcutung für die BWL, Stuttgart: Schäffer-Poeschel, 1999, S. 141-162.

Reichwald, R. / Bastian, C. (1999b): Führung von Mitarbeitern in verteilten Organisationen – Ergebnisse explorativer Forschung, in: Egger, A. / Grün, O. / Moser, R. (Hrsg, 1999): Managementinstrumente und -konzepte: Entstehung, Verbreitung und Bedeutung für die Betriebswirtschaftslehre, Stuttgart: Schäffer-Poeschel, 1999, S. 141-162.

Reichwald, R. / Bastian, C. / Lohse, C. (2000): Vertriebsmanagement im Wandel. Neue Anforderungen für die Gestaltung der Kundenschnittstelle, in: Reichwald, R. / Bullinger, H.-J. (Hrsg.): Vertriebsmanagement. Entwicklungen in Organisation, Technologieeinsatz und Personal, Stuttgart: Schäffer-Poeschel, 2000, S. 3-33.

Reichwald, R. / Bauer, R. / Weichselbaumer, J. (1997): Modernisierung – Eine betriebliche Innovationsstrategie und ihre Bewertung; in: Reichwald, R. / Fritsch, M. (Hrsg.): Modernisierung als Innovationsstrategie, Aachen: Verl. der Augustinus-Buchhandlung: 1997, S. 9-58.

Reichwald, R. / Bauer, R. A. / Lohse, C. (1999): Electronic Commerce und die neue Rolle des Vertriebs – Implikationen für die Gestaltung des Kundenkontakts, in: Industrie Management, Nr. 1, 1999, S. 70-73.

Reichwald, R. / Behrbohm, P. (1983): Flexibilität als Eigenschaft produktionswirtschaftlicher Systeme, in: Zeitschrift für Betriebswirtschaft, Nr. 9, 1983, S. 831-853.

Reichwald, R. / Dietel, B. (1991): Produktionswirtschaft, in: Heinen, E. (Hrsg.): Industriebetriebslehre: Entscheidungen im Industriebetrieb, 9. Aufl., Wiesbaden: Gabler, 1991, S. 395-622.

Reichwald, R. / Englberger, H. (1998a): Multimediale Telekooperation in neuen Organisationsstrukturen, in: Reichmann, T. (Hrsg.): Globale Datennetze – Innovative Potentiale für Informationsmanagement und Controlling, München: Vahlen, 1998, S. 109-133.

Reichwald, R. / Englberger, H. (1998b): Telecooperation – Overcoming the Boundaries of Location? in: Council of Logistics Management (Hrsg.): Logistics Excellence – Vision, Processes, and People. Annual Conference Proc., Anaheim, CA, 1998, S. 361-371.

Reichwald, R. / Englberger, H. / Möslein, K. (1998a): Telearbeit & Telekooperation – Evaluierung und Begleitung der Telekom-internen und Berkom-Telearbeitsprojekte. Berkom-Studie, München: Technische Universität München, 1998.

Reichwald, R. / Englberger, H. / Möslein, K. (1998b): Telekooperation im Innovationstest – Strategieorientierte Evaluation von Pilotprojekten, in: Wirtschaftsinformatik, Nr. 3, 1998, S. 205-213.

Reichwald, R. / Fremuth, N. / Ney, M. (2002): Mobile Communities – Erweiterung von Virtuellen Communities mit mobilen Diensten, in: Reichwald, R. (Hrsg.): Mobile Kommunikation – Wertschöpfung, Technologien, neue Dienste, Wiesbaden: Gabler, 2002, S. 521-538.

Reichwald, R. / Goecke, R. (1995): Bürokommunikationstechnik und Führung, in: Kieser, A. / Reber, G. / Wunderer, R. (Hrsg.): Handwörterbuch der Führung, 2. Aufl., Stuttgart: Schäffer-Poeschel, 1995, Sp. 164-182.

Reichwald, R. / Hesch, G. (1993): Der Mensch als Produktionsfaktor oder Träger ganzheitlicher Produktion? – Menschenbilder im Wandel der Betriebswirtschaftslehre, in: Weis, K. (Hrsg.): Bilder vom Menschen in Wissenschaft, Technik und Religion, München: Vahlen, 1993, S. 429-460.

Reichwald, R. / Höfer, C. / Weichselbaumer, J. (1993): Anwenderhandbuch zur erweiterten Wirtschaftlichkeitsbetrachtung, AuT-Verbundvorhaben Humanzentrierte CIM-Konzepte, Lehrstuhl für Allgemeine und Industrielle Betriebswirtschaftslehre, München: Technische Universität München, 1993.

Reichwald, R. / Höfer, C. / Weichselbaumer, J. (1996): Erfolg von Reorganisationsprozessen. Leitfaden zur strategieorientierten Bewertung, Stuttgart: Schäffer-Poeschel, 1996.

Reichwald, R. / Koller, H. (1995): Informations- und Kommunikationstechnologien, in: Tietz, B. / Köhler, R. / Zentes, J. (Hrsg.): Handwörterbuch des Marketing, 2. Aufl., Stuttgart: Schäffer-Poeschel, 1995, Sp. 947-962.

Reichwald, R. / Koller, H. (1996a): Die Dezentralisierung als Maßnahme zur Förderung der Lernfähigkeit von Organisationen, in: Bullinger, H.-J. (Hrsg.): Lernende Organisationen: Konzepte, Methoden, Erfahrungsberichte, Stuttgart: Schäffer-Poeschel, 1996.

Reichwald, R. / Koller, H. (1996b): Integration und Dezentralisierung von Unternehmensstrukturen, in: Lutz, B. / Hartmann, M. / Hirsch-Kreinsen, H. (Hrsg.): Produzieren im 21. Jahrhundert. Herausforderungen für die deutsche Industrie, Frankfurt/Main u.a.: Campus, 1996, S. 225-294.

Reichwald, R. / Meier, R. / Fremuth, N. (2002): Die mobile Ökonomie – Definition und Spezifika, in: Reichwald, R. (Hrsg.): Mobile Kommunikation – Wertschöpfung, Technologien, neue Dienste, Wiesbaden: Gabler, 2002, S. 3-18.

Reichwald, R. / Möslein, K. (1995): Wertschöpfung und Produktivität von Dienstleistungen? Innovationsstrategien für die Standortsicherung, in: Bullinger, H.-J. (Hrsg.): Dienstleistung der Zukunft: Märkte, Unternehmen und Infrastrukturen im Wandel, Wiesbaden: Gabler, 1995, S. 324-476.

Reichwald, R. / Möslein, K. (1996a): Auf dem Weg zur virtuellen Organisation: Wie Telekooperation Unternehmen verändert, in: Müller, G. / Kohl, U. / Strauß, R. (Hrsg.): Zukunftsperspektiven der digitalen Vernetzung, Heidelberg: Hüthig, 1996, S. 209-233.

Reichwald, R. / Möslein, K. (1996b): Telearbeit und Telekooperation, in: Bullinger, H.-J. / Warnecke, H.-J. (Hrsg.): Neue Organisationsformen im Unternehmen – Ein Handbuch für das moderne Management, Berlin u.a.: Springer, 1996, S. 691-708.

Reichwald, R. / Möslein, K. (1997a): Chancen und Herausforderungen für neue unternehmerische Strukturen und Handlungsspielräume in der Informationsgesellschaft, in: Picot, A. (Hrsg.): Telekooperation und virtuelle Unternehmen – Auf dem Weg zu neuen Arbeitsformen, Heidelberg: Decker, 1997, S. 1-37.

Reichwald, R. / Möslein, K. (1997b): Innovationsstrategien und neue Geschäftsfelder von Dienstleistern – Den Wandel gestalten, in: Bullinger, H.-J. (Hrsg.): Dienstleistungen für das 21. Jahrhundert. Gestaltung des Wandels und Aufbruch in die Zukunft, Stuttgart: Schäffer-Poeschel, 1997, S. 75-105.

Reichwald, R. / Möslein, K. (1998): Dienstleistungsoffensive „Telekooperation", in: Bullinger, H. / Zahn, E. (Hrsg.): Dienstleistungsoffensive – Wachstumschancen intelligent nutzen, Stuttgart: Schäffer-Poeschel, 1998, S. 143-164.

Reichwald, R. / Möslein, K. (1999a): Management und Technologie, in: Rosenstiel, L. v. / Regnet, E. / Domsch, M. E. (Hrsg.): Führung von Mitarbeitern. Handbuch für erfolgreiches Personalmanagement, 4. Aufl., Stuttgart: Schäffer-Poeschel, 1999, S. 709-727.

Reichwald, R. / Möslein, K. (1999b): Telework Strategies: The Diffusion of a Workplace Innovation, in: Proceedings of the Fourth International Telework Workshop "Telework Strategies for the New Workforce", Tokyo 1999, S. 166-175.

Reichwald, R. / Möslein, K. (2000): Nutzenpotentiale und Nutzenrealisierung in verteilten Organisationsstrukturen. Experimente, Erprobungen und Erfahrungen auf dem Weg zur virtuellen Unternehmung, in: Zeitschrift für Betriebswirtschaft, Ergänzungsheft 2, 2000, S. 117-136.

Reichwald, R. / Möslein, K. (2001): Pluri-local Social Spaces by Telecooperation in International Cooperations?, in: Pries, L. (Hrsg.): New Transnational Social Spaces: International Migration and Transnational Companies in the Early Twenty-first Century (Transnationalism), New York: Routledge publ. 2001, S. 115 – 133.

Reichwald, R. / Möslein, K. (2002): Theoretische Grundlagen der Virtualisierung von international tätigen Unternehmen, in: Macharzina, K. / Oesterle, M.-J. (Hrsg.): Handbuch Internationales Management: Grundlagen - Instrumente - Perspektiven, 2. Aufl., Gabler: Wiesbaden, 2002, S. 1009-1026.

Reichwald, R. / Möslein, K. / Piller, F.T. (2000): Taking Stock of Distributed Work: The Past, Present and Future of Telecooperation, Proceedings of the ASAC-IFSAM 2000 Conference, July 8-11, 2000, Montreal 2000.

Reichwald, R. / Möslein, K. / Sachenbacher, H. / Englberger, H. (1997): Telearbeit & Telekooperation: Bedingungen und Strategien erfolgreicher Realisierung, in: Zeitschrift für Arbeitswissenschaft, Nr. 4, 1997, S. 204-213.

Reichwald, R. / Möslein, K. / Sachenbacher, H. / Englberger, H. (2000): Telekooperation: Verteilte Arbeits- und Organisationsformen, 2. Aufl., Berlin u.a.: Springer, 2000.

Reichwald, R. / Nippa, M. (1989): Organisationsmodelle für die Büroarbeit beim Einsatz neuer Technologien, in: Institut für angewandte Arbeitswissenschaft e.V. (Hrsg.): Arbeitsgestaltung in Produktion und Verwaltung, Köln: Wirtschaftsverlag Bachem, 1989, S. 423-443.

Reichwald, R. / Piller, F.T. (2002a): Der Kunde als Wertschöpfungspartner: Formen und Prinzipien, in: Albach, H. et al. (Hrsg.): Wertschöpfungsmanagement als Kernkompetenz, Wiesbaden: Gabler, 2002, S. 27-52.

Reichwald, R. / Piller, F.T. (2002b): Mass-Customization-Konzepte im E-Business, in: Weiber, R. (Hrsg.): Handbuch Electronic Business, 2. Aufl., Wiesbaden: Gabler, 2002, S. 469-494.

Reichwald, R. / Sachenbacher, H. (1996): Durchlaufzeiten, in: Kern, W. / Schröder, H. / Weber, J. (Hrsg.): Handwörterbuch der Produktion, 2. Aufl., Stuttgart: Schäffer-Poeschel, 1996, Sp. 362-374.

Reichwald, R. / Schaller, C. (2002): M-Loyalty: Kundenbindung durch personalisierte mobile Dienste, in: Reichwald, R. (Hrsg.): Mobile Kommunikation – Wertschöpfung, Technologien, neue Dienste, 1.Aufl., Wiesbaden: Gabler, 2002, S. 263-288.

Reichwald, R. / Schlichter, J. (Hrsg., 2000): Verteiltes Arbeiten – Arbeit der Zukunft, Tagungsband der D-CSCW 2000, Stuttgart u.a.: Teubner, 2000.

Reichwald, R. / Weichselbaumer, J. (1996): Rationalisierung und Erfolg – Traditionelle betriebswirtschaftliche Bewertungsmuster im Umbruch, in: Hoß, D. / Schrick, G. (Hrsg.): Wie rational ist Rationalisierung heute? Ein öffentlicher Diskurs, Stuttgart u.a.: Raabe, 1996, S. 305-318.

Reisig, W. (1990): Petrinetze: Eine Einführung, Berlin u.a.: Springer, 1990.

Reiß, M. (1992a): Arbeitsteilung, in: Frese, E. (Hrsg.): Handwörterbuch der Organisation, 3. Aufl., Stuttgart: Schäffer-Poeschel, 1992, Sp. 167-178.

Reiß, M. (1992b): Spezialisierung, in: Frese, E. (Hrsg.): Handwörterbuch der Organisation, 3. Aufl., Stuttgart: Schäffer-Poeschel, 1992, Sp. 2287-2296.

Reiß, M. (1996): Grenzen der grenzenlosen Unternehmung, in: Die Unternehmung, Nr. 3, 1996, S. 195-206.

Reve, T. (1990): The Firm as a Nexus of Internal and External Contracts, in: Aoki, M. / Gustafsson, B. / Williamson, O. E. (Hrsg.): The Firm as a Nexus of Treaties, London: Sage, 1990, S. 133-161.

Rice, R. (1992): Task Analysability, Use of New Media and Effectiveness: A multi-site exploration of media richness, in: Organization Science, Vol. 3, 1992, S. 475-500.

Ripperger, T. (1998): Ökonomik des Vertrauens. Analyse eines Organisationsprinzips, Tübingen: Mohr, 1998.

Ripperger, T. (1999): Die Effizienz des Vertrauensmechanismus bei der Organisation internationaler Transaktionen, in: Herder-Dorneich, P. / Schenk, K.-E. / Schmidtchen, D. (Hrsg.): Jahrbuch für Neue Politische Ökonomie, Tübingen: Mohr, 1999.

Roach, S. (1991): Services Under Siege – The Restructuring Imperative, in: Harvard Business Review, September / October 1991, S. 82-91.

Robbins, S. P. (1990): Organization Theory: Structure, Design and Applications, Englewood Cliffs, NJ: Prentice Hall, 1990.

Robbins, S. P. (1994): Essentials of Organizational Behaviour, 4. Aufl., Englewood Cliffs, NJ: Prentice Hall, 1994.

Rockart J. F (1986): The rise of managerial computing: the best of the Center for Information Systems Research, Sloan School of Management, Massachusetts Institute of Technology, Homewood, IL: Dow Jones-Irwin, 1986.

Roethlisberger, F. J. / Dickson, W. J. (1939): Management and the Worker, Boston, MA: Harvard University, 1939.

Rogers, E. M. (1995): Diffusion of Innovations, 4. Auflage, New York: The Free Press, 1995.

Rohrbach, P. (1996): Interaktives Teleshopping – Elektronisches Einkaufen auf dem Informationhighway, Wiesbaden: Gabler, 1996.

Rolf, A. (1998): Grundlagen der Organisations- und Wirtschaftsinformatik, Berlin u.a.: Springer, 1998.

Rosemann, M. / Uthmann,, C.v. (1997): Workflowmanagement in der industriellen Produktion, in: Zeitschrift für wirtschaftliche Fertigung und Automtisierung, 92. Jg. Nr. 7-8, 1997, S. 351-354.

Rosenstiel, L. v. (1992): Entwicklung von Werthaltungen und interpersonaler Kompetenz – Beiträge der Sozialpsychologie, in: Sonntag, K. (Hrsg.): Personalentwicklung in Organisationen. Psychologische Grundlagen, Methoden und Strategien, Göttingen u.a.: Hogrefe, 1992, S. 83-105.

Rosenstiel, L. v. (1994): Mitarbeiterführung und -motivation bei veränderten Strukturen und Wertorientierungen, in: Milberg, J. / Reinhart, G. (Hrsg.): Unsere Stärken stärken, Münchner Kolloquium 1994, 24./25. Februar 1994, München: Technische Universität München, 1994, S. 305-317.

Rosenstiel, L. v. (1998): Grundlagen der Führung, in: Rosenstiel, L. v. / Regnet, E. / Domsch, M. E. (Hrsg., 1998): Führung von Mitarbeitern. Handbuch für erfolgreiches Personalmanagement, 4. Aufl., Stuttgart: Schäffer-Poeschel, 1998, S. 3-24.

Rosenstiel, L. v. (2002): Grundlagen der Organisationspsychologie, 5. Aufl., Stuttgart: Schäffer-Poeschel, 2002.

Rosenstiel, L. v. / Djarrahzadeh, M. / Einsiedler, H. E. / Streich, R. K. (Hrsg., 1993): Wertewandel als Herausforderung für die Unternehmenspolitik in den 1990er Jahren, 2. Aufl., Stuttgart: Schäffer-Poeschel, 1993.

Rosenstiel, L. v. / Regnet, E. / Domsch, M. E. (Hrsg., 1998): Führung von Mitarbeitern. Handbuch für erfolgreiches Personalmanagement, 4. Aufl., Stuttgart: Schäffer-Poeschel, 1998.

Ross, S. A. (1973): The Economic Theory of Agency: The Principal's Problem, American Economic Review, Vol. 63, Nr. 2, 1973, S. 134-139.

Rößl, D. (1996): Selbstverpflichtung als alternative Koordinationsform von komplexen Austauschbeziehungen, in: Zeitschrift für betriebswirtschaftliche Forschung, Nr. 4, 1996, S. 311-334.

Rotering, J. (1990): Forschungs- und Entwicklungskooperationen zwischen Unternehmen, Stuttgart: Schäffer-Poeschel, 1990.

Rothhaar, C. (2001): Führung und Motivation im Kundenbeziehungsmanagement, Wiesbaden: DUV/Gabler, 2001.

Rotering, J. (1993): Zwischenbetriebliche Kooperation als alternative Organisationsform, Stuttgart: Schäffer-Poeschel, 1993.

Rotter, J. B. (1971): Generalized expectancies for interpersonal trust, in: American Psychologist, Vol. 26 , 1971, S. 443-452.

Rotter, J. B. (1980): Interpersonal trust, trustworthiness and gullibility, in: American Psychologist, Vol. 35, 1980, S. 1-7.

Royce, W. W. (1970): Managing the development of large software systems: Concepts and Techniques, Proceedings of IEEE WESCON, 1970.

Rumbaugh, J. / Blaha, M. / Premerlani, W. / Eddy, F. / Lorensen, W. (1991): Object-Oriented Modeling and Design, Englewood Cliffs, NJ: Prentice Hall, 1991.

Rupprecht-Däullary, M. (1994): Zwischenbetriebliche Kooperation, Wiesbaden: Gabler, 1994.

Ryle, G. (1949): The Concept of Mind, London: Hutchinson, 1949.

Sachenbacher, H. (2000): Controlling in telekooperativen Strukturen: Steuerung und Koordination verteilter Zusammenarbeit, Wiesbaden: DUV/Gabler, 2000.

Sager, I. et al. (1998): A New Cyber Order, Business Week, 07.12.1998, S. 55-59.

Sanchez, R. / Mahoney, J.T. (1996): Modularity, Flexibility and Knowledge Management in Product and Organizational Design, in: Strategic Management Journal, Vol. 17, Special Issue Winter, 1996, S. 63-76.

Sander, P. / Stucky, W. / Herschel, R. (1995): Automaten, Sprachen, Berechenbarkeit, 2. Aufl., Stuttgart: Teubner, 1995.

Sandner, K. (1988): Strukturen der Führung von Mitarbeitern. Steuerung und Kontrolle beruflicher Arbeit, in: Hofmann, M. / Rosenstiel, L. v. (Hrsg.): Funktionale Managementlehre, Berlin u.a.: Springer, 1988.

Savage, C. M. (1990): 5th Generation Management: Kreatives Kooperieren durch virtuelles Unternehmertum, dynamische Teambildung und Vernetzung von Wissen, Zürich: vdf, 1997.

Schanz, G. (1994): Organisationsgestaltung: Management von Arbeitsteilung und Koordination, 2. Aufl., München: Vahlen, 1994.

Schanze, E. (1991): Symbiotic Contracts: Exploring Long-Term Agency Structures Between Contract and Corporation, in: Joerges, Christian (Hrsg.): Franchising and the Law: Theoretical and Comparative Approaches in Europe and the United States, Baden-Baden: Nomos, 1991, S. 68-103.

Scheckenbach, R. (1997): EC-EDI und noch viel mehr, in: edi-change, Nr. 1, 1997, S. 11.

Scheer, A.-W. (1990): CIM: der computergestützte Industriebetrieb, 4. Aufl., Berlin u.a.: Springer, 1990.

Scheer, A.-W. (1994): Wirtschaftsinformatik – Referenzmodelle für industrielle Geschäftsprozesse, 5. Aufl., Berlin u.a.: Springer, 1994.

Schein, E. H. (1980): Organizational Psychology, 3. Aufl., Englewood Cliffs, NJ: Prentice Hall, 1980.

Schein, E. H. (1991): Organisationskultur: ein neues unternehmenstheoretisches Konzept, in: Dülfer, E. (Hrsg.): Organisationskultur, 2. Aufl., Stuttgart: Schäffer-Poeschel, 1991, S. 26-37.

Schein, E. H. (1992): Organizational Culture and Leadership, 2. Aufl., New York, NY: Jossey-Bass, 1992.

Schein, E. H. (1995): Unternehmenskultur. Ein Handbuch für Führungskräfte, Frankfurt/Main u.a.: Campus, 1995.

Scheller, M. / Boden, K. P. / Geenen, A. / Kampermann, J. (1994): Internet: Werkzeuge und Dienste, Berlin u.a.: Springer, 1994.

Scheuble, S. (1998): Wissen und Wissenssurrogate, Wiesbaden: Gabler, 1998.

Schlageter, G. / Stucky, W. (1983): Datenbanksysteme: Konzepte und Modelle, 2. Aufl., Stuttgart: Teubner, 1983.

Schlicksupp, H. (1992): Innovation, Kreativität und Ideenfindung, 6. Aufl., Würzburg: Vogel, 1992.

Schmid, B. (1993): Elektronische Märkte, in: Wirtschaftsinformatik, Nr. 5, 1993, S. 465-480.

Schmid, B. (1995): Elektronische Einzelhandels- und Retailmärkte, in: Schmid, B. / Dratva, R. / Mausberg, P. / Meli, H. / Zimmermann, H.-D. (Hrsg.): Electronic Mall: Banking und Shopping in globalen Netzen, Stuttgart: Teubner, 1995, S. 17-32.

Schmidt, Ch. / Weinhardt, Ch. / Horstmann, R. (1998): Internet-Auktionen – Eine Übersicht zu Online-Versteigerungen im Hard- und Softwarebereich; in: Wirtschaftsinformatik 40. Jg., Nr. 5, 1998, S. 450 – 457.

Schmidt-Bleek, F. (1994): Work in a Sustainable Economy: Some irritating Facts, some Questions, and some Hope, in: Proceedings of the European Assembly on Teleworking and New Ways of Working, 3./4.11.1994, Berlin, 1994, S. 19-34.

Schmidtchen, D. (1994): Ökonomik des Vertrauens, in: Hof, H. (Hrsg.): Recht und Verhalten: Verhaltensgrundlagen des Rechts – zum Beispiel Vertrauen, Baden-Baden: Nomos, 1994, S. 129-163.

Schmitz, J. (1987): Electronic Messaging: System use in local governments, paper presented at the International Communication Association, Montreal, Canada 1987.

Schmöller, A. (1998): Die Version der globalen Kommunikation, Siemens AG ICN, München 1998.

Schneider, D. (1988): Zur Entstehung innovativer Unternehmen – Eine ökonomisch-theoretische Perspektive, München: VVF, 1988.

Schneider, D. / Gerbert, P. (1999): E-Shopping: Erfolgsstrategien im Electronic Commerce: Marken schaffen, Shops gestalten, Kunden binden, Wiesbaden: Gabler, 1999.

Scholl, W. (1992): Informationspathologien, in: Frese, E. (Hrsg.): Handwörterbuch der Organisation, 3. Aufl., Stuttgart: Schäffer-Poeschel, 1992, Sp. 900-912.

Scholz, C. (1994): Die virtuelle Organisation als Strukturkonzept der Zukunft?, Saarbrücken: Universität des Saarlandes, 1994.

Scholz, C. (1997): Strategische Organisation: Prinzipien zur Vitalisierung und Virtualisierung, München: Moderne Industrie, 1997.

Schomburg, E. (1980): Entwicklung eines betriebstypologischen Instrumentariums zur systematischen Ermittlung der Anforderungen an EDV-gestützte Produktions-, Planungs- und Steuerungssysteme im Maschinenbau, Aachen: RWTH, 1980.

Schöning, U. (2001): Theoretische Informatik kurz gefaßt, 4. Aufl., Mannheim u.a.: BI Wissenschaftsverlag, 2001.

Schottländer, R. (1957): Theorie des Vertrauens, Berlin: de Gruyter, 1957.

Schrader, S. (1990): Zwischenbetrieblicher Informationstransfer: Eine empirische Analyse kooperativen Verhaltens, Berlin: Duncker & Humblot, 1990.

Schrader, S. (1993): Kooperation, in: Hauschildt, J. / Grün, O. (Hrsg.): Ergebnisse empirischer betriebswirtschaftlicher Forschung – Zu einer Realtheorie der Unternehmung, Festschrift für Witte, E., Stuttgart: Schäffer-Poeschel, 1993, S. 221-254.

Schreyögg, A. (1996): Coaching: eine Einführung für Praxis und Ausbildung, 2. Aufl., Frankfurt/Main u.a.: Campus, 1996.

Schreyögg, G. (1992): Kann und darf man Unternehmenskulturen ändern?, in: Dülfer, E. (Hrsg.): Organisationskultur, 2. Aufl., Stuttgart: Schäffer-Poeschel, 1991, S. 202-214.

Schreyögg, G. (1993): Unternehmensstrategie. Grundfragen einer Theorie strategischer Unternehmensführung, Berlin u.a.: de Gruyter, 1993.

Schreyögg, G. / Hübl, G. (1992): Manager in Action: Ergebnisse einer Beobachtungsstudie in mittelständischen Unternehmen, in: Zeitschrift Führung & Organisation, Nr. 2, 1992, S. 82-89.

Schulte, B. (1997): Organisation mobiler Arbeit. Koordinations- und Motivationsaspekte beim Einsatz mobiler Informations- und Kommunikationstechnologien, Wiesbaden: Gabler, 1997.

Schulz von Thun, F. (1993): Miteinander Reden, Teil 1, Störungen und Klärungen, Hamburg: Rowohlt, 1993.

Schumann, M. (1992): Betriebliche Nutzeffekte und Strategiebeiträge der großintegrierten Informationsverarbeitung, Berlin u.a.: Springer, 1992.

Schumann, M. (1993): Wirtschaftlichkeitsbeurteilung für IV-Systeme, in: Wirtschaftsinformatik, Nr. 2, 1993, S. 167-178.

Schumpeter, J. A. (1908): Das Wesen und der Hauptinhalt der theoretischen Nationalökonomie, Leipzig: Duncker & Humblot, 1908.

Schumpeter, J. A. (1993 [1934]): Theorie der wirtschaftlichen Entwicklung: Eine Untersuchung über Unternehmergewinn, Kapital, Kredit, Zins und den Konjunkturzyklus, 8. Aufl., Berlin: Duncker & Humblot, 1993.

Schwartz, E.I. (1997): Webonomics: nine essential principles for growing your business on the world wide web, New York: Broadway Books, 1997.

Schwarzer, B. / Krcmar, H. (1994): Neue Organisationsformen: Ein Führer durch das Begriffspotpourri, in: Information Management, Nr. 4, 1994, S. 20-27.

Schwarzer, B. / Krcmar, H. (1995): Grundlagen der Prozeßorientierung: Eine vergleichende Untersuchung in der Elektronik- und Pharmaindustrie, Wiesbaden: Gabler, 1995.

Scott Morton, M. S. (1992): The Effects of Information Technology on Management and Organizations, in: Kochan T. A. / Useem, M. (Hrsg.): Transforming Organizations, New York, NY: Oxford University, 1992, S. 261-279.

Searle, J. R. (1993): Ausdruck und Bedeutung – Untersuchungen zur Sprechakttheorie, 3. Aufl., Frankfurt/Main: Suhrkamp, 1993.

Searle, J. R. (1994): Sprechakte – Ein sprachphilosophischer Essay, 6. Aufl., Frankfurt/Main: Suhrkamp, 1994.

Sedgewick, R. (1992): Algorithms, Reading, MA: Addison-Wesley, 1992.

Seeger, H. (1998): Kommerz mit Kommunikation?, in: Global-Online 4, Nr. 5, 1998, S. 35.

Segev, A. / Beam, C. (1999): Brokering strategies in electronic commerce markets. Proceedings of the First ACM Conference on Electronic Commerce, 1999, S. 167-176.

Seidenschwarz, W. (1991): Target Costing. Schnittstellenbewältigung mit Zielkosten, in: Horváth, P. (Hrsg.): Synergien durch Schnittstellen-Controlling, Stuttgart: Schäffer-Poeschel, 1991, S. 191-209.

Seidenschwarz, W. (1999a): Balanced Scorecard – Ein Konzept für den zielgerichteten strategischen Wandel, in: Horváth, P. (Hrsg.): Controlling & Finance – Aufgaben, Tools und Kompetenzen effektiv koordinieren, Stuttgart: Schäffer-Poeschel, 1999, S. 254 ff.

Seidenschwarz, W. (1999b): Controlling für bewegliche Strukturen, Forschungsbericht Nr. 56 des Lehrstuhls für Controlling am BWI der Universität Stuttgart, Stuttgart 1999.

Seitz, R. (1995): Computergestützte Tele- und Teamarbeit, Wiesbaden: Gabler, 1995.

Senge, P. M. (1990a): The Fifth Discipline: The Art and Practice of The Learning Organization, New York, NY: Doubleday Currency, 1990.

Senge, P. M. (1990b): The Leader's New Work: Building Learning Organizations, in: Sloan Management Review, Nr. 1, 1990, S. 7-23.

Senge, P. M. (1994): The Fifth Discipline Fieldbook: Strategies and Tools for Building a Learning Organization, New York, NY: Doubleday Currency, 1994.

Sennewald, N. (1998): Massenmedien und Internet: Zur Marktentwicklung in der Pressebranche, Wiesbaden: Gabler, 1998.

Sewell, G. (1998): The Discipline of Teams: The Control of Team-based Industrial Work through Electronic and Peer Surveillance, in: Administrative Science Quarterly, Vol. 43, 1998, S. 397-428.

Shannon, C. E. / Weaver, W. (1949): The mathematical theory of communication, Urbana, IL: University of Illinois Press, 1949.

Shapiro, C. / Varian, H. R. (1999): Information Rules: A Strategic Guide to the Network Economy, Boston, MA: Harvard Business School Press, 1999.

Siegert, H.-J. / Baumgarten, U. (1998): Betriebssysteme, 4. Aufl., München u.a.: Oldenbourg, 1998.

Simon, H. (1992): Preismanagement, Wiesbaden: Gabler, 1992.

Simon, H. / Bauer, B. / Jägeler, F. (1993): Auf der Suche nach Europas Stärken: Managementkulturen und Erfolgsfaktoren, Landsberg am Lech: Moderne Industrie, 1993.

Simon, H. A. (1959): Administrative Behavior: A Study of Decision-Making Processes in Administrative Organization, 2. Aufl., New York, NY: MacMillan, 1959 [1. Aufl.: 1957].

Simon, H. A. (1988): Management strategischer Wettbewerbsvorteile, in: Zeitschrift für Betriebswirtschaft, Nr. 4, 1988, S. 461-480.

Simon, II. A. (1991): Bounded Rationality and Organizational Learning, in: Organization Science, Vol. 2, 1991, S. 176-201.

Sippel, F. (1994): Implementation and Management of Teletraining, Diskussionsbeitrag Nr. 123, Wissenschaftliches Instituts für Kommunikationsdienste, Bad Honnef: WIK, 1994.

Sipser, M. (1997): Introduction to the Theory of Computation, Boston, MA: PWS Publ., 1997.

Sjurts, I. (1998): Kontrolle ist gut, ist Vertrauen besser?, in: Die Betriebswirtschaft, Nr. 3, 1998, S. 283-298.

Skiera, B. (1998): Preisdifferenzierung, in: Albers, S. / Clement, P. / Peters, K. (Hrsg.): Marketing mit interaktiven Medien. Strategien zum Markterfolg, Frankfurt/Main: IMK, 1998, S. 283-296.

Skiera, B. / Spann, M. (2002): Preisdifferenzierung im Internet, in: Schögel, M. / Tomczak, T. / Belz, C. (Hrsg.): Roadmap to E-Business - Wie Unternehmen das Internet erfolgreich nutzen, St. Gallen: Texis, 2002, S. 270-284.

Skinner, W. (1974): The Focused Factory, in: Harvard Business Review, May-June 1974, S. 114-121.

Smith, A. (1776): An Inquiry into the Nature and Causes of the Wealth of Nations, London: Strahan and Cadell, 1776.

Smith, A. (1999 [1776]): Untersuchung über Wesen und Ursachen des Reichtums der Völker [An Inquiry into the Nature and Causes of the Wealth of Nations], Düsseldorf: Verlag Wirtschaft und Finanzen, 1999.

Smith, K. / Carroll, S. / Ashford, S. (1995): Intra- and interorganizational cooperation: Toward a research agenda, in: Academy of Management Journal, Vol. 38, 1995, S. 7-23.

Sorg, S. / Zangl, H. (1986): Vorteile integrierter Bürosysteme für Führungskräfte – Erfahrungen aus einem Pilotprojekt, in: Jahrbuch der Bürokommunikation, Nr. 2, 1986, S. 117-119.

Sowell, T. (1980): Knowledge and Decisions, New York, NY: Basic Books, 1980.

Spremann, K. (1990): Asymmetrische Information, in: Zeitschrift für Betriebswirtschaft, Nr. 5/6, 1990, S. 561-586.

Staehle, W. H. (1991): Redundanz, Slack und lose Koppelung in Organisationen, in: Staehle, W. H. v. / Sydow, J. (Hrsg.): Managementforschung 1, Berlin: de Gruyter, 1991, S. 313-345.

Staehle, W. H. (1999): Management. Eine verhaltenswissenschaftliche Perspektive, 8. Aufl., München: Vahlen, 1999.

Stalk, G. / Evans, P. H. / Shulman, L. E. (1992): Competing on Capabilities: The New Rules of Corporate Strategy, in: Harvard Business Review, March-April 1992, S. 57-69.

Starke, P. H. (1990): Analyse von Petri-Netz-Modellen, Stuttgart: Teubner, 1990.

Staudt, E. (Hrsg., 1986): Das Management von Innovationen, Frankfurt/Main: FAZ-Institut, 1986.

Steiner, M. (1998): Konstitutive Entscheidungen, in: Bitz, M. / Dellmann, K. / Domsch, M. / Egner, H. (Hrsg.): Vahlens Kompendium der Betriebswirtschaftslehre, Bd. 1, 4. Aufl., München: Vahlen, 1998, S. 115-169.

Steinle, C. / Kraege, R. (1998): Kooperationscontrolling: Eine zukunftsorientierte und phasenbezogene Konzeption der Aufgaben und Instrumente des Controlling strategischer Kooperationen, in: Steinle, C. / Eggers, B. / Lawa, D. (Hrsg.): Zukunftsgerichtetes Controlling, 3. Aufl., Wiesbaden: Gabler, 1998, S. 407-428.

Sterling, B. (1995): The Hacker Crackdown: Evolution of the US Telephone Network, in: Heap, N. / Thomas, R. / Einon, G. / Mason, R. / Mackay, H. (Hrsg.): Information Technology and Society: A Reader, London u.a.: Sage, 1995, S. 33-40.

Stetter, F. (1988): Grundbegriffe der Theoretischen Informatik, Berlin u.a.: Springer, 1988.

Steward III, G. B. (1991): The Quest for Value, New York, NY: Harper Business, 1991.

Steyer, R. (1998) : Ökonomische Analyse elektronischer Märkte, in: Arbeitspapiere WI, Nr. 1/1998, Lehrstuhl für Allg. BWL und Wirtschaftsinformatik (Hrsg.): Johannes Gutenberg-Universität, Mainz 1998.

Stoffel, K. (1995): Controllership im internationalen Vergleich, Wiesbaden: Gabler, 1995.

Strassmann, P. (1990): The Business Value of Computers, New Canaan, CT: Information Economics Press, 1990.

Strautmann, K.-P. (1993): Ein Ansatz zur strategischen Kooperationsplanung, München: VVF, 1993.

Streitz, N. A. / Geißler, J. / Holmer, T. (1998): Roomware for Cooperative Buildings: Integrated Design of Architectural Spaces and Information Spaces, in: Streitz, N. / Konomi, S. / Burkhardt, H. (Hrsg.): Cooperative Buildings – Integrating Information, Organization, and Architecture. Proceedings of CoBuild98, Heidelberg u.a.: Springer, 1998, S. 4-21.

Sviokla, J.J. (1998): Virtual Value and the Birth of Virtual Markets; in: Bradley, S. / Nolan, R.L. (Hrsg.): Sense & Respond – Capturing Value in the Network Era, Boston: Harvard Business School Press 1998, S. 221-244.

Sydow, J. (1991): Strategische Netzwerke in Japan, in: Zeitschrift für betriebswirtschaftliche Forschung, Nr. 3, 1991, S. 238-254.

Sydow, J. (1992a): Strategische Netzwerke und Transaktionskosten, in: Staehle, W. H. v. / Conrad, P. (Hrsg.): Managementforschung 2, Berlin / New York: De Gruyter, 1992, S. 239-311.

Sydow, J. (1992b): Strategische Netzwerke: Evolution und Organisation, Wiesbaden: Gabler, 1992.

Sydow, J. (1995): Netzwerkbildung und Kooperation als Führungsaufgabe, in: Kieser, A. / Reber, G. / Wunderer, R. (Hrsg.): Handwörterbuch der Führung, 2. Aufl., Stuttgart: Schäffer-Poeschel, 1995, Sp. 1622-1635.

Sydow, J. (1996): Erfolg als Vertrauensorganisation?, in: Office Management, Heft 7/8, 1996, S. 10-13.

Szyperski, N. / Klein, S. (1993): Informationslogistik und virtuelle Organisationen, in: Die Betriebswirtschaft, Nr. 2, 1993, S. 187-208.

Tanenbaum, A. S. (1989): Computer Networks, Englewood Cliffs, NJ: Prentice Hall, 1989.

Tannenbaum, R. / Schmidt, W. H. (1958): How to choose a leadership pattern, in: Harvard Business Review, March/April 1958, S. 95-101.

Taylor, D. A. (1995): Business Engineering with Object Technology, New York: Wiley, 1995.

Taylor, F. W. (1913): Die Grundsätze wissenschaftlicher Betriebsführung, München u.a.: Oldenbourg, 1913.

Teece, D. J. (1986): Profiting from Technological Innovation: Implications for Integration, Collaboration, Licensing and Public Policy, in: Research Policy, 1986, S. 285-305.

Teufel, S. (1996): Computergestützte Gruppenarbeit: in: Österle, H. / Vogler, P. (Hrsg.): Praxis des Workflow-Managements. Grundlagen, Vorgehen, Beispiele, Braunschweig 1996, S. 35-63.

Thiel, M. (2002): Wissenstransfer in komplexen Organisationen: Effizienz durch Wiederverwendung von Wissen und Best Practices, Wiesbaden: Gabler, 2002.

Thieme, H.-R. (1982): Verhaltensbeeinflussung durch Kontrolle. Wirkung von Kontrollmaßnahmen und Folgerungen für die Kontrollpraxis, Berlin: Schmidt, 1982.

Thom, N. (1987): Personalentwicklung als Instrument der Unternehmungsführung, Stuttgart: Schäffer-Poeschel, 1987.

Thome, R. (1998): Informationsverarbeitung als Basis einer neuen zwischenbetrieblichen Firmenkultur, in: Das Wirtschaftsstudium, Nr. 8/9, 1998, S. 964-970.

Thome, R. (1999): Unternehmensorganisation durch Software, in: Nagel, K. / Erben, R. / Piller, F.T. (Hrsg.): Produktionswirtschaft 2000 – Perspektiven für die Fabrik der Zukunft, Wiesbaden: Gabler, 1999, S. 59-73.

Thompson, J. D. (1967): Organizations in Action, New York, NY: McGraw-Hill, 1967.

Thorelli, H. B. (1986): Networks: Between Markets and Hierarchies, in: Strategic Management Journal, Nr. 7, 1986, S. 37-51.

Thum, M. (1995): Netzwerkeffekte, Standardisierung und staatlicher Regulierungsbedarf, Tübingen: Mohr, 1995.

Thurow, L. (1992): Head to Head, New York, NY: Morrow, 1992.

Tietzel, M. (1981): Die Ökonomie der Property-Rights: Ein Überblick, in: Zeitschrift für Wirtschaftspolitik, Nr. 3, 1981, S. 207-243.

Timmers, P. (1998): Business Models for Electronic Markets; in: EM – Electronic Markets, Vol. 8, Nr. 2, 1998, S. 3-8.

Tirole, J. (1995): Industrieökonomik, München: Oldenbourg, 1995.

Trist, E. A. / Higgin, G. W. / Murray, H. / Pollock, A. B. (1963): Organizational Choice, London: Tavistock Publications, 1963.

Trivers, R. L. (1971): The evolution of reciprocal altruism, in: Quarterly Review of Biology, Vol. 46, 1971, S. 35-57.

Tröndle, D. (1987): Kooperationsmanagement. Steuerung interaktioneller Prozesse bei Unternehmenskooperationen, Bergisch-Gladbach: Eul, 1987.

Ulich, E. (1991): Gruppenarbeit: arbeitspsychologische Konzepte und Beispiele, in: Friedrich, J. / Rödiger K.-H. (Hrsg.): Computergestützte Gruppenarbeit (CSCW), Berichte des German Chapter of the ACM 34, Stuttgart: Teubner, 1991, S. 57-77.

Ulich, E. (2001): Arbeitspsychologie, 5. Aufl., Stuttgart: Schäffer-Poeschel, 2001.

Ulich, E. / Groskurth, P. / Bruggemann A. (1973): Neue Formen der Arbeitsgestaltung, Frankfurt/Main: Europäische Verlagsanstalt, 1973.

Ullmann-Margalit, E. (1977): The Emergence of Norms, Oxford: Oxford University, 1977.

Ulrich, H. / Probst G. J. (1995): Anleitung zum ganzheitlichen Handeln: Ein Brevier für Führungskräfte, 4. Aufl., Bern u.a.: Haupt, 1995.

Ulrich, P. (1993): Transformation der ökonomischen Vernunft. Fortschrittsperspektiven der modernen Industriegesellschaft, 3. Aufl., Bern u.a: Haupt, 1993.

Underwood, L. (1993): Intelligent Manufacturing, Wokingham u.a.: Addison-Wesley, 1993.

van Heck, E. / Ribbers, P.M. (1998): Introducing electronic auction in the dutch flower industry – a comparison of two initiatives; in: Wirtschaftsinformatik 40. Jg., Nr. 3, 1998, S. 223-231.

Vanberg, V. (1982): Markt und Organisation, Tübingen: Mohr, 1982.

Vertretung der Europäischen Kommission in Deutschland (1995): Die Informationsgesellschaft, EU-Informationen, Nr. 2, Bonn, Februar 1995.

Vester, F. (1980): Neuland des Denkens, Stuttgart: Deutsche Verlags-Anstalt, 1980.

Vickrey, W. (1961): Counterspeculation, Auctions, and Competitive Sealed Tender; in: Journal of Finance 16, 1961, S. 8-37.

Vizjak, A. (1990): Wachstumspotentiale durch Strategische Partnerschaften, Herrsching: B. Kirsch, 1990.

Voskamp, U. / Wittke, V. (1994): Von „Silicon Valley" zur „virtuellen Integration" – Neue Formen der Organisation von Innovationsprozessen am Beispiel der Halbleiterindustrie, in: Sydow, J. v. / Windeler, A. (Hrsg.): Management interorganisationaler Beziehungen: Vertrauen, Kontrolle und Informationstechnik, Opladen: Westdeutscher Verlag, 1994, S. 212-243.

Vroom, V. H. (1964): Work and Motivation, New York, NY: Wiley, 1964.

W3C (1999): Extensible Markup Language (XML), elektronisch veröffentlicht in: http://www.w3.org/XML/, Version vom 20.08.1999.

Wagner, D. / Schumann, R. (1991): Die Produktinsel: Leitfaden zur Einführung einer effizienten Produktion in Zulieferbetrieben, Köln: TÜV Rheinland, 1991.

Wahren, H. K. (1987): Zwischenmenschliche Kommunikation und Interaktion in Unternehmen, Berlin u.a.: de Gruyter, 1987.

Whitmore, J. (2002): Coaching For Performance: Growing People, Performance and Purpose, 3. Aufl., Nicholas Brealey, 2002.

Wallis, J. J. / North, D. C. (1986): Measuring the Transaction Sector in the American Economy, in: Engerman, S. L. / Gallman, R. E. (Hrsg.): Long-Term Factors in American Economic Growth, Chicago, IL: University of Chicago, 1986, S. 95-161.

Warnecke, H.-J. (1992): Die fraktale Fabrik: Revolution der Unternehmenskultur, Berlin u.a.: Springer, 1992.

Watzlawick, P. / Beavin, J. H. / Jackson, D. D. (1990): Menschliche Kommunikation: Formen, Störungen, Paradoxien, 8. Aufl., Bern u.a.: Huber, 1990.

Weaver, C. N. (1991): TQM – A Step-by-Step Guide to Implementation, Milwaukee, MI: ASQC Quality Press, 1991.

Weber, A. (1909): Über den Standort der Industrien, 1. Teil: Reine Theorie des Standortes, Tübingen: Mohr, 1909.

Weber, J. (1995): Modulare Organisationsstrukturen internationaler Unternehmensnetzwerke, Wiesbaden 1995.

Weber, J. (1996): Selektives Rechnungswesen – Schlankes Controlling durch selektive Führungsinformationen, in: krp – Kostenrechnungspraxis, Nr. 4, 1996, S. 197-201.

Weber, J. (2002): Einführung in das Controlling, 9. Aufl., Stuttgart: Schäffer-Poeschel, 2002.

Weber, J. / Kosmider, A. (1991): Controlling-Entwicklung in der Bundesrepublik Deutschland im Spiegel von Stellenanzeigen, in: Zeitschrift für Betriebswirtschaft, Ergänzungsheft 3, 1991, S. 17-35.

Weber, J. / Schäffer, U. (1998): Balanced Scorecard – Gedanken zur Einordnung des Konzepts in das bisherige Controlling-Instrumentarium, in: Zeitschrift für Planung, Nr. 4, 1998, S. 341-365.

Weber, M. (1922): Wirtschaft und Gesellschaft, Tübingen: Mohr, 1922.

Weiber, R. / Adler, J. (1995a): Informationsökonomisch begründete Typologisierung von Kaufprozessen, in: Zeitschrift für betriebswirtschaftliche Forschung, 47. Jg., Nr. 1, 1995, S. 43-65.

Weiber, R. / Adler, J. (1995b): Der Einsatz von Untersicherheitsreduktionsstrategien im Kaufprozeß: eine informationsökonomische Analyse, in: Kaas, K.-P. (Hrsg.): Kontrakte, Geschäftsbeziehungen, Netzwerke: Marketing und neue Institutionenökonomik, ZfbF Sonderheft Nr. 35, 1995, S. 61-77.

Weick, K. E. (1985): Der Prozeß des Organisierens, Frankfurt/Main: Suhrkamp, 1985.

Weiner, B. (1994): Motivationspsychologie, 3. Aufl., Weinheim: Psychologie-Verl.-Union, 1994.

Weiß, D. / Krcmar, H. (1996): Workflow-Management, in: Wirtschaftsinformatik, 38. Jg., Nr. 6, 1996, S. 503-513.

Weißner, R. / Klauke, A. / Guse, M. / May, M. (1997): Modulare Fabrikstrukturen in der Automobilindustrie, in: Zeitschrift für wirtschaftliche Fertigung und Automatisierung, 92. Jg., Nr. 4, 1997, S. 152-155.

Weizsäcker, E. U. v. (1974): Erstmaligkeit und Bestätigung als Komponenten der Pragmatischen Information, in: Weizsäcker, E. U. v. (Hrsg.): Offene Systeme I Beiträge zur Zeitstruktur, Entropie und Evolution, Stuttgart: Klett-Cotta, 1974.

Welge, M. K. (1987): Unternehmensführung, Bd. 2: Organisation, Stuttgart: Schäffer-Poeschel, 1987.

White Paper on Growth (1993): Growth, Competitiveness and Employment: The Challenge and Ways forward into the 21st century. Bulletin of the European Communities, Supplement Nr. 6, Brüssel: Europäische Kommission 1993.

Wigand, R. T. (1995): Information Technology and Payoff: The Productivity Paradox Revisited. Arbeitsbericht anläßlich der jährlichen Konferenz der International Communication Association, Albuquerque, NM, Mai 1995.

Wigand, R. T. (1997): Electronic Commerce: Definition, Theory, and Context, in: The Information Society, Nr. 13, 1997, S. 1-16.

Wigand, R. T / Chen, H. / Nilan, M. S. (2000): Exploring Web Users' Flow Experiences, in: Information Technology and People, Vol. 14, Nr. 2, 2000, S. 263-281.

Wigand, R. T / Crowston, K. (1999): Real Estate War in Cyberspace: An Emerging Electronic Market?, in: International Journal of Electronic Markets, Nr. 1-2, 1999, S. 1-8.

Wildemann, H. (1998): Die modulare Fabrik: Kundennahe Produktion durch Fertigungssegmentierung, 5. Aufl., München: TCW, 1998.

Wildemann, H. (1997): Koordination von Unternehmensnetzwerken, in: Zeitschrift für Betriebswirtschaft, Nr. 4, 1997, S. 417-438.

Wilensky, H. L. (1967): Organizational Intelligence, Knowledge and Policy in Government and Industry, New York, NY: Basic Books, 1967.

Wilkens, A. / Ouchi, W. (1983): Efficient Cultures: Exploring the Relationship between Culture and Organizational Performance, in: Administrative Science Quarterly, Nr. 28, 1983, S. 468-481.

Williamson, O. E. (1975): Markets and Hierarchies: Analysis and Antitrust Implications. A Study in the Economics of Internal Organization, New York, NY: The Free Press, 1975.

Williamson, O. E. (1990): Die ökonomischen Institutionen des Kapitalismus: Unternehmen, Märkte, Kooperation [The Economic Institutions of Capitalism, 1985], Tübingen: Mohr, 1990.

Williamson, O. E. (1991): Comparative Economic Organization: The Analysis of Discrete Structural Alternatives, in: Administrative Science Quarterly, Vol. 36, Nr. 2, 1991, S. 269-296.

Williamson, O.E. (1975): Markets and Hierarchies: Analysis and Antitrust Implications. A Study in the Economics of Internal Organization, New York: The Free Press, 1975.

Williamson, O.E. (1985): The Economic Institutions of Capitalism. Firms, Markets, Relational Contracting, 11. Aufl., New York: The Free Press, 1985.

Winograd, T. (1986): A Language Perspective on the Design of Cooperative Work, in: Proceedings of the ACM Conference on Computer-Supported Cooperative Work, December 3-5, Austin, New York, NY: ACM, 1986, S. 203-220.

Winograd, T. / Flores, F. (1986): Understanding Computers and Cognition. A New Foundation for Design, Norwood, NJ: Ablex Publ., 1986.

Winograd, T. / Flores, F. (1992): Erkenntnis, Maschinen, Verstehen – Zur Neugestaltung von Computersystemen, 2. Aufl., Berlin: Rotbuch, 1992.

Winter, S. (1998): Zur Eignung von Aktienoptionsplänen als Motivationsinstrument für Manager, in: Zeitschrift für betriebswirtschaftliche Forschung, Nr. 12, 1998, S. 1120-1142.

Wirtz, B. (2001): Electronic Business, 2. Aufl., Wiesbaden: Gabler, 2001.

Witte, E. (1984): Bürokommunikation. Ein Beitrag zur Produktivitätssteigerung, Berlin u.a.: Springer, 1984.

Witte, E. (1996): Telearbeit. Protokoll zum Fachgespräch des Bundesministeriums für Bildung, Wissenschaft, Forschung und Technologie am 16. Juli 1996 im Wissenschaftszentrum Bonn-Bad Godesberg, München: LMU, 1996.

Wittlage, H. (1996): Fraktale Organisation: Eine neue Organisationskonzeption?, in: Das Wirtschaftsstudium, 25. Jg., Nr. 3, 1996, S. 223-228.

Wittmann, W. (1959): Unternehmung und unvollkommene Information: Unternehmerische Voraussicht – Ungewißheit und Planung, Köln u.a.: Westdeutscher Verlag, 1959.

Wohlenberg, H. (1994): Gruppenunterstützende Systeme in Forschung und Entwicklung: Anwenderpotentiale aus industrieller Sicht, Wiesbaden: Gabler, 1994.

Wolff, B. (1995): Organisation durch Verträge: Koordination und Motivation in Unternehmen, Wiesbaden: Gabler, 1994.

Wolff, B. / Neuburger, R. (1995): Zur theoretischen Begründung von Netzwerken aus der Sicht der Neuen Institutionenökonomik, in: Jansen, D. / Schubert, K (Hrsg.): Netzwerke und Politikproduktion, Marburg: Schüren, 1995, S. 74-94.

Wolff, M.-R. (1993): Multimediale Informationssysteme, in: Handbuch der modernen Datenverarbeitung, Nr. 169, 1993, S. 9-26.

Wollnik, M. (1988): Ein Referenzmodell für das Informations-Management, in: Information Management, Nr. 3, 1988, S. 34-43.

Wollnik, M. (1992): Organisationstheorie, interpretative, in: Frese, E. (Hrsg.): Handwörterbuch der Organisation, 3. Aufl., Stuttgart: Schäffer-Poeschel, 1992, Sp. 1778 – 1797.

Womack, J. P. / Jones, D. T. / Roos, D. (1990): The Machine that Changed the World, New York, NY u.a.: Rawson Ass., 1990.

Worch, A. (1994): Rechtliche Rahmenbedingungen, in: Godehardt, B. (Hrsg.): Telearbeit: Rahmenbedingungen und Potentiale, Opladen: Westdeutscher Verlag, 1994, S. 205-280.

Wunderer, R. / Grunwald, W. (1980): Führungslehre, 2 Bde., Berlin u.a.: de Gruyter, 1980.

Wurche, S. (1994): Vertrauen und ökonomische Rationalität in kooperativen Interorganisationsbeziehungen, in: Sydow, J. / Windeler, A. (Hrsg.): Management Interorganisationaler Beziehungen: Vertrauen, Kontrolle und Informationstechnik, Opladen: Westdeutscher Verlag, 1994, S. 142–159.

Yoffie, D. B. (1997): Introduction: CHESS and Competing in the Age of Digital Convergence, in: Yoffie, D. B. (Hrsg.): Competing in the Age of Digital Convergence, Boston, MA: Harvard Business School, 1997.

Young, D. (1999): Some Reflections on Accounting Adjustments and Economic Value Added, in: The Journal of Financial Statement Analysis, Winter 1999, S. 7-19.

Zangemeister, C. (1993): Erweiterte Wirtschaftlichkeitsanalyse (EWA). Grundlagen und Leitfaden für ein 3-Stufen-Verfahren zur Arbeitssystembewertung, Dortmund: Schriftenreihe der Bundesanstalt für Arbeitsschutz, 1993.

Zäpfel, G. (1989): Taktisches Produktions-Management, Berlin u.a.: de Gruyter, 1989.

Zenger, T. R. / Hesterly, W. S. (1997): The Dissaggregation of Corporations: Selective Intervention, High-Powered Incentives, and Molecular Units, in: Organization Science, Vol. 8, Nr. 3, 1997, S. 209-222.

Zerdick, A. / Picot, A. / Schrape, K. / Artopé, A. / Goldhammer, K. / Lange, U. T. / López-Escobar, E. / Silverstone, R. (2001): Die Internet-Ökonomie: Strategien für die digitale Wirtschaft, 3. Aufl., Berlin u.a.: Springer, 2001.

Zink, K. J. / Ritter, A. (1992): Mit Qualitätszirkeln zu mehr Arbeitssicherheit, Wiesbaden: Universum Verlagsanstalt, 1992.

Zuboff, S. (1988): In the Age of the Smart Machine, New York, NY: Basic Books, 1988.

Zucker, L. G. (1986): The production of trust: Institutional sources of economic structure, 1840-1920, in: Research in Organizational Behavior, Nr. 8, 1986, S. 55-111.

Zündorf, L. (1987): Macht, Einfluß und Vertrauen, Lüneburg: Arbeitsbericht des Fachbereiches Wirtschafts- und Sozialwissenschaften / Hochschule, 1987.

Stichwortverzeichnis